本居宣長

熊野純彦

作品社

本居宣長／もくじ

凡例

一、漢文・文語文典からの引用については、ごく短いものをのぞいて漢文は訓みくだし、また文語にかんしてもおおむね新字にあらため、さらにカタカナはひらがなにあらためた。とくに宣長からの引用について、原文に附せられた読み仮名は取捨選択し、ときにあらたに附したほか、本文の右かたわら（ ）内に漢字を当てている場合もある。その他、引用にさいして句読点は適宜あらためた。宣長以外の著作からの引用や、本文中での言及にかんしても、だいたいは新字を用いているけれども、近世の人名、書名を中心に正字のママとした場合がある。

一、宣長からの引用については『本居宣長全集』の巻数頁数を示したが、『あしわけ小舟』ならびに『石上私淑言』にかんしては全集版により項目番号も附記している。『玉かつま』からの引用には、巻数のあとに、日本思想大系本に附せられている、巻ごとの項目番号も併記したほかに、『古事記傳』にかんしては、巻数を「伝」のあとに示した。『紫文要領』については古典集成本をも参照し、頁数もしるしている。その他の文献また略称等をめぐっては巻末の「参考文献」を見られたい。なお、「外篇」中における宣長等の文典からの引用はとくに断っている場合をべつとして、引用者による引用のママとし、書名の標記等もふくめて、「内篇」との統一を図っていない。また「外篇」「内篇」問わず、とりたてて断っているとき以外には、強調はすべて熊野によるものとする。

一、宣長以外の近世思想家からの引用については各思想家の全集類のほかに、日本古典文学大系、新日本古典文学大系、日本思想大系、日本歌学大系、日本思想闘諍史料、近世社会経済叢書などに拠っている。また源氏物語本文にかんしては、基本的に阿部秋生校訂『完本 源氏物語』（小学館、一九九二年刊）に拠った。古事記の本文・註釈等については、巻末の「参考文献」に略称とともに挙げておいた。

本居宣長

表紙題字　本居宣長奥墓碑面下書
本居宣長記念館所蔵

はしがき

本居宣長が生き、思考を紡いでいた軌跡がいま、ひとそろいの宣長全集というかたちで私のまえにある。本居の生と思考へと真むかい、宣長がそう語った意味で、宣長を「かむかへ」る（玉かつま八・一〇、全集一巻二四一頁、伝二十七、全集十一巻二四九頁）ためには、本居宣長の著作のすべて、とりわけ『古事記傳』をくりかえし読めばそれでよい。宣長は、現行版全集二十巻別巻三のなかでなお生きており、そのほかのどこにももはや存在してはいないのだ。

このような姿勢は、それ自体として正当であると思われる。私としても最終的にはそれに同意することだろう。とはいえ、そうした考えは現在ただちに妥当なものではない。あるいはそこには、すくなくともひとを思いちがいに誘うところがあるように想われる。さしあたりごく素朴で単純なことがらから考えてみたい。

いま本居宣長の生と思考との痕跡が目のまえにひとそろいの宣長全集として存在すること自体、この国が近代に入ってよりこのかた、本居の思想がある意味で生きつづけ、宣長の生の軌跡が考えつづけられてきた既往のそのあかしにほかならないことだろう。宣長の仕事が現在、二十三冊の書物というかたちで与えられている事情そのものが、本居がこの近代を潜りぬけ、生き延びてきたことを告げている。宣長がいま私たちに対して存在しているそのかたちはそれ自身、近代のこの国の歴史を刻みこまれたすがたであると言わなければならない。本居理解にかかわって明治以来ながれている時間と、積みかさねられてきた解釈の集積が、あたかも存在しないかのように宣長に立ちむかえると考えること自体が、そもそも一箇の錯覚であり、考えちがいであるはずである。

本書の「外篇」は、明治改元によってこの国の近代が開かれたそののち、宣長のうえに流れてきた時間を測りなおそうとするこころみである。一方でその蓄積をふまえ、他方でその堆積をかき分けてゆくことで、私たちははじめて、今日の時代のただなかで、宣長の全体像をあらためて捉えかえすことができる。本書の「内篇」でもくろまれるのはそのくわだてにほかならない。たほう「外篇」がこころみるのもいわゆる「研究史」ではない。それはむしろ、現在の私たちが宣長の生と思考との痕跡をたどりなおそうとするさい、その所与の条件を形成する、本居宣長をめぐる近代日本の精神史のひとこまを検討することを目あてとするものなのだ。(註)

(註)宣長をめぐる明治以降の研究史にかんしては、岡田千昭『本居宣長の研究』(四〜三九頁)に周到な概観がある。同書(五二一〜六八五頁)所収の「研究文献目録」は、近代以後の宣長研究史をめぐる現時点でもっとも網羅的な情報をも提供している。昭和二十五(一九五〇)年に発表された、じしん国学研究史上の人物でもある、伊東多三郎による回顧「国学史研究の動向」(『近世史の研究 第二冊』一三三〜一四七頁)とあわせて参照している。

本居宣長はいまなお生きている。私たちが古事記をひもとき、そこで語りだされているいくつかの悲恋の物語に心うごかされ、源氏物語を読みながら、おんなたちの哀しみのくさぐさに思いを馳せて、新古今集をひらき、その彩りゆたかなことばの文《あや》に幻惑されるかぎり、宣長は生きつづけている。

私たちのなかに生きている宣長はいま、じぶんたちがみずから乗りこえるべき存在だろうか。それとも私たちはこれからも本居の思考をうちにかかえつづけ、そもそもそこから逃れることができないのだろうか。あるいはそうした二者択一を迫られることこそ、近代を潜りぬけた宣長像によって課せられているかにみえる、いつわりの課題であるというべきなのであろうか。

結論をいそぐことはしない。本書の「外篇」が本居宣長のうえを流れた近代の時間を反覆し、「内篇」ではその確認の作業を承けて、現在たち現われてくる宣長像の全体が素描されることをつうじて、問いに対するひとつとおりの答えがやがてそのすがたを見せてくるはずである。

外篇　近代の宣長像

一

安政六（一八五九）年十月二十日のその前後に、吉田松陰は、父や兄、同志たちに宛てて、いくとおりかの遺書をしたためている。よく知られているのは「諸友に語《つ》ぐる書」としるされたもので、とりわけまた「水戸の鵜飼幸吉、越前の橋本左内、京師の頼三樹三郎の諸人、皆当世の名士にして、年歯皆壮、吾れと伯仲す。今皆死して不朽の人となる。吾れ豈に独り諸人に後るべけんや」という一節が、おおく引用されるところである。

これも知られているように、おなじ書簡には「子遠吾れに贈るに死の字を以てす。吾れ之れに復するに誠の字を以てす」という一行がある。子遠とは入江杉蔵（九一）のこと、松陰は江戸伝馬町の獄舎にあり、杉蔵もすでに長州萩の岩倉牢に繫がれていた。ここでは、同人に宛てた書簡から引いておく。松陰にはかねて、文武にわたる学校を京の地に設立しようとする心づもりがあり、この最後の手紙でふれられているのもそのもくろみである。

兼て御相談申置候尊攘堂の事、僕は弥〻念を絶候。此上は足下兄弟の内一人は是非僕が志致二成就一被レ呉候事と頼母敷存候。春已来の在囚飽まで読書も出来、思慮も精熟、人物一変なるべくと殊に床敷、日夜西願父母を拝する外、先第一には足下兄弟の事を思出し候。尊攘堂の事は中々大業にて速成を求めては却て大成出来不レ申、又亡命等にて出レ国候ては往先の不都合も有レ之候故、足下出牢の上は先慈母の心を慰め、兄弟間遊学の事も政府辺の指揮を受ての事が宜敷、是は小田村其他の諸友も随分尽力致すべく候。（中略）僕が心得には教書のみ天下に頒ても、天下の人心一定と申様には難レ参に付、京師に大学校を興し、上天子親王公卿より下武家士民まで入寮寄宿等も出来候様致し、乍レ恐天朝の御学風を天下の人々に知らせ、天下の奇材英能を天朝の学校に貢し候様致候得ば、天下の人心一定仕るに相違なし。

以前から相談していた「尊攘堂」と称する学校に、じぶん自身としてはもはやかかわることができない。ついては、入江九一、和作の兄弟にあとを託したいという内容である。とはいえ、京にただちに「大学校」を設立するのも「只今の時勢迚《とて》も〳〵出来ぬ事」であるから、すでに開かれている公家の学校、「学習院」をいしずえとしてことをすすめてはどうか？　ただし問題はそこに聚《あつ》めるべき書物、教えるべき学問である。書簡はつづく。「扨学問の節目を糺し候事が誠に肝要にて、朱子学じやの陽明学じやのと一偏の事にては何の役にも立不レ申、尊王攘夷の四字を眼目として、何人の書にても何人の学にても其所レ長を取る様にすべし。本居学と水戸学とは頗る不同あれども、尊攘の二字はいづれも同じ。平田（篤胤）は又本居とも違ひ、癖なる所も多けれども、出定笑語、玉襷等は好書也。関東の学者道春（林羅山）以来、新井（白石）、室（鳩巣）、（荻生）徂徠、（太宰）春臺等皆幕に佞しつれども、其内に一二ケ所の取るべき所はあり」。ここには松陰もとよりの読書の積みかさねも、罪をえて鎖を受けてこのかたの、松陰自身の「思慮」が「精熟」した果実もともにあらわれているのだろう。一箋にはまた「先第一には足下兄弟の事を思出し候」「足下出牢の上は先慈母の心を慰め」などの文字がみえ、弟子想いの松陰の一面があらわれ、また寧日なき日々を送ってなおいささかも動じることのない、その心もちも窺われるところであるが、いまは立ちいらない。

井上哲次郎は吉田松陰にかんして、「松陰国家多難の時に生まれ、心を政事に用ひ、静に学理を講究するの余裕を有せず、年僅に廿九にして大辟に遇ふ、故に時務に関する論著は多きも、学理の見るべきもの幾んど稀なり」と評している。ただし、あわせて附言するところによれば、井上の目からみても、「其決心の強固なる、学の素養なければ、此に至ること能はざるは、論を俟たざる」(『日本陽明學派之哲學』六一〇頁以下)所である。とはいえここは、「草莽崛起」をとなえ、「乍レ恐天朝も幕府、吾藩も入らぬ、只六尺の微軀が入用」(安政六年四月頃野村和作宛書簡)と称する「決心」と、その背景にある「学」とを問いうる場ではない。いまはただ「本居学と水戸学とは頗る不同あれども、尊攘の二字はいづれも同じ」とする松陰の発言のみをとり上げておく。

松陰がみとめているように、がんらいは「本居学」、あるいは一般に国学と「水戸学とは頗る」異質な学である。水戸学はそもそも江戸期における正統的儒学である朱子学の一流であり、儒学にいう君臣の序にもとづいて、いわゆる大義名分論をとなえた。国学、わけても宣長の学は、朱子学の説く「理」を「さかしら」ととらえて、儒学一般に代表される理説そのものを、総じて「漢意《からごころ》」として批判する。水戸藩における大日本史編纂事業は、しかしやがて尊王攘夷論をはぐくみ、宣長学はとりわけ篤胤とその門流へと継承されてゆくなかで尊王の念をいよいよ培って、攘夷思想を尖鋭化させてゆく。かくて両者にとってたしかに、「尊攘の二字はいづれも同じ」とされてよい局面が、時機あたかも徳川二百六十年の治政の涯てに到来していた。

じっさい、たとえば會澤正志齋は、『新論』を著わし、後期水戸学の代表者のひとりとなると同時に、宣長学に関心をいだいて、『直毘靈《なほびのみたま》』にかんする立ちいった応答を展開している。「謹んで按ずるに、神州は太陽の出づる所、元気の始まる所にして、天日之嗣、世宸《よよ》極を御し、終古易らず。固より大地の元首にして、万国の綱紀なり」。『新論』のこの説きはじめがそもそも宣長学と共通する日の神への信を示しているとともに、国学とはことなる朱子学的な思考の痕をとどめる。元気とは宋学にいう、万物を創成する根源的な気のことなのである。會澤の『讀直毘靈』については、「内篇」でふれる機会があるだろう（本書、六二二頁）。

たほう篤胤の学統にぞくする大國隆正は、宣長の「ものゝあはれ」論が倫に悖《もと》るふるまいを許すところのあるしだいを咎めながら、「そのこゝろは、いかにも国体をはりて、異国の下につかじとする国忠のこゝろざしよりいはれしことなれば、その説はわろけれど、そのこゝろざしはあしからず」（學統辨論）と主張する。ここで注意しておくべきは、とりあえず「ものゝあはれ」をめぐる宣長学統の末裔に帰する理解ではない。そこで用いられている国体という語がそもそも、正志齋をはじめとする幕末期水戸学の用語なのである。

津和野の大國隆正と、水戸の藤田東湖とのあいだには親交がある。徳川齋昭は、系譜をことにする大國の著書をたかく評価していた。隆正は嘉永六（一八五三）年、齋昭に拝謁している。大國隆正にとって天皇は「正統と祭祀」の維持者であり、その思想は、こと天皇観についていえば、後期水戸学の天皇論とも基本的な性格をほぼ共有するものであったのだ（松浦光修『大国隆正の研究』一八九頁）。

吉田松陰は、筆をとって冒頭に引いた一書をものした数日ののちに刑死した。手紙を受けとった入江杉藏は、その半年後に釈放されたけれども、元治元（一八六四）年、禁門の変で横死している。松陰は二十九歳で逝き、師に愛された門弟も当年二十八が享年となった。

後期水戸学を奉じて尊王攘夷の実現を夢みた志士たちはつぎつぎと斃れ、幕末に平田派国学の旗幟をあきらかにして国事におもむき「草莽の臣」たろうとした者たちのすべてが御一新ののちひとしく報われたわけではない。いっぽう、平田国学が当時、道の学としての古学を代表していたとするならば、その磁力の圏外にあって、後世の分類からすればかえって「歌学派」国学者と目される、いわゆる「歌詠み」たちの群れからも、たとえば伴林光平のような「非命の維新者」(村上一郎)があらわれている。光平は瓦解を目前にした文久三(一八六三)年、天誅組の蜂起に参画し、しかし戦場に散ることもかなわず、捕囚となって斬首された。

鋒とりて夕越え来れば秋山の　紅葉の間より月ぞきらめく

よわい知命を越えて参加した、伴林、陣中の作である。光平は、京の獄中で万葉集や『直毘靈』を講じ、おなじく牢中にあった同志と歌を詠みかわしていたという(村上『著作集』第三巻、一四九頁)。

維新後にとりあえず国学がたどった命運も、むしろ歴史の皮肉といってよいものだった。紆余曲折をくりかえしながら「開化」へ向かってひた走る時代のなか、国学はまずふたとおりの蹉跌を経験することになる。ひとつは、神道そのものが国家的宗教へと整序されてゆく過程をたどるそのただなかで、宗教としての神道運動から切りはなされてゆく経緯であった。いわゆる祭神論争と、そこから帰結したところがそれである。いまひとつには、近代的学問が大学制度の内部で位置を確定するための道程から、国学がある意味では振りおとされ、あるいは変質を余儀なくされる消息にほかならない。

祭神論争については藤井貞文の周到な研究がある(『明治國學發生史の研究』)。藤井の主張するとおり、この祭神論争こそ国学における近世と近代を分かつ分水嶺であったのである。一件の仔細をめぐってはその大著にゆずる。ここでは藤井の行きとどいた調査と所論にも拠りつつ、とりあえずことのおおよそだけを整理しておく。

維新後の官制の改革を受け、大宝律令の古制にもとづき神祇官・太政官の二官が置かれ、とくに神祇官が再興されて、法制上の地位を占めたことは、神道が国教化する大きな流れの出発点ともなった。廃仏毀釈のあらしが過ぎさり、いくたびかの揺りもどしを経たのち、明治八（一八七五）年の大教院の解散にともなってあらたに神道事務所がもうけられ、東京日比谷に神宮遥拝所が造営されることになる。この施策の提示が、やがて神道界のすべてを、国学諸派をふくめて巻きこんでゆく烈しい内紛のきっかけとなったのである。

遥拝所は大教院の神殿を継承するものであったから、その祭神は、伝統的にいえば造化三神（天之御中主《あめのみなかぬしの》神《かみ》、高御産巣日神《たかみむすびのかみ》、神産巣日神《かみむすびのかみ》）と天照大御神ということになる。これに対して、出雲大社大宮司の千家尊福は、とりわけ明治十一年以降、幽冥界の主宰神たる大国主命をくわえて五柱を祭神とすべきであるよしを、機会をとらえては主張した。いっぽう伊勢神宮宮司で大教正をかねる田中頼庸は、顕幽両界のことはすべて祭神四柱の神徳にそなわっていると反論し、五神説を峻拒する。かくて神道世界は出雲派と伊勢派とに二分し、両派の対立で神道界は紛糾して、祭神論争となり、明治十三年ごろに確執は沸点に達した。この混乱は神道界内部では収束せず、直接には松方内務卿の命により十四年に東京で神道大会議がひらかれ、会議閉幕後には勅裁が降って、ともかくも神道事務所では、宮中の三殿に祀られている天神地祇・賢所・歴代の皇霊を遥拝することが決するにいたった。神道界を揺るがした祭神論争のこの決着がもたらした効果は二面的であって、一方で明治二十二年に発布された帝国憲法における信教の自由のいちおうの保証につながるものであったとともに、他方では国家神道を確立する方向が、おおすじにおいて劃定されるはこびともなったのである。

ちなみに後者についていえば、島薗進も確認しているように(『国家神道と日本人』一一三頁以下)、その理念は国学というよりは、後期水戸学によって準備された思考とむしろより強くむすびつくものだった。「億兆のよく心を一にし、上下のよく相親しむ」ゆえんは、そもそも天が地を照らし、天孫が下を照覧することで「祭政これ一」なるところにある(新論)。會澤正志齋がそう主張していたところである。しかも、祭祀論として見るかぎりでの會澤の所論は、国学との繋がりがかえって希薄であり、さかのぼって徂徠の先王＝聖人観からつよい影響を受けたものだった(子安宣邦『国家と祭祀』一〇一頁)。

宣長学の正統的な後継者で、当時の代表的国学者であった本居豊穎《とよかい》(宣長の曾孫にあたる)が先の騒擾に深くかかわり、家学たる宣長神学の教説にしたがい出雲派を支持していた。平田派もほぼこれに同心する。祭神論争を決着させた神道大会議の模様は各新聞によって報道されたが、たとえば『東京日日新聞』の記事では「神官等の所謂る今日の神道とは、神代史を古書に考証するの専門学を云ふに外ならさるへし」。祭神論にかんしていえば、双方ともに「僅々の古書を論拠として」一方は天之御中主神、高御産巣日神、神産巣日神を「造化三神」とみなし、他方は大国主命をもって「幽冥を主宰する」神とする。かくて諍論中で争われていた「幽冥主宰の事は、畢竟、学問上の議論にして、宗教上の議論に非」ざるものであった、と主張されている。かくてまた祭神論争は政府の主導のもとで終息して、「一和協議」してことは落着した、というわけである(藤井前掲書、六三九頁の引用による)。

祭神論争とは、「真の宗教」でもない国学者の「一家言」が、みずからあたかも宗教であるかのように装うところに発したものであるから、いまや学問と宗教は截然と分離されなければならない（同）。国学はかくて宗教から追放されて、学の領分へと退却することを余儀なくされる。あるいは、よりていねいな言いかたをえらぶなら、明治期国学とは、「江戸国学が内包する多様な諸要素」が、「明治維新と言ふ一大衝撃」によって「分化し、更に派生し、或は純化し、或ものは独立して明治の学問となつた」（同書、七三七頁）ものであり、祭神論争は、その里程標を樹てたと見ることもできるのであって、そのいくつかの分岐のうちここで注目しておくべきは最後の道つまり「明治の学問」としての国学の帰趨であると言ったほうがよいかもしれない。近世国学が維新を超えて学として生き延びる途は、この最後の選択肢にあったはずであるからだ。とはいえ学問の境涯でも国学には、もうひとつの試練が待ちうけていた。学の世界で国学は、抗しがたい時流のなか敗北することになるからである。

幕末の平田派国学については、伊東多三郎の古典的な研究以来、「草莽の国学」という像がすでに定着している。維新をはさみ新政府の学制改革のなかで国学とりわけ平田学派は、すくなくとも一時期おおきな勢力となる。慶応三（一八六七）年十二月の王政復古後、翌慶応四年二月には、平田銕胤《かねたね》（篤胤の養子である）等が学校制度取調掛として「学舎制」を起草し、幕藩体制時代の漢学中心から国学中心の学制への転換を提言していた。長島弘明があらためて確認しているように、「もちろんすぐに漢学派あるいは洋学派の巻き返しもあって、国学派がいつまでも学制改革の真中にいたわけではないが、明治最初期のほんの一時であっても、国学は教育行政の中心に位置づけられたこともあった」わけである（『国語国文学研究の成立』二五頁）。以下、『東京大学百年史 通史一』ならびに『同 部局史一』そのほかを資料とし、長島の整理も参照しながら、前後のことの経緯をやはり簡単にたどっておくことにしよう。

徳川期、幕府の教育機関である昌平坂學問所（昌平黌）は官学の中枢であり、同時にまた漢学（儒学）の中心であった。これは、林羅山がひらいた家塾にその起源を有し、その敷地内にあった孔子廟が学寮等の施設をふくめて「聖堂」と呼ばれるようになり、寛政九（一七九七）年に昌平坂學問所となったものである。たほう国学（皇学）については、寛政五（一七九三）年に塙保己一によって和學講談所が設立されて、幕府の保護下におかれ、二年後には幕府の直轄となっている。洋学についていえば、幕府による公的な機関は、天文方（暦や地図の作成にかかわる）のもとに文化八（一八一一）年設置された蛮書和解御用がそのさきがけである。安政四（一八五七）年には蕃書調所が開校、文久二（一八六二）年に洋書調所、翌年には開成所へと名称を変更している。旧幕時代にはさらに、種痘所から発展した医學所があった。伝来の漢方医学から独立し、蘭学に基礎をおいた西洋医学の教育研究機関である。

明治元（一八六八）年七月、「江戸」は「東京」と名をかえる。同年六月には昌平坂學問所・開成所・医學所を新政府がその管轄下におき、そののちそれぞれ昌平學校・開成學校・医學所（翌年「医學校」と改称）となる。翌年に昌平學校は大學校と称され、開成學校・医學校を分局とするにいたった。昌平學校、かつての昌平黌はもとより漢学とりわけ朱子学の牙城である。新設の大学校はいまやむしろ、皇学（国学）を中心とする教育研究機関へと変ずることとなったわけである。旧来の漢学（儒学）はあくまで和学を補助する位置に甘んじるしだいとなり、とうぜん漢学派はこれにつよく反撥、ふたつの学統の対立がいったんは激化してゆく。

その前後から、東京大学の創立、ほぼ十年後の帝国大学への改組にいたるまで、皇学（国学）派・漢学（儒学）派・洋学派のあいだでは、とりわけ前二者がときに対立し、ときにはまた洋学に対してはともに対抗しながら、とはいえ結局は洋学、あるいはむしろその実質的な後継者たちのまえに敗れさってゆく。欧米列強の思想・科学・制度の導入は、近代化へとむかう明治日本にとって喫緊の課題であり、幕藩体制をささえた儒学（漢学）にせよ、儒学に対抗して復古を説いた国学（皇学）にしても、時代の要請のままで（すくなくとも当代の主役としては）あらかじめ退場するさだめにあったからである。

明治十（一八七七）年四月に、東京開成學校と東京医學校を合併して、東京大学が誕生する。法学部、医学部、工学部、理学部とならんで設置された文学部にぞくすることになった和漢文学科は、国学・漢学の系譜にある学問分野を教育する部署であった。当該学科では、今日の分類でいうなら国語学・国文学・中国文学（漢文学）ばかりでなく、国史学・法制史の領域までおよぶ講義がおこなわれており、なお国学・漢学の系統を引いて、現在から見ると、「やや雑然たる感を免れないものであった」（『部局史 一』七二三頁）。当時の教員名簿のなかには、祭神論争の立役者のひとり本居豊頴のなまえも見える。明治十五年に古典講習科が文学部に併設されたいっぽう、十八年には和漢文学科が和文学科と漢文学科に分かれ、それぞれ独立したとはいえ、明治十年代には古典籍研究そのものがすでにいちじるしく衰退していたことは否めない。

明治十九（一八八六）年三月、「帝国大学令」が発布され、東京大学が法・医・工・文・理の五つの分科大学からなる帝国大学となる。その時点で文科大学には、哲学科・和文学科・漢文学科の三学科にくわえ、あらたに博言学科（言語学）が追加される。明治二十二年、和文学科は国文学科と改称され、その五年後、博言学研究でヨーロッパに遊学していた上田萬年が帰朝、博言学講座の教授となった。京都にも帝国大学が設立されることにともなって、三十年、東京におかれた唯一の帝国大学は、東京帝国大学となる。明治三十一年、博言学を担当していた上田萬年が国語国文学国史第三講座担当となり、助教授の芳賀矢一が第四講座担当を命じられている。上田は明治二十一年に、芳賀は二十五年に、帝国大学を卒業していた。長島の認定を援用するなら、かくて「国学の文献学と西洋文献学の異同を理解することができる、旧来の国学者ではない新制の大学の卒業生によって、明治三十年代から、新しい国語国文学研究が形作られてゆく」はこびとなるのである（長島前掲書、四一頁）。

芳賀矢一（一八六七〜一九二七年）の父・眞咲は鋏胤や橘曙覧《あけみ》にも学んだ国学者であり、歌人である。その息子は明治三十三（一九〇〇）年、「文学史攷究法研究」のためドイツ留学を命ぜられ、帰朝後ほどなく教授に任じられて、国語国文学第二講座の担当となっている。かくて芳賀は、近代国文学研究の創始者となった。このことの意味も結果からみればおそらく二重であって、近世国学の伝統が、国語国文学研究のなかに吸収されながら、表面的には学のおもて舞台からすがたを消してゆくのは、およそこの時節を一期としてのことであると見てよいだろう。他方では近世国学そのものが芳賀矢一そのひとによってあらためて見なおされて、近代的な学問理念のもとで照明を与えられることになる。

黎明期の国語国文学研究の開拓者たる芳賀矢一の業績の全体を見わたすこと、あるいは国定第二次の尋常小学読本の主査であった矢一の業績にかんして評価をくわえること等は、当面べつの課題である（山本正秀『近代文体発生の史的研究』二二頁参照）。以下では問題を、芳賀による近世国学の再評価という一点にかぎっておく。

近世国学が正統的アカデミズムのなかで正当な位置を与えられるとは、たんに帝国大学の教学組織の内部で認知されることのみを意味していたわけではない。むしろ主要には、子安宣邦がそう規定しているように、「西洋近代の学問的視座をみずからの学問の枠組みとした立場」（『「宣長問題」とは何か』四六頁）の内側から、近代西洋の学問のことばによって再定義されることなのである。よく知られているように、芳賀は近世国学を「文献学」と定義しなおすことで、この課題をまずは先駆的にはたすことになった。
明治三十七（一九〇四）年、芳賀は國學院の会合に招待されて、講演をおこなっている。「國學とは何ぞや」と題されて、そののち活字に移されたものがそれである。本題に入るに先だって矢一は、つぎのように説きはじめている。引用しておく。

私の今日お話しようといふ題目は「國學とは何ぞや」といふのであります。諸君の御承知の通り、この國學院といふ学校があり、諸君も國學院で御修業なされて十分に国学を研究して居られることでありますが、一体この國學院の国学といふことはどんな学問かといふことを申上げる積であります。この国学といふ名称を始めて用ひたのは、かの荷田春満であらうとおもひますが、この国学といふものは西洋ではどういふものか、国学といふ名称があちらにも許されて居るかどうか、今日の科学上の見地から国学が学問として成立つかどうかといふことを一つ考へて見なければならぬとおもひます。
（「國學とは何ぞや」二二六頁）

見られるとおり、「国学」をめぐって矢一がここで提起している論点は三つにわかれる。ひとつは、国学の創始者が荷田春満であるとして、そもそも荷田が開始し篤胤へと継受されてゆく国学とはなんであったかという問題である。第二に問われているのは、「国学」に相当する学問が近代西欧にも存在するかということである。第三の論点として挙げられるのが、国学ははたして科学として成立しうるのかにほかならない。芳賀矢一が暗黙のうちに学の基準として採用しているものが「西洋」近代のそれである以上、この第二の問いと第三の問いはあらかじめ連動しており、第二の問いに対して肯定的な答えがえられることが、第三の問題にかんして積極的な解答が獲得されることの条件となっているといってよい。

第一の問いに答えようとするにさいして、芳賀矢一がまず問題としているのは、その後もくりかえし指摘されることになる、国学のいわば雑学的なありかたである。なぜ「神道」を説く者がひとりの国学者なのか。どうして「語学文法」を解明しようとする者も国学者といわれるのか。なにをもって、「物語を説くもの」が一箇の国学者と呼ばれ、「歴史を修めるもの」も国学者のひとりと称されるのか。春滿にあってすでに答えは出ている。すなわち、「国語国文を基礎として日本国を説明しよう」とこころざす学なら、その領域のべつを問わずすべて「国学」である。国学とはつまり、「我が日本語の上に現れた所の国民の思想、換言すれば国民の性質を、古語古文の上に於て研究しようとした」ものにほかならない。

日本という国のなりたちとその特性とを説明するためには、「日本の昔からの文学語学を研究」する必要がある。だから国学は一箇の古代学、しかもいわば総合的古代学とならなければならない。国学はかくて歌学であり、物語論であって、また古文法学をふくんで、なにより古神道論となることだろう。荷田春滿、賀茂眞淵、本居宣長、平田篤胤へと流れてゆく学統はそれぞれの個性の振幅をはらみながら、ひとしくそのような古代学として展開されてきたものである。「畢竟するにこれらの学者は、この大目的を忘れなかつたから、如何なる微細な研究でも、例へば一つの動詞の活用を研究する時でも、国学の大目的の中の一部分に貢献したことになるのであります」。

芳賀のこのような国学観の一部は、近世、とりわけ篤胤学派の成立以来のいわゆる「四大人《うし》」観の枠内にある。契沖でなく春滿を重視し、宣長学に篤胤学を接続させる国学のとらえかたは、今日では問いなおされる必要もある。ここで問題としておきたいのは、しかしその件ではない。矢一が、みずからその性格を規定した近世国学を、どのようにして近代西欧の学問観へと回収しようとしたのかが問われなければならない。

芳賀矢一はじっさい、右のような国学の目的が「徳川時代に国学の出来た根本」にあったことを確認したのち、「而してさういふことが果して西洋にもあるか無いかといふことを、これから少しくお話して見たい」と話頭をつないでゆく。基準は「西洋」にある。近代西欧にその対応物を見いだしうるのかどうか。ここにこそ、日本近代における近世国学とその末裔の命運がかかっているのだ。

現在の西洋の文明の背景となり、それを規定しているのは、古代ギリシア・ローマの文化であり、文明である。西洋の自己認識はそれゆえに、古代ギリシア・ローマの研究というかたちを採ることだろう。それは一箇の「古学」であるといってよい。芳賀はことばを継ぐ。「さてこの古学の研究が近来になつては益〻学術的になつて来て居ります。その学問を西洋ではフィロロギーと唱へて居ります。これを日本語に訳しますと、文献学又は古典学ともいへます。先づ文献学と唱へた方がよいやうです。即ち希臘の文明を研究し羅馬の文明を研究するのに、昔の言葉を根本として研究するのであります」。芳賀矢一は、くわえて主張している。「この文献学が、即ち日本の国学に甚だ似て居るのであります」。

それにしても、国学は科学でありうるのだろうか。一般に文献学は、なんらかの事実を解明する認識的な価値を有しうるのであろうか。有することができ、現に有しているのだ。このことをあきらかにしたのが、芳賀の見るところでは「アウグスト、ベイック」（ベック）、この「余程の豪傑」である。文献学が一箇の科学であり、なんらかの事実を解明する認識でありうるのはなぜか。ベックは答える。文献学がめざすものは、Erkennen des Erkannten、すなわち認識されたことがらの認識である。ここに文献学に帰属する科学的な価値がある。――国学とは「日本の文献学」であり「日本のフィロロギー」なのだ。「西洋の文献学について、ベイツクの唱へた科学としての文献学が成立するならば、日本の国学もまた立派に科学として成立つ」はずなのである。

講演をむすぶにあたり、芳賀はあらためて論点を整理して、つぎのように結論づけていた。これも引用し、演者そのひとの結語を、芳賀の所論にかかわる追跡をいったん取りまとめる一節としておこう。

国語国文を基礎に置いて、国学のすべてを研究するといふことが、昔の諸大人のやつた事でありますから、そのやつた仕事を基礎として、その上に新研究をそへて、合理的に歴史的に研究して行くのが、今日の明治の国学者の事業であらうとおもひます。

荷田春満が国学校を建てようとして、遂にその志を成さずに終りました時と比較しますれば、今日は非常の進歩発達をいたして居ります。今日は國學院も出来て居ることですから、ますく研究して、いよく発展させ、昔の人の事業を大成するやうにしなければならないとおもひます。これが吾々明治の国学者の任務であります。今日は先づ「國學とは何ぞや」といふ題目の下に、国学は日本といふことを基礎としてやらなければならぬものである。国学とは国語国文に基礎を置いて、すべての学科を研究して行くべきものである。国学は西洋の文献学と均しいものである。またこれからの国学者は、古人の研究を基礎として、尚新しい方法によつて研究して行かなければならない。またさういふ風に研究するのが諸君のお為でもあるだらうといふ考へで、これだけのことをお話した訳であります。(前掲論文、二三五頁)

二

芳賀は尋常小学校唱歌の歌詞校閲にも参与して、いくつかの唱歌については作詞も手がけている。今日でもよく知られ、ときに口ずさまれているのは、「七里が浜のいそ伝ひ」とはじまる「鎌倉」であるけれども、矢一はほかに「三歳女」という唱歌の歌詞も担当していた。

色香も深き紅梅の　枝にむすびて
　勅なれば　いともかしこし　鶯の問はば如何にと
雲ゐまで　聞え上げたる言の葉は
　幾代の春かかをるらん

矢一のなかに沁みこんだ、歌学の伝統が匂いたつところであるかもしれない。国文学者としての芳賀には大正十(一九二一)年に出版された『攷證今昔物語集』があり、一書は昭和六十一(一九八六)年の『部局史　一』刊行時点でなお「この平安時代の代表的説話文学研究の基礎的文献」であると評価されている(七一六頁)。

芳賀に先だち帝大における講座主任の位置を占めた上田萬年は、ドイツ留学ののちに教授となり、言語学ならびに国語学の先駆者のひとりとして知られている。萬年はいっぽう断乎たる国語改革論者であり、とりわけ漢字廃止論者、ローマ字採用論者であった。上田のそうした主張の背後には、風景、建物、文物一般をめぐって五年間にわたる圧倒的な西洋経験が存在する。大野晋のこの推測はおそらく正しい（『語学と文学の間』一一二頁以下）。芳賀矢一の子、檀《まゆみ》はドイツ文学者となり、やがてナチズム文化の紹介者となる。西欧との緊張関係は、芳賀檀にいたって、傷ましい人格的悲喜劇というかたちをとり戦後へ引きつがれてゆく（高田里恵子『文学部をめぐる病』三二一～四五頁）。

芳賀矢一による国学の性格づけ、すなわち国学をもって「文献学」とみなす規定は、多くの論者によって受けいれられて今日にいたる。私としてはその規定にはいくつかの留保が必要であると考えているが、この件にかんしてはのちに本書の「内篇」であらためて論じよう。ここでは国語学者・山田孝雄《よしお》の昭和十七（一九四二）年時点における認定を引いておく。山田は、国学を好んでフィロロギーと称する「意識の底流」のうちに「事大的西洋崇拝思想」を見てとって、つぎのように書いていた。

上の如くにベエク一流の文献学が、国学と殆ど同じであるといふことは芳賀矢一博士が説き、その他の学者も略同じやうに認めてゐるらしいが、果してさうであらうか。先づ文献学といふ名目を考へてみると、これは何を目的としてゐるのであるかは名目だけでは分らぬ。古語を研究の基礎として、古い文献を研究するといふことが最終の目的であるならば、わが国学と全然同一であるとはいはれない。国学は古語古代の文献を研究することは文献学と同じいとしても、目的は古語や文献にあるのではなくしてわが国の道を知らうとする所にある。それ故に文献の研究は手段であつて、目的ではない。

（『國學の本義』四七頁）

山田孝雄は、独特な国文法体系の構築で知られている（滝浦真人『山田孝雄』参照）。右に引いた一書は、とはいえ狂信的な排外主義を表明し、その立場から国学の「本義」をとらえた僻書として、今日では読まれる機会もすくないことだろう。けれども山田がここで示している視点は、宣長理解の現在を考えなおすうえでも、存外一考にあたいする論点をふくんでいるのではないだろうか。ひろく言えばそれは、近代西欧に由来する学問理念にもとづいて国学のなりたちを考えること自体がふくんでいる問題性にかかわる。すこし限定して語るなら、こうなるだろう。西欧近代に起源を有するいくつもの用語が、今日でもなお、本居学を性格づける概念装置としてほとんど自明なものであるかのように使用されている。そういった分析用具は、現在あらためてその自明性において、つまりそれを宣長思想に適用することが真に自明であるかをめぐって問いなおされる必要があるはずなのだ。

この件を確認してゆく手がかりとして、つぎに、芳賀矢一からの影響のもとで、宣長学を「文献学」として規定するところからその思想の全体像を問題とした、近代で最初の（そして、あるいはいまのところ最後の）こころみを顧みておかなければならない。今日でもなお宣長研究の古典としてみとめられ、本居宣長にかんして論じようとする者がかならず紐解くことになる、村岡典嗣『本居宣長』がそれである。（註）

（註）以下、村岡『本居宣長』については、岩波書店版から引用する。同書は現在、平凡社の東洋文庫に収められているいっぽうで（『増補 本居宣長』1、2）、同文庫からは『新編 日本思想史研究 村岡典嗣論文選』も出版され

ており、両者にはともに編者の前田勉による「解説」が附せられている。村岡にかかわる伝記的な記述にかんしては、この両書の「解説」、ならびに『新編 日本思想史研究』巻末の年譜（作成＝池上隆史）に拠るところがある。

村岡典嗣（一八八四～一九四六年）は、明治十七年に生を享けている。のちにとり上げる津田左右吉は同六年の生であるから、村岡は年齢にしてほぼひとまわり下の世代である。おなじく和辻哲郎が明治二十二年に誕生しており、典嗣にとって和辻は五年の年少者となる。

父、典安は丹波国山家藩藩士であるが、役は江戸詰、典嗣自身はその関係から東京は浅草の出身である。幼時、親戚の佐佐木宅に寄宿して、弘綱の薫陶にめぐまれ、おそらくは古典文学全般への手ほどきを受けている。弘綱は宣長の実子、春庭につらなる足代弘訓《あじろひろのり》の門下で、信綱の父親である。やはり宣長研究に足跡を残した佐佐木信綱は、かくて村岡典嗣のややはなれた親族のひとりであるとともに、村岡からさかのぼって干支が一巡するほどの年長者でありながら、典嗣終生の友人となった。

明治二十八（一八九五）年、現在の開成に入学した村岡典嗣は、その七年後、早稲田大学にすすんだ。専門は西洋哲学、のち京都帝大にうつり宗教哲学者として名をなした哲学史家、波多野精一に学んでいる。卒業後に、独逸新教神学校で英語ならびにドイツ語による神学講義を聴講した。明治四十一（一九〇八）年にヘラルド株式会社にぞくする日独郵報社に入って、独語週刊新聞（*Deutsche Japan-Post* 紙）の記事や論説を翻訳する仕事にあたる。そのころ旧制開成中学の同窓会の席上、教師から、本居宣長全集（本居豊頴編、吉川弘文館刊、全六巻）というものが出版されてはいるものの、それをすべて読んで研究した者はまだ存在しないらしいという話を聞きおよんで、宣長に興味をいだく。きっかけそのものは、まったく外的で偶然的なものだったわけである。

繁忙な翻訳業務に携わりながらの研究は困難をきわめて、執筆はときに深夜におよび、また宣長の生地、松阪を訪ねたおりには家財道具を金に替え、旅費に充てたともいわれている。かくて成稿した本居宣長研究は、明治四十四（一九一一）年に、警醒社から出版された。いわゆる大逆事件発覚の翌年、幸徳秋水らが処刑されたその正月のほぼひと月後である。同年には、西田幾多郎の『善の研究』も上木されている。そのころ近代最初の全集が出版されたとはいえ、いっぽうで宣長の名はひろく知られているとはいえず、たほう村岡自身は野に在ってなお無名の研究者であった。そのせいか警醒社版『本居宣長』はごく少数の読者にむかえられたにすぎず、一書が大きな影響力をもつにいたったのは、むしろ昭和三（一九二八）年に、版元をあらためて、増補版が岩波書店から出版されたあとのことである。それはともあれ、この著書公刊をも機として、村岡は大正九（一九二〇）年に広島高等師範学校（現在の広島大学）にむかえられて、さらに二年後には新設の東北帝国大学にうつり、二年の欧州留学をへて法文学部の日本思想史学科の主任教授となって、仙台の地で敗戦に際会した。

警醒社版の「序」に村岡はつぎのように書いている。「明治四十四年一月十三日」の日付をもつ文章の全文を引用しておく。

> 本書は、著者が、我国学問史上の代表的一学者たる本居宣長について、学問的に理解して見むとて、過ぎつる二年の間に、ものせし、一小研究にすぎず。伝は、正確を期しつれども、十分に、史料を捜索し、使用する、便宜も、時間も、有せざりしこととて、なほ、遺漏、誤謬なきをえざるべし。彼が学問

の研究は、もとより、一層重きをおきしところなるも、これとて、概観をむねとしたれば、個々の部分に於いては、精しからぬふし〲、多かりぬべし。切に、各方面の専門家によりて、補ひ正されむことを、俟つ。

今の学界に、特殊的研究を発表して、何人も覚ゆなる、失望は、著者もまた、予知せざるにあらざれど、さすがに、草稿のまゝに打すておかむよりは、世に公けになして、自然、人々の眼に触るゝこととならば、一つには、己が蒙を啓き、あるはまた、少しく学者の参考ともなりなむ、たよりなきに、あらざるべし、との望みを力に、著者はこの試作を、印刷に附することとはなしつ。(「序」三頁)

すでにふれたように、本書の初版はごくかぎられた「人々の眼に触」れたにすぎない。警醒社の社員が、村岡宅をおとずれ、「お客さんが、此の本居《もとゐ》宣長《せんちやう》といふのは、何んの事だといつた」という逸話を、典嗣自身が伝えている。一書は、しかし版をあらたにして九十年、いまなおひろく読まれつづけ、とりわけ宣長研究をこころざす者にとってはいまだ必読書の筆頭にすら上げられる。これは、近代の人文系諸学の研究史にあってほとんど他に類例を見ないことがらであるといってよい。異例なまでにながく研究文献としての生命をたもった村岡の出世作を、やや立ちいって考えておく必要がある。

岩波版『本居宣長』は、索引をふくめて全六一二頁にもおよぶ大冊である。その全体は「第壹編 宣長伝の研究」「第弐編 宣長学の研究」、ならびに四篇の「附録」によって構成されている。当面の考察の焦点は、村岡典嗣の宣長学研究の視角を確認するところにあるけれども、ここではまずその伝記研究から見ておこう。

近代以前の国学史は国学者の列伝体をとるものが多く、また明治三十年代の国学史研究も、たとえば中野虎三『國學三遷史』等を典型に、その伝統を踏襲したものだった。史料批判も進まず、そもそも多くの基礎資料が埋もれたままの状態で記述された、国学者それぞれの伝記には、今日の目からみて、歴史学的な検証に堪えるものはすくない。明治期以降の宣長伝についていえば、村岡自身も註記しているように、本居家に遺された文書や日記等にもとづく川口常文による調査がもっとも行きとどいたもので、村岡の記述も資料的にはこれに依存している（川口『本居宣長大人傳記』）。その意味で事実調査の水準で判断するならば、村岡の一書の主要な価値は、第壹編つまり伝記研究には存在しない。とはいえ事蹟の選択と評価という次元では、いくつか目を留めておくべき部分が散在している。

宣長の生の軌跡を問題とするにあたって、村岡典嗣はまず「本居宣長は学者である。彼の一生の活動は、殆んど凡て、学問の研究に限られてゐる。されば、彼の生涯の事跡を、区劃すべき分岐点は、自ら、彼の学問の変遷発達の上に、求められなければならぬ」と書きはじめる。村岡としてはこれを準則としながらも、伝記上の区分としての妥当性を勘案して、本居学の展開における劃期と、宣長の社会生活上の分割線が相互に一致する時点に境界線を引こうとする。その結果えられた宣長伝記上の区分は以下のとおりである。本書の全体にとっても有益な観点をふくんでいるので、ここではそのまま引いておこう（『本居宣長』三頁）。

第一期　寛延三年（一七五〇）二十一歳まで。
　幼時及び普通教育時代。
第二期　宝暦元年（一七五一）二十二歳より、宝暦十三年（一七六三）三十四歳まで。
　京都遊学及び、歌学び研究大成時代。

第三期　明和元年（一七六四）三十五歳より、天明八年（一七八八）五十九歳まで。

上古学研究及び大成の時代。

第四期　寛政元年（一七八九）六十歳より、享和元年（一八〇一）七十二歳まで。

学問普及時代。

とくに第二期をめぐって村岡は、「この間に彼は、一家の主人となり、市民となり、夫となり、父となり、また一家の学者となつた。この期における主な事件は、家督相続、京都遊学、歌物語研究及び大成、結婚、及び眞淵との面会、である」としるしている。村岡の宣長伝はかくて京都遊学ならびに賀茂眞淵との出会いをもって、宣長思想の形成過程における最大の劃期とみとめることになる。この見かたは、基本的には現在の宣長研究にあっても承認されているものといってよい。あわせてまた、第二期を歌学時代、第三期以降を上古学時代と整理する宣長の伝記研究の基軸は、歌学・物語研究と古代研究の関係という、宣長研究の課題のひとつをめぐって基本的な枠組みを与えたことになる。この件にかんしては、本居宣長における中古主義と上古主義の問題というかたちでのちに立ちかえることになるだろう。

村岡による伝記研究のなかで、注意しておいてよい点はもうひとつ、宣長による講義（「会読」と「講釈」とにわかれる）に目をむけ、その細目を一覧のかたちで整理していること、また交友関係に注目していることである。後者についていえば、村岡が挙げるのは、第一に京都遊学時代の学友・清水吉太郎、古学の先輩にして学友でもある谷川士清《ことすが》、それに眞淵（縣居）門下の学友、村田春海である。最後の春海について附けくわえておくなら、春海と宣長の関係を問題とすることは、江戸派国学と宣長門との関係を問うことにつながり、やがて現在の国学研究の一論点を準備するものとなったといってよいだろう。

「第弐編 宣長学の研究」にあって村岡は、第一に宣長の学問が「訓詁註釈」を中心とするものであったことを確認している。村岡のみるところでは、しかし宣長自身はけっして「単なる訓詁註釈家」ではない。すなわち個々の古典をめぐって、個別的な「語釈」を求めるだけの研究者ではない。かえって「古典の研究を基礎として、其古典の研究のうちに学説を創り出した」人間である。その学説を村岡は「文学説」「語学説」「古道説」に三区分し、その三者のあいだに時間的な推移関係をみとめている。同書が示したこの視角は、宣長学の諸側面の分類、ならびにそれらの側面の関係をめぐって、現代にいたるまで宣長研究の基準を与えることになった。

いわゆる文学説を検討するにあたって村岡典嗣が依拠したものは、ほぼ『紫文要領』『石上私淑言《いそのかみのささめごと》』の二冊の文献にかぎられ、その両者に共通する宣長文学思想の核心として村岡がみとめたものは、いわゆる「もののあはれ」の説である。これについで宣長が取りくんだものが、同書によるならば「てにをは」研究を典型とする語学研究であり、おおむね『詞の玉の緒』がこれを代表している。最後の古道論を代表するものはいうまでもなく本居宣長畢生の大業『古事記傳』にほかならない。

大著『本居宣長』における村岡典嗣の研究は、この文学説、語学説、古道説を祖述する部分（第弐編 第四章）までで、全体の半分以上を超過している。ここまで足ばやに辿ってきた内容にかぎってみても、村岡の論述は今日にいたるまで一箇の標準たるの地位を失ってはいない。たとえば、「ものゝあはれ」を説く宣長の歌論ならびに物語論を「人生観上の人情主義」（二八一頁）ととらえる見かたは、現在でもその基本線においては、多くの宣長研究において前提とされている。村岡自身がその後「主情主義」「感傷主義」「人情主義」と腑分けしたこの視点はおおむね主情主義の名のもとで理解されて、やがて確認してゆくように、とりわけ丸山眞男以降の国学研究にあって自明のことがらと目されるにいたる事情が、ことの趨勢を決定してしまったことになる。私としては本書の「内篇」でも見てゆくとおり、宣長の歌論ならびに物語論を主情主義の枠内でのみとらえてゆくことは宣長のテクスト理解としても不充分であると考えているが、ここではさしあたり『本居宣長』以後に発表された「日本思潮」と題する論稿から、村岡の基本的認定を示している部分を引いておこう。宣長の理解を下じきにして、直接には源氏物語そのものをめぐって書きとめられた一文である。

源氏物語の理想とは、本居宣長によつていみじくも道破された物のあはれ主義である。物のあはれ主義とは、最高の価値を感情そのものにおく主情主義であり、哀情の自己慰藉を事とする感傷主義である。而して、価値は感情のうちに於いては美に現れ、又感情は畢竟美によつて慰められる。こゝに情趣中心の唯美主義が生ずる。恋愛の理想が、好々しさの適宜に求められ、物のあはれの過ぎて仇めいたのを、却つて物のあはれに協はぬとして斥けられたのは、この為である。道ならぬ恋が、あはれの切なるが故に同情をもて描かれたのも、この故である。栄華の主たる内容として、恋愛の円満が存したのも、この故である。而してこの物のあはれ主義は、中古思想のその他の諸方面を特質づけ、又規定した。今その重なものについて見むに、第一に道徳観に於いては、現れて人情主義となつた。当時の道徳的理想は、人情に通じ同情の豊かなるにあつた。源氏が理想的人物であつたのもこの故である。

（『日本思想史研究 第四』八三頁）

論点をもとに戻しておこう。総じて宣長学をめぐる村岡典嗣の祖述が、現在でもなお標準的なものと見なされているという右の件は、うらがえして言うなら、その研究視角がもはや独創的なものと目されることができないということでもある。そうであるとするならば、今日もなお検討にあたいする村岡の宣長論一巻の所説は、その「第弐編 第五章 宣長学の意義及び内在的関係」以降の展開に、主要にはみとめられるべきなのである。

村岡は、宣長思想を三つの側面に区分していた。それでは、宣長思想あるいは本居学の三局面を貫通するものはなんだろうか。それは、国文学研究あるいは国語国文学研究という名称で今日では一括されるものに相当すると言ってよいのだろうか。そうではない、と村岡『本居宣長』は答える。なぜなのか。村岡の見るところでは、「そは一言で言えば宣長学は、所謂国文学に比して、その研究の範囲が時代に於いて小さくて、広さに於いて大きかつた」からである。宣長の研究はたしかに、今日でいう国語国文学の全分野におよんでいた。とはいえその研究は同時に、言語や文学にとどまらず、歴史、法律、倫理、宗教、風俗、制度その他にまで渉っている。宣長が関心をもった範囲は、これに対して、「古代（中古以前）といふ一時期に限られてゐて、少くとも、鎌倉時代以後に対しては、殆んど之を研究の対象としなかつた」（同書、三四〇頁以下）。

そう認定をくだしたあとで、村岡典嗣は説きつづける。そうであるとすれば、宣長学を総括するにふさわしい概念は、その「複雑多様な内容」にかんしてではなく、むしろ宣長が対象とした「限られた時代に於いて、之を求めるのが、一層適切である」。宣長の学はその意味ではつまり「古代の学」なのである。じっさい宣長自身が、みずからの学を「皇国の古へを明らむる学び」とも「古学」とも呼んで、古学とは「何事も、古書によりて、その本を考へ、上代の事を、つまびらかに明らむる学問」（うひ山ぶみ）とも称している。「この見地に立つて之を考へると、吾人は、自ら、近世の欧州、就中独逸の学界に於けるPhilologie（文献学）、若くはAltertumswissenschaft（古代学）の概念を想起せざるを得ぬ。而してこれらの概念を究め、そを標準として宣長学を考へて見ることは、思ふに興味深く、かつ宣長学の意義を明らかにする上に、最も適当な方法であらねばならぬ」。まさに芳賀矢一が先んじて指摘していたとおりに、である。村岡典嗣はあらためて説いている。

宣長が、「皇国の古へを明らめる」と言つた語は、勿論、ベエクの言ほど、明瞭な意識を以て言ひ表されてをらぬが、詮ずるところ、「知られたることを知る」と言ふに外ならぬ。（中略）同時に、しか解することを以て、宣長学の学問としての意義が、最もよく理解され得るのである。語学説に於ける古言の研究、そを基礎として試みられた、文学説および古道説に於ける古意の研究、いづれも上代の世界、換言すれば、上代人の意識、さらに換言すれば、「知られたること」を、明らめたものである。「物のあはれ」の思想が、よく中古の文明的意識の一面を明らめ得たことは、言ふまでもなく、一見、荒唐無稽の分子を多く含んでゐる、彼の古道説の説くところも、彼が所謂、皇国の言伝へのまゝ、換言すれば、古事記の記事その他によつて代表的に言表された、古代人の意識の再現として見れば、固より、そのまゝに文献学上の立派な成績である。（『本居宣長』三六一頁以下）

村岡は結論する。「かくの如き理由に基いて、吾人は、宣長学の本質的意義は、文献学であるとなすのである」。問題は、けれども、ここで終わらない。宣長研究の現在にまで継続してゆく論点は、かえってここからはじまることになる。

村岡『本居宣長』はたしかに芳賀矢一の先駆的な規定を継承しながら、宣長学を一箇の文献学、西欧近代、とりわけ近代ドイツに開花した文献学に相当するものとみとめた。同書における村岡の考察はしかし同時に宣長思想のうちに、文献学に対する剰余を見ている。文献学という規定からは逸脱してゆく過剰な部分こそしかも宣長自身にとって重要であり、本居学そのものにあっても核心をなすものであるとも考えられることだろう。

村岡典嗣が、宣長学を「文学説」「語学説」「古道説」の三つの側面に区分していることはすでに見ておいた。このうち古道説、あるいは道の学が、大著『本居宣長』がその「序論」にあってつとに確認していたように、宣長の学問にあって、もっとも主要な部分を形成している。問題はここでその古道説に、より特定していうなら、古道をめぐる宣長の特異な態度のうちに胚胎することになる。

古道とは宣長において、この国の「古典の解釈を通じて為した、古文明の闡明」によってあきらかにされるものである。その場合しかも古典のなかでも古事記が、宣長にあって特権的な地位を占めることになる。宣長の古道説はかくて主要には、古事記にしるされた「古典上の事実」を解きあかそうとする。そればかりではない。古典にそくして解明された事実は、宣長思想のなかで同時に「規範として」も機能する。かくてまた宣長の古道説とは「世界観、人生観、社会観、宗教観、道徳観等にわたれる総合的見解」にほかならない。

一定の古典籍（ここでは古事記）のなかに、疑う余地のない事実そのものが記載されていると見なすことは、すでに一箇の信を要求することがらである。事実がそのまま規範として作動していると考えるためにはさらに深度をました信仰を必要とすることだろう。――村岡は、古道をめぐる宣長の基本的な信のなりたちを、つぎのように祖述している。引用しておく。古道とはなにか、という問いに宣長にかわり村岡が答える。

　そは、天地万国を通じてたゞ一すぢなるまことの道で、我が国にのみ正しく伝はつて、外国には既に、その伝来を失つてゐる。道といふといへども、そは、人間が究理作為の結果になつた、道理道徳の類ではなく、たゞこれ、わが国の古典に伝へられた、神代の事実である。万国に勝つた、御国にのみ伝はつた古への言伝へ、これやがて古道の根拠である。而してこは、古事記、日本紀の二書、殊に古事記に正しく伝はつた。日本紀に比して、古事記の重んずべき理は、そが古語の純粋を以て、「言ひ伝へ」をさながらに記して居るからである。而して、彼がかく考へたのは、已に、注意した如く、一方に彼が語学上言霊説の之を荷へるものがあつたので、即ち、彼がさる難者の「言ひ伝へ」の信ずべからざるを言つたのに答へた文に、言ひ伝へ文字伝へと各特質があつて、必ずしも言ひ伝へが、文字伝へに比して誤多い理由はない。殊に、「文字なき世は、文字なき世の心なる故に、言ひ伝へとても、文字ある世の言ひ伝へとは大いに異にして、浮きたることさらになし。」となし、殊に、「皇国は言霊の助くる国、言霊の幸はふ国と、古語にもいひて、実に言語の妙なること、万国に勝れたるをや。」といひ、更に進んで、「抑、意と事と言とは、皆相称へる物にして、上つ代は意も事も言も上つ代」、となした思想に由来しているのである。（『本居宣長』三〇二頁以下）

古道は、宣長にとって「最も厳密な意味では、やがて神の道」である。村岡としては、今日ではよく知られている『古事記傳』における迦微の定義を敷衍しながら、叙述をつないでゆく。神とはいうところの「八百万の神々」であって、そこには善神も悪神もふくまれている。むしろ迦微とは、善悪を問わない、卓越したはたらきを示すものにほかならない。神とはすなわち、「有形無形を問はず」、人間であろうと、人間以上のものであろうと、あるいは禽獣であろうと「総じて、非凡の威力あるもの」なのである。神のうちに、記紀神話に語られる天地のさまざまな神々がふくまれることはいうまでもない。だが神とはそうした神々ばかりではなく、「鳥獣草木」のたぐいや、あるいはまた「海山など、其余、何にてもあれ、尋常ならず勝れた徳のあつて、可畏き物」のことなのだ。とはいえこれらの神々のうちでもっとも重要なのは、一方で「生成」そのものの不可思議な力とされる、高皇産霊神、神皇産霊神の二神である。他方で、八百万の神々のうちでももっとも尊い神は天照大御神であり、天照大御神はしかも「高天原即ち天空を支配」するものとして生まれでたばかりでなく「今なお、宇宙の万物に無限の恵みを与えてゐる日輪」そのものにほかならないのである。——宣長における神観念の祖述をうけて村岡は、その思考の核心をあらためて確認する。「かくの如き伝説をひとり伝へたわが国は、固よりこれ、天照大神の出生された本国として、万国の元本太宗たる国である」。

村岡の判定では、ここでベックの、あるいは西洋近代の文献学と宣長学は決定的に分岐する。ベック自身は「文献学」と「哲学」とを峻別している。ベックにとって、文献学とは哲学そのものではなく「認識された哲学の認識」である。宣長はむしろたんなる文献学者であることを超えて、古代に依拠するひとりの哲学者として思考し、しかもみずからの思想そのものをかえって信の対象としはじめている。つまり宣長は「単に古代人の意識を理解するに止らないで、その理解した所を、やがて、自己の学説、自己の主義として、唱導するに至つてゐる」のだ。つまり宣長は一箇の「古代主義者、古代的思想家」となり、本居学は「一種の古代主義、古代思想」と化しているのである。かくて宣長学はただの文献学ではない。本居学は、しいていえば

「文献学的思想」を展開したものである。この思想、信に基礎をおく思想が、宣長における文献学に対する剰余にほかならない。

もとより村岡典嗣は、宣長学の性格を「自由討究主義」「客観主義」「学問的公平」のうちにみとめるに吝かではない。その著『本居宣長』が論じる基本線からすれば、宣長の思考を特徴づけるのは、「要するに、真の学問的性質さらに適切にいへば、科学的態度」であって、そこには驚くべき「実証主義、もしくは客観主義」がみとめられる。宣長は、とはいえその古道説にあって「一つの変態（Metamorphose）」を示している。なにが変容しているのか。宣長学はその古道説にいたって、「客観的、帰納的、説明的」態度を、「主観的、演繹的、規範的」なそれへと変換している。「換言すれば、古代の客観的闡明がさながらに、主観的主張をなしてゐる」のである。

村岡の認定を引用しておく。なお、引用文中「この関係」とあるのは、「一つの弧線は、内外両面から凹凸両様に見られる」という関係を指している。引用文に先行する文脈で村岡が、宣長における客観的・科学的態度と主観的・信仰的な態度の両者は論理的関係を取りむすぶものでありえず、双方が他方にとって「同じ盾の他面」である事情を説明するにさいして持ちだした比喩が、「弧線」という表現にほかならない。

彼が闡明した、上古人の意識的内容たる古伝説が、そは、彼自らの理性の判断によれば、当然幾多の背理、妄説を含んでゐるにも拘らず、そのまゝに、換言すれば没批評的（kritiklos）に、承認され、尊信されて、あまつさへ、さらに、吾人の生活の規範を示すものとして、主張せられた彼の古道説の内容は、最もよく、この関係を示してゐる。（而してこは、語学説、文学説に於いても同様である。たゞ両者に於いては、この没批評的といふことが、古道説におけるほど明らかに現れてをらぬ。）この関係を一言でいへば、「Erkennen des Erkannten が同時に Glauben des Erkannten〔認識されたことがらを信仰すること〕をなしてゐると言へる。而して、これ即ち、彼の学問が、全体として、文献学的思想と考へらるべき所以であつて、宣長学を、本質的に文献学となす立場からは、かくの如き、関係は当然、変態である。

（三七二頁）

問題は現在なお継続している。もうすこし考えておく必要がある。

三

村岡典嗣は本居の学を一方で文献学をその核心とするものとみとめ、他方で宣長の思想を文献学に対する剰余を有するもの、いわば文献学的思想とみなしていた。宣長学はたんに認識されたことを認識するものであるに止まらず、認識されたことをみずから信じ、それを一箇の哲学的教説としてあらためて唱導するものと認定したわけである。

村岡自身にも、しかしある意味では、この国の古典籍に盛られた神話的言説を一箇の哲学的認識へと整序することをこころみた論攷がある。ここでは、昭和七（一九三二）年に発表された論文「日本哲學史」から、記紀の世界像を論じた部分をすこし長く引用しておく。

この見地から、吾人は先神話を、その構成要素たる諸観念の側からみる。それらの諸観念は之を類別して人生観的のものと、世界観的のものとなし、両者にまたがつて中心的位地を占めるものとして、神観を見ることが出来る。而してこの三者について、それぐ〵存在に対する客観的認識の方面と、価値に対する主観的認識の方面とがある。第一に人生観的方面に於いては、一方に生死観や霊魂観が存し、他方に善悪吉凶観や罪悪観が存する。生死観から述べると、生死観の根柢を為したものは、見得る世界対見えざる世界の観念である。太古人の意識にはこの対立が存し、見得なかつたものが見得るやうになつたのを顕《あ》る、その反対を失《う》すと考へた。顕《あ》るを変化の過程から言はば、成るである。生殖の作用によつて顕れいでしめるのが、生むであり、その物についていはば、被生である。生の反対が死で、そは顕れいでた状態即ち生から見えずなつたので、換言すれば隠れたのであり、必ずしも無に帰したのでない。（中略）次に霊魂については、太古人は神や人の現身の中にあつて、霊妙な活らきをなす半心的半物的の気的又は影的存在を考へ、之を霊又は魂と呼んだのである。魂は普通は現身と共にあるが、又一時的には単独にも存在する。身体の中府に鎮つてゐるのを常態とし、もし魂がそこからいでて遊離する時は、身心の平衡は損はれ、病の原因となる。死もまたその結果で、死後霊魂は普通は身体と伴つて夜見へ行くが、又死体とともにその場所に止り存するとも考へられた。（中略）第三に神観は、太古人の人生観や世界観の中心を為す重要なものであるが、一言でいへば彼等は宇宙間に於いて何等かの意味で、凡て威力の発現を見るところ、そこに神があるとした。而してそこには善悪貴賤強弱また大小等の別は、必ずしも之を問はなかつた。善貴強大なるはもとより、その反対のものも、あまりに賤しく、あまりに弱く、あまりに小さいが故を以て、威力の感ぜらるゝ限り、神と考へられた。かくて天体、山野、河海、風雨、水火、国土等をはじめ、鳥獣、魚介、草木金石にいたる自然物、又は準自然物や、人間に於いても偉人、英雄又は天皇をはじめ、長上が神とされ、しばしば自然物の人格化又は人間の自然化として、自然と人間とが混一して神とされたのを見る。而して更に之を上記の人生観、世界観に於ける諸観念と結び付けて考へると、神は現身としても隠身即ち霊としても、又吉の神としても凶の神としても存し、又高天原にも、予美にも、常世にも、大八洲にもそれ〴〵在ったのであるが、神としての本格的のものは現身であり、生成即ち吉事を司どり、よりよき現世としての高天原を住処としたのである。

（『日本思想史研究 第四』一〇五〜一〇八頁）

随所に、宣長による古伝説読解からの影響が見られる。いま問題にしておきたいのは、しかしその件ではない。学としての日本思想史学の創始者のひとりである村岡典嗣は、相応に強靭な哲学的思考力をそなえていたしだいを、ここでは確認しておきたかったまでのことである。

前節以来の問題にもどろう。宣長は西欧近代の文献学にも比定しうるような方法にもとづいて、客観的・帰納的・説明的な古典理解の実績をのこした。そのおなじ宣長、近世日本にあってもっとも知性的な存在のひとりであった本居宣長がなぜ、みずからの文献学的な研究のあきらかにしたところをそのまま信じ、一箇の教説として提示するにいたったのか。ここには知と信との、にわかには埋めがたい深淵が開いているようにみえる。

論点がもうひとつ存在する。右にいう懸隔がそれとしてすがたをあらわすことになるのは、宣長におけるいわゆる文学説・語学説が古道説へ変容することを機縁とするものであった。前者とりわけ文学論にあって宣長は、新古今と源氏物語に最高度の完成をみとめる、いわば「中古主義」を取っていた。これに対し古道論へと移行した宣長は、古事記を至上の古典とみなし、文学史的な区分にそくしていってみれば紛れもない「上古主義」者と化している。このふたつの評価は、はたして両立可能なのだろうか。そのうえ、村岡の見るところ「中古主義と上古主義との混在に対する無反省と、古伝説に対する無批判的信仰とは、二つながら、ともに、宣長の古代主義に於ける絶対的信仰の態度を示すもの」（『本居宣長』四七五頁）なのである。

現在にいたるまで議論が継続している「宣長問題」の原型が、ここにある。かつてたとえば加藤周一が、新聞連載稿のうちで言及した問題は、村岡典嗣がその著『本居宣長』のなかで提起した論点のひとつの変奏であるにすぎない。加藤にとって、最大の「謎は、今さらいうまでもなく、宣長の古代日本語研究が、その緻密な実証性において画期的であるのに対し、その同じ学者が、上田秋成も指摘したように、粗雑で狂信的な排外的国家主義を唱えたのは、何故かということである」（『夕陽妄語』二二六頁）。加藤のいわゆる排外的な国家主義の背後には宣長の場合、なによりもまず「古伝説に対する無批判的信仰」ともみえるものがある。あるいは前節での引用をくりかえすなら、古道を「天地万国を通じてたゞ一すぢなるまことの道で、我が国にのみ正しく伝はつて」いるものとみなす立場が存在している。[註]

（註）近年いわれる「宣長問題」にかんする問題提起としては、野口武彦「本居宣長の古道論と治道論」のほうが、加藤に先行している。野口によれば、宣長問題とは「一にかかって、それらの客観的特性〔手続きの正確さ、方法の純然たる帰納性、論理的明晰さ〕と極端なまでの主観的独断性とが宣長という同一の人格に内在的に共存していたこと」をさす（一二三頁）。ついでに引けば、野口の見るところでは「宣長の不可知論（あるいは神意不可測説）は、方法的仮説と盲信とのあいだにある何ものかであった」（一二四頁）。なお宣長問題をめぐる現代の代表的論者である子安宣邦の所論については、のちにとり上げる。

村岡典嗣自身がこの問題に答えようとして、三つの契機に注目していた。ひとつは「国家的自覚に基いた熟誠又極端なる忠君愛国の思想」で、いまひとつが「実証的不可知論的思想」、最後に「敬虔的思想」である。もっとも重視されるのが三点目であり、村岡は一方で垂加神道からの影響を推定するとともに、他方でより主要には、いわゆる「絶対他力」への信をとく、浄土宗的な宗教的心情の存在を強調している。『本居宣長』第二部「宣長学の研究」の結論部分から引く。

> 宣長学の根本思想の各々と、その関係とを研究し来つた結果、明瞭に吾人に現れ来るのは、本居神道の面目と特質とである。荷田春満以来の古学派の神道を、或は復古神道といひ、或は純粋神道といひ、本居を以てその代表者となすことは、普通の見解である。この見解は、固より或意味に於いて、正当である。本居の文献学がいみじくも発揮し得たところは、実に、古神道そのまゝであり、又神道の純粋のすがたである。しかも、それにも拘らず、本居の神道は、決して古神道そのまゝではなかつた。所謂純粋のすがたではなかつた。一には、垂加神道と相そむいてしかもそれを受け、それと相通ぜる点に於いて、一には、浄土宗的絶対信仰の宗教的情操を、根底とせる点に於いて、実に、一個の近代的神道であり、而してまた、そが文献学的性質を一方に徹底し、学問と奇しき融合をなせるところに、全く特殊の本居神道であつた。而してこの特殊性こそは、また、実に、後の古学神道の発展の為に契機とならざるを得なかつたのである。（五一〇頁以下）

古道への信の根拠に絶対他力への信をみることはむろん問題を解決しない。信の根拠そのものは解明されることなく、ひとつの信の深度をもって、いまひとつの信の強度が測られているにすぎないからだ。村岡の所説は、じっさいあとで見るように、早くからたとえば羽仁五郎によって否定され、戦後の一例をあげれば西郷信綱からも批判された。ただし、本居思想の根底に宗教的心性を見、宣長自身を一箇の「宗教的人格」

ととらえる視角を、松本滋がひとり評価していることは、注意しておくべきかもしれない（『本居宣長の思想と心理』六七頁）。

松本が採用している精神分析的思想家理解の手法に、私自身はほとんど信を措いていない。また宣長思想をめぐって語られるのをつねとする、いわゆる「不可知論」という符丁にかんしては、宣長の思考の重要な部分を不可視にする常套句であると考えている。詳細は「内篇」にゆずるとして、ここではとりあえず小林秀雄『本居宣長』の言いぶんを援用しておくと、「宣長の思想に於ける不可知論（agnosticism）と実証主義（positivism）といふことが、宣長研究者達の間で、しきりに言はれるが、言ふまでもなく、かういふ言葉が現れてきた十九世紀の西欧の思想的背景など、宣長には全く無縁なものだし、余程の無理をしなければ、彼の思想の説明に、かういふ言葉を使ふのはむつかしい筈」なのである（同書、四一七頁）。

とはいえ、村岡典嗣『本居宣長』の最大の功績は、問題それ自体を提出したことにあると語ることもできる。提出された論点の重要性、その射程にくらべるならば、問題に対する村岡自身の解答のありかたは、いってみれば二次的なことがらであるとさえ言ってよい。さらにひとこと附けくわえておくなら、この圧倒的な影響力をもった一書の最大の特徴は、宣長思想そのものの内在的理解にあるのであって、のちに「宣長問題」として一括される論点に対して村岡が与えた答えもまた、本居学の文脈に内在して、宣長の生に密着するかぎりでは、可能な答案のひとつであることは疑えないところだろう。――「彼の性格を総括して考へると」と、村岡は本論の結語を書きはじめていた。宣長の「性格の特質として、述べたうちの、温和といひ、自然といひ、快活といひ、楽天的といひ、また単純淡泊の趣味といひ、いづれもわが国民性本来の代表的特質である」。村岡がここで挙げている性質のうち、多くのものはまたこの日本思想史研究の創始者のひとりにも当てはまるように思われる。本居宣長にかんする近代最初の本格的研究書は、研究者自身の性格と学風を移しいれ、かつ写しとって、それじたい温和で公平な、内的理解の脈絡を示したものなのであった。
村岡は退官後の執筆生活を愉しみにしていたといわれる。天は時を貸しあたえず、典嗣は東北大学停年とともにあわただしく黄泉に赴いた。旧師の波多野精一、終生の友、佐佐木信綱の尽力で、死後『日本思想史研究 第三』『第四』がまとめられる（『第四』の村岡皙「あとがき」による）。『研究 第三』に信綱が寄せた「序」によれば、村岡典嗣の父は「丹波山家の藩士の家に生れ、心の正しい人」、母は「武蔵忍の藩士佐藤氏の女《むすめ》で、心のやさしい人」であった。開成中学の同級のひとりに齋藤茂吉があり、典嗣じしん小時より歌文を嗜んでいたという。

村岡典嗣は、あらためてこと挙げするまでもなく近代以降の日本思想史研究の創始者のひとりである。同時代にあって村岡の好敵手をひとり挙げておくとするなら、津田左右吉（一八七三～一九六一年）ということになるだろう。津田の名はむしろ、その記紀批判と戦前の受難とによって知られているかもしれないけれども、典嗣と左右吉の両者は国学評価、あるいは限定していえば本居理解をめぐっても両極の立場を代表している。村岡史学が宣長思想に内在的な問題を提出したとするなら、津田史学のほうは国学一般もしくは宣長学にかかわる外的な文脈に目をむけ、後年の社会史的な研究の先蹤となるとともに、宣長思想に対する批判的論点の原型のほぼすべてを準備するものであった。以下ではごく簡単に津田左右吉の所論をふりかえっておくことにする。

自分らの時代には、あなた方の時代よりもつと自由なのび〳〵した空気があつたのだ。さういふ中で、自分は半ば日本の古い文化になつかしいといふ気もちをもち、共鳴する気もちをもち、しかしまた一方新しい西洋の空気を吸ひながら成長した。だから本居宣長の書いたものなど、何だこんなものと最初から思ひながら、しかし古事記そのものには愛着を感じてゐた。

後進の日本史家によるインタビューに答えた津田の発言である。すでに半世紀以上も以前の時代の雰囲気にかかわる回想が、どれほど信頼しうるものであるかは判断の分かれるところだろう。本居宣長については、最初から「何だこんなもの」という感覚があったという事情の背後には、とはいえ津田の場合、荻生徂徠と宣長との関係をめぐって、早くに見当を附けていたという経緯が存在することはまちがいがない。明治三十六（一九〇三）年に発表された「渉史雜話」と題する小論には、「道は自然の道にあらずして神の作り給へるもの」とするのが宣長の主張であるとして、「蘐園学派の道を以て政治の所作に帰するに類似す」るものとみなす発言がみられる（念のため附言しておけば、蘐園学派とは徂徠学派の別名である）。じっさいまた、津田左右吉の大著『文學に現はれたる我が國民思想の研究』にあっての国学ならびに宣長学にかんする評価は、古学と国学、徂徠と宣長とのつながりを強調することで、後者の歴史的な意義をやや低く見つもろうとするものであったといってよい。(註)

（註）津田の発言は、昭和二十八（一九五三）年の四月五日に行なわれた家永三郎による「聞き取り」に答えたもの。家永『津田左右吉の思想史的研究』一〇頁による。「渉史雜話」は『教育時論』に掲載されたもの。同書、七九頁参照。津田にかんする以下の記述は家永に拠るところがある。なお当然のことながら、村岡典嗣も徂徠—

宣長関係にかんして十分な注意を向けている。宣長が「宋儒の窮理的傾向に対して、非難してゐる」こと自体が「徂徠学また仁齋学の主旨と趣を同じうしてゐる」わけである（『本居宣長』四二三頁）。後年発表された「宣長學と徂徠學との關係」（一九四五年六月一日稿了）では、徂徠の『訳文筌蹄』を、京都遊学時代の宣長が詩文の制作のために「座右において使用」（『日本思想史研究 第三』二五三頁）していたことなどの事実関係について、詳細な報告がなされている。津田の場合は、一方で両者の関係の積極的認定が宣長に対する消極的評価にむすびついているにすぎないとも言えるし、他方では村岡においてはそうであるような立ちいった資料の検討に裏うちされた所論ではないと語ることもできる。なお周知のとおり、問題は「思惟方法」の関係という視角から、丸山眞男の助手論文「近世儒教の發展における徂徠學の特質並にその國學との關聯」で論じられてゆく。本書「外篇」後論参照。

すでにふれておいたように、津田は村岡に比してひとまわり上の世代にぞくする。ただし村岡典嗣『本居宣長』は明治末年の出版であるのに対して、津田の出世作『神代史の新しい研究』が大正二（一九一三）年に、つづけて当面の問題となる『我が國民思想の研究』も大正年間に公刊されているから、業績としては村岡のそれのほうが先行している。とはいえ村岡の一書が影響力をもつにいたるのは昭和に入ってからであることを考えあわせるならば、日本思想史研究にかかわる両者の仕事はほぼ併走するものであったと見なすこともできるだろう。

大正五（一九一六）年、津田左右吉は『我が國民思想の研究』の首巻「貴族文学の時代」を世に問うた。その自序で著者は「僕の思想が読者の思想と如何に接触すべきかを顧慮するがために、僕は茲に僕の研究の態度を一言して置かうと思ふ」としるして、つぎのように書いている。なお津田の著作からの引用は以下、初版を収録した全集別巻による。

国民の思想が国民の全生活と共に歴史的に発達するものであることはいふまでも無かろう。国民もまた個人と同じく、常に其の生活を保持し、充実し、開展してゆかうとする。さうして断えず新しい刺戟を受け、新しい境遇に順応してそれを領略してゆくところに、国民の生活過程がある。国民思想とは此の国民生活の心的側面を仮に名づけたに過ぎないのであつて、国民の実際生活から生まれ、それと共に推移しつゝ、更にそれを新しい方向に導いてゆくものである。固よりそれは遠い昔の民族生活に深い根ざしがあり、また此の連続し一貫してゐる生活過程によつて、漸次一つの国民性に形成せられてゆくものではあるが、発達の跡について考へると、其の時代〳〵の実生活に応ずる特殊の内容があり色調がある。と同時にまた実生活に関係なしに、又た前代からの思想と脈絡なしに、みだりに動揺するものでも変化するものでも無い。（『全集』別巻二、七頁）

津田がつづけて書きとめているところでは、「僕から見れば是は当り前のことである」。なぜ、その当然なことがらをあえて主張するのか。それは「世間に於いて兎もすれば、思想といふものが実生活と離れて存在するもののやうに見做されてゐはしまいかと疑はれるからである」。

この問題提起は、当時としては劃期的なものであったと言わなければならない。と同時に津田の問題意識は射程のながいものだったといってよい。思想史を国民の「生活過程」との関連で捉えかえそうとする津田左右吉のこころみはじっさい、昭和期に入っていっせいに開花する文化史的手法、社会史的方法、さらにはマルクス主義的な立場の一部をも、ある意味で準備するものであったように思われる。

津田の『我が國民思想の研究』は「貴族文学の時代」につづけて「武士文学の時代」を問い、さらには「平民文学の時代」を対象とする構成となっていた。最後の「平民文学」は三期に分けられ、元禄時代前後七、八十年をその「興隆時代」、享保元文から天保あたりまでを「停滞時代」、維新前後の三、四十年を「頽廃時代」とみなしている。このうち第三期にかかわる論稿はついに公刊されず、津田の企図は第二期まで及んだ時点で中断することとなったわけである。

第一期はべつの言いかたをすれば正保慶安ごろから正徳前後まで、百年にはすこし届かない時間の幅をもっている。津田はその時期にかんし、まず政治・社会組織や制度をふくむ「文化の大勢」を概観したあと、俳諧、浮世草子、また浄瑠璃を主として問題としたのちに漢文学ならびに武士道へと説きおよぶ。とりわけ「知識生活」を、つまり当時の知識人たちの思想をとり上げる章で津田は、そのころ知識世界で覇権を獲得しつつあった儒学が、じつのところ民衆の実生活とはほど遠いものであり、儒者たちの主張の空疎さを撃とうとした和学者あるいは国学者、神道者たちの議論もじっさいには「的なきに矢を放つ」ものであって、両者のあらそいは「実際と関係の無い知識上の閑葛藤に過ぎない」ものとみなしている（『全集』別巻四、四八七頁）。このような視点は、江戸期の狭義の思想全般にわたる津田の批判にかかわるものであるけれども、ここではとくに左右吉のいう「停滞」期における国学の評価について見ておこう。

津田左右吉は、国学の具体的な主張そのものは賀茂眞淵にはじまるものと見なしていた。津田によると、眞淵の主張にしたがえば、日本の上代にあっては「人心がすべて直かつた」のであって、そこではことごとしい教えは必要ではなく、道を説く必要もみとめられていなかった。その理由は、しかし「道が無いのではなく、それは天地自然のまゝにおのづから存在して」いた点にある。その現実的なあらわれが、中国の易姓革命の思想、またときに見られた異族の支配という現実と対照的な、日本の「皇室の万世一系」という在りかたにほかならない。本居宣長自身また「大体に於いて眞淵の思想を継承しながら、道は天地自然の道ではなくして神の作つた道である、とした点に於いて一歩を転じた」。かくて一方では「皇神の道」の概念がより明確になるとともに、他方では「宗教的色彩」がいっそう濃厚になって、この傾向がやがて平田篤胤の国学へとおよぶ。問題はしかし、そればかりではない。国学、とりわけ宣長学の基本的な発想は――さきに津田なお若年の時期の主張にふれておいたとおり――徂徠学におおきく依存するものであって、弱点をも江戸期の儒学一般と共有していた。

更に一歩を進めていふと、いはゆる皇神の道または神道を、治国の道、天皇の天下しろしめす道として説いたのは、徂徠派の説をそのまゝ我が国のこととして適用したものであり、宣長が道は神の作つた道だといつたのも、道といふ語の意味が少し変つてはゐるが、それは彼自身には明かに考へなかつたことであるから、実は徂徠の説の聖人の二字を神の一字に書き改めたまでのことである。それから、眞淵が歌を以て民を化する道だとしたのも（新學・國歌八論餘言拾遺）、支那式教化政治主義であり、宣長が天皇の心を心としてそれを奉ぜよといふのも、その根柢に同じ思想がある。（中略）彼等の尚古主義すら実は儒者の、特に徂徠派の、尚古主義から来てゐるらしく、古学といふ名称の由来もそこにある。

（『全集』別巻五、三九六頁以下）

津田の思想史はもとより「文学に現はれたる」国民思想を問おうとするものであった。平民の時代にかんして、そのいわゆる「停滞」期をあつかった部分にあっても左右吉は、引きつづき俳諧や浄瑠璃・歌舞伎を論じているばかりでなく、江戸の滑稽文学、狂歌や川柳、草双紙や読本にいたるまで視界におさめている。そのうえで知識人層の文学観をめぐって儒教的な教誡主義、あるいは眞淵におよんでなおみとめられる或る種の「実用主義」とりわけ政治的教化思想に対する、この国民思想史家の評価はきびしく、それらを一括して「因襲思想」と指弾するのに対し、本居宣長の「もののあはれ」の説にかんしては相応に高い評価を与えていた。津田の見るところ本居学は、歌や物語は「情の生活、内なる生活の表現」と考えたのであり、しかも宣長のいう「情」は「本来女々しいもの」であって、「情の極致」が恋愛においてあらわれるものである以上、「歌や物語の主なる主題は恋」であり、しかも「道ならぬ恋」となるのは当然なのである。むろん「今日から見れば、詩歌や小説の全体を「物のあはれ」の一言で蔽ひ尽さうとするのは、固より妥当ではないが、和歌と平安朝の物語とについての観察としては、大過なきもの」であり、文学の性格について「これほどに徹底した解釈」は前例をみない。「これによって始めて知識から情が、外面的の道義から文学が、解放せられた」といってよい(同、四六一頁以下)。この側面にかぎっていえば、津田思想史学の宣長評価はきわめて高く、あるいはこの点に限定してのみ、本居思想への共感が論者である左右吉自身に色こくみとめられる。

これに反し、宣長学の基本的性格に対する津田の判定は仮借ないものだった。そもそもかりに日本という国が「世界を照らす日、即ち天照大神、の生まれられた国」であるにせよ、そこから帰結するのはせいぜい、この国が「本」であり他国が「末」であるということにかぎられる。だが「本末主従の関係と是非正邪の区別とは、全く別の観念」なのだ。「本は末を摂すべきもので正は邪を斥くべきもの」だからである。本居の排外思想のなかには、むろん宣長自身には隠された、しかし目にもあらわな両者のこの混同がある。その一方は本居宣長による神代伝説解釈から導出されたものであり、もう一方は「儒教排斥の思想を理屈だてたもの」であって、宣長はこの双方を「不用意に結合した」、と津田としては考えるわけである（三九一頁以下）。

のちに「内篇」でも確認するように、宣長の古事記理解にはとりわけその神概念にかんして、じつは重大な読みこみ、もしくは再解釈がある。いま二点についてのみふれておくなら、その一点目は「高御産巣日神《たかみむすびのかみ》」の過大ともいえる意味づけであり、二点目は「禍津日神《まがつびのかみ》」のきわだった重視である。左右吉は、とくにこの二点目をめぐって、複数の疑問点、問題点を指摘していた。

津田が理解するところ、宣長の主張することがらはこうである。いっさいの災禍は、悪神たる禍津日神に由来する。日本以外の国、たとえば中国では「王統が一定してゐない」ゆえに禍津日神がつよく作用した。またこの国にあって、中国思想とりわけ儒学が移入されたけっか「乱りがはしくなつた」のも、すべて禍津日神の所業にほかならない。もちろん宣長の理解するところでは、悪神である禍津日神に対しては、それを匡《ただ》す直毘神が存在するにせよ、いずれにしても「神のしわざは人智の測るべからざる」ところであって、しょせん「人力の奈何ともすべからざる」ものなのだ。――しかしかりにそうであるとすれば、と津田は論判を開始する。そもそも神の造ったとされる世界になにゆえ禍津日神の存在がゆるされているのか。「同じく神の作つた世界に於いて、何故に或る国境を設けその上に本末を区画したか」。そういったあらゆる疑問に対し、本居思想には答えのいっさいが欠落している。宣長学にあって前提とされ同時に帰結とされているのは、つねに「人の智力を否定」することである。すなわち神意の不可測を強調することなのだ。津田左右吉の見るところでは、「宗教的傾向が強くそこに現はれてゐる」。がんらいべつべつの観念である「本末と正邪との観念は、この禍つ日の神といふ思想によつて結合せられてゐる」のである（三九二頁）。

とはいえ「すべてが神のしわざ」というならば、人間には自由もなく責任もない。したがって規範が規範たるべき根拠もまた不在である。宣長思想も道を説き、道への随順をこと挙げする。だが、本居宣長の思考は「その点に於いて甚だ無意味」なものとなってしまう。宣長学はなぜこうした不毛な帰結を生んでしまうのか。その主張がほんらい実生活とは関係のない「要するに遊戯」であったからである、というのが国民思想史家の結論であった（四一三、四一一、四〇六頁）。

津田左右吉はとうぜんまた、村岡典嗣が見てとった宣長思想の亀裂をも見のがしはしなかった。なによりふしぎなのは、と『文學に現はれたる我が國民思想の研究』は説いている。

しかし何よりも不思議なのは、宣長が古事記の神代の物語を文字どほりに事実と見なし、天照大神といふ実在の神（人）が太陽そのものであると説き、それを基礎として彼の中外本末説を築き上げたことである。彼の時代に彼だけの知識を有つてゐたものが、果して真にさう信じてゐたのかどうか、頗る疑はしく思はれるが、古典の記載をどこまでも信じようとして、終にさう考へるに至つたのであらう。初めから直覚的にさう信じたのではなく、努力の結果さう考へならされたのであらう。かういふ心理は必ずしも了解せられないことでもあるまい。それ程までに彼は古典の文字のために普通の知識を否定したのである。が、これはさすがに考のあるものには承認せられなかつたので、「すゞのやがすゞろのことを書きちらし今ぞ知りぬる伊せのひがこと」と嘲けられたのも、主としてこれらの点からであらう。秋成から手ひどく罵倒され（膽大小心錄・秋成遺文所載神代かたり）、守部から強く反対せられたのも（稜威道別・難古事記傳など）、無理ではない。（四〇八頁）

最後に挙げられている上田秋成、橘守部については、宣長学への断固たる反対者として、村岡もひとしくその双方の名をしるしている。村岡によれば、「本居宣長が出でて後の国学界は、殆んど鈴屋の学派によつて風靡されたと言ふべきであつた」。賀茂眞淵の弟子すじ、つまり縣居門下での宣長の同学、先輩すら例外ではない。かれらの多くもまた、師・眞淵の死後には実質的に鈴屋門に降ったのである。後進の国学者たちについてなら、いうまでもない。「而もかくの如き大勢に反抗して、敢へて本居の競争者を以て任じた学者としては、前には上田秋成、而して後には橘守部などが数へられる」(『増訂日本思想史研究』二七五頁)。

ちなみに一般に本居宣長の排外思想がもっとも目につくかたちで登場すると見なされている著作、『馭戎《ぎょじゅう》概言《がいげん》』についても村岡史学は一定の評価を示していた。問題の一書は「古今の歴史に徴して、我国体の尊厳無比なることを、証明する」ことを目的としていることはまちがいない。しかし「一面からまた、国初以来豊太閤当時にいたる外交の経過を述べ、頗ぶる要領を得、かつ歴史の体を備へてゐる。わが外交史の先蹤として注意に価する」というのが村岡の見たてである(同書、一四〇頁)。『馭戎概言』は「からおさめのうれたみごと」と訓まれる。馭戎は西方の異民族(戎)を支配する(馭)という意味であり、宣長にとって皇国の西には朝鮮半島があって、中国大陸がひろがっている。

津田史学にあっては、国学、とりわけ宣長の排外主義など「空疎な国自慢を徒らに声高く叫んだ」にすぎないものであった。それがせめて「詩人的情熱」とともに語られ(津田はおそらく眞淵の場合を考えているのだろう)、「美しい空想の世界に人を導く魅力」をともなっていたとすれば、一片の文学的な意味はみとめられるかもしれない。「秋成のいつた如く、「どこの国でも其の国のたましひが国の臭気」(膽大小心録)であることをも考へねばならぬ。しかしかういふ誇張せられた国自慢の説き得られたのは、やはり鎖国時代で世界の状態を知らなかつたからであることは、いふまでもない」(『全集』別巻五、四一四頁以下)。――いちおう注記しておくなら、むしろいわゆる鎖国の解れこそが国学形成の動機のひとつであった。村岡がつとに指摘していたように、宣長の同時代は一方で蘭学者を輩出し、他方ではすでに国際的事件も起こりつつあったからである(『本居宣長』四八二頁以下)。洋学との交渉はたしかに平田篤胤にいたり顕著となる。とはいえ今日では、そもそも洋学的知識の導入が、初期国学からあらわれていることも注目されているのである(岡田千昭『本居宣長の研究』九三頁)。

四

津田左右吉は岐阜に生まれ、明治二十四（一八九一）年、東京専門学校（現在の早稲田大学）を卒業してから、東京帝国大学教授であった白鳥庫吉に出会っている。津田は中学教員をつとめた後、明治四十一（一九〇八）年から満鉄調査室に勤務した。所属した研究部門の長も白鳥であって、庫吉は『神代史の新しい研究』に「序」を寄せている。津田は多彩な仕事がみとめられ、大正七（一九一八）年に母校の早稲田大学にうつった。

近代の日中関係史にもその名をきざむ胡適は米国に留学し、デューイに学んだ。北京大学で胡適の講義を受けた顧頡剛《こけつごう》は、その影響で中国上古史への懐疑をふかめる。中国近代初期におけるいわゆる「疑古の学」の由来である。東京の白鳥庫吉、京都の內藤湖南の両雄が、いわば日本における疑古の学の創始者であったとするなら、いちおう津田は前者の後継者であったといってよい。前節でふれた『我が國民思想の研究』にさきだって左右吉は『神代史の新しい研究』を公刊し、『國民思想の研究』刊行中にも『古事記及び日本書紀の新研究』を世に問うている。昭和五（一九三〇）年の『日本上代史研究』と、同八年の『上代日本の社會及び思想』とあわせて、津田の古事記・日本書紀研究の代表的な成果である。

記紀に記載されている事跡のなかで、神代は言うにおよばず、人代に入ってからも神武天皇から仲哀天皇へといたる部分には、天皇の系譜そのものをふくめて歴史的事実に対応すべき部分が存在しない。日本民族あるいは日本国家の起源にまつわる資料として見るなら、記紀それ自体に史料価値はない。応神天皇以後の記述には、事実の記録と見なしてさしつかえのないものもしだいに増えてゆくにしても、天武・持統紀三巻を除けば、史実でない記事もなお多い。それらは資料にもとづくことなく、いわば「机上で造作されたもの」といわなければならないのである（家永前掲書、二七六頁参照）。――業績の古代史研究上の意味、あるいは記紀文献批判という面における価値、その現在的評価といったことがらに当面の関心はない。ここでふれておきたいのは、『古事記傳』を著わすさいに宣長が前提としていた事項をめぐる、津田の論断である。

　宣長が古事記傳をかいてから古事記の由来について一種の僻見が世に行はれてゐる。それは此の書の序文に「姓稗田名阿禮、年是二十八、為人聡明、度レ目誦レ口、払レ耳勒レ心、即勅二語阿禮一、令レ誦二習帝皇日継及先代旧辞一」とあるのを、阿禮は漢文で書いてある古書を国語に誦みなほし、書物を離れてそれを暗誦したものと解し、太安萬侶は、またそれを阿禮の口から聴いて文字に書きうつしたものと見るのである。（中略）阿禮のよんだものが、よし、宣長の説のやうに漢文であつて、彼はそれを国語にかへして口に唱へたとしたところが、その国語を文字に写さずに暗誦してゐる必要はどこにも無い。また、古事記を見ても、それが全部国語として誦みうかべられたものとは見えず、漢文のまゝで一向差支の無い場所が多く、また、系図のやうなところは別に国語として誦むべき必要も無いのである（宣長が全体にわたつて所謂古訓をそれにつけた苦心と、また其の古訓の正鵠に中つてゐることとは、実に感嘆の外は無いが、古事記そのものは、本来、尽く、あのやうにして訓まなければならぬものでは無からう）。（中略）阿禮はそれ（古書記録）をよんで、仙覺が萬葉に訓をつけたやうに、古書に訓をつけたのである。「誦習」の二字はかういふ意味と見る外は無い。漢字で国語を写したのであるから、字を見たのでは意味がわからない、即ち声に出して誦まなければならないから、誦の字を用ゐたのであらう。「度目誦口、払耳勒心」とは博覧強記といふことで、暗誦に長じてゐるといふのでは無い。（中略）世間では阿禮の口誦といふことから、更に一歩を進め、我が上代に於いて、伝誦せらるやうに一定の詞章を具へた物語が書物以外にあつたと考へてゐるものもあるらしい。けれども（中略）便利な漢字が用ゐられ、すべてが記録として世に伝へられる時に、何を苦しんで故らに口うつしの伝誦などをする必要があつたらう（今から見れば、漢字が不便であり、また国語を写すに不適当な文字であることはいふまでもないけれども、全く文字の無かつた国民が漢字を得た便利は、どれほどであつたらう）。（『全集』別巻一、二一～二四頁）

のちの『古事記及び日本書紀の新研究』にも同趣旨の発言があるけれども（同、二三六頁以下）、右の引用は、大正二年刊の『神代史の新しい研究』からのものである。村岡典嗣は、大正九年に、津田の名を挙げずに、その所論を批判している（「古神道に於ける道徳意識とその發達」）。「誦習」の二字に対する「暗誦」という本居宣長の釈義は、「近時之を疑はうとする説の唱へらるゝものあるにも関らず、依然として妥当」なものである。この語を訓読の意に解しようとする論者はまた「すでに、記載の術が知られ又行はれるやうになつた後に、言伝へが存在するといふことは、あり得べからず」と考えているようであるが、それはかえってその「反対説の、合理的なるが如くにして却つて古代の事情に協はないこと」を示しているにすぎない（『増訂 日本思想史研究』一頁以下）[註]。

（註）現在でも議論の岐かれうるこの件について、ここでみずからの判断を示す能力は私にはない。諸説を勘案した小西甚一の慎重な判定を註記しておく。小西が再考すべきであるとするのは、第一に、「誦習」は、漢籍や仏典の用例からすると「暗誦」の意味である点であり、それは書承本文にもとづく場合もあるけれど、すべてがそうであるとはかぎらない。その当時、書承資料がじゅうぶんに整備されていたとは考えにくい。ましてそれが、現行の古事記と同量以上のものであったと想定することはなおさら困難である。「つまり、口承本文の存在は否定しきれない」。「したがって、結論的には、阿禮の暗誦した本文は口承のものと書承のものと両方あったことになり、問題としては、どちらが多かったかという点だけが残る」。くわえて、文字による記録の開始は、「口頭伝承の権威」の失墜をただちに意味するものではない。小西自身はその傍証として、ミクロネシア圏における民間伝承の調査報告を挙げている。ハワイ・フィリピン諸島にあっても合衆国の影響下での近代化の進行とともに、伝承にもいわゆるink-stained variantsが生じているとはいえ、住民たちにとって重要なことがらは「依然として古老が語り伝えている」。「これと同様のことが七世紀のヤマトにもあったと考えるのは、あまり無理ではないだろう」。和歌にかんしてさえ、八世紀ごろまでは「聴受」こそ「本格的な享受形態」であったし、口頭伝承を重視する態度の背後に言霊信仰を見ることは、自然な想定であるといってよいだろう、と小西はいう（『日本文藝史』I、一九〇～一九三頁）。和歌の享受のありかたについては、渡部泰明『和歌とは何か』一四〇～一七四頁をも参照。

古事記研究という面では、津田左右吉もまた、宣長学の先駆的な意義そのものは十二分にみとめていた。津田の記紀研究は、古事記・日本書紀の記事のさまざまが「作為の所産」であることをあきらかにするものであったとともに、両書の文章のそこかしこに漢籍による潤色の痕がみられること、あるいは漢籍から文章そのものを摂取したけっか、原資料には存在しなかったはずの要素が附加された部分も多いことを具体的に指摘している。この点も「津田の研究の大きな功績」であったとはいえ、このような本文批判の方法には、江戸時代以来の研究史が存在し、その前提ともなっていた。とくに日本書紀に漢文による潤色が多いことは、本居宣長そのひとが強調していたところだったのである（家永前掲書、二六九頁。本書、六六九頁～）。

また津田は、記紀の主要部分について、史料的な意味を否定したけれども、古代思想の表現としてのその価値を拒否したわけではなく、あるいは文学作品としての古事記に対してまで意義を拒んだわけでもない。むしろ、古事記と日本書紀は「一口にいふと内外両面に於ける我が上代の民族生活と、其の発達の有様とを考へる」ために不可欠な資料であるとするところから、津田による史料批判は出発していた（『全集』別巻一、一九一頁）。とはいえ、津田のそういった意図と動機はかえってやがては軽視され、記紀という古典への外的な本文批判的な方法のみが、津田左右吉の本領であるとも見なされるようになる。津田史学に対する反撥と対抗心が、たほうしかし津田とはことなる古事記理解と宣長解釈をも生みだしてゆく。

その典型が、日本思想史学の三人目の創始者、和辻哲郎の場合である。以下、和辻の古事記解釈にふれたうえで、本居宣長をめぐる和辻の理解を辿ってみることにしよう。

和辻哲郎（一八八九～一九六〇年）は、大正九（一九二〇）年、『日本古代文化』を世におくった。津田左右吉の『古事記及び日本書紀の新研究』公刊の翌年、『神代史の新しい研究』が世に出て、七年後のことである。和辻自身は前年に『古寺巡禮』を上木しており、『日本古代文化』は日本研究にかかわる和辻二冊目の著作となって、同時に和辻そのひとがもっとも愛し、もっとも自信をもつにいたる一冊ともなった。

著書としては、和辻には大正二年に『ニイチェ研究』が、その二年後には『ゼエレン・キエルケゴオル』がある。ともに異色の思想家にかかわり、世界的にみても先駆的な研究であるといってよい。後者の「自序」

で和辻はしかし、「私は近ごろほど自分が日本人であることを痛切に意識したことはない」と書き、つづけて「最も特殊なものが真に普遍的になる」ともしるしていた。『ニイチェ研究』に前後する研究ノートが歿後に発見されて、第三次全集別巻一に収められたが、そのうちに「日本の「国民精神」の価値」と題されたメモがあり、日本文化ないしは日本思想史に対する和辻哲郎の関心がかなり早い時期にまでさかのぼるものであることが確認される。

和辻は『日本古代文化』初版の「序」に、つぎのように書いていた。しばしば問題とされる部分をふくんでいる和辻自身の導入的記述を、文字どおりさわりともなる部分にかぎって引用しておく。

> この書は日本古代文化の歴史的叙述及び評価の試みである。ここに自分は、仏教文化の影響を受けない時代の、日本文化の真相を明らかにし得たと信ずる。
>
> がこの、いくらか大胆過ぎるかも知れない労作を発表するに当たって、自分は自分の立場を明らかにしておかなくてはならない。日本文化、とくに日本古代文化は、四年以前の自分にとっては、ほとんど「無」であった。すでに少年時代以来、数知れぬさまざまの理由が、日本在来のあらゆる偶像を破壊しつくしていたのである。が、一人の人間の死が偶然に自分の心に呼び起こした仏教への驚異、及び続いて起こった飛鳥、奈良朝仏教美術への驚嘆が、はからずも自分を日本の過去へ連れて行った。そうしてこの種の偉大なる価値を創造した日本人は、そもそも何であるかという疑問を、烈しく自分の心に植えつけた。（中略）この書もまたこの疑問から生れたものにほかならない。
>
> 在来の日本古代史及び古代文学の批評は、自分の疑問に対して何らの解答をも与えなかった。がそれ

は当然である。それらの多くの著書は、その国粋謳歌の情熱にかかわらず、むしろ自分にとって偶像破壊の資料を提供したものに過ぎなかった。ここにおいて自分は、すべてが破壊しつくされた跡に一つの新しい殿堂を建築すべく、全然新しい道を取らなくてはならなかった。(『全集』三巻、一一頁)

和辻夫人の照は前年に男児を死産している。一書には「亡き児の霊前に捧ぐ」との献辞もあるところから、右の一文にいう「一人の人間の死」はこの件にむすびつけて考えられてきたけれども、最近では宮川敬之が注意しているように、哲郎を「日本の過去へ連れて行った」のは、亡児とはべつの、とある知るべのようである。

もうひとつ問題とされてきたのは、序文にみられる「偶像破壊」ということばである。ここにはふたつの案件が関連している。一方は和辻の若き日の精神的彷徨であり、もう一方は先行する日本文化研究との関係である、ととりあえず言っておいてよいだろう。

明治四十二(一九〇九)年第一高等学校を卒業した和辻哲郎は、同年に東京帝国大学文科大学哲学科に入学している。大学時代の和辻が熱心に聴講したのは大塚保治「最近欧州文藝史」であり、岡倉天心の「東洋技藝史」である。岡倉は講義で奈良薬師寺の三尊にふれ、「あの像をまだ見ない人があるなら、私は心からその人をうらやむ」といい、「あの驚嘆を再びすることができるなら、私はどんなことでも犠牲にする」とも語ったという(『面とペルソナ』)。当時の和辻をとらえていた藝術への愛は、文藝作品の実作へも向けられた。『新思潮』の同人たちと交わり、とりわけ谷崎潤一郎とは親交をむすんでいる。哲郎にとってそれなりの「疾風怒濤」の時代であって、おそらくはまた「偶像破壊」の季節である。大正七(一九一八)年に刊行された『偶像再興』に収められた一文のなかで和辻は、じぶんは美の享受者でありたいと願いながらもみずからのうちのSollen（当為）がそれをゆるさなかった、「Sollenを投げ捨てるためには、私は私自身を投げ捨てなければならないのであった」と書いているけれども、さらに後年の和辻は、この一書の復刊すら固くこばんでいる。偶像破壊の時節はすでに哲郎のうえをとおり過ぎ、偶像再興の時代もいまや遠く、哲学者はすでに「建築」の季節にさしかかっていた。

それでは、問題の日本古代文化にかかわって「偶像破壊」の材料を提供したのは、だれか。初版序文ではただ仄めかされるだけの消息は、「昭和十四年改稿版序」によってなかばあきらかとなる。初版の序文にいう疑問、「日本人は、そもそも何であるか」という問題の答えをもとめて和辻が最初に手にとった文献は、久米邦武の著書であったという。そのほかに挙げられる先人のうちには内藤湖南、白鳥庫吉の名も見られるが、なにより重要なのは本居宣長の『古事記傳』への言及と津田左右吉『神代史の新しい研究』ならびに『古事記及び日本書紀の新研究』に対する評価だろう。とりわけ後者にかんして、「改稿版序」はこうしるしていた。引用しておく。

大正八年には津田左右吉氏の『古事記及び日本書紀の新研究』が出た。この詳細な本文批評は自分にとって非常にありがたいものであった。古事記や日本書紀の史料としての価値があのように薄められるということは、自分にとってはかえって強く記紀の大きい価値を見いださしめる機縁となった。我々はこれらの書において上代人の構想力の働きをまざまざと看取し得るのである。他方には考古学が我々自身の目でもって見ることのできる遺品を提供している。それらを照らし合わせて考察すれば、そこに表現せられている生きた上代人に我々は触れることができるであろう。かかる見地からして自分は、古事記を一つの文芸的作品として理解するとか、記紀に挿入されている歌謡を純粋に歌謡として鑑賞するとか、考古学的遺品における形象創造力の特性に注意するとか、というごとき仕方で上代人に迫って行くことを試みた。（『全集』三巻、七頁）

和辻は、津田の研究が、記紀の「史料としての価値」を徹底的なしかたで希薄化するものであったと見ている。津田の記紀研究が和辻に与えたものは、ひとつの解放感である。古事記はもはや事実をつたえる史料ではない。一箇の文学、上古人の構想力が生んだすぐれた作品なのである。結果からみて、古事記に対する和辻哲郎の態度は、むしろ本居宣長のそれと接近してゆくことになったように思われる。

和辻の『日本古代文化』一書それ自体の魅力はこうしてたとえば、「上代歌謡の特質」を論じて、万葉の歌と記紀歌謡を比較する和辻の筆の冴えにこそみとめられるべきだろう。「万葉の歌人は自己の感情を自己に集注して自己の内に凝視し、あるいは自己から離して、客観せられた自然の美として、自己に対立する自然において味わう」と説いたあと、和辻は語っている。なお文中「伝」とあるのは『古事記傳』のことである。

しかるに上代の歌謡は、むしろ遠心的に、中心の情緒を歌の各部に隠匿している趣がある。例えば望郷の歌とせられている記（伝二十八）の歌、

命の全けむ人は、たたみこも平群《へぐり》の山の、くまかしが葉を、髻華《うず》に挿せ、その子

のごとき、確かに異郷において命を失おうとする人の倭を思う悲しみの心を歌ったものに相違なく、ま

たその悲しみも力強く現われているのであるが、しかし歌の表面に現われたものは、「命の全けむ人」と、そういう人にのみ許された故郷の山の初夏の行楽とである。新緑の美しい平群の山にかしの若葉を頭に飾して遊ぶという光景は、悲哀の情緒との関係において、右にあげた雨や風の恋に対する関係ほど密接ではない。むしろそれは悲哀と正反対な長閑な気分をきわ立たせることによって、自《おのずか》ら現在の悲哀を現わすのである。従ってまた、歌の大部分が平群の山の行楽の詠嘆であるにかかわらず、その光景をそれとして詠嘆するのでもない。その光景は現在の悲哀に触発せられて、その悲哀のゆえに歌われるに過ぎない。明らかにこの歌い方は、純粋に主観的あるいは客観的に歌い出すことのできない心から生まれたものである。(同、二〇七頁以下)

和辻はここでも、記紀の歌謡のうちにもっぱら後代の作為と再構成の痕跡を追跡する津田左右吉の方法と対抗するかのように、テクストそれ自体に秘められた可能性を読みだしている。和辻は記紀歌謡にそくして上代人の「感情」と言い、その「構想力」を語った。和辻が記紀についてあかした魅力は、和辻自身の想像力の魅惑、対象の内部に入りこんで、ものの奥底から、ものみずからに語らせようとする、詩人的な想像力がもつ魅力にほかならないことだろう。和辻のこの方法は、とりあえずその宣長理解にあっても、その威力をじゅうぶん発揮することになっただろうか。

大正十五(一九二六)年に、和辻哲郎は『日本精神史研究』を世におくった。和辻自身としては『日本古代文化』につづく日本文化史研究の、このたびは、とはいえ論文集である。集中に「お伽噺としての竹取物語」が収録されており、大正十一年発表のこの小論の附記で和辻は、津田左右吉の『文學に現はれたる我が國民思想の研究』に明示的なかたちで言及している。津田としては「其の女主人公は多くの求婚者の心を迷はせ、最後に尽くそれを失望させる要件が具はつてゐる女であればよいので、必ずしもそれを天上の仙女にしなければならぬ必要は無い」と考えた。竹取物語一篇はあくまで、平安朝貴族の恋愛生活を描きとった、いわば世態小説なのである（津田『全集』別巻二、二一九頁）。

和辻によればそうではない。竹取の一篇はすこしも写実的ではない。物語は、かえってその対極にある。それはあくまで「お伽噺」なのだ。「本光る竹」からかぐや姫が出現するところからして「いかにも超自然的」である。現世の権力を代表する帝にすら「げにたゞ人にあらざりけり」と思わせ、そのすがたを影に変える姫君は、もとよりこの世を超越したものである。描かれているのは「世態」ではなく、むしろ「現世のかなたの永遠の美」をもとめて挫折する者たちにほかならない。かれらは、みずからは喪失した美の永遠を慕ってなげく。そこに立ちあらわれているのは、「永遠への思慕としての物のあわれ」なのである。

竹取物語をめぐり永遠への思慕としての物のあわれをことあげする和辻の説明は、すこしく附会のきらいがあるかに見え、そもそも「物のあわれ」という用語そのものがやや唐突な響きを免れないかに思われよう。和辻哲郎は竹取物語を論じる数か月まえにおなじ『思想』誌上で本居宣長について論じており、竹取物語論はいわばその続篇なのである。和辻の論攷「「もののあはれ」について」（おなじく『日本精神史研究』に収められている）における哲郎の所論を、以下ひととおり見てゆくことにしたい。

「もののあはれ」を文芸の本意として力説したのは、本居宣長の功績の一つである。彼は平安朝の文芸、特に源氏物語の理解によって、この思想に到達した。文芸は道徳的教誡を目的とするものでない、また深遠なる哲理を説くものでもない、功利的な手段としてはそれは何の役にも立たぬ、ただ「もののあはれ」をうつせばその能事は終わるのである、しかしそこに文芸の独立があり価値がある。このことを儒教全盛の時代に、すなわち文芸を道徳と政治の手段として以上に価値づけなかった時代に、力強く彼が主張したことは、日本思想史上の画期的な出来事と言わなくてはならぬ。(『全集』四巻、一四四頁)

現代の代表的な本居研究者のひとりが、「補足説明の必要もない、およそ無駄のない解説である。宣長の思いをこれほど適切に、しかも簡潔に叙述する解説はほかにない」とも評価する(田中康二『本居宣長』八六頁以下)、この書きはじめを受けて、和辻は、宣長の『源氏物語玉の小櫛』からの引用をつらねながら、「もののあはれ」の意味を劃定してゆく。「あはれ」とは嘆息の声であり、なにごとにつけ「感ずべき事」に直面して、「感ずべき心をしりて、感ずる」ことが「物のあはれ」を「知る」ことである。したがって「あはれ」は悲哀の感情にかぎられないが、悲しいこと、恋しいことなど、おしなべて「心に思ふにかなはぬすぢ」にあわれがより深くあらわれるがゆえに、「あはれ」に「哀」の字をあてる理解も生まれたわけである。「物のあはれ」とはすなわち現在なら「感情」と呼ばれるものを対象にそくして言いあらわしたものである。この感情の表現こそ文藝の本質とみて、そこに哲理や道徳からは「独立せる一つの世界」をみとめたことは、「時代を抽んずる非常な卓見」であると評価されなければならない。

右にみたかぎりでの和辻の宣長評価そのものには、たとえば村岡典嗣や津田左右吉の先例から大きく踏みだすところはないかに見えよう。ただし、物のあわれそのものから物のあわれを知ることへと考察の重点をうつしているところに、村岡や津田の理解からのへだたりがある。問題は和辻にとっては、いずれにしてもその先にひろがっていたけれども、これは大きな視点の転換である。

和辻は『玉の小櫛』に見られる記述のうち、「物のあはれを知」ることが、憂きを慰めて、こころの「はるゝ」体験となるという主張に注目する。そもそも「物のあはれ」はなぜこころを晴れさせるのか。さかのぼって「晴れた心の晴朗さ、慰められた心の和やかさ」が「憂きに閉じた心よりもはるかに高められ浄められている」と考えられるのはどうしてだろうか。これらの問いに答えが与えられないならば、宣長のこころみ、文藝の独立性を確保しようとする志向は、ついに根拠を持たないはずであると和辻は考える。

和辻自身は右の問いを解くために、さらに「物のあはれ」をめぐる宣長の用法、あるいは本居による源氏の理解を腑分けしてゆく。その手つづきにも現在から考えて見るべきものはあるけれど、ここでは立ちいらない。私が注目しておきたいのはむしろ、「晴れた心」と「閉じた心」とを対比させて、ことの消息を辿ろうとする和辻の解釈の枠組みである。――和辻哲郎は『日本古代文化』のなかで、古事記神代の物語をとり上げながら、のちの和辻倫理学体系の位置づけでいえば「清明なる心」を上代人の価値意識からとり出している。『日本精神史研究』所収の論稿のなかで「物のあはれ」をめぐって論じるさいにも、上代人の倫理意識にかんして先行した認定が、その論をすすめるさいの背景となっているように思われる。

須佐之男《すさのお》命が父神である伊邪那岐《いざなぎ》大神によって天つ国から放逐されようとしたさい、姉である天照大御神に別れを告げるためと称して「天に参上《まいのぼ》」ったとき、警戒する姉に対して弟は「僕《あ》は邪《きたな》き心無し」と訴える。天照大御神は、これに対して「然らば汝《いまし》の心の清く明きは何《いか》にして知らむ」と問う。神話の進行としては以下、女神男神の姉弟はそれぞれのあかしを立てるために子を生み、予誓《うけい》とするのであるけれども、いまその件は措いて「邪」と「明」との対比についてだけ問題としておこう。この対比をさして、和辻は語っている。「清さの価値を明白に示しているのは「清明心」の概念である。これはキヨキアカキ心と読まれている。清さは同時に明るさ、明朗性であって、闇《くら》さに対する。汚れなく明るい心と、穢い闇い心との対立が、上代人にとっては根本的な価値の差別」なのであった(『全集』三巻、二九二頁)。

和辻哲郎自身は神話を「自然児の神化」ととらえて、そこには「道徳的評価においても「自然性の無条件的肯定」が見られる」ことに注目していた。上代人たちはなおいわば〝善悪の彼岸〟に存在していたのである。「もののあはれ」が問題とされる源氏物語は、いうまでもなく中古の典型的な文学作品であり、そこでみとめられる感情の襞は、すでに自然性をはるかに離陸して、いくえもの屈折を示すにいたっていることは、物語の展開そのものの語るところである。それにもかかわらず、和辻が「もののあはれ」を問題として、「晴れた心」と「閉じた心」のふたつを対概念とし、前者をより清浄な次元としてとり出そうとするとき、そこで作動している制約は、遠く上代の価値意識をめぐって認定されていた、いってみれば――かりに丸山眞男の政治思想史講義における用語を援用しておくならば――「倫理意識の「原型」」としての「生のオプティミズム」なのである。清明心はしかしやがて『尊王思想とその傳統』にいたって、「全体性の権威」という視点とつよくむすびあわされ論じられることになるだろう。「「私」を保つことは、その見通されない点においてすでに清澄でなく濁っており、従ってキタナキ心クラキ心にほかならないが、さらにそれは全体性の権威にそむくものとして、当人自身にも後ろ暗い、気の引ける、曇った心境とならざるを得ない」(『全集』十四巻、五三頁)。

全体性は個人性を否定するものであり、個人としての人間にとっては一箇の超越である。清くあかるく、曇りないことが超越への通路をひらく。「もののあはれ」についても、「もののあはれ」を感得すること自体がこころを晴らし、憂きに閉じたこころをひらいて、かくてひとは超越へと身をひらく。

以上のような脈絡づけと整理とが、本居宣長の所論へのかなりつよい読みこみをともなっていることは否定しがたい。それればかりではない。和辻としては、「物のあはれ」をめぐって「宣長が反省すべくしてしなかった最後の根拠を考えてみなければならぬ」と主張するはこびとなるのである。つづけて引用する。

宣長は「もの」という言葉を単に「ひろく言ふ時に添ふる語」とのみ解したが、しかしこの語は「ひろく言ふ」ものではあっても「添ふる語」ではない。「物いう」とは何らかの意味を言葉に現わすことである。「物見」とは何物かを見ることである。さらにまた「美しきもの」、「悲しきもの」などの用法においては、「もの」は物象であると心的状態であるとを問わず、常に「或るもの」である。美しきものとはこの一般的な「もの」が美しきという限定を受けているにほかならない。かくのごとく「もの」は意味と物とのすべてを含んだ一般的な、限定せられざる「もの」である。限定せられた何ものでもないとともに、また限定せられたすべてである。究境の Es（それ）であるとともに Alles（すべて）である。「もののあはれ」とは、かくのごとき「もの」が持つところの「あはれ」――「もの」が限定された個々のものに現われるとともにその本来の限定せられざる「もの」に帰り行かんとする休むところなき動き――にほかならぬであろう。（『全集』四巻、一四九頁以下）

和辻としては、「もの」は具体的などのものでもなく、一般的なすべてのものであるところから、ものとは一箇の「根源」であると考える。ひとがその根源を見知らないとしても、根源そのものが、ひとを惹きつけつづける。「もののあはれ」は「この永遠の根源への思慕」なのだ。いっさいの「詠嘆」をみちびくものはこの思慕なのである。

すこし具体的に語りなおしてみよう。すべての歓びはそれが永遠であることを望む。あらゆる恋愛は永遠であることを欲する。快も愛も、永遠を思って、永遠をしたう。それゆえに「愛は悲である」。過ぎゆく生のうちに、過ぎゆかないものへの思いがやどっている。だから哀しみだけが永遠への通路なのである。かくて「物のあはれ」とは、それ自身に、限りなく純化され浄化されようとする傾向を持った、無限性の感情」となる。快はおわり、恋愛もまた通りすぎてゆく。それでもなお、あるいはそれだからこそ「我々は過ぎ行くものの間に過ぎ行くものを通じて、過ぎ行かざる永遠のものの光に接する」。物のあわれは、たんに個別的な感情ではない。それは、言ってみればものへといたる感情一般であり、しいていえばひとつの形而上学的な感情、ここではないどこか、てまえではないかなた、べつのところへとひとを超越させてゆく運動そのものなのである。

このように、すこしばかり哲学的にすぎる解釈を呈示したのちに和辻哲郎は、本居宣長そのひとへの不満すら漏らすことになる。およそ平安朝は「意力の不足の著しい時代」である。そこに起因するこころ持ちの弱さを、そのはかなさをも、宣長の「もののあはれ」は引きずってしまっている。和辻の認定はこうである。「本居宣長は「物のあはれ」を文芸一般の本質とするに当って、右のごとき特性を十分に洗い去ることをしなかった。従って彼は人性の根底に「女々しきはかなさ」をさえも見いだすに至った。これはある意味では「絶対者への依属の感情」とも解せられるものであるが、しかし我々はこの表出にもっと弱々しい倍音の響いているのを感ずる」。

万葉の快活さも、血にまみれた武士たちの叫びも、禅の影響のもとに生まれた寂びのこころも「女々しくはかない」ものではない。とはいえ、そこにも「物のあはれ」と通底するなにものかがある。「永遠の思慕の現われ」が存在する。そうであるとすれば、かの弱さ、あのはかなさとはむしろ平安朝に特有なあらわれ、いわば「女の心に咲いた花」なのだ。和辻哲郎はここで本居の論から出発し、しかし宣長とはそうとう遠くへだたった場所に降りたってしまったようにも思われる。和辻の宣長論のべつの側面も、あわせて見ておく必要があるだろう。

五

和辻哲郎は、村岡典嗣、津田左右吉とならぶ、日本思想史研究の草分けのひとりである。と同時にその「もののあはれ」論は、哲学研究者による宣長理解の典型のひとつとなったといってよい。もうひとつの先蹤は大西克禮《よしのり》による「もののあはれ」論である。大西は日本近代美学の創始者のひとりに数えあげられる。

大西（一八八八～一九五九年）は和辻のまったくの同時代人であり、東京帝国大学の同僚でもあった。没年に出版された『美學』全二冊は日本美学史における金字塔といわれ、体系的な美学の書としてはこの国ではほぼ空前絶後の著作であるといってよい。克禮にはそのほかカント研究、シラー研究以外に、『現象學派の美學』があり、一書は現象学の紹介としても、きわめて早期にぞくする研究である。大西の「あはれ」論にも現象学的な用語の転用がときにみとめられる。論稿「あはれについて」を収めた著書『幽玄とあはれ』は昭和十四（一九三九）年に世に出たもので、この「外篇」の記述の流れのなかでは、問題の脈絡が前後するきらいがあるけれども、ここでとり上げておきたい。

いま問題の一文「あはれについて」の劈頭ちかくで、大西は論攷の主題をしめして、つぎのように書いていた。引用しておく。

さて国文学などの歴史に現れたる、我が国民の美意識の或る内容を表現する言葉として、「あはれ」と云ふ語が屢〻用ゐられてゐることは何人も知る所であるが、然し此の「あはれ」と云ふ概念が、果して特別な一つの美的範疇或は美的概念として認められうるものであるか、そして若しそれが認められるとすれば、その美的本質は如何に考へらるべきであるか、またそれが若し仮りに das Schöne〔美しいもの〕の基本的範疇に帰属し、そこから派生する特殊的範疇として考へられるとすれば、それは果して如何なる意味に於いてであるか。是等の問題を考察することが、要するに今此の場合に於ける吾人の課題なのであるが、而かも此の課題は吾々に対して最初から多くの困難を予見せしめる。

（『幽玄とあはれ』一〇六頁）

困難のひとつは、「あはれ」と称されるものがこの国の平安朝期に展開されたきわめて特殊な観念であり、それは西洋美学の論材となったことがかつてなく、また本邦の歴史にみとめられるその他の概念、たとえば「幽玄」や「寂び」とくらべても来歴がふるく、その意味もさしあたり多岐にわたるという点にある。大西としてはそこで、とりあえずは宣長のかつて説いたところに、議論を展開するうえでの手がかりを求めようとする。

拠が索められるのはまず『源氏物語玉の小櫛』であるが、克禮の所論はわけても一書で宣長が書きとめている「感ずべき事にあたりて、感ずべき心をしりて感ずる」という表現に注目する。美学者の見るところでは、この言いまわしの指ししめす事情は『石上私淑言』では「事の心をわきまへしる」と書きしるされていることがらとも一致するのであって、その両者は要するに「物の心をしる」と「物の哀をしる」とをむすびあわせようとする表現にほかならない。現代美学ふうに一件を語りなおすなら、問題となっているのは「所謂「直観《シャウエン》」と「感動《フューレン》」の調和としての、美意識一般の概念」とつうじるものであって、しかもその説きおよぶ所いわゆる「感情移入」へつらなる消息なのである。ここまでは、とはいえ大西の考えにしたがえば、ことの経緯はたんに心理学的なものでありうる。克禮にとって問われるべきものは、あくまで問題の美学的次元である。

大西克禮がさらに目をとめてゆくのは、『玉の小櫛』における宣長の説明が「あはれ」の語源的・一般的な意義から限定的な意味へと転じてゆく事情である。大西の読みでは、それはただ「同一概念の意味の広狭」について説かれたものではない。本居の説明のみちゆきはむしろほんらいならば、「実質的《ザッハリッヒ》に言へば「あはれ」の心理学的意味から、美学的意味へと問題を展開」させるものなのだ。結論から言うなら、「あはれ」という美意識の形態は「決して感情本位の一面的な主観主義の見地のみから説明せらるべきもので」なく、むしろ「事の心をしる」という「客観的側面」が強調されなければならないものなのである。

大西克禮はさらに論をすすめる。そのさい大西の念頭にあるのはおそらくはまちがいなく、先行する和辻の所説である。宣長自身の表現をたどるかぎり、「物のあはれ」と言われるさいの「物」すなわち対象の側面には、「何等「あはれ」の意味を規定する特別の要因は認められてゐない」。ものとはすなわち、「「あはれ」と云ふ体験を喚び起こすに適したる物一般」を指すにすぎない。宣長そのひとの理説にとどまるかぎり、あくまでもの一般が「あはれ」によって規定されるだけであり、問題の把握はどこまでいっても基本的には「主観的意識的側面」を出ることがない。ことがら《ザッハリッヒ》としては、克禮の見るところ、ことのなりたちがいわば存在論的にとらえかえされ、その美的次元の根拠が示されなければならないのである。ここで現象学的哲学の洗礼をも受けたこの美学者は、心理学的水準から形而上学的準位へと上昇し、あるいはことの心理的なりたちからその存在論的な根拠へおよぶ階梯を考えようとする。

さて然らば前に述べたやうな「あはれ」の意味の段階を経て、更にそこから吾々の求むる如き、その特殊的な美的意味に達する途は、如何にして拓かれるか。思ふに「あはれ」の概念に於ける、此の特殊的意味の発展を理解するには、まづ次のやうな関係を把握する必要があるであらう。それは即ち最初の第一段に於ける特殊的心理的意味としての悲哀傷心等の感情的方向が、此処に至つて更にもう一度、然かも別の意味に於いて、かの第二段乃至第三段の一般的心理的意味或は美的意味に拡充された「感動」としての「あはれ」を、或る新なる特殊の感情方向に向つて規定する関係である。詳しく言へば、初め特殊の感情内容を意味する「哀」から、先づその特殊的心理的意味が排除され若しくは超克されて、第二段の一般的心理的意味（感動一般）、或は第三段の、宣長の考へたやうな一般的美的感動の意味となつた「あはれ」が、更にその次の第四段階になると、言はば新に一種の形而上学的（世界観的）意味に於いて特殊化された「哀」の感情的方向に転廻し、その新なる契機に規定されることによつて、此処に始めて此の概念に特殊な一種の美的意味が発生する。（同書、一四九頁以下）

大西の文章は、こんにちの基準で測るならばまぎれもなく一種の悪文であって、その論理のみちすじも、ただちに辿りやすいものではない。ただし結論はあきらかである。大西にいわせるならば、「物のあはれ」の体験は、その根拠、すなわち「物一般、存在一般の形而上学的根柢」にまでさかのぼるなら、「「世界苦」(Weltschmerz)として普遍化された、「哀」の特殊の感情体験」にほかならない。本居宣長の語りだした「もののあはれ」からその普遍的な意義をさぐり出そうとするなら、それは「言はば世界万有の存在根柢《ザインスグルント》とも言ふべきものの中から、一種の脈々たる哀感を汲み取るに到る」ものなのだ。

およそ哀感が美意識とともに在ることは、キーツやシェリー、あるいはポーやボードレールを想うなら、得心のゆくところである。現象的にはたとえば英語で luxury of pity といわれ、独語では Lust am Schmerz と呼ばれ、仏語ならば plaisir de la douleur とも称されることがらがそれを示している。——この国とりわけ平安の王朝文化では、その哀感が自然の美のはかなさとともに在った。その消息を思いおこそうとするなら、紫の上と明石の姫宮との、哀切な詠歌のやりとりを想起すればよい(二一二頁以下)。

おくと見るほどぞはかなきともすれば　かぜにみだるゝ萩のうは露

ともなげく紫の上に、明石の姫宮は、

秋風にしばしとまらぬ露の世を　たれか草葉の上とのみ見む

とこたえたのであった。紫の上は、詠歌をかわしたその夜が明けそめるころ、世を去ることになる。美しく移ろう列島の四季は、そのおりごとに同時にまた「人間的存在そのもの、否あらゆる存在そのものの根柢に横はる、虚無の深淵《アブグルント》を触知させる」。「もののあはれ」と呼ばれる、一箇の形而上学的な美感が、かくて四季の恵みにこと欠くところのないこの国で、とはいえアンニュイに満ちた平安貴族の、それも後宮に儚い生をつむぐ女性たちのあいだで芽生え、育まれて、受けつがれてゆく。その美感はしかし世界の根底《ウアグルント》、むしろ無底《ウングルント》である**Abgrund**と接することで、ひそやかに普遍的な次元へとあずかっているのだ。

宣長を出発点とした、「もののあはれ」をめぐる和辻の解釈とこの大西の理解は、ものという一点で交叉して、ふたたび岐れてゆくもののように思われる。おなじ哀感を基底的ないわば存在論的感情とともにみなして、和辻は無限への憧憬をそこにみとめ、大西は有限な者の美感のうちに止まろうとしているかにも見える。前者が倫理学者となり、後者は美学者であったしだいも、ことの消息に関与していることだろう。いずれにしても宣長のテクストからはひとしく逸脱し、おなじように飛躍している両者のうちどちらがより形而上学的であり、それゆえにまた本居宣長からとおく離れさっているのかを測定することには、あまり意味がない。ひるがえって考えなおすならば、「もののあはれ」をめぐる本居の所論にはたしかに、それを「宣長においておそらくは唯ひとつの形而上学である」ともみなす余地がある。現代の国学ならびに仏教研究者のひとりがそう認定するとおりである（菅野覚明『本居宣長』一六八頁）。この件には、本書の「内篇」でふたたび立ちかえることになるだろう。

ここで和辻哲郎に話をもどそう。前節では『日本精神史』所収の和辻の論攷を問題とし、和辻はくだんの論文で本居宣長の所説から出発しながら、その立論は、とはいえ宣長とはへだたった場所に和辻自身を連れてゆくはこびとなったしだいを確認しておいたところである。その場所とは、ごく単純に言ってしまえば、和辻哲郎と大西克禮が共有する西洋的な哲学的思考にぞくする概念装置の作動する圏域なのであった。以下では、思想史家としての和辻の宣長理解を跡づけてゆくことで、先行する節において展開しておいた、和辻をめぐる所論を補完する作業をこころみておきたい。

和辻哲郎には二冊全五巻の主著がある。一冊は『倫理學』上中下で、上巻と中巻がそれぞれ昭和十二（一九三七）年と昭和十七年に上梓され、敗戦をはさみ昭和二十四年に下巻が出版された。なお、太平洋戦争開戦の翌年に公刊された『倫理學 中』には、戦後になり改訂の手がくわえられている。もう一冊は『日本倫理思想史』であって、昭和二十七（一九五二）年に上下巻そろって世に出ることになる。前者が哲学者・体系的倫理学者としての和辻の主著であり、後者が日本文化史家、思想史家としての哲郎の半身を代表する大業である。

後者の『倫理思想史』についてもすこしばかり事情がこみ入っており、二冊本の思想史には言ってみれば前身がある。戦争のさなか、昭和十八（一九四三）年に『尊王思想とその傳統』一巻本として刊行されている著作がそれである。同書には「日本倫理思想史 第一巻」という副題が附されているとおり、和辻としては、続巻の執筆を予定していた。一書は基本的に既発表の論策をまとめたものであるが、戦後あらためて構想が編みなおされ、戦中版をもその一部にくみ入れるかたちで、装いをあらたにした二巻本が書き下ろしの作品として世に問われたことになる。戦中版と戦後版には重複する部分もあるが、一方で加筆され、他方で書きあらためられた箇所も存在する。経緯は『倫理學』中巻の場合ほどに劇的ではない――たとえば戦前版『倫理學』中巻では *Pax Americana*（米国による平和）への批判が展開され、「かかる平和のために多くの民族の国家形成が阻止されているとすれば、我々はむしろかかる平和を呪詛すべきであろう」とも書きとめられていた（拙著『和辻哲郎』第Ⅲ章参照）――とはいえ、微妙な意味あいをふくまざるをえない変更もある。私たちとしては、『尊王思想とその傳統』の叙述をたどりながら、戦後にくわえられた修正にかんして、そのつど注記をくわえてゆく必要もあるだろう。

昭和十八年二月、日米開戦より一年あまりを経て、ガダルカナルからの撤退が開始される。四月に、山本五十六が戦死、和辻の周辺でいえば、文系学生の徴兵猶予が撤廃され、十月には神宮球場で学徒出陣壮行会が挙行された。同年九月としるされた和辻哲郎の「序言」を引いておく。

本書はわが国倫理思想の根幹をなせる尊王思想について歴史的概観を試みたものである。わが国の倫理思想史の問題としてはなお他に考察すべきものもあるが、しかしそれらはこの根幹から派生せるものと見てよいのであるから、ここではそれらの諸問題をしばらく考慮の外に置いて、ただ尊王思想のみに注視をあつめ、その根源における深遠なる意義及びその伝統における偉大なる活力を一目の下に瞭然たらしめようとしたのである。（中略）尊王思想はわが国民の生活の根強い基調であって、いかなる時代にもその影を没したことはない。権力を有する人たちがそれを忘れた時にも、国民は決して忘れはしなかった。この伝統の偉大さを著者は特に力説しようと欲したのである。（『全集』十四巻、三頁）

この「外篇」ではやがて戦中期の国学研究・宣長研究についても見ることになる。とりわけ山本五十六の戦死を特記し、「あはれ吾々の胸は米英撃滅、大東亜建設の決意に燃える」と大書した「はしがき」をも目にすることとなるだろう。そうしたいくつかの事例と引きくらべ、和辻の序言がとくべつ迎合的なものであると判定することはできない。とはいえ、断乎として時勢と対決したものと称することもむずかしいだろう。

ただし和辻なりに時局に関与しようとしていた形跡がみとめられるしだいは、のちに見るとおりである。一書は「前篇 尊王思想の淵源」「後篇 尊王思想の伝統」の二部からなり、後篇は奈良時代から江戸期にいたるまでの尊王思想、神国思想の伝統を叙述するものとなっている。その「第七章 江戸時代中期における尊王思想」が、ここで垣間見ておきたい部分である。

和辻はまず、江戸時代中期がほぼヨーロッパ十八世紀に当たるむねに注意をうながし、文化という面からみてその時代がこの国に「独特の様式」を生みだすことになり、たほうおなじ百年が「鎖国の影響が文化様式の閉鎖性として結実して」ゆく時節であったことを指摘する。その時間がまた、荷田春滿、賀茂眞淵、本居宣長などによって、国学の大成をみる季節であったわけである。和辻の歴史眼はまた、伊藤仁齋より十三歳年若い契沖の万葉研究が、儒学における荻生徂徠の古文辞学に相当することを見のがさず、春滿や眞淵をめぐっても、均整のとれた記述が展開されているけれど、ここでは立ちいらない。くりかえせば、時は昭和十年代後半、世は大東亜戦争の暗色に塗りこめられている。この「外篇」の流れのなかで目をとめておかなければならないのは、本居宣長の仕事をめぐる和辻哲郎の筆の動きようである。

和辻は、まずはいわば型どおり本居の履歴についてふれたうえで、眞淵との接触とその意味を説き、またその学問観を『うひ山ぶみ』からの引用とともに解いている。「詮ずるところ学問は、たゞ年月長く倦ずおこたらずして、はげみつとむるぞ肝要にて、学びやうはいかやうにてもよかるべく、さのみかゝはるまじきこと也」。哲郎の見るところでは、これは「学問についての一般的な心がけ」として説かれたものでありながら、しかしそれ以上に、宣長自身の「体験の告白にほかなら」ないのである。宣長自身が「倦ずおこたらず」なしとげようとし、けっして「思ひくづをるゝ」ことのなかった学問とはなにか。いうまでもなく、古道を闡明する古学であり、その最大の成果こそ前後三十余年を費やして完成された『古事記傳』そのものにほかならない。

古事記の註解を完遂すること、すなわち『古事記傳』を完成させることが、やがて国学の完成であった。その間の消息にふれて、和辻はつぎのように書いている。

宣長がその生涯をもって古事記の解明をなし遂げたということは、同時に宣長が契沖・春満に始まり眞淵によって展開せられた国学の、完成者であることを意味する。この関係は眞淵が宣長にさとしたという言葉の中にすでに現われている。眞淵は古事記研究を目標として万葉を攻究しつつあった。その目標を宣長が受けついで、眞淵の注意の通り「怠ることなく、いそしみ学」んだがゆえに、ついにそこまで達することができたのである。すなわち国学は完成されたのである。

しかし何ゆえに古事記が目標とされたのであろうか。言い換えれば、何ゆえに古事記の解明が国学の完成となるのであろうか。それを理解せしめるものは復古学の理念である。復古学者にとっては、古学の理解によって聖人の教えあるいは先王の道〔徂徠〕を正しく把捉し得れば、それはとりもなおさず絶対の真理を把捉したにほかならぬのである。しかし復古学者の俊敏にもかかわらず、その古語が異国の古語でありその古語によって捉えられる道が異国の道に過ぎぬことには気づかなかった。古語の理解に意義があるとすればわが国にも古語があるではないか。しかもその古語によって我々は先王の道よりももっと原本的な神の道に接することができるではないか。国学はかくしてわが国の古典によりわが国の古道を把捉しようとする復古学として現われたのである。古事記はわが国の古典の最古最醇のものであり、古事記の解明は右の国学の理念を実現せしめるであろう。ここでも古事記における古語の理解によって神の道を正しく把捉し得れば、それはとりもなおさず絶対の真理を把捉したにほかならぬのである。従って宣長が古事記の解明に成功したことは、国学がその究極の問題を解いたことを意味する。

（同、二二四頁以下）

右の引用につづく部分に、まず目を向けておく必要がある。古事記とは、和辻にとって「わが国における最初の尊王思想の結晶」である。古事記の解明とは、かくてまた尊王思想を「その本来の姿においてあらわならしめること」にほかならない。宣長の古道とは、そうした「源流への遡行」であり、宣長によって「尊王思想は明白な自覚にもたらされた」のだ。これが昭和十八年、皇紀二千六百三年における和辻の認定である。

当該の部分についていうなら、哲郎の評定はある意味で驚くべきことに、敗戦を経験したのちも基本的に変化していない。ただし、右に引いた二段落のあとに、戦後版『倫理思想史』では一段落があらたに挿入されている。加筆の趣旨はこうである。「以上によって見ると、宣長の国学の完成が復古学の初めからの弱点をそのまま背負い込んでいることは明らかであろう。それは歴史的文学的な研究と原理の研究との混線である」。先王の道にせよ、神々の道であるにしても、その道はそれ自体として「絶対の真理」であることを要求しうるものではない。『古事記傳』の手つづき、その「歴史的考証の成果」がそのものとして正当であったにせよ、宣長学が「その成果を現前に適用すべき「道」として提出する限り、誤りを犯しているといわなくてはならない」（『全集』十三巻、二七五頁）。

復古がかつて「現前」の課題であった。復古の呼号はいまや排斥されるべき声となっている。村岡典嗣が提起した「宣長問題」は、復古のかけ声のなかでひとたびかき消され、祖国再建のよび声とともに、和辻のうちでふたたび浮かびあがったようにも見える。——和辻の宣長理解をめぐる問題はもうすこし入りくみ、ただちには解きほぐすのが困難な歴史の襞が刻みこまれている。戦前版の叙述をいますこし追ってみよう。

古事記を精確に読みとくことを妨げていたのは、宣長にとって、そもそも記紀の編纂時代このかた、この国に浸透している儒教と仏教の思想であった。それゆえ宣長にさきだって、眞淵もまた儒仏を執拗に攻撃している。本居のいわゆる「漢意」批判も、ことのその脈絡で理解されなければならない。たほうまた漢意をめぐる宣長の攻撃は、より積極的な「道についての理論的反省」すなわち「道の学問」の理念とともにとらえかえされる必要がある。『傳』のいわば序論にあたる「直毘靈」が、かくて読みなおされなければならない。

皇国たる日本は、天照大御神の生まれた国であり、大御神の詔にしたがって、大御神の子孫である皇孫が統治する国である。天の下にはまつろわぬ者とてなく、上代ではだからまた、ことごとしい道のあげつらいも存在しなかった。大陸文化の移入にともない、もともと暗黙のうちにおこなわれていた道は「神の道」と呼ばれるようになったが、いっぽうまた「漢様」の浸潤とともに、ひとびとのこころも「漢意」に染まっていったのである。そのけっか生まれた乱れがましいことがらも、悲しむべきであるが、いたしかたない禍津日神の「御心のあらび」である。それでも天照大御神はいぜん地を照らし、皇孫は天の下をしろしめして、この国の道はその「大本」において、なんら変わるところなく存続している。

この道はそもそも「天地のおのづからなる道」ではなく「人の作れる道」でもない。「高御産巣日の神の御霊によりて、神祖《かむろぎ》伊邪那岐の大神伊邪那美の大神の始めたまひて、天照大御神の受けたまひたもちたまひ、伝へ賜ふ道」である。それゆえ「神の道」と呼ばれるこの道は、古事記をはじめとするさまざまな古書のうちにあきらかである。人間はそもそも産巣日神の霊により生まれてきたものなのだから、「身にあるべき限りの行《わざ》」は、ことさらに教えられる必要もなく身につけて、こころえている。上代のひとびとは、それゆえ、ひたすら「天皇の大御心」をわがこころとして、「ほど〳〵にあるべきかぎりのわざをして、穏《おだひ》しく楽《たぬ》しく」世をわたり、生を過ごしていたのだ。

以上が和辻による「直毘靈」読解のおおすじである。『うひ山ぶみ』によって、より端的に表現すればこうなるだろう。「そも〳〵この道は、天照大御神の道にして、天皇の天下をしろしめす道、四海万国にゆきわたりたるまことの道なるが、ひとり皇国に伝はれるを、其道はいかなるさまの道ぞといふに、此道は、古事記書紀の二典《ふたふみ》に記されたる神代上代のもろ〳〵の事跡のうへに備はりたり」（『全集』十四巻、二二八頁）、ついでにそのあとを引けばこうである。「此ノ二典の上代の巻々を、くりかへし〳〵よくよみ見るべし」（宣長全集一巻五頁）。

引用ののちに、和辻の認定がつづく。「これが宣長の古道論の核心である」。宣長によればかくて、「神の道」はただちに「尊王の道」であって、尊王という核心を措いた「信仰の道」といったものではない。「その点を我々は重視しなくてはならぬ」。道とはさながらに「天皇の天下をしろしめす道」なのである。

この段落が戦後版ではおおきく書きかえられている。『日本倫理思想史』の認定するところはこうだ。宣長は「記紀の神話をできるだけ素朴な形において把捉」して、それをもって儒学のとく「先王の道」に替えようとした。宣長は、かくて「神話を原始時代特有の表現」とするのではなく「現代においてもそれを作った時代と同じように感受すべきもの」と考えている。神話にふられた強調点は哲郎自身のものである。つまり戦後版は記紀の古事《ふること》があくまで神話であるしだいを強調しているわけである。そのうえで戦後の和辻は、一方で宣長が記紀神話の特徴をよくとらえていることをみとめる。『日本倫理思想史』の叙述は、他方で宣長自身が「この神話を信仰していること」を指摘して、宣長学が「狂信的な神道の道を開いた」ことを批判する（和辻『全集』十三巻、二七九頁）。

神話を「信仰している」という表現は、村岡典嗣の表現をあらためて受けいれたものだろう。「狂信的な神道」ということばが指しているのはとりあえず篤胤思想のことであるが、たほう戦後の和辻がこのことばを書きとめたとき、戦中に平田篤胤を奉りあげた者たちのことを想いうかべていたこともまずまちがいがない。篤胤にかんして和辻は一貫して批判的であって、国学史上のその位置についても判断を留保しているところがある。和辻の判断では「篤胤は国学四大人の最後の一人として国学の正統をつぐものとせられている」とはいえ、「しかしこれは篤胤及びその後継者が戦い取った事」であり、そのたたかいの武器になったものが、例の夢中での宣長入門という挿話なのだ（『全集』十四巻、二八六頁）。和辻は狂信に対してはつねに批判的だったのである。（註）

（註）戦中の篤胤評価をめぐって田中康二はこう書いている。「篤胤はその百年祭を契機にして研究が加熱し、日本全体を巻き込んで篤胤敬仰の思いが沸騰した。篤胤はいつしか大東亜共栄圏統一のシンボルと見なされるようになったのである」。昭和十八（一九四三）年には、山田孝雄監修のもとで『平田篤胤全集』の刊行が企画されたけれども、敗戦により企画そのものが頓挫する。「幻の篤胤全集が再び日の目を見るには三十余年の歳月を要したのである。だが、全集はいまだ完結していない。光が強すぎた分、その奥に広がる闇は深い」（『本居宣長の大東亜戦争』二二二頁以下）。なお「平田篤胤が鈴屋入門の史實とその解釋」を書き、あらためて問題を提起した村岡典嗣の解釈はむしろ篤胤に対して同情的である。「而してかくの如き本居に対する特殊の心境の根柢には、さらに、平田の神道に於ける思想と信仰とが存した。これ即ち幽冥観である」。「本居に対する

ふかく強い景仰の情が、彼を駆つて、現実以上、即ち幽冥の世界における交渉の信仰におもむかしめたのは、自然の帰趨に外ならない」(『續 日本思想史研究』二八〇頁以下)。ついでに村岡最晩年の論攷のひとつ「平田篤胤　人物、學説及び思想」を引こう。「篤胤を研究し来つて知りえるのは、業績に於いても人格に於いても存在した、一種偉大なる未完成さである。而してこの事は、彼が尊信して終生変らなかつた先輩本居宣長と対照して、最も明らかである。宣長に見るのは、一つの完成した調和の美しさである。万人の敬慕をあつめて、殆んど敵を有しなかつた円満な人格、中古学、語学及び上古学に亘つて、古典学として纏つた学問、また正大にして些かの奇僻なき学風、総じて正しくアポロン的の美しさが存する。之に比する時、篤胤に著しいのはディオニゾス的の趣きである。彼には人物や行動にも、学問や思想にも、相応に矛盾や破綻があり、稚気や山気も存し、また動揺もあり、激情もあつた。それらは凡て現れて未完成の相を為す」(『日本思想史研究 第三』二九九頁以下)。

和辻哲郎『尊王思想とその傳統』における宣長論には、しかしながらより微妙な時局への応接があった。戦中の和辻は、『うひ山ぶみ』にあっての宣長の主張のひとつ――「みづからの国のことなれば、皇国の学をこそ、たゞ学問とはいひて、漢学をこそ分て漢学といふべきことなれ」――に同意を与えたあとで、つぎのように書く。

学問のことに関する宣長のこの気概は、天照大御神の道すなわち天皇の天の下をしろしめす道すなわち四海万国にゆきわたりたるまことの道という主張にも現われている。問題は「まことの道」である。まことの道である限りわが国のみの問題なのではない。「まことの道は、天地の間にわたりて、何れの国までも、同じくたゞ一すぢなり。」(玉くしげ、冒頭)しかるにその道はひとり皇国にのみ正しく伝わっているがゆえに、道の学問すなわち皇国の道の学問となるのであるが、しかしその皇国の道はあくまで普遍妥当性を持つのであって、わが国にのみ通用するというごとき狭い道なのではない。それを宣長は四海万国にゆきわたりたるまことの道と言い現わしたのである。(『全集』十四巻、二三三頁)

哲郎そのひとが強調している箇所は、現在の私たちがなにげなく卒読するときは、まぎれもなく狂信的な国粋主義の発露に映ずるかもしれない。しかし仔細にみればそうではないのだ。『うひ山ぶみ』の主張に同意したのちに和辻はまた附けくわえている。「今日は和学や国学どころではない。あらゆる学問の上に「日本」という言葉をかぶせなければ承知のできない人がある」。右の引用のあとには、こうつづいていた。「今日の情勢においてこの宣長の卓見は特に注目せられなくてはならぬ。普遍妥当性ということを毛虫のように恐れている人々は、宣長の次の句を充分に味解すべきである」。引かれることになるのは『鈴屋答問録』の一文である。「若実に皇国の説を信用すとならば、他国の説は論もなく、皆非なれば、少しもこれに心をかくべきにあらず」。宣長そのひとの主張は文字どおりのものである。和辻哲郎は逆説もしくは反語として引用している。岩波文庫版『日本倫理思想史』に、詳細な注と解説とをほどこした木村純二が指摘しているように、原型となった宣長論が雑誌『思想』に掲載されたとき、すくなくとも西田幾多郎は和辻哲郎の意図を精確に理解していた(昭和十八年八月二十八日付、和辻宛書簡)。

ひどく屈曲をふくむしかたで時局に関与しようとしたこの一節は、戦後版では削除される。この国の道が普遍妥当性を有さなければならないとする主張は、狂信的なナショナリズムに対しては抵抗を組織するものだった。戦後おなじことばが、ただちに反動(「逆コース」)を意味することになる。

南原繁は、東大法学部にあらたに開設された東洋政治思想史講座の講師として、津田左右吉をまねいた。講義は蓑田胸喜の息がかかった学生たちによって妨害されて、これが津田訴追のきっかけのひとつとなる。津田を擁護した羽仁五郎は戦後、津田と対立する。昭和十六（一九四一）年十二月二十日、和辻は第十九回公判に出廷し、弁護側証人をつとめた。かつて学問的に好敵手であり、思想的に距離のあった津田と和辻は、戦後むしろ政治的には接近する。——丸山眞男は助教授として東洋政治思想史を担当するに先だって、南原に命じられ文学部の和辻の概説を聴講し、おそらくは反撥した。昭和二十八（一九五三）年、和辻『日本倫理思想史』と丸山『日本政治思想史研究』がともに毎日出版文化賞を受賞、両者は壇上にならんでいる。

六

津田事件には前兆があった。昭和十四（一九三九）年、すでに蓑田胸喜「津田左右吉氏の大逆思想」を嚆矢として、津田への攻撃が開始されている。翌年には、記紀研究・古代研究にかかわる当人の著書四冊が発売禁止の処分となり、左右吉は早稲田大学教授を辞職した。津田左右吉と岩波茂雄が同年、出版法違反で起訴され、昭和十七年有罪判決がくだる。被告側が控訴したけれども、十九年、時効により免訴となった。

津田の起訴にさいして、責任を感じた南原繁はみずから上申書を作成する。南原の意をうけて丸山眞男が署名あつめにまわった。（註）津田の退職以来、ことのなりゆきを静観していた早稲田の教授たちのなかで、會津八一が、ひとり元同僚のために奔走している。

（註）いわば好敵手であった和辻哲郎の証言は、裁判官の心証形成にあずかっていくらかの力があったはずである。久野収もそう想定するのに対して、家永三郎は、丸山らによる署名のほうが「はるかに大きな効果があったと思われる」と推測している（家永前掲書、四一四頁）。『田辺元の思想史的研究』でも、田邊とくらべてひどくきびしい判定が和辻の戦争協力に対して下されているけれども、対象に対する深い共感がたとえば『植木枝盛研究』のような名著を生むこともあるいっぽう、家永には、個人的な好悪が思想史的評価と連動するきらいがあるようにも思われる。ちなみに戦後の津田がたどった「個人的な進路」に対して、家永は遺憾の意を隠して

おらず、総じて戦後、「津田史学の余光は薄かった」（五九三頁）と評価する。なお家永は戦後、和辻哲郎とのあいだで論争を繰りひろげ、また丸山眞男の病気療養中には、東大法学部の丸山の担当講義を代講している。戦後日本史学における津田の位置については、網野善彦『日本中世の非農業民と天皇』の「序論」をも参照。

八一に山本五十六の戦死をいたむ歌がある。「五月二十二日山本元帥の薨去をききて」との詞書につづけて四首がならぶ。第一首を引いておく。

うつせみの　力を尽くし　わたつみの
　空のみ中に　神去りにけり

同郷（新潟）人への追悼である。古学の素養が感じられるという以外に、とるところのすくない歌である。ここで會津八一の場合にふれたのはただの寄り道ではない。歌人の行動と詠歌ばかりでなく、その時代、およそすべてのことばとふるまいとが、時代の動向との距離をのこらず刻みつけられてゆく。

前節までに辿ってきた村岡典嗣、津田左右吉、そして和辻哲郎の所論は、それぞれにいわゆる「大正デモクラシー」の時代の空気を吸収し、昭和期に入ってからも、その後の「日本精神」論とはおのおの一線を劃していた。村岡を例にとれば、昭和八（一九三三）年末執筆の「日本精神について」が稿の末尾で「是に於いてか吾人は、現時の日本精神の主張について、頗る警戒を必要とするものなきやを疑はざるを得ぬ」として、同時代の排外主義的な主張を批判していたのはもとより（『續日本思想史研究』一二頁）、昭和十八（一九四三）年五月に発表された「日本精神論」でも「こゝに吾人が試みようとする日本精神論は、日本精神の鼓吹とは自ら別である」しだいをあえて断っている（『研究 第四』一八八頁）。津田左右吉についてはいうまでもなく、和辻の『日本精神史研究』もがんらいは「精神史」の研究であって「日本精神」の研究ではない。

六十余年にわたった昭和時代は敗戦の年以前の二十年がひろく戦前といわれるが、その二十年間もふたつの時期にわけて考えることができる。さきだつ大正十二（一九二三）年、関東地方を大地震が襲って、混乱のなか大杉榮が、妻と甥ともども虐殺された。大杉は、明治末年の大逆事件で「縊り残され」たアナキストであるとともに大正論壇の寵児のひとりでもある。その死は大正デモクラシーの終焉を象徴して、また思想界における、あらたな覇権闘争のはじまりをも告げるものだった。大正末から十年ごろにいたるまでは、アナキズムの退潮をうけ、マルクス思想の影響が知識人層のあいだで色こくみとめられる時代となる。その後、昭和十一（一九三六）年二月二十六日の青年将校たちの蹶起をひとつの節目に、時代はファシズムの色に染めあげられてゆくのである。

昭和の幕開けとともに国学研究・宣長研究という小世界にもあらたな動向があらわれ、マルクス主義的な立場の閃光すらも射しこんで、そのすべてはしかしほどなく総動員体制のなかに呑みこまれてゆく。そうした時節の動きをたどるまえに、打ちよせる時代の波頭とはやや離れたところであらわれた仕事に目をむけておこう。

ゆく秋の　大和の国の薬師寺の
塔の上なる一ひらの雲

佐佐木信綱（一八七二〜一九六三年）の歌のひとつである。だれの目のまえにも穏やかな情景が浮んでくるだろうこの歌にも、衒うところのない、のびやかな歌風がよくあらわれている。信綱自身が歌人と国学者の家系の出身であるけれども、歌人としての弟子は孫子をふくめ数しれず、また温和なその性格と歌風が好まれて、多くの校歌をも作詞していることは周知のところであろう。

信綱のなまえについては、本書でもすでに言及している。明治以降の歌史を代表する歌人のひとりである信綱はまた、当時よく知られた国文学者でもあって、これもふれておいたとおり、村岡典嗣にとっては終生の友人であった。

宣長研究とのかかわりでは、佐佐木はなによりもまず宣長にかかわる各種の資料を発掘した功績が、こんにちでも記憶されているだろう。本書の第三節で確認しておいたように、村岡は、宣長思想のうちに浄土宗の信仰が落とした色こい影を見いだしたが、たとえばこの件をめぐって佐佐木はつぎのように書いていた。

　宣長の敬虔なる人格と思想とには、幼き時より親しんでゐた浄土宗の信仰の影響があつたとの説は、村岡君の「本居宣長」の中にあつて、卓見といふべきである。また本居清造君編纂の本居宣長稿本全集第一輯には、十九歳の覚書「萬覺」を載せて、閏十月の行次第を載せてあり、その浄土宗の勤行を修してゐたことが知られる。近く伊勢に赴いて松坂なる長谷川六郎次君所蔵の宣長の覚張二冊を見ることを得た。小形の横とぢの本で、表紙に「覺」とあつて、終に、寛延元年神無月二月本居榮貞とある。そは十九歳の十月、山田今井田家に養子に行かれる前月にとぢ、書き初めたものである。

（『國文學の文獻學的研究』三六六頁）

佐佐木が注目しているのは、まだ本居とも宣長とも名のっていない青年の「精進」の記録である。阿弥陀仏釈迦仏への三礼をふくめた毎日の日課をしるしたもので、信綱はこれを「浄土宗の信仰のいかに深かつたかを」あかす資料とみて、「翁の生涯を貫いてをる敬虔な性格は、夙く青年期に於けるこの篤く深き信仰によつて培はれたことを知るべき好資料である」と判断している。ただしこの史料によって、後年の本居宣長の信仰のありよう、古神道との関係を推定することはできないものと思われる。

第一次世界大戦中の一九一七年三月、帝政ロシアで二月革命が勃発した。同年十一月、ボリシェヴィキが武装蜂起して、十月革命が成就する。おなじ大正六年に、佐佐木信綱は『賀茂眞淵と本居宣長』を公刊している。長短さまざまな文章のなかで宣長研究史にのこるものは、まず「排蘆小船《あしわけをぶね》と宣長の歌論」と題された論攷である。村岡が『本居宣長』初版を執筆していた時点でその存在すらも知られていなかった、初期歌論をめぐる報告と考察であった。信綱は伊勢松阪におもむいて、本居清造方に所蔵されていた遺稿類を検分、「本文のはじめに「あしわけ小舟」とある、美濃版三十七葉に、十八行乃至二十行の細字もて記された一巻」を発見する。佐佐木はこの稿を『石上私淑言』の初稿とみなし、この認定はこんにちまで受けつがれている。

佐佐木信綱は一巻を紹介するにあたり、宣長自身が附した見出しによって全体の内容をあげ、ことに和歌史にあたる部分の全文を引いている。その論述は『私淑言』には引きつがれなかった考察であるからである。そのうえで佐佐木が確認しているのは、第一に、新古今を和歌史の頂点とみなし、藤原定家を尊崇した本居宣長の、歌論における基本的な思想がすでにこの遺稿にみとめられることである。第二に、本居がいわゆる堂上歌学にかんして深い見識をそなえ、二條派歌論に対して相応の同情を示している消息であった。第三に信綱は、後年の著作では見られない契沖への深切な関心に注意している。旧来の歌学は、古典読解という点でいまだ児戯に類していたところ「こゝに難波の契沖師は、はじめて一大明眼を開きて此道の陰晦を嘆き、古事によつて近世の妄説を破り、はじめて本来の面目を見付け得たり」という一節である。これに対し『石上私淑言』や『紫文要領』で展開されるにいたる「もののあはれ」の語は、ほとんど使用されていない。以上により、佐佐木の一文は『あしわけ小舟』をもって「眞淵入門前の学問の状態を、最も明瞭に吾人に語つてをること」をみとめ、あらたに見いだされた稿は「頗る学者の参考とするに足りる」（同書、二四八頁）としるした。以後、遺稿の執筆年代をめぐっていくとおりかの説が提出され、「沸騰する文体」（小林秀雄）とともに綴られた若き日の宣長の歌論について、繰りかえし検討の対象となって今日にいたっている。

信綱は「文献学の研究の根本であり準備的研究となるべきものは、即ち、文献の蒐集と採訪とである。国文学のみに限らず、凡そ文献学的方法で研究することの出来るいかなる学問に於いても、まづ第一の仕事は、其の材料たる文献を探求し、豊富にかつ精確なものを蒐集することである」（『國文學の文獻學的研究』一〇頁）と説いていた。宣長にかぎって言っても、研究の文献学的側面にかんし佐佐木の寄与したところは多大であったと言わなければならないだろう。信綱は『日本歌學大系』全十巻を編纂し、現在にいたる研究者たちに有益な遺産をのこしている。昭和十五（一九四〇）年六月とある編者のことばには、「今茲昭和十五年は、我が国民の為に最も光栄とすべき、紀元二千六百年」であって、その「佳き年の記念」に「新たに二百余部を編纂して、歌學大系十巻となす。蓋しわが歌学書中の良書は、悉く収めてこの中にありといふに庶幾からむか」とある。時節を覆いそめたむら雲の影がわずかに落ちている。

佐佐木信綱の『賀茂眞淵と本居宣長』が有名になったのは、とはいえべつの一件によってであった。同書には「松坂の一夜」と題された小篇がおさめられている。この一篇がのちに小学読本に収録された。戦前には国民の多くが、この物語をつうじて宣長の名を知るにいたったといわれる。ここでは昭和十（一九三五）年発行の増訂版から引く（一七五〜一七七頁）。

時は夏の半、「いやとこせ」と長閑やかに唄ひつれてゆくお伊勢参りの群も、春さきほどには騒がしからぬ伊勢松坂なる日野町の西側、古本を商ふ老舗柏屋兵助の店先に「御免」といつて腰をかけたのは、魚町の小児科医で年の若い本居舜庵であつた。医師を業とはして居るものゝ、名を宣長というて皇国学の書やら漢籍やらを常に買ふこの店の顧主《とくい》であるから、主人は笑ましげに出迎へたが、手をうつて、「ああ残念なことをしなされた。あなたがよく名前を言つてお出になつた江戸の岡部先生が、若いお弟子と供をつれて、先ほどお立よりになつたに」といふ。

この書き出しは、もとより佐佐木の創作である。現在では、本居宣長はかならずしも小児科の専門医ではなかったとも言われているが、ここでは問わない。「江戸の岡部先生」とはいうまでもなく江戸は縣居門の主人、賀茂眞淵のことである。

舜庵こと宣長は「先生がどうしてここへ」と息せき切って問う。「何でも田安様のご用で」大和めぐりの旅をしているところ、伊勢にも参拝するはこびとなり、「お足に浮腫《むくみ》が出た」こともあって当地に泊まり、今朝がた店に立ち寄ったあとで、参宮に出た、とのことである。眞淵はときの将軍の第二子、田安宗武に国学の師としてまねかれた、すでに老大家であった。宣長はつとにその著『冠辭考』や『萬葉考』を愛読している。主人にいわれ、あとを追った宣長は、しかしその日は追いつくことがかなわず、数日のちあらためて「松坂なる新上屋」で眞淵と念願の対面をはたす。

賀茂眞淵、通称を岡部衛士は、その年には六十七歳、医師としての名を舜庵ともいう本居宣長はまさしく壮年、三十四歳の夏である。宣長は古事記註釈という夢を語った。老大家は後学をさとして、古事記に立ちむかうには、まず万葉を修めることが肝要である、漢意を清くはなれて「古への意を得るには、古への言を得た上でなければならない、と説く。「世の学問に志す者は、とかく低いところを経ないで、すぐに高い処へ登ろうとする幣がある。それで低いところをさへ得る事が出来ぬのである」。――この部分とりわけ眞淵の発言についていえば、内容は『玉かつま』の、いわば原文と対応している。国文学者というよりは文学者の筆は、だがさらに伸びてゆく。

夏の夜はまだきに更けやすく、家々の門のみな閉ざされ果てた深夜に、老学者の言に感激して面ほてつた若人は、さらでも今朝から曇り日の、闇夜の道のいづこを踏むともおぼえず、中道の通を西に折れ、魚町の東側なる我が家のくぐり戸を入つた。隣家なる桶利の主人は律儀者で、いつも遅くまで夜なべをしてをる。今夜もとん〳〵と桶の箍を入れて居る。時にはかしましいと思ふ折もあるが、今夜の彼の耳には、何の音も響かなかつた。

一文はこのあと、宣長の入門のしだいを説いて、眞淵と宣長のあいだで交わされた書簡の往復にふれる。

「彼は問ひ此は答へた。門人とはいへ、その相会うたことは纔かに一度、ただ一夜の物語に過ぎなかつたのである」。

のちに「内篇」ではその原文を引くが、佐佐木が元にしているのは『玉かつま』における、宣長そのひとの回想であった。そこでふれるように、年を経て書きとめられた宣長の追想そのものにも、疑問とすべきふしのいくらかがある。その回想をふくらませ、文学的な想像力をまじえて創作された信綱の文章には、さらにいくとおりかの問題とされなければならない記述がふくまれている。ともあれ、現代の宣長研究者の認定を引いておくならば、「「松坂の一夜」という美談に潜む不純物は、信綱の美文によってものの見事に覆い隠されてしまった。そうして、真淵と宣長の国学統上の純粋性は、国学という学問の純潔をも含意するものとなって喧伝された」（田中康二『本居宣長の大東亜戦争』一〇六頁）のである。田中はさらに、教科書版「松坂の一夜」においては一晩の「奇遇」が強調されるばかりでなく、師匠である眞淵から弟子となる本居への「志の継承」と、宣長の努力の結晶としての『古事記傳』一書の成立という二件が焦点化されていることを確認し、そのうえ教科書版で「我が国の古代精神」とあるものが、紙芝居となり、「日本民族の精神、即ち日本精神」と言い換えられていることまで追跡してゆく。誠実な本居研究者の見るところでは「この「日本精神」という言葉こそ一九四一年一一月という、この紙芝居の制作された頃の空気を象徴する言葉だったのである」（同書、一一九頁）。

ちなみに佐佐木信綱『賀茂眞淵と本居宣長』には、師の側から弟子との出会いを回想する場面も物語られている。信綱自身が、「かの「詩と真実」のたぐひといひつべ」きものと言うが、こちらの一文「縣居の九月十三夜」には、なお創作の色がこい。

寓居の移築を祝う月夜の宴のさなか、賀茂眞淵は一年まえの出会いをふと思いだす。本居は「うち見たところ、三十を越えて間もない壮年で、温和な為人《ひととなり》のうちにも、才気が眉宇の間にほとばしつてゐる」。眞淵の訓戒を傾聴する「宣長の顔には、燃えるやうな熱心と、貴とい敬虔の情とがあふれた」。いのち尽きるまえに、ゆくりなくも出逢った後学のすがたと、そのゆくすえの頼もしさを想って、「ひとり月明に対するにも比ぶべき彼の孤独の心にも、いひしらぬ喜びが湧きあふれた」。

ここでは眞淵の出自を語りだし、眞淵がみずからに訪れた不幸を乗りこえ、古学にこころざす顚末を物語ろうとする部分を以下に引く。一文中でその響きがひときわ耳からはなれない、一書のなかで目を射るほどの名文であるといってよい。

浜松の宿を西へ出はなれる処の右の山下に見える里、昔は岡部郷といひ、いま伊場村といふ。其処こそは彼の生れたところである。祖先が齋《いつ》きまつつた賀茂神社のうしろから、松の生ひ茂つた丘陵は、宇布見村へ通ふ道を十町あまり西に続いて居る。南は水田で、その向うに東海道の松並木が見える。楝の木と榎とが枝をさしかはして居る垣の内の広い一かまへ、そこで彼は廿余年の春秋を送り迎へた。その家に間近く住んでゐた従兄岡部正長の女《むすめ》のおもかげが、ふと浮んだ。

彼の面わには、若さがかゞやいた。

思ひあうた少女を妻とし得た春、弥生の光うららかにたゞよふ浜名の湖《うみ》に船を浮べた。名も美くしき引佐細江《いなさほそえ》の、水尽きんとして尽きざる細江また細江の幾つを見つゝ、館山寺の裏山にのぼつて、岩躑躅のかげに割籠を開いた。——花は散り春は逝いて、物悲しい秋の風に、うら若い妻は涙と彼とを此の世に残した。深い歎に沈んだあまり、一度は真言の僧にならうとまでしたのを、そはあるまじき事といさめられて、美くしい面影の忘れがたさに、一しほ深く親しんだ古代の書や、友とし交はつた浜松諏訪の大祝《おほはふり》杉浦國頭、五社の神官森暉昌《てるまさ》などとの上つ代のものがたりは、彼の心を全く転ぜしめた。運命の手はゆくりなくも、彼を浜松の本陣梅谷の若き主人たらしめた。(佐佐木前掲書、六頁以下)

前妻には「うつくしさ、やさしさ」があった。二度目の妻には「賢《さか》しさ」があった。「一逆旅の主人として終るべき」眞淵は「この賢しき妻の激励により、家を捨て妻子を置いて、古学を研むべく京都に上つた。そこには、東山に国学校を創設しようとした老学者——かの杉浦國頭の妻まさきの伯父なる荷田春滿が彼を待ち迎へた」。

のこされた記録はすべて踏まえられている。筆致はしかし研究者のものではない。それ自身、歌学と古学の伝統が香りたつような歌詠みのものであった。名文には、ここでもやはり功もあり罪もある。いわゆる四大人にかかわる伝統のはじまりが美しい物語として完結してしまっている。それはちょうど「松坂の一夜」の結語が、ひとつの神話を完了させてしまったのと同様である。眞淵と宣長の一夜の邂逅を美しく描く一文を、信綱はこうむすんでいた。「今を去る百五十余年前、宝暦十三年五月二十五日の夜、伊勢国飯高郡松坂中町なる新上屋の行燈は、その光の下に語つた老学者と若人とを照らした。しかも其ほの暗い燈火は、吾が国学史の上に、不滅の光を放つて居るのである」。

ついでにふれておくなら、佐佐木信綱がもっとも親炙した国学者は本居宣長ではなく、賀茂眞淵である。「近代の学者歌人の中で、予が最も景慕にたへざるは賀茂眞淵なり」と「九月十三夜」にもしるされている。

佐佐木には『日本歌學史』という名著があって、宣長の「歌学説」をめぐる信綱の評価は、眞淵と宣長とを、できるだけ接近させて理解しようとするものとなっていた。眞淵の影響を受ける以前の本居の所論をめぐっても、このような記述がみえる。「しかして、真情といひ自然といふ、また物のあはれといふ、所詮は自然の人情といふことなり。上古に目をつけしと、中世に目をつけしとの差こそあれ、根本に於いては相通ずるところあり。眞淵と宣長と、各自その説を異にしつゝ、また自ら相近づき居る点あり。眞淵が再奉答中に、いいいいわりなき願といふ詞を用ゐて、人情主義を説きたるは、おのづから宣長の物のあはれの思想に似通へり」（同書、二二五頁）。このあとに、両者の差異をめぐる補足があり、「宣長の理想とする歌風は、実に物のあはれの極に達せし新古今の歌風なりしなり」と確認されているにしても、佐佐木信綱の理解の方向はあきらかだろう。

信綱の『歌學史』は、明治四十三（一九一〇）年に初版が世に出ている。宮下太吉、管野すが等とのあるやなきやの繋がりをたどり、全国の社会主義者が一網打尽にされた年である。翌年に出版された、弟分、村岡典嗣の一書とくらべて、文章の旧さが目につくところかもしれない。とはいえ、村岡『本居宣長』の自序もおなじような古さを感じさせるばかりでなく、当代の名文家として聞こえた幸徳秋水の文章も、和漢混淆の古色をのこしていた。言文一致といわれる運動は、明治末年なおその途上にあった消息も確認されるところである。

戦前ひろく読まれたものという意味で、もう一冊ふれておきたい文献がある。昭和二（一九二七）年十一月に公刊された、清原貞雄『國學發達史』である。

清原貞雄（一八八五〜一九六四年）は京都帝国大学の史学科を卒えて、内務省神社局などにつとめたあと、広島高等師範学校に奉職し、ながく教授をつとめた。広島高師はのちに文理科大学と名をかえ、現在の広島大学の前身にあたる。

同書の本論は「徳川時代以前に於ける国学」を紹介するところから開始される。釋日本紀にはじまって、仙覺の萬葉抄にふれ、令義解等の法制研究、有職故実研究、神道の流れが辿られる。近世に入ってからは、一條兼良らを国学の先駆者として位置づける以外に、水戸学や闇斎学派を「復古国学の先駆」として論じているところに特徴があるだろう。清原の専門とする分野はがんらい神道史であり、狭義の近世国学の前史をおさえる視点の背後にも、それなりの蓄積が感じられるところである。ここでは、本居宣長をめぐる記述にかぎって問題としておこう。

宣長を主題とする第六章は本居の「学歴」（第一節）を紹介したのち、ただちに「古道説」（第二節）を考察している。第三節には「皇国優越論」という標題が与えられ、主として『馭戎慨言』にふれられ、一節をおいて第五節にいたってはじめて「文藝観と「物のあはれ」」へとさかのぼる構成は、当時としてもやや異例のものであるように思われる。一般向けの叙述という体裁をとった一書のなかで「国語学と歌論」という節（第八節）をもうけて、国文法研究にかかわる宣長の業績をいちおう紹介しているのは、著者の本居理解がそれなりの研鑽を経たものであることを示していた。

先行する類書とくらべたときの同書の特徴は第一に、宣長思想における「治道論」の検討に一節を割いたところにあるだろう。『玉くしげ』『秘本玉くしげ』に盛られた本居宣長の政論をひととおり跡づけたあと、清原はその全体について論評をくわえている。

以上が政治と財政とに関する宣長の意見の中、其主なるもの〻の概略を述べたのである。之に依つて見ると、或は国学者一流の迂遠な理想論と思はる〻点も無いでも無いが全体の態度として保守主義を主張して居りながら、其考の中には極めて新しい所があつて、今日から見ても立派な議論であると思はれるものも少くない。例へば、証拠裁判を主張して居るが如き、又は徳川時代為政者の鉄則として居つた所の民をして依らしむべく知らしむ可らずと云ふ主義に反対して下々のものをして成るべく意見を立てしむる様にする説を採つた如き、又濫りに切腹すると云ふ様な事は、武士道的虚栄から来る一種の弊害として何人も考へて居りながら憚つて云ひ得ないで居つたものであらうと思ふが、宣長が敢て云つたのは其勇気を認むべきである。其外、すべての問題に対して可なり思ひ切つて突込んだ議論を立て〻居る事は、宣長が、普通の読書先生や歌詠み国学者と其撰を異にして高い識見を有して居る事を示して居ると思ふ。（同書、二二二頁以下）

著者自身には国体論史の編修という仕事もあって、基本的には神道を背景とした保守的な研究者のひとりと見なされている。右に引いた認定を見るかぎりでは、『國學發達史』における清原の所論は学問的に独創的なものとは評価しがたいにしても、論述はそれなりに公平であって、頑冥な国家主義者の所説とはかなりの隔たりがあるものとみとめるべきだろう。（註）

（註）右の引用で清原が言及している、切腹をめぐる宣長の見解についてだけ、ほかにふれる機会もないのでここで原文を引いておく。「武士の風儀として、上へ対して申《シ》訳なき事などあるとき、切腹するは、まことにいさ

ぎよくはあれ共、よろしからぬならはしなり。実に死なでかなはぬ事は格別なれども、其余さしての悪事にもあらず、たゞいさゝかの一時のあやまちによりて、大切なる一命をうしなひ、父母妻子の歎きも殊に深かるべきを思へば、甚いとほしき事也。願はくは此ならひをば停まほしき事なれば、御先代に天下一同に追腹殉死を禁ぜられたる如く、此切腹の事も、上より仰付らるゝの外は、私に切腹する事をば、堅く禁止せらるべきにや。誰とても一時のあやまち、思ひはからぬ不調法は、あるまじきにあらざれば、さのみ深く咎むべきにもあらず。いさゝかの事にて、一命をすつるには及ぶまじきこと也。すべて少しの事にても、品によりて切腹するならひは、もと戦国の風なり」(秘本玉くしげ・下、全集八巻三五七頁以下)。

宣長の政治思想と関連して、同書の叙述にあってもうひとつ目を留めておいてよいことがある。それは、清原が、明治維新において国学者たちの復古思想がはたした役割にふれたうえで、「此点から見る時は宣長の如き復古国学の棟梁とも云ふべき人、殊に純粋の尚古主義を抱いて居つた人の思想は、政治上王朝の盛時とは全く違つた性質を有して居る其時代に対しては当然不平不満でなければならぬ様に考へられる」にもかかわらず、じっさいには「眞淵の如きも武家政治に対して反対の態度を示して」いないばかりか、「殊に宣長に到つては大に其時代を謳歌して居る」点に注意し、「此事は復古国学思想を考察する上に於ては看過してはならぬ問題である」(二三八頁)しだいを指摘していることである。この件は、あとで見るように、相良亨が注目する「其時の神道」という宣長の主張とかかわり、「せむかたなし」といった用語に代表される本居思想の一面にふかく関係する問題だった。清原の一書がとりあえず論件の所在――渡辺浩いうところの「特異な時間構造」(本書、二九二頁参照)――をおさえていることは評価されてよいだろう。

昭和二年は、その二月に大正天皇の大葬がおこなわれ、実質上は昭和時代の幕開けである。四月に第一次若槻内閣の総辞職をうけて、陸軍大将たる田中義一が大命を拝した。七月に芥川龍之介が自裁、芥川はそのはやすぎた晩年に、黙々と山道を登りつづけるレーニン像を描きだしている（「誰よりも民衆を愛した君は／誰よりも民衆を軽蔑した君だ」）（『或阿呆の一生』三十三）。――清原の「序」によるなら、「此時に当つて、自国固有文化の研究を標榜して蹶起した徳川時代の復古派国学者の精神は、現今の我国民にも何ものかを教へなければ止まない」。貞雄の本領は、一箇の国民教育家たろうとしたところにあったというべきだろう。

清原貞雄は太平洋戦争末期、広島文理を辞し、故郷の大分に帰還している。なんらかの筆禍事件が絡んでいたようである。清原の死後、地元の地方史家たちの雑誌『大分県地方史』に教え子たちの追想がならんだが、それによってもことの真相ははっきりしない。

美濃部事件以前の清原は、むしろ天皇機関説を支持していたといわれる。昭和天皇そのひととおなじく、神道史家、清原の政治的な立場はかならずしも偏狭な右翼のそれではなかった。回想によるなら、教壇上の清原貞雄は毎回あらたなノートを作成する熱心な教師で、六十余冊にものぼったその著書はそうした講義ノートを原型とするものであったよしである。そのほとんどが現在では忘れさられているけれども、『國學發達史』については、昭和五十六（一九八一）年に復刻版が出版された。啓蒙的な一冊であるとはいえ、視野せまからず公平な叙述をなお評価するむきもある。

七

大正十五（一九二六）年、一冊の国史研究書が世にあらわれた。世界史的視野をたずさえて、中世における宗教と社会とのかかわりを考察しようとした一書である。著者は平泉澄《きよし》、書名を『中世に於ける社寺と社會との關係』という。発行は十一月、翌極月には昭和と改元されるその年のことである。

この国の歴史にあって、上代が宮廷中心であったのに対し、中世では社会の中心勢力が武家の手に移ったといわれ、この点が上代と中世との主要な相違点であると語られる。しかし平泉によればこの件だけでは、中世を上代と区別することは可能であるとしても、近世と明確に差異化することはなおも困難である。中世をめぐり、いまひとつの重要な徴標《メルクマール》を挙げるとすれば、それは中世の文化が、上代のように隋唐文明の模倣ではなく、かといって近世のごとくに儒教わけても朱子学の支配を受けず、むしろ「仏教を主とする社寺の勢力の下に」あった点にある。その場合の社寺とは、しかも平泉にいわせれば、いわゆる鎌倉新仏教のそれではない。かえっていうところの旧仏教の社寺のことなのである。かくして平泉の研究が目的とするところは、「社寺が中世の社会に於ていかなる位置を占め、いかなる機能を有したりしか」をあきらかにすることであり、かくしてまた社寺が「国民生活全般と密接なる交渉を有つに至つた」さまを描きだすことにある。

平泉が注目するのは、そのさいしかも社寺が世界史でいわれる「アジール」として機能したことである。平泉としてはそうした視点から、「中世に於ける社寺が、その社会組織の上に占めた特色ある位置を、アジールの研究によつて闡明しよう」とする（同書、五四頁）。『中世に於ける社寺と社會との關係』によるなら、アジールは世界史的には各国古代に、現在的には未開社会にみとめられる。またなお生きているその実例を「人の幼年時代に求むるならば、我国に行はるゝ鬼ごつこの遊戯に所謂宿もしくは場が之に相当する」ものなのだ（五八頁）。

一書中の記述をひとつ引いておこう。大正八（一九一九）年五月中旬、著者は対馬南端の龍良山《たてらさん》を調査した。この国の中世期、対馬にいわゆる「罪人アジール」が存在していたことを確認するためである。引用はこのおりの記録にもとづく記述にほかならない。平泉はその日、天道法師の墓所とつたえられる地をおとずれていた。

予がこの森に入つてこの〔森のなかに平石を積みつくられた〕石壇の前に立つたのは、大正八年五月十三日の、最早暮近き頃であつた。古来曾て斧を入れぬ樫の密林は、鬱怱として殆んど天日を見ず、木は千年を経て自然に倒れ朽ち、落葉は地に堆くして深く足を没した。怪鳥の声、幽渓の響、聞くものすべて物凄く、壇前に立つて四顧する時、鬼気の直ちに迫り来るを覚えた。これは決して尋常の墳墓ではない。実をいへば天道法師其人の存在せし事すら疑はしい。まして是を以て天道法師の墓所となす伝説は、いかにしても疑なき能はぬ。（中略）これらの森の中には古来人怖れて入る事なく、もし誤つて森に入つて石壇を見る時は、直ちに草履を脱して之を頭上に戴き、壇に背を向けることなく後退して去る風習であるといふ。（中略）それ故にこの森を「恐ろし所」と呼び（津島記事巻十）、誤つてこの中に入るを防ぐ為に、森の周囲に約一町を隔てゝ数箇の石を積み、隔年に枝を折つてこの石にはさみ、是を以て境界の目標としたといふ事で、今も尚残存するものを予は内山村側の森に於て見た。かくの如き禁忌の風は、単に天道法師の墓所に対する崇敬と見るよりも、むしろ古代のタブーとして更に古く更に深き原因を有つものと察すべきではあるまいか。（一〇四～一〇六頁）

長い時の流れを見とおして、空間のかなた世界史的な視点をともないながら、史書と古伝、歴史と民俗のあいだを見きわめようとする、若き歴史家のおもだちが見てとられる。著者がのちに「皇国史観」の主導者のひとりとなり、一箇の扇動家とも目されるにいたったのは、その文体のまとっている独特な魅惑にもよるところがあるだろう。

平泉澄の『中世に於ける社寺と社會との關係』は、戦後のたとえば黒田俊雄に代表される鎌倉仏教研究の遠い先蹤となる。網野善彦の「無縁」研究もまたアジール論を起点とし、平泉の先行業績に言及するものであることはよく知られていよう。いま問題としておきたいのは、しかしこの間の消息ではない。時代を接して、おなじく世界史的視野をともなった、長くひろい歴史の流域を見わたす研究が国学をめぐって登場していることである。平泉の一書とおなじ書肆（至文堂）からあらわれた竹岡勝也の著書がそれにほかならない。

竹岡（一八九三～一九五八年）は、問題の書の「序」を以下のように書きはじめる。引用しておく。『近世史の發展と國學者の運動』と題された歴史書の、いわば通奏低音の響きを、あらかじめ聴きとっておくためである。

大正十三年の秋、「維新の革新と中世否定の運動」と題する小論文を雑誌思想に発表して以来、此の問題を過去に発展させて見る事が自分の興味の一つの中心となつた。それ以来、兎に角此の問題は自分の頭を離れる事が出来なかつたのであるが、要するに我国のルネッサンスとも云はるべき運動を中心とした問題であつて、その関係極めて広き範囲に及んで行くが故に、問題の取扱ひに於いて色々の困難に遭遇しなければならなかつた。（中略）国学者の運動を中心とした事は、要するに此の問題に一つの限定を与へた事を意味するものに外ならない。従つて此処に於いては、問題の焦点は矢張り国学者の運動に置かれるが、之は必ずしも国学者の活動を詳細に叙述する事を以て目的としたものではなかつた。国学者の運動を全体として把握し、その国学者の運動が如何に歴史の発展に与つて居るか。殊に此の運動を操る根深き関係を、過去の歴史に模索する事に依つて、此の運動の歴史的地位を決定せん事を試みたものであつた。（同書、「序」一頁以下）

平泉澄の一書はこの国の中世社会のなりたちを、古代以来の歴史の流れと、世界史的視野のもとに解明しようとするものだった。竹岡勝也の一冊はこの列島における中世の克服を、おなじく時のながい縺れあいと西欧の歴史との類比のもとに捉えようとするものにほかならない。竹岡は、平泉よりも二年はやく生まれ、両人は東大国史研究室で顔を合わせていた。平泉『中世に於ける社寺と社會との關係』は大正十五年に発表され、竹岡『近世史の發展と國學者の運動』は昭和二年九月に発行されている。二冊の史書の公刊を距てているのは、じつは一年たらずの時間にすぎない。澄の指導教官は黒板勝美、勝也が著書のはじめに名を挙げているのは、荻野仲三郎ならびに清原貞雄であった。後者は竹岡に神道史の知識を供与したとされている。

右に引用した一文から窺えることが三点ほど存在する。ひとつは、すでにふれたとおり、竹岡がんらいの問題関心は、日本史における「中世否定の運動」にあって、その運動を竹岡としては、ヨーロッパ史のルネサンスと比定しようとしていたことである。第二に竹岡は、本書の考察の目標を、国学運動を「全体として把握し」、その「運動の歴史的地位を決定」することに置いているという消息である。第三に示されているのは、とはいえ竹岡勝也としてももともと、この国における中世的世界の克服を、より長い歴史的時間の流れのなかで考えようとしていた経緯であり、竹岡の見とおしでは、国学の「運動を操る根深き関係」は、歴史をさかのぼることによってのみ、その意味があきらかになるのであった。

じっさい竹岡の著書にあって今日でも圧倒的な迫力をもって読む者に迫るのは、国学運動そのものの記述であるというよりも、その前史の叙述であるかもしれない。近世史を専門とする歴史家、竹岡勝也は、すぐれて文学的な想像力に恵まれていた。国学前史、つまり国学が国学運動として登場する必然性を解きあかす背景をかたちづくる歴史の流れを、主要には文学作品を素材としてたどってゆく勝也の筆致にも、この件は隠れなく顕われている。時間と空間のひろがりを見とおす、むしろ文学的構想力という点について、あるいはそれをも平泉との共通点であると言ってよいだろう。この件をすこし具体的に見てゆくまえに、とはいえ国学運動そのものをめぐる竹岡勝也の見とおしを確認しておく必要がある。

竹岡のいう「国学者の運動」は、まず賀茂眞淵と本居宣長によって代表されるものである。眞淵や宣長が研究したのは、対象としてはあるいは万葉であり、あるいは平安朝文学であり、古事記であった。このことには、歴史的にどのような意味が帰属するのだろうか。眞淵と宣長という師弟を典型とする国学者たちは、「彼等の言葉に従へば、中葉以降国民の心を混濁せしめ、我国の社会に色々の害悪を齎らした儒仏の思想を排斥し」、あらたな「価値を樹立する事に努めて」いた。その意味で国学運動はたんなる文献研究ではない。それはむしろ一面からすれば、「価値の源泉を我国上代の社会に見出」して、当の「価値を現代に呼び覚まそうとする一箇の「倫理的運動」であり、同時にひとつの「愛国的運動」である。だからこそ、眞淵や宣長により拓かれた学の動向は王政復古の運動とむすびあい、この国の思想を中世から「解放」する運動とむすびつくに至ったのである。

竹岡の見るところでは、この国学運動こそが「近世の歴史に於ける最も著しい出来事の一つ」であって、その「運動を経過する事なくして明治維新の改革を考へる事は出来ない」。なぜなら、明治維新とはたんなる政治革命だったのではなく、あわせてまた一種の「宗教革命」であったからである。「そして宗教革命としての維新の改革は、主として此の国学者の運動に依つて導かれて来たものと見る事が出来る」。国学運動は、それ自身として一方では「近世文化の発展」に関与している。とはいえ、他方では「中世の文化が現代に到達する為めには、先づ第一に此の運動を経過しなければならなかつたのである」。

国学の運動が復古をとく愛国的な運動であることにかんしては、とりあえずは異論がないだろう。それがしかし同時に一箇の倫理的な運動であり、そのうえひとつの宗教革命を準備したと目しうるのはなぜだろうか。国学者たちはその視線を上代へむけ、国民のあいだでは忘却されていた古事記や万葉をあらためてあかるみへと持ちだした。照明を与えられたのは、ただの古事《ふること》ではない。かれらによってあきらかにされたものは、むしろ「我国上代に於ける神々の世界」なのだ。国学が解明したのは、また古き神々のすがたばかりではない。国学によって発見された古典のなかで「神々に造られた儘のすなほな心」が見いだされたのである。その意味における復古の志向は、ひとつには儒教にかわる倫理を模索するものであり、いまひとつには現実にこの国を支配してきた仏教に取ってかわるあらたな宗教の可能性を——とはいえ復古の運動をつうじて——拔こうとすることなのであった（以上、本文一〜三頁）。

そこへと帰還すべき地点は、時の流れを介してすでに遠く隔てられた空間のうちにある。あらためてそれが発見されなければならないものは、時間のうちに堆積したべつのものによって覆いつくされている。上古の神々と、神々に与えられたこころを、国学者たちがふたたび見いだしたとするならば、その再発掘の運動をみるまえに、神々のすがたを埋もれさせてゆく動向がまず跡づけられなければならないだろう。かくして辿られるべきは、第一に「中世的文化の発達」であり、ことばをかえれば「上代の堕落」のさまであることになる。のちに国学の運動をつうじて告発されるように、その「直接の動機」は、ひと口で言うならいわゆる儒仏の浸透であって、とりわけ仏教的世界像の支配なのであった。

埋もれてゆく神々とのかかわりで考えるならば、したがって捉えかえされる必要があるのは「神々の仏教化」、すなわちひろい意味での神仏の融合にほかならない。竹岡の一書は、いわゆる神仏習合と本地垂迹の思想にかんして、とりあえずつぎのように説いていた。

> 一面から見るならば神仏の習合は、神々それ自らの浄めを意味するものである。神々を、未だ永遠の道徳に依つて照らされるに至らない神話の世界から解放して、仏の位に迄高める事、茲に神仏習合の一つの根拠は求められるのであるが、かくして神宮寺が建設され、本地垂跡《ママ》の思想が適用されるに至つた

事は、国学者の立場から見るならば、確かに神々を冒瀆したものであつたに相違ない。少く共観念の上に於いては、神々は仏教を離れて存在する事が出来なくなつて仕舞つた。維新の改革と共に全国に布告された神仏の分離、即ち神々を仏教から解放して上代の姿に還元せんとする運動は、かくの如き発達の傾向を否定する国学者の運動が、一つの結果に到達したものと見る事が出来る。(七頁以下)

とはいえ、なにゆえに、神々は「それ自ら」を「浄め」なければならなかったのだろう。その理由は、記紀神話の語る神々が「必ずしも道徳的に完全なものではなかつた」点にある。というよりむしろ、神々に道徳的な完全性をもとめる思想そのものが、神々の物語を紡ぎだした上代人のあいだには存在しなかったからにほかならない。古代の神々はいまだ人間とえらぶところのない「性情」に繫ぎとめられ、情慾や欺瞞の影を負い、憤怒と暴力に附きまとわれている。神代とはなお「草木物語した杳昧な時代」なのだ。とはいえこの間の消息がのちに、神々の運命そのものを決することになるだろう。仏教の渡来とその浸透にともなって、国民のあいだに道徳的観念が行きわたってゆくにつれて、神々すらもかくて道徳的批判にさらされることになる。かくてまた「国民は遂に神話から独立しなければならない時代に移つて来る」。神話の神々はその意味では、すくなくともいったんは亡びなければならない。——とはいえことのこの経緯はかならずしも端的に「神々の死」を意味するものであるとはかぎらない。神々は、仏教の尊ぶところにあるいは一致し、あるいは吸収され、すくなくともその名をかえることで生き延びることができた。逆にいうなら、仏教が渡来し、それが国民のあいだに深く浸透してゆく過程にともなって生起するにいたった「道徳思想の変動は、遂に神々の性質に迄及んで来なければならなかつた」わけである。竹岡はあらためて語っている。「奈良朝に至つて愈々具体的に現れて来た神仏の習合は、一面此の意味に於いて考へられなければならない」。とりわけ、また「神宮寺の建立は明らかに此の事を示すものであつた。併しながら此の神宮寺の建立に到達する為めには、更に遡つて、神々の思想それ自らの発達を見て置く事が必要」となるだろう（一三～一五頁）。

上代の神々、記紀の英雄たちが道徳的世界像の内部へと回収されてゆく過程は、それ自体ながい歴史と、屈折した細部とをともなっていることだろう。それはある意味では、青山を泣き枯らすほどに慟哭したスサノオが、畦をはなち、溝を埋め、馬を逆剝ぎしたあげくに、千位置戸《ちくらおきと》を背負わされ、爪まで剝ぎとられて、天上界から追放された経緯が、そのはじまりであるとも見なされるものかもしれない。古事記の記述のなかでは、たしかに須佐之男《すさのお》に悪神の色あいはうすい。かれはそこでは、むしろ一箇の自然児である。けれども、おなじ素戔嗚《すさのお》が「書紀の物語に於いては、或は「無道」、「性悪」、「其神暴悪」と称するが如く、彼を悪神としなければならない言葉が屢々現れて来る」。逆にまた仏教渡来のあとも、朝廷にあってもなお神話の神々は祀られ、尊まれている。記紀はもとよりのこと、風土記であれ万葉集であれ、そこには、変わらず呼びかわされる神々の名が聞きとられ、その息づかいも感じとられることだろう。ひるがえって思えば、初期の仏教説話集で語りだされているように、仏たちもまたいったんなおざりにされたときには神々のように祟って、災いを引きおこしたのである。神と仏が融合してゆくみちのりをくまなく跡づけることは、奈良朝における神宮寺の建設、さらには平安朝中期以後の本地垂迹説の浸透にはじまって、「明治維新の改革に至る、千年に近き歳月」（三五頁）をたどることに通じてゆく。

ここでは竹岡とともに、神仏習合の挿話的な一局面を垣間みておくにとどめよう。手がかりとなるのは、今昔物語巻二十六中の一段であり、問題となるのはいわゆる「猿神」の説話である。

本地垂迹の発想はまた「和光同塵」の思想とも称される。それはがんらい、仏教そのものに帰属する思考に由来するものであって、かならずしも日本神話の「神々の観念に対する要求」から生みだされたものではない。また他方では、本地垂迹の思想が適用されることで、泣き、怒り、荒ぶる神々から、「仏菩薩の垂跡」たるにふさわしからざる痕跡のすべてが、一挙に拭いさられるわけでもないだろう。「神々が永遠の清浄に迄到達する為めには、尚その観念に於いて多くの動揺を経験しなければならない」はずである。情慾や偽りや、暴力と無縁でありえない神々、仏教の側からみると「過去の罪業の報いを身に受けて畜生道の呵責に苦しめられて居る神々」なら、そのままのかたちではとうてい「和光同塵の神々」となることができない。そればかりではないだろう。本地垂迹の思想は、時のみやことその周辺を制覇すればこと足りるわけではない。この国が仏土となり、神々が垂迹となるためには、和光同塵の思想が国のすみずみにまで行きわたらなければならないはずである。そのさいには、当の思考はすくなからず「未だ記紀の神話の程度に迄も到達しない、原始的な多くの神々と接触しなければならない」ことだろう。記紀両書の神々については、それでも一定の整序を経て、浄化された神々であると見ることもできる。たとえば風土記のなかでは、これに対して、たんなる気まぐれによって人間に危害をくわえる荒ぶる神々もなお跳梁していた。そういった神々であっても、仏菩薩の化身とみなされ、「和光同塵の神々」として捉えかえされるために、ひとびとのあいだでおよそどのような経験が存在する必要があったのか。竹岡の判定するところによれば、今昔物語の一挿話が語りだすのは、この間の消息なのである。

とある僧侶が、飛騨の山中で道にまよう。僧侶はひとりの男に導かれるまま、ようやく人郷に到達する。その人里で僧は数か月を幸福に送った。そこには、しかし毎年毎年ひとりの人身御供を要求する「猿神」が祀られていたのである。迷い子となった僧侶がたいせつに迎えられ、里人から饗応されたのは、犠牲となるにさいしてその肉体を豊満にするためであったのだ。僧はついに猿神の神前にはこばれたが、やがて猿神が出現したとき、隠しもった剣をふるい、逆に猿神を圧伏してしまう。そのうえ数匹の猿を捕縛するや、僧侶は猿たちを引きつれて里にもどり、村人にただの猿を神と崇めてきたことの愚を説いた。かくて神々の地位を追われた猿どもはふたたび山奥に帰りすむことをゆるされ、いっぽう「今は君をこそは神と仰ぎ奉て身を任せ奉らめ」と言われた僧がくだんの人里の長者となった、というのが一話の顚末である。説話のあらすじを跡づけたあとで、著者は書いている。引用しておく。

是は一つの昔語りではあるが、神々の観念の動揺に就いて、色々の暗示を与へて呉れる。先づ第一に茲には神々に対する僧侶と郷人との態度の相違を見なければならない。郷人に取つては年々人身御供を要求する山猿も、彼等の思慮を超越したものである事に於いて、尚神々である事が出来たが、此の僧侶に取つては要するに猿丸であつて、到底之が神々である事は出来ない。そして案内も知らずに神として之に奉仕して来た郷人の愚かさは、初めて之を征服した彼に依つて示されたのであつた。次に此の驚くべき出来事に依つて神々と郷人との関係は一変して仕舞つた。嘗つては神々は彼等に危害を与へる一つの暴力であつたが、今や此の危害から救つて呉れた人間を彼等は神として崇める事が出来た。

観念の上から云ふならば、此の出来事は必ずしも飛驒の山中に於いてのみ経験された出来事とする事は出来ない。風土記の中の荒神、霊異記が伝へて呉れる陁我大神、その他原始的な古代の信仰の中には、此の僧侶に依つて征服せらるべき神々が少くなかつた。此の僧侶は単に一猿神を征服したものではなくして、かくの如き神々の観念を征服したものである。而かもそれが僧侶であつた事は、一面神々の仏教的な発達に伴つて、次第に原始的な神々の観念が失はれて行つた過程を暗示するものとも見られるであらう。（四九頁以下）

一書はさらに神仏習合の痕跡をもとめて、天狗信仰の意味をさぐり、仏教神道の興隆を跡づけ、また吉田神道の逆説——神々の仏教化の涯てに、神を「世界の大元」とみなすに到った逆理——を問題とする。平安朝文学にかんしていうなら、源氏物語をとり上げ、平安貴族の生が仏教というひと色に染めあげられたものではない証拠として、「仏の尊さに感動した源氏は、又多くの人妻と忍び逢つて居る源氏」であって、「仏の道に心引かれる薫大将は、浮舟との恋に依つて、一層慕はるべき人間であることが出来た」しだいを確認してゆく。一方でいわゆる「源氏供養」（ひとつに「光源氏の幽霊成等正覚」をもとめるものであり、いまひとつに源氏という悖徳《はいとく》の物語を紡ぎ、光源氏を供養することを怠った罪によって往生しえない紫式部の菩提を弔うこと）の流行と、他方で逆に紫式部を「石山観音の化身」とみなす観念の流布とを確認することをもつうじて、竹岡勝也としては中世という時代のなかにむしろ、王朝文化への憧憬という根づよい傾向を見てとってゆく。

竹岡によれば中世文化が夢想するところはたしかに「王朝文化の再現」であって、中世にとっての「価値の根源」はかえって王朝の古代にある。王朝文化が中世をつうじて理想化されるためには、しかしながら王朝文化そのものが、中世の価値にあわせて変容を受けいれなければならなかった。つまり、王朝の趣味自体がより浄化され「仏教を中心とした統一に迄導かれ」なければならない。その意味では「彼等は王朝文化を再現する形に於いて、王朝文化を否定する運動を行つて居た」。かんたんに見ておいたように、源氏の世界は、なお仏教的な世界以外の価値をやどしている。中世にいたり、王朝文化の意味転換をはかることを介して、「人の心を種とする文学の世界に迄、仏教の支配が及んで」くる。この間の経緯は、竹岡の視点からすれば「心の本然を仏教道徳の拘束から解放せんとする国学者の運動を誘起する上に、見逃がす事の出来ない関係を持つて」いたのである（一三九頁以下）。

ことの消息は、とはいえ、さらに入りくんでいる。中世期の文学に「多量に仏教的要素が導き入れられて来て居る事」は、まちがいのないところである。けれども「無常な人生」が時代の主題となるにさいしては、「人生は春の夜の夢にも等しきもの」でありながら、「その春の夜の夢」がひとびとの「涙を誘ふ」に足るものでなければならない。春の夜の夢がそれじたい消えさらず、移ろわないものであることを、中世のひとびとが願ったわけではない。中世文化であってもなお、「その夢を追ひ求める情熱を断ち切る事が出来ない」だけである。なかでも、平安朝貴族の世界こそは「夢の夢として彼等の憧憬を誘つて居る」。厭離穢土とはたしかに「浄土教の教へる処」である。竹岡の見るところでは、それにもかかわらず「此の春の夜の夢を懐かしみながら、而かも夢ならざる常住の世界を思慕する処に、初めて方丈記や平家の如き文学は現れて来る」。うらがえして語りなおすならば、「無常が人生の定義である為めには、永遠を思慕する情熱が必要であつた」のだ（一四二頁以下）。

竹岡勝也は、山形県飽海郡上郷村（のちの松山町、現在では酒田市）に生まれている。旧姓を阿部という。『三太郎の日記』で知られる阿部次郎の弟である。実兄の次郎との交流がどれほどのものであったかは知られておらず、まして次郎のかつての親友、和辻哲郎とのかかわりは審らかにしない。次郎と哲郎の関係が和辻夫人の照を挾んで複雑なものとなり、両者が絶縁するにいたるのは和辻哲郎が昭和三（一九二八）年にドイツ留学から帰朝したあとの事件であるから、勝也が一書を著わすのちの不幸ではある。ことの消息はともあれ、竹岡勝也もしかし兄とその友とおなじ大正教養主義の雰囲気を吸いこみ、人格主義の香気（もしくは臭気だろうか）を吐きだしていたことは、「永遠を思慕する情熱」といった一語からもあきらかである。このことば遣いのうちには、あるいは和辻の所論からの直接的な影響を想定してもよいところだろう。

ともあれ、中世文化、とりわけ中世期の文学をめぐる竹岡の、力のこもった論述はつづく。勝也の考えにしたがうなら、「此の時代に於ける文学上の運動を全体として把握する」ためには、いわゆる無常の文学（と著者はまとめる）、方丈記や平家物語とは「今一つ異つた文学論の発達を顧る」必要がある。それは、「幽玄を以て美の極致とする文学論の発達」にほかならない。その文学説も「美の永遠性を追求する事」にかんしていえば、仏教文学論の発展と相応するものであると見ることができるとはいっても、たとえば能楽の美学は、典型的な無常の美学とはその性質をことにすると考えるべきだろう。後者によってこそむしろ、「竹取の月の世界が、或は春の夜の夢を懐かしむ想ひが、此処に於いては矢張り永遠に迄高められ、或は浄められる事が出来るのであつた」。この竹取の捉えかたにも、ことによると兄事した、和辻の著書『日本精神史研究』の影が落ちていると見るべきかもしれない。

春の夜の幻を懐かしむあえかな風情は、「幽玄」と称せられるものである。竹岡は世阿弥らの所説を問題とするに先だってまずは俊成の歌論にまでさかのぼり、「姿と詞」とを差異化するその所論を問いなおす。

厳密な意味に於いて、姿と詞とを区別する事には多くの困難があるであらう。少く共心詞と云はれる場合の詞は、単に表現の材料として使用さるべき言語丈の意味ではない。心の表現された形であつて、其処には当然姿も伴ふべきである。然るに俊成は時に此の詞と姿と区別して、寧しろ詞の中から姿を区別して、その姿の艶であることを求めて居る。姿の外に迄景気の漂ひ出る事を求めて居る。固より艶である姿と、姿の外に迄漂ふ景気とは全然分離したものであつてはならないであらう。薄絹に包まれた燈火を歌の姿とするならば、薄絹の外に迄漂ふ仄かな光こそは姿に伴ふ景気である。而かもその燈火は飽く迄優艶に匂うものでなければならない。余韻余情なる言葉を之に適用するならば、歌は矢張り余韻余情を必要とするのであるが、その余韻余情は艶なるものでなければならない。（一四七頁以下）

春の花のあたりに霞が棚曳き、秋月のまえに鹿の声を聞く。そのとき春の花は「棚曳く霞として浮び出る事の出来る春の心を影として我々の眼に映つて来る」。秋の月ならば「鹿の鳴声として浮び出る事の出来る、秋の夜の心を影として我々の眼に映つて来る」。このような春の花、秋の月こそが、中世期の「美の極致」なのである。

やがて世阿弥にいたって、幽玄は「神女」の美しさにまでいたりつく。「髣髴たる神女の姿」、匂うがごとき女体の美しさのうちで、俊成のみた美の極致は具体化されてゆくのだ。俊成をはじめとする中世期の歌人にとって、幽玄は「僅かに歌の姿に漂ふ程度に止まつて居る」。美はしかし歌からはなれてなお自存することをみずから希み、詞をはなれて具体のすがたをまとうことをおのずと望む。竹岡はみずから問い、じぶんで答えている。「その歌から独立した形こそは能楽であると見る事は出来ないであらうか」。そのとおりなのだ。世阿弥以来の能楽の展開とは、「女体の幻影を実現せんとする要求」を、ひとつの動機とするものなのである

（一六〇頁以下）。四季折々の情景、世界のすべては、詠嘆にあたいする。とはいえあえて単純にいえば、女体のあえかな影、そのほのかな幻だけが幽玄と称するにあたいする。

八

春の夜の夢をうたう歌をひとつ、こころみに新古今集から引いてみる。藤原定家の、おそらくはもっともよく知られた一首である。

春の夜の夢のうきはしとだえして　峯にわかるゝよこ雲の空

宣長の註釈を引いておく。「詞めでたし。とだえをいはむために、夢を夢のうき橋とよみ玉へり。さて夢のとだえと、横雲のわかるゝとをたゝかはせたり。三の句の下に、見ればといふ言をそへ、峯にの下に、○もじをそへて心得べし。又は、橋は峯に縁あれば、四の句までを浮橋へつけて、横雲のわかるゝをも、すなはち夢のさむるにしたるにもあらむか」。夢のとだえと雲のわかれが対比されている。問題は、この両者のかかわりである。本居のしめした一解はこうである。春の夜がむすんだ夢は浮橋のようにとだえて、醒めてみれば、遠く山上にも雲がわかれている。別解はこうなるだろう。春の夜むすばれた夢のかけらは散り散りになって、はるか山のうえにわかれる雲のように醒めてしまった。——宣長の註解はなおつづいている。「歌さまのめでたきにあはせては、春の夜の詮なし、夢のとだえに、夜のみじかきことを思はせたるべけれど、春のよのみじかきには、中〳〵に夢はのこるべき物をや」（美濃の家づと・一、全集三巻三〇三頁）。

もう一首、これも人口に膾炙した作を引こう。俊成の女《むすめ》の詠歌である。

風かよふねざめの袖の花の香に　かをる枕のはるのよの夢

これについても、本居の解を引く。「詞いとめでたし。袖ののは、俗言にがといふ意にて、余の五《ツ》ののもじと異なり。一首の意は、風の吹通ふまくらの、春の夜の夢のねざめの袖が、花の香にかをるよといふ意なるを、詞を下上に、いりまじへたるにて、詞のいひしらずめでたき歌なり」。ここまでの解釈にとりたてて見るところはすくない。つづけて引いておく。「三の句を、梅がかにとして、すべてのさま梅の趣なり。櫻にはうとし」（同、三一二頁以下）。宣長の釈は、ここでもひとこと余計なのである。

二首をつうじて、本居宣長は「幽玄」といった観念にまったく関心を示してはいない。註釈が目をとめているのは、ひたすら歌のすがたである。観念などではなく、詠歌を織りあげる詞だけが、宣長の興味を引いている。ちなみに「めでたし」という評語は『家づと』に頻出するものであるけれども、この二作を、宣長がとくべつ好んでいたことは、おそらくまちがいがないだろう。

本居の解がふれずにとおり過ぎているのは、幽玄あるいは有心といった歌学の用語ばかりではない。とりわけ俊成卿女の一首に、ほのかに香りたつ官能のおもむきである。この仄みえる女体の影に竹岡勝也の理解は固着している。幽玄は「惣名」つまり一般名であって、それはたとえば「行雲」「廻雪」であり、薄雲の月、散りまう雪である。竹岡の引く歌書のひとつに言われていたとおり、さらに「所謂行雲廻雪は艶女の譬名」であり、勝也によれば、それはついに「神女の髣髴たる姿」にひとしい。

神女は女性美の「理想化」であり「神聖化」である。「此の意味に於いて神女は女性の永遠の姿であり得る」。幽玄体の歌があらわれるのは、この永遠の女性を、それじたい永遠の「思慕の対象」とするところにおいてなのである（竹岡前掲書、一五八頁以下）。この女性の永遠のすがたが歌のかたちを抜けだして、舞台のうえに現前する、あるいはありうべからざる幻影として揺曳するところに、世阿弥の幽玄が実現する。

このような読みすじ――それはいくえもの意味で、宣長の註釈の線からは遠くはなれたものである――を示して、竹岡は、かくしてようやく、本論へとおよぶ準備を完了する。「国学者の運動」の歴史的位置づけを第一義的関心とする竹岡の著書が、世阿弥へといたる文化史に全体のほぼ半分に達する頁数を割いているのは、すこしばかり異様に見えるかもしれない。竹岡勝也によれば、とはいえ「近世史の発展」のなかで国学運動をとらえるため、これは避けがたい迂路であったのだ。一書の歴史観によるならば、近世とはほかでもなく中世の克服であり、中世の美的文化は、能の「幽玄」において頂点をきわめるからである。そればかりではない。能楽論における「幽玄の発達」は竹岡によれば、さまざまな意味で「中世を近世に結び付ける」。能楽、とりわけその幽玄論は「仏教的思索の形式」を摂取しながら、仏教的な世界像とは「全然異つた内容」を創造するものであったからである（同、一六九頁以下）。

竹岡の著書は、広義の神仏習合の検討からはじまり、やがて国学によって再発見されるべき神々が仏教的世界の内部に摂りいれられ、馴致され、埋もれてゆき、しかしそれでもわずかに命脈を繋いでゆくさまを、まずは描きだそうとするものであった。そのかぎりでは、以上の長い――それでもここではいくつかの節目を、点描ふうに垣間みてきたにすぎない――回り道は不可避であって、そのみちすじが世阿弥による「幽玄」論、匂うがごとき女体の美しさへと手をのばし、その具体的なすがたのなかに永遠の影を見てとろうとする藝術論をもっていったんは閉じられていることは、なかば必然的ななりゆきなのである。

竹岡勝也の『國學者の運動』は「一 序説」「二 神々の仏教化」「三 文学に於ける仏教的要素」「四 国学の発達」「五 維新の改革と国学者の運動」という構成を採っていた。第三章は、さらに「一 仏教的文学論」「二 幽玄の意義」にわかれている。前節の叙述をうけ、ここでようやく第四章の所論をひととおり見てゆく段階に到達したことになるだろう。

第四章の考察を披くにあたって竹岡は、まずはいわゆる「国学の四大人」観を確認している。荷田春満、賀茂眞淵、本居宣長、平田篤胤が国学の四大人と呼ばれるのは、かれらが国学の「目的、及び態度」を決定したからである。その目的と態度との両者をひとことで言いあらわすなら、それはほかでもなく「我国」ということばに求められることだろう。わが国とは、四大人にとっては「支那或は印度ではなくして我国」ということを意味しており、そこにみとめられるものは「支那或は印度を、我国なる概念の中から排斥せんとする要求」にほかならない。

それでは、春満以下の国学者たちはなぜ、とくにインドでも中国でもない「我国」を研究の対象とするのだろうか。『國學者の運動』の見るところでは、問題はここで二重である。竹岡はそこでふたたび、みずからのがんらいの視点を確認している。

茲に問題は二つの方面に発展して来る。一つは長く埋没されて来た我国上代が、新に研究の対象として彼等に提供された事、次は中葉以降、我国の社会を支配するに至つた儒仏の中に、多くの迷妄を見出した事であつた。寧しろ永遠の真理は、儒仏ではなくして我国上代の社会を支配した神々の道に之が求められる。茲に至つて、彼等の上代研究は、単に埋没されたものゝ発掘を意味する丈ではなしに、更に発掘さるべき道に対する情熱、即ち多量に倫理的運動としての色彩が加へられる事になつた。

兎に角彼等の上代研究は、已にその半面に於いて、儒仏排斥の思想を伴つて来て居る。而かも彼等は、中葉以降神々の道が埋没するに至つた原因として、此の儒仏の思想を考へなければならなかつた。神々が儒仏の思想に依つて淫せられて仕舞つた事、茲に彼等の情熱の一つの焦点は置かれたのであつた。従つて彼等の運動が、上代研究から更に上代への復古、神々の道の復活へ導かれて来た時に、当然その一つの形として、儒仏排斥の運動、中世否定の運動は現はれて来なければならなかつた。（一七二頁以下）

たしかに中世にもまた「和学」が存在していた。とりわけ一條兼良の仕事は、伊勢物語研究、古今集研究からはじまり、源氏物語研究ばかりか、万葉研究、書紀研究にまで及んでいる。いっぽう伊勢には伊勢神道の展開があり、室町時代の中期には吉田兼倶があらわれ、いわゆる吉田神道を大成していた。両神道はかならずしも仏教神道に対する対抗運動として興起したのではないとはいえ、そこでは神典研究の発達があり、記紀その他の神々はともあれ中世期をつうじて、その命脈をたもち、その動向は一面で近世に入って以降の神々の復活を準備するものともなる。――むろん「彼等の哲学は必ずしも哲学として完成されたと云ふ事は出来ない」。そこには往々にして「自家撞着」があり、また「混同」もあった。それでもなお、あらたな神道の興隆が古典研究に与えた影響もまた見のがすことができず、この動向が近世の国学運動にとっても、その先駆となったことを否定することもできない。以上のすべてをみとめたとして、なおやはり近世を近世たらしめ、近世を中世否定の劃期とするものはなんだろうか。

ひとことで言うならば、それは儒教が文化のうちで占める位置の変容である。中世からの解放は、近世においてまず、仏教に対する儒者たちの抵抗から開始された。国学が中世の否定を完成させたことはたしかであるとしても、国学運動の前提と背景として、「江戸時代の初めに於ける儒者の活動」を見のがすことはできない。江戸儒学の中軸であった朱子学が中世期にあっては寺院、わけても禅宗各山において研究されていたことはよく知られているところである。近世期に入って儒学はようやく独立の勢力のひとつとなり、しだいに仏教への批判を表面化させることになる。

もとより程朱の学が仏教を排斥していたことは、いうまでもない。この国では江戸時代にいたって、藤原惺窩ならびに林羅山によって、「神儒合一の運動」がすがたをあらわすことになる。とりわけ、羅山の『本朝神社考』は「我国廃仏史上に築かれた一つのモニューメント」である。羅山がいわば奮然として開始したのは「神々を仏教から解放する運動」であり、その神儒合一の思想は、朱子学派内部でやがて山崎闇齋の垂加神道にまで到達することになるだろう（二二四頁）。

国学者たちの運動は、一面ではたしかに、この神儒合一の運動に対抗する運動としてあらわれたといってよい。儒学自身の展開が、とはいえこの局面をめぐっても国学に先行している。荻生徂徠と太宰春臺による垂加神道への批判――「闇齋が神道に帰した事は、儒を逃れたものであり、而かもその神道たるや巫祝の道であつて、聖人の道と異る事は改めて論ずる迄もない」といった批判――は、儒教の内部からも、神儒合一の思想を否定し、儒教を純化しようとするものであるとともに、やがてさながら国学の登場を準備するものともなったからである。神道は、かくして、儒学の内部の動向からしても儒教からの独立をうながされる。「そして此の神道の独立は、国学の勃興と密接の関係を持つものであつた」のだ(二四三頁以下)。近世国学の動向は、こうして複雑なものとなる。それは、中世を継承しながら中世を否定するものとならざるをえない。国学はつまり和学の末裔であるとともに、その伝統を超克するものであり、儒学の中世否定の後継者であると同時に儒学の対抗者とならなければならなかったのである。

国学はその発達から云ふならば、固より中世和学の伝統を継承したものであつた。併しながら国学なるものが、単に中世の和学を継承して、平安朝研究をその目的とするものであるならば、到底社会的勢力に於いて儒仏と対抗する事は望まれない。又国学者自らも、その範囲に止まる事を欲しなかつた。彼等は遂に我国神々の時代、即ち古事記や萬葉の研究に没頭し、神々の世界に源を発する、我国独自の思想の発展を平安朝文学に見出して、茲に初めて儒仏と対抗し得る国学の権威を確立する事が出来た。此の意味に於いて国学は中世和学の伝統を継承したものであるが、又一面に於いて明らかに中世の和学と区別されなければならない。即ち国学は一度失はれた平安朝の再現を目的とするものではなくして、彼等が研究の対象は何等かの意味に於いて、我が国の道であつた。(二五〇頁以下)

中世和学を継承するとは、ただたんにその文献研究の伝承を受けつぐことではない。それは、むしろより主要には、和学をうんだ中世歌学の伝統を引きついでゆくことである。中世期の和学を克服するとは、和学の伝統をたんに引き延ばして、その延長上に文献批判の精度を高めることではない。それは、和学の内部では展開されることのなかった「道」の学を創設することにほかならない。そのためには上代の文典へとさかのぼって、記紀の神々にふたたび生命を与えかえす必要がある。――この困難な課題を完成した国学者としては、いわゆる国学の四大人のなかでも、だれよりもまず本居宣長に指を屈しなければならない。竹岡勝也『近世史の發展と國學者の運動』もまた、この認定を共有していた。

竹岡が部分的に参照して、その根拠とするテクストを、途中を略することなく、まずはそのまま引用してみよう。「世に物まなびのすぢ、しな〴〵有て、一《ト》やうならず。そのしな〴〵をいはば、まづ神代紀をむねとたてて、道をもはらと学ぶ有《リ》、これを神学といひ、其人を神道者といふ。又官職儀式律令などを、むねとして学ぶあり、又もろ〳〵の故実、装束調度などの事を、むねと学ぶあり、これらを有職の学といふ。又上は六国史其外の古書をはじめ、後世の書共まで、いづれのすぢによるともなくて、まなぶもあり。此すぢの中にも、猶分ていはば、しな〴〵有べし。又歌の学び有《リ》。それにも、歌をのみよむと、ふるき歌集物語書などを解《キ》明らむるとの二《タ》やうあり」（うひ山ぶみ・本文、宣長全集一巻三頁）。――中世の和学とのかかわりを考えようとするなら、問題は、ここで「神学」と「歌の学び」つまり歌学との関係にある。歌学を切りすててしまい、あるいは眞淵のように万葉ぶりだけを尊ぶことにすれば、中世和学とのかかわりを端的に断つことができるだろう。宣長の選択はそうではなかった。歌の学びも詠歌そのものも、むしろ道の学の条件となる。竹岡もまたこの脈絡で引証しているように、『うひ山ぶみ』の説くところでは「すべてみづから歌をもよみ、物がたりぶみなどをも常に見て、いにしへ人の、風雅のおもむきをしる」ことは「古の道を明らめしる」ためにも重要なのである。

本居にとって「その主《むね》としてよるべきすぢは、何れぞといへば、道の学問」であることはまちがいがない。その「子細は、今さらいふにも及ばぬこと」であって、その道の学問、記紀の古事《ふること》をあきらめるためには、第一に古語につうじなければならない。そのためにまず「みづからも古風の歌をまなびてよむ」必要があるけれども、それればかりではない。たほうでは「又後世風をも、棄《すて》ずしてならひよむ」ことが必要なのである。それは「いにしへ人の、風雅《みやび》のおもむきをしる」ことが肝要であるからであり、後世ふうの詠歌を学ぶことは「歌まなびのためは、いふに及ばず、古の道を明らめしる学問にも、いみしくたすけとなるわざ」である、と宣長はいう。「然るに世間の物学びする人々のやうを見渡すに、主《むね》と道を学ぶ輩は、上にいへるごとくにて、おほくはたゞ漢流の議論理屈にのみかゝづらひて、歌などよむをば、たゞあだ事のやうに思ひすてて、歌集などは、ひらきて見ん物ともせず、古人の雅情を、夢にもしらざるが故に、その主とするところの古の道をもしることあたはず」（うひ山ぶみ）。

以上をうけて、竹岡勝也は説いている。『近世史の發展と國學者の運動』における宣長観の中心となる部分なので、やはり引用しておこう。

即ち世の神道家が神道の本体を見失つて、「漢流の議論理屈にのみかゝづらひ、」遂に儒仏との習合等を求めるに至つたのは、要するに和歌物語の心を知らないからだと云ふのである。換言すれば、神道は和歌物語の心の中に迄発展して来て居るものであり、従つて神道を明瞭にする為めには和歌物語の研究を怠る事が出来ない。此の意味に於いて、和歌物語が神道と結び付けられた事は、国学完成の上に、極めて重大な意義を持つものであつた。

かくの如く宣長は研究の焦点を道に求めては居るが、その道の研究は和歌物語を通じての上代人の風雅の心、即ち御国心の研究から独立する事は出来なかつた。併しながら道の研究を離れた意味の和歌物語の研究も、亦彼に取つては、要するに唯風流のあだ事に過ぎなかつたのである。そして「たゞ風流のための玩物に」のみする世の所謂歌学者流は、和歌物語を知らざる神道者流と共に、矢張り彼に依つて排斥されなければならなかつた。(竹岡前掲書、二五二頁以下)

竹岡としてはここに宣長学における「意味の統一」を見ていた(二五四頁)。その見かたは村岡典嗣以来の懸案であった「宣長問題」、とりわけ当面は本居における上古主義と中古主義の共存という論点をめぐり一箇の解決を与えようとするこころみと結びあっていたといってよい。ちなみにいわゆる宣長問題のべつの面に対して竹岡の一書は、究極のところ、本居宣長は「一面矢張り古代人である事が出来なかつた」という理解を披瀝している。本居の卓越した知は、単純な信を容れないからである。それにもかかわらず宣長にあって記紀神話への信仰がなりたつのはじつは、本居宣長が「「人間のさかしら」に依る哲学的野心を放棄したにしても」、記紀神話を信の対象として受容するために宣長が、記紀の記述自身に「何等かの意味に於ける哲学的発展」をくわえたからだ、と竹岡は考えている。その中心的な観念が、たとえば生成一般の原理とみなされた産巣日神なのである(同、二六四頁)。

ともあれ竹岡の宣長観の基軸は、本居晩年の著述『うひ山ぶみ』における和歌物語の評価を重視するものだった。一書はしたがって、たほうで本居学にあって「もの丶あはれ」が占める位置をやはり重くみるものとなるだろう。竹岡の見るところでは、宣長の風雅観の中心には終始それでも「もの丶あはれ」が存在している。「人間の心には色々の作用があるが、就中彼が尊重して居るものは、古へ人の風雅の心、即ち心の情趣であつて、軈てはもの〻のあはれを知る心として、茲に和歌物語の本質が見出された」(二七四頁)。

竹岡勝也としては、とはいえ「もの〻あはれ」のうちにひそむ或る種の裂け目にも目を塞ぐことはしない。すなわち「もの〻あはれ」をめぐって大國隆正が見てとっていた、倫に悖る一面を見のがしてはいないことも注目しておくべきだろう。「不倫の恋は矢張り泥水」なのだ。ことばをかえれば、「物語の世界」は最終的には「世の常の道理」と矛盾する。しかも宣長は「物語の世界と矛盾する世の常の道理なるものを捨て去る事は出来なかつた」と竹岡は見る。そうであるなら、「「もの〻あはれをしりたるしわざをよしとする」もの〻あはれの道徳は、当然破綻に到達しなければならない」のだろうか(二八一頁)。

竹岡は一方では本居の思考における不徹底な部分を指摘し、他方では宣長が「物のあはれの心」を「神々」につうずる「永遠の道」として発見したことをきわめて高く評価する。それは「道を焦点とする国学の完成を語るものであつて、彼に至つて国学は初めて儒仏と対立し得る内容を組織立てる事が出来た」のだ。「もの〻あはれの心」は「中世を否定して上代を呼び覚ます」ものであったのである。――世の常の道理についてならば、それは儒仏が支配するところであるかもしれない。それでも「もの〻あはれ」を感じとる感受性は神々から与えられた「心の本然」にもとづくものであり、こころを「儒教的道徳の拘束」から解きはなち、神々への通路をあらたに切りひらくものであったのだ(二八二頁以下)。

こう説いたそのあと、竹岡勝也はほとんど文脈を無視して補足をくわえている。竹岡は昭和初年にあって卓越した文化史家であって、とりわけ文学一般に造詣も深く、それ以上におそらくは文学そのものを愛してやまない大正教養主義者の末裔であった。そこで『國學者の運動』が示唆していることがらは、以後の宣長研究史をあわせ考えるときわめて興味ぶかい。これにかんしてはやや長い引用を採っておく。

　我々は茲に近松の浄瑠璃を想ひ起さゞるを得ない。彼の場合に於いて、悲劇の原因となつて居るものは、殆んと悉く義理と恋との争ひである。義理とは何人も之に支配されなければならない社会の法則である。人間の道義心に根拠を置くものである限り、何人も之を否定する事は出来ない。併しながら一面に於いて義理は社会の拘束の中に現れて来る。例へば金の力の如き、一夫一婦の掟の如き、或は階級的差別の如き、かくの如き拘束は義理の永遠性を削減する。義理は人間の心を支配する唯一つの権威ではあり得ない。彼は義理の権威に服しては居るが、同時に義理の外に働く恋の切なさと、恋の美しさとを知つて居た。そして此の恋にこそ永遠の価値を求めやうとした。此の世は義理の支配を脱する事は出来ない。不義の恋に陥つた人々が、此の世に生存する事は許されない。併しながら来世は恋の世界であつて欲しい。義理の拘束を受けない自由な世界であつて欲しい。此の事は近松に取つても淋しい願ひであつた。彼等は微かに一蓮托生を仏に祈りながら、幽暗な死に誘はれて行く。冥途の淋しい描写は、一面恋の勝利に確信を持てないで居る近松の寂寥を語るものである。然るに宣長は此の近松の思想に一つの根拠を与へたものであつた。道義心は尊重さるべきであるが、義理は必ずしも永遠の根拠を持つものではない。寧しろ義理を強制する儒教的道徳は、神々を無視した人間の理智の僭上である。恋のまことは許さるべきである。心の本然に基くものゝあはれの心は、義理の拘束から解放されなければならない。嘗つて源氏の恋を受入れた薄雲の女院〔藤壺〕はそれであつた。（二八三頁以下）

もとより宣長の文学論は、同時代の浄瑠璃、歌舞伎に本質的な関心を示していない。この件は竹岡としてもじゅうぶん知悉《ちしつ》するところだっただろう。それでも「宣長の生れたのは近松の死後六年後に当つて居る。此の間には矢張り一貫した一つの運動が発展して来て居る事をみなければならない」とするのが、竹岡勝也の見解なのであった。ついでにいうなら、竹岡の篤胤評価がきわめて低いのは、この間の消息とも関連している。平田学からは文学の移り香がほとんどすべて立ち消えてしまった。平田篤胤は「思想家、或は学者としての素質から云ふならば」、すこしも「宣長の後継者」たりえなかった。なぜか。篤胤が「殊に源氏や藤壺を Idee〔理念〕とするものゝあはれの理想主義に対して」はまったく目を閉ざしていたからである。本居学が平田学によって継承されたとするならば、そのことは「宣長の国学の為めに、決して幸福であるとは云はれなかつた」。当面の文脈に立ちかえるなら、『國學者の運動』の認定はこうである。「宣長と近松とを比較するならば、篤胤は正に当時の好色本、洒落本にも比せらるべきものであつた」(二八七〜二八九頁)。

近松劇と宣長学とのあいだにいわば生成する時代精神としての繋がりをみる見かたは、今日にいたるまで宣長研究上の一争点をかたちづくっている。本居宣長における「もの〻あはれ」の観念は、当時の大衆文藝に一般的なことばの用法とむすびあっていた可能性がある。ことがらのそうした捉えかたは、ちかくは日野龍夫によってあらためて提起され、議論をよんだ。日野が引証するのは、近松よりいっそう時代がくだり、ひろく大衆的な支持をも獲得した、たとえば爲永春水『春色梅児誉美』であり『春告鳥』である。日野の認定によるなら、「つまり「物のあはれを知る」という言葉は、江戸時代人の言語生活の中でごくありふれた言葉であったし、したがってその言葉によって表される思想も、宣長におけるほど煮つめられたものであったかどうかということを抜きにすれば、江戸時代人の生活意識の中でごくありふれた思考だったのである」

（『秋成と宣長』一五二頁）。この日野説については「内篇」でもふれることになるだろう。

竹岡勝也は戦前に九州帝国大学で教鞭をとり、戦後には北海道大学と東北大学の教壇に立っている。それぞれの大学で教えを受けた研究者は数多く、とりわけ北大では竹岡以降、維新史研究がながく伝統のひとつを形成した。『近世史の發展と國學者の運動』をただちに継承する仕事は、とはいえいち早く、東京帝大国史学科のなお年わかい後進からあらわれる。伊東多三郎の最初の著書『國學の史的考察』がそれである。

竹岡史学はひとことでいうなら、広大な視野をそなえた文化史学であった。踵を接して登場した伊東史学には、文化と思想をになう社会層に注目する視点がはらまれている。伊東の一書は、一箇の思想の社会史をかたちづくるものだったのである。当事者の認定を引いておきたい。「この〔竹岡の〕方法は明らかに精神史の雄大なる構想であって、文化史観の業績として当時最も優れたものである。之を本書よりやゝ早く現れた平泉澄氏の「中世に於ける社寺と社会との関係」「中世に於ける精神生活」「我が歴史観」等と併せ考えると、当時の文化史観の役割に心を留めざるを得ない」。伊東の見るところでは、とはいえ文化史観はじゅうぶん成長を遂げることができずに、一方では唯物史観に道をゆずり、他方では平泉にあってやがて皇国史観へとかたちを変じた。だが直接には唯物史観の興隆とともに「社会史的方法が歴史学を支配し、国学史にも影響を与えることになる。伊東は、回顧して云う。「私の習作「国学の史的考察」（昭和七年刊）は右の趨勢の一端である」（『近世史の研究 第二冊』一四一頁）。ここでは、とはいえ伊東の一書を、マルクス主義史学を瞥見するにさきだって、ごくかんたんに問題にしておこう。竹岡のそれとおなじく伊東の一冊も、やがてより明確に唯物史観を援用する研究の攻勢のまえに、いったんは忘却されてゆく運命にもあったからである。

伊東多三郎（一九〇九～一九八四年）は、近世史の専門家として、戦後ながく東大史料編纂所につとめた。その業績は文化史、社会史から経済史にまでおよんでいる。ここでとり上げる『國學の史的考察』は伊東の卒業論文を一書にまとめたもので、多三郎の以後の研究の出発点を刻むものであった。

伊東は同書でまず、国学の基本的ありかたを西欧近代の文献学あるいは古代学に比定する、村岡典嗣以来の通説を批判している。批判は二面的であり、一方で伊東はいわゆるフィロロギーの体系性と国学の雑学的な性格を対比するとともに、文献学という形式的規定が国学の内容的な側面を覆いえないことを指摘する。国学を文献学とみなすことは、いずれにしても「失敗」せざるをえない。その失敗の原因は、「第一に、文献学といふ新しい科学の概念を直輸入することによつて、国学を科学的に定義せんとする試み自身」にある。第二に村岡以来のこころみは「国学をば一の概念によつて、単に形式的に定義せんとするのみで、国学内容の持つ意義、特にその史的意義の解明を、等閑に附し」ているのである（同書、八頁）。伊東のこの評価は、結果的にいえば、羽仁五郎がただちに問題とするように、さきに見た山田孝雄のそれとも共通する面がある。

伊東の見るところでは、国学の基本は「近世史の特殊な制約の下に生起した、復古主義を基調とする観念体系」である点にあり、その「体系を貫く最高の概念」は「古道」にほかならない。要するに「国学の本質は古道説にあり、他のすべての内容は、これによつて統一されるものと断定し得られる」のである（一一頁）。とりわけ宣長思想についていえば、その基軸は一箇の「自然主義」にある。村岡が区別した上古主義と中古主義の両者は、この自然主義によって統合される。「物のあはれ」も「真心」も、さらにまたかの産巣日神も禍津日神すら、この「自然主義的要素」のあらわれと見なされなければならない。「「物のあはれ」論は、そのまゝ古道説へと滑らかに遡り得た」（二〇二～二〇六頁）。そのかぎりでいわゆる「宣長問題」は、伊東の宣長観にとってはあらかじめ不在なのである。

竹岡勝也と伊東多三郎両者の解釈には、村岡的な「宣長問題」をちいさく見つもろうとする傾きがある。論拠のひとつは、本居の記紀神話理解にはじつはかなりの読みこみが見られ、宣長は文字どおりの古事記の文面を信の対象としていたとは言いきれない面があるという事情である。この点については戦後になって、竹岡史学の文化史的な視点を復権させた城福勇が、仔細な検討をくわえている。城福の主張によると、たとえば『直靈』の「道」論は、「一面において『古事記』の文献学的な研究によって解明された結果である」とはいっても、他面からすればそれは宣長「自身の解釈が大きく加わっているもの」である。またおなじく城福の見るところによるなら、宣長の「神道説や、それから『古事記伝』における『古事記』注釈の態度そのものが、最初から「物のあはれ」的であり、風雅的なところがあった」経緯をみとめなければならない（『本居宣長』一〇五、一一六頁）。後者の点は竹岡の理解を引きつぐものであるとともに、のちに見る、笹月清美の解釈をふまえたものであると思われる。

伊東の所論にもどろう。伊東の見るところでは、宣長学にその典型をみとめることのできる、さきに挙げた傾向、現存の制度と権威に抗する自然主義は、それではなにに由来するものだろうか。『國學の史的考察』がたつ立場からすれば、それは国学が「近世封建社会の生んだ異分子」、わけても儒教的秩序観に対する異物でありつづけ、「常に権威あるものと対立抗争」することで「抗議者的性質《プロテスタント》」をともないつづけたことによる（伊東前掲書、八八頁）。国学はその意味で、かの「近代市民社会の黎明」たる「ルネッサンス」と比定されうるものなのだ（三七五頁）。

国学のこのような捉えかたにかんして、伊東多三郎の所説が竹岡勝也の所論におおきく依存していることはあきらかである。前者の社会史的視点が後者の文化史的視界を越えでてゆくのは、伊東が国学の社会的な背景と機能とを主題化するところにおいてであった。国学が興隆しようとしたとき、一方で、儒教はすでに「発展変化してやまない」現実に対して「固滞せる理論」となり、社会の自由な発展にとって桎梏とも化していた（二七五頁）。他方ではこれに対して、「国学の理想とする生活が、要するに現世の繁盛と子孫の長久を喜び、万事賑々しく、陽気に暮すことにあり、総ての知的反省を斥けて、喜怒哀楽をほしいまゝにする赤裸々な感情の吐露を以て、人間本来の性情とする立場を想い出す時、直に、町人生活の華やかな展開を貫く生活意識を、連想せずには居られない」。国学を生むにいたった「社会的要因」は、心学の「大衆性」を可能にしたそれと同一のものなのだ（三一八〜三三〇頁）。――宣長学と近松劇の隠された繋がりは、すでに竹岡の指摘するところであった。この結合の社会的根拠をさらに索めるならば、それは勃興しつつある町人階級の生活過程そのものにある。賀茂眞淵、本居宣長の自然主義、あるいは（村岡のいう）「主情主義」は、国学者たちがはじめて主唱したものではない。あるいは「実践」したものではない。それはすでに町人たちがみずからの社会的生において生きていたものなのだ。そのかぎりで「国学思想は町人生活の理論的発展」にほかならないのである（三四四頁）。

伊東多三郎『史的考察』のうちに萌していた、ある意味で素朴な社会史的分析は、ただちにマルクス主義的なイデオロギー批判の視角をたずさえた思想史研究により乗りこえられてゆく。それとともにしかし同時に、竹岡や伊東にみとめられる対象への内的理解、過去の思考に対する生き生きとした共感が、分析の外面性のうちで見失われてゆくことにもなるだろう。――伊東は戦中に平田派国学の研究に没頭し、関東一円を歩き、木曾、京阪神にも足をはこんで、埋もれた草莽の臣たちの足跡を発掘してゆく。その成果をまとめた

『草莽の國學』は昭和二十（一九四五）年の一月、空襲下にある東京で出版されて、やがてそのほとんどは焼夷弾の熱波に焼かれ、灰燼に帰した。一書がようやく覆刻されたのは二十一年後のことであるけれども、幕末国学の研究として今日でも古典的な地位を占める研究文献である。

同書には「青山半蔵傳補遺」と題された一章がふくまれている。青山半蔵とは島崎藤村『夜明け前』の主人公の名である。本名は島崎正樹、小説家の実父であることはよく知られているとおりである。かつての草莽の臣、青山半蔵は瓦解後に精神に異常をきたして座敷牢に幽閉された。その狂疾が象徴するものは、平田学の復古精神と明治十年代の開化思潮とのあいだの相克である。半蔵あるいは青山家の悲劇は「時代の悲劇」だったのである。――しかしそうだろうか。あるいはそれだけだったのだろうか。伊東多三郎は稿の末尾でそう問うていた。島崎正樹の悲劇は「遥かに遠い歴史の彼方の出来事」ではない。それは、ほどなく近代の破局をむかえる当時の日本で、なお「痛切な」しかたで問われなければならない悲劇だったのではないのだろうか（『草莽の國學』一九七頁以下）。

ものゝあはれと世の常の道理、あるいは色の世界と政の世界とは、いずれにしても「二つの世界」としての「相剋」を免れない。昭和十八年に、竹岡勝也もまたやはりこの件を確認していた（『日本思想史』二九五頁）。ちなみに、大東亜戦争のただなかで出版された同書にも、ナショナリズムはその影すらも落としていない。

九

マルクスは『資本論』第一巻で、同時代の極東の島国にふれて、「ヨーロッパによって強制された外国貿易が、日本で現物地代から貨幣地代への転化をともなうなら、日本の模範的農業もそれでおしまいである」と書いていた(拙著『マルクス資本論の思考』二七六頁参照)。マルクスの世界史像それ自身は、資本論草稿を書きつぐ過程、歴史の周辺地域へと視界がおよんでゆくことで、すこしずつ変容してゆく。世界史の辺境では、とはいえマルクスの思考そのものが、かえって図式的に硬直したかたちで受容される傾向があった消息は、それじたい歴史の皮肉にぞくすることがらである。——昭和初期に、マルクス思想の影響が一方で哲学アカデミズムの中枢、たとえば西田や田邊といった京都学派の重鎮にまでおよび、他方では三木清や戸坂潤らが独自のマルクス主義的哲学をかたちづくっていった経緯については、べつに論じたこともあり(拙編著『日本哲学小史』参照)、ここでは立ちいらない。当面の考察の脈絡でふれておく必要があるのは、社会科学方面へのマルクス(主義)的思考の波及である。

ひろい意味での社会科学の諸分野で、昭和初年のマルクス主義的傾向を代表するのは、法学における平野義太郎、経済学にあっての山田盛太郎、歴史学(経済史学)については野呂榮太郎の三者であったといってよいだろう。各人の著作『日本資本主義社會の機構』『日本資本主義分析』(ともに昭和九年刊行)、『日本資本主義發達史』は、それぞれ「機構」「分析」「発達史」と略称され、当時の(すくなくとも「講座派」とその周辺の潮流にぞくする)社会科学的思考にとっていわば一箇の理論的準拠枠を指標している。ここではとりわけ、野呂榮太郎の『日本資本主義發達史』をとり上げておく必要があるだろう。昭和初年から十年代前半にいたるまで、マルクス主義的歴史家あるいは思想史家が、どのような歴史観をいってみれば所与の枠組みとして個別研究へと向かっていったのかを、あらかじめ確認しておくためである。

昭和五(一九三〇)年に鉄塔書院から公刊された野呂『發達史』は、「第一編 日本資本主義発達史」「第二編「プチ・帝国主義」論批判」ほか五篇構成をとっている。そのうち第一編は榮太郎が大正十五(一九二六)年、慶應義塾大学理財科(現在の経済学部)を卒えたさいの卒業論文を原型とするものである。榮太郎は、いわゆる学連事件で卒業の翌日に起訴され、『發達史』の刊行にさきだって日本共産党にも入党していた。戦後の共産党議長で、最晩年に除名された野坂參三は大学の先輩であり、組織の先達でもある。

第一編本論はつぎのように書きだされる。「わが国家の紀元については、異説紛々として去就に迷わしめるものがある。あるいは神武即位紀元(前六六〇年)をもってし、あるいは大化の改新(紀元六四六年)をもってし、その間千三百余年の隔たりを見、ともに首肯しがたきものがある」。段落をかえて書きつがれる。「今日史実として伝えるところを綜合し分析した結果は、ほぼ崇神天皇(前九六~二九年)ないし垂仁天皇(前二九年―紀元七〇年)のころに、わが国家組織生成の端緒をもとめることの妥当なるを知るであろう」。

津田左右吉以来の史料批判が踏まえられていることは、それじたい見やすいところであるけれども、この論攷がまた、以後の講座派歴史学の規矩となるべき、それじしん広大な歴史的視野をもそなえていたことに目をとめておくべきだろう。榮太郎の論は以下、大化の改新を論じ、荘園の発生を問題として、戦国時代の史的意義におよぶが、ここでは徳川時代の歴史的特質をとく野呂の論定を垣間みておけば十分である。
野呂榮太郎は、徳川時代の支配的生産様式を「小経営的農業と手工業」のうちにみとめ、とりわけ前者をその「封建制度の支柱」とみなしていた。江戸時代をつうじた「生産力の発展」はその生産関係、すなわち「封建的搾取関係」と対立し、後者が前者にとって障壁と化するにいたる。野呂のこの認定には、いわゆる「唯物史観の公式」が直接的なかたちで反映していた。(註)この件はいま措き、榮太郎の見る徳川封建制度の主要矛盾を確認しておく。「すでに論及したるがごとく――と野呂は説いている――、封建制度は、その本質上、土地の封建的領有を仲介とする人的結合の上にその主要なる社会関係をいとなむものにして、土地の占有はじつにその広範なる搾取の基礎である。そして封建制度は必然的に三個の矛盾を包蔵する。第一の矛盾は、土地の所有権が最高の所有権者から順次にヨリ下の占有者すなわちヨリ直接なる土地の占有者に――その実権とともに――移行するの必然性のなかに、第二の矛盾は、その封建的搾取関係そのもののなかに、そして第三の矛盾は、商工業の地方化すなわち普遍化のなかに、存在する」(『全集』上、五一頁以下)。

(註)この件はもとより、野呂についてのみ問題とすべきことがらではない。永田廣志、羽仁五郎の場合については後にふれる。たとえば平野義太郎も「社会の機構は、その社会の経済的構造のうちに、その最も内部的な、基本的の根柢をもち、この経済的構造の基礎の上に、社会的組織・諸編成の一切を組み立て、それを媒介として上層建築が構築されてゐる」(平野前掲書、「序言」一頁)と書くが、これはほとんど「公式」の引用である。農業を基軸とした再生産問題という日本資本制に特徴的な論点に取りくんだ山田盛太郎にしても、こう説いている。「日本資本主義は、膨大なる半農奴制的零細耕作の上に巨大なる軍事機構＝鍵鑰《キイ》産業の体制を公力的に構築するの必至性に規定せられて、自己を機構づけ、また自己の再生産的過程を軌道づけた。(中略)二重

の至酷を意味する所のこの型制は生産力に対して桎梏化した。それは生産力の内の規定的な要素によって照明せられる。それがプロレタリアートである」(山田前掲書、一五〇頁以下)。

第一の矛盾から帰結するところは「割拠の形勢と下剋上の観念」である。戦国を超克した徳川政権といえども、この矛盾から逃れることができない。第二の矛盾は、端的に「農民の窮乏とその反抗」としてあらわれる。第三の矛盾から生まれたのが、商業資本の形成と発展、その集中化にほかならない。この第三の局面が、農民の消極的反抗とならんで徳川治政を内的に脅かす要因となり、武士層ならびに農民層への貨幣経済の浸透という、徳川期をつうじる動向がこれに拍車をかけた。むろんのこと、農民ばかりではなく、「町人の反封建制度の意識もまた明確を欠いた」。町人層が「明治維新の政治的革命の積極的、意識的遂行者」たりえなかったのはこのゆえである。「しかしながら、かれらの中に集中せられたる貨幣は、封建制度の経済的基礎を根本的に浸食したのみならず、多少とも意識的に封建的身分関係そのものの紊乱に役だった」のであった(五二～五五頁)。――いわゆる唯物史観のなかば機械的適用の通弊を、現在の見地から指摘してみせることはむしろたやすい。目をとめておく必要があるのは、ともあれ一、定、の、原、理、によって社会の構造と歴史の趨勢をとらえようとしたその姿勢である。この認定が思想史的分析のなかで具体化されてゆく経緯については、やがて見てゆくことになるだろう。ここでは維新をめぐる『發達史』の総括的評価を引いておく。

「明治維新は、明らかに政治革命であるとともに、また広範にして徹底せる社会革命であった。それは、けっして一般に理解せられるがごとく、たんなる王政復古ではなくして、資本家と資本家的地主とを支配者たる地位につかしむるための強力的社会変革」なのであった。野呂の見るところでは、その背景には、主として「非職あるいは薄禄の士」、下級武士の存在があり、それが「王朝時代の遺物」である公家たちの不満を吸収して一箇の「物質的力」と化した消息がある（五八頁以下）。若きマルクスがそう説いていたとおり、一箇の物質的ゲヴァルトが、かくて一箇の物質的ゲヴァルトによって打倒されたのである。

野呂榮太郎は北海道長沼町に生まれ、小学二年のとき関節炎で片足を切断している。くわえて肺結核が、そのいのちを縮める宿痾となった。埴谷雄高に、野呂にかかわる回想がある。昭和六（一九三一）年当時、党の農民闘争部門に所属していた作家は、いくにんかの同志とともに農業綱領の作成にも当たっている。会議の席に足を引きずる榮太郎のすがたがあった。いわば硬貨の両面であったもののうち、農業綱領は日の目をみることなく消えて、野呂がその日もちかえった資料が『日本資本主義發達史講座』のプログラムとなって社会の流通面にあらわれる。榮太郎の病身には、講座に寄稿する余力はすでに残されていなかった。

マルクス主義的な立場からする日本思想史研究の嚆矢としては、なによりもまず、永田廣志（一九〇四～一九四七年）の一連の仕事を挙げておく必要がある。永田は長野県東筑摩郡山形村に生まれて、東京外国語学校（現在の東京外国語大学）のロシア語科を卒業したのちに、戦前のプロレタリア科学研究所、唯物論研究会のメンバーとして活動していた。哲学への関心は旧制松本中学時代以来のものであり、研究所、研究会の一員としては、まずはロシア語のマルクス主義哲学文献の翻訳者として貢献し、昭和七（一九三二）年にはデボーリンとミーチンの著書を立てつづけに翻訳、おなじ年、三木清のマルクス解釈を批判する論文をも発表している。永田が『日本唯物論史』（昭和十一年）、『日本封建制イデオロギー』『日本哲學思想史』（ともに昭和十三年）に代表される日本思想史研究を展開するにいたったのは、消極的にいえばマルクス主義哲学関係の仕事を継続する自由を奪われたためであろうが、より積極的にいうならその仕事は、ナショナリズムと連動した日本思想研究が盛行するなかで、マルクス主義の孤塁をまもり、戦時体制へとむかう時局に対抗しようとしたものであったことは、やはりみとめられなければならない。(註)

(註)このいわば日本思想史研究三部作は、現在『永田広志日本思想史研究』の、それぞれ第三巻、第二巻、第一巻として読むことができる。おのおのに芝田進午、尾藤正英、松村一人による解説が附されており、永田廣志の経歴等にかんしては、これらによるところがある。

永田廣志『日本哲學思想史』の「序説」は「日本哲学の特徴および徳川前期におけるその展開」と題されている。その叙述を永田は「わが日本に哲学なし」とした中江兆民のことばに言及するところから説きはじめていた。この国の過去にあって、哲学が総じて「侏儒的なもの」であったことは否めない。日本古代には、ギリシア哲学に比定しうるもの、中国における諸子百家にくらべうるもの、インドにあってウパニシャッド哲学以来の展開に比肩することのできるもの、そのすべてが欠けている。この国の中世にはまた、トマスに代表されるキリスト教神学、朱熹の名をもって象徴される体系的な儒学、大乗仏教にみられる哲学的展開と類比しうるもののいっさいが欠落していた。

このような経緯はなによりもまず、端的に日本歴史の「後進性」によって規定されるところであり、永田の理解によれば、「創造的性格、独創性の欠如ということ」こそが「日本の哲学思想史にとって重要な特徴をなしている」。日本哲学の弱点は第二に「哲学思想が宗教思想として出発したまま永い間宗教から分離せず、またその豊富な展開を可能ならしめるような科学的支柱を欠いていたということ」にある。観念論が総じてやがて宗教と密通すること(いうまでもなく公式マルクス主義者に共通するテーゼである――引用者・註)は措くとしても、「日本においては哲学思想として見るに足るものは、仏教理論として、宗教的観念論として起ったもの」であり、信に対する知の独立をいちおうは主張したかに見える近世の儒教もまた結局は往々にして神道と野合してゆく（後者として永田は羅山、闇斎、蕃山を挙げるが、前者としてはたとえば道元の思想を考えているのだろう）。かくして永田は結論づける。「以上のような事情のために、科学的文化一般と同様に、哲学も、日本では、その理論的価値において世界思想史的に見て特に注目すべきものを与えることができなかった。だから現代の先進思想による過去の思想の遺産の摂取という見地からは、日本哲学史の研究は価値少きものであり、人類の自然認識における種々の論理的契機、範疇の歴史的展開の研究、即ち人類の認識史の研究という見地からは、ヨーロッパは勿論、古代のインドや支那における哲学思想の豊富な展開の研究に比して甚だ意義の小さなものである」。

それにもかかわらず日本哲学史研究に意義をみとめることができる——永田自身の表現によれば「単なる暇つぶし仕事でありえない」——のは、どのような理由によるものだろうか。「序説」はこれを、つぎの三点にまとめていた。これについては引用を採っておこう。当時の「公式的」マルクス主義の思想史理解、イデオロギー論的立場がはっきりとあらわれている点で興味ぶかい。

第一に、日本社会の歴史そのものがそのイデオロギー、特に哲学の歴史に如何に反映しているか、前者の特質が如何に後者を制約し、後者の領域にまで貫いているかを理解することは、日本歴史の全面的理解の上に不可欠な任務である。

第二に、現代日本の思想状態は如何にして形成されたかを、従って現代思想の中に凝縮乃至止揚されている歴史的過去を、理解すること、云いかえれば現代思想そのものを全面的に把握する——蓋しすべての現象は歴史的に考察しなければその本質を全面的に捉えることはできないから——ことは、現代思想の理解と批判のために必要な仕事の一つである。

第三に、イデオロギー変遷の一般法則がここで如何なる変形を受けて貫徹しているかを明かにすることは、イデオロギー史の比較的研究に基いて、あらゆる特殊条件の下で自らを貫徹するかの一般法則をより具体的な姿態において把握する上に有益な仕事であり、そしてイデオロギー変遷の一般法則の顕現の特殊な場合としては、日本思想史は甚だ興味あるものたるを失わない（恰かも日本歴史そのものが人類史の一般法則の特殊な現象形態として極めて興味深いものであるのと同様に）。

（『日本哲學思想史』五頁）

ここには、社会の歴史が哲学の歴史にどのように反映しているか、前者はどのようなしかたで後者を条件づけ、前者の構造が後者の構造を決定しているかという問題の立てかたがある。その背後に存在しているのは、いわゆる「土台—上部構造」論であろうし、また「現代思想の中に凝縮乃至止揚されている歴史的過去」といった表現は、イデオロギー批判のいわば常套句である。最後に、一般法則は一定の変形を受けたうえであらゆる特殊条件に対して妥当するという立場は、公式的マルクス主義の主張をくりかえしたものであるにすぎない。そうしたすべてを、私たちとしてはいま嗤うわけにはいかない。硬直した表現の背後にあるのは激化しつつある時局だからである。——永田の『哲學史』は事実上、一箇の徳川思想史のこころみに終始するものであった。ここでは国学理解、宣長解釈にしぼって、かんたんに見ておくことにする。

国学の興隆を問題とするに先だって永田は、儒学の変容、とくに徂徠学の登場にふれ、その背景となった社会情勢を一瞥していた。享保時代は、一般に八代将軍吉宗による改革によって知られ、幕府中興の季節であったとも見なされている。永田によればしかし、この「中興」こそが「幕藩封建制の益々増大する矛盾を前提とすると共に、この矛盾の一層の展開を造り出したもの」にほかならなかった。諸侯とならび幕府もまた深刻な財政難に悩んで、財政窮乏は商人資本への依存をまねく。商業＝高利資本が農村自然経済を浸食、「農民の階層分化」を生むとともに、百姓一揆の頻発を結果してゆく。かくて朱子学の一元的支配は崩壊し、「イデオロギー分野の光景も漸く多彩なものとなった」（同書、一一九頁）。復古国学の興起もまた、そういった風景の一部なのである。永田の近世哲学史にあってもその「発展の頂点に位するのは本居宣長」にほかならない。「商業資本の重要な中心の一つだった伊勢松坂の町人出身なる彼は、その文学研究において封建的イデオロギー、特に儒教的道学に対する批判を一層押し進め、次に『古事記』の言語学的研究において古典学としての国学に新生面を開くと共に、その古典崇拝の故に創世紀的神話の信奉者として妄誕な神学的観念に到達し、かかる観念の中に国学に於ける合理的なものを歪め込んだ。一言でいえば、彼にあっては国学の長所と短所が最高度に明確にあらわれた」（一三九頁）のである。

永田が右に、文学研究における「封建的イデオロギー」批判と呼んでいるものはいわゆる「物のあはれ」論のことである。永田としてはそこに「ブルジョア的世界観の要素」をみとめ、宣長のうちに「町人のイデオローグ」のすがたをみとめている。とはいえ江戸の町人と西欧のブルジョアジーの差異、ここでも日本歴史の後進性がブルジョア・イデオロギーの自生的発展をゆるさず、本居思想における近代的要素はやがてその「非ブルジョア的、前資本主義的な神学」によってその生長を阻まれる。じっさい「宣長の神道説は「理」を全く斥けているから、哲学とは凡そ反対のもの」なのである。それはむしろ文字どおり神学であり、宗教なのであって、それを典型的に示すものが宣長の顕幽二元論、すなわち「顕事《アラハニゴト》」と「幽事《カミゴト》」をめぐる所論にほかならない（一四一～一四五頁）。手みじかで、やや図式的な説明は『日本封建制イデオロギー』ではかなり詳細に展開されているけれども（同書、二一〇～二一七頁）、ここでは立ちいらないことにする。

国学、わけても宣長学をめぐる永田の所論にとってもより重要な論点はとりあえずその件ではない。永田日本哲学史にあって最大の問題としてとり上げられるのは、国学運動の完成者とされる本居宣長における、ナショナリズムの未完成である。ことの消息を認定する永田廣志の所説を引用しておく。

ところで最も肝要なのは、宣長の神道が日本の優位性の観念および尊王思想を、極めて強く押し出していることである。日本は神国であるとの思想や、皇室の尊厳に関する思想そのものは、大なり小なり従来のすべての神道説に結びついており、特に尊王思想は南朝の柱石だった北畠親房を始め、その後の神官的神道家も固持したところである。ところで、万国における日本の優位性を強調し、この優越性の証拠として、日本が天照大御神の御本国であるとか、皇統連綿とかいうことの外に、わが国の米の質が最良であるとか、わが国は物産豊富なるが故に外国品の輸入を要しないとかいうことを挙げて、それを具体的に証明しようと努めているのは、宣長の主要な特徴である。当時の大多数の儒者が支那を中華とし、また眞淵が華・夷の別を不合理として斥けたのに対して、日本を中華とし、他国をすべて夷狄視するこの傾向は、明かに徳川封建制の下向的発展期における国民主義《ナショナリズム》の生誕を表現している。だがこの萌芽的な国民主義の主たる社会的地盤は、国民的《ナショナル》な階級たるの性格を持っていながらも、封建的レヂーム

> への依存、寄食から脱しえなかった町人と、諸侯的割拠への反対派としては国民主義的でありながらも、自らは封建的生産関係の肯定的な担い手としてあらわれた農村地主とであった。宣長の世界観は、相互に結びついていたこの二者の中、町人の方により多く重点を置いたもののようである。彼の尊王思想も、国民主義的傾向と結びついた限りでは、正にこうした「上から」の統一的動向の観念的反映であったと云うべきであろう。だが何にしても、当時生誕しつつあった国民主義が、その本来の社会的担い手たる近代ブルジョアジーの階級にまで未だ生長せぬ町人や、封建的身分たる農村地主を地盤としたことは、この国民主義そのものの未熟を制約し、それに神学的表現を賦与することを許し、その合理的な形式における理論的展開を妨害した。（『日本哲學思想史』一四五頁以下）

ながく引用を採った右の一段落を不用意に読めば、健全なナショナリズムの生長が近代の条件であって、その欠落が宣長思想に典型的にあらわれている、という趣旨の論断に見える。けれども昭和十三年、すでに戦時色のなかファシズムの跫音もたかいその季節、永田哲学史が強調していたのは、おそらくはべつのことがらである。当時のナショナリズムの背後に、絶対主義的天皇制と封建的地主制度が存在していることを、永田は問題としていたのだ。「歴史的過去」が「現代思想の中に凝縮乃至止揚されている」しだいを、唯物論研究会最後のメンバーのひとりはここで論じているのである。永田が踏まえているのが例の「三二年テーゼ」であったにせよ、沈黙を潔しとしない精神がそこにはたしかに存在していたことだろう。

戸坂潤は敗戦を目前に長野刑務所で生物学的生命をおえ、三木清は終戦後ほどなく豊多摩刑務所で病死した。永田廣志の病身は昭和二十二（一九四七）年まで、この世にかろうじてその生を繋ぎとめられている。死の床に駆けつけた松村一人が、なにか伝言があるかと訊くと、すこし間をおいて力のこもった声で「どうぞよろしく言ってください」と言い、『理論』の発展を祈ります」と語ったよしである。『理論』とは永田が戦後かかわりをもった民主主義科学者協会（民科）の機関誌のひとつであった。

さきに私は、日本哲学史に三つの意義をみとめる所論を永田自身の文章によって確認しておいた。『日本封建制イデオロギー』の解説を書いている尾藤正英が、おなじ箇所を問題として、そこに「示された思想史研究の意味づけは、その研究対象の価値から自由であるという意味において、客観的な立場からなされているところに特色がある。これは思想（哲学）に関する歴史的研究の立場ないしその方法の自覚として、すぐれたものであると私には思われる」としるしていた。戦後にいたって、永田の思想史学をアカデミズム内部で継承した者のひとりはじっさい、尾藤であったように思われる。尾藤の最初の著書『日本封建思想史研究』（一九六一年刊）は、あとでふれる機会があるように、丸山眞男の朱子学理解および徂徠解釈への疑問をいちはやく提出している点でも注目されるべき研究文献であるが、尾藤が書名を決定したさい永田の著書が念頭になかったとはむしろ信じがたい。そののち尾藤は、小林秀雄『本居宣長』が公刊されて、ひろく話題ともなったあと、「本居宣長における宗教と国家」という論攷を執筆する。当該論文は「この宣長の説いた宗教的な思想が、やがて門人らにより発展させられて、国家主義を基礎づけるものとして機能するに至ったのも、必然性のあることであった」とむすばれていた（『日本の国家主義』二三五頁）。

ちなみに当の丸山眞男が戦中の主要論文に「共通するライト・モティーフ」を戦後みずからふりかえり、それは「封建社会における正統的な世界像がどのように内面的に崩壊して行ったかという課題」であったと語っていることはよく知られている。そのさいみずからが「殆んど暗夜を手さぐりで歩む思いをしたこと」

をあわせてしるしている一文によれば、それでもなお、丸山の探索の「支え」となった業績は「津田左右吉・村岡典嗣・永田廣志・羽仁五郎の諸氏の研究」であったよしである。このうち三人の仕事にかんしてはすでにふれておいた。つぎに見ておく必要があるのは、羽仁の国学研究というはこびとなるだろう。

一八五〇年、フリートリッヒ・エンゲルスは『ドイツ農民戦争』の劈頭にこうしるしていた。「ドイツ人民にもみずからの革命的伝統がある」。つまりドイツが「他の国々のもっともすぐれた革命家たちと肩をならべうる人物を生みだした時代」が存在したのである。

昭和四（一九二九）年に、羽仁五郎はこう書いている。「日本国民もまた革命的思想の伝統をもつて居る。日本国民が他の国国の最も優れた革命的思想家に比せらるべき人材を、すなはち世界史的に、産み出した時代、日本の農民と平民とが、彼等の子孫をしてその前に動もすればたじろかしめるに充分なるほどの思想と計画とを懐抱する彼等の代表者を有した時代、さうした時代があつたのである」。

エンゲルスが語りだそうとするのはトーマス・ミュンツァーをめぐってであった。羽仁がその最初の著書でとり上げるのは佐藤信淵にかんしてである。エンゲルスはドイツ三月革命の敗北をうけて、稿をおこした。羽仁がこの江戸後期の思想家を論じたのは、自身の時代が「いま再び変革の前夜に立つ」（『佐藤信淵に關する基礎的研究』、「序」三頁）ていると考えていたその季節のことである。歴史家・羽仁五郎が、この謎のおおい思想家にむける視線はまずは批判的なものであり、その履歴とくに家学の「伝統」の主張に対しては「破壊的批判」が遂行されていた。たほうおなじ歴史家は、佐藤の思想の背景に「やがて封建的原理を超え之を破ることによつてのみ」発展しつづけることのできる、封建制下にある「生産力の増進」を見ている。封建制度にとってその支柱であった小規模農業でさえ、ただちに「封建制的生産関係の原理」を越えていかなければならなかったのであり、さらにその内部に胚胎した「工業また商業の発達」は封建的支配を「破り去つて進まねばならなかつたことは極めて自然」であった（同書、一八七頁）。時代に先駆ける信淵の農政学を生んだのは、生産力と生産関係とのあいだのこの矛盾なのである。

羽仁わかき日のこの労作のうちに見てとられるのは、一方で野呂榮太郎の歴史観にもみとめられた「唯物史観の公式」の圧倒的影響であり、他方では、徳川封建期における近代的思考の自生的発展をめぐる関心であろう。問題意識は重点を移動させながらも、戦前の羽仁の研究を一貫して領導しているといってよい。

羽仁五郎（一九〇一～一九八三年）は、森宗作を父として群馬県桐生市に生まれた。宗作は、第四十銀行の初代頭取であり、のちに結婚する説子の母、羽仁もと子は、よく知られているように、自由学園の創設者である。東京帝大法学部に進学したが、ほどなくドイツに遊学、リッケルトにまなび、大内兵衛、三木清らと交流して、帰国後、文学部史学科に入学しなおしている。

羽仁史学の初期を代表する論文「東洋に於ける資本主義の形成」は、昭和七（一九三二）年、東大史学科の出身者・関係者の組織である史学会の機関誌『史學雜誌』に四回にわたって分載された。野呂榮太郎、服部之總の明治維新研究における重大な落丁を埋める、長大な論考である。両者の瑕疵とはほかでもない、徳川封建制度の矛盾の激化という内的要因と、欧米資本主義の東漸という外的原因とを、それじたい外的に結合するにとどまる、いってみれば「偶然論」の残存である。羽仁は当該論稿にあって、「世界経済の形成」から説きおこし、イギリス資本主義とインド社会、資本主義列強と中国社会それぞれの関係を辿り、古代以来の日本の社会構成体の変遷を跡づけたのち、「かくて、かの封建制およびそのアジア的形態の下に、その専制政治支配の下に、しかも辛じて発展の動向を示しブルヂョア的発展の萌芽乃至それ自身その発展の一産物たる絶対王政への転化の萌芽を見つつあった日本の前資本主義社会は、いまや欧米産業資本主義の市場開拓の要求下に、すでに圏内に生産力発展の桎梏と化していた封建的生産関係の崩壊を経済的政治的に促進せしめられるにいたった」としるした（『明治維新史研究』一一三頁）。立論への賛否を超えて、現在でもなお無視できないのは、このように世界史的な視点をともない、古代から近世にいたる歴史的時間への視界をたずさえた論稿は、明治維新研究史にあって空前絶後であったという事実である。

信淵研究のなかで羽仁はすでに、宣長に言及して、「封建時代の行詰り」に対して急進的な解釈をこころみたのが本多利明、保守的方向をしめした代表者が本居宣長であると認定していた（『基礎的研究』一八八頁）。維新研究の文脈では、宣長の「物のあはれ」は「神ながら」主義と結合し、「権力と因襲との支配への無思慮な忍従主義」を帰結したと見ている（『維新史研究』一八二頁）。

これに対して、昭和十一（一九三六）年、二・二六事件の前後にべつべつの雑誌に発表された、がんらいは一本の論攷（「國學の誕生」「國學の限界」）では、この歴史家の国学像はやや複雑な変容を見せている。時局の急転のさなか論旨それ自体が入りくんで、一篇の論文として一貫性が読みとりにくいのは、羽仁五郎がそこで相手どっている対象への評価に時代の影がさし、微妙な屈折がはらまれているからである。ただし、その結論は以後の羽仁史学の姿勢を――良かれ悪しかれ――象徴するものともなっていた。

羽仁の国学論は、「人民を最低限度以下の生活に束縛抑圧した旧幕徳川時代封建制の少数者独裁の支配は、その徹底した治安主義にもかかわらず、始終不安定をきわめていた」と書きはじめられる。論稿はつづけて国学が江戸後期の社会情勢から生まれたことを確認したのち、「その国学の代表者の一人たる本居宣長が自らその『秘本玉くしげ』において語っている」ところを追跡してゆく。本居宣長が見ていた現実はひとつには「貢納の過重」であり、第二にそれにもかかわらず生起する「財政不安」であり、本居はそうした状況の背後に「商業乃至貨幣資本の作用」を見とどけている。よく知られているように宣長はまた「百姓町人大勢徒党して強訴濫放すること」の必然性すら一定ていど承認していたのである。羽仁五郎の見るところ、国学はこのような「特徴ある環境を背景にして誕生した」(『日本における近代思想の前提』九頁以下)のであった。

国学者は、一方ではあきらかに「支配者の側に立って」いる。その立論の拠点は「当時の封建支配及び之に寄生した商業資本の側」にある。とはいえ宣長自身が没落した商家の出身で、医者にして学者であったように、その立場は「いわゆる中間的のもの」たらざるをえない。ここから国学の二面性もまた由来する。

戸田茂睡は一方で歌道の権威、二條冷泉に叛旗をひるがえし、歌は「山賤の薪を負、しづの女の絲をくる者迄」をもみちびくと言い、たほう武士道とは「名のためならば人をも殺し堂塔をも焼亡」するものであると語る。下河邊長流は、万葉集とは「あるは市にになふ商人、あるは山田につくる農夫、あるは木の下岩の上にありかさためぬ桑門の言のは」をおさめたものと主張して、その年少の友、契沖は「詩歌は心のよりくるままにいかにもいふ事なり」と説いた。荷田春滿は「師の教なりとてあながちに泥むべからず」と注意し、賀茂眞淵は、「心ひたぶる」なる「わりなきねがひ」の表現を高唱して、「おのがじし得たるまにまになる物の、つらぬくに高く直き心をもてす」ことを唱道する。国学のそうした展開の涯てに、やがて登場したのが本居宣長の「物のあはれ」の説であって、「通俗の理解以上に、この「物のあはれ」は、道学的抑圧に対する反抗の反映に、その重要の意義をもって居た」(同書、三二頁)のであった。この所説を帰結するにいたる一連の「自由解放要求」のうちにこそ、「国学の清新があった」(三四頁)のだ。——一篇の前半「國學の誕生」は、その末尾で問うている。「然らば、果して国学はその清新の一面を貫徹しようとしたものであったか、そして、国学に惹きつけられた人民の心は裏切られなかったか」。国学は、たしかに一面で、たとえば生田萬の蜂起を生んだ。「しかし、宣長の秘本玉くしげに於ける態度等」を思うなら、と羽仁は言う。「国学に於ける反封建支配解放要求の反映は一定の意味におけるそれであり、即ち若干この要求に譲歩することにより事実上更めてその封建支配の再編成再強化乃至補強工作による継続の目的に仕えしめられたものがあったことは否定され得ない」(四一頁以下)。かくて論は後篇「國學の限界」へと引きつがれてゆく。

国学者は「ひたぶる」の「まこと」を言う。しかし「「ひたぶる」の「まこと」の「真実」は、国学の限界を追い越しはじめた」(八七頁)。この場合「ひたぶる」の「まこと」が指すものは、その「真実の内容」すなわち「人生の根幹、勤労人民の現実」(九二頁)である。国学論の後篇はかくてその結論へと一気呵成に走りぬけるほかはない。――ここまでの叙述で「人民」に強調点を附してきたのは引用者である私である。もともとは「國學の誕生、およびその限界」と題された一篇は、その考察の総括にあたる部分でも、「人民」の語をくりかえす。羽仁史学は、かくてまた戦後にいたっても「人民史観」の名を負うことになるだろう。

国学が真に当時の人民と運命を共にしようとしていなかったことは、眞淵等が当時の封建支配者のいった意味をすこしく新しくした程度で「愚民」というようなことを云い、「下か下とても人也、上なるものは下のことといひ終らぬさきにいかりなどして、いたづらの威はわろし」としながら「天の下はただおろかなるこそよけれ」とし、宣長に至っては人間の平等観を官僚的脅迫的に拒絶してさえいた（直毘靈、葛花）ことにも知られ、また本来国語を重んずるのはそれが自分達の生きた感情生きた思想を現わす生きた言語だからであるのに、国学者が儒者の死んだ漢文漢語を排したのは正しかったがなお現代語を卑しとするところがあり、結局自国の言語ではあれ同じく死んだ過去の古代語を尊んだのも、彼等の自国尊重の思想が現実の人民生活を基礎としたものではないこと、しかもそのうしろに人民の現実に対し尚古保守を絶対とする思想が附加されていることを語っていた。(九四頁)

国学の理解としてはやはり外面的であり、批評はやがて外在的なものとなっていると言うべきだろう。羽仁五郎は戦後、二本の論文が「幕末における倫理思想」とともに一冊にまとめられるにさいして、「まえがき」をしるし、「日本にも近代思想の前提はあったのである。それがどういうものであったか、そこにどういう発展の貴重な萌芽があったか、それがどういうふうに抑圧されていたか」こそ問題であった、と顧みている。国学にかんしていえば、近代へと脱却しようとして「中途に停滞を強いられた思想」というよりは、いちおう「そうした脱却願望の動向」をも映しながら、結局は「旧い封建主義を新装するものとなった」(九五頁)とするのが、昭和十一年時点でのこの歴史家の認定であった。

羽仁五郎は昭和十五(一九四〇)年、皇紀二千六百年に沸きたち、いっぽう津田左右吉が訴追されたその年に、長大な論稿「明治維新」を執筆して、雑誌『中央公論』に掲載した。その維新論は戦後ただちに岩波新書の一冊として公刊されている。維新史をめぐる学問的研究は、昭和三十一(一九五六)年になってから井上清の編集によってまとめられるにいたった。『明治維新史研究』に、井上は「たたかう歴史学」と題する解説を寄せているけれども、戦後ほどなく羽仁の思想史研究を継承したのは、奈良本辰也であったと言ってよいだろう。論文「近世における近代的思惟の發展」（一九四八年）は本居宣長を「反封建的世界観における都市者的の立場」ととらえたうえで、「本居宣長にあつては本来、封建的観念形態の批判であるべき彼の哲学が、その神秘主義の故に結局現存秩序の肯定に終らなければならないと云う結果を齎していた」とも認定している。比較されるのは「反封建的世界観における自然経済者の立場」であったとされる、安藤昌益である。国学論の末尾で昌益に言及して、宣長と昌益を対比しようとした羽仁にくらべて、奈良本が測定する両者の距離はある意味でより近い。とはいえ昌益にとっては「何等の怪異も存在」しない。宣長にあってはたとえば禍津日神の荒びは測りがたい。両者は「同じく封建社会解体期の思想として現われ」ながらも、かくてそれぞれの「自然の解釈の上に全く異つた世界を築き挙げ」、ふたりの思想家はかくてまた決定的にわかれてゆくのである（『近世封建社會史論』一八八頁）。

論攷は昭和五十三（一九七八）年に上梓された『日本近世の思想と文化』にもおさめられた。一書のなかでひろく読まれたのは、とはいえやはり「安藤昌益と統道真伝」であろう。これはもともと、昌益の著作が、岩波文庫に収められるにさいして執筆されたその解説である。

南坊義道に『夜の幽閉者』と題する小説がある。主人公の高坂は早大の哲学科で安藤昌益に関心をいだく学生であり、恋人のつてで京都のN教授と面会する。高坂は、昭和三十五（一九六〇）年六月十五日、議事堂構内で警棒の乱打をうけて思考能力に異常をきたし、なかば夜の漆黒のなかで暮らすことになるが、アレクシス半月堡の闇に幽閉された晩年のネチャーエフに思いをはせ、希望を失わない。昭和四十四年、N教授は大学当局に抗議して退職し、高坂はあらためてNに会いに京都へ向かおうとする。しかし、おなじく眼窩に警棒による損傷をかかえた恋人の手術が失敗し、恋人の弟もまた頭部に催涙弾の直撃を受け、主人公が幽閉された地下牢の闇は深まってゆく。Nとは、立命館大学の教授職を辞した奈良本辰也のことである。

おなじ季節、羽仁の『都市の論理』がひろく読まれていた。戦後の羽仁五郎をめぐっては毀誉褒貶が甚だしく、昭和四十五（一九七〇）年前後のその言動にかんしても評価がわかれるところである。羽仁は長命して、昭和の末期、八〇年代初頭のこの国のさまもその目におさめている。死の三か月まえ北海道知事選にさいして書きおくった檄文が絶筆となった。横路孝弘は『日本資本主義發達史』の著者の甥である。勝利をいのる数行のメッセージのなかに、「最も信頼し尊敬した同志・野呂栄太郎」という一句がみられた。歴史家の最期の佇いを伝えているのは、ルポライターの竹中労である。

十

関東大震災のちょうど一年まえ、日本共産党が非合法裡に創設され、同年九月、大同団結をめざした日本労働組合総連合の結成大会で、いわゆる「アナ・ボル論争」（アナキストと、ソヴィエト・ロシアあるいは革命を領導したボリシェヴィキ支持者とのあいだの論争）の火蓋が切られた。運動の覇権をにぎった共産党は震災以前に事実上は解党している。アナキストを代表する論客、大杉榮が震災の混乱のさなか謀殺されたことについてはすでにふれた。そののち紆余曲折をへて再建された共産党は、大衆路線の山川イズム、「分離結合」論を唱える福本イズムへと方向転換をかさねたあげく、昭和二（一九二七）年には両路線がコミンテルンによってともに批判される。以後の共産党は戦前そのときどきのコミンテルン・テーゼにほぼ追従し、その革命戦略は、スターリニズムの支配するモスクワの世界戦略のもとに総体として組みこまれてゆく。ひろく知られているこうした経緯は、とはいえおなじ時代の空気を吸っていた民衆自身の明け暮れとどのように切りむすび、その恐れや希望のありかにどこまで届いていたのだろうか。

西條八十作詞になる「東京行進曲」は、同名の日活映画の主題歌としてひとびとに愛され、昭和四（一九二九）年の街角には、この歌謡曲がくりかえし流れた。歌詞の四番は、「シネマ見ましょか、お茶のみましょか、いっそ小田急で逃げましょか」というものだった。その詞の第一案は「長い髪して、マルクスボーイ、今日も抱える「赤い恋」」というものであったといわれる。『赤い恋』とは当時よく読まれた翻訳小説の題名である。作者はアレクサンドラ・コロンタイ、ソヴィエト・ロシア唯一の女性閣僚で、社会主義フェミニズムの祖のひとりにも数えられるが、極東のこの国で、時代の空気は民衆にとって同時にひとつの風俗でもあったのである。

季節は切迫してゆく。二年後の昭和六年には、いわゆる十五年戦争がはじまり、やがて街々はカーキ色に染められる。この年に勃発した満州事変は、六年後の昭和十二（一九三七）年には支那事変つまり日中戦争につらなり、さらに四年後には太平洋戦争が勃発した。いうところの大東亜戦争の開始、昭和十六年冬のことである。

その間、共産党は昭和七年十月、熱海事件（秘密裡に開催された全国代表者会議で、参加者が逮捕される）でいったんは壊滅的な打撃をうけ、おなじ月にいわゆる「赤色ギャング事件」が起こって、大衆的な支持を失ってゆく。翌八（一九三三）年には、佐野學、鍋山貞親の転向声明にはじまる、大量転向の時代をむかえ、二年後の袴田里見の検挙により国内における組織的活動はほぼ終結した。戸坂潤、永田廣志らの活動の場であった唯物論研究会も、昭和十三（一九三八）年、解散を余儀なくされている。——いっぽう昭和七年には一連の血盟団事件につづき、五・一五事件で犬養毅首相が暗殺され、昭和十年、皇道派に共鳴する相澤三郎中佐が、統制派の巨魁、永田鐵山軍務局長を白昼の陸軍省内で斬殺する。かくてその翌年、昭和十一（一九三六）年冬の大雪の朝、二・二六事件が勃発した。大政翼賛会の結成は、その四年後、昭和十五年のことである。学問と思想の世界でもかくてまた左派が壊滅し、右派が発言の場を拡大したのは自然の数であった。

前節でみた永田廣志の江戸思想史研究にせよ、羽仁五郎の国学研究にしても、左派にとってはむしろこの後退戦の局面にぞくする時節の仕事に数えられる。とくに後者は、時局のなか影響力を強めていた山田孝雄などに代表される国学観への対抗の意思をこめて執筆されたものである。羽仁が、村岡典嗣の「変態」説をとり上げて、「敬虔的信仰」による説明は、「全く宣長等の個人的偶然的事情の想起」であるにすぎず、その根拠をあきらかにするものではないと批判しながら、伊東の所論についてはやや不公正なまでに強い調子で批難する――「伊東多三郎氏『國學の史的考察』は全体に於いて村岡氏の『本居宣長』等の敷衍に過ぎないのに、強いて村岡氏批判のポーズをつく」っている、と羽仁はいう（『近代思想の前提』三七頁）――のは、そのゆえであろう。当時の羽仁五郎にとっては、むしろ村岡の「解釈学」説を死守することこそ、時勢への抵抗の限界線なのであった。羽仁が一連の論文のなかで、繰りかえし津田左右吉の『文學に現はれたる我が國民思想の研究』に好意的に言及していたのも、おなじ意図に由来するものであったと思われる。

この「外篇」の考察の流れのなかではかくていまや、永田や羽仁の研究の対極に登場した立場をとり上げておく段階に立ちいたったことになるだろう。ただし、たとえば羽仁が直面していた思想闘争の布置関係の追認を第一義的な課題とするつもりはない。それぞれの内的な脈絡がいちおうは辿られる必要がある。まず考えておきたいのは、蓮田善明の著作『本居宣長』についてである。

蓮田善明（一九〇四～一九四五年）は、日本浪曼派の詩人、国文学者、評論家である。こんにち多くのひとびとは、三島由紀夫とのかかわりでのみ蓮田の名を記憶しているだろう。じっさい昭和十六（一九四一）年、「花ざかりの森」を『文藝文化』に掲載し、編集後記でじしん筆をとって、「悠久な日本の歴史の請し子」と、学習院在学中の一中学生、平岡公威を激賞したのは善明である。

あるいは蓮田の名は、その異様な最期によって記銘されているかもしれない。昭和二十年の八月十九日、善明は南方の前線で上官を射殺、みずからもこめかみを撃ちぬいて自決している。(註)

(註)蓮田の生涯については『全集』の解説ならびに年譜(小高根二郎)にくわしい。小高根には『蓮田善明とその死』という著書もある。ただし、小高根の記述には、被害者となった上官の経歴、言動などについて、憶測をまじえて不正確なふしも多い。この件を自身の調査をふまえて批判したものとして、松本健一『蓮田善明』もあわせて参照されるべきところである。やがてふれる伊東静雄との交流をめぐって、小高根『詩人、その生涯と運命』五八四〜五八七頁をも参照。

このふたつの挿話からもむすばれる蓮田善明の像は、頑迷な伝統主義者にして国家主義者といったところだろうか。現在ではその著作『本居宣長』を手にとる者も多くはないけれども、かりに一書を紐解くなら、たとえばただちに「もし「思想」といふ考への生れ方そのものについて言ふならば、本居宣長は「思想家」ではない。しかも亡国的思想を討つた人であり、同時に亡国的思想を征つた比絶の人である」と説く一文が、「はしがき」の冒頭ではやくも目に入ってくることだろう。著者によるならば「本居宣長の古学」は「嘗ては維新をしるべし、今日また神ながらなる皇神《すめがみ》の道をあまねく世界に恢弘するもの」なのである。

ここでより重要なのは、本居宣長は思想家ではないとする判断、宣長の仕事の性格にかんする蓮田の評価のほうである。善明は、本居の主著が古事記伝と名づけられていることに注目する。それは、宣長のとく道の性質ともかかわるものであるからである。はからいを捨て、道を伝えることが本居学の課題であり、宣長のこころざしであったのだ。だがひとの目はどうしても、亡国的思想を排し、皇神の道を世界にひろめるという文言のほうに向かってしまうことだろう。そのような予断をもって頁を繰る手であるならば、たとえばすぐさま『馭戎慨言』を論じた箇所に、うごきを止めることになるはずである。

宣長のこの一書をめぐっては、すでに村岡典嗣の評価についてふれておいた。蓮田によれば『慨言』とは「古代から徳川初期に至る対外折衝史」であり、しかも「皇国を本位とする強烈な自覚の下に、つぶさに批判を加へ、卑屈な尊外的弊風を豁然打破した空前の著作」ということになる。じっさい宣長は文禄・慶長の役をとり上げてその壮挙を称えるばかりか、明にしたがう「朝鮮にのみかかづら」うことをせず、むしろ「さばかりおごれるもろこし」（宣長全集八巻一一四頁）まで攻めすすむべきだったとも論じていた。――一書にかんする善明の総括的な評価は、以下のようなものである。『馭戎慨言』を論じたほぼ最後の部分を引いておく。

> 宣長はさういふ日本魂に出でず、或は却つて日本魂を知らずして閉塞をはかる戎心《から》を討ちまつろはせようとし、未だその明かならざるを筆をつくして慨《うれた》み、正大の評論をうち立てようとしたのが「馭戎慨言」であつた。これは他の文化論的な著述と趣を異にするため、従来あまり世の宣長論者が取り上げないものであるが、皇国の意気をあらはに直截に述べた評論として、少くとも宣長の心の一極を示すものとして注意されねばならない。又幕末の尊皇攘夷論の進路を予示したものとしては、必ずしも私は此のあらはな評論のみを選ぶものではないが、もし人が尊皇攘夷の心を探りたければ、この書に就くことを先づは勧めなければならぬ。更に又今日の聖戦の中にあつて国の尊厳と決定的勝利の気魄と心構へとを知り、何がそれをやぶるかの原因を見んとする者も、此の書を手にすべきである。（『全集』二〇四頁）

蓮田によれば、中国への侵攻をさえ主張した言から窺えるものは、「宣長の見識信念気宇の正大」であり、その発言は「全く皇国の道をのべんとするの一途に思ひを寄せる時にのみ迸る魂の言葉」なのである。

以上はたしかに善明の一面であり、その著『本居宣長』の一節である。そのことをたしかめるだけのためならば、この一書をひらく必要もない。手が頁をめくり、目が文字を追うまえに、結論は決まっているからだ。——蓮田の精神にはとはいえべつの彩りがあり、その著作には多形的なおもだちもみとめられる。『本居宣長』を現在なお読む意味は、その多層性をひとつの可能性として読みとくところにもあるのだろう。

終戦の詔書の四日後に連隊長を殺害した善明の行為は、ひどく奇矯とも、酷薄なものとも映じるかもしれない。けれどもそのたましいが純粋な詩人のものであったことをひとはなお記憶しているだろうか。『陣中詩集』としてまとめられている作品群から、「押し花」という詩の前半を引いておく。

友の美しい詩集に、わたしは
時々、折々で摘みとつた草や花を挿んだ。
(ああ、こんな時、こんな所に!)

日経て、詩集を開く時、それら草花
其の儘に押し花となりて、ひつたりと
やさしい姿を、眠つたまゝ残してゐた。

昭和十八年の十月二十六日に、生地、熊本の兵舎にむけて東京駅から出発する善明を、伊東静雄が見送りにいき、『春のいそぎ』を手わたしている。「友の美しい詩集」とあるのがそれである。

蓮田の本居論一冊はたしかに浪漫主義者の、荒ぶり、「いきどほる」こころをあらわしているだろう。それは疑いもなく、総動員体制下で、しかも時局に寄りそった文学者のひとりが宣長をいかに読んだかを告げる文書のひとつである。今日では、とはいえ詩人のやわらかなたましいが、宣長の生と思考のどのような襞に分けいり、国文学者はそこになにを見いだしたのかも、あらためて確認されてよいように思われる。

蓮田善明の本居書は、「物学びとは皇朝の学問をいふ」とする、『うひ山ぶみ』の引用からはじまる。皇朝の学問に強調点が附され、ひととおり国学の意義が説かれているほかは、とりわけて異貌とはいえない説きはじめである。そののち蓮田は、宣長の一文「おのが物まなびの有しよう」（玉かつま・二）の全文を引いて、国学者の自伝的記述をたどり、宣長京遊学時代の漢学の師・堀景山、契沖、賀茂眞淵との出会いをそれぞれ追跡してゆく。これもまた、いわば定石ともいうべき履歴の解きようであるといってよい。ただしかかわりのおのおのについて、注目すべき記述がいくつかふくまれている。

ひとつは景山との関係が相応に重視されていることである。「宝暦七年、二十八歳の冬、五年余の修学の日を送つた京都に別れを告げて、宣長は帰郷した。その年の九月には、恩師景山先生は七十歳を以て没せられたのである。宣長はその病床の師を看りつゝ帰郷の日を延ばしてきたのであつた」（『全集』一七一頁）。この一節からも、この儒者の名家への宣長の個人的な敬愛の念を強調する響きを聞きとることができよう。善明が、いっぽうでは「今も世の学者が宣長——のみならず国学者の所謂「古学」を、日支の儒学者達の古学派の影響とか、形をかへた再生とかいふ専らの議論は、私には全くつまらなく見えるし、宣長らの古学の淵源はおのづから全くそれとは別である」(同、二〇九頁)と説いて、国学と儒学とりわけ徂徠学との関係を否定する代表的な論者であり、しかもそれが「蓮田個人の宣長観」ではなく、むしろそこには「同時代の宣長観が反映している」(田中康二前掲書、二四三頁)ことを考えるとき、やや意外なほどであるといってよい。景山は朱子学の名流にぞくする儒者であったとはいえ、徂徠との往復書簡もあり、徂徠学を高く評価する学者のひとりでもあったからである。

第二に、眞淵の著書との出逢いがしめす、ふしぎなたゆたいと言うべきものが、精確にとらえられていることだ。善明が引く一文でたしかに宣長自身が、眞淵『冠辭考』初読の印象をふりかえって、「思ひもかけぬ事のみにして、あまりに事遠くあやしきやうに覚えて」と述べていた。蓮田は、不注意にとおり過ぎられてしまうこともすくなくない、宣長のこのためらいに目をとめる。「はじめ一わたり読んだ時はまるで彼から事遠いものに感じられてゐる」。蓮田はいう。ここには「ひどく不審な事がある」。『冠辭考』は、言ってみれば「枕詞の註解書」にすぎない。実証的な研究の手法ならば、宣長自身すでに契沖をつうじて親しむところがある。「何もさう事遠く見えるを要しない」。善明はつづけて、おそらく詩人の直感とともに書いている。「古道が見えてくるのには、わざとこんなでなければならない、といふやうな何か深いことわりがひそんでゐるのではあるまいか」。不審な点、あるいはふしぎとはなにか。「道」は一方では「全く宣長の身近に、否宣長自身としてある」。それにもかかわらず他方で「はるかな事遠い所から近づいてくるといふ姿を、道自身がとる」ことが底知れず興味ぶかいところなのである(蓮田『全集』一七二頁)。道は「それを慕つてやまぬ此の学者の志に迎へられて、悠遠なところから、おほらかな足どりを以て近づいてくる」。契沖の著書をつうじて古学に開眼した学者、「一度決然とさとつた」宣長のもとに「さらに又一度おほらかにそれは高いはるかなところからやつて」きたのである（同、一七三頁）(註)。——道は学さえも超えている、とおそらく蓮田善明は言いたいのである。国文学者としての蓮田は、ここで表現に苦しんでいるように思える。べつの箇所で蓮田は、「そもそも道は、もと学問をして知るべきにはあらず」（玉かつま）とする宣長の文をも引き、「これは大変注意すべき断言である」と語る。道そのものとくらべるならば、「学問すること」は、それがなお一身のはからいであるかぎり「卑し」く、「けがらはしい」のだ。しかし宣長の学問はまさにそのことを自覚することで「さわやかな、しづかな瞬間をその土の下に、つねに埋めて抱いてゐる」。善明はふたたび、むしろ詩人のことばで、そう表現せざるをえなかった（二〇七～二一〇頁）。

（註）蓮田善明の宣長観からは「事遠い所」に位置している子安宣邦が、おそらくは二度にわたってこの箇所に言及している。ただし、一度は「宣長と真淵との出会いは、求め合ったもの同士の宿命の出会いといったものからは遠い、異質なものの偶然の出会いといった性格」をもつのを表現したものとして（『本居宣長とは誰か』三九頁以下）、いま一度は、蓮田もまた「真淵と宣長との間に違和」を見てはおらず、「両者間における同一性の反覆」を強調するにおわっていることの証拠としてである（『宣長学講義』七八頁）。

本居学のいわば道統をめぐる理解にあって、蓮田がやや立ちいって独自な見解をしめしているのは、契沖と宣長との関係である。善明のみるところでは、宣長は「或ひは眞淵よりも契沖を深くなつかしがつてゐる」のであって、ひとは宣長の学統のうちに、あるいは眞淵以上に「深く契沖を見なければならない」。——蓮田は、契沖がかつて宝生山中で岩にあたまを打ちつけて自殺を図ったという挿話にふれ、つぎのように書いていた。所伝によれば契沖は、僧として阿闍梨の位を受けた二十四歳のころ、熱烈な心を抱いて各地を放浪して、「山川の霊異なるものを躋攀せざるは無」く、やがて室生山に登ったさい、その一巖窟の「幽絶を愛し、以て形骸を捨つるに堪ふると為し、乃ち首を以て石に触れ、脳且た地に塗る」とされている。

この異常な行為は私どもを身顫ひさせる。彼が脳中の形骸をこゝに一擲したものであらうが、それよりも彼には此の国の山川に身を投げるべき地を妄念のやうに尋ねめぐり、こゝにその幽絶愛すべき土の霊異を見出して、たまりかねて身を粉砕しようとしたものであらうか。契沖は彼の熱烈な生命を託すべきものをこのやまとの土に見出した。この事件は契沖の国学を開く最も大事な事実であつたといふことが出来る。謂はゞ契沖の「やまとたましひ」を開くに要した非常な出来事であつたのである。これは学者思想家等としてすることでなく、詩人としての一つの「みそぎ」の行為とも言へる。(『全集』二一二頁)

これは、とりあえずはやはり国文学者としての考証をへて論定されたものというより、自身ひとりの詩人である著者の好むところに由来する読みであったとも言うべきだろう。宣長における契沖を重くみる見解も善明にあってはまた、推論ではなく直観に根拠を有するものである。ただし、契沖と宣長の距離の測りかたにかぎっていえば、今日もなお議論がわかれ、蓮田の判断を首肯するむきもあることだろう。

蓮田の手になる宣長の履歴の記述にかかわることがらでいうなら、もう一点、蓮田の本居像にはやや特殊な傾向がある。宣長のいわば原質を都会人である点にみとめているところである。蓮田によると、「そも〳〵宣長の胸中には、あたゝかい豊麗純美な古玉」が存在することがみとめられる。それは「宣長の中に豊かに匂つてゐる「みやこ人」ともいふべきいのち美しい玉」である。ことのしだいに簡単にふれておく。

本居宣長の生まれそだった、伊勢松坂は皇大神宮が鎮座し、『玉かつま』の記述を引くなら「西の方は山々つらなり続きて、まことに青垣」なしており、その山々は古都やまとへとつづいている。その地には「年中大神宮に詣づる旅人」が絶えることもなく、宣長には「殊に春夏の賑はしさ天下にならびなき有様が、目にうつり、心に重なつてゐた」はずである。土は肥えて、ひとは富み、日用の品々も京阪に見劣りせず、ひとびとに田舎びたところはすこしもなかった。――蓮田は宣長の言い分を、ほぼすべてみとめている。ただし善明が忘れずに附けくわえているのは、そうした傾向が京都遊学中にさらに強められたという消息である。いずれにせよ宣長は「生来の「みやこ人」」であり、その花の好み、衣服の嗜好、書名の選びかた、すべてに「宣長の伊達」があらわれている。歌を好むこと、そもそも「みやび」を重んじること、それらのいっさいが「みやこ人」としての宣長の原質に由来するものなのだ（二一七～二一九頁）。

宣長は「みやこ人」であった。みやこ人であるとは、結局のところ「みやび」であることに価値をもとめることである。みやびに価値をみとめることは、雅やかであることには普遍的に意味がある、と見なすことにほかならない。みやびは、具体的に目にもあきらかなかたちでは、たとえば歌を詠むことにあらわれることだろう。そうであるなら、歌を詠むことから「道」へとつうじる小径が開かれているはずなのである。事情は、じしん詩人である蓮田善明にとって、宣長をめぐり考えるべき第一の問題であったといってよい。

手がかりとなるのはみやびということそのものである。蓮田によれば、「みやびといふのは、宮びであり、御家《みや》びであることは言ふ迄もない」。それはすなわち「皇神の大御手ぶり」であって、「皇神の振舞ひ給ひ、楽しみ給ふ姿」そのもののことであり、また「その皇神のふりに「神習ふ」（『古事記』）こと」である。眞淵が契沖に譲るところがあるのは、そのゆえでもある。眞淵はみやびに対し「一抹の不安」をもっていた。契沖はむしろ歌の「はかなさ」を尊んでいる。宣長の「もののあはれ」は後者をこそ継承するものなのだ。眞淵の

「ますらをぶり」「たわやめぶり」という区別のなかには、儒教的な道義観の残響がある。宣長はその点ではむしろ、積極的に「たわやめぶり」を「雅びの本統」として見いだしていた。善明の所論はこの場面で宣長のそれと同様に、いわばすこしも武張ったものではないしだいに目をとめておくべきである（二一五〜二一七頁）。

蓮田善明による宣長歌論の理解を、ひととおり辿っておくことにしよう。問題の焦点のひとつは、宣長が晩年にいたってもなお「雅びをしる事は、道を知る階梯といひ、たすけとなるものと見てゐる」点にある。竹岡勝也の所論を跡づけたさいにも言及しておいたとおり、『うひ山ぶみ』にあって本居は「古《へ》人のみやびたる情をしり、すべて古《へ》の雅たる世の有《り》さまを、よくしるは、これ古の道を知るべき階梯也」（全集一巻二九頁）と考えていた。消息をさかのぼって、本居宣長初期の歌論から、ことのありかをたしかめておく必要がある。

若き宣長が、『あしわけ小舟』の冒頭で、「歌の本体、政治をたすくるためにもあらず、身をさむる為にもあらず、たゞ心に思ふことをいふより外なし」と高唱していたことは、よく知られているとおりである。一般にはこの宣言は実情論と呼ばれて、宣長思想における主情主義の原型をかたちづくるものとみなされている。問題は、とはいえすこしばかり入りくんでいる。

宣長の論はさしあたり、歌をめぐるいわば教誡論に対抗して実情論を展開し、歌とは「たゞ心に思ふこと」を述べるまでであると強調するかに見えた。その主張の脈絡のなかに、主情主義ということばでは掬いとることのできない立場が織りあわされている。『あしわけ小舟』はこうも言う。「よき歌をよまむとおもはば、第一に詞をえらび、優美の辞を以て、うるはしくつゞけなすべし」。直接の情ではなく、詞の優雅さこそが、かえって強調される。「ことばさへうるはしければ、意はさのみふかゝらねども、自然とことばの美しきにしたがふて、意もふかくなる也」。直接の喜怒哀楽が実情であるなら、よく詠もうとすることもまた実情である。たんに歌を詠むだけでは不足であって、歌はよく詠まれなければならない。「これ詠歌の第一義也」。なぜか。どうして情ではなく、詞なのか。和歌は「言辞の道」だからである。

善明は敷衍して語っている。「歌は、実情を詠もうとするが、詠みあらはすには、その歌が、よい歌が中にもよい歌、すぐれた中にもすぐれた歌であらうとするのが本然」である。宣長が言うとおり、そもそも歌は和歌として「三十一字五句にとゝのへ」られるけれども、これさえもともとは「巧みたるもの」にほかならないのである。この巧みは、だが「文《あや》」であつて「偽り」ではない。そうした詞彩《あや》によつてこそ「実もあらはれ、人も感ずる」。これが、歌を詠むことの「風雅」なのである（二二〇頁）。

要するに雅びこそ道なのだ。どのような道なのか。『あしわけ小舟』で準備され、『石上私淑言』でかたちを整えられた歌論の行きつくところによれば、ひとことで言ってそれは「もののあはれ」という道である。

蓮田はまず、宣長の所説をなぞりなおすことからはじめる。「あはれ」とは「あゝ」とか「はれ」とかいうのと同じことで「見るもの聞くものにつけて、心の感じて出る歎声」である。それはかならずしも悲哀の意味ではなく、「見事なこと美しいこと等」も「あはれ」といわれる。それは「感」であり「動」であって、こころが動いて、「あゝ」「はれ」と思はれることである。とはいえ、どちらかといえば嬉しいこと、おもしろいことより、悲しいこと、恋しいことなど「すべて心に思ふにかなはぬ筋」のほうが感ずること「限りなく深い故」に、それらがまたとりわけて「あはれ」とも言われる（二二四頁）。

さてあはれの深き時は、人をも同じあはれを催さしめ、神も又そこに感動せらるゝのである。「古今和歌集」の序にいふやうに、鬼神をもあはれと思はせといふやうなものが、即ち「もののあはれ」である。

天地には、自然にあれ、人事にあれ、あはれと感ずべき趣があつて、その趣にあたつてあはれと感ずるのを、あはれをしるといひ、そのあはれをしることは人間にそなはつてゐるところのもので、あはれしらぬものを、心なき人ともいふのである。これは単なる心理論でもない。又単なる形而上学でもない。宣長は、此の「あはれ」といふ一事が、神を、天地を、人を、世の隅々を余すなく動かす道であることを説いたのである。それは何ら牽強附会の説でもなく、又「源氏物語」の価値は、今日の人の憶測の及び難い大いなるもので、その点でも、恰も「古事記伝」を通じて「古事記」の本意が得られるやうに、「源氏物語」も亦た偉大な日本人宣長の言葉を通じてのみ最も明らかに読みとられるのである。

宣長は、こゝにも心の底に神は何に感じたまふかを考へ、何によつて歴史が美しく立派に生きて行くかを考へてゐる。

然るに「あはれ」といふ感動を興ざめさせてしまふのは又儒仏意である。（中略）真に神の感じ給ふのは、そのやうな人の考へ拵へた、賢しらな表面《うはべ》の道理ではない。真に感動のいきを保持するものこそ、神に感通し、従つて又神の御心に通うたいのちを受け伝へ得るものである。（中略）人生が立派なのは、深い感動に満ちてゐることである。神これに感じ給ひ、人また感動しあつてゐるといふ所が立派でなければならないのであつて、そこにこそ高い道が存するといふことが出来る。その道の他に人の賢しらに作り構へて、得々としてゐる思想こそ、人生の大きな頽廃を意味するのである。（同頁）

善明の読みとく宣長にとって、「あはれ」とはひとの生そのものである。あるいは神とひととにあいわたる「道」自体である。なんらかの教誡によって「あはれ」を滅することは、「生の生々たる本然を殺して」しまうことなのである。「あはれ」の思いは、たしかにときに過ちを犯す。「しかしその「あはれ」に鉄の枷をはめてしまへば、その生の感動は死滅する」。「もののあはれ」がふくんでいる倫理は「不倫の危険」をさえ冒すものである。「「あはれ」の心ばへを知らず、又それをこそ知らうとせずして、別に道徳教説を設けて人生を処理しようとするのは、人生の冒瀆であり敗北主義であり、却つて不倫理的である」。ちなみに蓮田善明の附けくわえるところでは「さういふ冴えた感動の道を保持してゐるのは、日本人だけであつた」(二二四頁以下)。

最後の附加について、いまは措く。その件をべつとすれば、この読みかたには、ふたつの面で注目すべきところがある。ひとつには、蓮田善明の読解がここで「もののあはれ」の特異な倫理性を明確に読みとっているいることである。百川敬仁の主張するとおり、「「物のあはれ」の倫理的性格をはっきりと指摘した」のは、この蓮田の読みすじを先蹤とする。附けくわえるべき作品があるとすれば、小林秀雄の『本居宣長』ということになるだろう(『内なる宣長』一二〇頁・註)。――もう一点もこの件と関連している。蓮田の「あはれ」論解読は、「もののあはれ」と古事記伝の古道とをつないで、本居における中古主義と上古主義とのあいだを、なだらかに架橋するものであったということである。善明のこの最終的な認定自身も、宣長のいわば原質を「みやこびと」と見るところに発していた。ここにも、江戸にあってますらをぶりを説いた眞淵と、みやこびとの、みやびをやめぶりを否定しない宣長とのあいだの、もうひとつの差異がある。

しかし宣長は、純ら「みやこびと」として呼吸した。目の前に京の御有様を仰ぎ、信じて、古道を思うてゐる。眞淵を仰いでも、それは自分自身の所に於て仰いでゐて、江戸に行かうとはしない。師も漢意を清くは去りあへ給はなかつたと、宣長は「玉かつま」に一寸しるしてゐる。

宣長は唯上古のみをしか信じられないとは考へなかつた。そして神ながら歴史の悠久を第一に信じた。寝てもさめてもこの神ながらの歴史の悠久の美しさが宣長の胸中にあつた。（中略）さういふ歴史の最も新しい「中近」の人として、遠山のやうな古代の雅びを望みつゝ尚ほ中昔の繚爛たる雅びに非常に多くの心を惹かれた。（中略）「今」に心を安めるには満ち足りないものがある。もつと「今」を豊かに満たしたものとしたい、そしてその「今」を満たすものは歴史のあはれに満ちたものでなければならない。（中略）しかし宣長は、「今」を満たすために、「余り事遠」い古代文化を以て埋めることは、好みもしなかつたし、道理とも考へなかつた。そのことはその歌学につぶさにのべられて居る。「今」を満たすためには、今に近い中昔のものであることが、歴史を信じ愛してゐる宣長には、自然であつた。（二二六頁）

かくて蓮田『本居宣長』にあっては、「あはれ」がただちに歴史をつらぬく「道」となる。中古主義が、かくてまた宣長思想の前後を通底する領導理念ともみなされるわけである。善明が宣長における中古主義を重視することにはもうひとつ理由が存在する。ことのその消息をめぐっては、次節の行論中でもあらためて簡単に確認しておくこととしたい。

蓮田の『本居宣長』は昭和十八（一九四三）年の四月、日本思想家選集の一冊として新潮社から公刊された。十月に召集に応じる、その半年まえのことである。出征するひと月まえの九月には、八雲書林から『鴨長明』が出版されている。そのなかに「時代の強ひるものが詩人達にとつて痛ましからぬはない」（『全集』二七一頁）という一行がある。むろん善明は、じぶんのことなどすこしも語ってはいない。このことばに、戦争に全身を絡めとられた詩人の運命を重ねあわせることは、あるいは不遜な感傷というものだろう。

若き蓮田に古事記の現代語訳という仕事がある。和辻も『日本古代文化』でその後半を引いていた歌を、善明は、つぎのように訳していた。倭健命の、望郷の歌とされているものである（『現代語訳 古事記』一四六頁以下）。

倭は　国のまほろば
たたなづく　青垣山
隠れる
倭し　美し
命の　全けむ人は
畳菰　平群の山の
熊白檮が葉を
髻華に挿せ　その子

大和は夢に包まれて
重なりつづく山脈《やまなみ》の
青き垣なすその中に
隠《こも》る大和のうるわしさ
生きて帰らん供人は
平群の山の白檮の葉を
永久《とわ》に生きんしるしとて
髪にかざして暮らせかし

家族に送った戦地からの手紙を読めば、蓮田善明が妻には愛情ふかく、子煩悩であったこともしられる。「こちらは未だにこれといふ病気もせず元気なり。そちらからの便りは未だ一度も手に入つてゐないので、皆元気か、無事か、この返事に書いてほしい。又出発以来の要件を簡単に一通り知らせてほしい。そろそろ暑くなつてくると、去年のお前の病気やら、また何しろ発育ざかりの三子のこととて、さぞかし、いろ〱

起つてもゐようし、大きくなつてもゐようし、知りたく思ふ」。昭和十九年六月二十五日に、留守宅にとどいたものである。

上官を殺害し、みずからこめかみに冷たい銃口を当てたとき、じぶんが美しいことばに移したこの絶唱が善明の脳裏に去来したにちがいないという、不遜といえば、これも不遜にすぎるだろう想像を禁じることができない。すくなくとも父としては、残された子どもたちが「夢に包まれ」てあることを希み、夫として妻もまた美しい葉を「髪にかざして暮ら」すことを望んだことだろう。宣長の古道論を、皇神の道を説くものとしてややファナティックなまでに強調しながら、たほうでは古道論と「もののあはれ」論とのなだらかなつながりをも説いてやまなかった詩人にとって、それはみずから恥とすべきことではないはずである。

十一

小林秀雄の『本居宣長』が出版されたとき、一般読書界は、昭和を代表するこの批評家の大作を歓迎し、大冊にもかかわらず、一本はベストセラーの列に名をつらねた。日本思想史研究者のあいだではいっぽう、小林の宣長論がなにをあきらかにするものであったかではなく、むしろなにを隠蔽するものであったのか、が問われることがある。――代表的な見解のひとつは、たとえば丸山眞男がメモに残した見かたであろう。ちなみにくだんの覚書がしるされたのは昭和五十二（一九七七）年の出版直後ではなく、その六年後の五十八年になってからのことである。

> 本居宣長の比類ないイマジネーションの能力（他なるものへの理解力――人間の生殖行為についての「玉かつま」の記述を見よ！）と、学問的方法のおどろくべき透徹性。それにたいして、どうしようもない思想的誇大妄想の貧しさ――その両者のいちじるしい懸隔と対比のなぞを説きあかさないでは宣長に迫ったことにはならない。小林秀雄「本居宣長」には、これまで宣長研究者を多少とも悩ましつづけた右の「問題性」がまったく欠落している。それは「評論」であって「学術論文」ではない、という弁護は

この場合には通用しない。宣長学の構造全体が、――儒教古典の註釈学だけにでも安住できる儒学者の場合と異って、評論と学問との一種の「予定調和」の信仰の上に成り立っているからである。

古道論と歌道論との間のくいちがい、前者の上代主義と後者の中古主義との間の矛盾は、そのもっとも深い源泉はまさに右の「思想」のイデオロギー性と「学問」の実証性との間の巨大なギャップにある。その意味でライフワークの「古事記伝」は彼の最良の面と最悪の面とをはしなくも露呈した。ここでは「総論」をなす「直毘霊」は、もっともイデオロギー的であるだけに、もっとも現代への持続的価値にとぼしく、個々の註釈には、今日の国語学の規準にも堪えうる（もちろん個々の誤謬があることを当然として）おどろくべき洞察が見られる。「古事記伝」は宣長学の最大のアイロニーである。

（『自己内対話』一六一頁以下）

丸山自身が「「思想」のイデオロギー性」という語に註記し、さらにこう書きつけた。「しかし宣長は、そののべた日本神国思想を本当に信じていたのか、それはニヒリズム（「かのように」！）とすれすれの日本主義ではないか」。

この疑念は、形式的にいうなら、津田左右吉がいだいたそれと通じるところのあるものである。村岡典嗣は、本居の知的誠実をむしろ疑うものとなる、そういった疑問をあらかじめ斥けていた。文学を好んだ丸山がここで「かのように」ということばを使っているのは、思うに、同名の鷗外の短篇を念頭に置いてのことだろう。森鷗外の作品は――カント経由の「かのようにAls ob」概念を基軸とした、ファイヒンガー哲学をしたじきに――神話と歴史と政治との関係を問おうとする一篇だった。

ちなみに、丸山眞男が「人間の生殖行為についての「玉かつま」の記述」と呼んでいるのは、おそらく『玉かつま』五の巻の叙述のことであると思われる。五の巻は、「熊澤氏が神典を論へる事」と題され、熊澤蕃山の神典理解、記紀の記述は事実ではなく「寓言」であるとする解釈を批判する一文から開始される。宣長が主張するところによれば、蕃山にかぎらず、およそ儒者一般のそうした理解が「そもそもあやしき事をば、まことそらごとをとはず、すべて信ぜぬは、一わたりはかしこきやうなれど、中々のさかしら」であって、人間の知性には限界の存在することをみとめない、「からごゝろのひがこと」なのである（全集一巻一四九頁以下）。そう論定したあと宣長はまず「もし人といふもの、今はなき世にて、神代にさる物ありきと記して、その人といひし物のありしやう」を、現にあるとおりに叙述して、その細部をことごとく描写したならば、儒者たちはさだめて「神代ならんからに、いづこのさるあやしき事かあるべき、すべて〳〵理《リ》もなく、つたなき寓言にこそはあれ、とぞいはむかし」と嘲笑する（玉かつま五・一、同、一五〇頁以下）。

問題の一文はそのあとである。「又上のくだり、人といひて、神代に有し物の、生《な》れるはじめを記して、此人といひける物の、出来しやうは、まづはじめ某《なにがし》の国に、男女すみける。その男女、夜《ル》ねたりしほどに、しか〳〵のわざをしたりしに、女のはらなん、やう〳〵にふくらかになりて、十月《とつき》といふころほひ、はらいたくおぼえて、にはかにまへより、何にかあらん、動きて啼《なく》ものぞ出来にける」云々とつづく。宣長の言いぶんによれば、「すべて神代の事どもも、今は世にさる事のなければこそ、あやしとは思ふなれ、今もあらましかば、あやしとはおもはましや」ということになる。「つらつら思ひめぐらせば、世《ノ》中にあらゆる事、なに物かはあやしからざる、いひもてゆけば、あやしからぬはなきぞとよ」（同・三、一五一頁）。――この最後の主張は宣長思想の中枢部分にかかわるものであるから、「内篇」でもかさねて問題とすることになるだろう。

いまはとりあえず、宣長の叙述が、丸山の言うとおりたしかに、「比類ないイマジネーションの能力」を前提とするものであることを確認しておけばよい。それは「他なるものへの理解力」であるとともに、その前提となる力、この現実を一箇の可能性とみなし、自己をひとりの他者と考えうる能力であろう。

丸山そのひとの宣長研究は、丸山自身がここで論っている課題に応えるものであったのか。この件にかんしては、そもそも疑問を提出することもできる。この「外篇」で、やがて丸山思想史学の出発点を確認するさいに、その間の消息について確認されなければならないだろう。丸山の鋭利な分析の刃によって彫琢された宣長像は、そもそも「すべて世ノ中のことわりは、かぎりなきものにて、さらに人のみじかき智《さとり》もて、しりつくすべきわざにあらざれば、神代の事あやしとて、凡人《ただびと》のいかでかはたはやすくはかりいはん」（玉かつま五・一）とする宣長の基本的な感覚を掬いとるものであっただろうか。

丸山以来の日本政治思想史研究の後継者のひとりである松本三之介は、おおやけにされた書評論文をこう書きはじめていた。「これがまさしく文学というものなのだろう。小林秀雄氏の近著『本居宣長』（一九七七年新潮社刊）を読み終えたとき、まず私の念頭に浮かんだのはそうした思いであった。それは、この書物を通してまざまざと見せつけられた文学の力に対する賛嘆の念と置きかえることもできるし、また文学の奔放な想像力に対する何ほどかの羨望の念と分ちがたく結びついたものでもあった」（『近世日本の思想像』二四五頁）。これをたんなる皮肉と受けとる必要はない。それでもたやすく予想されるところであるように、松本は最終的には小林の宣長論の性格を断じて、こう言っている。小林の文学的な方法そのものが「宣長の思想や学問を私的な「己れ」の世界に閉じ込め」てしまい、あるいは「その私的な側面が公的な側面と微妙に交錯する領域を非本質的なものとして視野から殺ぎ落とす結果」をもたらす。丸山のノートにもふれられている、いわゆる「宣長問題」は、この交錯面に関連していた。そうした「宣長の神道論の公的側面――ないし私的な文学論と公的な神道論の接点――は、小林氏の宣長像からみごとなまでに脱落している」。政治思想史家、あるいはここではむしろ政治学者としての評者は結論づける。

> もし精神の「緊張」を重視するのであるならば、宣長におけるこうした公私の緊張の欠如をこそ問題とすべきではないのか。しかし、こうした問題を指摘し追究することもまた、小林氏が言うように宣長の「心を引裂く事に終る」ものとして、われわれは慎まなければならないものなのだろうか。
> 　小林氏の『本居宣長』は、宣長という巨人の私的な個性の鎮魂歌と感じられてならない。たしかに宣長の私的な魂は、小林氏の鋭い感受性と豊かな想像力を通してみごとに蘇り、その内奥に脈うつ鼓動を読む者に伝えてくれる。しかし、公的世界とのきびしい緊張を内にもたない私的世界は、じつは私的世界でありつづけることもできないはずである。それは、かつて昭和初期の、あの「自由主義の頽落」と言われた苦い記憶を想いおこせば十分であろう。本書に対する広範な読者の賞賛が、読者たちの公的世界への断念を意味するものでないことを、私は祈らずにはおれない。（同、二五四頁以下）

　すぐれた国学思想史家のこの認定に対しては、宣長の政治思想史的な読解にとっての死角を指摘してみせることもできるだろう。いま問うておきたいのは、しかしその件でもない。ここで問題としたいのは、小林の宣長論がほんとうはなにを覆いかくすものであったのか、である。――小林秀雄『本居宣長』にかんしては、やがて主題的にとり上げてゆくはずである。ここでさしあたり指摘しておく必要があるのは、その宣長論が、蓮田善明の『本居宣長』の存在をあらためて忘却するものであったことである。

小林秀雄の『本居宣長』は「本居宣長について、書いてみたいといふ考へは、久しい以前から抱いてゐた。戦争中のことだが、「古事記」をよく読んでみようとして、それなら、面倒だが、宣長の「古事記傳」でと思ひ、読んだ事がある。それから間もなく、折口信夫氏の大森のお宅を、初めてお訪ねする機会があつた」と書きはじめられる。本居に関心をいだいて、宣長をめぐって書いてみようと思ったそのときに、小林が日本浪曼派の存在を思いうかべていなかったと考えることはむずかしい。前節でもかんたんに見たように、蓮田善明の宣長論はそれでも丸山や松本の問いに対してあらかじめ一箇の答えを用意しようとするものだった。小林の宣長理解のなかにはたしかに、答えが存在しない。ほとんど問いすらも存在しない。それは小林秀雄が、戦中の蓮田の『本居宣長』をあえて忘れさるところから出発したからである。じっさい、小林の大著は、そもそも先行する宣長研究への参照がとぼしいとはいえ、それでもたとえば、村岡典嗣、津田左右吉、またのちにふれる笹月清美の仕事には語りおよんでいる。しかし蓮田善明に対する言及はない。そこには、意識的であれ、無意識的なものであれ、なにごとかの隠蔽が、もしくは忘却がある。その結果としてまた、蓮田の宣長観には存在し、小林の本居論には欠落しているものがある。それは源氏と古事記をむすび、中古と上古とをつなぎあわせる糸、ほかでもないことばのうちにあらわれる定まりをめぐる考察である。その件をあらためて問題としておこう。小林秀雄『本居宣長』も言語論にくりかえし立ちいって考察をあらためている。その宣長論にはしかし、文法をめぐる本居の思考が事実上ほとんど欠落していた。

前節でみたように、蓮田善明は宣長の初期の歌論を問題として、歌はよく詠まれなければならないとするその主張を手がかりに、歌を詠むことにおける「風雅」の問題系をとり出して、宣長にとっては雅びこそ道であり、「もののあはれ」という道であって、その道は中古の詠歌から上古の神典までさかのぼるものであることを確認していた。詠歌における詞のうちに、一般にはことばのなかに「道」をもとめようとする詩人のこころみには、そのさきがある。蓮田は、「あはれ」の論につづけて「言葉の玉ノ緒」と題する節をもうけ、その冒頭でつぎのように説いていた。

春滿の「創國学校啓」の中にも「古語通ぜざれば、則ち古義明かならず、古義明かならざれば、則ち古学復せず、（蓮田・中略）是臣が精力を古語に用ひ尽す所以なり」とあり、眞淵も宣長に先づ「古への意《こころ》を得むことは、古言を得たる上ならではあたはず」（「玉かつま」二、及び「うひ山ぶみ」「古事記傳」等）と教へてゐる。宣長もその心得を失はず、古語の究明に努力を傾けた。

併し宣長は、「古語」といふことを少し違つて考へてゐた。それは単に一語々々の形や機能意義について考証して知るといふのみならず、もつと別なこと、即ち「古への雅言」（「玉かつま」七）を知り明らめようとしてゐた。宣長が「古事記傳」を始め諸古典の註釈に於て語の形、機能意義等を精到な手をつくして明らかにした努力は言ふまでもなく、国語の活《はた》らきそのものについて、前古未曾有なるはもとより、今日の学界よりも亦た遥かに歩を先じてゐるやうな驚異すべき業績をのこしてゐるが、それはすべて「古の雅言」の究明であつたのである。（『全集』二二七頁）

善明はこの引用につづけて本居の『紐鏡』や『詞の玉緒』といった業績に言及し、後者の「序」を引いて、宣長そのひとの発見の喜びと誇りを確認している。「詞」の「玉緒」とは「てにをは」の法則のことである。「てにをは」の法則とは、宣長によれば「神代よりおのづから万のことばにそなはりて、その本末をかなへ合はせる定まり」である。「風雅の道を思ふ」者は、だれであれこの法則に思いをいたし、それを知り、守らなければならない。歌の雅びを支えているものはこの定まりなのだ。

蓮田のとらえる宣長にとっては、ことはここで終わらない。『詞の玉緒』がもとにしていたのは、平安時代の資料、八代集を中心とした和歌ならびに文章である。そこであきらかにされた文法は、おなじ著作七之巻「古風の部」にあって、古事記、日本書紀、万葉集にまで遡及されることが解明される。善明の見るところでは、かくて「宣長の平安時代文学愛重の心の、決してみだりごとではないことがおのづからそこに証されもした」(二二八頁)わけである。――蓮田善明『本居宣長』は、「もののあはれ」と古事記伝の古道をつないで、中古主義と上古主義のあいだをなだらかに架橋しようとするものだった。その意図は、ここでさらにつよい証拠をもうひとつ得たことになる。ことばの定まりが、源氏と古事記を、中古と上古をひとつらなりのものとして貫き、珠玉をつなぐ糸のようにむすびあわせているのである。

蓮田の宣長論はこうして、宣長研究における鉱脈のひとつを確実に掘りあてていた。善明はしかしその後つづけて、「皇国の音は正しく、外国の音は正しからざる」あかしをもとめる、本居言語学の瑕疵を、むしろ評価する方向へと流れてしまう。蓮田善明の本居宣長観は、そのもっとも輝かしい成果のひとつにあって、その看過しがたい欠点、頑迷な排外主義をもあきらかにすることになる。ことの正当な位置づけは、むしろ国語学者の手に委ねられる必要があった。この「外篇」の脈絡でつぎにとり上げなければならないのは、かくて、時代もまた併行する時枝誠記の国学論、宣長観となるだろう。

時枝誠記（一九〇〇～一九六七年）は、言語過程説によって知られる国語学者であって、その主著『國語學原論』は昭和十六（一九四一）年、日米開戦のその年に世におくり出された。前年に公刊された『國語學史』はくらべれば小冊であるとはいえその影響は『原論』とならび、たとえば坂部恵は『原論』をしのぐ名著であるとも評価している。時枝自身は「先に刊行した國語學史（昭和十五年十一月岩波書店発行）は、本論の根拠ともなり、基礎ともなるものであつて、両者関連して完成せられるものである」（『原論』「序」）と考えていた。

時枝は明治三十三年、東京は神田の生まれ、第六高等学校（現在の岡山大学）を経て、東京帝大国文科にすすんでいる。帝都を襲った大地震のまえ、赤煉瓦の旧文科大学本館一階には、国語研究室とならんで上田萬年の研究室があり、橋本進吉がなお助手であった。卒業論文の元来の計画は、言語学と国語学、ならびに関連諸学におよぶ雄大なものであったが、橋本の助言を容れて構想を縮小し、「日本ニ於ル言語観念ノ發達及言語研究ノ目的ト其ノ方法（明治以前）」というものとなる。後年の『國語學史』のいわば原型である（註）。

（註）時枝には『国語学への道』という学問的自伝というべきものがあり、以下の記述でもとくに断ることなく参照することがある。卒業論文は『著作選Ⅰ』に本人の手書き原稿が、写真版で収録されている。原文はカタカナ交じり文であるけれども、引用にさいしてはひらがなに直す。また、鈴木一彦による解説を参考とした。

その総論で若き時枝はこう書いている。「国語学上の種々なる分野、例ば文典上の問題、音韻・文字・仮名遣の問題、或は思想と言語との関係、或は方言及言語の歴史的変遷の問題に対して穿鑿しやう《ママ》とする時、私に対して先づ解決を迫る要の問題が現はれて来る。それは「言語とは何ぞや？」の問である。此問題を解決せずしては私は今や一歩も深く末節の探究に進み入る事を許されない」。国語学史をたどるこころみは、誠記にとっては「言語とはなにか」という問いに答えようとするもくろみの一部であり、その前提である。しかも——『學史』にいたって明確となる問題意識を読みこんでおけば——西洋近代の言語学（時枝はソシュールに代表されるそれを「言語構成説」と名づける）とはべつのしかたで答えようとするくわだての準備であり、その基礎なのである。時枝の学部卒業論文は、すなわちひとことでいって、後年「言語過程説」として展開される言語観への道を拓くための習作であったのだ。

執筆者自身が断っているところ、論文は「既に先輩諸氏によつて研究された語学者と呼ばれる人の著述のみに材料を求めて他は之を除外」するものである。時枝が参考としているのは具体的には、長連恒『日本語學史』、保科孝一『國語學小史』の二著であるけれども、狭義の学史にかかわる知見としても、すでに通説を覆す創見がみとめられる。ひとつは、たとえば本居宣長と富士谷成章両者の業績を総合するうえでの、本居春庭、鈴木朖《あきら》両名のプライオリティを逆転させたことである。従来は春庭の仕事が先行し、朖はその後追いをなしたにすぎないと見られていたところを、時枝は鈴木朖『活語斷續譜』の流布本（柳園叢書本）に疑問をいだき、橋本の示唆で神宮文庫本をしらべ、叢書本にテクストの混入があることをあきらかにして、両者の先後関係が通説とは逆であることを突きとめている。この発見については昭和二（一九二七）年になってから、独立の論文（「鈴木朖の國語學史上に於ける位置に就いて」『言語本質論』所収）のかたちで発表され、戦後に鈴木と富士谷との直接的な関係が否定されるまで学界の定説ともなっていた。

のちの『學史』では国語学者それぞれの伝記はもとより、著書の解説等もいっさい省略され、学説の背景などにかかわる説明も切りつめられることになったほかに、たとえば契沖については簡単な説明が分散して置かれるかたちとなっている。これに対して卒業論文では、久松潜一の論に参看をもとめながら、古学一般の背景を説く文脈で契沖の研究の動機をあかしていた。やや興味を惹くところであるので、引いておこう。

元禄文藝復興期の時代思潮に就て詳論する余裕を持たないけれども、契沖によつて端を発した古学研究、（山鹿）素行、（伊藤）仁齋、徂徠によつて唱導された古学・古文辞学派、近松門左、西鶴、芭蕉によつて発見された捉はれぬ現実、自然の世界、之等の間には共通した人性の展開が示されて居る事は事実であらう。伝統の下に踏み蹂られた個性が〔?・ミセケチ　一字判読不能〕自由な天地を求め憧憬の世界を求めて飛躍しようとする此時代に、契沖の見出した世界はそも如何なるものであらうか。

云ふ迄も無くそれは古の世界であつた。古の世界は彼にとつては私の偏見に囚はれぬ純粋無我の世界として顕はれて来たのである。彼は歴史の推展を見つめつゝ現代の社会を肯定し、之を賛美しようとはしない。中世の伝統を抜出でゝ直に復帰した処は古の世界であつた。（六九頁以下）

学士号請求論文における論述はさらにつづいてゆく。「元禄時代の文藝復興」は「古の世界の発見」とともに開始される。そこで古の世界の発見とはかえって「新しき世界の発見」にほかならない。それはまた契沖はもとより、新井白石も共有し、賀茂眞淵へと流れてゆく精神である。「国語研究」は「古の世界の発見」とともにはじまり、それを闡明することを目ざしていた。「文献学的国語研究の時代」と呼ばれるものは、同時に「古道の為の国語研究」の季節だったのである。ここには、古学から国学へといたる動向を、一箇の文藝復興《ルネサンス》ととらえる時代の嗜好も反響している。

論文「日本ニ於ル言語観念ノ發達及言語研究ノ目的ト其ノ方法（明治以前）」では、いうまでもなく、宣長の国語研究も主題のひとつとしてとり上げられていた。ここでは、しかし『學史』との重複を憚って立ちいらない。誠記後年のそれとはことなる、若々しい思考の文体だけを確認しておけば、いまは充分だろう。以下しばらく『國語學史』における時枝の所論を、宣長理解に限定してたどっておく。

時枝誠記の国語学研究史にあって、宣長が焦点化されるのは、当然のことながらその言語研究という側面からである。その観点から時枝は、村岡典嗣『本居宣長』で提出され、ほぼ定説的なものとなっていた理解に対して一点の留保をしめしている。時枝が村岡説に相応の補訂をくわえるのは、ほかでもない、本居学における言語研究の位置をめぐってなのである。

時枝の『國語學史』は『玉かつま』巻二の「あがたゐうしの御さとし言」に言いおよびながら、眞淵により示唆された「研究の階梯」が、第一に万葉集によって古語を明らかにし、それを基礎としてさらに「古事記の精神」を解明しようとするものであった件を確認する。ところで村岡は「その著『本居宣長』において、宣長学の体系を古道説、文学説、語学説の三部門に」区分していた。とはいえ「宣長においても、言語研究は、決して古道研究、物語和歌の研究等と相対立すべき研究領域ではなかつた」はずである。学問の分類という点から、宣長自身の立場は「一に神学、二に有職の学、三に歴史の学、四に歌・物語の学」にわかれている。竹岡勝也の所論を問題とした箇所ですでに引用しておいたとおり、これは晩年の学問入門書『うひ山ぶみ』も説くところであった。これに対して、「言語の学は、古語を解き明きらめるに要用のこととしてその任務を認められ、その中に仮字反の法、音の通用の事、延約の事、仮名遣の事等が数へられてゐる」かぎりでは、近世にあっては一般にそうであったように、本居学においても「国語研究は、国学への奉仕の関係」にある。ことばをかえれば、それは学のすべての分野をささえるいわば基礎学である。国語学者たる時枝の立場からいえば逆に「国学は、実に国語研究の母胎であつた」ということになるだろう（同書、二四頁）。
時枝はいっぽう、宣長の方法を厳密に文献学的なものとみる点については、村岡（とおそらく直接には久松）の立場を継承している。『古事記傳』の総論を披いてみれば、本居宣長の古事記註釈の根底に上代文献、とりわけ古事記の「用字法」に対する細密な考察が存在していることが理解される。「古記典等總論《いにしへぶみどものすべてのさだ》」につづく、「文体の事」「仮字の事」「訓法の事」などの部分は、用字法の全体にわたる考察からなっており、今日でもなおひとが驚嘆する『古事記傳』の訓法は「この用字法研究の上に築かれたものである」。用字法のうち、とりわけ音の清濁による用字の相違を確定し、さらにまた同音と考えられるものでも、語によって使用される仮名がことなってくる現象——一例を挙げるなら、「子」の意味のコには「古」の字だけをもちいて、同音の「許」の字を使用しないことなど——を発見したことは、宣長の不朽の業績のひとつであると言わなければならない。こうした発見は時枝の理解するところによれば、宣長の「門弟石塚龍麿の『古言清濁考』『仮名遣奥山路』に継承せられ、現代に及んで橋本進吉博士の上代における特殊仮名遣の研究の源流をなしたことは注意すべきことである」（七〇頁）。

　こうした研究は、「極めて忠実なる文献学的方法に基いたもの」である。村岡の認定にさかのぼるならば、「客観的、帰納的」（本書、三六頁）ともいってよい。宣長のその態度はまた、そのほかの面では評価がわかれうる上田秋成とのあいだでかわされた論争によくあらわれていると時枝は言う。論争書『呵刈葭《かかいか》』にあって争点のひとつは「古音」、限定すれば上代に「撥音」があったかどうかである。秋成の側は現代音を証拠とし、現在「撥音」が存在するかぎり、過去においても存在したものと推定すべきむねを主張するのに対し、宣長のほうは「すべて仮字を離れて古言の音を知るべき術なし」とする立場にたって、ひたすら文字そのものを根拠としながら「古音の推定」をこころみている。時枝誠記の見るところでは、「この論争の勝敗は何れとも決し難いが、両者の論拠は今日なほ参考すべき価値がある」（『國語學史』七一頁）。

音と字との対応、訓みの確定とは、どのようなものか。ほかにふれる機会もないので、ここで『古事記傳』序論の「仮字《かな》の事」から、アからオまでの例を挙げておこう。

此記に用ひたる仮字のかぎりを左にあぐ。

ア　阿　此ノ外に、延佳本又一本に、白檮原《かしばら》ノ宮ノ段に、亜亜といふ仮字あれども、誤字《あやまれるもじ》と見えたり。其由は彼処《そこ》に弁《わきまふ》べし。

イ　伊

ウ　宇汙　此ノ中に、汙ノ字は、上巻石屋戸《いはやど》ノ段に、伏《ふせ》㆓汙気《うけ》㆒、とたゞ一ッあるのみなり。

エ　延愛　此ノ中に、愛ノ字は、上巻に愛袁登古《えをとこ》愛袁登売《えをとめ》、また神ノ名愛比売《えひめ》などのみなり。

オ　淤意隠　此ノ外に、下巻ノ高津ノ宮段ノ歌に、於志弖流《おしてる》と、たゞ一ッノ於字あれども、一本に淤とあれば、後の誤リなり。隠ノ字は、国ノ名隠伎《おき》のみなり。（伝一、全集九巻二〇頁以下）

まさに気が遠くなるような作業が前提となっていることがわかるだろう。「仮字用格《かなづかひ》」についていうなら、本居の見解では、「大かた天暦のころより以往《あなた》の書どもは、みな正し」い。たとえば「伊韋延恵於袁《いゐえゑおを》の音《こゑ》」のたぐいについて「みだれ誤りたること一ッもなし」。なぜか。「其はみな恒に口にいふ語《ことば》の音に、差別《わきため》ありけるから、物に書《かく》にも、おのづからその仮字の差別は有リけるなり」。これは時枝の認定を右に見たとおり、のちに近代国語学、とりわけ橋本進吉の古代音韻研究をみちびいた理念とひとしい。宣長の判定によるならば、「かくて其《ノ》正しき書どもの中に、此記と書紀と萬葉集とは、殊に正しきを、其中にも、此記は又殊に正しきなり」。とりわけ音の「清濁」についてはそうである。たとえば「後《ノ》世には濁る言を、古《へ》は清《すみ》ていへるも多しと見えて、山の枕詞のあしひき、又宮人《みやひと》などのヒ、嶋《しま》つ鳥家《とりいへ》つ鳥《とり》などのトのたぐひ、古書どもには、いづれも〳〵清音の仮字をのみを用ひて、濁音なるはなし」。とはいえ万葉集中にみられる「仮字」には、すこしく混乱もみられる。書紀は「漢音呉音」のいずれも使用して、そのうえ「一字を三音四音にも、通はし用ひたる」ところから、訓みの決定にまようところがある。これに対して古事記は「呉音をのみ取て、一《ツ》も漢音を取らず」(伝一、全集九巻二六～二八頁)。

ちなみに問題の脈絡で本居は、契沖の名をあげ、『古事記傳』中では異例な最大級の賛辞をしめしている。「こゝに難波に契沖といひし僧《ほうし》ぞ、古書をよく考へて、古《へ》の仮字づかひの、正しかりしことをば、始めて見得たりし。凡て古学《いにしへまなび》の道は、此僧《ノ》よりぞ、かつ〴〵も開け初《そめ》ける、いとも〳〵有《リ》がたき功《いさを》になむ有《リ》ける」。とはいえ『傳』に典型をみる宣長の方法が、契沖を代表とするそれから決定的に分岐する一点がある。この件にも、時枝誠記は注目していた。

近世初期の語義研究について、なほ一つの著しい事実は、本義正義の探求であつて、先づ本義正義を明らかにすることによつて、その転義は自ら明らかになると考へたことである。(中略)契沖の『源註拾遺』『古今餘材抄』等の解釈は、多くの場合右のやうな方法であつた。宣長は、かかる本義正義の探求(宣長はこれを「語釈」といつた)にさまで価値を認めようとはせず、寧ろこれを拒否する態度にでた。

抑諸の言の、然云本の心を釈は、甚難きわざなるを、強ひて解むとすれば、必僻める説の出来るものなり（『古事記傳』巻一）

（中略）

この宣長の主張は極めて重要なる意味を持つてゐる。それは本義正義のみを重視して、転義を軽んずる態度に対する抗議であると同時に、語義の歴史的変遷を重んじたところの態度を示したものであつて、契沖以来の語義理解の方法に一時期を劃したものといふことが出来る。かくして宣長のとつた新しい方法は、帰納法による語義の理解である。文献中の多くの用例を蒐集して意味を帰納するについては、資料の豊富な中古文献の研究がこの方法を示唆することが多かつたであらう。『源氏物語玉小櫛』は、多くの場合かかる方法がその根底をなして語義の理解が成立してゐる。（『國語學史』九九頁以下）

このような宣長の方法的態度に時枝が注目し、とくにとり上げていること自体が、注意しておくべきことがらである。それは、時枝国語学、とりわけその「言語過程説」が近世国学、わけても宣長の言語観を発展させたものであるしだいを、あらためて確認させるものであるからだ。誠記のいう言語過程説については、のちにまた立ちかえる。ここでは『國語學史』から例を挙げておけば、時枝はたとえば万葉集の「野千玉」という文字列を「ヌバタマ」と訓み、その意味は「黒きもの」であるのを確定するとは、当の語を「経験」することであり、その作業は「同時に万葉人の「言ふ行為」を逆に遡ることを意味するが故に、万葉人の言語経験を再経験することになる」（二〇頁）と言う。『國語學原論』の語るところではこうである。「本居宣長が、源氏物語を解釈するには、物語中に用ゐられた語の意味を以てすべきであることを主張したのは（玉小櫛巻五、宣長全集第五巻一二四九頁)、前代の主体的立場を無視した観察的立場に対して、主体的立場を力説したことに他ならない」(同書、三〇頁)。次節でごくかんたんに確認してゆくように、時枝の言語過程説とは、ことばの客体ではなくその主体を、言語の構造ではなく経験を重視するところになりたつものだった。

たしかに国語研究史は、時枝自身にとってその「国語学を培ふ無尽の泉」(『國語學史』初版「はしがき」)であった。とりわけていえば、本居宣長の言語研究とその方法的視角そのものが、時枝国語学体系にとって、決定的に重要な意味をもつにいたる。文法研究にあっても、時枝誠記はなおこう語っていた。「本居宣長が、「すべての詞、時代によりて、用ふる意かはることあれば、物語にては、物語に用ひたる例をもていふべきなり」といつたことは、語の意味の解釈についていつたことであるが、そのまま、文法記述にも適用出来ることである」。たとえば、「心得《う》」という語は、現在では一般に一語として意識されている。それは、しかし「中古人の意識」にあっては「「心‐得」と、二語に意識されてゐたかも知れない」とするならば、中古文法においてはおなじ語を二語の結合した複合語として記述しなければならない。かくして、時枝文法では「古語の文法的記述をするためには、古人の主体的意識が明かにされることが先決問題」となる(『日本文法 文語篇』一七頁以下)。

宣長学を継承する言語過程説は、文法論にかんしても一貫している。この件を、とはいえ批判的にとらえかえすならば、時枝の国語学史記述は、すくなくともその重点の置きかたにかんして、あらかじめ当の言語過程説によって汚染されていたと言ってもよい。そればかりではない。加川恭子の主張するとおり、時枝による「国学への言及は、結果として、その継承者を自認する時枝自身の研究態度の正しさをも例証することになっている」とも見るべきであろう。もうすこし考えておく必要がある。

十二

本居の言語研究のうち、とりわけ注目されるべきもののひとつは、『古事記傳』に大成される上古語の研究であることは、言を俟たない。時枝がこの件について、また一般にことばの用法に注意する宣長の方法的な態度をめぐって目を留めていたことは、前節で見ておいたところである。

本居宣長の国語研究にあって、もうひとつ不朽の業績というべきものは、蓮田善明が注目していた、中古歌文の研究、とりわけその網羅的検索にもとづく「てにをは」の法則の発見と体系化とである。時枝誠記の『國語學史』も当然またこの間の消息に目をとめて、立ちいった検討をおこなっている。

宣長の言語研究の目的は、言語を通して古代並びに中古の精神を理解しようとするところにあるのであるが、その階梯である言語研究の方法は、飽くまでも言語の外部に現はれた形式に即して、それに基づいて内容を理解しようとするのであるから、言語の形式の微細な異同に留意することを怠らなかつた。従来の研究に見られるやうな、妄りに通略延約によつて他の形に移行して説明するやうな方法はとらなかつた。眞淵の精神を継承した古代文献の研究については、なほ右のやうな方法がとられたが、中古歌文の研究においては、既に述べた語義の理解の方法について見ても知られるやうに、この弊は著しく矯正された。語法の研究においても同様である。（引用略）

宣長の語法研究は、彼の言葉に従へば、「てにをは」、「活用」の研究である。そして、宣長が考へた「てにをは」あるいは「活用」といふことは、如何なる意味を持つものであつたか。このことは、宣長の語法研究を知らうと思ふものにとつて、先づ考へねばならないことである。（一〇五頁以下）

そもそも「てにをは」という名称は、漢文を訓読するさいの「テニヲハ点」に由来する。その後、中世期の和歌や連歌の世界で、詠歌上の作法とのかかわりで研究され、その内容にはいくとおりかの変遷が見られるけれども、近世における「てにをは」研究も、その基本線においては中世歌学もしくは和学の伝統を継承し、宣長のそれもまた、ほぼ中世以来の枠組みを踏まえたものであった。時枝の見るところでは「宣長はこれを承けて、更にこれを詳密に大成したので、その大綱に至つては中世のそれと大差ないものと認めてよい」。中世歌学における「てにをは」研究が包括しているのは、㈠単独のてにをは、㈡呼応の関係、㈢歌の留り、切れ、の三点であって、本居宣長の「てにをは」研究もおおむねその線にそって整理しておくことができるとはいえ、「宣長は、これら錯雑した内容を、単にそのままに継承したのではなくして、一つの「てにをは」観ともいふべきものを以て統一してゐることは注意すべきことである」（一〇六頁以下）。ここでは個々の論点に立ちいることはせず、時枝のとらえるかぎりでの、宣長の「てにをは」観のおおすじにのみ、目をとめておこう。

時枝誠記が注目するのは、第一に、本居による中古語法研究をまとめた『詞玉緒』と、その初期の註釈書

『草菴集玉箒《たまははき》』とのあいだの相互参照的なかかわりである。「てにをは」研究が中世期では和歌や連歌の作法と深くかかわっていたところからも見てとられるように、その研究はたんに言語学的な語法研究のひとつというよりは、むしろ作歌ならびに解釈上の指針との関連で発展を見たものであった。宣長の「てにをは」観を示す『詞玉緒《ことばのたまのを》』も、頓阿の私歌集である草菴集の註釈、『玉箒』との関係を考えておくことで、その成立の動機や過程を確認することができる。『玉箒』では、「てにをは」が多くのばあい単独の品詞として取りあつかわれて、その意味と用法について、作歌または解釈上の注意が述べられる。この単独の品詞としての「てにをは」は、『玉緒』の一部を構成している論点であって、『玉箒』の註釈本文中に、「此事猶別に註す」とか「猶此事別にくはしくいふべし」とかと注記してあるのを、『詞玉緒』のことを指すものと理解するならば——そしてじっさい『詞玉緒』には詳細にわたる説明があるかぎり——、『詞玉緒』は、「註釈書と平行して独立の語学的研究として計画せられたものであること」がわかる(一〇七頁)。

それればかりではない。いわゆる「歌の留り、切れ」についても、和歌註釈と語法研究とが密接に関連している。そもそも中古文献の研究は、上代文献とはことなる語学上の注意を必要とするものだった。そこでは(たとえば古事記や万葉では主題的に研究されなければならなかった)用字法や仮名遣は、もはや研究の主軸ではない。中古文献、わけても歌文の語法が「てにをは」研究を喚起して、「てにをは」研究は、とりわけ「語の呼応、断続、文の脈絡の研究」となる。そもそも「文意の断続」を明確にするためには「その語が切れる語か、続く語か」をあきらかにしなければならず、「続く語」であれば「何れの語に続くか」を解明する必要がある。「語の排列と、文意の脈絡との関係」は、宣長以前の歌文の註解でも、ばくぜんとしたかたちでは理解されていたが、宣長の註解は「語の排列を通して、しかもその中心を貫いて流れる文意の脈絡を辿ること」をとりわけ重視するものだった（一〇二頁以下）。この点は、後年の『源氏物語玉小櫛《たまのをぐし》』にも見られ、物語解釈にあっても注目されるところであるけれども、本居初期の註釈書『玉箒』にも、そのような観点から従来の解をあらためた例を見ることができる。たとえば、

あくるまも霞にまがふ山の端を　出て夜ふかき月のかげかな

の註釈において、旧釈のひとつは「あくるまも霞にまがふ、山の端を出て云々」と解いたのに対して、宣長は「あくるまも。霞にまがふ山の端を出て。夜ふかき月のかげかな」とし、「初句にてよみ切て、二の句より出てといふ迄を、引きつゞけて見るべし」（玉箒・巻二）と解した（一〇三頁）。この歌意の断続という視点が宣長における歌論と語学研究とをつなぐ玉の糸の一本なのである。この間の消息が、「呼応の関係」つまり、いわゆる係結びの問題とともに、宣長の「てにをは」観を決定している。

宣長の「てにをは」観は、先づその著書の名称『詞玉緒』が、如実にこれを示してゐる。宣長に従へば、玉緒は玉を貫く緒である（『玉緒』序）。如何に美しき玉も、これを貫く緒によつて始めてその美しさを作りあげることが出来る。詞も同様にこれを貫く緒即ち「てにをは」によつて、乱れることなく、絶えることなく保つことが出来る。また宣長は言ふ。「てにをは」の整はないのは、拙き手を以て縫うた衣のやうなものである（『玉緒』巻七、「古風の部」）。宣長に従へば、詞は衣の布であり、「てにをは」はそれを縫ふ技術であり、従つて「てにをは」は即ち「てにをは」の整へを意味することになるのである。「てにを

は」が品詞的なものを意味せずして、専ら語法として考へられてゐるといふことは、右の比喩を以ても明らかである。かかる見地からして、宣長は、「てにをは」を以て漢文の助字に比較する説を排斥した(『玉緒』巻二)。「てにをは」には本来かなへあはせる定まりがあることを以て助字と截然と区別しようとしたのである。(二一四頁以下)

時枝の見るところ、本居宣長は「てにをは」のなかに重大な機能、つまり「文を統一体」とするはたらきをみとめていた。つまり宣長は「てにをは」のうちにたんなる一品詞ではなく、他の品詞とのいわば「次元の相違」を見いだしたことになる。宣長が「玉」と「緒」という比喩をつうじて語ったことがらを時枝としては「詞」と「辞」との区別というかたちでとらえかえすことになった(一一五頁)。『國語學原論』の説くところによればこうである。「包むものと包まれるものとの関係は、別の言葉を以ていふならば、ＡＢとＣＤは秩序を異にし、次元を異にしてゐるともいひ得られるのである。これを譬へていふならば、風呂敷とその内容との関係である。内容である甲乙丙は凡て皆同一次元のものであるが、これを包む風呂敷は、それらとは別の次元に属するものである。詞辞の表すものが、異つた次元に属するものであるといふことは、先に述べた鈴木朗《ママ》が既にこれをいつてゐる。鈴木朗の説は本居宣長の考に出てゐるのであるが、それによれば、詞は玉であつて、辞はこれを貫く緒であり、又詞は器物であつて、辞はこれを使ふ処の手であるといふ風に述べられてゐる」(同書、二三八頁)。ことは文語、口語の文法のべつを問わない。およそ辞は、「てにをは」をその一部とする、語の二大別のひとつとして、詞に対立するものである。辞は「概念過程を経ないところの表現」であり、第一に「表現される事柄に対する話手の立場の表現」であって、第二に「話手の立場の直接的表現」であるから、その表現はつねに話し手にかかわる。たほう、第三に「辞の表現には、必ず詞の表現が予想」されるのであって「詞と辞の結合」がはじめて「具体的な思想の表現」を実現する（『日本文法 口語篇』一六一頁以下）。のちに吉本隆明の『言語にとって美とはなにか』が時枝の詞辞論に言及したとき、時枝がとくに一文を草して念を押したように、「詞辞が次元を異にするとする論」を否定してしまうなら、それは時枝理論とは異質ななにものかとなってしまうのだ。

　時枝誠記の本居理解へともどる。時枝は、宣長の「てにをは」観の検討の最後に、「これに関連して、宣長の「てにをは」法則不変の観念を附け加へたい」ともしるして、宣長が「てにをは」の法則は「神代以来不変のもの」であり、またそうあるべきであると考えていたことを確認している。善明の所論を見たところで紹介しておいたように、宣長の「てにをは」研究の資料はいわゆる八代集であったが、「そこから帰納された整然たる法則」は、やがて本居宣長そのひとによって中古の散文におよぼされ、さらには上古の言語にまで推及された。それは、時枝の判定によるなら、「実証的研究による結論といふよりも、演繹的な推論といふべきもの」なのであった（『國語學史』一一七頁以下）。

　たしかに本居は『古事記傳』の序論にあっても、「凡て言は、弖爾袁波《てにをは》を以て連接《つづく》るものにして、その弖爾袁波によりて、言連接《ことつづき》のさま〴〵の意も、こまかに分るゝわざなり。かくて是《レ》を用るさま、上下相協《あひかな》ひて厳《おごそか》なる格《さだ》まりしあれば、今古記を古語に訓《よ》むにも、これをよく考へて、正しくすべきなり」と主張して、「然るに漢文には助字こそあれ、弖爾袁波にあたる物はなし」とも注していた。宣長によるなら、古事記を漢文ふうに訓むことも可能であるにしても、「意はいとしも違はざれども、弖爾袁波のとゝのひの違へらむは、雅語《みやびごと》にはあらずかし」ということになる。つづけて宣長が「その格《さだまり》どもをいはむには、種々《くさぐさ》のことありて、甚々《いといと》長ければ、たやすく此《ここ》にはつくし難し。故此は別《こと》に委曲《つばらか》にしるせる物あるなり」。言いおよんでいる著作は、『玉緒』をはじめとする語学研究のことなのである（伝一、全集九巻三七頁）。

おなじ事実のうちに、蓮田善明は、宣長における中古主義と上古主義との統一、しかも前者の支配のもとにおける一貫性をみとめていた。それが、詩人であり国文学者でもあった蓮田にとっては、歌道と古道とを「みやび」によってつなげる道であったけれども、国語学者の視点からすれば、実証的な手つづきの確実性においてやはりなお問題がのこることになる。ここで私たちとしては、「古道説」にあって典型的にあらわれていた宣長の方法の問題点——その「没批評的」側面——は、古道説においてほどではないにしても、じっさいには「語学説、文学説に於いても同様」であるとする、村岡典嗣の注記を想いおこしておくべきだろう（本書、三六頁以下）。

本居宣長が、右に引いたのとおなじ『古事記傳』序論のなか「抑意《こころ》と事《こと》と言《ことば》とは、みな相称《あひかな》へる物にして、上《ツ》代は、意も事も言も上《ツ》代、後《ノ》代は、意も事も言も後《ノ》代、漢国《からくに》は、意も事も言も漢国」であると説き（伝一、全集九巻六頁）、「凡て言語は、其世々のふり〴〵有て、人のしわざ心ばへと、相協《あひかな》へる物」（同、一一頁）でもあるしだいを主張していたことは、他の文脈でいくどか目にしてきたことがらである。時枝誠記そのひとのいわゆる言語過程説も、言語使用のその現場で、「意《こころ》と事《こと》と言《ことば》」が「みな相称《あひかな》」う消息に定位したものなのであった。言語過程説とはそもそも、「言語の本質を心的過程と見る言語本質観」であって、「構成主義的言語本質観或は言語実体観」の立場を斥けながら、「最も具体的な言語経験は、「語ること」「聞くこと」「書くこと」「読むこと」に於いて経験せられる事実」と考えるものである（『國語學原論』序、三頁、本論、一一頁以下）。この点は、たとえばのちに、哲学者の廣松渉の言語観にも一定の影響を与えてゆくことになった。

その特徴的な発想は、言語学者の服部四郎とのあいだで論争となった論件にそくしてみれば、一番とらえやすいことだろう。時枝は、言語の意味は「素材に対する把握の仕方」にほかならないと定義するさいに、「疲れた山道で一本の木の枝を折つて、「いゝ杖が出来た」」と語る場面を引きあいにだす（同、四〇五頁）。「山道で折られた一本の木の枝」は、それが人間の手で折られたその瞬間、「もはや「木の枝」ではなく「杖」と把握」される。「杖が出来た」という表現を可能とするものは、そのような場面に典型的にみとめられる、「主体的意味作用」なのだ（四一一頁）。じっさいのところ、このような主体的意味作用とともに言語の経験をとらえてゆかないかぎり、一家の働き手である息子を失った親の発言、「私は杖を失つた」「家の大黒柱が倒れた」（六九頁以下）といった表現が理解されず、また山登りの途中で昼食を取ろうとするときに「傍の石を指さし」ながら口にされる「このテーブルの上で食べませう」という発話も理解不能なものとなるだろう（四〇五頁）。そればかりか「馬鹿な行為をさして、「お利口な事です」といつたり、「人がいゝ」といつたり」する、ごくありふれた表現すらも、そのなりたちを説明できないはずである（一三二頁以下）。――服部四郎はこれに対して、「発話」と「文」と「形式」（その最小の形式は単語となる）を区別する立場から、時枝がとらえているのは発話の意味であって、文の意義ではありえない、と批判する。文の意義は発話において反覆的にあらわれる特徴によって決定され、文の意義を問題とするなら、杖という単語の意義素が問われなければならない。その意義素は、およそ「ついて歩くために都合のよいように加工された木・竹など」といったものだろう。現に「日本人は「ツエ」という音声を聞くと、反射的に上のようなものを思い浮べる」。じっさい「録音した「これはいい杖だ！」という音声だけを聞いた場合には、人々は（加工しない）木の枝ではなく、（加工した）

杖を発話者はほめているのだ、と諒解する」はずである（『言語学の方法』一六三頁）。

あらそわれた論点の当否、それぞれの論拠の強弱、ならびにそれらから帰結する論争の勝敗のゆくえをそもそも判定することは、ここでは措いておく。右で概略をふれた双方の立場だけに照らしてくらべても、時枝の論が国語という特殊に閉じてゆき、服部の説が言語という普遍へと開かれてゆく傾向は否定しがたいところだろう。この件自体は、とはいえ、さしあたりはことの可否、良しあしとはべつである。時枝国語学が日本語に集中し、服部言語学は言語一般に拡散してゆく、と語ってもおなじことなのである。それにしても、国語学研究史にあらわれる時枝の国語観と国学観の絡みあいは、やはりもういちど確認しておく必要があるだろう。じっさいまた時枝は、テーブルの例を出す文脈、「意味の本質」は「素材に対する把握の仕方」であり、「客体に対する主体の意味作用」であると説く論脈で「凡て同じ物も指すさまによりて名のかはる類多し」とする『古事記傳』十七之巻の言を引いて、ここでは「『同じ物』とは素材に対する観察的立場についていつたことであり、『指すさま』とは、その素材に対する主体的立場に於ける把握の仕方をいつたと解すべきである」と書いていた。時枝の関心も、とうぜん後者の宣長的な立場にあったのである。

時枝誠記は、昭和二年春四月、創設後一年を経ただけの京城帝国大学に助教授として赴任する。若き学徒の朝鮮半島行きを仲介したのは高木市之助である。釜山へと向かう船の客となるまえに、時枝は畿内各地をおとずれて、松坂に鈴屋の遺跡をたずね、「伊勢の一角に立籠つて、天下の学界に君臨した」その偉風をしのんで、「宣長の如くありたい」と念じたという。京城に居をかまえてほどもなく、時枝は一年半の欧州留学の機会をえて、昭和四（一九二九）年八月に帰朝した。

国語研究史からの出発、外地、しかも大日本帝国の一部となっていた植民地・朝鮮での生活、それにいくらかのヨーロッパ体験を経て、誠記をとらえた問題はなんだったろうか。『国語学への道』に書きしるされた回顧、おなじく同書に再録された談話「新しき国語学の提唱」（昭和四年九月、東大国語研究室）、くわえて京城帝国大学での講義題目などをあわせて考えると、それは大きく三つにわかれていたように思われる。

ひとつの問題は、国語学における「啓蒙時代」、つまり国語学の方法や問題そのものを西洋言語学の後追いによって劃定しようとする時節はすでに終了したのではないか、ということである。たとえば、西洋言語学の枠組みのなかで日本語の系統論を展開することにどれだけの意味があるのだろうか。言語系統論は、印欧諸語の歴史的―現在的類縁性という偶然によって問題として登場し、方法として整序されてきたものにすぎないのではないか（『国語学への道』五一～五三頁）。そうであるならば、いま「国語学の新体系」はかえって「古い国語研究に現れた学説理論を克服展開させるところに建設せらるる」べきではないだろうか。『國語學史』一冊は、そう確信するにいたった時枝が、「過去の国語研究史を顧みることは、即ち国語学の一の方法論の実践に他ならない」と考えるところから生まれてきた労作であった。したがって『學史』は「日本思想史の一部」でも「日本文化史の一部」でもない。さきにも引いたとおり、誠記にとって国語学史は「新しい国語学を培ふ無尽の泉」を提供するものとなったのである（『國語學史』初版「はしがき」）。

時枝が直面したいまひとつの問題は、それではそもそも「国語とはなにか」というものである。上田萬年が国語愛を熱烈に謳いあげたその時代、すくなくとも日本語とされるものをめぐって、状況は比較的いわば単純なものだった。そこでは一国家、一民族、一言語という連続性がほぼ信じられていたからである。いまや帝国は、朝鮮半島と台湾をも領土のうちに編入していた。前者にはむろん、列島の言語と古来あさからぬ関係をむすんでいた固有言語があり、後者はいうまでもなく広大な大陸につながる言語圏にぞくしている。

昭和十八年に時枝誠記は、東京帝国大の出身研究室に教授としてむかえられた。山本五十六が戦死して、和辻哲郎が『尊王思想とその傳統』を上梓し、十二月に学徒の第一陣が出征、徴兵年齢が一年ひき下げられた年である。その三年まえに公刊された『國語學史』冒頭にみられる「国語」の定義に、時枝が見ていた問題と、誠記自身の微妙な屈託が影を落としている。有名な部分ではあるけれども、引用しておこう。

私は国語といふ名称を、日本語的性格を持つた言語を意味するものと考へたい。換言すれば国語は即ち日本語のことである。江戸時代の学者は国語といふ名称を用ゐることは稀であつて、和語、あるいは単に言語、言、詞等と用ゐて居つた。国語といふ名称が盛んに用ゐられるやうになつたのは明治以後であつて、それは外国語に対立したものとしての自国の言語を意味するのである。同時にまた国語の名義は、国家の観念をその中に包含し、国語即ち日本国家の言語といふ意味をも持たせたのである。国語研究といふことが、独立国家の面目上必要であるといふやうに主張されてゐることによつても明らかである。このやうにして国語の名称が生まれたことは、明治以後における日本の国家的統一の一つの反映であると見ることが出来ると思ふのである。もし国語の領域と、日本国家及び日本民族の領域とが、全く相一致してゐる時代であるならば、国語は即ち日本国家に行はれる言語であり、日本民族の使用する言語であると定義しても何等支障を来すことがないのであるが、国語をそのやうに定義することは、どこまでも便宜的のものに過ぎないことは、今日の国家と民族及び言語との関係を見れば明らかなことである。（同書、三頁）

時枝はいうところの外地つまり朝鮮半島で、臣民化と日本語化の政策にかかわらざるをえなかった。ことは国語学の境界上にある。時枝が「国語」を説くさい覚えざるをえない屈折は、ここにも由来するようにも思われる。「国語」と「母語」とのあいだには差異がありうる。後者はけっして、たんに統治上の一問題（山田孝雄）ではありえず、たんなる「技術問題」でもありえない。誠記は、後年にいたって回顧している。「私の朝鮮赴任後、先づ最初に課せられた問題は、国語愛護――といふよりも母語愛護――の精神と、日本語普及の理念とを如何に調和さすべきかといふことであつた」（『国語学への道』一〇七頁）。そもそも「朝鮮に在るといふこと、そして朝鮮について考へなければならない義務を負わされてゐるといふことは、我々の同僚の誰もが、恐らくさうであつたのであらうが、非常な重荷であつた」。後年の時枝誠記は、あるいみでは正直にしるしている。「朝鮮を去つた時、この重荷から解放された気楽さを喜んだと同時に、当然直面しなければならない重大な責任を逃避したやうな悔を感じたのである」（同、四四頁）。

時枝が国語学の刷新をはかったとき直面した第三の問題は、日本語における漢字漢語の広汎な混在という事実にまつわるものであった。さかのぼって談話を引いてみる。「日本語の過去並に現在を見通して、一つの大きな事実といへば、それは、何よりも先づ、国語が漢字漢語の影響を絶対的に受けたといふことであります。このことは、国語の事実そのものを虚心坦懐に視るものは、誰しも直に気が附くことであります。国初以来、それは一般に信ぜられてゐる時代よりも、或はもつともつと古いかも分りません。朝鮮語といふ国語に極めて似た親族語との関係などとは比較にならない程の関係を、国語は支那語との間に持ち続けて来ました」（五四頁）。漢字漢語は、それでは「日本語的性格」を持ったものなのだろうか。

この三つの問題は、時枝誠記のなかで元来たがいにふかく絡みあっていたはずである。日本語的なるものとされる「国語」のなかには「漢字漢語」が永く、ひろく浸透している。その事実を西洋言語学によって解くことができない。だからこそ「新しい国語学」が国語学研究史の先端で築かれなければならなかった。皮肉なことに、だが「国語とはなにか」を時枝にふかく反省させた政治的事実は、アイヌ語等の存在を措けば、敗戦によって解消される。漢字漢語の位置と意味をめぐる問題は、それ以前に国語学原論体系が構築されるなかで消失してゆく。漢字漢語は、日本語的な文法形式ばかりでなく、リズム・アクセント・音声にいたるまでの国語的な形式にしたがって用いられていることで「国語」の一部となる。日本語の文法組織をもった表現過程における漢字漢語とはむしろ日本語にほかならない。「言語過程説に立った時枝国語学は漢字漢語を日本語に内部化させる」にいたったわけである（子安宣邦『漢字論』一六〇頁）。

ただひとつ生きのこる問題は、こうして、国語研究の歴史を捉えかえして、その先端にあらたな国語学を構想するという課題だけである。『國語學史』で、時枝誠記は説いている。「ヨーロッパ言語学に通じて見られる言語を「物」として見る傾向に対して、日本に古くから見られる考へ方は、「事」と「言」とを同一視する考へ方である。国語において「事」と「言」とは共に「こと」といはれてゐる。ここに事としての言語といふことは、事において使用せられる素材としての言語が存在することを意味するのではなくして、「言ふ事」の根本にあるものは「心」であつて、心が発動して言語となるといふ意味である」（同書、一八頁）。宣長ならばこう語ったはずである。「抑意《こころ》と事《こと》と言《ことば》とは、みな相称《あひかな》へる物」なのだ。前節の最後で、時枝における国学の理解と自身の国語学の評価要求のうちに、一種の循環関係をみとめる見解を見ておいた。ここにはたしかに、時枝における国語学史研究と国語学研究との、言語過程説を介した密通があるだろう。

時枝誠記が『國語學原論』のなかで言いおよぶ研究者は、同時代人では山田孝雄を最多とするものと思われる。その数は京城大学の同僚でソシュールの翻訳者・紹介者であった小林英夫や、かつて東大国語研究室で親しく学び、『國語學史』に序文を寄せた橋本進吉――「君は最初から遠大な計画を立て、まづ我が日本人の国語に関する意識や思念の発達を究め、次に西洋人の言語に対する思想や考察を詳かにし、然る後、自己の国語観を樹てる方針の下に研究に着手せられたのであつて、その第一歩は大学在学中にはじめられ、卒業に際して日本人の言語意識の発達に関する論文を提出せられた」と、橋本は書いていた――を遥かに凌いでいる。

山田孝雄（一八七五～一九五八年）は明治八年に富山県に生まれた異色の国語学者である。その国学観とくに芳賀矢一以来の「国学＝解釈学」説批判については、すでにふれた（本書、二二二頁以下）。正規の学歴は当時の尋常中学一年次で終了したが、のちに東北帝国大学の教授となった独自の研究者でありながら、時流に沿ったその国体観だけが取りざたされて、戦前の篤胤熱との関連でのみ国学研究史ではなまえが挙げられることが多い。さきに引いた一書『國學の本義』からべつの箇所を引用しておくなら、たしかに山田は「国学はわが国体が世界無比であるが如く、亦世界に比類の無い学問である」（同書、一四三頁）と主張していた。その文法論には「述体」「喚体」の区別等、時枝の詞辞論との関係でも宣長の言語論とのかかわりでも興味ぶかい展開が見られるけれども、さきにも参照を要求しておいた、滝浦真人の研究にゆずって、ここでは立ちいらない。また『日本文法論』で本居の『玉の緒』一篇の論点は係助詞の問題にあるとして、それを高く評価し（六一二頁）、『國語學史』にあっても「宣長の国語学上に於ける最も大なる功績は係結の研究にあり」（六一一頁）としてくわしい紹介をおこなっているが、おなじく内容についてはいまは割愛して、「内篇」にゆずる。ここでは『國語學史』から「国語」の定義を引いておく。昭和十八（一九四三）年の文章である。

国語とは何か。文字のままにいはば、国のことばといふことなるが、これには一定の意義ありて、或る国民が自国の語をさしていふ名称なれば、日本人たるわれらの国語と称するものは日本国の語といふ義なること明かなり。然るに、今の日本国を見るに、この国民として国籍を有する人々の用ゐる語は、我等の日常用ゐる語の外に、さま〴〵の言語あるを見る。先づ北方には古の蝦夷の末なるアイヌ人の用ゐるアイヌ語あり。亦樺太に住むオロッコ人、ギリヤーク人の用ゐるオロッコ語、ギリヤーク語あり。南方には又台湾人の用ゐる支那語系統の語あり、生蕃の用ゐる馬来系統の蕃語あり。又朝鮮には半島人の用ゐる朝鮮語あり。沖縄人の用ゐる琉球語の如きも亦純粋の国語といふことは能はざるなり。然るに、これらの語を用ゐる人々も亦日本国民なれば文字通りにいふ時はこれも日本国語といふべきに似たり。然れども、われらが国語と称するものは、これらをさすにあらざることは明かなり。然らば、日本国民の用ゐる語即ち国語なりと簡単にこれを解釈し去るを得ざるは今更いふをまたず。（二頁）

山田孝雄としても、その当時の問題の外延と脈絡とのなかで、論点を設定しようとしているわけである。ただしその結論には、ほとんど揺らぎめいたものはない。山田によるなら、国語とは「日本国民の中堅たる大和民族の思想発表の要具として、又思想交通の要具として、現に使用しつゝあり、又使用し来れる言語」のことなのである。それは「日本国家の標準語」であって、「国家統治上、又学術上標準とすべき」ことばにほかならない。この説明を、時枝としては、「転義を以て原義を説明しようとする誤解」（『國語學史』五頁）とみなすわけである。山田の『國學の本義』も、くりかえし荷田春満起草とされる「創國学校啓」を引き、国学がなんであるか、なんであるべきかを説くが、言ってみればこれも転義を以て原義を説明しようとするものであったかもしれない。つまり、事実と規範、存在と当為、既往と将来との混同である。

本居宣長によく知られた自讃歌がある。宣長六十一歳のおりの筆である。

志《し》き嶋のやま登《と》許《ご》ゝ《こ》路《ろ》を人登《と》ハ《は》ゝ《ば》　朝日尓《に》ゝ《に》ほふ山佐《ざ》久《く》ら花

この一首は秋成の嘲笑を買い、のちに太平洋戦中には「散華」の精神とむすびつけられた。山田孝雄は、そのような曲解には与していない。桜が散りゆくさまに無常を、あるいは儚さを、あるいはまたそれゆえの潔さをみるといった理解はむしろさかしらなのだ。山田によれば「日本精神を櫻に比するのは花の麗しさをもつて比するのである」（『櫻史』四五二頁）。桜は美しい。あるいは麗しい。それがすべてなのである。

山田孝雄は、戦中に数々の顕職に就いた。それが仇となり、昭和二十一（一九四六）年、公職追放の処分を受けている。生活と住居に窮した山田にすくいの手をさしのべたのは、東北帝国大学時代の同僚、阿部次郎であった。おなじく同僚であったはずの村岡典嗣との関係にかんしては、審らかにしない。

十三

一九三九年九月一日、ナチス・ドイツがポーランドに侵攻、第二次世界大戦がはじまる。おなじ昭和十四年の五月、当時のいわゆる満蒙国境でノモンハン事件が勃発、局地的な戦闘は九月までおよんだ。背景は、昭和七（一九三二）年の満州国建国宣言にまでさかのぼるが、ここでは二・二六事件以後の動きだけを確認しておく。

事件の翌年、昭和十二（一九三七）年六月に、第一次近衛内閣が成立した。翌月には盧溝橋事件がおきて、十二月には南京占領、いわゆる南京事件がおこる。翌十三年一月「爾後国民政府ヲ対手トセス」との声明が出され、ここに日中関係は断絶した。三月、ドイツがオーストリアを併合、四月に日本では国家総動員法が公布されている。十一月には東亜新秩序声明が発表され、追って十二月いわゆる近衛三原則（善隣友好、共同防共、経済提携）が示され、これがいわば第三次近衛声明ともなった。ノモンハン事件の翌年、六月の新体制運動をうけ七月、近衛文麿にふたたび大命がくだり、同年十月、大政翼賛会の発会式が執りおこなわれる。昭和十六（一九四一）年七月には、強硬派の松岡洋右外相を外すかたちで第三次近衛内閣が組織されるものの、日米関係は悪化の一途をたどって、近衛は三か月で政権を投げだし、陸相の東條英機が首相の椅子につく。

十二月八日が真珠湾攻撃、対米英蘭開戦である。

五月にノモンハン事件、九月にはポーランド侵攻がおこる、その年の正月十七日、啓文社発行の日本教育家文庫の一冊として『本居宣長』が出版された。著者は國學院大学教授の河野省三、一書は二年まえに北海出版社から上梓された一冊の復刊である。北海出版社版は第一次近衛内閣発足の直後に世に出ており、啓文社版にも「昭和十二年五月八日」の日づけを附した自序（「巻頭の添へ言」）が引きつがれている。日づけの前月、一九三七年四月はドイツ軍によるゲルニカ爆撃によって記憶されるが、おなじ月に『東京日日新聞』に横光利一の『旅愁』が載りはじめ、ややおくれ『朝日新聞』では永井荷風の『濹東綺譚』の連載が開始されていた。時代にはなおいくらかの艶と彩がある。河野自身の序文を、啓文社版によって冒頭から引用しておく。

明治維新を展開した思想的原因には、必ず、国学が其の重要なる一因として挙げられてゐる。近世後半期に於ける本邦古典の研究乃至記紀萬葉の研究と、其等の上代精神の発揚と云ふ問題が取扱はれる場合、其の最も重要な働きを為したものとして、学界は直に国学者の努力と功績を掲げてゐる。国体の真髄を闡明し、其の真姿を顕現する学風として、史家は概ね国学四大人の学流を指すことに一致してゐる。国学は日本的学風の樹立と民族的信念の発揮といふ方面に於いて、永く我が国の学術史、思想史上の偉観たるを失はないのである。

此の国学の展開に就いて、荷田春滿、賀茂眞淵の学業を継承し、平田篤胤の活動を誘導した本居宣長の努力と貢献とは、誠に現代日本の国民的自覚を促進するに十分である。（同書、一頁）

国学と維新とを関連して説くことはいちおう左右を問わず学界の常識であり、国体の真髄といった表現も時代の流れのなかでとくべつ扇情的なものとは判断されない。国学をもって民族的信念の発揮とみること、文脈上、篤胤への継承関係を重視していることはそれでも目につくところかもしれない。じっさい後続することばによれば、河野にとって国学とは「広義に之を解すれば、日本文化を研究して、日本精神を明かにし、以て国体の精華を発揚する学問」なのである。

昭和十二年に原版が刊行された河野省三の一書は、啓蒙書にぞくするものといってよく、本居宣長の事績をたどり（第一章）、その著書を概観したあと（第二章）、国学概念を問題として（第三章）、第四章に入って、いよいよその神道論を論じたのち、最終章で「本居宣長の国体論」を紹介する構成となっている。第五章の冒頭で河野は、「宣長の国体論は言ふまでもなく其の国学から生れ、其の神道的信念を中枢として構成されたものであるが、特に古事記の伝へる古史神話の信仰に根深い基礎を有し、寶祚無窮の厳粛感と、やまと心の明朗性とを其の本質としてゐるものである」（一五四頁）と書く。宣長以前の国体論として、虎関禅師の著や北畠親房の神皇正統記を挙げ、また闇齋、水戸学に言及したあとに省三の説くところによれば、宣長の国体論の特徴は、多く典拠とされてきた日本書紀ではなく「大胆明快に古事記の神代の伝事《つたへごと》に依拠し、之に萬葉集、祝詞宣命及び日本書紀神代巻の思想と史実とを添加して、最も神道的に、若しくは極めて純真な姿に於いて、我が国体の本義を高調した」点にある。河野としては、とりわけ国体を構成する「伝統的信念」の中軸に「敬神観念」をみとめ、しかも「理智的」なそれでなく、いわば「情操」の次元に根ざした観念を重視し、その水準に到達した国体論として、わけても本居のそれを評価していることになる（一五七頁）。宣長の国体論に説きおよぶ河野の論が、まず『玉矛百首』の引用にはじまるゆえんである。

河野省三が日本教育家文庫の一冊として『本居宣長』を世に送った昭和十二年は、すでにふれたとおり、盧溝橋事件が勃発し、南京事件が起こった年である。世間では、とはいえこの一連の事変が泥沼の日中戦争のはじまりであることは意識されていない。というよりむしろ、この年に日中戦争が開始されたと語ることが、戦争のゆくすえを見とどけた立場から構成された、典型的な「物語文」(ダントー)なのである。

戦局はやがて推移し、膠着した。日本が中国侵攻を思いとどまらないばかりか、くわえて太平洋権益に手を伸ばしたことは、アメリカ合衆国を刺戟して、対日政策を硬化させる。大東亜戦争がはじまって、真珠湾奇襲につづけて、同月グアム占領、年があけてマニラ、つづけてシンガポール、ジャワ、バターン半島へと侵攻した緒戦の戦果に、世間は沸く。いわゆる庶民だけではない。吉本隆明が『藝術的抵抗と挫折』で引く壺井繁治の詩(「指の旅」)をあえて重引する。壺井はかつてプロレタリア詩人であり、『二十四の瞳』で知られる榮はその妻である。

地図は私に指の旅をさせる
こころを躍らせつつ
南をさしておもむろに動く私の指
(中略)
私の指は南支那海を圧して進む
私の呟きはいつしか一つの歌になり
私の指は早やシンガポールに近づく

おお　シンガポール
おお　わが支配下の昭南島
マレーの突端に高く日章旗は翻りつつ
太平洋の島々に呼びかける

とはいえ、同年六月五日にはミッドウェー海域で米海軍に迎えうたれ、大日本帝国連合艦隊は多くの艦船を失って敗走した。昭和十八（一九四三）年はガダルカナル撤退にあけて、五月にアッツ島守備隊が全滅している。敗色すでにあきらかなその十一月、軍需省が置かれて軍需生産の一元化が図られたけれども、戦線の好転は見こまれようもなく、同月に大東亜会議が開催されたものの、日本は聖戦の大義すらすでに見失っていた。帝国にとって資源供給源として軍事的に重要な地域には独立を許さないことが、大東亜の会合にさきだつ御前会議で決定されていたからである。

河野省三は昭和十九年にふたたび、今度は文教書院の日本教育先哲叢書の一冊として『本居宣長』と題する一本を上木している。発行は同年一月二十日、「はしがき」にしるされた日づけは「昭和十八年九月一日」である。翌日、上野動物園で象をふくむ猛獣、毒蛇の餌に毒物が混ぜられている。空襲時の混乱を想定しての措置であった。河野の自序もさらに切迫してゆく。「近世日本の思想史・学術史の上に於いて、最も輝かしい意義を有し、極めて豊かな業績を示したものは、実に荷田春滿・賀茂眞淵・本居宣長・平田篤胤を中心とする国学の興隆発展である」と書きはじめられる段落のあとに、河野はつぎのように説きすすめた。

国学の文献的な方面と思想的方面とを融合させ、又歌道と神道とを結合して、皇国学《みくにまなび》として健全に発育せしめたものは、実に鈴屋大人本居宣長である。（中略）国学が幾多の大人物を出し、神道史が種々の学説を生んでをる間に在つて、最も鮮やかに輝き、時代と共にます〱其の価値を認められつつあるものは、実に宣長翁その人である。近来、国体明徴の必要いよ〱深く、日本精神の発揚と日本学の建設が、時局の進展につれて其の急務たるを感じつゝある時、国学に関する研究と進展とが、古典に対する国民の憧憬と共に著しくなつて来たのは、最も意義深い現象であるが、今にして宣長の学徳は各方面より益々尊敬追慕せられ、其の大著『古事記傳』の重版は回を重ねて尚且つ読書子をして入手難を歎ぜしめ、『直毘靈』『玉矛百首』等の名著は、時代と共に民族精神の高揚を促しつゝある。（同書、一頁以下）

田中康二が、大東亜戦争期に出版された宣長関係文献の序文を比較検討するという作業をおこなっているが、後半を引いて指摘しているように、ここで挙げられている三冊の書の選択には重大な意味がある。それは「復古精神に通じる著書をピックアップして、これを称賛する」ものであって、「この選択基準が戦時中の宣長観を決定的なものにした」（田中前掲書、一六三頁以下）からなのである。じっさいまた同書の巻末には『直毘靈』の原文が収録されて、河野の註解が附されている。「皇国の神道」の語をめぐる註を引いておく。

「これは宣長が神道に対して抱懐してをる見解であつて、皇国の神道は正にその言ふ如く「皇祖神の始めたまひ、保ちたまふ道」である。即ち天神の信仰を基礎とし、皇祖天照大神の御稜威を中心とし奉り、皇祖皇宗の御遺訓として発展した天業の恢弘が其の根本を為すものであつて、大神並に皇孫命（歴代天皇）に奉仕し、その御大業を翼賛し奉る国民の祖先以来の活動が、即ち君臣一体、上下一致の皇国の大道であり、神道である。これ即ち皇国の国体に即した皇道に外ならない」(同書、一八四頁)。強調を附した部分は省三の国体論である。と同時にその所説が、総動員体制下の時流と一致していたことも否定しがたいところであった。

河野省三(一八八二〜一九六三年)は國學院大学学長をつとめ、当時、神道の立場から国学研究を代表していた。戦後には公職追放の対象となるが、やがて解除され、晩年に紫綬褒章を受章している。学問的な業績としては『國學の研究』が挙げられてよい。昭和七(一九三二)年に上梓されたこの書の「はしがき」中に、「余が本書に依つて学位を得、之を公刊すべく準備してゐる時期は、恰も満州と上海とに於いて、皇軍が誠忠と威力とを示し、国民が後援と奉公とを捧げつゝある時である」、「この困難に直面して、我等はますく民族精神を自覚し、日本文化を研究して(中略)国運の振興を図らなければならない。此の点からしても、余は国学の研究と其の学風の振起とを以て、我が国の学術上乃至教育上、極めて必要であると信ずる」(同書、「はしがき」九頁)とある。とはいえ一書は、国学をめぐる基礎的事実をよく網羅しているものとも思われる。とくに国学者のさまざまを、(一)固有の思想を復活して、国体と神道を説く者(四大人、吉見幸和等)、(二)国家主義を力説する者(谷秦山・吉田令世等)、(三)古学(古文献)を研究する者(このうち歴史派には藤井貞幹・伴信友等、有職派として、高田與清・松岡行義等、語学派に契沖・富士谷成章等)、(四)和歌を刷新する者(小澤蘆庵・香川景樹等)に分類し、そのうち(一)と(二)を「内容の方面に重きを」置き、古道(惟神の道・皇国の道)を研究する者たちととらえ、(三)と(四)を「形式の方面に重きを」置いて、古学(国史・有職・歌学等)を研鑽する者たちとしたことは、目くばりの効いた見とおしのよい整理を与えるものであった。

同書の附録として収められた旧稿のうちに「宣長の學風を論ず」と題するものがある。眞淵と宣長を対比しながら、後者の特質を論じた一文である。一節を引用しておく。

宣長は、眞淵の意志主義に比して、寧ろ、感情主義の人なり。更に、適切に云へば、極めて深く、感情の美を認めたる人なり。宣長が、その師に従つて、所謂、古歌の随喜者たり得ざりし所以、こゝにあり。かの春滿が、恋歌を以つて風俗を害すとして、一生その口頭に上らしめざりし如きは、この宣長が、恋を以つて、人生及び文学の重要なる生命と認めたるに比して、真に、雲泥の相違ありと云ふべし。想ふに、宣長が、古事記を尊信し、篤胤が日本紀に赴きたるも、其の分岐点は、蓋し此処にあらむ。而して吾等は、国学の真面目は、却りてよく宣長に看破せられたるを信じ、宣長の如く、感情の美を尚ぶものに非ずんば、古事記（広く古伝と云ふも可ならむか）の尊厳は、到底、斯の如く、衷心より信ぜらるゝものに非ざるを断言せむと欲す。（同、三七七頁）

ごくかぎられた視角から、概略的なかたちではあれ、眞淵と本居の差異、宣長と篤胤の相違が論じられている。河野もまた本来はかならずしも「ますらをぶり」の支持者ではなく、省三はたほう無条件に篤胤神学にしたがう者でもなかった。くわえて、本居における感情の美への感受性こそが、古事記の尊重とその解読を可能にしたとする指摘は、それ自体としては重要なものであったと思われる。

河野省三の学流からは戦後、内野吾郎に代表される研究が生まれている。内野は河野の国学系統論を引きながらも、古道論こそ国学の本流であるとする立場に対し、大きく留保をもうけていた。「国学史の再検討」という副題を有する『文芸学史の方法』における内野の所論はこうである。近世初期の国学は、歌論・歌学のための和学・古学（注釈学）として出発し、その担い手たちは「学者」というより「文人」であり、中世的な「隠士」ですらあった。かれらは幕末の「古道論的国学者」とはかけ離れた存在である。そして、じつは「これがむしろ、近世国学の大勢を占める〈国学史の本流〉であった」のであり、「近世国学の古道学的一面を強調して、やや偏った〈国学の全体像〉を植えつけたものは、実は〈幕末平田派〉のしわざ」だったのである（同書、三〇二頁以下）。

ことはまた、いわゆる江戸派の評価にかかわる。江戸派と平田派の時代はほぼ重なりあっている。眞淵が没したのち、江戸派の国学を形成していったのは加藤千蔭と村田春海らの門流であり、その面からいえば、四大人といわれる、「〈春満―真淵―宣長―篤胤〉という系譜は、どう考えても不自然」なのであって、「〈春満―真淵―江戸派〉という流れこそ、ごく率直に認められる本流」なのだ。とりわけ、「〈江戸の文化圏〉を中心に考えれば、このことは一層動かし難いものになるのである」（『江戸派国学論考』八八頁）。

『文芸学史の方法』にもどるなら、近世末期の江戸派国学のにない手は、「市井の遊民」でもあった（前掲書、三〇八頁以下）。平田派を中心とする幕末国学の一存在様態こそが「維新から明治以後に引きつがれ、近代の国学観を著しく歪めていった」のであって、この「経世の国学」の興隆によって「江戸的デカダニズム」や、「文人的ディレッタンティズム」からその「存在の余地」が奪われてゆく。そのとき「時代はすでに、すべてのものを、幕末転換期の政治のうずに、大きく呑みこもうとしていた」。それが、「〈文芸学国学派の終焉〉であり、広い意味での〈江戸派の落日〉」なのであった（同、三八一頁）。ここにみとめられるのは、国学史の見かたに対する大きな変更要求であり、河野に代表される学統の一定の自己反省といってよいだろう。田中康二の出世作『村田春海の研究』の「跋文」も、鈴木淳『江戸和学論考』とならんで、内野の『論考』の意義にとくに言及している。

昭和十八（一九四三）年四月、山本五十六が戦死し、そのおなじ年、和辻哲郎は『尊王思想とその傳統』を出版、會津八一が同郷人を悼む歌を詠んだことは、すでにふれた。翌十九年七月に出版された、笹月清美の一書『本居宣長の研究』の「はしがき」末尾には「昭和十八年六月五日山本元帥国葬の日の朝」としるされている。関連する部分を引いておく。

今や大東亜戦争は文字通り決戦の段階に入り、戦闘は日に増し熾烈の度を加へてゐる。殊に去る四月にはわが聯合艦隊司令長官山本五十六海軍大将が西南太平洋の第一線において飛行機上に名誉の戦死を遂げられ、本日はその国葬の日である。あはれ吾々の胸は米英撃滅、大東亜建設の決意に燃える。かうしてこゝにこの書を上梓するのも、その一端のお役に立ちたいといふ切なる念願からに外ならぬ。

（「はしがき」三頁）

笹月清美（一九〇七〜一九五四年）は、福岡県出身の国文学者で、九州帝国大学法文学部を卒業している。母校の助手、講師をつとめ、著書を公刊したその年に、神宮皇學館大学へとうつる。二年まえにおなじ大学に職をえた、倉野憲司の推薦によるものだった。ちなみに当時の皇學館学長が山田孝雄、古事記学者として知られるようになる憲司は、清美にとって同郷の友人である。倉野の回想によるなら、福岡高等学校に入学したのち笹月は急速に左傾し、憲司が帰郷するたびごとに「文字通り口角抹を飛ばしてマルキシズムの正当さを力説した」よしである。笹月が高等学校を中退していることも、この件と関係があるのだろう。

そのころ、知的エリートたちのあいだで、とりわけ旧制高校在学中にマルクス主義の洗礼を受けて左傾しながら、その後の生の軌跡ではそのような痕跡を感じさせないといったなりゆきは、さしてめずらしいものではない。たとえばよく知られているところでは、明治四十三（一九一〇）年生まれで、笹月より三歳年下になる保田與重郎は、竹内好とともに大阪高校で学んでいた時代マルクス主義にしたしんで、運動の周辺に在ったとも言われる。保田は、いうまでもなくのちに蓮田善明ともならんで日本浪曼派の代表者のひとりとなった。かといって「あはれ吾々の胸は米英撃滅、大東亜建設の決意に燃える」という笹月の語が、たとえば山田孝雄への阿諛をふくんだ常套句であったとは考えにくい。清美が早世したおり、勤務校であった福岡女子大学の紀要（『文芸と思想』九号）にもならんだ、高木市之助や倉野らによる、真情あふれた追悼文を読むかぎり笹月の美しいたましいは疑いがたく、かれらが伝えるその透きとおった心性には、このような想像を禁じるところがある。いずれにしても不確実な推測はべつとして、たしかなことは、笹月清美の一書が宣長をめぐるすぐれた学術的研究であることだ。大久保正の『本居宣長の萬葉學』とくらべて評定している論者のことばによると、昭和二十年の敗戦をはさんでならぶ「この二冊は六十年以上経た現代においても、参照すべき研究書として機能している」（田中『本居宣長の大東亜戦争』一五三頁）のである。

ひとつ例を挙げておく。一書中におさめられている論のひとつに「本居宣長の言語認識」と題されたものがある。冒頭で笹月はこう書いていた。「本居宣長の言語認識といへば、音韻・仮名遣・テニヲハ・活用などに関する学説が個別的に列挙されるのを常とする」。これらの学説がそれぞれに「国語研究史上に不滅の光を放つものである」ことは疑いを容れない。とはいえ問われなければならないことは、「それらの学説を相互に連絡する何らか統一的な立場」が本居のうちに存在したかどうかである。つづけて言われる。「このことは彼の言語認識を見究めるためには、最初のそして窮極の問題でなければならぬ」(同書、七九頁)。論点を本居における言語認識の問題として設定し、その統一性を問うという笹月の姿勢は、今日でもなお新鮮さを感じさせ、また主要な論材を『古事記傳』から採る方法も宣長学の核心に迫るものであると思われる。それだけではない。清美は宣長における言語認識の系列のひとつとして、「古言《イニシヘゴト》・雅言《ミヤビゴト》・俗言《サトビゴト》・漢籍言《カラブミゴト》といふ四つの範疇によつて言語を認識する方法」の存在を指摘して、それが「彼において常に支配的で、その言語認識の基本的な方式となつてゐる」(同、一〇〇頁)しだいを主張する。これは一箇の発見というべきものであって、現在なお、たとえば東より子の先端的な本居宣長研究でも参照されるところとなっている(『宣長神学の構造』八六頁)。ちなみに「『古事記傳』の體系と方法」を問題とする論攷のなかで笹月は、「口誦態」と「表記態」という区別を導入して(一二九頁)、こう語っていた。

古事記自体すなはち口誦態は漢文風表記によつて覆はれ表記態として存してゐる。それを訓みあらはすのが訓読に外ならぬ。さて宣長をこの訓において導いたものは体験的に把握された古事記の内的生命、文字の底に流動している生命そのものであつた。その生命に必然の言葉のみが表記の不完全或いは表記の欠如してゐる部分の意味を充たし得たのであつた。換言すれば古事記自体の生命はその欠損された部分において(中略)みづからを実現しようとしてゐるのである。壊たれた形象の再建はその要求に随ふことによつてのみ可能であつた。それ故に古事記の訓みあらはしは一面において部分の探求による全体の再現であるが、それを内的過程として見ればむしろ全体による部分の充足であつた。(一六六頁)

解釈学的循環という、今日もなおすべてのテクスト理解にまとわりつく問題系が精確に押さえられているばかりではない。本居宣長の『古事記傳』をめぐる最大の論点のひとつが、ひとつかみにされている。問題は一方では、「度レ目誦レ口、払レ耳勒レ心」という古事記序文の一語の意味をめぐる、村岡典嗣と津田左右吉とのあいだの暗闘（本書、五七頁）にかかわり、他方では、あとで見るポスト・モダニズム以後の本居読解に接続してゆく。美しき「口誦のエクリチュール」幻想を子安宣邦『本居宣長』が問いかえすとき、問題の根底に存在しているのは、いうまでもなく「口誦態《パロール》」としての原・古事記と、「表記態《エクリチュール》」としての現・古事記との幻視された関係なのである。

笹月宣長論の全体にかかわる論点にもふれておく。笹月清美は「眞淵と宣長」の関係を問題として、両者の差異をあらためて確認しながらも、両名をつなぐ思考の核心を「作為に対する自然」の優位に見てとっていた（四〇頁）。論稿「本居宣長における道と文學」は宣長における歌論と古道論とのかかわりを問い、あわせて、村岡以来のいわゆる「宣長問題」の一部にあらたな見とおしを得ようとする試論である。笹月によると、たとえば本居における中古主義と上古主義の「矛盾」とも見えるものは、そもそも両者を「同一次元において見る」ところに由来する。「けれども宣長にとつて上古に遡るといふことは、実は同時に世界の根源に深まるといふことを意味するのではなかつたか」と笹月は問う。このばあい清美にとって「世界の根源」とは「世界の根本原理としての自然」にほかならない（二〇八頁）。

本居にとって、文学とは一箇の自然である。文学は「ことわり」に抗して「物のあはれ」を知るものであるからだ。「人生をありのまゝに観照しありのまゝに表現する文学は、ことわりが作為であるのに比し自然」と呼ばれなければならない。この自然が、宣長にあって文学論と古道論、中古と上古とをつないでいる。文学は自然であるという意味において、あるいは作為としてのことわりからの離脱であることによって「古道への重要な「階梯」」なのだ（二一五頁以下）。宣長はさかしらと理を排除する。それは「事実を直視するため」であって、この件は「古道の認識には欠くべからざる前提」である。「何となれば古道は事実の中にあるのであつたから。すなはち古道はまづその認識の入口において、理を排するといふ意味の自然であることを必要とした。これが文学の古道に通ずるとされる所以なのであつた」（二一七頁）。むろん宣長思想のなかでは「道の根源」は神々にある。しかし本居の神々は「予定調和の神ではなく、極めて非合理的な多元の神々」である。だから、「その営みはことわりを離れてまさに「春秋のゆきかはり、雨ふり風ふく」（『直毘靈』五七頁）が如く自然なのであつた」（二二二頁）。やがて宣長は「世界の根本原理」として「普遍的な生みの根源としての産巣日神を仰ぐ」ことになる。とはいえ「その産巣日神の背後にも更に産霊」が想定される。かくて「背後は終に窮極する所のない無限の背後」がある。ここに存在するのは、やはり「一つの形而上学的な世界観」であり、しかも「徹底的な生産的世界観」なのである（二四〇頁）。——このような笹月清美の読みすじの一部をたとえば山下久夫の『本居宣長と「自然」』が引きついでいることになるだろう。東より子は、自然から神への移行を宣長神学の形成史上の決定的なできごととみなすがゆえに、山下の理解に対して批判的であるけれども、その東も産巣日神の理解にさいしては、「宣長の世界観が「産霊」による生産（生成）的世界観」であるとする認定において、笹月の解釈を参照している（東前掲書、二〇八頁。それぞれ後論参照）。

小林秀雄が、宣長にあって「「古言」は発見されたかも知れないが、「古言のふり」は、むしろ発明されたと言つた方がよい。発明されて、宣長の心中に生きたであらうし、その際、彼が味つたのは、言はば、「古言」に証せられる、とでも言つてゐゝ喜びだつたであらう」と述べ、そうした発想をたずさえた本居研究がほとんど存在しないことを嘆じていたことはよく知られていよう（『本居宣長』三六一頁）。唯一の例外として小林が挙げているのが、笹月清美による『古事記傳』研究である。そこで言及されているのは、倭建命の物語における宣長の註釈のありかたをめぐる笹月の理解であった。『本居宣長の研究』のなかにおさめられ、すでにふれた論文「『古事記傳』の體系と方法」の一節である。

景行天皇の巻における倭建命の物語には、古事記中でも勇壮であるばかりでなく、「悲痛なまた哀切な響」のあることで知られる。西征からもどったばかりの倭建命に、天皇はふたたび東方十二道の征服を命じる。おのれの身の不幸を、倭比売命に訴えることばのなかに「既所以思吾死乎」とあり、また「因此思惟猶所思看吾既死焉」とある。『古事記傳』にあって本居は、前者を「早く吾を死ねとや思ほすらむ」と訓み、後者中の所思看を「思ほしめすなりけり」と解いた。宣長の引用をふくめて、清美の一文を引く。なお『古事記傳』の本文は笹月所引のものによるが、適宜ルビをふり、句読点をあらため、また割注の示しかたを変更する等の改変をくわえて、他の箇所における『古事記傳』からの引照と統一している。

さて下に那理祁理《なりけり》と云ことを添るは、思決めていさゝか歎き賜へる辞なり。【上に既く吾を死ねとや所思すらむとあるは先大方にうち思ひ賜へるさまを詔へる所なる故に、夜《や》と云、良牟《らむ》と云て、決めぬ辞なり。さて事のさまに因りて、よく思ひめぐらし見るに、左右に早く死ねと所思すに疑なしと、終に思ひ決め給へる趣の御言なり。よく〳〵文のさまを味ひてさとるべし。】（『記傳』一四〇六頁）〔全集十一巻二一八頁以下〕

と。すなはち文の形象を味識して漢字の訓を体得せねばならぬといふのである。「さばかり武勇く坐《いまス》皇子の、如此《かく》申し給へる御心のほどを思度《ヒ》り奉るに、いと〳〵悲哀しとも悲哀き御語にざりける」、「いさゝかも勇気は撓み給はず、成功をへて、大御父天皇の大命を違へ給はぬばかりの勇き正しき御心ながらも、如此恨み奉るべき事をば、恨み、悲むべき事をば悲み泣賜ふ、是ぞ人の真心にはありける」と、宣長は文の中に籠る文学的意味を深く把握し、その内容を如実に表現し得るやうな言葉を選んだ。換言すれば体験的に把握された意味そのものがこのやうな言葉を選ばしめたのであつた。（一六三頁以下）

宣長の方法をめぐる、行きとどいた理解が窺われるところだろう。あわせてまた、さきにながく引用した箇所「宣長をこの訓において導いたものは体験的に把握された古事記の内的生命、文字の底に流動している生命」であるとする、笹月の理解を思いあわせておく必要がある。小林がそう語っていたように、たしかに宣長において「古言のふり」はむしろ発明され、発明されて「宣長の心中に生き」ている。そのさまを清美は精確な手つきでかたどっているといってよいだろう。

高木市之助の回想によると、笹月清美は「永遠の美青年」で、その白皙の美貌のうちに「もつと遥かに清美な心性を」宿していた。「私はこれまで笹月君ほどに清楚で強靱な心性の持ち主を見た事はない」とすら高木は書いている。笹月の晩年は恵まれなかった。昭和二十一（一九四六）年、神宮皇學館は解体されて、清美は失職する。二十六年に福岡女子大学に教授として招聘されたが、がんらいの病が癒えず、昭和二十九年二月三日、九大病院で手術を受け、その翌日に死去している。才能にめぐまれた国文学者が遺した、ただ一冊の著書が『本居宣長の研究』であった。大学在職中、演習で多くとり上げたのは源氏物語であり、初期の論文のひとつに「孝標女の文藝─その晩年─」がある。

昭和十九（一九四四）年三月八日に、日本陸軍による「ウ号作戦」いわゆるインパール作戦が開始される。中国軍に対する後方支援の経路を断とうとする軍事行動である。皮肉なことに、自軍の兵站線をたもつ補給回路を軽んじた無謀な戦術のけっか、帝国陸軍は歴史的な敗北を喫して七月に作戦行動は中止された。十五年戦争はすでに末期に入っていた。いっぽうこの年の一月には横浜事件（『中央公論』『改造』の編集者が逮捕された言論弾圧事件）がおこり、十一月にはゾルゲと尾崎秀美が絞首刑となっている。

麻生磯次『宣長の古道観』は、その年の七月の発行である。「昭和十九年春」としるされた「序言」のなかに、しかし時局への言及はいっさい存在しない。「古事記や日本書紀の如き古典は、文学的・歴史的・哲学的・神学的等、諸種の立場から研究がすゝめられるであらう。如何なる心構へを以て、古典に臨むべきかといふことは、実際我々に取つて切実な問題でなければならない」と書きはじめられる一文はただ本論の内容を、起伏が多くはない文体でまとめているだけである。この時節に、しかもほかならぬ国学について、そのうえ本居宣長の古道をめぐって公刊された一書としては、ほとんど異例であるといってよい。べつの例を挙げるなら、さきに言及した竹岡勝也の『日本思想の研究』『日本思想史』の二著くらいということになるだろう。

麻生の著書は堅実とも地味ともいえる研究であるけれども、ここではいちおう「外篇」の流れのなかで、繰りかえしそのかたわらを通りすぎることになった論点にかかわる部分を引用しておこう。歌論と古道論との関係いかんという問題である。

宣長は文学を功利的に理解しようとしなかつたのであるが、然しよきすぐれた歌や物語の人性に及す影響についてはかなり重く考えてゐる。

さて此物語を常に読みて、心を物語の中の人々の世の中になして、歌詠むときはおのづから古への雅かなる情のうつりて、俗の人の情とはるかに勝りて、同じき花月を見たる趣もこよなくあはれ深かるべし。（玉の小櫛）

すぐれた物語に接することによつて、古人の雅びた性情を知り、俗情を去り、物のあはれの真髄をつかむことができる。そして古人の雅情を知り、古への雅びたるさまを知るのは、やがて古道に入る階梯であると説いてゐる。（初山踏）

後になると、文学論と古道論とを結合して、物のあはれを知ることは、古道を明かにする階梯であると見なすやうになつたのである。宣長は屢〻神の道と歌の心との一致を説いてゐる。（引用略）おほらかにみやびたる神の道は歌の趣によく現はれてゐるといつてゐるのである。歌や物語の研究は結局古道研究の階梯である。（中略）神の道は「まごゝろ」を根柢とする。それは偽善や虚飾を離れた素直な自然の心である。物のあはれを理念とする文藝と神の道とは、宣長によつて不可分の関係に置かれたのである。

（同書、一六二頁以下）

文体には蓮田善明ほどの躍動感はなく、考証は笹月清美にくらべてさほど肌理がこまかいものではない。国史学者の竹岡勝也のほうが国文学者の麻生よりも、あるいは文学的感受性に恵まれていたかもしれない。それでも温和でなだらかな、僻のまったく感じられない着実な研究のあとである。

麻生の一書は十の章にわかれ、その最後の章は「国学の精神と国文学の研究態度」と題されている。そのなかで磯次は、文献学的研究と反文献学的な研究との両者の得失を論じたのちにこうしるしていた。「結局我々の求める新しい国文学は、機械化され技能化されて、魂のぬけた文献学でもなく、又その反動的な意味における主観的主知的な華々しい研究でもない。契沖や宣長がその国学に於て明かに示してくれたやうに、あくまで敬虔謙虚な態度を以て文献に対し、一字一句をも粗略にせぬやうな実証的帰納的な方法によつて、精密な研究を遂げ、而も機械的な作業に堕せず、文字を通し言葉を通して、古文献の精髄に触れるといふやうな態度こそ、国文学の研究に於ても最も望ましいことでなければならない」(同、二六一頁)。おなじ箇所を引き田中康二が言っているとおり、ここには「国学に基礎を置きつつ、両者のアプローチのメリットを最大限に活かそうとする国文学研究のあり方」が示されていた。論者は付けくわえている。「このような研究書が戦時中に出版されたということは記憶されてよいだろう」(前掲書、一七六頁)。

麻生磯次(一八九六～一九七九年)は千葉に生まれて、第一高等学校第一部甲類から東京帝国大学国文科にすすんだ。同級生のほとんどは法学部に進学している。宣長研究のまえに俳諧論や馬琴論を出版しており、近世文藝が元来の専門であった。戦前は一高の校長をつとめ、戦後は矢内原忠雄のあとを継いで、二代目の東京大学教養学部長の座についている。昭和二十七(一九五二)年の『教養学部報』に学部長のことばが掲載されており、「〈新入学生諸君を迎えて〉眞摯敬虔な態度を―「初心忘るべからず」―」というのが、その題名である。戦後には、笑いを主題にした著書や滑稽文学の攷究もあったことは、この謹厳な学者のためにいちおう書きそえておく必要があるだろう。麻生がそののち文学部にうつり、新制移行後四代目の文学部長をもつとめたことは、その不運のあかしとも人望のしるしとも語りがたい。

十四

昭和二十（一九四五）年八月十五日、終戦の詔勅が電波に乗って全国に流れた。当日は抜けるような青空であったと回想している者が多い。帝都圏在住者ばかりでなく、たとえば北陸の街に疎開していた久世光彦の記憶のなかでも、終戦の日と夏空の碧さとが分かちがたくむすびついている。

時枝誠記は東京帝国大学の本部講堂の内部で、いわゆる玉音放送を聴いた。「「正午、安田講堂に参集するやうに」との大学本部よりの通達で、教職員一同講堂に集つた」。君が代が流れ、録音された天皇の声が放送される。「講堂のそこ、ここに、すすり泣きの声が聞えた。私も胸の痛む気持ちで、これを拝聴した」。ふたたび君が代が流されて、アナウンサーが終了を告げる。教職員たちはなにごともなかったかのように静かに解散した。時枝は、つづけて書いている。「講堂を出て、始めて我に返つて、空を仰いで、久し振りに深い深い呼吸をした」（『国語学への道』一二四頁）。頭上にはやはり盛夏の蒼天がひろがっていたことだろう。

くりかえし口にのぼり、筆にされた決まり文句をあえて使用すると、敗戦によって一夜にして価値は反転し、国文学全般と国学研究にとって受難の季節がはじまる。昭和三十一（一九五六）年時点における、時枝の回顧を引いておく（「古典教育の意義とその問題点」）。

戦後、日本が再出発をするに当つて、日本古典は、戦争犯罪者と同様に見られ、また、扱はれて来たことは事実である。それは戦争中、古典が、国民精神昂揚のために総動員され、戦争遂行の為の一翼を荷つたこと、そして敗北を招いたことに対して責任あるものと考へられたことにあるのである。日本が、民主的な国家として更生するためには、古典的思想と断絶することが、先づ以て必要であると考へられた。このことは、終戦直後、即ち昭和二十一年二月十一日の紀元節に際して、南原元東京大学総長が、学生に向つて行つた講演の中に、端的に示されてゐる。

日本はわが国固有の伝統と精神を賭けて戦つたところのこの戦争に於て、その精神自体が壊滅した今、何を以て祖国の復興を企て得るであらうか。それはもはや過去の歴史に於て求め得ないとすれば、将来に於て創り出さねばならぬ（「祖国を興すもの」）

右の一節は、くだ〳〵しく説明するまでもなく、古典的精神との断絶によつてのみ、日本が新しく生きる道を創造することが出来ることを唱道したもので、敗戦の直後、このやうな感を抱いたものは、恐らく、ひとり南原氏のみに止まらず、当時の識者においても、また、占領軍当局においても、同様であつたことは疑ひない事実である。（『言語生活論』二六六頁）

古書肆で『群書類従』正篇・一二七三種五三〇巻六六六冊、續篇・二一〇三種一〇〇〇巻一一八五冊揃いといった目もくらむような一大叢書に、紙くず同然の値札が附けられる。いっぽう逆に、やがて堂上華族家から大量の古典籍秘蔵本が放出され、古書市場は空前の好景気を呈するはこびともなった。反町茂雄が活写していることである。ことがらは、価値秩序の顚倒と崩壊というおなじ事象の両面なのであった。

伝統的な国文学研究の周辺からは、大久保正の『本居宣長の萬葉學』が敗戦の二年後に出版されている。奥付には昭和二十二年九月十日発行とある一書のなか、「著者識」としるされた「まへがき」末尾には「昭和二十一年三月」と附されていた。終戦の詔勅から数えて、ほぼ半年後の執筆ということになるだろう。上木のおくれは用紙配給の都合によるものであろうが、ほかにもあるいは事情があったのかもしれない。

今や祖国は敗戦の現実に直面しつゝ、古き日本の国土を蔽うて居た伝統の繋縛から解放され、世界史の一環としての新しい文化創造に向つて力強い歩を踏み出さうとして居る。古典の研究も亦根本的に再検討され、新しい研究の大道が開かれねばならぬ事は言ふを俟たぬ。而して此の場合最も問題となるものは何と言つても近世国学に於ける古典研究の伝統であらうと思ふのであるが、其のためには何よりも先づ感情や先入主を去つて、冷静に公正に近世国学の真相を究明する事が出発点とならなければならないと信ずる。而して其の必要は、戦時中、国学が思想宣伝の具として利用され、多くの誇張と歪曲が加へられ、似而非国学の巨大なる偶像が築かれつゝあつた経緯に徴する時、愈々然るものあるを覚える。国学は今一度本来の相にかへした上で再吟味されねばならぬ。国学は多面的な性格を持ち、常に流動し推移して居る。其処に醸された幾多の矛盾と分裂とは、国学が学として生長しようとする生命の表象であつた。篤胤を中心として固定された狂信的国学観は決して国学の学としての生命を正しく把握したものでは無い。我々は国学精神の源流に遡ぼり、その生長と発展の様相を種々の視点から明かにして、その上で之を厳正に批判する事により、始めて新しい古典学の課題として国学を問題とすることが可能

となると思ふ。（「まへがき」二頁）

つづけて大久保は書いている。「宣長は何と言つても国学研究上の大きな焦点である」。したがって「国学の再検討」が問題となるならば、「宣長の古典学」のしめしている問題系から、あらためて考察されなければならない。「まへがき」の冒頭で大久保自身がしるしているように、万葉集研究は、源氏研究や古事記研究にくらべるなら、宣長の探究の系列のなかでは主要なものと言うことはできない。それでも、「彼の古典研究のよつて立つ基盤であつた点に於いて、宣長の学問そのものを考へる上に極めて重要な意味を持つて居る」。

ちなみに、大久保が自序で「篤胤を中心として固定された狂信的国学観」としるしたとき、直接に念頭に置いていたのは、あるいは山田孝雄のことであるかもしれない。当時の前後の状況を考えあわせると、事情はけれどもいっそう複雑に、またあるいみ皮肉なかたちで入りくんでいるように思われる。

大久保正（一九一九～一九八〇年）の国文学者としての専門は上代文学、のちには同時に国学研究の泰斗のひとりとなり、大野晋とともに現行版宣長全集の編集・註解にあたっている。『本居宣長の萬葉學』は最初の著書であり、昭和十八（一九四三）年に東京帝国大学国文科を卒業したさいの卒業論文がその出発点となっていた。出版当時は、特設された制度の恩恵に与って、久松潜一教授を指導教官に、大学院特別研究生として研究に従事している、と佐佐木信綱がしるした「序」の末尾にある。

もうひとり、一冊に序文を寄せたのが、ほかでもない久松（一八九四～一九七六年）そのひとでもあった。潜一の専門は大久保とおなじく上代文学であるが、国学についてもまた、当時みとめられた碩学のひとりである。もちろん久松が戦時中に国学を「思想宣伝の具として」利用したとまではいえず、ましてその国学観に大きな「誇張と歪曲」がふくまれていたとは判定されないことだろう。のちにふれるように、潜一の主要な業績のひとつ『契沖傳』は今日でもなお契沖をめぐる基礎的文献のひとつであって、けっして「似而非国学の巨大なる偶像」を築いたものではない。それでも久松の序と大久保の自序がならぶさまは、大久保がそれをどのていど意識していたかはべつとして――とはいえ「古典の研究も亦根本的に再検討され、新しい研究の大道が開かれねばならぬ事は言ふを俟たぬ」としるしたとき、大久保自身がことの消息にまったく無自覚であったとは思えない――、やはりいっしゅ逆説的、あるいは皮肉な光景なのであった。

久松潜一は昭和十六（一九四一）年、日米開戦のその年の三月に『國學―その成立と國文學との關係』と題する一書を、世に問うている。「序説 国学の意義」は「日本的立場にたつ学問が要請せられるに及んで、国学に対する関心が高まつて来た。国学再興、或は新国学の建設といふことは次第に強くとかれるに至つて居るのである」と書きはじめられる。久松自身の考えるところでは、「まことに喜ぶべきことであり、新しい国学の建設こそ我が国の学問の真にかゞやかしい出発点」なのであった（同書、一頁）。

一書における久松は、一方で自身がその講座後継者である芳賀矢一にならって、国学を文献学と規定することに同意する。近世国学とは「古文献によつて純日本文化や精神を闡明するとともに、古文献そのものの精密なる基礎的研究」に従事するものである（同、七頁）。他方で、とはいえ同書によれば「国学の本質目的は日本文献学としては説明し得ないものが多い」。それでは久松の見る「国学の意義」とはなにか。

国学はすでにのべたやうな理由で古代文献を重視し文献による研究を重んずるけれども、しかし決して書史《ママ》学的研究に止つてはゐないのである。それは一の準備的資料的研究として重んずるのであつて、学問の本質は古文献による純日本的の文化や精神の闡明であり、同時にそれ等の文化や精神を過去の文化として研究するのみではなく、その文化や精神の生ける生命、歴史を貫く生命として把握するのである。国学はかくの如き意味を有する所にその本義があるのであり、そこに文献学とも異なるものを有するのである。(九頁以下)

国学、とくに宣長学は基本的に文献学である。と同時に本居学には、文献学に対する余剰がある。この件については村岡典嗣も指摘するところであった。すでに見たように、村岡はその剰余を文献学的思想とみなし、文献学からの変態とも考えたのであった。右の引用から確認されるかぎりでの久松の認定は、この村岡の認識から微妙に距たっている。潜一の主張するところでは、国学は文献学から逸脱することで過剰となるのではなく、むしろあらかじめ文献学以上のものなのだ。引用の最後に、国学についてその本義という表現がえらばれていることは、あるいはたんなる偶然だろうけれども、久松潜一が『國學―その成立と國文學との關係』で高唱するところは、むしろ山田孝雄の「国学の本義」という主張に接近していた。

荷田春満を重視した山田と、問題の一書のなかでも契沖を重くみる久松とのあいだには、国学観の大枠にあって大きなちがいがあることは言うまでもない。しかしながら同書にかぎっていえば、久松が契沖を重視する理由は「契沖の学問が一面には水戸の大日本史編纂の精神と関連して居り、さかのぼつては北畠親房の神皇正統記の大日本は神国であるといふ精神を継承して居る」からなのである(一二頁)。強調されているのは、水戸学との関係と神国思想なのだ。

国学研究者としての久松は早くから契沖全集と、その附録となった下河邊長流全集の編纂に参加している

(ともに昭和二年完結)。とくにこれも全集の附巻となった『契沖傳』にみられる、当時として精緻をきわめる考証と研究によって高く評価された。ちなみに原型は、大八車で搬入されたという伝説ののこる卒業論文である。出世作『契沖傳』における「復古思想」の考察を確認してみよう。

古学派の初発の動機は、一般に復古思想にある。これは契沖にかぎられたことではない。そのうえ「復古もしくは尚古思想なるもの」は現実の逼塞に直面して、古代を憧憬し、そこに復帰しようとする運動としては、あらゆる時代、すべての国民のうちにおそらくはみとめられうる普遍的な現象である。文献学の成立とむすびあう復古思想は、とはいえたんなる憧憬、感情的な尚古にとどまることはできない。なによりも上代にぞくする文献が客観的に研究され、理解されなければならない。かくして「上代の風俗・思想・言語・道徳・宗教」の如実のありさまが学問的に確定される必要がある。かくしてまた「復古思想が基礎となつて上代文献の本文批評ともなり、註釈ともなり、その文献に現れた言語の研究ともなつたのである」。若き日の国文学者は、第一にこの件を見さだめている(同書、二六一頁)。

契沖のまず上古観について考えてみるなら、契沖はたしかに「本朝は神国なり」(精撰本代匠記總釋)という前提のもとに、上代は「神の治め給ふ国」であると見ていた。ただしその意味は「人は神の下にあつてこれに従つた」ということであり、「上古には唯神道のみにて天下を治め」(同)たということである。これらの点は、のちの眞淵、宣長の古道観とも連続的であって、とりわけ「宣長の上代観とほゞ似てゐる」ことをも久松は確認している(二六二頁以下)。たほう契沖の復古思想と、中世の神国思想や近世の水戸学の展開との関連につき『契沖傳』の著者のふれるところはすくない。むしろ、昭和二年段階で久松潜一が一方で劃定しているのは、契沖の思想には「未だ春滿以後の国学の如く明らかに国家的思想と認めるべきもの」がすくなくとも希薄であるという事情であった。他方でたとえば音韻にかんする「本朝の音は詳雅なり」（精撰本代匠記雑説）といった契沖の発言には、宣長の『漢字三音考』にかようものがあるとはいえ、むしろ「眞淵・宣長・篤胤等の如き排他性を契沖には認める事ができない」しだいを久松としては強調している（二六六頁）。そのかぎりで後年の『國學』における契沖観の変化には、やはり時勢への歩みよりを推定すべきところである。

一面では、德川光圀つまり「水戸義公の力」を俟って「契沖の学問」がなりたったことは、ひとつの事実だろう。しかし「義公の志した萬葉集の註釈と、大日本史の編纂とは一方は契沖の国学となり、一方は水戸学となつて発展した」ととらえ、その淵源をも光圀の国体観にもとめて、国体観の底流として「古事記を貫く精神であり、また神皇正統記を貫く」精神であるものを強調する経緯は、久松がんらいの契沖観からは逸脱していたように思われる（『國學』三一三頁以下）。その変容はさらに一般に、本居宣長の『うひ山ぶみ』を引きながら、「国学は一方から言へば日本精神の学問的組織」であると規定したうえで、「日本精神は日本国民の理想であり日本人としての自覚」であり、それは「大和魂であり大和心」であって、「国家愛の精神」にほかならないと高唱する国学観へと通底してゆくことになったといってよい（同、三〇八頁）。

久松の最初の著書は『萬葉集の新研究』（一九二五年）である。これは純然たる学問的研究であり、かつ近代万葉集研究の古典のひとつである。昭和十二（一九三七）年、潜一はおなじ書肆（至文堂）から『萬葉集に現れたる日本精神』という一般書を出版していた。一書には、たとえば聖武天皇の作「丈夫《ますらを》の行くとふ道ぞおほろかに思ひてゆくな丈夫のとも」を引きつつ、「かういふ天皇の臣民に対する御仁慈に対して、臣民は忠節をつくして天皇につかへまつるのである」とあって、「ふる雪の白髪までに大君につかへまつれば貴くもあるか」という老臣の作を引いたうえで、「ふりしきる雪を見て我が身の老いゆくを思ひ、而も君恩の辱けなさを今更に感じたのである」と註解がある（同書、一九頁以下）。撰歌にも、やはり偏りが見られると思われる。

大久保正は、卒業論文以来のみずからの研究の成果を公刊するにあたって、ひとりは佐佐木信綱に、もうひとりは久松潜一に、序文の執筆を依頼していた。その間の消息には、出版を引きうけた版元の意向も反映しているのことだろう。『本居宣長の萬葉學』に、こういう一節がある。「宣長は、眞淵の訓戒に基づき、一言半句も忽せにせぬ古語の研究から古典の研究にと進もうとした時、早くも師眞淵の研究が精確細密といふ点に於いてなほ不備な所の少くない事を認めざるを得なかつた。宣長の萬葉研究の縮図たる「玉の小琴」及び「同追考」は正しく眞淵の研究を補訂する事を主なる目的として生れたものであつた」。万葉集の理解は「訓み」から「誦み」へとすすむ。歌として万葉歌を解する眞淵の誦みは、詩人的な直観に支えられた「真に優れたもの」であったが、本文批評にかかわる訓みになお補綴すべきものがある（同書、二一一頁以下）。今日ではひろく共有されているこの認識を書きつけたとき、師、久松への複雑な思いが去来していたはずである。

大久保は昭和三十八（一九六三）年に、おなじ至文堂から『江戸時代の国学』を上梓している。一書は契沖、春満からはじまり、章をたどって、眞淵をへて宣長におよぶが、篤胤をめぐる一章はない。大久保正の見るところによるならば「国学の学としての性格は本居宣長において完成を見たものであり、篤胤の国学はその政治的・実践的展開であった」のである（同書「はしがき」）。大久保がその最初の著書の自序のなかで「篤胤を中心として固定された狂信的国学観」と書きしるしていたことを想起しておくべきだろう。

ここでは、『あしわけ小舟』の所論をめぐる箇所を引いておく。大久保は、佐佐木信綱によって発見されたこの草稿が「宣長の青春の記念碑」であることをみとめながら、そこにはすでに「宣長の古典研究の主体的・現実的発展を制約した超現実的・没主体的な古典美の浪漫化・理想化の契機」がはやくも胚胎していることに目をとめていた。その契機とは「王朝的・貴族的な美としての風雅の理念」である。ことのしだいを確認したのち、大久保は書いている。

契沖においてすでにそうであったように、町家に人となって都市生活をおくった宣長には、より明確な人間性の自覚があったことは言うまでもなく、その事によって宣長は契沖から継承した実証的文献学の方法の深化発展に支えられつつ、古代人の心情の表現としての古典文芸の本質をはるかに精密に、具体的に把握することに成功したのであるが、しかし、宣長がその目ざめた人間性を現実的な生活の中で発展させる方向を見出すことができなかったことは、かれが古典の研究を通じて発見するに至った人間心情の真実な美しさを、現実的な生活意識との関連を通じて主体的に発展させて行く方向をとざすこととなる。（中略）宣長の主情主義文芸論のもつこのような古典主義的性格は、宣長的思惟の基底をなすものとして重要であり、さらに改めて考察しなければならないが、『排葦小船』における文芸の独自性の主張そのものが、古代の和歌物語の中で純粋感情の理想世界としてとらえられるに至った風雅の理念に支えられた、和歌的な主情主義的人間の主張であって、けっして近代的な文学の解放の主張と同一視せらるべきものではなかったことは、その後における宣長の文芸論の展開をたどる事によって一層明らかとなるであろう。（同、二〇七頁以下）

ここには、宣長理解にかんして重要なことがらが述べられている。この認定の延長上に、同書では結局は書かれることなくおわった「古道」論への見とおしも披かれることだろう。右で説かれている論点は、戦前の竹岡勝也や伊東多三郎の宣長理解の成否ともかかわっている。とはいえ前後を読むとあきらかなとおり、大久保がそこで直接に意識しているのは西郷信綱の所論であったように思われる。文学の理念とその解釈、万葉集の理解と、本居学の性格をめぐって、大久保と西郷とのあいだで微妙な重なりとずれがある。私たちとしてはつぎに、戦後の国文学、国学研究のもうひとつの出発点を確認しておく必要があるだろう。

西郷信綱（一九一六～二〇〇八年）も東京帝国大学国文科の出身者で、専門は久松潜一や大久保正とおなじ上代文学である。久松にはおそらく大久保の学才を愛するいっぽう、西郷の異才を疎んじるところがあったように思われる。『國學の批判』は、ガダルカナル撤退にはじまり、学徒出陣で暮れた昭和十八（一九四三）年に執筆されながらも、昭和二十三年にいくつかの節の補筆をへてようやく出版された。一書の「はしがき」には、藤村の『夜明け前』の主人公や、転向文学で知られる島木健作の代表作への言及を介して、屈折した心情が書きこまれている。恩師であるはずの久松への謝辞はなく、風巻景次郎に対して「限りない感謝」が捧げられているのが目につくところだろう。風巻自身は上代ではなくむしろ中世文学が専門で、戦前の万葉一辺倒の風潮に対して古今、新古今の価値を強調することで谷崎潤一郎などにも影響を与えたといわれる。吉祥寺に住み、近在の埴谷雄高との家族ぐるみでの交流を作家が報告しているところである。

西郷の最初の著書は、『貴族文學としての萬葉集』であった。「昭和二十一年一月三十日」の日づけがある「はしがき」を、信綱は「進行しつゝある民主々義革命の波動は、従来鎖された世界としてあつた国文学界の固い扉をも、やがては音高く叩くに至るであらうと思はれる」と書きはじめる。この序文は、敗戦後の国文研究の世界において、真にあらたなものと呼ばれてよい動向の出現を告げるものだった。本論はおそらくはまた、マルクス（主義）的な思考の影響が国文学界にはじめて公然と登場したことをあかす文書ともなっている。後年の西郷註釈学のすがたを予示するかのように、考古学や歴史学、人類学の知見への言及もおおいが、マルクス／エンゲルスからの引用とならんで目につくのは、折口信夫の仕事に対するたび重なる言及であろう。一書にはさまざまなアイデアが混入し、一方でかつて自身も傾倒していた（万葉集をめぐってその「近代性」や「個人性」を強調する）アララギ派的近代主義に対する不満、他方で「最近の反動時代」に顕著であった――万葉にかんして「尊王性」や「愛国性」を高唱する――立場に対する違和が、荒々しく渦まいている。万葉集は「それが生産された歴史的原野との全体的連関」において読まれなければならない。信綱は宣言していた。「我々は萬葉集くみしやすしとする安易で素朴な態度を克服し、一千年といふ困難なる歴史の奥に存在するものとしての萬葉集の、科学的・批判的分析に従事しなければならない。かくしてのみ古典は小市民の文学的趣味の単なる対象であることをやめ、その正しき位置において設定され、従つて現代の民衆のなかに生き、そして最後に、次の代を荷なふ文学的創造の設計に参加しうる権威を獲得する」（一頁以下）。西郷の問題関心は複合している。その件をよく示している、典型的な箇所を引いておこう。「奈良朝貴族社会における個人の構造」と題された章の一節である。

我々は萬葉を新しく見過ぎてきた。近代化しすぎてきた。家持の「うらうらに照れる春日に云々」などを「近代的感傷」とするのは、もう動かせない公定相場になつたかの観さへある。しかしこれは、現代の社会機構のなかで、未来への希望を塞がれ、従つて現実の生活に対して虚無を感じ、それから意識的・無意識的に游離したところの小市民の、過去に投影された文学的夢ではあるまいか。勿論夢を見る

> のは許された「自由」であるが、学問が厳正な科学であり、地獄と同じやうに自己批判をも含めた審きの庭であるとするならば、そのやうな「自由」は、柿本人麿を齋藤茂吉と比べてみたり、「貧窮問答」をプロレタリア意識の産物だとしてしまふが如き「自由」とともに、審かれた上で止揚しなければならないと思ふ。（五一頁以下）

ここで西郷信綱が言いおよんでいる大伴家持の歌は「うらうらに照れる春日にひばり上がり心悲しも独し思へば」というものである。天平勝宝五（七五三）年に詠まれた作品とされる。近代詩人がことさら好む家持は、そもそも万葉を代表する歌詠みではなく、「独し思」う歌人の鬱屈は近代人の憂愁ではない。万葉の世界を一身に体現する作者についていえば、人麿はたしかに「全力的」歌人（茂吉）である。ただし「人麿の背後にあつて彼を「全力的」歌人たらしめた地盤は、上昇期律令制官僚社会に存在した政治的紐帯の共同性であり、従つて彼の歌声は個人のものではなく、すぐれて「混沌」として未分化の集団性をひびかせてゐる」（五九頁以下）のだ。国文学研究が、かくて批判的歴史学の一部となっている。

いかにも若書きをうかがわせる信綱の小冊の結論を引く。奴隷制社会の産物として見られてなおギリシア藝術は感動を与える。「専制主義的国家機構の貴族社会の所産」であっても、やはりまた「人麿の歌は依然として立派である」。「うらうらと照れる春日にひとり悲傷した家持も、「防人の悲別の心を痛」んで、「丈夫の靭《ゆぎ》取り負ひて出でて往けば別を惜しみ嘆きけむ妻」（二〇―四三三二）といふ歌を作つたり、或ひは自ら「防人の情《こころ》に為」つて、「海原に霞たなびき鶴《たづ》が音の悲しき宵は国方《べ》し思ほゆ」（二〇―四三九九）といふ風に、素直に庶民の心と和することのできる寛けさを持つてゐたのである。もし萬葉集が何等かの程度に古典としての価値を荷なひうるならば、それは一にこの点に懸つてゐると云へるであらう」(八二頁以下)。

この結論は、国文学研究をみちびく理念ではない。それはむしろ文学そのものの理念であって、当の理念は敗戦後ただちに開花した文学運動それ自体と共鳴するものだった。雑誌『近代文學』は埴谷雄高らを同人として敗戦の年に創刊され、ややおくれ新日本文学会が結成されて同名の機関誌が発刊される。両者が交錯する一点で、やがて政治と文学の関係が文学者たちのあいだにあらためて分割線を引くことになるだろう。

この件をめぐってここでは立ちいることはできない。以下では、西郷信綱のいわばもうひとつのマニフェストとなった『國學の批判』を問題としておくことにする。

西郷の戦後第二声ともいうべき『國學の批判』には、ふたつの刊本が存在する。元版は昭和二十三年三月に青山書院から刊行されたもので、「封建イデオローグの世界」という副題が附されている。版元をあらため未來社から昭和四十(一九六五)年に出版された同名の論集は、原版の一部を改稿のうえ吸収しながら新稿をくわえたものであり、事実上あらたな版と称されてもよい一本である(副題もあらためられ「方法に関する覚えがき」となる)。おなじ書肆から西郷は昭和三十五年、六〇年安保のその年に『詩の発生 文学における原始・古代の意味』を上木しており、三十九年にはその増補版も世におくっている。新版『国学の批判』はむしろ、『詩の発生』とならぶ論文集という体裁のものとなり、旧版の「はしがき」そのほかが削除された。それらは「朽ちた部分」(新版、二八九頁)と見なされたわけである。

当の「はしがき」はやや異様な文章から書きはじめられる。「封建社会は、幽暗として寂しい時代だつた。だがその寂しさのなかにも、人間は生き、そして学問も営まれてゐた。私のこの小著は、徳川の封建社会のもとにおけるかうした人間と学問とのありかたの一端を、宣長の世界を中心にし、それに契沖や眞淵や、徂徠や春臺や等の封建的イデオローグたちを衛星的に配置しつつ、追及し描かうと企てたものである」。ここには、過去への――しかし、西郷が戦前の日本社会を封建的なものと見なしていたかぎりでは、じつは執筆現在時に対する――断罪の宣言と希望の表明がある。過去（あるいは現在）が、幽暗なものであることは否定できない。しかしその過去（現在）のうちでも、たしかに人間は生き、そして学問も営まれていたのである。

第一章「近世における学問の成立とその背景」（新版では「倫理と方法」と改題）は、国学を文献学と規定する村岡説をいったん受けいれたうえで、儒教における文献学の生成過程から論をはじめる。とりわけ強調されるのが、徂徠と宣長とのつながりであると言ってよいだろう。前者は「世載レ言以遷。言載レ道以遷」と語る（徂徠先生學則）。世がうつるとともに言語もかわり、言語がつたえる観念も同時にまた変容してゆく。古文辞学を必要とするゆえんである。後者なら「よろづの詞は、その体《さま》も意も、世々に移転《うつりく》」ゆくと言うだろう（伝五）。古語を解き、古意を明らめる古学が説かれる理由にほかならない（旧版、一一頁以下）。次節で論じる、丸山眞男からの影響のもと、西郷のとらえるところでは、近世における朱子学的思考の解体と没落によってもたらされたものが人間の肯定であり、人間の自覚であった。かくて「近世において朱子学の体系を崩壊せしめた人間自覚が、文献学という一個の科学的方法を発生せしめた契機であつた」ということになるだろう。宣長についていうなら、その人間的主情主義の唱道者であってこそ、『古事記傳』にみられる文献学的達成を可能としたわけである（同、一二五頁以下）。宣長においては「文献学《フィロロギー》」とは「青春の論理」であり、「青春的人生の営み」であったのだ（三二頁）。

いささか強引なものとも見える論のはこびであるけれども、信綱が右のように語るには、いちおうの理由がある。所論の根拠となる部分を引用しておこう。本居宣長がその京都遊学時代に、雅びのみやこで新生活を謳歌し、やがて契沖の著作にふれるにいたった消息を説いたあとの一文である。

とにかく宣長は、青春のときその生活的論理として文献学を把握し、それを志向してゐたのである。このことは「文献学」が、学問研究での一個の基礎作業たるべく位置づけられ、書斎裡の学究先生の閑寂で非情なる仕事であるとされてゐる現代の事情からみると、すこぶる奇異な感じを与へるかも知れないが、併しそれは、当時と現代とが人間意識の発展において異つた歴史の段階に、従てまた、文化科学研究において異つた段階に属してゐることから来る、かりそめの印象に外ならない。(中略)当時に於て古典に科学的に接近しうる方法は、先づ文献学だけであつたことを思はねばならない。(中略)新しい人間の誕生のみが新しい科学を生む母胎となりうるといふこと、これはあらがはうとしてもあらがひがたい一つの社会的定理であらう。そうして文献学を生みだす背景となつた人間も、そんなわけで当時ではまだ充分に新しい人間性であつたのだ。(三二頁以下)

現在の文献学を「書斎裡の学究先生の閑寂で非情なる仕事」と呼んだとき、西郷の念頭にあったのは出身研究室の重鎮たちであったろう。そこにはとうぜん久松潜一そのひともふくまれる。それゆえにか、信綱は附けくわえている。「一定の時代に、一定の条件のもとで成立した文献学的方法が、時間の流れに抗して何時までもその進歩性を持続する生命でありうるとは、痴人の夢にすぎまい」(三四頁)。ただし原稿がなったのは昭和十八年、その時点での久松の『契沖傳』にかんする言及はとりあえず肯定的なものだった(三六頁)。『契沖傳』の著者もまた昭和二年の段階では、契沖のなかに主情主義的な人間観をみとめ、宣長の人間論との連続性を承認していたからである。

いわゆる主情主義的な人間像を、宣長の「もののあはれ」論のうちに見とどける点では、西郷の論には、とりたてて奇矯なふしも、別していえば独創的なところもないと言ってよい。ただし本書の第二章「思想と学問の人間的構造」（新版では「思想と学問の構造」）では、「物のあはれ的人間」が「近世商業資本のなかの人間性」とも捉えられることはともかくとして、「たゞ物はかなくめゝし」（石上私淑言）いその人間類型が、「士大夫の虚偽を見破つた」「嫋々たるフェミニズム」の輝きをともなっていることが指摘される（九九頁）。西鶴が人間本来のありさまをとらえることができたのは、主として遊里という限定された小宇宙をつうじてのことであり、近松が人情の優位を説きえたのは、「死といふ敗北の光栄」をはなれがたい道づれとする場合にかぎられた。その時代に「物はかなくめめしい」存在として人間をとらえる「宣長のフェミニズムは必然的であつたし、またその時代としての新しさを正当な理由づけをもつて評価し、肯くことができる」、と西郷はいう（一〇五頁以下）。現在の用法ともつながるかたちでフェミニズムという語が古典研究に登場した、おそらくは最初期の例のひとつであるはずである。

この嫋々たるフェミニズムがまた、儒学的とりわけ朱子学的に硬直した「理」を、宣長に拒否させることになる。それは同時に「文献学的思索」の宣長における「あらはれ」である。「理」と「事」とは「根本的に違ふもの」なのだ。火が熱く、水が冷たいのは事である。その存在は疑うことができない。理は見えず、手に触れず、耳にも聞こえない「あらはならぬ物」であるほかはない。「女童」のごとく揺れうごく感情のみが人間の真実であった。おなじように、感覚をうごかすことでその存在を確認させるものだけが、つまり「「理」ではなくて、「事」のみが真実の存在」なのである（三八頁以下）。宣長にとっては、けれども、その一歩さきがある。なぜなら本居学にあって「古典の記載」が「「事」の信憑すべき表象」であり、古典は「「理」といふ観念によつてではなく、古典に記載されてあるがまゝの姿で無心に理解されねばならない」とされるからである（四二頁）。こうして人間の自覚を背景とした宣長の文献学的思考は、朱子学を典型とする観念的な合理主義を乗りこえるものとなると同時に、それとうらはらに不可知論と神秘主義とを帰結してゆく。

文献学的な思考から不可知論と神秘主義が生まれたこと自体、じつは近世思想史にあってはじめてのなりゆきではない。古文辞学の徂徠も、こう語っていた。「畢竟天地は活物にして神妙不測なるものに候」。「人の限ある智にて思計」ることがらは、すべて「推量の沙汰」を出ない（徂徠先生答問書）。宣長の古学にかんしてはこうである。古事記をはじめとする古書に「伝へなき事は、たゞ知がたし」（葛花）。「人の智慧は限ありて、得測りしらぬところ多ければ」、儒の理であれ、仏の教であれ、「尤らしく聞ゆる方を信ずるは、己が心を信ずるといふものにて」、たんに愚かなさかしらである（玉くしげ）。

西郷信綱は宣長文献学の実証性を確認したうえで、その不可知論を「文献学に立脚する認識論」ととらえた。「宣長が文献学で示した実証性だけを進歩的であるとほめたたへ、一方、認識論でのかうした非合理性は保守的」であると評価してすませるわけにはいかない。宣長の文献学が人間の自覚の必然的帰結であったとするならば、その非合理的な結論もまた「文献学的実証主義」の「必然的産物」であったのだ。その学問の「一回的性格」が、つまり歴史的な特質が精確にとらえられなければならないのである（五九頁以下）。宣長の古伝信仰は、村岡典嗣がそう主張していたように、浄土宗にその出自をもつものではない。西郷によれば、それはむしろ「文献学から必然的に生産される一般的なもの」なのである（六七頁・註三）。——もう一点つけくわえておくべきところかもしれない。「深く信じるのと同じくらい深く疑うことを、信じるという範疇に入れることもできる。現に古道への宣長の信の深さは、儒への疑の深さと表裏する」。こちらは、『国学の批判方法に関する覚えがき』にくわえられた新稿「本居宣長」からの引用である（新版、二三六頁）。

西郷信綱は、大学人としては横浜市立大学でながく教員をつとめ、定年後に法政大学にうつった。研究者として最大の業績は『古事記注釈』全四巻であろう。昭和五十（一九七五）年に刊行が開始され、およそ十五年の歳月をかけ、元号が平成へとかわる年（一九八九年）に完結した。この大著については、「内篇」でいくどか言及する機会もあるだろう。ちなみに、死の三年まえ、平成十七（二〇〇五）年に出された「「九条科学者の会」呼びかけ人メッセージ」にその署名がみられる。名誉教授等の肩書きはなく、「日本の古典研究」とのみ専門がしるされていた。

さきにも確認したとおり、『國學の批判』の原型は戦中に書きつがれたものであり、終戦まえには日の目をみることがなかった原稿である。敗色がせまる日々のなか、「太平洋に面した東九州のある農村」で「封建性の真只中」で過ぎていった明け暮れのうち、時代に抗して稿のほとんどが仕上げられた（旧版「はしがき」）。戦後の国学研究の一頁をひらく研究は、八月十五日の刻印を刻まれる以前、孤独に耐えつつ継続されていたことになる。丸山眞男の著作はまだ出版されていなかったけれども、西郷は『国家学会雑誌』に分載された、いわゆる助手論文をはじめとするその諸論稿をすでに読んでいた。

丸山の近世儒学・国学論もまた、敗戦という劃期以前の研究であった。それが大きな影響力を獲得して、宣長研究にあってもひとつの里程標となってゆくのは、戦後になり『日本政治思想史研究』と題する一書として公刊された後のことである。

十五

丸山眞男（一九一四～一九九六年）の助手論文である「近世儒教の發展における徂徠學の特質並にその國學との關聯」はつぎのように書きはじめられる。よく知られている書きだしではあるけれども、引用しておく。

ヘーゲルはその「歴史哲学緒論」においてシナ帝国の特性を次の様に述べてゐる。
「シナ及び蒙古帝国は神政的専制政《テオクラーティッシェ・デスポティー》の帝国である。ここで根柢になつてゐるのは家父長制的状態である。一人の父が最上に位してゐて、われわれなら良心に服せしむる様な事柄の上にも支配を及ぼしてゐる。この家父長制的原理はシナでは国家にまで組織された。……シナにおいては一人の専制君主が頂点に位し、階統制《ヒエラルヒー》の多くの階序を通じて、組織的構成をもつた政府を指導してゐる。そこでは宗教関係や家事に至るまでが国法によつて定められてゐる。個人は道徳的には無我にひとしい」

ここでヘーゲルは東洋的世界にはじまり、ギリシア・ローマ世界を経てゲルマン世界において完結する彼の歴史哲学の図式を念頭に置いてゐることはいふ迄もない。ヘーゲルは世界精神の展開過程をその時代時代における世界精神を担つた民族の興亡として叙述したから、地理的な区分が同時に歴史的な段階を意味することとなつた。この図式そのものは実証的な歴史学の立場から見れば多分に恣意性を免れない。ヘーゲルがシナ的或は東洋的として叙述してゐる様な特性は程度の差こそあれ殆んどあらゆる国家の歴史において一度は見出されるところである。しかし重要なことはシナにおいてはかうした特性が一つの段階を形成しただけではなく、まさにそれがたえず再生産されたといふことである。

（『日本政治思想史研究』三頁）

丸山の認定がつづく。「そこにいはゆるシナ歴史の停滞性があつた」。この件については、と丸山はつづける。「ヘーゲルもまた洞察を誤らなかつた」。このあとにふたたび十行あまりのヘーゲル講義録（ラッソン版『歴史哲学』）からの引用があり、若き丸山はおおむねヘーゲルの認定につきしたがうかたちで、「シナ歴史の反覆性」を論じ、そこにおける「儒教の地位」を説いてゆく。丸山の見るところ「子の父に対する服従をあらゆる人倫の基本に置き、君臣・夫婦・長幼（兄弟）といふ様な特殊な人間関係を父子と類比において」、その「尊卑」と「別」とを説く儒教道徳は漢帝国にこそもっとも適合的な「思想体系」なのであった。むろん前漢以後、「いくたびか王朝は滅びまた興つた」けれども、なお大枠でみるならば「儒教道徳成立の前提」を形成していた社会関係は不断に再生産されつづける。儒教に対して根底的に対立する体系的な思想は、清王朝にいたるまで登場しえず、中国学界における思想の展開は「儒教の内部でのみ行はれた」と語っても過言ではない。やがて「最近世において国際的圧力がシナ社会に漸く近代的＝市民的なるものを浸透せしめたとき、儒教ははじめて三民主義といふ自己と全く系統を異にする社会思想に直面したのである」（同、五頁以下）。

この助手論文劈頭の問題設定をめぐり中野敏男の指摘するところが、やはりおもしろい点を突いている。

中野の論にあって肝要な論点は、ひとつに原型となった助手論文と単行本所収テクストとのあいだの微妙な変容であり、いまひとつにはその差異を介して見えてくる前者の政治的含意（近衛新体制へのアンガジュマン）である。いまこの点は措き、助手論文の書きだしをめぐる中野の認定のみを引用しておく。

「近世儒学の発展における徂徠学の特質並にその国学との関連」と題されたこの助手論文を手にする読者が、おそらく誰しも始めにちょっと驚かされるのは、ヘーゲルの『歴史哲学』を冒頭に据えたその問題設定の広大さ、別の言い方をすれば、その大仰さではないだろうか。江戸時代の儒教について論ずるのに世界史を語るヘーゲルを前面に持ち出し、徂徠学の性格を描き出すのに「シナ歴史の停滞性」という世界史的認識を対照項にするということ。丸山ほどの人物がやったことなので誰もそうは言わないが、このような枠組みの設定は一論文としては明らかに過大であり、篤実な研究者なら眉をひそめるほどの「大風呂敷」だとさえ言えるのではないか。「シナ歴史の停滞性」などという固定観念（オリエンタリズム！）の問題性はここでは問わないとしても、それを儒教の問題に直ちに因果的に接続させるのだって、方法的にはずいぶんな飛躍がある。（『大塚久雄と丸山眞男』一四二頁）

たしかにそうなのだ。丸山の助手論文は、こんにちの目からみれば、あきらかに過大な問題設定をかかえこんでいる。ラッソン版講義録からの長大な引用は、いわばその顕著な徴候にほかならない。とはいえ丸山の問題提起はアカデミックにいえば過剰であったがゆえに、その論が多くの読者を獲得したのである。それればかりではない。さきほど、前漢以後「いくたびか王朝は滅びまた興つた」と説く丸山の文言に言及しておいた。前後をふくめ精確に引用しなおしておく。「しかし前漢以後、王莽・後漢・三国・両晋・南北朝・隋・唐・宋・元・明・清とその後いくたびか王朝は滅びまた興つたが、多少の盛衰はあれ儒教はつねに新王朝によつて国教的な権威を保証されえたのである」。一文の基軸は中国における王朝交代という事実の確認にある。そうであるだけに「いくたびか王朝は滅びまた興つた」という表現が、いささか通俗的な響きをともなうことも否みがたいにしても、一種独特な効果を随伴していることが感じられる。若き丸山の論攷は、その論理的な透徹によって一世を風靡したと言われることもある。けれどものちにべつの箇所で再確認する機会もあるが、その文体は存外に修辞的で、巧拙の別は措くとしてもある意味で文学的なのである。

他の論文でも、丸山の論が一見して与える印象と、三読して感じられる感触のあいだには、おなじように奇妙な落差がある。たとえば、敗戦の翌年に雑誌『世界』に発表され、丸山眞男の名を一挙に一般読書界に知らしめた論文「超国家主義の論理と心理」を取ってみよう。「ナチスの指導者は今次の戦争について、その起因はともあれ、開戦への決断に関する明白な意識を持っているにちがいない。然るに我が国の場合はこれだけの大戦争を起しながら、我こそ戦争を起したという意識がこれまでの所、どこにも見当らないのである」。そこには正確な意味で独裁の観念がなりたつ余地がない。「独裁観念にかわって抑圧の移譲による精神的均衡の保持とでもいうべき現象が発生する。上からの圧迫感を下への恣意の発揮によつて順次に移譲して行く事によつて全体のバランスが維持されている体系である。これこそが近代日本が封建社会から受け継いだ最も大きな「遺産」の一つということが出来よう」（『増補版 現代政治の思想と行動』二四頁以下）。あまりにも有名なこの分析にいま異を立てておく必要はない。問題は先行する箇所である。「だから戦犯裁判に於て、土屋（辰雄）は青ざめ、古島（長太郎）は泣き、そうしてゲーリングは哄笑する」（同、二〇頁）。

この記念碑的論考は、あるいは最後に引いた一文のゆえに、ひろく世に知られたといってよい。右にみられる「独裁観念」対「抑圧の移譲」といった対立概念の設定にしても、丸山眞男は、迅くから一種独特なレトリック感覚を身につけ、（当時の平均的理解の水準に照らしていえば、いわば）弁証法的論理に習熟していた。「自然」対「作為」、「であること」対「すること」等々、丸山が設定して、以後うけつがれていった対概念は、おそらく多数にのぼるものと思われる。そのように見てみるならば、丸山眞男にはたしかに学者として過剰な一面があり、思想家としてはおそらく過小な他面があったのである。(註)

（註）吉本隆明『丸山真男論』の、その冒頭に見られる評価。「ここには思想家というには、あまりにやせこけた、筋ばかりの人間の像がたっている。学者というには、あまりに生々しい問題意識をつらぬいている人間の像がたっている。かれは思想家でもなければ、政治思想史の学者でもない。この奇異な存在は、いったい何ものなのか？」（『著作集』12、五頁）。丸山はこの丸山論を読んでおり、コメントをのこしている。「私は学者でもなければ思想家でもない奇怪な化物だと評された（吉本隆明）。それはある意味では当っている。しかしそれを奇怪としか見ないということは、私を貫いている大きな問題関心が、批判者の関心には全く登場して来ないということでもある。私が雑誌に書きちらして来た対象的には実に雑多な論文の方法的視角は、どうしたら日本的な「認識の客観性」についての因襲的なイメージと、思想やイデーについての同じく根強いイメージをこわし、両者がきりむすぶ場を設定するかという点にあった。認識の客観性とは「クソ実証主義」とも、またたんなる論理的整合性とも異なること、認識することは自己の責任による素材の構成という契機をめぐって不可避的に思想と価値判断の領域にふみ入ることを自覚しなければならない」（『自己内対話』二四八頁以下）。ただし、丸山が吉本の本論まで読んだかどうかは審らかにしない。

助手論文にもどろう。丸山はいわゆる「シナ歴史の反覆性」と、中国史全般における儒教の意味を確認したのち、日本への儒教伝来史にふれ、日本における儒教の影響をめぐって、積極的評価と消極的評価が分岐している経緯を論じたうえで、「ただ如何に日本における儒教の影響を消極的に評価する学者も、その社会における儒教の適応性をある程度まで容認せざるをえない時代がある。儒教の最盛期とされる徳川時代がそれである」という。その時代「儒教は飛躍的な発展をとげた」。それは、客観的にみるならば「徳川封建社会の社会的乃至政治的構成が儒教の前提となつた様なシナ帝国の構成に類型上対比しえたため」であり、主体的にとらえるとするならば、「近世初期において儒教がそれ以前の儒教に対して思想的に革新されたから」にほかならない。丸山によるなら、前者が「近世儒教興隆の客観的条件」であり、後者がその「主観的条件」なのである（『研究』八頁）。――以下、若き日本政治思想史研究者はいうところの客観的条件ならびに主観的条件を劃定したのちに、論考の主題と展開の見とおしをめぐって以下のように述べていた。引用する。

　朱子学派・陽明学派の成立、さらに宋学を排して直接原始儒教へ復帰せんとする古学派の興起といふ近世儒教の発展過程は、宋における朱子学、明における陽明学、清における考証学の成立過程と現象的には類似してゐる。しかしその思想的な意味は全く異なる。それは儒教の内部発展を通じて儒教思想自体が分解して行き、まさに全く異質的な要素を自己の中から芽ぐんで行く過程なのである。たしかに日本儒教の狭義の政治思想は近世を通じて上述した様な封建的制約を終始脱出しなかつた。かゝる制約は儒教のみならず、それに対立する国学についてもいはれる。しかし変革は表面的な政治論の奥深く思惟方法そのもののうちに目立たずしかし着々と進行してゐたのである。われわれの課題はなによりまづこの過程を徂徠学にまで辿ることによつて、それが、徂徠学における思惟方法を継受しながら之を全く転

換せしめた宣長学の成立を如何に準備したかを窺ふことにある。(同、一四頁)

主題をとらえるこのような視界のもとでまず確認されるべきは、いわゆる「朱子学的思惟方法」の特質ということになるだろう。ひととおり、ごくかんたんに追認しておく必要がある。

丸山がまとめているとおり、朱子学の学統は、周濂渓、二程子(程明道・程伊川)へと継受された宋学に端を発する。先行する漢ならびに唐の儒学に対する宋学は、いわゆる訓詁の学を超えて「道統の学」を高唱し、とりわけ四書(論語・孟子・大学・中庸)を重視して、孔子、孟子の精神を把握する学たろうとする。宋学にはさらにまた独特な形而上学の展開がみられ、その形而上学はしかも宇宙初発の原理から「日常起居の修養法」にまでおよんだ(二〇頁)。

丸山眞男が注目しているのは、わけてもこの最後の点にあらわれている特徴である。そこには独特な思考形式が、すなわち連続的な思惟様式があると丸山は見る。朱子学の根本観念は、ほかならぬ「理」であるといってよい。理は事物に内在し、その原理となるかぎりでは一種の「自然法則」であるとともに、いわゆる「本然の性」として人間に内在するという点からすれば一箇の「規範」である。「換言すれば朱子学の理は物理であると同時に道理であり、自然であると同時に当然である。そこに於ては自然法則は道徳規範と連続してゐる」(二五頁)。かくて「道理」はさかのぼれば「物理」であり、かくてまた「倫理」とはがんらい純然たる「自然」にほかならない。ここにみとめられるのは、ある「楽観主義」、いうなれば「自然主義的なオプティミズム」であるといってよいだろう。しばしば指摘される朱子学の「峻厳なるリゴリズム」の前提にはむしろ、人間の本性《ナトゥーア》と自然とを連続的にとらえる思考がひかえている。「天理は人性と、気は人欲と、法則は規範と、物は人と、人は聖人と、知（格物窮理）は徳と、徳（修身斉家）は政治（治国平天下）と悉く直線的に連続せしめられる」。オプティミズムこそがこの連続性を支えている以上、「かうしたオプティミズムが維持し難くなるや、上の様なもろもろの連続は断ち切られる」（二七頁以下）。じっさい近世における儒学の展開は、その楽観主義を解体して、思考の連続性を断絶してゆく過程であったとするのが、日本近世の思想をたどる丸山眞男の基本的な展望なのであった。（註）

（註）丸山は註記して、「筆者の宋学知識は原典からよりも主として、徳川時代の儒学者の理解を基とし、これに現今の先学諸氏の業績を参照して得られたものである」と書いていた。先学として、とくに名が挙げられているのは、武内義雄、西晉一郎、諸橋轍次の三者である（三〇頁以下・註）。また丸山は本文で「まづ順序として上述の如き朱子学的特性が徳川初期の朱子学者に如何に現はれてゐるかを尋ねるべきであるが、これらの朱子学者は殆ど程朱に対して聖人に対する様な帰依を示し、従つてその学説も朱子の言説の忠実な紹介以上に一歩も出てゐない。（中略）徳川中期以後、朱子学が古学派や国学者の反撃を浴びてからの朱子学者の言説には多く意識的にか無意識的にか妥協的折衷的な要素が混入して来るが、初期のそれは就中純粋である」（三三頁）と説いたうえで、惺窩、羅山、闇齋の思考をそれぞれ検討してゆく（三四～三八頁）。この丸山の判断については、現在その妥当性が問われるところであるが、ここでは立ちいらない。闇齋については高島元洋の、中江藤樹にかんしては高橋文博の研究を参照されたい。

注目しておきたいのは、他のふたつの点である。

第一に、助手論文のいわば序論をかたちづくるこの朱子学理解そのものが、いってみればきわめて哲学的であることである。丸山の師は南原繁であり、南原は、みずからの講義「西洋政治学史」の受講者に、哲学への関心と同情をつよく要求していたといわれる。じっさい南原のカント論（『國家と宗教』所収）は哲学史研究としても一定の水準を示しており、また『フィヒテの政治哲学』にあっても、その理論哲学（知識学）の理解はほぼ正確なものであったと言ってよい。第二に丸山の助手論文は井上哲次郎の一連の著作をいわば仮想敵のひとつに想定していながら、井上の業績に「拠るところが決して少なくなかった」ことである。体制秩序としての朱子学と古学派を対置する構図自体、井上以前に形成され、井上が完成した構図を継承していた（黒住真『近世日本社会と儒教』一六九頁以下）。ただし評価の基軸は変容している。「朱子学は実行と学問即ち修徳と研究と両者を兼ねて之を全うせんとする者なり、故に道徳の一方にのみ偏せず、知識の一方にのみ偏せず、両者を合一して中庸を得るの傾向あり」。これに対して陽明学は実行に偏し、「古学及び古註学者は往々知的探究を主として反りて道徳の実行を疎かにすることあるを免れざるなり」（『日本朱子學派之哲學』八頁）。

朱子学的思考の特質を説き、山鹿素行から伊藤仁斎、さいごに貝原益軒へとおよぶその解体過程を跡づけたのちに、若き丸山は書いていた。引用しておく。

かくてわれわれは朱子学の分解過程を辿つて漸く徂徠学の戸口まで行きついた。われわれの道はあまりに迂遠であつたかもしれない。しかしわれわれの意図は、一見唐突の様に映ずる徂徠学の成立も、脈絡を探つて見れば、近世前期の思想界において着々と準備されてゐたといふことをいくらかでも思惟構造の内部から示さうとした以外にはない。たしかに徂徠学の出現は一世に聳道した。けれども朱子学の基底に横はるオプティミスティックな連続的思惟は、実は徳川封建社会の百年の経過の裡に、いつとはなしに普遍性を喪失してゐたのである。さればこそ一時愕然とした思想界は次の瞬間には鉄粉の磁石に引かれるがごとく徂徠学へ吸付けられて行つた。むろん徂徠学は単に従来の成果の量的な綜合ではない。他の古学派や益軒と徂徠との間には決定的な飛躍が存する。そのギャップは元禄から享保期にかけての社会的変動を顧慮せずしては理解しえない。そこでこれまで徂徠学のそれ以前の思想との連続性に注意を向けて来たわれわれは愈々関心をむしろその断絶の方向に、いひかへれば徂徠学の特質の方向に転じ、

あはせてその社会的背景に説き及ばねばならぬ。これが次節の課題である。(丸山前掲書、六八頁)

二箇所目の傍点部は、これも過剰で拙劣なレトリックの一例である。が、いまこの件は措く。丸山の助手論文は、全五節からなっていた。「第一節 まへがき——近世儒教の成立」「第二節 朱子学的思惟様式とその解体」を承けてふたつの節がつづき、第五節が「むすび」と題された総括である。第三節の標題はじっさい「徂徠学の特質」となっている。徂徠学の検討と位置づけを経て、いよいよ「国学とくに宣長学との関連」が、第四節として説きだされるはこびとなるだろう。

徂徠学の特性をあきらかにしようとする節を丸山は、徂徠が徂徠となるまえの、つまり徂徠固有の思考を展開する以前のふたつの挿話からはじめている。時節はすなわち五代将軍綱吉の治世、その側用人であった柳澤吉保に、徂徠は出仕した。元禄九(一六九六)年のことである。事件がおこった。ある農民が妻を斥けて流浪し、その途次で病んだ母を置きざりにして江戸に入り、親捨ての罪に問われたのである。後年の著、『政談』に書きとめられた徂徠の判断は、こうである。朱子学的道徳からすれば親棄は大罪だろう。だが飢饉などのおりには「ケ様成者他領ニテモ幾程モ出ベシ」。丸山はこの件について、剃髪して道入と名のっていた農民の行為を、荻生徂徠が「客観的類型として、その社会的な反覆可能性において」とらえたものと見た。類型として考えるかぎりでは、罪は個人にはなく、むしろ為政者にこそ政治的責任がある(七三頁)。

もうひとつのエピソードは、赤穂浪士の処断にかかわる。室鳩巣は、浪士の行動を無条件的に讃え、一書をものした。おなじ朱子学者であっても大学頭ともなるとそうはいかず、林信篤は助命論を唱えつつも老中に容れられず、憤懣を一篇の詩に託したともいわれる。荻生徂徠はどうであったか。「現存せる史料を通じて窺われる徂徠は、終始一貫、義士切腹論者であつた」ことに丸山は注目する。そこに鳩巣のような主観的共感はなく、信篤に見られるような客観的動揺もない。細川家文書が、諮問に答えた徂徠の見解として伝えている。赤穂浪士の行動はたしかに義である。だが「義は己を潔くするの道にして法は天下の規矩なり」。己を潔くするとは「畢竟は私の論」であって、「若私論を以て公論を害せば、此以後天下の法は立べからず」。処分が徂徠の主張のとおりになった件は、いまは措く。論の出発点として注目すべきは、と丸山眞男は言う、「私論が公論を害すること」、いいかえれば「個人道徳を政治的決定にまで拡張することを断乎として否認した」その立場であって、「そこに窺はれる徂徠の精神的態度《ガイステスハルトゥング》」なのだ。その態度は、丸山の見るところでは、しかも道入の無罪を主張したそれと通底している。その態度とはなにか。「一言以て表現するならば、政治的思惟の優位」にほかならない。丸山によれば、この「政治性の優位」こそが徂徠学の特質である。思想史的にみるならば、徂徠学の課題は「儒教を政治化《ポリティジーレン》すること」、かくしてまた儒学の「根本的再建」をこころみるところにあったのである（同、七五頁以下）。徂徠こそ、じつに危機の思想家なのだ。

徂徠学をめぐる実質的な検討は、その古文辞学の立場を確認するところから開始される。古文辞学は徂徠学の出発点であり、またその方法論であるからだ。「聖人の道」は一方で、六経にことごとくしるされている。徂徠の理解によれば他方、言語は歴史的に変遷する。さきにも引いたとおり、「世は言を載せて以て遷り、言は道を載せて以て遷る」。道とはまさに則るべきSollenであるが、それは「唐虞三代の制度文物といふDas Gewesene」のうちに、すなわちかつて存在（Sein）した制度文物のなかにある。それを知るためには、まず古言が知られなければならず、古言を知るために古文辞学が究められなければならない。丸山の再構成するところの徂徠学にあって、「基本的なのはあくまで六経に叙述されてゐる歴史的事実（物）であり、論語礼記はその事実の意味づけ（義）にほかならない」（七八頁以下）。

道とは、徂徠においてひとえに「聖人の道」である。それでは、聖人の道とはなにか。「先王の道は天下を安んずるの道なり。その道多端なりと雖も、要は天下を安んずるに帰す。其の本は天命を敬するに在り」と『辨道』は語る。聖人の道、いいかえれば先王の道とは、それ自体「なによりも治国平天下といふ政治性」を帯びている。荻生徂徠はかくていわゆる道徳と政治とを切断する。連続的思考は断たれる。そればかりではない。徂徠はさらにすすんで「個人道徳を政治の手段化しようとする」。徂徠学の理解では、「安民」という政治のためには「道理」からの逸脱すらも許容される。儒教道徳はここで決定的に「転換」する。丸山の助手論文は、そこにマキァヴェリ『君主論』との併行関係さえ見てとっていた（八一～八三頁）。道は主観的なもの、個人に内在する道徳ではなく、客観的で具体的な存在であるしだいに着目するなら、かつまた丸山の愛読するヘーゲルの表現を援用するとするならば、道は「礼楽刑政」こそその内実とする点において、道徳性（Moralität）を超えた人倫（Sittlichkeit）であったといってもよい（八四～八六頁）。

徂徠の思考の特質は、その政治性にあった。徂徠学における道の本質は、かくて「治国平天下といふ政治性」にある。それでは徂徠にあって「道をして道たらしめる根拠」はどこにあるか。聖人あるいは先王にある。道の根拠は、自然のうちに存するのではない。聖人の作為、もしくは制作のなかに存在するのだ。

道は聖人の創造せるものである。また逆に聖人とは道を創造せるものの称にほかならない。（中略）かく聖人とは道を作為せる古代の政治的君主であるから、徂徠学において聖人と先王とはほぼ一致した概念となる。しかもかうした聖人の聖人たる所以はあくまで礼楽の制作者たることにあるのであつて、道徳の完全無欠な具現者としてではない。けだし「聖人も亦人たるのみ。人の徳は性を以て殊なり、聖人と雖もその徳豈同じからんや。而るに均しく之を聖人と謂ふは制作を以ての故なり」(辨名上)。宋儒が聖人を以て「渾然たる天理にして一毫の人欲の私無し」となすのは「一己の見を以て聖人を窺」ったものに過ぎぬ(辨道)。この様に聖人の定義を徳にかからしめないことはなんら聖人の価値を低下せしめるものではなく、むしろ逆に聖人と一般人との連続性を全く絶つて、是を絶対化せしめる意味をもつてゐるのである。ここにもひとは彼の聖人概念における政治的契機の優位を見ることが出来よう。(九六頁以下)

道はかくして、それが聖人(右の引用にあるとおり、先王といっても等価である)の作為であることのうちにその究極の根拠を獲得する。道が天地の自然であると考えられるかぎり、天と人間とは連続している。先王が同時に聖人であり、聖人はただの人間ではなく、むしろ天にぞくするものと捉えられることで、天と聖人はともにただの人間から切断され、天人の連続性は遮断される。作為の論理とともにあらわれた、この聖人の絶対化から帰結するところは、聖人の最終的な「彼岸性(Jenseitigkeit)」(九八頁)にほかならない。

朱子学的な連続的思考様式にあって、天は人と、法則は規範と、知は徳と、徳は政治と地つづきだった。さきにも確認したとおり、これは一箇のオプティミズムであるとともに、結果としては極度のリゴリズムの種子となる。オプティミズムであるのは、そこではだれもが聖人となりうると見なされるからである。それが極端なリゴリズムを育むことになるのは、くだんの可能性をみとめる以上、だれもが聖人とならなければならないからだ。個人の内部は徳で充満し、「私」の内面は「公」によって浸蝕されている。いったん聖人の絶対的な彼岸性を定立すれば、朱子学的思考の連続性は同時に絶たれる。道はもはや個人の内部に宿るものではない。道はむしろ徹底的に外部化され、外在化された。かつては個人の内部を充満していた徳が外部化され、「公」としての道が個人の「私」にとって外在的なものとなると、ひとたび個人の内面が、いわば空白となる。そうであるとすれば、と丸山は説くことになる。「かうした道の外在化によつて一応ブランクとなつた個人的＝内面的領域を奔流の様に満すものは、朱子学の道学的合理主義によつて抑圧された人間の自然的性情より外のものではありえない」。これが徂徠学における「公私の分裂」であつて、その件が「日本儒教思想史の上にもつ意味」は、丸山眞男によれば、こうである。「われわれがここまで辿つて来た規範と自然の連続的構成の分解過程は、徂徠学に至つて規範（道）の公的＝政治的なものへまでの昇華によつて、私的＝内面的生活の一切のリゴリズムよりの解放となつて現はれたのである」（一〇九頁以下）。

たとえば荻生徂徠の随筆集『南留別志《なるべし》』には、「驚くべく微細な考証」の多くが見られる。そうした考証が道と、つまり「治国平天下」といったいどのような関係を取りむすびうるというのだろうか。徂徠の著作を一覧すれば、それはいわゆる経学のみならず、兵学、史学・文学、さらには音楽論にまでわたる「殆んど全文化領域を網羅するエンサイクロペディアの感」を呈している。徂徠学のこのようなありかたと、徂徠ほんらいの思考とは、どのようにかかわっていたのか。丸山の回答はこうである。聖人が彼岸化し、道が外部化することは、逆に具体的な歴史性と個別性への関心を生む。聖人の絶対的な彼岸化はかえって、個体性への興味を、道徳的リゴリズムから解きはなたれた、生の具体的細部への純粋な関心を引きよせるのだ。

聖人の彼岸的なものへ迄の高揚によつて堰を切つた個体性への関心は一旦堰を切るや、忽ち怒濤の様な勢を以て溢れ出しいまや己が本来仕へるべき目的をも忘却したかの様に猛り狂はんとする。聖人の道を一切の対立から超越せしめたことは、はしなくも彼の学問的対象をして、直接治国平天下を目指す経学の方面と、「見聞広く事実に行わたり」、「只広く何をもかをも取入れ」んとする方向とに分岐せしめるに至つたのである。（二〇二頁）

引用中で強調を附した部分も、丸山の助手論文にまま見られる大仰なレトリックというものである。徂徠の思考における公私の分裂、いいかえれば政治性と非政治性との両立というアクロバティックな論点を支えていたもの、すくなくともその一部は、このような修辞の過多であったと言ってもよいけれども、その点についていまは措く。徂徠学のうちに見てとることのできる、政治性と非政治性との両立は、やがて丸山の論の展開の涯て、宣長思想を「政治の非政治化」ととらえる視点へとつながってゆくことになるだろう。

徂徠思想の両面性はじっさい、その学統いわゆる蘐園学派の分裂と百花繚乱を結果した。徂徠学の「公」的側面はほんらいの経学となるいっぽう、その「私」的方面は詩文・歴史への耽溺を生んでゆく。「蘐園門下いかに多士済々とはいへ、治国平天下の学より故事来歴の考証までを一身に兼ねる人物」は、徂徠の死後に「もはや求むべくもない」（一四三頁）。春臺ほとんどひとり前者の孤塁を護り、南郭をはじめとする多くは後者に流れた。しかも徂徠の詩文趣味の背景には元禄文化があったとするなら、そのたんなる追随者たちが通じていたのは「文化文政の末期的なデカダンスの精神」である。「徂徠学を没落せしめたものは、汗牛充棟の反徂徠学的文献でもなければ、松平定信の「寛政異学の禁」でもなく、実に蘐園自らである」（一四五頁）。

朱子学的思考の解体過程は、それじしん自己解体の過程であった。一世を風靡した蘐園学派の分裂と解体もまたそれ自体に内在する弁証法に、すなわち内的な対立の論理にしたがうものだった。ヘーゲリアンでもあった若き丸山眞男の認定をおおまかに纏めなおすとすれば、そう言ってもよいだろう。問題はそのさきである。丸山の見るところでは「蘐園の没落はほぼ同時に儒学そのものの思想界の第一線よりの落伍をも意味した」。儒学の後を襲い、徂徠に代わったものはなにか。ときあたかも「思想界におけるヘゲモニーを要求しつつ、儒教排撃の烽火をあげたのが国学」であり、その代表者こそ宣長だったのである（一四七頁）。

丸山自身が註記しているように、宣長に対する徂徠学の影響は一方では村岡典嗣によって、他方では津田左右吉によってすでに指摘されている。とりわけ後者が「古学派ことに徂徠学が国学の形成に決定的に参与した」（一五八頁・註）と考えている経緯は、本書の「外篇」においてもすでに見ておいたところである。丸山としては、そうした指摘を踏まえたうえで、まず徂徠学と国学とのいわば人的関係をおさえてゆく。眞淵は春臺の弟子、渡邊蒙庵に漢学を学び、南郭と親交をむすぶ。南郭は「徂徠学の私的側面の継承者」であったことにとくに注意しておく必要がある。いっぽう宣長は、京都遊学のさい景山に学んだ。この件を蓮田善明も重視していた消息についても、すでにふれておいたとおりである。丸山の見るところ、「徂徠から景山へと伝へられた藝術観」は、宣長の「物のあはれ」論に対しても決定的な影響の痕を刻みつけているのである。

とりわけ津田説に沿ったものといってよい記述は、徂徠学における聖人観と宣長思想にあっての神観念との関係にかんしても見られる。宣長は「鳥獣木草の類ひ、海山など、其余何にまれ、尋常ならず優れたる徳のありて、畏き物」（伝三）のいっさいを迦微と理解した。宣長はしかもそれら神々のすべてに対する「合理的解釈や倫理的評価」を斥けている。徂徠の聖人もまた「彼岸性」を帯びるとともに、朱子学的な道徳性から解放されていた。ホッブズの言をかりて、丸山が特徴づけているところにしたがうならば、聖人にせよ、神々にせよ、*Autoritas, non veritas, facit legem*（真理ではなく権威が法をつくる）のである。「ここに徂徠学と宣長学との思惟方法における深き契合が存在する」。徂徠学の聖人は、『古事記傳』の神々へと読みかえられた。津田の見るところ、宣長は「徂徠の説の聖人の二字を神の一字に書き改めた」のであった（本書、四九頁参照。丸山前掲書、一六一頁以下）。左右吉がはやくからそう認定していたとおりなのである。

ことの消息を丸山眞男自身は、どのように表現していたか。助手論文の論の展開にあって、これも典型的な箇所を引いておく。典型的というのは、丸山は以下の引用でも、いわば論理の型と論理の型とを対照させることで、思惟方法の近接もしくは継受の関係を浮かびあがらせようとしているからである。

> われわれは前節迄の叙述によつて、朱子学の合理主義が実践的には「三代以前は尽く天理に出づ。三代以後は総て是れ人欲」といふ峻厳な規範的復古主義となり、古学派の興起は却つて規範の歴史的変容の認識を齎したことを知つた。さうして道を聖人の歴史的行為に依拠せしめた徂徠学によつて歴史の道学的理解がほゞ完全に排除されたことを見た。道のあらゆる規範化を斥ける宣長学が徂徠学の歴史意識を徹底しこそすれ、道学的歴史観に陥らう筈はないのである。宣長は単に人間的規準による勧善懲悪史観を排するのみならず、超人的規準（例へば天命・天道・神）による歴史の合理化にも反対し、好んで善人の滅び悪人の栄える実例を挙げた。（中略）さうしてかかる歴史的事実に対する忠実性と一切の世事を神の支配に帰する彼の信仰とは相結んで、神の倫理化の拒否に導いた。彼における代表的な悪神は禍津日神であるが、善神とても必ずしも善事のみなすわけではない。（中略）徂徠が「聖人も亦人たるのみ」としたことが、聖人の絶対化と矛盾せず、むしろ相補つた様に、宣長における神の倫理化の拒否は、

神を人間的価値判断の彼方に置かんとする彼の志向の当然の結果であつた。(同、一六七頁以下)

それぱかりではない。朱子学的合理主義に対する徂徠の批判は、さながら宣長思想へと継承され、ことをさかのぼるならば、やがてそれが「儒教乃至一切の儒教的思惟(からごころ)排除の武器」ともなってゆく(一六三頁)。ただし、助手論文における丸山の見るところでは、ここにも二重の反転の過程が、いってみれば弁証法的な展開がある。

朱子学における連続的な思考方法は、自然と規範を地つづきなものと見なすところにもあらわれていた。すでに確認しておいたように、そのオプティミズムから帰結するところは「道学的合理主義」であるとともに、人欲のいっさいを否定する一箇のリゴリズムにほかならない。朱子学的な思考の連続性を解消し、かくてまたオプティミズムを解体することは、同時に「人間自然性の解放」となってあらわれ、徂徠学における公私の分裂、またリゴリズムの排除としてもあらわれる。ただし、規範それ自体をことごとく政治化して、私的側面にあっていっさいのリゴリズムを排斥した徂徠の思想では、なお「聖人の道」は公的な側面をこそその本質とするものだった。朱子学的合理主義に対する徂徠の批判を継受する宣長の徹底した反リゴリズムは、徂徠的な「道」そのものをも斥ける。本居学は、徂徠思想における道学的―経学的な残滓のいっさいを払拭して、「一切の規範なき処」に「道」それ自体を発見するにいたる。丸山の考えるところによれば、かくて「はじめて人間自然性は消極的な容認から進んで、積極的な基礎づけを与へられた」ことになる。宣長学においては、「そもそも道は、もと学問をして知ることにあらず。生れながらの真心なるぞ、道には有ける。真心とはよくもあしくもうまれつきたるままの心をいう」(玉かつま)。ひとえに漢意によって蔽はれるところから、いわゆる「さかしら心」が生れるにすぎない(一六九頁以下)。問題はそのさきである。
この「生れながらの真心」を「本然の性」、「漢意」を「気質の性」と読みなおしてみれば、これはさながら朱子学の「人性論」である、とも丸山は言う。「「天理」の自然性に道を見た朱子学のオプティミズム」を徂徠は、「気質不変化といふペシミズム」へと反転させてみせた。宣長にあっては「三転して「人欲」の自然性」にこそ「道」が見いだされるにいたったのである。こうして宣長は宣言する。「人欲も即ち天理ならずや」(直毘靈)。「道学的なオプティミズムの否定の否定としていまや漸く本来の感性的なオプティミズムが誕生したのである」(一七〇頁)。否定の否定とは、いうまでもなく、ヘーゲルの(いわゆる)弁証法の鍵観念(といわれるもの)である。——かくして問題となるのは宣長の文藝観、さらにその独特な政治的性格であろう。文藝観が問題となるのは、生まれながらの真心がさしあたり「もののあはれ」というかたちで主題化されるのは文藝においてのことであるからだ。その政治的性格が問われうるのは、宣長の反リゴリズムそのものがあきらかに徂徠の方法を継承したものにほかならないからである。丸山は本居思想の核心を、あくまで政治思想史的に問題とする。その宣長観を端的に表明している一節を引用しておこう。

問題は宣長学の発展とともにさらに重大な展開を遂げる。かく宣長において固有価値を自覚した文学はやがて眞淵から受けた古代主義と融合して、漸次に古道の核心的な地位を占めるに至つた。すなわち、「すべて神の道は、儒仏などの道の、善悪是非をこちたくさだせるやうなる理屈は、露ばかりもなく、たたゆたかにおほらかに、雅たる物にて、哥のおもむきぞよくこれにかなへりける」(うひ山ふみ)として、「哥のおもむき」たる「もののあはれ」はそのまま神道自体の本質にまで高められる。かくして一旦修身や治国より解放された文学は再び政治的＝社会的性格を身につけたかに見える。もしこれをかりに「文学の政治化」と呼ぶならば、宣長における文学の政治化とは、文学の内容が政治的なものに変質するのでもなければ、――徂徠や初期の宣長の様に――文学が政治的な効用をもつといふだけでもなく、文学的精神（もののあはれ）がさながらに政治原理とされることを意味する。（一七三頁以下）

これまでもこの「外篇」でいくどか出会ってきたように、宣長にあって「もののあはれ」を説く文藝論が、ただちにその古道論へと接続してゆく経緯を認定する所論は、丸山に独自なものではない。それはむしろ、丸山眞男が助手論文を執筆した時点で、すでに通説の一部を形成していた。丸山の所説にオリジナリティがあるとすれば、当のことがらそのものの評価という次元に存在する。丸山の認定は、こうである。「文学が文学ながらに政治化されることは、反面からいへば政治が文学化されること、ややパラドキシカルにいへば、政治が非政治化（Entpolitisierung）されることにほかならぬ」（一七四頁）。

徂徠学と宣長学は、その私的側面によって連続している。徂徠思想にあっては、とはいえ私的側面の解放はその経学的――公的側面の、つまり儒教そのものを政治化したことの、いわば副産物にすぎなかった。「物のあはれをしるといふことを、おしひろめなば、身をさめ、家をも国をも治むべき道にも、わたりぬべき也」（源氏物語玉の小櫛）。そう語る宣長学は「一切の規範性を掃蕩した内面的心情をそのまま道として積極化し、かくしてまた「徂徠学における非政治的《ウンポリティッシュ》なものを逆に政治に連続させるに至つた」わけである。宣長にみてとられるのは「徹底した非政治的態度（unpolitische Haltung）」にほかならない（一七八～一八〇頁）。とはいえこの非政治性が高度な政治性を帯びてゆく。みとめられるのは「あらゆるロマン的心情に共通する機会主義的な相対主義」（一八〇頁）である。「万の事は、おこるもほろぶも、さかりなるもおとろふるも、みな神の御心」（玉かつま）。宣長はじっさいそう語るにいたる。かくて「古道は一つの積極的規範となる。既に宣長に内在してゐたこの傾向は彼の歿後の門人、平田篤胤によつて更に押進められ」（一八一頁）てゆくことにもなるだろう。宣長思想をめぐる検討をむすぶ、丸山眞男の一句である。

この最後の認定――「あらゆるロマン的心情に共通する機会主義的な相対主義」――には当然のことながら、時代の動向に対する丸山眞男の評価が含蓄されていた。丸山助手としては、私的領域の全面的な解放という宣長思想のモチーフのうちに、一定の近代性を認定する。そこにはたしかに「近代意識」の「芽生へ」（一八三頁）がある。若き丸山は、その反面、宣長学の非政治性の見かけのなかに――というよりも、あるいは同時代の国学評価の基軸のうちに――、政治の非政治化もしくは政治の美学化というファシズム一般の問題性をもひそやかに見てとっていたように思われる。

こうした評価は『日本政治思想史研究』所収の第二論文「近世日本政治思想における「自然」と「作為」」にあっても継承されている。丸山の見るところでは、たしかに「国学の本質を深く規定してゐる」のは、その「非政治的性格」にほかならない（二六六頁）。それにもかかわらず、「逆説的ではあるが国学はその本質的性格が非政治的であるが故にこそ、換言すればその封建社会の肯定が非政治的立場からなされてゐるといふまさにその事に於て、かへつて一つの政治的意味をもちえたのである」（二六八頁）。

第二論文の展開と、この国学評価の基軸については、これ以上たち入らない。ともあれ、非政治的性格の政治性という認定は、一方でその論理のきらびやかさ――反転の反転、否定の否定を説くいわゆる弁証法的論理――のゆえに受容された。くだんの評定は他方ではまた、イデオロギー批判一般の類型としての射程のひろさを理由としていったんは承認されてきたように思われる。とはいえ政治の非政治化とは結局のところ一片の修辞であり、宣長学における政治性への問いはしょせん一箇の錯覚の産物ではなかったか。この問いに対する答えは、丸山以後の政治思想史研究の展開を確認するまで棚上げにしておこう。そのまえに、丸山説に対する批判の類型のいくつかを見ておく必要がある。

十六

丸山眞男は助手論文の末尾で、朱子学から徂徠学ならびに宣長学への道程が、一見「非合理主義的傾向への展開」と見えることをみとめていた。そこで丸山が想起するのは、西欧思想史において後期スコラ哲学がはたした役割である。『日本政治思想史研究』第二論文が、この件に主題的に立ちいることになった。

丸山によるならば、「聖トマスによつて代表される盛期スコラ哲学からいはゆる近世哲学の最初の樹立者といはれるデカルトに至るまでの哲学史は神の絶対性＝超越性の強化の歴史であるといふことは一つの逆説的真理である」。後期スコラから宗教改革へいたる動静は「神と世界との内面的牽連をふりほどき、神に主権的な自由を賦与する道を歩んだ」からである（同書、二三五頁以下）。丸山としてはここに、自然より作為への推移の普遍史的な意義、すなわち近代を準備するその性格をみとめていたわけである。

ここで丸山が用いている「自然」は、羅山、徂徠、素行の「自然」であるとともに、ホッブズやデカルトの *natura* でもある。「伝来の日本語「自然」と nature の翻訳語「自然」とが、一つのことばであることによって、やはり混同されている。当然、その意味も混同されているのである」（柳父章『翻訳の思想』一五二頁）。批判の定型のひとつを生む要因は、かくて丸山思想史学の方法そのもののうちにもあった。

丸山のみごとな分析には、思想史的構図としても一箇の死角が存在していた。盲点は朱子学あるいは宋学一般をめぐる過度の図式化によってもたらされた面がある。尾藤正英の批判をとり上げてみよう。

丸山の図式のなかで見落とされてしまうのは、宋学的な思考の内側にとどまりながらなお「反体制的」であった思想家たち、たとえば、中江藤樹や熊澤蕃山の「理想主義的な立場」である。尾藤の最初の著書『日本封建思想史研究』では、じっさい、その第一部で「体制に対する擁護者的立場」を採った者として山崎闇齋と佐藤直方が論じられ、第二部では「批判者的立場」として藤樹と蕃山がとり上げられていた。

そもそも幕藩体制は、封建制という形式と家産制という実質との結合によって成立したものである。尾藤の考えによれば、古学派と国学派はともに、この家産制的な原理、徳川治世の実質的な原理の自覚に立った思想にほかならなかった。そのような認定のもと、『日本封建思想史研究』は、近世思想の展開をめぐって、丸山のそれとは別箇の展望を描いてみせる。典型的な箇所を引いてみよう。


古学派から宣長にいたる思想の歩みは、右の実質的な政治的原理が自覚せられ、その自覚の上に立って、現実社会に存在する矛盾を解決するための方法が、次第に明確化された過程であった、といえよう。(中略)しかしいわば可能なことのみを問題としようとする、その現実主義的思考は、徂徠において儒学の「技術化」を生み、宣長においては伝統的感情にもとづく専制支配の肯定となり、いずれも体制自体の実質的な強化を指向するとともに、政治とは無縁なる私的生活の場面においてのみ、個人の主体性を解放することによって、その間の矛盾の解決をはかろうとする立場となった。政治的自由と、それにもとづく政治への主体的参加は、そこではむしろ徹底的に否定される。体制の形式的原理に固執し、儒学の普遍的理念に依拠を求めた、藤樹、蕃山らの理想主義的立場に比較すれば、この方がはるかに現実性に富んだ解決の方向であった、ということができ、事実においてその後の歴史の歩みは、主としてこの線に沿って進んだ。その限りにおいて、先駆者としての見識は高く評価されてよい。しかしそのような思想の現実主義化の代償として失われたものは、思想としての普遍的性格というべきものであったのではないか。（同書、二八五頁）

西欧とつながる普遍性への回路を丸山が見いだした、ちょうどそのおなじ論点に、尾藤は儒学に繫縛された特殊性をみとめ、丸山が近代の理念を発掘しようとする、ほかでもないその場所に、伝統への後退を尾藤は確認する。丸山も引証するヴェーバーの理解では、じっさい儒学は家産制とこそ親和的であって、封建制一般と対応する思想ではない。古学と国学はそして、この家産制的封建制という特殊に依拠している。徂徠や宣長の現実政治への提案に、さして見るべきものがないことは、丸山自身がみとめているところである。丸山がまた暗黙のうちに、社会契約説的な自発性の萌芽をも「作為」の論理のかなたに見はるかそうとしていたとすれば、それは理路の混乱を生むにすぎない。絶対的君主の主体性と個々人の自発性とのあいだには無限の距離がある。――のちに子安宣邦が語っているように、徂徠を解釈するメタ・ヒストリーはある意味で解体している。そこでは契約説的な「作為的秩序思想」が「絶対的支配者の作為の論理にすりかえられているからである」（『「事件」としての徂徠学』四二頁以下）。ここではしかし、丸山の論に対してより内在的な批判あるいは批判的な継承といってよい立場を見ておこう。東大紛争をきっかけとして、丸山が停年をまえに東大法学部を退職したのち、その講座継承者となった松本三之介（一九二六年生）の所論がそれである。

松本はがんらい、特別研究生として丸山眞男の指導のもとにあった。その最初の著書となった『国学政治思想の研究』は、その成果として執筆された論文をあらためて一本にまとめたものである。

当該論攷は、まずはその「序章」にあって国学研究史をも振りかえりながら、村岡典嗣『本居宣長』と津田左右吉『文學に現はれたる我が國民思想の研究』を対照している。松本によれば前者は「個人的哲学的研究」であり、後者には「国学思想を広く国民生活や社会情勢との相互関係から研究しようとする傾向」がみとめられる。松本の見るところでは、村岡を承けた精神史的研究にくらべて、津田に代表される、いわば社会史的研究はなおも立ちおくれており、これが国学研究の現下の課題を形成しているのである。――それぱかりではない。国学の歴史的意義にかんするとりわけ優れた研究には、ひとつの意図が共有されている。その企図とは「日本の過去の思想から何らかの近代的なもの、或いはそれへの萌芽をさぐろうとする」ものであった。たとえば羽仁五郎『日本における近代思想の前提』にせよ、丸山眞男『日本政治思想史研究』にせよ、あるいは奈良本辰也『近世封建社會史論』にしても、その傾向に否みがたく参入している。

とりわけ丸山の「近世日本政治思想における「自然」と「作為」」における主張――国学にあっては、「現秩序に対する反抗が否認されると同時に、その絶対性の保障もまた拒否される」（丸山前掲書、二七二頁）――との関連で、松本は説いていた。引用しておく。

もとより、国学に対するかかる規定づけは、その思想的特質を思惟様式に求め、その政治的意味を主として革新性に重点をおきつつ規定しようとする場合は全く正鵠を得たものであろう。しかしながら、国学のもつ政治的意味或いは政治思想史的特質は、保守的機能の相対化、現秩序の絶対性に対する保証の拒否という、はからずも内在的論理の発展がもたらす進歩的側面のみでなく、否それ以上に、国学の非政治性そのもの、あるいは現秩序に対する反抗を否認するその否認のしかたが、現実にはどのような政治的意味をもったかという、まさにそのイデオロギー性自体の中に、政治思想としての意義と特質とを見出すことはできないであろうか。なぜなら国学思想こそ天皇制的国体イデオロギーの重要なる一源流であり、国学に示された政治的課題とそれを遂行するための論理こそ、明治以後における国体イデオロギーの課題と論理との主要なる一原型と考えられるからである。（松本前掲書、一七頁）

強調を附した部分に、松本論文の問題関心と問題設定が端的にあらわれている。くわえて「イデオロギー性」という語が国学のいわゆる近代性の主張に対抗し、むしろそれを抹消する方向で使用されていること、また「天皇制的国体イデオロギー」という概念のうちに松本の以後の研究方向が予示されている消息が注意されてよいだろう。じっさい、のちにふれる論策「国学の成立」が収められた松本の論文集は『天皇制国家と政治思想』と題され、ひろく明治以後の政治思想の展開をも視界に収めてゆくものとなったのである。

いま問題としている松本論文の本論は、「第一章 国学政治思想理解の前提」「第二章 国学政治思想の性格と課題」「第三章 幕末における国学思想」の三章からなる。この「外篇」の文脈でとりわけ注目されるのは宣長を論じた第二章であるけれども、まずは第一章の所論からかんたんに確認しておく必要がある。

松本三之介は「国学政治思想理解の前提」として朱子学の思考をとり上げ、また主として徂徠思想の位置づけを問題としていた。この第一章の展開はおおむね、指導教官である丸山の所論に沿ったものとみなしてよいだろう。じじつ松本は、修身斉家治国平天下という標語のうちに「私的モラルと公的モラルとの連続性を認定する。その論理は、一方で政治を「為政者の私的倫理」へと解消し、他方で「被治者の服従に対するオプティミズム」を前提するものである（前掲書、二四～二六頁）。ただし松本の朱子学評価にはひとつの特徴がある。松本は第一の論点（いわゆる「徳治主義」の問題）を「政治における政治性疎外」と呼んで、第二の論点を「被治者の内的心情に対する盲目」とみなしている点がそれである。近世思想史の布置を描きとろうとする松本のいわばメタ・ヒストリーの内部では、前者が儒学内部での「新政治思想」、すなわち徂徠学の登場によって超克され、後者は宣長思想において問題とされるはこびとなるはずである（同、二九頁）。

徂徠学をめぐる論定は、こうである。徂徠学は「道を外面化すること」で、儒学にその「政治性」を恢復させた。現実面でも徂徠は、制度改革と人材登用によって、徳川封建社会の矛盾を喰い止めようとする。徂徠思想は、しかし朱子学とおなじように、「その対象が常に為政者たることを前提としている教説」であって、朱子学とひとしく「為政者論としての性格をもつもの」にほかならない。徂徠の政治思想はかくて「為政者論的性格を朱子学から継承しつつも、疎外された政治性を取り上げ礼楽刑政なる外的な規範」によって、幕藩体制を維持・強化しようとするものだった。松本の認定はこの点までは、師たる丸山の所論から大きく逸脱するものではなく、それを高く超えるものでもない。以下の判定が、とはいえ松本の国学論、とりわけ宣長理解の基軸をあらかじめ表明している。「しかしながら、徂徠学による朱子学的非政治性の救済は、結果において朱子学のもつ他の側面たる被治者の内面性無視をますます顕在化せしめる」こととなった。さらにその先がある。「政治性の強調はそれだけ被治者の内面性無視を強く人に印象づけた。国学が直接的に徂徠学を攻撃の対象としたのはそのためだったのである」（同、三七頁）。——ここで主情主義という、村岡以来、宣長思想の特質を規定するものとされてきた認定が、あらたに独特な意味を負わされることになる。松本の所説をもうすこし跡づけてみよう。

がんらい国学は、中世歌学に対抗する「主情主義的歌学」の系譜にぞくしている。たとえばそもそも自身が僧侶であった契沖の文学論を一貫する志向は、中世の道徳的・宗教的な詩歌論に対する反抗であり、歌の本質を「心のよりくるまゝ」という「人間自然の感情」に求めるものにほかならない。契沖に見いだされる「情的人間像」は眞淵にも継承され、それが宣長にいたりいわゆる「物のあはれ」として、その文学論の中核をかたちづくることになった経緯を松本は確認する。

宣長の「主情主義」が見いだしたのは「もはや天理に則って構成された人間ではなく、喜び哀しみ、そして驚く、現実の活きた人間」である。それでは、現実の活きた人間は、どのような情況に置かれていたか。「国学の眼が現実の事実に向けられた時、そこに映じたものは何であったろうか。ほかでもない、そこには貢租の過重に喘ぐ農民と、「大勢徒党して強訴濫放する」百姓町人とが見出されたのである」。朱子学的道徳規範にせよ、徂徠学的な政治規範にせよ、「被治者の情に対する外からの規制或いは規範にもとづく教化」はいまや失効している。ひろく規範主義的な人間理解が有効性を喪失しているのだ。すでに眞淵が「人は教に随ふものと思へるは天地の心をさとらぬ故也」と断言していた。このような非規範主義＝現実主義的な人間理解は、宣長「直毘靈」がつぎのように語るにいたって、決定的な表現を獲得する。こうである。「いはゆる仁義礼譲孝悌忠信のたぐひ、皆人の必《ズ》あるべきわざなれば、あるべき限《リ》は、教《へ》をかざれども、おのづからよく知《リ》てなすこと」である。その意味では儒教とりわけ徂徠学の「聖人の道」は「なほきびしく教へたてむとせる強事なれば、まことの道にかなはず」。そもそも儒学が斥ける人欲にせよ、「それも然るべき理《リ》にてこそは、出来たるべければ、人慾も即《チ》天理ならずや」（四六〜四九頁）。

こうした主情主義的人間像が、たとえば羽仁五郎も一方でみとめていたとおり「国学の清新さを示すもの」として受容されたことはまちがいがない。しかしこの主情主義、それにもとづく「規範主義的政治思想」に対する挑戦は「革新の理論」となりえたのだろうか。あらためて問われるべきは、松本によればかくて宣長の「まごころ」「物のあはれ」の性格であることになる（五〇頁以下）。

宣長は「心のうごき」に「物のあはれ」の本質を見いだし、情のうごきこそが「人の真心」であるとみなした。心のうごきそのものを重んずる「物のあはれ」は、「その時々の相対的な動的な状態を価値あるものとする」ものであるがゆえに、「真情たる「物のあはれ」の主体としての人間」についていうならば、その人間は「まったく非実践的な受動的人間として政治社会に登場する」ほかはない。こうして国学とりわけ宣長の主情主義は、「あはれ」という感情の動きだけを尊重することにより、一箇の「機会主義」となる以外に途はなく、要するに「現実には一種の非実践的な静寂主義」と化する以外に法がない（五二頁以下）。

国学的主情主義といわれるものについて、その政治的帰結をこのように問題にして、松本はいったん結論づけている。引用しておこう。

> 主情主義の積極面をなす「まごころ」「物のあはれ」は、規範によって規律されることに対してなんら対立するものでなく、したがって現実の政治に対して、自ら積極的に反抗し、政治的実践に移りうる性格のものでは決してなかった。否、むしろ「物のあはれ」なる観念は、規範による拘束を逆に情の形に昇華せしめ、現実の苦悩を「あはれ」の中に解消する麻酔剤であったとさえ言えよう。ところで、真情

の性格がまったく受動的なものであることが明らかになった今、国学思想において一見清新と思われる主情主義も、政治的にはなんら変革の思想でないことももはや明瞭であろう。現実の制度や規範は被治者の情を無視したものであるとその欠陥を指摘しても、そこから主体的に新しい制度を制作し、新しいモラルを創出し、正しい規範を打ち立てる実践性は生まれる余地がないのである。貢租の過重負担に苦しみ、自らは米ならぬ粗末な物を食わねばならぬ百姓を「いともくあはれにふびんなる物也」(『秘本玉くしげ』上)と同情しても、それだからといって主体的に政治的実践に移るものではない。(五三頁以下)

国学的主情主義を特徴づけるものは、かくてその「非政治的性格」である。しかしながら、と松本三之介は附けくわえている。「ここで注意すべきは、あくまで非政治的(apolitical)であって、決して反政治的(anitipolitical)ではないということである」。むしろ国学の非政治性のうちにこそ、その「強烈なる政治性」がある。主情主義は、たしかに「政治成立の一つの前提――政治的ファクターとしての被治者の存在――を的確に提示した」。その意味で国学の主情主義は「一つの進歩性」を示している。しかし国学とりわけ宣長学そのものは「それ自身革新的な政治の主導力となりうるもの」ではない(五四頁以下)。

宣長学の非政治性こそがふかく政治性を刻印されている。このような理解は、一方で丸山眞男の国学理解を大きく超え出るものではないかに見える。その解釈は他方では、さかのぼれば、たとえば永田廣志に典型を見る、イデオロギー論的宣長評価ともえらぶところがないようにも映じよう。松本の宣長論には、しかしそのさきがあり、その「物のあはれ」論にもいわばその続篇があった。

松本三之介『国学政治思想の研究』第二章は「国学政治思想の性格と課題」と題されていた。その第二章はふたつの節からなり、第一節「主情主義の政治的性格」をこれまで見てきたところである。節をあらためて、「国学の政治的課題」という標題をかかげて、松本はまず国学のもとに包摂される諸学問のうちでも神学、道を学ぶ学がその中核部分を形成することを確認して、以下の考察が「主として宣長の神道論を中心とし、そこに現われた政治的課題を明らかにしようとするものである」しだいを宣言している（六〇頁）。

宣長そのひとは、神の道が「教へ」であることを拒絶し、「教へ」や「ことわり」から神道を区別しようとしていたことはよく知られている。神道とは規範ではなく事実なのである。松本の見るところでは、とはいえ、宣長学の説く神の道も、「結果において――しかもここで問題とせねばならぬのは、まさにこの政治的結果なのである――道として、規範として妥当せねばならぬ性質のものであった」。松本の所論が見とどけるのはそこでも、宣長思想にいわれる道がはらむ「非規範的規範性」であり、その「非政治的政治性」である（六二頁以下）。それでは宣長学において、道が明示的規範であることをみずから否定しながら非明示的には規範と化し、その所論が非政治性を装いながらも、当の非政治性そのものが政治性をあらわにするものへと変じるのは、どのような場面であろうか。この問いはほとんど、宣長思想の総体にとって政治とはなにか、という問題とひとしい。――宣長は『古事記傳』のなかで、つぎのように書いていた。松本の言及する箇所を前後をふくめて引証しておく。さきにそうしておいたように（本書、二二四頁）、本文は本書の引用方針にしたがう。

○政《まつりごと》は、凡て君の国を治《おさめ》坐す万事《ノ》の中に、神祇《かみ》を祭賜《リ》ふが最重事《なかにもおもきこと》なる故に、【他《ひとノ》国にも此意あり。皇国《みくに》は更なり。】其余《ノほか》の事等《ことども》をも括《かね》て祭事《まつりごと》と云とは、誰も思ふことにて、誠に然ることなれども、猶熟《よく》思《フ》に、言の本は其由《ノ》には非《あら》で、奉仕事《まつりごと》なるべし。そは天下《ノ》の臣連八十伴緒《おみむらじやそとものを》の、天皇の大命を奉《うけたま》はりて、各《おのおの》其《ノ》職《わざ》を奉仕《つかへまつ》る、是《レ》天下《ノ》政《まつりごと》なればなり。さて奉仕《つかへまつ》るを麻都理《まつり》と云由は、麻都流《まつる》を延《のべ》て麻都呂布《まつろふ》とも云《へ》ば、即《チ》君に服従《まつろひ》て、其事を承《うけたま》はり行《おこな》ふをいふなり。【されば都加閇麻都留《つかへまつる》は、事服従《つかへまつる》なり。又服従《まつろふ》は奉仕《まつる》にて、皆本は一《ツ》意より出たり。（中略）又神を祭ると云も、其《ノ》神に奉仕《つかへまつ》るにて、本同言なり。されば政《まつりごと》とは、天皇の神に奉仕《つかへまつ》り坐義《スこころ》とせむも、言の本の意は同じけれども、其《ノ》祭祀《まつり》の事に因《より》て云《フ》称にはあらず。臣連等の天皇に奉仕《つかへまつ》る方に就て云《フ》称なり。】故《レ》古言には、政《まつりごと》と云をば、君には係《かけ》ず、皆奉仕《つかへまつ》る人に係て云り。（中略）【然れば言の本を以て見れば、麻都《まつ》理碁登《りごと》には政字《ノ》は当らず。此字《ノ》になづむべきには非ず。されど臣下の奉仕る万事《ノ》は、即《チ》君の国を治め賜ふ御事《みわざ》なれば、末は一《ツ》におつめり。〇麻都理碁登は令服事《まつろへごと》なりと云説もあれど、若《シ》然らば、麻都礼碁登《まつれごと》と云《ハ》ざれば、自他の違《ヒ》あり。麻都理《まつり》とは自《みづから》奉仕るを云言《フ》、麻都呂閇《まつろへ》は、他をして奉仕らしむるを云言《フ》なればなり。】

（伝十八、全集十巻三二一頁以下）

拠をこの箇所にもとめるかぎりでは、たしかに「宣長にあって政治は臣の奉仕にほかならず、奉仕、換言すれば臣の服従が、とりもなおさず君の政治と解されている」。ヴェーバーを典拠として松本が説くところによれば、政治的支配には命令と服従という二面が存在する。宣長はひとえに後者の面から政《まつりごと》（麻都理碁登《まつりごと》）をとらえていることになる。宣長の理解によると、この国の古道は「神ながら言挙げせず」というものだ。これに対し「天皇尊の大御心を心とせずして、己々がさかしらごゝろを心とするは、漢意の移れる」ものにすぎない。宣長学にとって「政治の中核をなすのは、支配者の意志やその内容ではなくして、支配者の意志を自己の行為原理とすること」なのであって、しかもそのような政治論は、いわゆる「漢意」の排除と「密接不可分な関係にある」のである（松本前掲書、六四頁以下）。

このような松本の理解は、じつはかなり一面的なものである。じっさい東より子が指摘しているように、宣長にあって道は、たほうでは「天皇の天下をしろしめす道」である。松本論文の解釈は、『古事記傳』そのもののなかで展開された「政治」＝「奉仕事」論の読解に由来するものというよりは、たんに「近代政治学の「命令―服従」の枠組みから導出されたもの」であった可能性がある（『宣長神学の構造』二〇三頁）。

この点についてはいまは措く。注目しておきたいのは、松本三之介の宣長研究にあってはここで、政治的な服従の根拠をもとめて、あらためて「物のあはれ」論が召還されていることである。いわゆる主情主義はさきの文脈では、一方で文藝論にそのみなもとを発し、他方その内容はもっぱら国学の人間観にかかわっていた。松本は、論のこの階梯ではさらにそれを、いわゆる宣長の不可知論とむすびあわせて理解しようとしてゆくことになる。

被治者が治者の命令に服従し、奉仕《つかえまつ》るためには、被治者を「心情」において「敬い畏れさせるもの」がなければならない。その崇敬と畏敬の対象となるものこそ「神」であり、神々の「事跡」である神道であるほかはない。宣長神学の課題はかくて政治思想としては、神の発見、「神の道による被治者の服従の確保」にある。前者、つまり「神の発見」を可能としたものはふたたび「物のあはれ」であった、と松本は見る。じっさい、『うひ山ぶみ』は語っていた。「すべて人は、雅の趣をしらでは有《ル》べからず、これをしらざるは、物のあはれをしらず、心なき人なり」。「すべて古《ヘ》の雅たる世の有《リ》さまを、よくしるは、これ古の道をしるべき階梯也」（七〇頁）。「物のあはれ」とは、あらゆるものごとを見るにつけ、聞くにつけ、触れるにつけて、それぞれに動かされ、感ずることであった。「あはれ」の根底にあるこの感覚主義が、宣長を儒学的な「理」から遠ざけ、不可知論へと近づける。「火はたゞ熱く、水はたゞ寒きものにて、その熱く寒きは、何の理にて然りといふことは、はかり知がたき事」（くずばな・下）なのである。それだけではない。陰陽といった、宋学に固有の理が斥けられるだけではない。「此大地も万物も、いひもてゆけばことごく奇異からずといふこと」がない（くずばな・上）。自然はそれじたい「奇異と驚異の世界」にほかならない。「かくて経験された奇異と驚異とは、やがて感覚的世界の背後にあってそれを操る神」へとみちびく。「不可知なる現実の世界はそのまま神々の世界と化し」、かくしてまた「経験主義は一転して神秘主義と」なる。「ただ天地世間は、人の智にていかなる理とも、いかなる故にしかるともはかりしるべきものにあらず。たゞ古への伝にしたがふべきこと也」（講後談）。こうして宣長にあっては、「古典の文献学的研究によって闡明された古代人の観念および伝説は、そのまま現代人の信仰すべき対象」となるのである。――神は「ひたすら畏敬さるべき存在であり、尋常の理によって判断さるべきものではない」（七一～七四頁）。おなじように治者もひとえに崇敬し、服従すべき存在であり、その服従の根拠はそれ以上さかのぼるべきものではないことになるだろう。「直毘靈」の劈頭にあるとおり、「皇大御国は、掛けまくも可畏き神御祖天照大御神の、御生坐る大御国」であったからである。宣長を論じる章の結論部分を引く。

さて以上の叙述から明らかな如く、国学においては、「上のおもむけ」は単に現に存在する一個の為政者の私的な命令ではなくなった。被治者は「上のおもむけ」を通して神の法《のり》を見た。それは批判を許さぬ絶対的規範である。規範を排斥した国学は、神道によって絶対的規範を作り上げるという逆説的な役割を果した。

「時々の御法《みのり》も神の時々の御命《みこと》にしあればいかでたがはむ」（『玉鉾百首』）

かくしてここに、国学の非政治性は裏返された政治性に過ぎなかったことが明らかになった。(七七頁)

松本三之介の国学研究は、はじめに見ておいたとおり、津田左右吉の社会史的な研究を継承しようとする企図をふくんでいる。その宣長理解は、たほう村岡典嗣以来の解釈概念の主要なものをそのまま用いるものだった。たどってきたところでは、主情主義がそれであり、また不可知論がそうである。そうした解釈装置の有効性をめぐって、私自身はややつよい疑念を懐いていることについては、すでにこの「外篇」でふれておいた。ここで確認しておく必要があるのは、松本がそうした解釈格子を使用するとき、そのすべては政治思想史という視界から再編され、また再解釈されていることである。文藝論における、いわゆる主情主義は政治思想の前提をかたちづくる人間観という側面から検討される。宣長の文藝観＝人間観を開示する「物のあはれ」論は、いわば一箇の政治神学の礎石としてとり上げられた。神と世界にまつわって取りざたされるいわゆる不可知論は、支配と命令の根拠を遡及することへの禁止として読みかえられる。みごとに一貫した宣長像というべきかもしれない。それはしかし等身大の宣長とたがいに測りあう本居像であっただろうか。政治思想史という研究視角は松本三之介の国学論にいたって、結局のところ、宣長思想の内実を切りつめる外枠と化してしまったのではないか。ひとことだけ言っておくとすれば、宣長は『古事記傳』のなかで支配を神によって根拠づけたのではなく、むしろ神を人として読んだのではないだろうか。政治思想史的研究にいう「非政治性」はじつは一箇の誤読に発する理解であり、宣長にあっては「『源氏物語』におけるように、『古事記』においても、テーマは人間としての神にそそがれて」いたようにも思われる(飛鳥井雅道『日本近代精神史の研究』六六頁)。最終的な解答もまた本書の「内篇」へとゆずるほかはない。

後年の論考「国学の成立」で松本は、契沖をめぐってつぎのように書いている。引用しておこう。松本のもう一面を見ておく必要がある。

住む人はいかにあふがん出てこそ高野の山を高しとは見め
高野山おくの杉むらなほく〳〵にむかしは法をつたへしものを

これらの歌は、生を託した寺院生活にたいする彼の失望の表白でなくて何であろう。苦悩と憂愁は深まるばかりであった。そうした彼にとって、唯一の救いとなったのは、下河辺長流との交遊であり、早くから親しんでいた和歌の世界であったのである。すなわち、世俗の道徳や儒仏の教義や伝襲から自由な抒情の世界に、彼は唯一の真理と真実とを見出し、そこに生の安らぎを求めたのである。かつて彼が放浪の日々を送っていたとき、自然の美しさにうたれて、彼はみずからの頭を岩角に打って死のうと試みたことがあると伝えられている。ある契沖研究者は、この事件について、つぎのような解釈を下している。「豊かな生命の過剰に懊悩する契沖に、自然の悠久な美しさは、あたかも浄土ともまた堪え難い孤独や倦怠とも映じたであろう。そしてここにただ一つ確実なことは、このときおのれの生命を自然への散華とすることが、契沖にとって唯一の生命の歓びと感ぜられたのである」〔平野仁啓〕と。

わたくしもそう解したい。みずからの生命をも自然への散華とすべく駆りたてるほどの、彼の自然にたいする豊かな感性が、やがて契沖をして和歌の世界に心の救いを求めしむるまでに至ったのであろう。

(『天皇制国家と政治思想』二一一頁以下)

右の引用で問題となっている契沖の一挿話については、蓮田善明がその宣長論で印象ぶかいしかたで言及していた。伝えられているところでは、契沖は二十四歳のころ「山川の霊異なるものを躋攀せざるは無」く、各地を彷徨ったその涯て、室生山に登り、その一巌窟の「幽絶を愛し、以て形骸を捨つるに堪ふると為し、乃ち首を以て石に触れ、脳且た地に塗る」とされている。蓮田は「この異常な行為は私どもを身顫ひさせる」としるしていた（本書、一六七頁以下）。けれども、誤解してはならない、善明の詩魂は「身顫ひ」するほどに感動していたのである。——右に引いた一文のなかで、「おのれの生命を自然への散華とすることが、契沖にとって唯一の生命の歓びと感ぜられた」とする解釈に対してこころから同意するとき、政治思想史家としての松本は、いったんすがたを消しているようにも見える。松本三之介そのひとは、文学が文学であることに対して鋭敏な感受性をもそなえていたといってよいだろう。

後年の考察にあっても、しかし松本の宣長論の基調はかわっていない。論文「国学の成立」もまた説いていた。本居は「彼みずからが心情としていた非政治的態度を、そのまま「道」として規範化した」。それだけではない。宣長にあってはこの「非政治性」は「もっぱら「臣」や「下たる者」にたいして求められている」。かくて非政治性はもはや「裏返された政治性ともいうべきもの」となる（前掲書、四四頁）。宣長学の卓越した成果は、「一切の政治的実践への断念と、政治的現実の肯定という高価な代償」（『日本政治思想史』三九頁）のうえに獲得されたのだ。——概説書のなかで繰りかえされるこの松本三之介の認定を師の丸山眞男もやがて受けいれた。一九六七年度の「日本政治思想史」講義では、こう語られている。「上なる権威への奉仕は、いいかえれば服従者の行動である。つまり、政治的なるものを服従者の立場と倫理にすべて還元するのが宣長の基本的な政治的思考態度である」（『講義録［第七冊］』二九六頁）。

本居宣長は歌に「古風」「後世風」の区別がある経緯を受けて、「古学の輩は、古風をまづむねとよむべき」ことを指摘しながら「又後世風をも、棄《すて》ずしてならひよむべし」と主張していた。本居のこの主張の背景にある消息をめぐって、この「外篇」のなかでもすでに竹岡勝也の所論とのかかわりでふれておいたところである。『うひ山ぶみ』本文はその理由を挙げて、「後世風の中にも、さまぐ〵よきあしきふりぐ〵あるを、よくえらびてならふべき也」と説いたあとに、つづけて述べている。「又伊勢源氏その外も、物語書どもをも、つねに見るべし」。中古の物語に親しんでこそ、「いにしへ人の、風雅《みやび》のおもむきをしる」ことができ、それは「歌まなびのためは、いふに及ばず、古の道を明らめしる学問にも、いみしくたすけとなるわざ」であるからだ(全集一巻六頁以下)。

「いにしへ人の、風雅のおもむきをしる」の部分に宣長はみずから註してこう説いていた。竹岡による引用にそくして夙に言及した部分であるけれども、あらためて略さず引いておく。

すべて人は、雅《みやび》の趣をしらでは有《ル》べからず。これをしらざるは、物のあはれをしらず、心なき人なり。かくてそのみやびの趣をしることは、歌をよみ、物語書などをよく見るにあり。然して古人《へ》のみやびたる情をしり、すべて古《へ》の雅たる世の有《リ》さまを、よくしるは、これ古の道をしるべき階梯也。然るに世間の物学びする人々のやうを見渡すに、主《むね》と道を学ぶ輩は、上にいへるごときにておほくはたゞ漢流の議論理屈にのみかゝづらひて、歌などよむをば、たゞあだ事のやうに思ひすてて、歌集などは、ひらきて見ん物ともせず、古人の雅情を、夢にもしらざるが故に、その主とするところの古の道をも、しることあたはず。かくのごとくにては、名のみ神道にて、たゞ外国の意のみなれば、実には道を学ぶといふものにはあらず。（全集一巻二九頁）

本居宣長が最晩年にいたるまで、歌道と古道とのあいだの強いつながりを求めていたことは、右の箇所に徴するかぎり、文献的には疑いの余地がない。村岡典嗣の提起によるいわゆる「宣長問題」の一部分、本居における中古主義と上古主義の関連という論点が、古道論と歌道論とのかかわりを中軸とするものであるとするならば、「問題」の一面は、竹岡勝也から、典型的にはまた蓮田善明をへて、笹月清美へといたる研究の流れの内部で問われつづけて、すでに一定の共通理解へと到達していた。これもふれておいたとおり、丸山眞男の宣長論における基軸のひとつも、この通説の延長上に展開されている。丸山の本居理解を政治思想という面から批判する松本三之介の所論にしても、宣長像の範型としてはくだんの理解をこそ前提としたものだった。

本居学をめぐる政治思想史的な研究には、とはいえそもそもいわば構造的な欠落がある。テクスト解釈の政治思想への焦点化が宣長思想の理解を外的に制約し、文学思想に対する内的な読解を阻害して、その結果結局は歌道から古道への移りゆきを、あるいは「雅」と「道」とのつながりを、充分にとらえ切ることができない、という政治思想史という視点そのものに由来する欠陥である。――丸山自身が文学愛好家でもあったことは、一度ふれておいた。右に見ておいたとおり、松本のなかに文学的な感受性が欠如していたわけでもない。にもかかわらず、丸山・松本師弟の宣長研究はともに、本居学における文学思想の深度と強度を測ることに失敗して、政治と文学の輻輳点をも捉えそこねている。政治の文学化という視角、あるいはそこから帰結する、政治の非政治化もしくは非政治的なものの政治性といった主張は、ある意味では解釈のこの欠落に由来する一種の虚像、すくなくとも宣長像としては一箇の虚構であり、この虚像と虚構とが国学政治思想一般の理解を歪めてきたのではないだろうか。渡辺浩の助手論文をみちびいていた問題関心の一部は、あるいはこのようなものでもあったように思われる。ちなみに渡辺（一九四六年生）は松本三之介にとって二十歳年少の、しかしともに丸山眞男に師事した日本政治思想史研究者であった。

渡辺の助手論文となった「「道」と「雅び」——宣長学と「歌学」派国学の政治思想史的研究」はつぎのように書きだされる。『国家学会雑誌』掲載の稿から引用しておこう。

本稿は、「宣長学と『歌学』派国学の政治思想史的研究」という副題をもつ。政治思想の研究ではなく、政治思想史的研究とあるのは、狭い意味での政治思想、すなわち、政治についての思想のみではなく、それの解明にあくまで重点を置きつつも、それに関連してくる限りにおいて、政治とは全く異質の対象についての思想領域にも踏み込むこと、及び、個々の思想家を羅列的に論ずるのではなく、思想史の流れを織り成して行くものとして、彼等を相互に連関させつつ位置付けていく意図のあることを、暗示している。（「「道」と「雅び」（一）」四七八頁）

原著者に由来する強調を注意ぶかく辿ってゆけば、渡辺の問題意識がどこにあり、先行研究に対するその不満がどのような論点のうちに存在するかはおのずとあきらかである。「道」と「雅」とのつながりをあらためて問おうとして、渡辺浩は「雅」の内実を問いかえすところからはじめようとする。しかも、あえて平田派に代表される「古道」派国学の流れではなく、いわゆる「歌学」派の潮流のうちに、問題のありかを見とどけようとしているのだ。その意味で渡辺論文のいわば読みどころは、一方で安政の大獄の立役者である長野義言《よしとき》、他方で天誅組の蜂起に左担した伴林光平（本書、一〇頁参照）へと流れこんでゆく、幕末歌学派国学の動静を解析した部分にあると言わなければならないであろう。ここでは、とはいえ宣長思想における「道」と「雅」の結節点をめぐる渡辺の分析だけをとり上げておく。問題となるのは、渡辺にあっても「物のあはれ」をめぐる理解にほかならない。

よく引かれるとおり、たとえば『源氏物語玉の小櫛』の宣長は、「あはれ」とは、「もと、見るものきく物ふるゝ事に、心の感じて出る、歎息《ナゲキ》の声にて、今の俗言にも、あゝといひ、はれといふ」と説き、かくして「あはれは、悲哀にかぎらず、うれしきにも、おもしろきにも、たのしきにも、をかしきにも、すべてああはれと思はるゝは、みなあはれ」と言われると語っていた。そのかぎりでは「あはれ」はきわめて広汎な意味を有し、今日でいう感情一般へまでその外延はひろがり、かくてまたその内包がにわかに定めがたい概念であるかにみえる。けれども渡辺が強調するところによれば、宣長にあって「物のあはれをしる」ことは、そのじつ、「具体的な「古」、その「古」における「風雅」「雅び」の表象と緊密に結びついて」いた。「物のあはれをしる」とはたんに「豊かな感受性を有すること」にかぎられるものではなく、むしろあらかじめ「古の風雅」とこそ強くむすびあっているのである（前掲論文、五一一頁）。

この件を確認するために渡辺浩は、従来あまり注意されてこなかった『小櫛』の一節を検討する。宣長が源氏物語における「あはれ」の類型を整理して枚挙している部分である。その論述によれば、源氏にあって「人の心をうごかし、あはれと思はする物」は、ほぼ四種にわかたれる。第一は「おほやけわたくし、おもしろくめでたく、いかめしき事」、すなわち公的もしくは私的な、興味ぶかく立派な、あるいは盛大な事件や行事であり、第二に和歌の主要な題材ともなる「春夏秋冬をり〳〵の、花鳥月雪のたぐひ」、第三に「ひとのかほかたちのよき」、最後にひとの「しなくらゐ」すなわち身分・位階である（同、五一二頁以下）。

宣長の叙述をたどり、跡づけたのち渡辺は、「雅」と「道」、「真心」と「道」との関連という関心からみて、注目すべき点がふたつある、という。第二点、渡辺論文のいう「この世へのいつくしみ」については、いまは措く。第一点のみを問題としておこう。

すなわち第一点は、「あはれ」と「感ずべき」対象、あるいは「あはれ」の「感」を起すはずの機因となるものとして、伝統的和歌の中心的題材である「花鳥月雪」といういかにも「風雅」な自然の事象と並列して、「ひとのかほかたちのよき」「人の品位」「おほやけわたくし、おもしろくめでたく、いかめしき事」という人間の優れた身体的・社会的属性と、そうした人間達の演ずる行為が挙げられ、それらへの心的態度の間に質的な区別が設けられていないということである。「物のあはれをしる心」は、季節の推移に連れて次々と展開する「風雅」なる自然の種々相を観照して思わず「あはれ……！」と慨嘆せざるをえないのと同様に、王朝を彩る華麗な人事の諸事象に触れる時、畏敬と賛嘆の情を抱かずにはいられない。それは自からなる純粋心情の発露であって、自覚的な意図や義務感に媒介されたものではない。（中略）それ故、時に誤解されるように、「物のあはれをしる」とは、一切の政治的な権力や権威に無縁無関心な、純粋な耽美的態度ではない。それは、「みやび」が（本来「宮び」であることの象徴するように）この世の具体的権威——宮廷——に由来する美の観念であることとも恐らくは関連して、ある種の権威と秩序にベクトルの向いた――ベクトルであって、「帰一」し「参入」する積極的な運動の契機は（未だ）ない――ある政治的態度を内包している。（同、五一五頁以下）

丸山眞男がえがいた図式にあってはそう捉えられていたように、「物のあはれ」は歌道から古道への宣長学の発展の涯て、その非政治性のままに政治的意味をもったのではない。「物のあはれ」はまた――松本三之介がそのように考えていたように――、その主情主義的受動性から帰結する政治的な静寂主義のゆえに、一定の非政治的政治性を身に帯びるにいたったわけでもない。「物のあはれをしる」ことはかえって、ことのそのはじまりから徹頭徹尾、政治的ななにごとか、いにしえを擬似的に現在に反覆しようとするいわば「擬古道」（唐木順三の評語の転用）へとただちに連接してゆくなにものかであったのである。

渡辺の業績とともに、東大法学部を中心とした日本政治思想史研究の圏内での宣長／国学研究は、ひとつの頂点に達し、歴史研究として精緻をきわめた。渡辺はしかしその助手論文を研究書として上梓することはなく、渡辺浩の名はそれ以後むしろ一般には、半島と大陸からの繫がりをつよく意識した宋学研究によって知られるようになる。その宋学理解はしかも、丸山や松本の朱子学像に対する根底的な批判をともなうものだった。渡辺によれば、朱子学あるいはひろく宋学は、幕府権力とむすびあった「体制教学」であったわけではなく、その「思想の内容や構造において、徳川初期の政治や社会の在り方に特に対応するものだったとするのも難しい」（『日本近世社会と宋学』六頁）。林羅山以後に陸続として登場した宋学批判はむしろ「既成の日本社会の側からする外来思想への批判」と見るほうが妥当なのである（同書、一一〇頁）。そうであるとすれば、儒学内部の古学の潮流と国学との距離は、さらにより近いものとも見られることだろう。

この「外篇」の主題についていえば、渡辺の宣長像は、二〇一〇年に公刊されて、広汎な読者を獲得した概説書『日本政治思想史［十七〜十九世紀］』にいたるまでほとんど変化していない。渡辺はその助手論文のなかですでに、擬古道をめぐる奇妙な「時間構造」の存在を指摘していた。それは清原貞雄が本居の時代を謳歌する姿勢としてとり上げて、やがては相良亨が、宣長にあっての「其時の神道」の問題として論じるにいたる、宣長思想の二重構造的なありかたにかかわる（本書、一〇三頁）。宣長は「「古」を「今」に生き、「今」は「今」であるままで「古」となる」。そこには「「古」と「今」との形造る特異な時間構造」がある。それは、宣長の、つまり「「古」を「今」に生きるという「道」を知った者の奇妙に屈折した精神の構造」とむすびあうことがらにほかならない（前掲論文、五四二頁）。ここでは『東アジアの王権と思想』の一節を引く。

彼（賀茂眞淵）の弟子本居宣長（一七三〇年―一八〇一年）は、こうした師の基本的立場に忠実だった。彼は悪人栄え善人苦しむ現実を指摘して、「天道」「天命」の存在を否定した。「よくもあしくも、うまれつきたるまゝの心」である「真心」（『玉勝間』）を賛美した。そして「上《ツ》代には武《タケキワザ》を主《ムネ》として、天《ノ》下治《シロ》しめし」たと主張した（『古事記伝』二十之巻）。しかし宣長には師のように「よき君」さえ出現すれば復古が一〇年二〇年以内に可能であるとは信じられなかった。彼の観る所、今が直ちに古に復帰する現実的可能性は無かった。したがって、当時の世が「直《ナホ》く清《キヨ》かりし心も行《オコナ》ひも、みな穢《キタナ》くまがりゆきて」しまっている（『直毘霊』）ことを知りながら、一生その中で生きるほかはなかったのである。但し、彼は巧いからくりを見出した。「其時々の公の御定を守《リ》、世間の風儀に従候《ヒ》が、即神道」（『くず花』附録）という論理である。穢悪なる今の制度習慣に意識的に恭しく服従することが、かえって、何事にも「真心」のままに「上」に随順した古の「道」を実践することになる、というのである。明敏な支配者からすれば、この服従論はどこか不穏でいかがわしかろう。そこには確かに偽装の臭いがある。宣長自身の、家庭人・職業人・町の住人としてのおそろしく慎重で几帳面な生も、一面、偽装であろう。(同書、一八七頁以下)

渡辺はここでついに、宣長思想のうちにどこか強くまとわりつく頽廃のにおいを嗅ぎとっている。私から見ると、右の引用に表現されているのは、政治思想史的な観点から展開された宣長研究のゆきついた果て、そこから先はどこへも辿りつくことのできない行き止まり《アポリア》のすがたであるように思われる。政治に着目する者の眼にはいっさいが政治に見える。非政治的なものもまた、非政治的なままに色こく政治性を帯びたものとしてあらわれる。テクストの微細な脈絡が拡大され、政治的なものによって染めあげられる。本居宣長の遺した膨大な文字の集積は、しかし第一義的に政治的な色あいをまとっているだろうか。――松本三之介がそう書いていたように、すべての思想をめぐって、それが「現実にはどのような政治的意味をもったか」を問うことができる(本書、二七四頁)。そのような問いを立てるとき目がとめられるのは、思想の現実的効果であって、通りすぎられてしまうものは思考がたどった経過であり過程にほかならない。本居思想についていえば、一歩一歩すすめられてゆく註釈が示すそのすがたである。じっさい政治思想史研究の分野で、宣長の『古事記傳』の細部を跡づけ、その思考の襞を読みとくことに論稿の紙幅を大きく割いた研究者は現在のところ存在しない。それはやはり、宣長理解にあって本質的な欠落を意味するものではないだろうか。

十七

本居宣長は賀茂眞淵と邂逅するそのまえに、『石上私淑言』ならびに『紫文要領』を書きあげて、とはいえ公刊することなく、筐底へと秘していた。『私淑言』は『あしわけ小舟』の改訂版という性格を有する一方、『要領』はのちに、その一部が利用、補訂され、また拡充されて、源氏をめぐる註解書である『玉の小櫛』と題する一書として世に問われている。『私淑言』『要領』の両者は他方、「物のあはれ」をめぐる宣長の考察がまとまったかたちで展開された文献として、本居研究者によって永く論じられるところとなった。日本政治思想史研究者についても例外ではない。

宣長がその主著『古事記傳』を書きついでいるさなかに上木された『源氏物語玉の小櫛』二の巻は、前節でも渡辺浩の所論との関連で引いておいたとおりに、「物のあはれをしるといふ事、まづすべてあはれといふはもと、見るものきく物ふるゝ事に、心の感じて出る、歎息《なげき》の声にて、今の俗言《よのことば》にも、あゝといひ、はれといふ是也」（全集四巻二〇一頁）と書きだされる。巻全体として、「物のあはれ」もしくは「物のあはれをしる」ことをめぐって、一書の考察が集約されている部分である。

くだんの二の巻には「物のあはれをしるといふことを、おしひろめなば、身ををさめ、家をも国をも治むべき道にも、わたりぬべき也」とする一文がある。「物のあはれ」がただ歌論、あるいはひろく文学論にのみかかわるものではなく、本居思想の基軸をなすものとして、その政治思想にまでおよぶしだいを示す文献的根拠として、宣長学を論じる政治思想史研究者が丸山以来こぞって引証するところとなっている。念のため、一文にさきだつ部分から引き、文脈をたしかめておく。

そもよゝの物しり人、いづれの書を注するにも、そのふみの趣をば、よくも尋ねずして、ひたぶるに儒仏の意にのみへつらひて、しひてかの書どものおもむきに、かなへむとのみ説まげらるゝは、昔より、皇国《みくに》の物しり人の癖にして、儒仏にへつらはぬ人は、一人もなきぞかし。されば此物語をも、例のあながちに、かの儒仏の教のかたへ、ひきつけむとせらるゝから、物のあはれをしりて、よきことにいへるすぢをも、かの教の意にかなはぬをば、しひてときまげて、あしき事のごとく注して、これはしか〳〵のをしへぞ、しか〳〵のいましめぞなどといひなせり。さるたぐひを、懲悪の教と心得るときは、物のあはれの深きも、さむることあれば、いたく作りぬしの本意をうしなふこと多きぞかし。(中略)もののあはれを見せむと作れる物語を、教誡にとりなすは、たとへば花を見んとて、植おふし《ママ》たる櫻の木を、伐《リ》くだきて、薪にしたらむがごとし。薪は一日もなくてはえあらず、せちなる物なれば、それわろきにはあらねど、薪には、よき木どもの、ほかにあまたあなる《ン》に、あたら櫻をきりとらむは、中々に心なきしわざとぞいふべき。なほいはば、儒仏の教とは、おもむきかはりてこそあれ、物のあはれをしるといふことを、おしひろめなば、身をもをさめ、家をも国をも治むべき道にも、わたりぬべき也。

(同、二二四頁以下)

この直後には、「人のおやの、子を思ふ心しわざを、あはれと思ひしらば、不孝の子はよにあるまじく、民のいたつき、奴のつとめを、あはれとおもひしらむには、よに不仁の君はあるまじきを、不仁なる君不孝なる子も、よにあるは、いひもてゆけば、もののあはれをしらねばぞかし」とつづく。本居が「物のあはれをしること」の射程を、家政と政治とにかかわる領域（斉家ならびに治国）にまで推及しようとしている一節であることは、そのかぎりではまちがいがない。直前に宣長が言いおよんでいるのは、とはいえ、女三宮と柏木との悲恋であって、主張の背景となる文脈をかたちづくっているものは、「此物語の本意を、勧善懲悪といひ、殊には好色のいましめ也といふは、いみしきしひごと也」（同、二二二頁）とする基本線にほかならない。その点に注目するなら、「物のあはれをしるといふことを、おしひろめなば、身ををさめ、家をも国をも治むべき道にも、わたりぬべき也」とする一文のみを引いて、「物のあはれ」論の政治思想的な射程について語ることは、紛れもない断章取義であるといわなければならない。右に引用した一節の基軸がいわゆる「教誡」論批判にあることは一読してあきらかなところであり、問題の一文を焦点化して、それを拠に「物のあはれ」論の政治性（それがたとえ非政治的な政治性であれ）をめぐって説きおよぼうとするくわだては、文字どおりに「櫻の木を、伐《リ》くだきて、薪にしたらむ」こころみであると見なすべきなのである。そもそも『玉の小櫛』本文は「いひもてゆけば、もののあはれをしらねばぞかし」のあとに「物語は、物のあはれを見せたるふみ」であるしだいを知っているかぎりでは、そこには「おのづから教誡になるべき事」をみとめうるにしても、「はじめより教誡の書ぞと心得て見たらむには、中々のものぞこなひぞありぬべき」とつづく。丸山以来の論は、その意味で宣長思想の中核的部分に対してものぞこなひとなる可能性を免れないのだ。

昭和五十二（一九七七）年に、二冊の宣長文献が出版される。それぞれに従来の宣長理解の欠落を公然と、あるいは隠然と主張するものであった。同年六月公刊の吉川幸次郎『本居宣長』、やや遅れて十月発行の小林秀雄『本居宣長』がそれである。小林の一書にかんしてはこの「外篇」でこれまでもいくどか言及し、丸山、松本両名から寄せられた反応についてすでにふれ、また蓮田善明とのかかわりをめぐっても問題を提起しておいたけれども、当面の文脈であらためて簡単にとり上げておく必要がある。ここではしかしまず、吉川の宣長本から瞥見しておくことにしたい。

吉川（一九〇四～一九八〇年）の一書中でその三分の二以上の頁数を占めていたのは、筑摩書房版宣長全集の「月報」に寄せられた連載稿「鈴舎私淑言」である。第一回分の冒頭で、吉川は「宣長を知り、驚き、嘆服するに至った」のが、戦前の昭和十三年、関西の大水害のおりに母の安否をたずねる旅の帰りみちに、阪急駅前のちいさな本屋で『うひ山ぶみ』をたまたま手に取ったのがきっかけであり、それは「かつて別の文章に書いたごとくである」としるしていた。

べつの一文とあるのは、昭和十六（一九四一）年、すなわち日米開戦のその年に発表されたもので、おなじ本に収められている。題して「本居宣長――世界的日本人」という。その小論はくだんの水害にふれ、偶然の出遭いをかえりみたあとで、こうつづいている。「しかしこの半ば好奇心から購った小さな書物は、帰途の車中で、私を魅了した。宣長の国学の方法は、すなわち私の中国研究の方法であった。そうして私が年来、私の方法の理論として考えていたものを、この書物ははっきりと説きつくしている。私は私の方法の誤っていなかったことを知り、百万の援軍を得た思いをすると共に、先きを越されたというくやしさをさえ感じたのであった」(『本居宣長』二七五頁以下)。「あとがき」の記述から再構成するとするなら、幸次郎がここで「私の方法」と呼んでいるものは、中国の疑古の学、ならびに白鳥、津田に代表される学風(本書、五五頁参照)への反撥から生まれでて、「人間の言語そのものが、人間の事実の大きなもの」と考えることを、その出発点とするものである。疑古の学が「事柄の学問」たろうとして、そのけっか古典籍の記述に懐疑の目を向けたとすれば、吉川は「言葉の学問」を打ちたて、「何をいっているかの究明ではなく、いかにいっているかの究明」をめざそうとする。言語表現はそれじたい確乎たる存在であるからだ。それは幸次郎が、時代の潮流であった疑古派ではなく、かえって清儒、すなわち清代の註解者たちに共感して、心酔していたところから生まれた態度である。幸次郎はやがて『尚書正義』の全訳により知られ、吉川の名は後年、中国学にあってならびなき泰斗として畏敬と畏怖の念とともに口にされるようになる。なお若い吉川幸次郎は、本居宣長のうちに「清儒の神経と知性をもった学者」(前掲書、三〇二頁)を発見したわけである。

吉川がみとめるかぎりでの、中国考証学と宣長註釈学の類似性については、あとでやや具体的にみてゆくことにしよう。ここではまず、すくなくともいったん宣長に心酔した吉川が、それまでの代表的な宣長研究に対して懐くにいたる不満もしくは批判の表明から確認しておく。

本居の方法(と吉川が考えたもの)はたんなる手段ではない。それは著作のなかに正確に反映されているはずだ。そうであるとすれば、宣長の主著はいうまでもなく『古事記傳』であって、宣長思想の理解はこの大著をこそ中心とするものでなければならない。そのような立場から吉川は書いている。引用しておく。

すなわち宣長の方法は、みずからの著作の実践としても、作用した筈である。しからば数ある著作のうち、彼みずからがもっとも精力をそそぎ、また人人から重視されることを欲したのは、『うひ山ぶみ』でもなく、『石上私淑言』でもなく、『古事記伝』でなければならぬ。『古事記』の一一の文章を、こまかなところまで、まず彼の感性でうけとめ、理性で分析したこの書こそが、彼の主著だと私がいうのは、そのためである。

ところで近ごろの宣長研究は、必ずしもそうした方向にいない。『古事記伝』の一一の細部を咀嚼玩味しての議論ではなく、利用に便利な書を、資料としての研究であること、村岡典嗣氏の大著をはじめ、丸山真男氏、松本三之介氏、みなそのうらみを免れない。（中略）もっと失礼なことをあえていえば、私のように十八世紀の学問を、和漢ともに墨守する迂儒は、二十世紀の秀才たちの業績に対し、かつて故金剛巌氏が、友人生島遼一の能を批評して、お素人としてはなかなか、といったような感じをいだかないでない。（吉川前掲書、一三〜一五頁）

中国学の重鎮によるこの発言は、おそらく抑圧的にもはたらいたことだろう。その主張するところには、とはいえ、根拠がないわけではないように思われる。吉川がそう考えているように、『うひ山ぶみ』や『石上私淑言』はいわば「理論の書」である。知性においても世紀に卓越した宣長が、その知性によってみずからの経験を総合したテクストにほかならない。本居学の後期と初期を代表する二著、あるいはまた『玉くしげ』は、宣長の「人と心の大すじをつかむには、便利」なものだろう。だが、吉川幸次郎の感じるところでは、そもそも「宣長自身は、総合の言葉というものに対して、不安をもっていた」のだ（同、六頁）。『うひ山ぶみ』もまた、門人のもとめ抑えがたく、「やむことをえず」執筆されたものなのである。

右の引用のなかで吉川は、『古事記傳』とは本居宣長が古事記を「感性でうけとめ、理性で分析した」ものであると述べていた。指摘されている二面はもとより機械的に分離されうるものではないけれども、宣長の感性と理性とを典型的に示していると見られる箇所を、吉川の論にそくしてそれぞれ挙げておこう。

ひとつ目は倭健命の歌にかかわる。この「外篇」でも夙に和辻の所論と蓮田の経歴とのかかわりで、二度にわたって言いおよんでおいた秀歌である（それぞれ本書、六三頁、ならびに一七五頁）。『古事記傳』は、歌をめぐってつぎのような註釈を附している。吉川の別稿「「古事記伝」のために」が引用する箇所を、幸次郎が省略している部分をもおぎなって引証しておく。

○此《ノ》御歌の凡ての意は、御病漸々《やややや》に重り坐《ス》まゝに、いよゝ倭恋しく所念看《おもほしめし》てよみ賜へるにて、命《いのち》の全《また》くて在む人等《ひとども》は、倭《ノ》国に還りて、平郡《ノ》山の白檮《かし》の葉を【此《ノ》山は殊に白檮の名所《などころ》にぞありけむ。朝倉《ノ》宮《ノ》天皇の大御歌にも、よませ給へること、右に引るが如し。】折挿頭《をりかざ》して、歓楽《たぬし》く遊べ。【諸《ノ》木の中に、白檮は古《へ》殊に賞《めで》て、何にも用ひし物なる故に、此《これ》をよみ賜へるなり。契沖は、白檮は常葉なる木なれば、命のまさきくあらむ人は云々と云《へ》れど、如此《かく》よみ賜へるは、必しも常葉なる故には非ず、たゞ此《ノ》木は常によく髻華《うず》に用《フ》る木なるが故なり。さて楽《たぬし》く遊べと云意なることは、右に引る万葉十九の歌にて、准《ヘ》知《ル》べし。】吾は倭にも得《え》還らず、此処《ここ》にして今死なむとするが悲哀《かなし》きことと読給へるなり。甚《いと》も甚もあはれなる御歌にぞありける。

（伝二十八、全集十一巻二八四頁）

古事記本文中に「思国歌」とある語句を宣長は、書紀の記述に「是《こヲ》謂《フ》二思邦歌《くにしぬひうたト》一也」とあるのを引いて、

「久爾志怒比宇多《くにしぬひうた》」と訓ずる。望郷の歌という意である。ただちに吉川の一文を引用しながらふれるように、『古事記傳』からの引用末尾の「あはれ」の強調は吉川にしたがっている。

　吉川幸次郎によれば、「宣長の方法の根底には、個別的な言語こそ、重要であるとする思考がある」。ここでいう個別的言語とは、普遍について理論的に語ることばではなく、個別をめぐって感性をはたらかせて、個別的なものを、それが「個別的であるがゆえに、その周辺にひろまる波紋、個別をこえたものへとひろまる波紋」をふくめて語りだそうとする言語のことである（前掲書、二六四頁）。そのような宣長の思考と方法を、倭健命の「思邦歌」をめぐる『古事記傳』の解読が典型的にしめしている。それは、個別のなかにあらわれ、しかし同時に「個別をこえたもの」がもっとも鮮烈に「顕現」する場面であり（同頁）、個別にかかわり、とはいえ「個別の周辺にひろがる波紋」（二六七頁）へ説きおよぼうとする解釈にほかならない。右に引用した一節についていえば、したがって「目をとむべきは、私が傍点を加えた「あはれ」である」、と吉川は言う。自身みとめているところであるとおり、「宣長が、「物のあはれ」を人生の価値として、その哲学の中核としたことは、人人のみな知り、争って説くところ」ではある。「あはれ」ということばにかんして見てとるべきことがらは、しかしその定義や、感情一般をめぐる理論ではない。個別的な記述、具体的な場面にそくして、「あはれ」という形容が用いられる局面にこそ注目しておく必要がある。『古事記傳』からの引用にかんして言うと、「「あはれ」という言葉で包摂する事態の顕現が、この倭建命の死にのぞんでの歌という強烈きわまる個別の言語にあるのを、重視する気もちがあって、「甚《イト》も甚《イト》もあはれなる御歌」というのでないか」と吉川は説く。『玉かつま』中でもよく知られた一条、「業平朝臣のいまはの言の葉」（本書・内篇、四三三頁以下参照）と引きくらべながら、たたみかけるように、幸次郎は書きついでいた。「宣長としてより多く人人に読んでほしいのは、「古事記」のここの、より強烈な、したがってより強烈に「道」を反映する倭建命の歌、それを素材とするここの議論でなかったか」（吉川前掲書、二七二頁以下）。

もうひとつ例を引く。こちらは「鈴舎私淑言」が言及する一節である。『古事記傳』十八之巻、神倭伊波礼《かむやまといはれ》毘古《びこ》の命《みこと》、諱でいえば神武天皇の事績にかかわる記述のうちに「足一騰宮」という語が登場する。その語をめぐる宣長の註釈である。――神武天皇は、兄の五瀬《いつせ》の命とともに日向をあとにし、豊国の宇沙に到着する。かの地の者たち、宇沙津比古《うさつひこ》、宇沙津比売《うさつひめ》が「足一騰宮」なるものを造営して、天皇一行を饗応した。足一騰宮を、書紀にもとづき「あしひとつあがりのみや」と訓んで、宣長は註する。吉川が言及している部分をまとめて引いておく。

○足一騰《あしひとつあがりノ》宮。書紀に、乃於《に》二菟狭川上《うさのかわのべ》一造《リテ》二一柱騰《あしひとつあがりノ》宮《ヲ》一而奉《ル》レ饗《みあへ》焉、一柱騰宮、此云《ヲフ》二阿斯毘苔徒鞅《あしひとつあ》餓離能宮《がりのみやト》一とあり。【菟狭川、景行紀にも見ゆ。】此《ノ》名は、宮の造様《つくりざま》に依れる名なり。さて如何なる構《かまへ》ぞと考るに、宮の一方《ひとかた》は、宇沙川の岸なる山へ片かけて構《ヘ》、今一方は、流《レ》の中に大なる柱を唯一つ建《たて》て支へたる構《ヘ》なるべし。【宇沙川の岸は、山ある処なり。】さて騰《あがり》と云故は、宮の御床《ゆか》は、山の片岸の上に構《ヘ》たるに、彼《ノ》一方を支《ささへ》たる柱は、川中より立《たち》たる故に、其方より望めば、高く騰りて見ゆればなり。抑此《ノ》宮は、一時大御饗を奉む料なるが故に、ことさらに如此《かく》めづらしくけしきあるさまにては構《ヘ》たるなるべし。【彼《ノ》一方の柱を、川中へ只一《ツ》立《テ》て持《もた》せるも、ことさらに希見《めづら》しく構《ヘ》たるなり。さればこそ足一騰てふ名をも負《ヒ》つらめ。さて柱を足といふことは、後《ノ》世にも四《ツ》足門など云例あり。延佳本に、漢籍《からぶみ》の一柱観のことを引《ケ》り。似たることなり。】此《ノ》名《ノ》義は、種々《くさぐさ》思ひ依れることあれども、皆善からず、右の考《ヘ》に思ひ定めつ。（全集十巻三二四頁）

アシヒトツアガリノミヤとは奇妙な表現である。宣長はこれを「宮の造様に依れる名」、宮殿の建築様式に由来する名称であると推測する。それではどのような建てかたを指すかというと、「宮の一方は、宇沙川の岸なる山へ片かけて構《へ》、今一方は、流《レ》の中に大なる柱を唯一つ建て支へたる構《へ》」であろう、と『古事記傳』は説く。つまり、床板の一方の端を宇沙川岸の高いところにかけ、もう一方の端を川のなかに立てた巨大な柱によって支えたものである、と宣長は推すのである。そこに割注がついて、「宇沙川の岸は、山ある処なり」と現地のようすが補足され、また「騰と云故」を説明し、命名の理由が説かれて、「宮の御床は、山の片岸の上に構《へ》たるに、彼《ノ》一方を支たる柱は、川中より立たる故に、其方より望めば、高く騰りて見ゆればなり」、要するに、川中の柱のほうから望めば、他方が高く見えるはずだ、と附けくわえられる。これが「めづらしくけしきあるさま」であることを、宣長としてもみとめている。「彼《ノ》一方の柱」を川のなかに「只一立《ツテ》」たのも「ことさらに希見しく構《へ》た」ものであるからこそ、「足一騰てふ名」が与えられたのである。「足」という語が問題となるかもしれないけれども、しかし柱をさして足と呼ぶことは「後《ノ》世」にも例がある。「四足門」等というのがそれである。ただし本居自身もただちにこの解に到達したのではない。「此《ノ》名《ノ》義」については「種々思ひ依れること」もあり、考をかさねたすえに「右の考《へ》に思ひ定めつ」、と註解はむすばれる。

吉川幸次郎はこの部分を論じて、こう書きくわえている。「ところで、この条の解釈は、私を微笑させる。あるいは哄笑させる。宣長は、その性格の基本的な面である合理主義者としての面を、端的に、あけすけに、赤裸裸に、この解釈では示していると、感ぜられるからである」(吉川前掲書、一八頁)。

幸次郎はおそらく、宣長のこうした面を愛してやまない。吉川はまた『古事記傳』のそうした記述をこそ咀嚼玩味すべきものと考えているのである。問題は、とはいえそれに止まらない。吉川幸次郎の本居論は、当面の事例にことよせて、さらにまた旧来の宣長像につきまとっていた或る欠落をも指摘する。それは中国中世に展開された経書解釈の伝統と、宣長註釈学との内的な関連と類似とへの着目である。

> 解釈は感性によるよりも、より多く理性による。あるいはもっぱら理性による理づめである。そうしてその結論として到達した川中の一本柱に一方を支えられた建築というのは、甚だ合理的な解釈であるにはちがいない。少くとも彼以前に与えられた解釈よりも、より多くの合理性を感じる。しかしそれとともに、大へん奇矯なイメージであるのをまぬがれない。徹底した合理主義が、同時にもう一つのものとしてもつ奇矯さ、強引さ、同時にまたその爽快さをも、私はこの宣長の解釈の中に感ずる。それに私は微笑するのである。要するに合理主義への徹底、奇矯をも伴うことを辞しないそれ、それが彼の性格の基本であったことを、この条は示す。
> あるいはまた私の微笑は、別のものをも附帯する。彼がこの場合に示す解釈法と似た態度のものとして、思い浮かべるものが、私にはあるからである。中国中世の「経書」解釈、ことにその「名物」の解釈、ことに「五経正義」におけるそれである。（二一五頁以下）

ここで吉川が言及している『五経正義』とは、七世紀唐のはじめ、太宗の勅を奉じて、孔穎達等が太宗の貞観年間より高宗の永徽年間にかけて撰した周易、尚書、毛詩、礼記、春秋左氏伝の疏であり、全一八〇巻にもおよぶ大業である。『正義』は、宋代には経注と合刻されて『十三経注疏』に収められる。吉川がはやくに当時の同僚たちとともに、わけても『尚書正義』の全訳をこころみたことは、まえにふれておいた。

　さきに『古事記傳』から引いた、あし／ひとつ／あがりという語から、その語がさし、意味することがらを考えようとするようなくわだて、「物の名をたよりにして、物そのものを考えようとする努力」、「名から、物を推し定めようとする」こころみを「名物の学」と呼ぶと吉川は注していた（二六頁）。そのうえで傍証として、徂徠学派にあっては『十三経注疏』が必読書すくなくとも必蔵書であったこと、徂徠と交渉を有した堀景山の塾においてもそうであったろうことを挙げ、また『古事記傳』十之巻に『注疏』からの引用が見られるしだいを指摘している。吉川が強調しているのは、しかしそういった直接的な影響関係ではない。「合理主義を思考の出発点とした宣長、その「古事記」解釈が、ときに出発の生地《きじ》を、無遠慮に、過度に発揮し、期せずして「十三経注疏」的であること、ことに「名物」の解釈においてはそうであること、これがいいたいのである」（四四頁）。

　幸次郎は、『石上私淑言』巻一からも例を挙げている。ほかならぬ「あはれ」をめぐる宣長の説明である。よく知られているように、宣長はそこで、「あはれ」という語が広義には感動一般をさし、せまく限定するとすれば悲哀を主とする消息を解き、「是は総じていふと、別していふとのかはり也」と説く。総じていうと、「おかし」いことも「あはれ」のなかにふくまれる。とはいえ別していうなら、「人の情のさまぐに感《うご》く中に、おかしき事うれしき事などには感《うご》くこと浅し。かなしき事こひしきことなどには感《うご》くこと深し」。だから、悲哀や恋情といった「その深く感ずるかたを、とりわきてあはれといふ」こともあるのである。

　この説明にふれて吉川は、みずからが親しんだ『五経正義』の一節を想起する。『正義』は、一例をあげるなら「先王」という語がときにせまく、ときにひろく使用される経緯を説明して、こう註している。「先王と言える者は、文を対して優劣を論ずれば、則ち皇と帝との別有るも、文を散ずれば則ち皇と帝と雖も、皆な王と言うを得る也」。吉川によれば、対立するものを意識しながら、その対立を排除して、語の狭義を問題とするのを「対文」と言い、ことばのひろい意味を問うことを「散文」と呼んで、「文ヲ対スレバ則チ別、文ヲ散ズレバ則チ通ズ」といった説明は、どの疏にも繰りかえしみとめられる論証法である（六二～六四頁）。

ひろく考えられた「王」は「君主」を一般にさし、そのけっか「皇」と「帝」をうちにふくむことができる。「あはれ」がなべて感動を意味しうるようにである。狭義ではしかし最古の君主が「皇」、つづく時期の君主が「帝」であって、さらに後代の君主である夏殷周の君主のみが「王」となる。「あはれ」が「おかし」と対比されて悲哀をさすようにだ。幸次郎は注意をもとめて、つぎのように説いていた。「宣長が、「あはれ」の論証で、「総じていふ」というのは、すなわち「十三経注疏」の「散文」、文ヲ散ズレバ、の訳であり、「別していふ」は、「注疏」の「対文」、文ヲ対スレバ、の訳であるといえば、いいすぎとなるであろう。しかし宣長が、「私淑言」のかの条を書いたとき、この中国の疏家常套の用語が、頭をかすめなかったとは、いいきれないように、私は思う」（六四頁以下）。

吉川によるなら総じて、「宣長は、私ども只今の中国研究者が読むほどの漢籍を、量的には読んでいない。しかし読んだ範囲のものは、大へん精細に読んでいると思われる。あるいは私どもよりもむしろ精細に読んでいるとさえ思われる」よしである（九二頁）。そのほかにも、吉川の宣長書には、漢学の伝統にしたしみ、中国学の巨匠となった幸次郎ならではの指摘がいくつかみとめられよう。そのいくらかについては、本書の「内篇」でもあらためて言及することになるはずである。

吉川幸次郎は、家永三郎や石母田正、尾藤正英といった日本史研究者、丸山眞男ならびに相良亨といった日本思想史研究者とならんで、岩波書店から刊行された日本思想大系の編者をつとめ、わけても近世儒学者にかかわる巻を担当して、解説等も執筆している。その多くは、のちに『仁斎・徂徠・宣長』におさめられた。なかでも「仁斎東涯学案」「徂徠学案」といった諸論攷は、それぞれの儒学者をめぐる吉川の理解を集約して示すものとなっている。『本居宣長』に収録された論策はおおく短文であって、ここで主要に問題とした「鈴舎私淑言」にしても、本格的な論考というよりは、むしろ全集の「挾み込み」として草された随筆と呼ぶほうがふさわしい。一書中では、しいて言えば「本居宣長の思想」と題した一文が「本居宣長、一七三〇享保十五年―一八〇一享和元年、の思想として、私の理解するところは、以下のごとくである」とする書きだしからして、他の思想家をめぐる「学案」にちかしい。論稿は、とはいえ筑摩書房の叢書・日本の思想の一冊『本居宣長』の「解説」として執筆されたものでもあったがゆえに、概略をつたえるに急で、記述はやや平板に流れて、吉川の宣長像を立ちいって描きとるものとはいいがたい。ここでは、論のまとめだけを引用しておく。

吉川は「そもそもまたその著書の方法として、「古事記伝」が、古書の注釈の中に自己の思想をのべるのを、一生の主著とするのは、仁斎の「論語古義」、徂徠の「論語徴」が、注釈によって思想を説くのと、おなじである。かく読書と思考の一致を方法とする点は、もっとも大きな意味で儒学的である」と主張し、だが注して「ただし宣長自身は、みずからが仁斎徂徠の後継であることを、否認する」と述べたあとでこうしるす。

そうして以上のような要約は、要約である点で、彼の意にかなわないであろう。彼は彼自身の思想と方法とを、彼としてはもっとも要約した「直毘霊」の末に、「かゝれば如此《カク》まで論《アゲツラ》ふも、道の意にはあらねども」といっている。全集九巻六二頁。「言語《モノイヒ》のさま」を重んじた彼としては、彼の片言隻句のもつ波動、さらにつきつめていえばその音声の波動のうちに、彼の思想はあるとするであろう。あるいはまた「古事記伝」その他、古人の片言隻句を、丹念に分析したものの中から、更に精細な追跡がなされることを、希求するであろう。

思想を思想という形では主張することを欲しない思想家、哲学を哲学という形では主張しない哲学者、それが本居宣長であった。（二五九頁以下）

いちおうは吉川幸次郎の宣長観の「要約」であると見てよいだろう。べつの文章（「本居宣長の方法」）のなかで幸次郎は「「古事記」も尊いが、「古事記伝」は一そう尊い。彼より五つ年下の清の段玉裁の「説文解字注」が「説文解字」そのものよりも貴重なのと、一般である」とすらみとめている（二九二頁）。だが『古事記傳』の細部の咀嚼玩味を前提とした浩瀚な宣長論は、幸次郎そのひとによって執筆されることはなかった。――吉川がその将来を嘱望し、みずからの後継者としてむかえた高橋和巳は、出世作『悲の器』の主人公、正木典膳に宣長旧宅を訪れさせている。某大学法学部長をつとめる孤独な刑法学者は帰京後、『蘆わけ小船』を手にとり、その「力強い論理的精神」に鼓舞されることになる。高橋自身が研究室に置いていた本居全集は、京大封鎖中になにものかが持ちさっていた。京大闘争をえがいた高城修三の『闇を抱いて戦士たちよ』中に全共闘派学生による組織的な書籍窃盗事件のてんまつが伝えられている。

吉川幸次郎はその世代としては長命して、高橋和巳を見送り、その全集の編纂にもあたって、しかし昭和五十五（一九八〇）年、七十六歳で瞑目する。吉川が指摘した、本居の論と漢籍のつながりのすべてが正鵠を射ているわけではないだろう。とはいえ、幸次郎が指示し、みずからは仕上げのこした課題はなお開かれたまま存続しているように思われる。

吉川幸次郎の一書と同年に公刊された小林秀雄『本居宣長』は、雑誌『新潮』に連載された論稿に加筆し、一本としたものである。雑誌掲載は昭和四十（一九六五）年から五十一（一九七六）年の、干支が一巡するほどの長きにおよんだ。単行本の裏がきには「昭和五十二年九月七日終章擱筆」とあり、発行は十月三十日となっている。一書が、昭和を代表する批評家のおそらくは最後の大著として、一般読書界に歓迎された経緯についても、すでにふれておいたところである。

連載に五年さきだつ昭和三十五年、小林は『日本文化研究』誌に「「物のあはれ」の説について」を発表していた。論攷は小林の死後ほどなく単行本『白鳥・宣長・言葉』に収められている。ならんで収録されている短文「感想」のほうは、昭和五十三年の一月に新潮社のPR誌『波』に発表されているところから見て、自著『本居宣長』の自家宣伝文に類するものということになるだろう。小林秀雄（一九〇二～一九八三年）の晩年の主著を問題とするに先だって、まず昭和三十五年の論考にふれておく。

論考集中では四十頁ほどの紙幅をしめる一文は、『玉かつま』七の巻中の「おのれとり分て人につたふべきふしなき事」と題された、一節の引用からはじまる。「おのれは、道の事も哥の事も、あがたゐのうしの教のおもむきによりて、たゞ古の書共を、かむがへさとれるのみこそあれ、其家の伝へごとゝては、うけつたへたることさらになければ、家々のひめことなどいふかぎりは、いかなる物にか、一ツだにしれることなし」と書きはじめられる条である。あいだを省略して、小林の論との関連で引くべき箇所をつづけて示しておくならば、宣長は、そのような立場から「いにしへの書共を考へて、さとりえたりと思ふかぎりは、みな書にかきあらはして、露ものこしこめたることはなきぞかし」とも言いつのっていた。

小林は、くだんの一節が本居宣長七十歳のころの筆になるものであり、当の時点での本居自身によるその仕事の「回顧」である経緯に注意したうえで、「彼の思想について、あれこれと思ひめぐらすより、彼の言ふところを先づ、そのまま素直に受け納れるのに越した事はない様に思ふ」と書きしるす。この何気ないものとも読める一文のうちにすでに、秀雄が宣長を「かむかへ」る基本的ないわばかまえがあらわれているように思われる。本居学の性格をめぐってあれこれと思いめぐらしてきたのが、これまでの宣長研究者である、じぶんはそのような態度をとらず、本居宣長という一箇の個性が書きあらわしたところを、ただそのままに受けいれ、読者に示してみせたい、と小林は言っているのである。それは言いかえれば、宣長の外に出ない、とする宣言である。とすればこれは、たんに本居論ばかりではなく、ある時期からの小林秀雄の評論すべての（方法というよりは、やはりむしろ）かまえと呼ぶべきものと通底していることだろう。論じようとする相手の内部に入りこんで、けっしてその外部に出ようとしないのは、内部から見えたものを対象として語りなおしてしまえば、かくして獲得されるかもしれない外的言語が、内的言語を不可視なものとするからだ。そのように考える小林にとっては、宮川康子の主張するとおり、外に出ないという「閉鎖性」が自身の方法にあって本質的なものである。小林最後の大著にこそ、その方法が隠れなくあらわれていることを、やがて確認することになるだろう。

つづけて小林は書いている。秀雄が宣長を読み、宣長を書く、基本的な姿勢がよく出ている部分であるので、すこし長く引いておこう。

宣長の仕事は、「哥の事」から「道の事」に発展したのであるが、これは、彼の実際の仕事ぶりの上でのおのづからな円熟であつて、哥の美《よ》さと道の正しさとの間に、彼にとつては、何等本質的な区別はなかつた。だからこそ、彼は、自分のして来た学問について、「道の事も哥の事も」と、さりげなく言ひ得たのである。自分は新思想を発明したわけでもなし、人には容易に覗ひ難い卓見を持つてゐると自負してゐたわけでもない。彼の考へでは、学問とは、さういふものである。私を去つて、在るがままの真実を、明らかにする仕事であるから、得られた真理は、万人の眼に明らかなものである筈だ。又この万人にとつての真理が、人の生きる道について教へない筈はない。もし「哥の事」の研究が「道の事」の研究に通じないならば、それは、学問の道に何か誤りがあるからだ。かういふ宣長の学問に関する根本の考へを、しつかり摑んでゐなければ、宣長の思想に近附く事は出来ない。だが、これは容易ではない。分化し専門化した学問に慣れた現代人には、宣長が抱いてゐた様な、全的な学問の理想を想ひ描く事が、極めて困難だからである。（『白鳥・宣長・言葉』一一二頁以下）

強調しておいた部分が、小林秀雄が本居宣長を論じるさいの基本的な理解を示している。小林によれば、本居の仕事の本領は、古典籍に立ちむかい、その声を聴きとって、そこから「さとりえたりと思ふかぎり」を書きしるすところにあった。それは私を去って、在るがままの真実を、明らかにする仕事である。そうであるならば、宣長の思想を理解するためにも、その書きのこしたものを読むものたちも「私を去つて」、その真のありようがおのずと語りだされるのを聴きとらなければならない。宣長は、宣長自身の理解するところによるなら、万人の眼に明らかなもの以外のなにごとも語らない。「万人の眼に明らかなもの」を、秀雄自身は常識と呼ぶことだろう。そのように論旨を解してゆくとすると、右の引用で語りだされているのは、小林の宣長理解の基軸であるとともに、総じて秀雄の批評の方法そのものなのだ。かくて小林の宣長論においては、本居宣長像と小林秀雄の自己像とが、見わけがたいものとなるだろう。じっさい、大著『本居宣長』においても小林がどれだけじぶんに引きよせて宣長像を、また一般に近世思想家像を織りあげようとしているかを、次節でかんたんに見てゆくことになるはずである。

いまとり上げている論攷で小林は、右に引いた一節につづけて、こう書いていた。「果して、宣長の学問の方法の未熟が、彼の素朴な理想を生んだに過ぎないのか。それとも、現代の学問の方法上の進歩は、学問の精神の上で、何かを紛失させてはゐないのか。こゝに、宣長の思想が、現代に提供してゐる一番大きな問題があると思はれる。宣長を書く以上、そこまで書かねばならぬと考へるが、それはこの小論のよくする事ではない。ここでは、彼の「哥の事」に関する考へを述べる。私は、自分の考へを案出しようとは思はぬ。宣長の仕事の「おもむきにより」、「露ものこしこめたることはなき」彼の文を慎重に辿つてみるのである」。五年ののちの連載稿にあっても小林は、小林自身の理解にそくしていうならば、本居の文を慎重にたどってみること以上のなにごともくわだててはいない。それは大著中で秀雄がくりかえし語りだし、みずから確認しているところでもある。それにもかかわらず、宣長を引用し、宣長を宣長自身にそくして解きあかそうとすることが、同時に秀雄の自己像をつくり上げてみせることと、否応なく、あるいは避けがたくつうじ合ってしまうところに、この批評家の本領がある。もしくはいわばそのさががあった。鮮烈なしかたで文壇へと登場することになった論攷を、「吾々にとつて幸福な事か不幸な事か知らないが、世に一つとして簡単に片付く問題はない」と書きおこして、「批評とは竟《つい》に己の夢を懐疑的に語る事ではないのか！」とも書きつけた文学者にとって、いいかえればそれはひとつの宿命の成就だったのである。

宣長思想を「哥の事」にかんして追跡しようとした、論稿「「物のあはれ」の説について」における、小林の論をめぐってはここでは立ちいらない。歌論あるいはひろく文学論にかかわることがらにそくして、秀雄が本居学の萌芽のうちに確認し、あわせてまたじぶん自身の宣長理解の方向を示そうとしている消息を、一点にかぎりふれておく。

冒頭の『玉かつま』の引用にいう「あがたゐのうし」とは、いうまでもなく賀茂眞淵のことだ。小林は、とはいえ引用をはなれて説きはじめる箇所で、むしろ眞淵に先だって、宣長が契沖から受けた衝撃を問題とし、その痕をとどめる未定稿『あしわけ小舟』を問題とする。これは『本居宣長』にあってもまま見られる強調点でもある。秀雄のみるところでは、契沖から宣長が受けついだ、従来の歌学あるいは和学一般に対する最大の批判的な論点は、「古書の註釈は、古書を明らかにせず、註解者の私を現す」ものにすぎないとする認定である。それは「学問」ではない。むしろ「古書を対象とする学問の方法が正しければ、あつたがまゝの古書はあつたがまゝの古意を、おのづから語るに至るであらう」。ここでも小林秀雄は、本居思想の核心を語ろうとして、みずからの宣長読解の方法をあらわし、あわせてじぶん自身のすがたを描いている。宣長学の中軸をそのようにとらえて、その学の方法そのものを自身の宣長理解の手だてともしようとした小林にとって、第一に回避されなければならないのは、近代的な学の理念に由来する解釈概念によって宣長の思考をとらえようとする姿勢そのものとなるのである。

『本居宣長』に見られるそうしたかまえのあらわれについて、その事例のひとつにかんしてすでに、小林の主張を引いておいた（本書、四三頁）。大著に先だつ小論で小林は、宣長の『紫文要領』の一節——「やすらかに見るべき所を、さまぐ〳〵に義理をつけて、むつかしく事〳〵しく註せる故に、さとりなき人は、げにもと思ふべけれど、返て、それはおろかなる註也」——を引いて、こう書いている。「ただ「やすらかに見る」人を、実証的立場に立つた人と、現代風に註して別段どうといふ事にもなるまい」。宣長学の立場を客観主義としるしづけても、あるいは実証主義と称しても、なにほどの意味もない。その方法を経験的と呼んでも、もしくは帰納的と特徴づけても、宣長の思考のうちがわに立ちいることはできない。秀雄はつづけて書いていた。「却てそれは愚かな註となるかも知れぬ」（『白鳥・宣長・言葉』一一五頁）。『本居宣長』と題された小林畢生の大著がめざすところは、愚かな註のすべてを斥けて、宣長の書きのこしたところを「かむかへ」ようとするところにある。すくなくとも主観的には、この批評家の意図はここにあったはずである。そこに見られる光景を、本居と小林の密着といっても、宣長と秀雄の密通と呼んでもいいだろう。

十八

「「物のあはれ」の説について」のむすびにあたる部分は、「最後に、宣長の文学論について一言して置かねばならぬ事がある」と書きはじめられる。ふれられているのは『あしわけ小舟』中の一問答である。若き宣長はそこで、「和哥は吾国の大道也と云事いかゞ」という問いに、「非なり」として、この国の大道というなら、それは「自然の神道」であると答えている。昭和三十五（一九六〇）年の論稿の最終段落を引く。

　宣長が「古事記傳」を書かうとしてゐた時に、目指してゐたものは、ここに言ふ「吾邦の大道」であつて、「和哥の大道」ではなかつた。二つは別の道であるが、相反した道とは、彼は考へなかつた。「もとより我邦自然の哥咏なれば、自然の神道の中をはなるゝにはあら」ずと考へてゐたのである。哥は自然の声ではない、人間の声である。人間の心の営みではあるが、「物のあはれを知る心」の営みほど、内の物であれ、外の物であれ、物の動きに、「ことはり《（ママ）》」を離れて直接に順応するものはない。順応することによつて、物の懐に入り込めるものはない。（中略）宣長が抱いたのは、復古主義、上代主義への憧れではない。それは一種の自然哲学への想ひであつた。だが、彼は、それを案出しようなどとは少しも考へなかつた。それは既に在るのだ。無数の人々が、長い間、事に当り、物を尋ねて、素朴に問ひ、素朴に答へられたと信じた跡があるのだ。これを「吾邦の大道と云時は、自然の神道あり」と宣長は考へたのである。而も、誰もこの跡を明らめた者はないではないか。誰も、この原本に、先入主を捨て、「物のあはれを知る心」だけで近附かうとした人はないではないか。これが、宣長が、「古事記傳」を起草しようとした動機であつたと考へてよいと思ふ。(『白鳥・宣長・言葉』一五〇頁以下)

傍点を振っておいた「一種の自然哲学への想ひ」といった表現をべつとして、数年後に掲載がはじまる稿のいわば予告篇となっている。「誰も、この原本に、先入主を捨て、「物のあはれを知る心」だけで近附かうとした人はないではないか」という一文は、本居宣長のこころの声を小林秀雄が聴きとったものという書きぶりであろう。原本とはここで古事記のことであるけれども、それを宣長の著作と置きかえるならば、小林はこうも書きたかったはずだ。だれも、宣長の著作そのものを、相手のふところに入りこむように読もうとした者はないのではないか。じっさい五年後にはじまった連載稿のなかで小林は、執拗に宣長からの引証を繰りかえして、引用文そのものを読んでほしいと読者に訴えてゆく。小林秀雄はこの時点で、宣長をめぐりあらためて書きはじめることにこころ決めして、構想のいくらかもその胸中にはあったはずである。

宣長は、と『本居宣長』の第二節は説いていた。「言はば、自分の身丈に、しつくり合つた思想しか、決して語らなかつた」。にもかかわらず、あるいはそれゆえに「傍観的な、或は一般観念に頼る宣長研究者達の眼に、先づ映ずるものは彼の思想構造の不備や混乱」である。その最たるものは、いわゆる宣長問題であったろう。むろん村岡典嗣の古典的一書は、けっして「傍観的」研究書ではない。むしろ「その研究は、宣長への敬愛の念で貫かれてゐる」。それでもなお、小林から見れば、そこには「宣長の思想構造といふ抽象的怪物との悪闘の跡は著しい」。思想など虚構である。すくなくとも、宣長のじっさいに書きのこした著作の細部をはなれ、本居思想の構造という抽象物を論うことは虚妄である。じぶんには、とつづく。「研究方法の上で、自負するところなど、何もあるわけではない。たゞ、宣長自身にとつて、自分の思想の一貫性は、自明の事だつたに相違なかつたし、私にしても、それを信ずる事は、彼について書きたいといふ希ひと、どうやら区別し難いのであり、その事を、私は、藝もなく、繰り返し思つてみてゐるに過ぎない。宣長の思想の一貫性を保証してゐたものは、彼の生きた個性の持続性にあつたに相違ないといふ事、これは、宣長の著作の在りのまゝの姿から、私が、直接感受してゐるところだ」。東西の藝術、文学、思想を知りつくしたこの文学者にとって興味のあるのは「宣長といふ独自な生れつき」がひとびとのあいだに「思想の劇」をひらいてゆく、そのすがたであるにすぎない。中心となるのは本居宣長という稀代の名優である。しかも「この名優によって演じられたのは、わが国の思想史の上での極めて高度な事件であつた」のだ(『本居宣長』一九頁以下)。

小林の本居論のはじまりかたについては、すでにふれておいた(本書、一八二頁)。よく知られているように、大著『本居宣長』は、大森にあった折口信夫邸への訪問という挿話につづけて、宣長の遺言書をながく引き、その生前の桜好きのようすを歌文の引用をはさんで紹介しながら、遺言書の内容に立ちいってゆく。さらに遺言書をめぐる弟子たちの混乱を問題としたのちに、右で問題とした一節がつづく。小林ははじまりではなく、おわりをまず読者のまえに示してみせたわけである。読者の困惑を見透かしていたかのように、いま引いた部分にただちに接して小林秀雄は文をつないでゆく。

この文を、宣長の遺言書から始めたのは、私の単なる気まぐれで、何も彼の生涯を、逆さまに辿らうとしたわけではないのだが、たゞ、私が辿らうとしたのは、彼の演じた思想劇であつて、私は、彼の遺言書を判読したといふより、むしろ彼の思想劇の幕切れを眺めた、そこに留意して貰へればよいのである。宣長の述作から、私は宣長の思想の形態、或は構造を抽き出さうとは思はない。実際に存在したのは、自分はこのやうに考へるといふ、宣長の肉声だけである。出来るだけ、これに添つて書かうと思ふから、引用文も多くなると思ふ。

彼は、最初の著述を「葦別小舟《あしわけをぶね》」と呼んだが、彼の学問なり思想なりは、以来、「萬葉」に、「障《さは》り多み」と詠まれた川に乗り出した小舟の、いつも漕ぎ手は一人といふ姿を変へはしなかつた。幕開きで、もう己れの天稟に直面した演技が、明らかに感受出来るのだが、それが幕切れで、その思想を一番よく判読したと信じた人々の誤解を代償として、演じられる有様を、先づ書いて了つたわけである。

（小林前掲書、二〇頁以下）

本居の思想の一貫性を言い、その個性の持続性を語るなら、宣長の思想形成過程をそのはじまりから辿りなおしてゆく必要がある。小林もまた京都遊学時代の書簡からその述作を問題としはじめてゆくけれども、そのすべてを跡づけておく必要はない。——京都時代をたどる叙述の末尾に、小林秀雄は「契沖は、既に傍に立つてゐた」（五〇頁）としるしていた。その後しばらく一書の叙述は契沖に、さらには中江藤樹へとさかのぼり、くだって伊藤仁齋、また荻生徂徠へと立ちよってゆく。小林が意図していたことは、「いつも漕ぎ手は一人」という宣長思想のすがたを、先行者それぞれの「肉声」からかえり見てゆくことであったろう。

小林がまず注目するのは、「コヽニ、難波ノ契沖師ハ、ハジメテ一大明眼ヲ開キテ、此道ノ陰晦ヲナゲキ」とする『あしわけ小舟』の一文であった。宣長はなぜ「契沖の「大明眼」」と語ったのか。小林は書いている。「宣長の言ふところを、そのまゝ受取れば、古歌や古書には、その「本来の面目」がある、と言はれて、はつと目がさめた」ということだ。古歌や古書は、その「在つたがまゝの姿」において「直覚」されなければならない。それを阻んでいるものは「古典に関する後世の註であり、解釈」なのである（五二頁）。――小林は契沖の宣長への影響とは言わない。古典を「みづからの事にて思ふ」（うひ山ぶみ）学統、血脈の継受をたしかめるだけである。秀雄は第一に、契沖そのひとの孤独へと降りたってゆく。

契沖の家系はもと、下川姓を名のる武士であった。父が浪人して、家は没し、兄もまた家運恢復のこころざしを果たせず、僧形となった弟のもとに零落の身をよせた。契沖そのひとの孤独な詩魂には、本書でこれまでもいくどか擦れちがっている。小林が目をむけるのはただひとりの友人であった下河邊長流との交流、この友との歌のゆきかいである。鬱屈した孤独なたましいには「「思ひ解かばや」と考へて、思ひ解けぬ歎き」がある。両人は思いとけない思いを、解けないままに詠いかわす。「「我をしる　人は君のみ　君を知る　人もまたは　あらじとぞ思ふ」（漫吟集類題、巻第十八）と契沖から贈られてゐる長流にも、同じ想ひがあつたと見てよい」。「自分独りの歎き」なら、その「源泉はやがて涸れる」。思いとけない歎きを解いてゆくのは、「めいめいの心を超えた言葉の綾の力」である。歌を詠みかわす「二人に自明だつた事が私達には、もはや自明ではない」だけなのである（六七頁以下）。だから契沖にとって、歌学こそが「俗中の真」となる。学問へといたるためには「俗中の俗」をはらえばそれで足りる。この歌学観が、京遊学時代の契沖の著書との出逢い以来、宣長のものとなり、明晰に「感得されてゐた」と小林はみる（七一頁）。

小林は書簡中にあらわれる「独り生れて、独死候身」ということばに注目し、それが学問に対する契沖の基本的な態度であったと考えた。生死の孤独をとらえる契沖のすがたの背後に「時代の基盤」が透けてみえる。秀雄は書いている。「地盤は、まだ戦国の余震で震へてゐたのである」(七三頁)。

契沖よりも三十年ほどまえ、儒学では中江藤樹があらわれていた。「秀吉が死んで十年後である。藤樹は、近江の貧農の倅に生れ、独学し、独創し、遂に一村人として終りながら、誰もが是認する近江聖人の実名を得た」。小林のみるところでは、中江こそは「学問上の天下人」であったのだ(七七頁)。藤樹によるならば、学問は「天下第一等人間第一義之意味を御咬出」すことである。経典の意味を咬みだすのはひとりこの私で、、、ある。高弟、熊澤蕃山のことばをもちいると、学ぶことの極意は「天地の間に己一人生て在りと思ふ」ことなのだ。小林によれば、「この燃え上る主観は、決して死にはしなかつた」(八八頁)。それどころか、戦国の躍動する精神から生まれた燎原の火は、伊藤仁齋にうつり、契沖を染め、荻生徂徠へつたわって、本居宣長のもとで燃えさかった。

じしん中江藤樹から火を点された蕃山は、書を重んずるがゆえに「書を見ずして、心法を練ること三年」であったといわれる。その挿話を受けて、小林はいう。

当時、古書を離れて学問は考へられなかつたのは言ふまでもないが、言ふまでもないと言つてみたところで、この当時のわかり切つた常識のうちに、想像力を働かせて、身を置いてみるとなれば、話は別になるので、此処で必要なのは、その別の話の方なのである。書を読まずして、何故三年も心法を練るか。書の真意を知らんが為である。それほどよく古典の価値は信じられてゐた事を想はなければ、彼等の言ふ心法といふ言葉の意味合はわからない。彼等は、古典を研究する新しい方法を思ひ附いたのではない。心法を練るとは、古典に対する信を新たにしようとする苦心であつた。仁齋は「語孟」を、契沖は「萬葉」を、徂徠は「六経」を、眞淵は「萬葉」を、宣長は「古事記」をといふ風に、学問界の豪傑達は、みな己れに従つて古典への信を新たにする道を行つた。彼等に、仕事の上での恣意を許さなかつたものは、彼等の信であつた。無私を得んとする努力であつた。この努力に、言はば中身を洞にして了つた今日の学問上の客観主義を当てるのは、勝手な誤解である。（九〇頁以下）

小林秀雄らしい激語である、と見えるかもしれない。とはいえ小林はじつは中断した『感想』以降、かならず断定は下しても、矯激な語はあまり発さないようになる。傍点を附しておいた引用末尾のことばからはむしろ秀雄の若き日々の評論のすがたが彷彿とし、すでに過ぎ去った情熱が揺曳しているかのようである。引用中の激しい語調をすこし緩めるなら、仁齋、徂徠、宣長を「近代文献学の先駆と見る」のが現在の定説であるとして、しかしそこにはほんとうにたとえば「仁齋といふ人間が居るのか、或は現代の学問の通念が在るのか、これを一応疑つてみる必要」がある、ということになるだろう（九二頁以下）。

宣長の修学を解き、契沖にさかのぼって、藤樹に端を発する寄りみちをはじめ、徂徠の歴史観へとたどりつきながら、とはいえ現代の歴史意識を拒否する一節――「歴史意識といふ言葉は「今言」である。今日では、歴史意識といふ言葉は、常套語に過ぎないが、仁齋や徂徠にしてみれば、この言葉を摑む為には、豪傑たるを要した」（一〇〇頁以下）――へいたる箇所がおそらくは『本居宣長』前半中の読みどころのひとつである。宣長論からすれば横みちであるとも見えるこの箇所でときに華やぐ文体の底に、小林の踊りあがろうとするこころが透けて見えるのはなぜか。秀雄はそこでじぶんを語っているからである。近世初期の思想家たちの無私を得んとする努力、その努力によって可能となる「彼等の意識の根幹」をかたちづくっていた「過去との具体的と呼んでいゝ親密な交り」(二〇九頁)とは、小林の自己理解にあっては、そのまま、秀雄が刻苦してつくり出してきたものである。粟津則雄が指摘しているように、かくて思想家像の「それぞれが、小林秀雄の自画像」であって、かくしてまた「描き出された彼らの姿は、いささか小林秀雄自身に似すぎている」のだ(『小林秀雄論』六〇一頁)。小林の説きようは研究としては逸脱している。それはもとより秀雄自身が承知しているところである。それでは、秀雄の解きかたは批評としては成功しているだろうか。この段階で判定をくだすのは早すぎるとはいえ、最終的な判断もまたわかれてくるはずである。

小林秀雄の『本居宣長』は、『あしわけ小舟』の――表現はいちど引いた――「沸騰する文体」(小林前掲書、一二二頁)に繰りかえし立ちかえっているけれども、宣長が筐底に秘した草稿の考察をひとたび閉じるにさいして、「「あしわけ小舟」は、問題を満載してゐた」と確認したのちに、「宣長は、「ものゝあはれ」論といふ「あしわけ小舟」の楫を取つた」(一二三頁)と書いている。以後しばらくは展開される「物のあはれ」理解を、ていねいに跡づけることはしない。「あはれをしる」をめぐり著作の前半でいったん展開される論は、本居の源氏理解と源氏物語そのものをめぐる小林の解釈が、ない交ぜになったしかたで進んでゆくといってよい。小林秀雄はなぜ源氏それ自体と、宣長の源氏解釈とを重視するのか。小林の見るところ、「宣長は、「源氏」を研究したといふより、「源氏」によつて開眼したと言つた方がいゝ」(一二八頁)からである。

ここでは浮舟をめぐる考察から引用を採っておく。浮舟とはいわゆる宇治十帖の登場人物のひとりで、薫と匂宮とのあいだで揺れうごき、身を破ることになった女性のことである。鎌倉初期の物語論、無名草子の作者（藤原俊成女作とも伝えられる）から「憎きものとも言ひつべき人」と言われたヒロインであった。

薫は、思いを受けいれられないままに、宇治の姉娘、大君と死別している。浮舟はもともと姉妹の異母妹で、その「頭つき様体《やうだい》細やかにあてなるほど」が大君の記憶を薫につよく喚びおこした。匂宮が色好みぶりをあらわにして、ひとしく浮舟に恋着し、ある日、宮は浮舟を小舟に乗せ、向こう岸へと連れだす。舟は、浮舟が「いとはかなげなるものと、明け暮れ見出だす小さき舟」であった。「有明の月澄みのぼりて」、波紋を照らし、匂宮から寄せられた歌に、浮舟は「このうき舟ぞゆくへ知られぬ」とかえした。月の光のなかで揺らめく小舟が、浮舟の「ゆくへ知られぬ」さだめを写しているかのようであった。日も経ち、ことが露顕してゆくうちになりゆきは複雑に絡みあい、浮舟は入水して果てることを決意するものの、後日「髪は長く艶々として、大きなる木の根のいと荒々しきに寄りゐて、いみじう泣く」さまで見いだされる。発見したのは横川のなにがし僧都、その妹尼は亡くなったむすめのかわりに慈しむけれども、浮舟は出家を望んでやまない。一件を聞きおよんだ薫の手紙に、浮舟は返事を出そうとはしなかった。「いつしかと待ちおはするに、かくたどたどしく帰り来たれば、すさまじく、なかなかなりと思すことさまざまにて、人の隠しするゐたるにやあらんと、わが御心の、思ひ寄らぬ隈なく落としおきたまへりしならひにとぞ、本にはべめる」。「夢浮橋」の末尾、つまり物語全五十四帖のおわりである。――「隠しするゐたるにや」と、薫はあらぬ疑いすら懐いている。さざ波ごとに月を映した川に漂う、小舟のゆくすえは語りだされないまま、作者の夢のなかに性格を置きざりにしたひとりの女性の沈黙を語って、物語は閉じてゆく。宣長というより小林の読みを引こう。

「宇治十帖」の主人公が薫であるとは、たゞ表向きの事だ。内省家薫と行動家匂宮との鮮かな性格の対比は、誰も言ふところで、これには別段読み方の工夫も要るまいが、言はば逆に、二人の貴公子を生き生きと描き分けたのも、性格などてんで持ち合はさぬ、浮舟といふ「生き出でたりとも、怪しき不用の人」(手習)を創り出す道具立てに過ぎなかつた、とそのやうに読むのには、「式部が心になりても見よかし」と念じて読む宣長の眼力を要する。浮舟は、作者の濃密な夢の中に、性格を紛失して了つた女性である。薫は匂宮とともに、作者の夢の周辺にゐるので、その中心部には這入れない。這入れない薫の軽薄な残酷な感想が、鋭利な鋏のやうに、長物語の緒をぷつりと切つて了ふ。宣長は、薫の感想を、さり気なく評し去り、歌を一首詠んでゐる。「なつかしみ　又も来て見む　つみのこす　春野のすみれ　けふ暮ぬとも」(玉のをぐし、九の巻)――作者とともに見た、宣長の夢の深さが、手に取るやうである。

(一六一頁以下)

ひとは、いともたやすく「物のあはれ」を理解し、文学論として有する本居の卓見を賞揚してやまない。ひとびとはそのとき、「あはれ」の裏面と、式部と宣長をつなぐ、夢の濃密さと深さとを見のがしてしまっているのだ。引用した部分につづけて、小林秀雄は書いていた。宣長の「心眼に映じたものは、式部が、自分の織つた夢に食はれる、自分の発明した主題に殉ずる有様ではなかつたか」。「物の哀をしる」とは、理解にやすく、論じるにたやすい、「持つたら安心のいくやうな一観念ではない」。もののあはれを「「全く知る」為に、「一身を失ふ」事もある。さういふものだと言ひたかつた宣長の心を推察しなければ、彼の「物のあはれ」論は、読まぬに等しい」(一六二頁)。これもまた、若書きに似た激語ともひびく。

ちなみに、折口信夫は小林と別れるさい、「小林さん、本居さんはね、やはり源氏ですよ、では、さようなら」と告げている（四頁）。この発言をとり上げて吉本隆明は「折口はたぶん宣長の『古事記』理解は駄目で『源氏』理解の方に本領があるといいたかった」と書き、それにつづけて「そしてこれはそのまま小林の宣長論にもあてはまる」としるした（吉本隆明『悲劇の解読』七七頁以下）。ただしこれは小林秀雄の本居読解自体に対する吉本の批判であるとともに、宣長自身に対する隆明の不満であることも、附けくわえておく必要がある。詩人はむしろ眞淵の言語感覚に信を措き、宣長のそれを疑っていたからである。

ともあれ、小林秀雄は、本居宣長における源氏理解と古事記解釈との繋がりにふれて、こう書いていた。引用しておく。

宣長は、「源氏」の本質を、「源氏」の原文のうちに、直かに摑んだが、その素早い端的な摑み方は、「古事記」の場合でも、全く同じであつた。

大事なのは、宣長に言はせれば、原文の「文体《カキザマ》」にある。この考へは徹底してゐて、「文体《カキザマ》」の在るがまゝの姿を、はつきり捕へる眼力さへあれば、「文体《カキザマ》」の一番簡単な形として、「古事記」「日本書紀」といふ「題号《ナ》」が並んでゐるだけで、その姿の別は見える筈だと言ふ。「日本書紀」などと、名前からして気に食はぬ、と言つてゐるのが面白い。「古事記」は文字通り「古《ヘ》の事をしるせる記《フミ》」で、素直に受取れる題号《ナ》だが、「日本書紀」の方は、余計な意識を働かせた姿をしてゐる。漢の国史の「漢書」「晋書」などの名に倣つたものなら、わが国に国号の別などないのに、をかしな話だ。それなら「是《レ》は何に対《ムカ》ひたる名ぞや」と宣長は問ふ。（小林前掲書、三三二頁以下）

小林は「彼自身の文体《カキザマ》にも、読者は注意して欲しい」としるし、『古事記傳』からの引用をかさねる。秀雄によるなら、その書きようから感じられるものは、宣長のうちにある「健全なものは、何の奇もない当り前なものだ、といふどんな場合にも動かぬ、深い思想」であり、「それが、大事な判断となると、必度《きつと》顔を見せる」。ここでも顔を見せているのは、むしろ小林自身の思考、常識を重んじるその思想だろうが、いまこの件は措く。『古事記傳』冒頭の「文体《カキザマ》の事」を読みながら小林がまず注目しているのは、何の奇もない当り前なことどころか、きわめて奇妙なことがらなのだ。古事記を撰録した太安萬侶をはじめとして、当事の日本人は「漢字以外には文字を知らなかつた」。そこには「古代日本人の奇怪な言語生活」が透けてみえているのである。「わが国の歴史は、国語の内部から文字が生れて来るのを、待つてはくれず、帰化人に託して、外部から漢字をもたらした」。その結果、なにが生まれたか。「歴史は、言つてみれば、日本語を漢字で書くといふ、出来ない相談を持込んだ」のである。とはいえ思えば「さういふ反省は事後の事」だろう。文字の到来という「事件」そのものが、ひとびとを驚倒させたはずである。「もたらされたものが、漢字である事をはつきり知るよりも、先づ、初めて見る文字といふものに驚いたであらう」（三二九頁以下）。——小林のこの指摘を承けて、一方でたとえば長谷川三千子は「訓読」の「鮮かさ」と、その「剣の刃の上を渡るやうな「危ふさ」」について語った（『からごころ』四六頁以下）。他方で宣長の言語感覚を疑う古本は、詩人の直感とともにこう論じる。「未明の村落共同体のひとびとは〈あからしまかぜ〉が「暴風」と表記され、〈はやさめ〉が「暴雨」とかかれ、〈ちかきさと〉が「隣里」と記され、〈かむがかりす〉が「顕神明之憑談す」とかかれ、神事のための集り〈かんつどへにつどへて〉を、たんに「会へて」と表記されたとき、和語の意識と漢語とのすさまじい落差を覚えたにちがいなかった。できあがった漢語を読みくだすときの和語とのあいだの距離の凄じさは、たぶん公けにつかわれた言葉と、村落の生活のあいだにつかわれた言葉との落差を象徴するものであった」（『初期歌謡論』三七頁以下）。訓読が成功するためには、「漢文が中国語であること」を見てはならなかった、とする長谷川の指摘は鋭く、南島歌謡の標記をたどって「漢文化をはやくから摂取できた共同体の首長の周辺と、和語の意識に埋もれて生活していた村落の人々」との言語意識の落差をも読みとる吉本の直感は鋭敏であるけれども、小林もここで『古事記傳』を読みこんで、同等な問題系に逢着していることはみとめられてよいだろう。逆に秀雄が津田左右吉以来の古事記批判に対して距離を置くにいたっている（小林前掲書、三三九〜三四二頁参照）のも、小林のこの問題意識のゆえである。

難問を時間だけが解決することができた、と小林秀雄は考える。「日本人は実に長い道を歩いた」と小林は言う。一点のみ具体的に見ておこう。「天」と「アメ」との関係をめぐる訓みと意味にかんして、『古事記傳』を引きながら小林は、こう書いている。

「古事記傳」から引いてみようか、「かの皇天とある字を、アメノカミと訓るは、皇天にては、古意にかなはず、かならず天神とあるべき処《トコロ》なることを弁へたるなれば、此ノ訓は宜し、されど此ノ訓によりて、皇天即チ天神と心得むは、ひがことなり、凡て書紀を看《ミ》むには、つねに此ノ差《ケヂメ》をよく思ふべき物ぞ、よくせずば漢意に奪はれぬべし」云々。放れ業なら、その意味合をはつきり判じようとすれば、一向はつきりしなくもなるだらう。それは、この短文を一見しただけでも、解る筈である。何故かといふと、妙な言ひ方になるが、では、天をアメと訓むのは宜しいが、此の訓によつて、アメ即ち天と心得むは、ひがごとか、さういふ事になるからだ。「アメ」といふ訓は、「天」といふ漢字の意味に対応する邦訳語だと、私達には苦もなく言へるとしても、「天」の他に文字といふものを知らなかつた上代人にしてみれば、訓とは、「天」といふ漢字の形によつて、「アメ」といふ日本語を捕へ直す、その働き、まことに不安定な働きを意味したらう。従つて、「アメ」即ち「天《テン》」といふ簡単な事にはならない。「天」は「アメ」を現す文字として日本語のうちに組入れられても、形がそのまゝ保存されてゐる以上、漢字としての表意性は消えはしないだらう。それなら、「アメ」と「天」は、むしろ一種の対抗関係にある。対抗してゐるからこそ、両者は微妙に釣合もする。さういふ生きた釣合を保持して行くのが、訓読の働きだつたと言へよう。

（同、三四六頁以下）

念のため、古事記神代記冒頭の「天地初発之時《あめつちのはじめのとき》」の「天地」に附けられた、『古事記傳』の註釈のはじまりを引いておけばこうである。「天地は、阿米都知《あめつち》の漢字にして、天は阿米《あめ》なり。かくて阿米てふ名義《なのこころ》は、未《ダ》思《ヒ》得ず」。まだ考えおよぶことができないという留保によって、宣長は「天」という漢語と「阿米」という訓みとを切断しようとしている。この件については、「外篇」のさいごに子安宣邦の所論とともに見てゆくことになるだろう。本居の註をつづければ、「抑諸《もろもろ》の言《こと》の、然云本《しかいふもと》の意《こころ》を釈《とく》は、甚難《いとかた》きわざなるを、強て解《とか》むとすれば、必僻める説《こと》の出来《いでく》るもの」なのである。割注をみると、宣長の考えるところでは、「凡て皇国《みくに》の古言は、たゞに其《ノ》物其《ノ》事のあるかたちのまゝに、やすく云初《いひそめ》名づけ初たることにして、さらに深き理などを思ひて言る物には非れば、そのこゝろばへを以《テ》釈《とく》べきわざなるに、世々の識者《ものしりびと》、其《ノ》上《ツ》代の言語《ことどひ》の本づけるこゝろばへをば、よくも考へずて、ひたぶるに漢意にならひて釈ゆゑに、すべて当りがたし」というしだいとなる（伝三、全集九巻一二一頁）。この件については「内篇」の主題のひとつとしてとり上げることになるだろう（本書、七三五頁〜）。

小林秀雄はさらに、当事の知識人の言語意識のうちへ潜りこんでゆこうとする。それは小林にとっては、『古事記傳』執筆のふかい動機へと入りこもうとすることと、べつのくわだてではない。話しことばはいつでも相手を予想している。文字を手にして、書きことばを操るとは「黙して自問自答が出来る」ようになるということだ（小林前掲書、三四七頁）。漢字伝来よりこのかた知識人たちは徹底的に「漢字漢文の模倣」につとめ、正式な文書のことごとくは漢文をもってしるされるようになる。そのときむしろ「知識人の反省的意識に、初めて自国語の姿が、はつきり映じて来る」。漢字漢文に習熟し、おおやけの文章のすべてを漢文で綴った知識人は、口伝えされることばの伝統から、意識的にいったん離れた。とはいえ「伝統の方で、彼を離さなかつたといふわけである」。小林の認定はこうだ。秀雄自身は、以下の認識がほとんどそのまま宣長の認識であったと信じている。「この日本語に関する、日本人の最初の反省が「古事記」を書かせた」。漢字漢語を習得することは、たしかに一箇の模倣だろう。しかしそこではなおこの国の狭義の歴史、文書をともなう時間は開始されない。小林は、結論づける。「日本の歴史は、外国文明の模倣によつて始まつたのではない、模倣の意味を問ひ、その答へを見附けたところに始まつた、「古事記」はそれを証してゐる」。本居がそう見ていたとおりである（そうだろうか？）。宣長にとって問題は、「「古語」が失はれゝば、それと一緒に「古の実《マコト》のありさま」も失はれるといふ」ことであった。これはたしかに、古事記の撰録を命じた天武天皇の危惧であったろうし、太安萬侶の使命感がもとづくところであっただろうし、古事記の序文を読みとく宣長の見解でもあったことだろう（この点では、小林の断定には根拠がある）。小林はつづける。宣長の「見解は正しいのである。たゞ、正しいと言ひ切るのを、現代人はためらふだけであらう」。とりわけ『古事記傳』の前提に完全に同意する者はすくないはずだ。かえって「「ふるごと」とは、「古事」であるし、「古言」でもある、といふ宣長の真つ正直な考へが、何となく子供じみて映る」。どうしてだろうか。「事実を重んじ、言語を軽んずる現代風の通念から眺めるから」だ。ここではほとんど、吉川幸次郎と小林秀雄が口をそろえて、本居宣長に代わり語りだしている。とはいえ以下の補足はいかにも秀雄らしい附加だろう。「だが、この通念が養はれたのも、客観的な歴史事実といふやうな、慎重に巧まれた現代語の力を信用すればこそだ、と気附いてゐる人は極めて少い」(三四九～三五一頁)。

要するに小林の見るところ、『古事記傳』の撰述者たる本居宣長の仕事は、太安萬侶の難行を逆にたどったものということになるだろう。おもて向き漢文で書かれたものを訓読するのだから、その仕事は本質的に不安定なものとなるはずだ。そのうえ、本居がじっさいにこころみようとしていたような、「どう訓読すれば、阿禮の語調に添ふものとなるか」といった課題に応えようとすることは、どのみちひとつの「冒険」であって、おそらくは宣長自身、そのことを知悉している。『古事記傳』はこの冒険に「喜んで躍り込み、自分の直観と想像との力を、要求されるがまゝに、確信をもつて行使した」。そう秀雄は推測する。ことはしかし、小林にとっては推量ではない。本居宣長の言語が語る事実なのだ。後続する部分を引用しておく。

なるほど古言に関しては、その語彙、文法、音韻などが、古文献に照して、精細に調査され、それが、宣長の仕事の土台をなしたのだが、土台さへあれば、誰でも宣長のやうに、その上に立つ事が出来たとは言へない。宣長が「古言のふり」とか「古言の調《シラベ》」とか呼んだところは、観察され、実証された資料を、凡て寄せ集めてみたところで、その姿が現ずるといふものではあるまい。「訓法《ヨミザマ》の事」は、「古事記傳」の土台であり、宣長の努力の集中したところだが、彼が、「古言のふり」を知つたといふ事には、古い言ひ方で、実証の終るところに、内証が熟したとでも言ふのが適切なものがあつたと見るべきで、これは勿論修正など利くものではない。「古言」は発見されたかも知れないが、「古言のふり」は、むしろ発明されたと言つた方がよい。発明されて、宣長の心中に生きたであらうし、その際、彼が味つたのは、言はば、「古言」に証せられる、とでも言つていゝ喜びだつたであらう。（三六〇頁以下）

強調を附した部分以降は、すでにいちど引いている（本書、二二三頁）。言いおよんでおいたとおり、小林は、右に引用した言に接して、こうした考えを懐くにいたるのは「宣長の紆余曲折する努力に、出来るだけ添ふやうにして、「古事記傳」を読む者には、極めて自然な事」と書き、「しかし、はつきりとこのやうな考へに重点を置いて、「古事記傳」が分析されてゐる研究が殆どない」ことに不満をもらしていた。秀雄が唯一の例外として言及するのが、笹月清美『本居宣長の研究』であったしだいも、すでに引いておいたとおりである。笹月の解釈に寄りそうかたちで倭健命の詞をめぐる『古事記傳』の訓をひとわたり確認したのちに、小林秀雄はしるしていた。「訓は、倭建命の心中を思ひ度るところから、定まつて来る」。訓を附する宣長には、「いと〱悲哀しとも悲哀き」と思ううちに「なりけり」と訓みそえよという「内心の声」が聞えてくる。「さう訓むのが正しいといふ証拠が、外部に見附かつたわけではない。もし証拠はと問はれゝば、他にも例があるが、宣長は、阿禮の語るところを、安萬侶が聞き落したに違ひない、と答へるであらう」。――近代の文献実証主義者なら、それでは「証拠は要らぬ」と語っているにひとしいと言うだろう。宣長ならばむしろ

「証拠など捜せば、却つて曖昧な事になる」と言うかもしれない（小林前掲書、三六四頁）。

ここまでは、とりあえず「訓み」の問題である。とはいえ、笹月を援用しながらことの消息を追った小林にとって、「あはれ」という語が『古事記傳』を読みとくさいの鍵概念ともなってゆく。市川匡とのよく知られた論争をたどるなかでも、あらためて小林が強調しているように、「宣長にとつて、「古事記」の読み方は、「源氏」の読み方と本質的には違ひはなかつた」からだ。そもそもさかのぼれば、「「古事記」は理屈でもなければ、正確を期する、どんな種類の記述でもない。安萬侶が文に書きうつすのに困つたほど、「言意並《ニ》朴」なる歴史風の物語である」からである。小林秀雄にとって、そこに「問題の奥行の深さ」が、宣長をめぐる思考がそこに繰りかえし立ちもどらざるをえないゆえんがあったのである（四二〇頁）。じっさいのところ、「宣長の歌学の中心にあつた「物のあはれを知る心」が、「道」の学問では、そのまゝ「人のまごころ」となる」。小林は連載開始に五年さきだって発表した小論をみずから反覆しながら、語っていた。「「物学び」に於ける「歌の事」と「道の事」との緊密な関係は、彼が早くから考へてゐたところで、「あしわけをぶね」で、既に、この問題に触れてゐる」。吾邦の大道とは自然の神道である、とするものいいがそれである（四四五頁）。——「物のあはれをしる」こころは、本居の古事記読解にまで繰りのべられてゆく。この理解は、かたちのうえでは小林の宣長解釈に固有なものではないし、その独創でもない。ことの経緯については、この「外篇」でも、むしろいくたびも見てきたところであった。とはいえ、畢生の大著における小林秀雄の思考は、しかしその終末に近づくにおよんで、本居宣長からも古事記からも、また『古事記傳』からも逸脱してゆく。宣長の外に出てゆくことを拒否し、テクストの内側から相手をとらえようとしたこころみは、小林にあっては研究ではなく、やはり批評と呼ぶほかはないものであったが、秀雄の最後の批評的文体は、その終結部に辿りついて、宣長の思考から逸脱して、秀雄一箇の心情の吐露へと移っていったかにみえる。ことのおよんだところを確認しておこう。

問題は「生死の安心」にかかわる。人間にとってたしかに、この安心にやがてすべてがかかっているかに見える。仏教は、なるほど「こゝをよく見とりて造りたて」たものと言ってよいだろう。宣長は一方では、「人は死候へば、善人も悪人もおしなべて、皆よみの国」へと赴くほかはない、という「神道の此安心」が、すこしもひとに安心を与えるものではないだろうことをみとめている。だが他方この国では、かつて上古には「さやうのこざかしき心なき故に、たゞ死ぬればよみの国へ行物とのみ思ひて、かなしむより外の心なく、これを疑ふ人」も、またいなかった。「よみの国は、きたなくあしき所に候へ共、死ぬれば必ゆかねばならぬ事に候故に、此世に死ぬるほどかなしき事は候はぬ也。然るに儒や仏は、さばかり至てかなしき事を、かなしむまじき事のやうに、いろ〳〵と理屈を申すは、真実の道にあらざる事、明らけし」（答問録〔一二〕、全集一巻五二六頁以下）。

それでは「かなしき事を、かなしむ」とは、どのようなことがらなのだろうか。宣長自身は死ほど悲しいものはないと繰りかえし説きながら、「悲しみを悲しむとはなにか」については、それ以上の論いを立ててはいない。小林は、思考のみちゆきをいまいちど「物のあはれをしる」ことへ送りかえしてゆくことで、問いをもうけ、みずから答えようとする。大著の終末にちかい部分から引いておく。

「御国にて上古、たゞ死ぬればよみの国へ行物とのみ思ひて、かなしむより外の心なく」と門人等に言ふ時、彼の念頭を離れなかつたのは、悲しみに徹するといふ一種の無心に秘められてゐる、汲み尽し難い意味合だつたのである。死を嘆き悲しむ心の動揺は、やがて、感慨の形を取つて安定するであらう。この間の一種の沈黙を見守る事を、彼は想つてゐた。それが、門人等への言葉の裏に、隠れてゐる。死は「千引石」に隔てられて、再び還つては来ない。だが、石を中に置いてなら、生と語らひ、その心を親身に通はせても来るものなのだ。上古の人々は、さういふ死の像《カタチ》を、死の恐ろしさの直中から救ひ上げた。死の測り知れぬ悲しみに浸りながら、誰の手も借りず、と言つて自力を頼むといふやうな事も更になく、おのづから見えて来るやうに、その揺がぬ像《カタチ》を創り出した。其処に含蓄された意味合は、汲み尽し難いが、見定められた彼の世の死の像《カタチ》は、此の世の生の意味を照し出すやうに見える。

（六〇四頁以下）

千引石《ちびきいわ》とは、伊邪那美の死と伊邪那岐の生とを「黄泉比良坂《よもつひらさか》」で距てるものだ。右の引用で言われている「悲しみに徹するといふ一種の無心」は本居の註ではすこしもなく、ひとえに小林の釈であり、宣長の語る「言葉の裏に、隠れてゐる」意味を読みとっているのは秀雄の私意にほかならない。その間の消息をめぐり、ほどなく相良亨が問題としてゆくことになるだろう。千引石を隔てた悲しみについて言うなら、伊邪那岐の帰ろうとする「顕国《うつしぐに》」を「汝国《みましのくに》」と言いおよぶ伊邪那美の哀しみをめぐって、むしろ語られるべきなのだ。じっさい『古事記傳』はしるしていた。「抑《モ》御親生成給《みみづからうみなしたまへ》る国をしも、かく他《よそ》げに詔《のたま》ふ、生死《いきしに》の隔りを思へば、甚《いと》も悲哀《かなし》き御言にざりける」（伝六、全集九巻二五五頁）。

小林の説いたところは、すでに知るべの多くを見おくり、やがてみずからも黄泉に赴くことを知っている者の感慨でもあることはまちがいがない。昭和を代表する批評家は、「もう、終りにしたい」と書き、宣長の遺言書を読みかえすことを読者にもとめて、生を畢えるべき大著を閉じた（小林前掲書、六〇七頁）。やや時をおいて書きつがれた続篇もまた「もうお終ひにする」とむすばれている（『本居宣長補記』一一三頁）。

小林秀雄は本居宣長の遺書を一箇の作品とみとめ、それを宣長の「思想の結実であり、敢て最後の述作と言ひたい趣のもの」（『本居宣長』六頁）と考えたいっぽう、そのどこか「検死人の手記めいた感じ」（九頁）にもふれていた。足立巻一は本居春庭の生涯と著作の謎を追い、小林の連載にやや遅れ、論攷を同人誌で掲載しつづけてゆく。光を失った宣長の長子への共感にみちた稿のなかで足立もまた宣長の遺書を論じて、「生体解剖のような非情さ」を読みとっていた。健全な生活者としての本居は菩提寺の樹敬寺に眠っている。「もうひとりの宣長は、学究者、詩人としてのかれである。そのかれは樹敬寺にはいない。だから「空送《からたび》」という異様な様式を指定したのだ。学究者、詩人としての宣長はひとりひそかに夜陰に包まれて山室山へのぼる。そこには妻も寄せつけないのである」。小林の一書の公刊に先だって、昭和四十九（一九七四）年に河出書房新社から刊行された『やちまた』は、春庭在京時代の富士谷成章との交流を大胆に推測して、鈴木朖と本居春庭とのプライオリティをめぐる時枝以来の理解（本書、一八六頁）にも異をとなえた。足立の大著は、とはいえすこしも論争的ではなく、むしろ仄かな詩情を頁のあいだに漂わせる。「天地の言霊はことわりをもちて静かに立てり」。富士谷の『あゆひ抄』から引かれたこの一句が、宣長と成章と春庭と、そして著者自身をも緩やかにむすびあわせているかのようだ。

小林は戦時中、その常識――「やまとだましひ」のことである――の命じるところにしたがって、黙々として時流に処する。戦後の座談会では「利巧な奴はたんと反省してみるがいいじゃないか」と嘯いた。足立は二度目の召集中に、本土決戦にそなえた演習で黄色火薬の暴発に遭って、全身に爆創を負う。戦後ながく、耳の奥にちいさな地虫が棲みついているようであったと、『やちまた』にも書きしるしていた。

吉川、小林の両著が刊行された翌昭和五十三（一九七八）年、相良亨『本居宣長』が世に問われる。二著とならんで、宣長思想にかんする総体的な理解を提起する一書であった。同書については、「内篇」でもいくどか言及することになるだろう。ここでは二、三の点をめぐってのみ、言いおよんでおくことにしたい。

一点は、丸山眞男の本居解釈に対する一定の修正要求についてである。丸山が、宣長は「一切の規範性を掃蕩した内面的心情をそのまま道として積極化した」（『日本政治思想史研究』一七八頁）と解していたしだいにかんしては、すでに見ておいた。相良は、これに対して、宣長が「真心だけを求めていたのではなく、「古の道」が実現されることを切に願望していた」消息をあらためて強調する。相良によれば、本居が説いたのは「内の真心と外の「古の道」」なのであった。そのかぎりでは、宣長学の「政治性」を問題とするならば、それは日本政治思想史研究者とは、べつの場所、べつのしかたで問われなければならないのではないか、とするのが相良の認識である（『本居宣長』一九九頁以下）。——問題の所在を確認するため、相良が引いている『うひ山ぶみ』の一節を引証しておきたい。ただし、先だつ部分をおぎなっておく。

すべて下たる者は、よくてもあしくても、その時々の上の掟のまゝに、従ひ行ふぞ、即《チ》古《ヘ》の道の意には有ける。吾はかくのごとく思ひとれる故に、吾家、すべて先祖の祀《リ》、供仏施僧のわざ等も、たゞ親の世より為《シ》来りたるまゝにて、世俗とかはる事なくして、たゞこれをおろそかならざらんとするのみ也。学者はたゞ、道を尋ねて明らめしるをこそ、つとめとすべけれ、私に道を行ふべきものにはあらず。されば随分に、古の道を考へ明らめて、そのむねを、人にもをしへさとし、物にも書遺《キ》しおきて、たとひ五百年千年の後にもあれ、時至りて、上にこれを用ひ行ひ給ひて、天下にしきほどこし給はん世をまつべし。これ宣長が志也《シ》。（全集一巻一〇頁以下）

丸山に対する相良の修正要求は、微細な論点にかかわるものであるかに見える。しかし、そうではないのだ。争われているのは、過ぎ去った思考に対する理解のかまえであり、思想史的研究をささえるエートスのありかなのである。ひとつ目の強調を主軸に考えるとき、一方では丸山眞男の、他方では松本三之介の本居理解が結実する。傍点を附したふたつ目の箇所に注目するとき相良亨の解釈がなりたつだろう。相良の宣長像は、本居のもちいる「せむかたなし」という語に着目するところに成立するものであるけれども、相良によれば「「せむかたなし」は、あくまで「古の道」を一方に志向するが故」に語りだされることばなのである。相良亨はおそらくここで、宣長が志という一句につよく反応している。相良の学は、日本倫理思想史学として、生と思考の姿勢そのものを、過ぎ去ったもののうちになお問いつづけるものであったからである。

それでは「せむかたなし」とは、それ自体どのような生と思考のかまえのことだろうか。この件が、とり上げておきたい第二の論点にかかわる。

相良によれば「「せむかたなく」というのは、何事かを思い願いつつも、やむなく他の生き方をする、やむなくある生き方をしつつも、なお何事かを思い願うという心のうごきを表現した言葉」である。そこにあらわれているものは一方では祈願であり、他方では断念である。ひとはつよく願い、希みつつ、しかしあきらめ、あきらめながらなお祈り、望む。相良が見るところでは、この「せむかたなく」こそ宣長の生と思考を理解するための鍵のひとつであり、断念と祈願とがない交ぜとなったその「心のうごき」が「終生宣長の心の底辺に流れ、様々な形をとってこれが現われていた」のだ（二〇九頁）。その姿勢が、『あしわけ小舟』で旧来の歌道との妥協としてあらわれ、『紫文要領』では世の風儀人情にしたがった式部への評価としてしめされ、遺言書では樹敬寺と山室寺のふたつの墓所のかたちをとった。『古事記傳』を書きつぐ過程で宣長が「禍津日神」の荒びを「せむすべなし」と受けとめてゆくにいたるのもそのゆえである。なにより、清原貞雄が本居の時代を謳歌する姿勢としてとり上げて、渡辺浩が、「古」を「今」に生き、「今」は「今」であるままで「古」となる、特異な時間構造として論じた問題系の出所もここにある。この世のさま、現在のありようは、宣長にとってそれでもなお「其時の神道」なのである。『答問錄』から引証しておく。

神には善なるあり、悪なるある故に、其道も時々に善悪有て行はれ候也。然れば、後世、国天下を治むるにも、まづは其時の世に害なき事には、古へのやうを用ひて、随分に善神の御心にかなふやうに有べく、又儒を以て治めざれば治まりがたき事あらば、儒を以て治むべく、仏にあらではかなはぬ事あらば、仏を以て治むべし。是皆、其時の神道なれば也。然るにたゞひたすら上古のやうを以て、後世をも治むべきもののやうに思ふは、人の力を以て神の力に勝んとする物にて、あたはざるのみならず、返て其時の神道にそむく物也。この故に、神道の行ひとて別に一ッはなき事と申すは、此事に候也。然れ共その善悪邪正をわきまへ論ずるときは、上古の世は悪神あらびずして、人心もよかりし故に、国治まりやすく、万の事善神の道のまゝに有し也。後世は悪神あらびて、上古のまゝにては治まりがたく成りぬる也。かくの如く時有て悪神あらび候へば、善神の御力にもかなはぬ事あるは、神代に其証明らか也。

然れば人の力にはいよ〳〵かなはぬわざなれば、せんかたなく、其時のよろしきに従ひ候べき物也。
（一一三）、全集一巻五二七頁以下）

相良は、ここにも緊張をみる。こころざしというかたちで張りつめたかまえをも見ようとする。ここでも「せむかたなし」というのは、「其時の神道」にしたがいつつも、善神への、上古への強い志向を内面にもつことを示している」。あらわになっているのはただの断念ではない。祈願だけでもない。相良亨の視界から見て、みとめられるのは、「善神への、上古への強い志向をもちつつもなお「其時の神道」にしたがうという精神の緊張」にほかならない（相良前掲書、二四〇頁以下）。

相良はさいごに、この「せむかたなし」と「安心」とのかかわりを問おうとする。相良自身がみとめているとおり、これは困難な問題である。それはすくなくとも、小林秀雄が畢生の大著の終結部へとむかう途上で漏らした感慨によって解かれるような問題ではない。先に引いた小林『宣長』の一節に言及しながら相良亨は、それは「悲しみに徹する時、やがて悲しみが感慨の形をとって安定するという理解」であり、「ただ、〝悲しみ〟のみをとり上げ、その徹するところに安定をみようとするもの」であって、「宣長の思想の理解としては適切でない」と批判する。小林の理解にはなにが欠落しているのか。「神あるいは神代の妙理といった、宣長を超えたものとのかかわり」において悲しみをとらえる視角が欠けているのだ（二六五頁）。相良にとっては、この側面こそ「せむかたなし」の裏面なのである。一書の最後の一節を引いておく。

禍津日神のあらびは、やはり、極意のところは、「せむすべなく、いとも悲しきわざ」としてうけとめざるをえなかった。しかも、禍津日神も神なるが故に、すべては「神」にしたがい「神」に身をまかせているという「安心」が、この「せむすべなく、いとも悲し」の中にも浸透していた。禍津日神のあらびは「せむすべなく、いとも悲し」としつつ、宣長としては、そこにも神に身をまかせている安心があった。(中略)勿論、この時にも、善神への福への志向はある。それは、古の道を考え明らめる「学問」と、その古の道を「上」が、即ち神が天下に実現する時を「まつ」姿勢として彼の生活に定着した(同上)(うひ山ぶみ)。これまた、善を志向しつつも神のしわざに身をまかせた安らいだ姿といえよう。「学問」をして「まつ」、そして「其時の神道」にしたがう。この宣長の二重構造的な生活の形は、彼のいう彼なりの「安心」に支えられたものであった。彼の「安心」は、具体的には、彼のこのような二重構造的な生き方として定着した形をとることになったのである。(二六七頁以下)

このような理解の背後にあるのは、相良亨そのひとの祈願であり、断念でもある。相良はここで、自身がながく引きよせられてきた生のありかたをなかば断念し、断念しながらもやはり魅きつけられ、あらたな生と思考のかたちをおそらくは願い、希んでいる。しかも一教師として遭遇した、全共闘運動の高く荒い余波のなかで、あらたな思考と生のありかたの探究へ望みをかけていたようにも思われる。その間の消息を確認するところから、次節以下の考察を再開したい。

十九

一九六八年を頂点として、先進資本制国家のいたるところで、学生叛乱の嵐が吹きすさぶ。極東のこの国も例外ではなく、日本大学を先頭に、全国各大学ではつぎつぎと全共闘（全学共闘会議）が結成されて、学生たちは、あるいは大学本部を、あるいは校舎、学生会館を占拠し、さまざまな要求を突きつけた。東京大学では、医学部の研修医問題に端を発し、紛争はやがて全学におよんで、助手共闘や全共闘の内部では、たんに学内問題が問われたばかりでなく、批判の武器が向けられる対象は、ほどなく学の理念と体制、近代合理主義の原罪と限界、戦後民主主義の欺瞞性にまでひろがってゆくことになる。

そうした動向のなか、ことに処する丸山眞男の姿勢とその言動が、学生たちにとってひとつの標的となったのが正当であったか、丸山への批判は不当な攻撃であったのかについては、なお判断がわかれるだろう。さきにしるしたとおり、ともあれ丸山は健康上の問題もあり、停年まえに東大を退職していった。――丸山は昭和五十五（一九八〇）年、日本思想大系中の闇斎学派の巻に解説を寄せている。眞男にとって最後の学術論文である。闇齋の学風の容赦なさと、学派内部で不断に生起した内紛にふれた一節を引く。

もちろん道・学脈を媒介とする人間関係が、「絶交」への傾斜をもつには一定の前提条件が存在する。なにより「真理は一つしかない」というテーゼがそれである。こういうテーゼ自体は古今東西の宗教に殆ど共通しているし、また学問的立場としても珍しくはない。ただ宗教的信仰にしても、それが神学的体系化を伴わなければ一つの真理をめぐる解釈が多様化しても、多くの場合分裂までに立ち至らずにすむ。けれどももしそうしたテーゼが、「体系」の個々の字句、個々の範疇にまで貫徹されるならば、一つの真理は無限に細分化され、したがって無限の異化傾向をはらむことになる。(中略)こうして経験的検証の不可能な教義やイデオロギーをめぐる論争は、どうしても人間あるいは人間集団を丸ごと引き入れるような磁性を帯びることになる。それは、関与者の知的・道徳的水準によっていかようにも矮小化され、あるいは醜悪な相を帯びるかもしれない。しかし教義=イデオロギー論争のすさまじさを単に嘲笑し、あるいは自分はそうした厄介な問題には無縁だと信じられるのは世界観音痴だけである。その凄絶さから目をそむけずに、右のような磁性に随伴する病理をいかに制御するかが、およそ思想する者の課題なのである。(「闇斎学と闇斎学派」六一四頁以下)

闇斎学派にあってのいわば〝内ゲバ〟の凄まじさをめぐってしるされた一文で、丸山眞男が、昭和四十五(一九七〇)年前後から顕在化して、やがて連合赤軍事件を引きおこし、七〇年代に党派間の殲滅戦まで帰結した新左翼勢力の情勢をあわせて想いうかべていたことはまずまちがいがない。丸山もまたそれなりに持続的なかたちで、みずからが糾弾の対象となって巻きこまれた「六八年革命」の後史をめぐって思索を重ねていたのである。——親しい友であった埴谷雄高が「いま思想家の多くはこの非情な内部ゲヴァルトをすでに見捨てているが、内部ゲヴァルトの側もまた思想家を見捨てている」と書いた情況のなか、これはそれなりに、思想史研究者のひとつの佇まいであったように思われる。

相良亨（一九二一〜二〇〇〇年）は、東大紛争が提起した問題と全共闘に結集した学生たちの思いを、丸山とはことなったかたちで受けとめた。いまふれておきたいのは、相良の場合についてである。

相良は旧制水戸高校教授であった厳父の膝下で小時から漢籍にしたしみ、和辻哲郎のもとで学んだ、その学問的な出発点もまた近世儒学の研究であった。最初の著作となった『近世日本における儒教運動の系譜』（一九五五年）以来、江戸儒学にかかわる業績は数多い。相良がはやくから関心を寄せていたのはたほう武士道をめぐる問題である。後者を代表する著作『武士道』は、ほかでもない一九六八年のその年に、新書版のかたちで出版された。「まえがき」のなかで相良は武士道の一般的理解にふれ、「〝いいわけをいわぬ〟という態度は立派な態度だと思う。そうありたいと思う」と述べ、武士の倫理へのいわば郷愁を語るいっぽうで、その倫理とわかちがたくむすびついている、たとえば「追腹」の思想、「脇指心」の（あたまを張られたなら、ただちに相手に切りかかる）精神については留保をもうけていた。留保を附けること自体が、過ぎ去った思考をじぶんのものとして引きうけようとするかまえのあらわれであって、武士道への相良の共感は一書のすみずみまでゆきわたっている。相良にとって、儒教と武士道をむすぶものはまことの精神であり、誠実の倫理であった。その倫理は基本的にはまた、相良自身の倫理でもあったといってよいだろう。

相良亨は、とはいえ後年「「誠実」の問題」という語を筆にすることになる。相良にとって課題となったのは、つまり「「誠実であればよいのか」という問題」であった。思考の転回にかかわるいくつかの動機のうちで、まちがいなく大きな部分を占めていたのは、赴任後まもない助教授として際会した、東大紛争の経験である。昭和五十五（一九八〇）年にあらわれた一書、『誠実と日本人』の「まえがき」から引く。

「誠実」について私の思いを語ろうとする時、ふれないではすまされないと思いつづけたのは、否定される対象であった教官として体験した東大紛争である。私は、学生たちが「誠実」であることを認めた。少なくとも「誠実」たろうとしたことを認めた。だが、まさにその「誠実」が問題であると痛感した。「誠実」をいかにこえるかということが、研究者としても人間としてもきわめて大きな課題であるとはっきりと私に考えさせることになった、この紛争体験の私にとっての意義は大きい。しかし、紛争における学生の意識は様々であり複雑であり、慎重な検討を経た上でなければ、軽々に言及することがはばかられる。そのため、ついに正面からとりあげえなかった。

ただ一言すれば、彼らの一部には、「論理に対する誠実」とでもいうべきものがあったように思われる。それは伝統的な「誠実」といささか質が異なる。だがまた、私なりに捉えれば、「論理を信ずる自己に対する誠実」、あるいはまた「言行一致であること自体の誠実」など、ほとんど、あるいはまったく伝統的な「誠実」がそのまま、「論理に対する誠実」から剝離して働いていたのではないかと思われる。

（同書、一三頁）

本居宣長もまたまごころを説く。それはしかし、相良が分析していたように、「せむかたなし」という二重構造的な生と思考の姿勢と絡みあった、複雑な結構をはらむものだった。ひたぶるのまこととまごころとのあいだには、古道そのものと「其時の神道」との間隙がひろがっている。思うに相良は、この距離のうちに誠実の倫理とその行き止まり《アポリア》を超える可能性のひとつを見てとりたかったように思われる。

相良は『本居宣長』の「まえがき」で宣長のとらえどころのなさについて語り、「今といえども隔靴掻痒の感がまったくないというわけではないが、私という人間のすべてを動員して宣長の思想を追う時、これだけは言える、が、これ以上は私には言えない、という所にまでは達したようである」と書いた。学術書の一節としては、驚くべき宣言ではないだろうか。誠実を超える倫理への探究は、それじたい誠実な歩みをたどったとも言ってよい。——相良亨はいわゆる「造反教官」ではなく、四十代後半の少壮助教授として、学生たちに相対したその姿勢は、むしろ非妥協的なものだったことが知られている。それにもかかわらず、相良のもとには、いわゆる六八年世代の若手研究者たちが数多くあつまった。国学研究者として直接に指導を受けた者のひとりは、たとえば清水正之である。そればかりではない。清水と同年代の国学・宣長研究者のなかには著書の「あとがき」などで相良との接触をふりかえり、その学恩をしるしている者も多い。百川敬仁は相良の講義の思い出を記憶し、山下久夫が相良との交流を書きとめて、東より子もまた相良の教示を受けたことを記録していた。所属している分野も倫理学・日本倫理思想史ばかりでなく、日本文学研究から日本史研究までおよんでいる。ことのこの経緯はおそらく偶然ではない。相良の生と学問の姿勢が、全共闘運動に際会した学生たちの心性のどこかに深くふれ、居ずまいを匡させるところがあったものと思われる。

全共闘運動のさなか若手の国文学研究者たちが、自主講座や研究会でたとえば源氏物語をともに読みなおしていた。そのころ藤井貞和が「バリケードの中の源氏物語」を執筆し、発表当時ひろく反響を呼ぶ。高校紛争のなかでも同様の動きが引きつがれた。四方田犬彦は、教育大附属駒場高校における自主講座に、源氏物語があったことを報告している。チューター役をつとめたのは、後年の国文学者、藤原克己である。

藤井貞和『源氏物語の始源と現在』はそうした動向の直接的な証言であった。藤原克己は『菅原道真と平安朝漢文学』などの著書によって日本漢文学の研究者として知られているけれども、数おおく発表されているその源氏物語論は、かよいあう過去のはるかな反響であるといってよいかもしれない。本居宣長にかかわるものとしては、百川敬仁と山下久夫の著書が、ひろい意味で〝バリケードのなかから〟あるいは当の世代の経験から誕生したものといってよいだろう。

たとえば百川は、その著書『内なる宣長』の「はじめに」のなかでこう書いていた。本居研究は「いまや盛況と言って差し支えない」。しかし、と百川は問う。「そこには果たして以前とは明確に異なる新しい展望が存在しているのだろうか」。否、である。それでは、宣長研究にあらたな眺望を拓くものはなにか。それは「なぜ宣長か」と問いつつ、宣長をめぐって書きつづるものでなければならないはずなのである。小林秀雄の『本居宣長』を典型として現今むしろ回避されているものは、本居思想における「ナショナリズムの問題」であり、追認されているものは「宣長のヒューマニズム」である。それは「特殊を経ずに普遍に辿りつこうとする」ことである。問題は「宣長個人というより一般的に「宣長問題」と呼ぶべきもの」（ただし百川は、ここで宣長問題ということばを、旧来の理解とはすこしく別箇の了解のもとに使用している）にある。なぜか。本居宣長こそが「現在もなお私達を内側から制約している日本的な思考を形式化した思想家」にほかならないからだ。著者によれば、書名の「内なる宣長」はこうした課題意識の表明なのである。——内なる宣長とは、けれどもなんと、ある種の世代的な表現であることだろう。じっさい、全共闘運動のにない手たちがしだいに内省をふかめて、いわゆる自己否定の論理へと突きすすんでいったとき、問われたのは内なる特権意識であり、内なる近代合理主義であり、内なる家族であって、国家であった。内なるものへ屈曲してゆく動機が、外なる表現を獲得し、可視的なかたちを取ったとき、それは日常の風景を奪いとり、全国大学の過半を埋めつくすバリケードという光景となったのである。

百川における「物のあはれ」解釈をとり上げてみよう。たとえば歌舞伎にあって物のあわれは、典型的には岡場所を舞台とした義理と人情との鬩ぎあいのうちで語りだされる。その相克が物のあわれへと収斂させられてゆくとすれば、およそ「権力にとってこれほど御誂え向きの感情」はない。幕藩制の秩序は微動だにせず、「悪所＝異界の管理を通じて」秩序への帰順をこそ、政治権力は手に入れる。秩序を揺るがす異和は、悪場所へと文字どおり囲いこまれる（同書、二七頁以下）。とすれば、宣長のいう「もののあはれ」も「葛藤を解決するための価値ではない」。かえって「葛藤を解決不可能なものとして固定し、むしろさらに身動きできないものにする」一箇の装置なのだ。それは源氏物語そのものの主題ではありえない。相克から生まれる「苦しみや悲しみを皆で確認しあう」悲しみの連帯感が宣長のいう物のあわれなのであり、それはきわめて「近世的」感情、あるいは「近世都市の大衆の負性の共同感情」なのである（四〇頁）。――百川敬仁の一書は説いている。これについては引用しておこう。

宣長が真淵よりさらに深く〈天皇と和歌〉という問題とかかわるのは「もののあはれ」の概念を提出したことによってである。（中略）その体系とは、要するに「もののあはれ」を天皇の存在と不可分な日本の精神史を貫く基本感情と見なしながら、近世都市の共同感情をやはり「もののあはれ」としてつかむことによって自分の生来の町人的感受性を正当化・社会化し、近世幕藩体制公認の政治的・文化的イデオロギーとなっている儒教思想を外来の文化であるという名目によってしりぞけようとしたものだ、ということができる。この体系が決して一般的とはいえない文学的モチーフに発しながらも宣長の独善に終わらなかったのは、ひとえに「もののあはれ」と名付けられた感情の共同的性格に負っている。ただし最も注意すべきところだが、宣長の意図がどうであろうと、この感情は源氏物語の主題にかかわるあの「もののあはれ」とは別のものであり、まして日本文学の基本的精神でも何でもなく、まさに近世都市の共同感情以外のものではないのだ。（七六頁）

背後にあるものは、百川によれば近世都市の構造である。都市が急激に増加して、また肥大するとともに、「疎外された秩序」が確立される。その秩序のうちで都市民は「その疎外を逆手にとって共同性を虚構」してゆく。都市生活者である町人たちは、秩序と秩序が生む疎外から生成する「悲哀・絶望・ルサンチマンを共有することによって連帯する」。物のあわれとは、この「連帯感へ反転しつつある負性の感情」なのだ。百川の見るところでは、近松がまずこの「虚構の連帯感情」を汲みとった。門左衛門の戯曲では「登場人物たちの主体的意志」はかならず挫折し、その涯てに「感情のカタストロフ」が、つまり物のあわれがあらわれる。「しかし、この「もののあはれ」を都市大衆の生活思想として結晶させた」のは、近松門左ではない。ほかでもない宣長である（七七頁）。

歴史への悔恨とでもいうべきものの存在が、従来のイデオロギー論的宣長理解と、百川の宣長像を隔てている。その痛覚がより個人史的なかたちをまとうとき、宣長が宣長となった劃期を「決定的なアイデンティティの危機」（一五一頁）とむすびあわせる理解が生まれた。京遊学時代は、百川によれば、宣長の「生涯で最も危うかった時期」（一六一頁）である。日記に依拠した通説からは「気ままな学生生活」とも想像されるその時期は、じっさいには「大都市の特殊な人間関係の中に投げ込まれた不安定な青年期の心的世界がハイマートロスの傷口に殺到する新しい日々の経験をいかに処理すべきか苦慮しつつ次第に自己を秩序立ててゆく」危機の季節であったのであり、「緊張した時間」がその空白を埋めつくしていたのである（一七一頁）。松本滋の所論に想を得たものでもあるこの所説の当否については、「内篇」であらためて言いおよぶはこびとなるだろう。とりあえず百川の説くところにのみ注目しておくなら、そのアイデンティティ・クライシスのさなかで宣長が縋りついたものが和歌だったのだ。——いずれにしても、そうとうに過度な自己投影の影がみとめられるしだいは、あらそいがたいところである。ただし、いちど言及しておいたように（本書、一七三頁）、百川敬仁がこのような認定の延長上で、「物のあはれ」の論理性につよく注目していることは書きそえておく必要があるだろう。宣長は、と百川は書きつづってゆく。「秩序を人間の意志の彼方に完璧な否定性として措定し、つまりは否定的自然として甘んじて受容することによって、世界苦《ヴェルトシュメルツ》を歌う和歌の根拠を構成しようと企てている」。本居宣長にとって和歌はなにより「負の連帯を成立させる特権的な言語」にほかならない。倫理とはつまり「一方で秩序の規範を尊重しながら他方でそれに従いかねる心を歌うという引き裂かれた心情にあくまで踏みとどまること」なのである。この倫理は、百川の見るところ「疎外された大都市の大衆の根本気分」と交響しあって、「一瞬の共同態を幻出させる」。それはたしかに、一箇の心理主義にすぎないだろう。けれどもそこに「社会的規模の弁証法が機能して」いた経緯は否定できないのである（九八頁以下）。——幻出ということばは、しかしひたすら否定的意味のみをまとっているのではないだろう。東大安田講堂が陥落したとき残された落書きのひとつに、こうしるされていた。「ぼくらは　砦の上に一瞬の未来を創出したのだ／闇に突き刺さる一閃の光を／それが　ぼくらの罪状のすべてだった」。ひとつの世代の経験から、覚醒して見られた夢のいっさいが排除されるわけではない。このことは確認しておく必要がある。

秩序は作為された自然として、あるいは幻出した共同性として存在する。それでは、自然としての自然とはなにか。宣長の語る「まごころ」のうちには、いわば自然へのオブセッションがある。宣長は、いっぽうでは「自然という観念の陥穽」を知っていた。自然として意識されたものは、それ自体もはや自然ではありえない。それでは「人はどのようにして自然たり得るのか」（八六頁）。問いは、奇しくも、山下久夫へと引きつがれてゆくことになるだろう。――山下は『本居宣長と「自然」』の冒頭部で「わたしたちを深部から規定している感性を表現した相手として、宣長に立ちむかうことが何より重要」である、と宣言する。いわばもうひとつの内なる宣長という問題提起だといってよいだろう。山下によれば、「本書で宣長の全体に「自然」という角度から迫ろうとするのは、まさにそのため」なのである。とはいえ山下にしても、本居思想における「自然」をいってみれば単層的次元と考えているわけではない。じじつ山下の一書がまず問題とするのは、むしろ宣長初期の歌論にあっての自然概念のねじれなのである。

本居宣長が筐底に秘していた草稿『あしわけ小舟』については、この「外篇」でこれまで繰りかえし言及してきたところであった。小林秀雄のいう「沸騰する文体」（本書、三二二頁）によってしるされた、この歌論をめぐり、小林そのひとをはじめとして、これまで反覆的に問題とされてきたことがらがある。草稿のなかで「実情」という鍵概念と目すべきものが、ひどく縺れたかたちで多義的に使用されているかに見える事情である。――実情論といえば通常、歌とは思いのままを詠むものだという理解を呼びおこすことだろう。『小舟』冒頭の、「歌の本体」とは「たゞ心に思ふ事をいふより外なし」（全集二巻三頁）とする主張もまたひととおりはそう読める。若き歌学者はしかしただちに所論を反転させるかのように、「実情をあらはさんとおもはは、実情をよむへし、いつはりをいはむとおもはは、いつはりをよむべし。詞をかざり面白くよまんとおもはは、面白くかさりよむべし。只意にまかすべし。これすなはち実情也」（同、四頁）とも主張する。その間の消息をどのように理解するかをめぐって、諸説がわかれてきたわけである。――山下によるなら、宣長の「真の狙いは、「ヨクヨマムトスルモ実情也」と主張するところにある」。宣長はあきらかに「一般的な「実情」とは異なる「実情」を求めはじめていたのである」（山下前掲書、四三頁以下）。

あらたな実情とはなにか。ひとことでいうなら「「古人」の「実情」に「化ス」」ということだ。宣長のいう実情は「擬古の方法の忠実なくり返しの過程で徐々に姿をあらわすもの」である。やや逆説的に響くけれど、「徹底した模倣」こそ実情の条件なのである。別していえば、それが「伝統の「心」を己のものとすること」にほかならない。そこで「マコトノ思フ事」と「アリノマ、ニヨム」ことが一致するようになるだろう。つまり「古人」の「情態」こそが、ただちに「我性情」となる（同、四九頁）。たとえば、満開の桜を目のまえにしたとする。そのばあい「素直に感動するのが「物の哀をしる」人であるのはもちろんだ」。山下としてはしかし、宣長が「めてたき花といふ事をわきまへしりて、さてさてめてたき花かなと思ふが感する也、是即物の哀也」と説明している点に注目する。満開の桜を「めてたき花」とする観念が、個々の歌詠みのまえにすでに存在している。それが「事の心」であり、つまりは「伝統的に培われた和歌的共同体の心性」とされるべきものにほかならない（五四頁）。ここで「和歌的共同体の心性に同一化すること」と「「自然」の次元に根ざし」ていることとが不可分なのだ（五九頁）。あるいは「獲得された共同性」に参入することと「再生された「自然」」とは分かちがたいのである（七二頁）。

山下はたほうでは、本居宣長が「歌学び」から「古道」論へといたったという、村岡以来の定説的な枠組みを否定する。それは、宣長初期の歌論が「歌を文芸としてのみ扱っていたかのような誤解を与える」からである。それればかりではない。そこでは自然という思考の動機が、その初発から作動して、古道論のうちでもはたらきつづけているありようが遮断されてしまう。かくて山下の本居理解はむしろ、小林秀雄の所論とはべつの視角から、「宣長の歌論にはすでにはじめから「自然の神道」が介在している事実」を重視するはこびとなるだろう（八二頁）。――とはいえそうであるとして、それでは宣長にとって「自然」とはなんであったのか。山下の一書は、西郷信綱の所説をふまえて、古事記註釈へと結実する本居学にあって、自然概念の中核は「成る」の不可思議さへの着目にある、と見ていた。この論件については引用を採っておこう。

混沌の中から草木の実や人間や神々が創造される。西郷はこれを「成る」と呼ぶ。宣長が凝視していたのも、おそらくこの「成る」過程の不思議さにちがいない。（中略）これを彼は、物を生成する「霊異《クシビ》なる」働きだと言い、人間の「心も詞も」とうてい及ばぬほどの霊妙性で捉えたわけである。神々も人間も、皆この不可思議な働きで「成った」。万物の生みの親たるはずの「産巣日神《ノ》」自身、結局はこの根源の作用で「成った」のであり、その点では草木や人間と変らない。つまりは、「通路」なのだ。ただ、「産巣《ムス》日《ビ》」という名称からして、根源の霊妙なる働きに最も近いところの「通路」であり、わたしたちに生成の妙味を伝えてくれる重要な媒体の役割を果たす「神」だということになる。（二四〇頁）

通路という用語自体は和辻哲郎の上代理解から取られたものである。和辻は記紀の神々が、祀り、祀られる神であって、そこには究極的な絶対者は不定のもの、、、としてのみ可能であるしだいに注目していた。記紀の神々は、その意味でおしなべて通路、、なのである。宣長は「神々の背後に和辻の「不定そのもの」と同種の根源性をみていた」（二三七頁）とも考える山下の所論はそのけっか、宣長思想における「自然」と「神」の関係にかんして、ややあいまいなところを残すことともなった。その点をやがて東より子が突くことになるだろう。その間の消息をめぐって、すでに笹月清美の本居研究とのかかわりで一度ふれておいた（本書、二二三頁）。東の宣長研究自体については、この「外篇」の最後にまた立ちいる機会があるはずである。

ことの評価はともあれ、日大紛争とならび東大紛争は学生叛乱の総体を象徴するものだった。昭和四十四（一九六九）年一月十八日、十九日の両日にわたって東大構内に機動隊が導入され、十九日の夕刻、安田講堂の封鎖が解除される。以後、東京大学についていえば、全共闘は急速に力をうしない、紛争は収束へ向かってゆく。――さきだつ昭和四十三年十一月に、文学部では教授会主要メンバーと学生たちとの団交をきっかけに、学部長の椅子についたばかりの林健太郎が、八日間にわたり事実じょう拘束される事件がおきている。このとき紛争はすでにその最終局面に近づいていた。ことの前後バリケードの外部で、けれどもバリケードの内部をも意識しながら、宣長を読みつづけていた集団がある。

子安宣邦の回想を引く。相良亨の死後あまれた回想文集に寄せられた一文からの引用である。学生叛乱が燃えひろがる以前、六〇年代の終わりごろ、相良は、はじめ非常勤講師として、やがて助教授として東大にもどる。子安によればそのころ文学部生は「法学部の丸山眞男を畏敬と反感というアムビバレントな気持ちで」見まもっていた。とりわけ倫理学研究室で日本倫理思想史を専攻する学生たちにとっては、『近世日本における儒教運動の系譜』の著者、相良亨はいわば「待ちこがれていた先輩」であったのである。

やがて大学紛争が始まった。その時、私は助手であった。学生のストと研究室封鎖によって追い出された私たちは、学外で研究会をやらざるをえなくなった。ちょうど相良さんを研究代表者として「本居宣長研究」で科研費をもらうことができた私たちは、大学封鎖を逆手にとるようにして恐るべき研究活動を展開したのである。本郷会館という文部省の宿泊施設を借りて、日曜日に朝から夜まで続く研究会を行ったのである。それは異常な大学紛争を背景にした異常な研究会であった。研究会は三ヶ月か四ヶ月続いた。やがて研究会メンバーの考え方が相互に浸透し合って、見分けがつかなくなるほどであった。あれは監禁であったのか、籠城であったのか。あの文学部教授会団交という大学紛争最終段階の事件のころから研究会も閉じられることになった。大学紛争の経験は、私においてあの研究会の体験に重なり合う。ともにすごい体験であった。しかしその研究会から相良さんの『本居宣長』(東大出版会)も、野崎守英氏の『本居宣長の世界』(塙新書)も、そして私の『宣長と篤胤の世界』(中央公論社)も生まれたのである。(「箱根の宿の相良さん」二八頁)

子安宣邦は「安田講堂の落城を目にしながら」横浜国立大学の教員となり、ほどなくドイツに留学、帰国後、湯浅泰雄とともに大阪大学の日本学講座の創設にあたる。相良亨との距離ははなれてゆく。とはいえ、すでにふれた相良の本居書も、子安がここで回想している研究会から生まれた。子安自身の最初の宣長論、やがて子安そのひとがみずから批判的となる宣長像も、おなじ紛争経験を背景とするものだったのである。

子安宣邦が一九七七年、ほかでもない吉川と小林の本居書が公刊されたおなじ年に出版した一書『宣長と篤胤の世界』からとり上げておきたい。あらかじめ注意しておくべきことがらがひとつある。篤胤との接続関係、あるいは反照関係にあって宣長を論じる姿勢は、本書発表後かなり大きく立場を転換したそのあとでも、子安の宣長像について変わることのない視角であるということだ。ただしその視点は（子安自身にとってはともあれ、一般的にいえば）唯一正当で代替不能な観点というわけではない。古典的研究にかんしていうなら、たとえば和辻哲郎や竹岡勝也の宣長像はむしろ本居学と平田学を切断しようとするものだった（それぞれ本書、八五、一三三頁参照）。くわえてまた吉川幸次郎はむしろ誇らかに「宣長との関係で、専門家ならば必ず読み、私が読まなかったのは、平田篤胤である」（『本居宣長』三〇八頁）と書いていた。子安のえらんだ視座は、およそ「宣長をどのように読むか」という論点そのものにかかわる選択をふくんでいる。子安の宣長像にあってこの視界に変化は見られない件とあわせて、ことのこのしだいに注意しておきたい。

単行本としては最初の宣長研究の「序論」の劈頭で、子安はこう書いていた。「本居宣長（一七三〇～一八〇一）について語ろうとする場合、おそらくだれもが体験することだろうが、叙述しつつあるその行間から、いつも、自分がいま描きつつある彼の顔とは異なった顔がこちらをのぞいているように思われるのである」。ともに本居を読みつづけた相良亨もしるしていたように、宣長にはいわば、捉えどころのないふしがある。それは子安によれば、しかも「他者理解ということに当然ともなわれるだろうところの錯誤や困難」にすぎないものではない。むしろ「宣長がわたくしたちに提出している問題は、〈理解する〉ということそのことを問い直すような意味合いを、大きくその底に含むような問題」である、とまず子安は主張する（子安前掲書、七頁以下）。やや間をおいて、しかしことがらとしては論点を引きつぎながら子安は書きしるす。

後世の宣長研究者は、「道てふことなければ、道ありしなり」と宣長がいうような〈道〉の実質を規定しようとして、自然主義といい、素朴主義といい、あるいは彼の歌論との連関から主情主義といい、また人間主義ともいう。そうした規定は、それなりの妥当性をもっているだろうが、しかしそのような規定が与えられると常に同時に、そうした規定のこちたさをしりぞける宣長の顔が、向う側からのぞいていることを人はみないだろうか。「道といふ言挙」を排する宣長にいたるに、まさにふさわしい理解の道はないのだろうか。宣長の思想の実体はなにかとまず規定してかかる理解の道によっては、彼の思想の世界はただそのかたわらをよぎられるにすぎないということになるのではないか。わたくしたちはむしろ、「物のあはれ」論における、人や事物に触れ、それと響き合う心のありようを問う、宣長のそうした問い、また古への〈事〉の世界にいたる理解のありようを問う、そうした彼の問いをたどることを通じて、宣長の思想の世界にいたるべきだろう。(同書、一〇頁以下)

後年の子安の文体といちじるしく隔たったスタイルに目をむけるべきだろう。右の一節についていえば、そこに読みとられるものは、さきに見ておいた小林秀雄のかまえとも一脈つうじる、読解の方向の開示ではないだろうか。それは、出来あいの解釈格子を斥け、いったんは宣長のうちがわに入りこみ、分析の対象ではなく、対話の相手としてその思考を辿ろうとするくわだてを宣言するものであったと言ってもよい。

一例として本居をもっていわゆる主情主義者と規定するとらえかたを取りあげてみる。宣長が「儒教的な思弁的合理性」を排却し、そこにみとめられる「知の偏りや陥穽」を批判しているかぎり、村岡典嗣このかたの主情主義という特徴づけに、その根拠がないわけではない。子安としてはしかし「主情主義をもって宣長を語る」試図を「妥当な」企図とは考えない。なぜだろうか。ひとつには主情主義という概念が「心と世界とのかかわり」をめぐる宣長の視界の開けかたを覆ってしまうものであるからだ。たとえばすこしまえに山下久夫の所論とのかかわりでもふれておいた『あしわけ小舟』冒頭部の宣長の議論を、さしあたり想いだしてみよう。「実情をあらはさんとおもはは、実情をよむへし、いつはりをいはむとおもはは、いつはりをよむべし」。ただ歌詠むものの意にまかせればよい。「これすなはち実情也」(本書、三五一頁参照)。子安の読みによれば、ここで実情概念はかえって揶揄の対象なのであり、その実質を喪失して「ほとんど解体しかかっている」のだ。若き宣長の歌論はつまり、「強い心情の発露なり、情緒的な衝迫を基礎にしているような歌論ではない」。世にいう実情論が「己れの情を偽ることなくありのままにうたえ」とする主張であるならば、宣長はそれが一箇の主張であるかぎり、あるいはそれが主張であることそのものにおいて同意しない。本居宣長の最初の歌論が説いているのは実情への信頼ではなく、「〈実情〉という概念への懐疑」にほかならないのだ。実情論も、それが実情論であるかぎりで、こちたき理屈であることから逃れられない。なお年若い宣長は、じつはすこしも実情論者ではない。むしろ、「だれもがもっともだと思うような、〈実情〉という概念のうちに含まれている〈道理〉」の妥当性を解除することで「かえって歌の基盤にある、〈事〉にふれ合い、〈事〉に出会う人の心のありよう、そうした〈事〉から成る人の世界のありよう」を問おうとしたのである(子安前掲書、五〇頁以下、ならびに三二、三六頁)。

こととふれあい、ことと出会う、ひとのこころのありようとは、それではどのようなものだろうか。昭和五十二(一九七七)年の子安宣邦は以下のように書いていた。最初の著書で示された子安の思考の文体を確認しておくために、すこしながく引く。

それでは宣長が、「事の心をわきまへしる」ゆえに、あるものは悲しく、あるものはうれしくというように「思ふ事」になるといっていることはどういうことだろうか。わたくしたちはその際、上にのべたように、「物のあはれをしる心」が、人の生活にあって〈事〉と出会う、あるいは〈事〉をあらしめる〈情《こころ》〉のあり方だということを見失ってはならない。「事の心をわきまへしる」ということは、わたくしたちの生活のうちにさまざまな〈事〉の現われてくる、そうした人の生活のありようのうちにどれほどの感受性をもって身をひそめうるかということ（Einfühlungsvermögen）〔感情移入の能力〕にかかわるのである。たとえばある人の死がなぜわたくしにとって悲しい事となり、その意味でわたくしの思う事となるのだろうか。それは再会ということが絶対に不可能なものとして、わたくしの生活のなかにうがたれた空洞にまざまざとわたくしが気付くからであり、わたくしの声に応えてくれたその存在の、わたくしの生活における絶対の欠如を知るからでもある。死が人の生活にきざみつけていくその跡を知らないものにとって、死に遭遇した人の悲しみは、悲しみとして思われることはないであろう。あるいは、己れの視線をふっと虚ろにさせるほどに、ある人の存在が己れの生活に強いかげを投げかけていることに気付くゆえに、またはその人の足音が自分の生活にもたらす鼓動にいっそう鋭敏になることによって、人への思いは重畳されるだろう。そうした生活にもたらす微妙な鼓動に気付くことのない人にとって、人を思う人の思いなどは存在しないだろう。宣長が「事の心をわきまへしる」といっていることを、わたくしはこのように、わたくしたちの生活における〈事〉の現われのうちに身をひそめ、それがわたくし

> したちにとっての〈事〉として生活のなかでもっているおもむき、あるいはそれが人の生活のなかでさまざまな響き合いを与えるものとしてある意味を知ることだと解するのである。（四五頁以下）

子安が右に述べていることがらと、宣長自身の思考とのあいだに、どのていどの距離がひろがっているかについては、ここでは測定しない。ただ、子安の思考がそこではむしろ宣長のテクストの深層を潜りぬけ、独自なすじみちを辿りはじめていることはおそらくまちがいがない。感覚的にとらえ、印象批評に陥ることを懼れずいえば、より目につくところがある。いま途中を略することなく引いた一節はおそらく、その書きぶりにおいて、小林秀雄がしるしたとしてもすこしもおかしくはない、ということだ。

一九九〇年代に入って（あるいは平成時代を迎えてから、と言ってもよいだろう）、子安の宣長研究の中心は『古事記傳』読解をめぐってあらたな視界を拓いてゆくことに置かれるようになる。とはいえ『宣長と篤胤の世界』もまた『傳』の世界を読みとくことに大きな紙幅を割いていることは書きそえておく必要がある。くわえてまた、昭和五十年代における読解《よみ》の方向と、平成初年代にあっての読解《レクチュール》の方位との顕著な距たりにかんしても注意を向けておくべきだろう。後者をめぐっては次節に入ってやがて見ることになる。ここでは前者について確認しておく。——なお右で「読解」にふたとおりのルビを振ったのは、私意に発するものではない。七七年の宣長像は小林的な読みの姿勢とつうじるものをもっていた。あらかじめしるしづけておけば、九〇年代以降の子安宣邦の日本思想史研究は顕著なかたちでポスト・モダニズムの影響下に置かれることになるだろう。ポスト・モダンの思考とはパリの五月、「六八年の思想《パンセ》」の末裔なのである。

子安の『宣長と篤胤の世界』第一部「本居宣長の世界」の中心となる部分には「「神」と「事」——注釈学的思

想の世界」という題名が与えられている。そこで子安が問題とするのは『古事記傳』を中軸とする宣長の註釈学とその思想にほかならない。子安宣邦によれば『傳』には「人をたじろかせるような特質」がある。『古事記傳』を読む者を躊躇させるものはなにか。それは「古伝説の言辞の背後にまわることなく、ひたすらその言辞に執着しようとする、宣長の古典注釈学の思想」なのだ（六六頁）。本居の『傳』は総論にあたる「訓法の事」のなかで、古事記は「たゞ古へを記せる語の外には、何の隠れたる意《こころ》をも理《ことわり》をも、こめたるものにあらず」と言いきっている。宣長はおそらくはまたみずからの『傳』自身をも、およそいかなる下心もなく、古事記そのものの真のすがたを伝えようとするものだと断言することだろう。とはいえ本居宣長そのひとの強烈な自負にささえられた『古事記傳』という仕事自体には「まさにデモーニッシュな作業」としか名づけようのないふしがある（六八頁以下）。子安も引いているところであるとおり、「もしおのが説をとがめむとならば、まづ古事記書紀をとがむべし。此御典ども信ぜんかぎりは、おのが説をとがむることえじ」（玉かつま）、とする宣長の宣言それ自体に、古事記そのものと古事記伝との距離を問うことを禁じる、異様な立場が透けて見えるのだ。宣長のその定位はいったいなにに由来するものなのか。子安が見るところそれは、一般にそう解されているような、宣長の特異な信仰の次元に発するものではない。『傳』は「〈神典〉の意味を、記されている言葉の背後に実体化」することを回避している。宣長はつまり『古事記傳』のなかで「おしあてに思《ヒ》定めて、作れるもの」としての解釈を拒否しているのである（六八頁以下）。

　宣長が、一方で神名の系譜の深層にコンテクストを読みとこうとする傾向を慎重に回避しながら、他方では「神名の上にみる「言語《ものいひ》のさま」の追跡」へ力をそそいで、神のなまえが口にされるさいの音の上り下りにいたるまで細心の注意を傾けていたことは、よく知られているとおりである。それは個々の神名への注意という次元にとどまらない。子安によるなら「宣長のまことに慎重で、周到な心配りをもってするこのような注釈のあり方は、つぎの一句のうちに決定的に表現されているように思われる。それは「迦微《かみ》と申す名義《なノこころ》は未ダ思ヒ得ず」という一句である」。この一文によって、『古事記傳』は、なにかを決定的に排除し、拒否している。なにが退けられ、否まれているのか。——たとえば「神とは上《かみ》なり」といったところが『傳』の書かれた当時もっとも流布していた神の語義的理解であった。「しかしここにはもっともらしい理解の前提、人倫的秩序を志向する儒教的な思惟に適合的なそれが、語義のとらえ方のうちに入りこんでいるのはみやすい」。七七年の子安は、つづけて書いている。「おそらく宣長が、「名ノ義は未ダ思ヒ得ず」というとき、こうしたもっともらしい、いわばわたくしたちの先入見ともなっている理解の前提を〈カミ〉におし及ぼすことを拒否しようとしているのである」(七六～七八頁)。

九〇年代に入ってから顕在化する、ナショナリズム批判の視点は、子安宣邦の所論のなかでなお前景化していない。あとにつづく考察の脈絡のなかでわずかに上田秋成との擦れちがいをめぐって、「己れの「純一の古学の眼」をもってみえている、わが古伝承の真実性への確信をもってする宣長の答えは、秋成の提出する疑問とすれちがう。しかし宣長にはこの確信をもってしか答えようがなかったであろう。ナショナルなものへの偏執を超えた秋成の知性がそうするように、それぞれの国の神話伝承を相対化することは宣長には不可能」であった消息が指摘されているだけである(九六頁)。——かつての同志、野崎守英は、子安による一書の公刊に五年さきだってこう書いていた。宣長は「日本に固有だと思われる思惟を明らかにすることにその思想的エネルギーのすべてを注いだ」(『本居宣長の世界』六頁)。本居が掘りおこした「日本的思惟」とはなんだったのか。野崎の関心は、そこにある。内なる宣長が、六八年世代の問いと遥かに呼応しながら問われていたといってもよい。「この宣長の視座がナショナリズム的な方向におもむこうとする精神に、かつてその基盤の一部を提供したことはいうまでもない」。とはいえ野崎はあえて「しかし、この点は誤解を避けるために明確にしておきたいのだが」、と附言している。野崎の「関心は、宣長の立場に参入してナショナルなものの優位を説くことにも、宣長の立場に反対してナショナルなものに依拠することの脅威と不毛を説くことにも、まったくかかわるものではない」(三二一頁)。

奇しくも吉川と小林の著作と同年に最初の宣長論を上梓した子安宣邦の立場は、その段階ではいまだ野崎守英の近傍にあった。野崎は、小林の大著が出版された五年後に『宣長と小林秀雄』と題する一書をも世に問うている。昭和五十二(一九七七)年には、子安自身もなお、吉川のいう咀嚼玩味の手法(本書、二九九頁)とも、愚かな註のすべてを斥ける小林の反方法(同、三一四頁)とも、さほど遠くない位置にいた。あるいは両者の「考え方が相互に浸透し合って、見分けがつかなくなるほどであった」、バリケードの外側の日々の、特異な経験がふたりの研究者の内部にふかく根を下ろして、消えのこっていたのである。

二十

相良亨が、小林秀雄の大著の一節に明示的なしかたで言いおよびながら、小林の解釈は「悲しみに徹する時、やがて悲しみが感慨の形をとって安定するという理解」であり、宣長読解として的を逸していると述べているしだいは、すでにふれておいた（本書、三三九頁）。子安宣邦が報告している研究会でも、おそらく、本居宣長における「死」の問題が、参加者のあいだでくりかえし論じられたことだろう。

問題をめぐって、野崎守英はこう書いている。「宣長が「此世に死する程悲しきことは候はぬ也」と言明するかたちで死に関心をもたざるをえなかったのは、眼を死の境域に預けることを拒否するほどの、生に固執する論理を、すでにもちえなくなっていたからだ、ということもできるし、また、生のまったき否定としての死を意識のうちに登場させせないではすまなくなるほど、生をいとおしむ感情のなかにいたからだ、ということもできる」（野崎前掲書、一〇六頁以下）。――「物のあはれ」をめぐって、昭和五十二（一九七七）年の著書で子安宣邦が説くところについては前節で引用を採っておいた。みずからのその所論を「事」と「言」にかかわる宣長の所説とむすび合わせるなかで、子安は「人の出生、あるいは男女の事、そして生の終焉としての死は、人の生において出会われる、出会わざるをえない本質的な〈事〉」、「そのゆえ深い感情において対応されている〈事〉である」と書く。子安によれば「そうした〈事〉との出会い」が、「〈言〉を呼び、〈言〉として形をもち、人に伝えられ、人々に分有され」てゆくことになる（子安前掲書、一〇四頁）。

野崎守英『本居宣長の世界』が示していた、一意的な結論を回避する解釈のたゆたいとも対応する、子安宣邦『宣長と篤胤の世界』の一節を引いておこう。さきにも言及しておいた『答問録』の一節（本書、三三三頁参照）を問題として、子安は書きとめていた。


以上が前節から追ってきた、宣長の死と安心についての『答問録』での発言のすべてである。そしてこの発言のほとんど最後まで、いわゆる〈漢意〉批判、あるいはネガティフな彼の説きざまが続いているのである。そして最後に、死ねばだれしも黄泉《よみ》の国にいかざるをえないのであって、だから死は「かなしむより外」ないのだという言葉にわたくしたちはつきあたるのだ。もしわたくしたちが、宣長のネガティフな説きざまのはてにひらかれる地平をわずかにみうるとするならば、この「かなしむより外」ないという言葉によってであるだろう。

宣長がだれにとっても死は悲しむより外はないものとしてあるのだという言葉に、わたくしたちは死を彼岸への観念的な架橋のうちにとらえることの拒否をみうるのではないか。死は彼岸への観念的な志向のうちにとらえられてあるのではなく、むしろ人の生における事実として出会わざるをえないのだと、宣長はいっているように思われる。死は「かなしむより外」ない事実として、生において出会わざるをえないのである。だから宣長は、死を予め覚悟のうちにとらえて、生を律しようとする死生観に、〈漢意〉と同様の習気を感じとるのである。（子安前掲書、一一七頁以下）

かなしむより外はないとする態度は、宣長にとってなにを意味するのか。この問いに答えて子安は、そこには「死を彼岸への観念的な架橋のうちにとらえることの拒否」があると言う。いいかえると「死を予め覚悟のうちにとらえて、生を律しようとする死生観」こそが、本居の一貫して告発しつづけてきた「漢意」あるいはさかしらにほかならない。

そのように論断したのちに子安宣邦は、問題の遺言書へと立ちかえる。本居宣長はそこで、とおり一遍の葬式のみを希み、それを超えたことごとしい形式を望まない。それは宣長が「死者としての己れへの仏事による彼岸への橋渡し」を拒んでいることのあらわれだろう。気づかわれているのは「家族や門人たちの持続する生のうちにある、己れの葬いのわざ」だけなのだ。そこでまざまざと現前しているものはなにか。「それは、生の思想ともよぶべき宣長の思想の地平である」と子安は説いてゆく。宣長の思考は、この「異様ともいいうる『遺言書』」のうちで徹底しているのだ。小林がそう目していたとおり、その意味ではたしかに遺言書は宣長の「最後の述作」なのである（一二〇頁以下）。

なお同書の「あとがき」で子安は、みずからの「世代に色濃い、丸山真男氏の『日本政治思想史研究』の影響」を挙げ、さらにじぶんの研究の背景にひかえるものとして「この十数年来、小林秀雄氏、吉川幸次郎氏、そして西郷信綱氏等によってすすめられてきた深い次元での宣長研究」にふれている。右に見たとおり子安宣邦は、その最初の本居書にあって、小林秀雄と読みを大きくことにする地点にあってもなお、小林の理解に一定の共感を、すくなくとも敬意を示していた。これは、昭和五十年代における、いわば宣長現象の一端としてやはり注意しておくべきことがらであると思われる。

一九八二年に東京大学出版会から公刊された、第二の著書『伊藤仁斎 人倫的世界の思想』では、子安宣邦がしめすことになる変貌の影は、いまだうすい。日本思想史研究にかかわる子安の姿勢がその相貌を大きく変容させるのは、単行書でいえば一九九〇年に刊行された『「事件」としての徂徠学』からである。原型は、版元がおなじ青土社の月刊誌『現代思想』で、一九八八年四月号から開始された連載である。同書における丸山批判にかんしては、この「外篇」でもすでに一度ふれておいた（本書、二七二頁）。徂徠学が一箇の事件であったとは、どのようなことなのか。子安の説明を聞いておこう。「私が本書で終始眼を向けようとしたのは、たとえばこの「孔子の道は、先王の道なり」という徂徠によって新たに言い出されたことの衝撃であり、そのもたらす波紋であり、まさにその事件性である。私が明らかにしようとするのは、この言い出されたことが徂徠という内部においてもつ意味ではない。言い出されたことが外部において、たとえば他の言説との関係においてもつ意味である」（子安前掲書、一三頁）。

それぞれのテクスト群をその事件性において読解することは、当の諸テクストについての内側からの読みを切断することにほかならない。宣長論をめぐっていえば、ことの消息を子安は、ほかでもない小林秀雄の宣長像とのかかわりで語りだしている。岩波新書の一冊として出版され、ひろく読まれた『本居宣長』ともならんで子安宣長論の転回をしるしづけている一書『「宣長問題」とは何か』の「結び」で、子安宣邦は、小林の大著をあらためて問題としてゆくことになるけれども、それに先だつ一文の導入部分は、みずからの一書が「宣長という生涯やその著作というテキストをくまなくたどる著者によってもたらされる、見事に彫琢された宣長像」といったものを与えるものではない、と書きだされる。それればかりではない。「そうした宣長像そのものに、あるいはそうした宣長像をもたらすような「宣長を読む」行為に、私は疑いをもっているのである」と子安は宣言するにいたった。

見事に彫琢された宣長像とは、と子安は自問する。詰まるところ「宣長という対象の内側に向かって読みこんでいくような〈読み手〉において再構成された像」となるのではないだろうか。だとすれば「その対象の像として刻みこまれているのは、ほかならぬ〈読み手〉の自己像ではないのか」。小林の宣長論を問題としたさいに、粟津則雄の評語を引きながら確認しておいたとおり、これは小林に対してはおそらくそのまま当てはまる評言といってよいかもしれない。だが問題はそれだけではない。子安の見るところ、そうした読解のかまえにはそもそも「対象の内側に入って、その要所をくまなくたどりうる全能の〈読み手〉ともいうべき存在」が前提されている可能性がある。かりにそうであるとすれば、それはほかでもない「近代知の特権」と密通しながら「近代のその全能の〈読み手〉のモノローグ」と化してゆくのではないか（同書、二三〇頁以下）。私たちとしてはかえって、子安の最初の宣長論のうちに、小林のそれと通底するような思考のモチーフを、さらには思考の文体をみとめておいた。(註)子安宣邦そのひとはしかしここにいたって、小林的な反方法（本書、三一四、三六二頁）そのものの問題性とあえて対峙することになったと言ってよいかもしれない。子安があらたに定位するのは、さしあたり形式的にいえば一方でポスト・モダニズムの色こいテクスト論であり、内容の面からするなら、他方ではナショナリズム批判という立場なのであった。ことの背景には、一九九〇年代初頭、子安自身が岩波講座『現代思想』の企画編集にかかわり、丸山圭三郎や三島憲一と論を交わした経緯も存在するかもしれない。ことの消息はともあれ、そうした定位から生産されることになった宣長像がどのようなものとなったのか。この件を以下かんたんに確認しておく必要がある。

（註）この認定は子安自身にとっては不本意なものだろう。子安そのひとはこう書いている。「私と宣長との間には距離があるし、またあえて距離を設けようとしております。ところが小林の宣長の読みたるや、徹頭徹尾宣長の内に入って宣長を読み切ろうとするものです。宣長の内部から響いてくるような小林の読みの言葉は私には重苦しいものでした」（『「宣長問題」とは何か』二三四頁）。この子安の言にはしかし逆に、いささか回顧的な錯覚に近いものもあるように思われる。ちなみに発言は、一九九三年七月におこなわれた講演の、子安による自家引用である。

一九八九年の一月に昭和の世は閉じ、平成時代の幕が開けた。天皇の代替わりにともなういくつかの儀礼は、この国のひとびとに天皇制の存在をあらためてつよく意識させたと思われる。なにより、この国の近代の時間が天皇の生死と交替によって劃されてきたという事実を、多くのひとびとは再認識することとなったように思われる。平成という元号から耳あたらしさがようやく薄れて、平成四（一九九二）年に世に問われた子安宣邦『本居宣長』は、つぎのように書きだされていた。引用しておこう。

本居宣長（一七三〇—一八〇一）はたえず再生する。多くの変動と転換を経てきた近代の日本にあって、文化史上、思想史上の人物で宣長ほど、その都度、高い評価を与えられながら生き続けてきた人物は、親鸞などの仏教者を除いたらほかには見当らない。ことに戦争をはさんだ前と後の時期に、なお変らない評価の高さを保ってきたことは、考えてみれば不思議なことなのだ。宣長は近代日本のそれぞれの時代に、ある評価の高さをもってたえず再生するのである。

宣長の没後の門人を称した平田篤胤（一七七六—一八四三）という国学者がいる。明治維新の「王政復古」の活動や明治のごく初期の「祭政一致」などの政策に篤胤門の国学者がかかわったこともあって、篤胤は戦争前には宣長とならぶ高い評価をえていた。しかし戦後、篤胤に与えられたのは、「狂信的国粋主義者」という評語をもってする非難のことばであった。（中略）この篤胤と比べるとき、宣長がその時代ごとに高い評価をもって再生し、あるいは生き続けるのは近代日本の異とすべき現象だといいうる。

（同書、二頁以下）

ここでも宣長を篤胤との接続関係、あるいは反照関係にあってとらえようとする、子安の視角がすでに顔をみせているけれど、この件についていまは立ちいらない。問題は、宣長の再生とはなにを意味するのか、である。子安によれば宣長は、「「自己（日本）」への言及、日本の自己同一性（アイデンティティー）を求めるような発言」とともにたえず再生する。すなわち「宣長の再生とは、近代における「日本とは」「日本人とは」と求めるような自己言及的な言説の再生なのである」（三頁以下）。――その意味で一九九〇年代以降の子安にとって、本居宣長を論じるとは宣長問題を論じることにほかならない。いわゆる宣長問題をめぐっては、主として村岡典嗣の指摘を基軸に、この外篇でもいくたびかふれてきたところである。ここでは、子安のいう宣長問題を劃定しておく必要がある。

子安宣邦のいう「宣長問題」は、たとえば加藤周一がとり上げた宣長問題ではない。つまり宣長学にあっての実証性と狂信性の二面なるもの（本書、四一頁）に、当面の問題の焦点があるのではない。子安は論じている。「「宣長問題」とは、あえて簡潔にいってしまえば、ほかならぬ近代日本において自己（日本）言及的言説として強力に、たえず再生する宣長の国学的言説の問題である」。なぜだろうか。「「日本」の自己同一性にかかわる形で日本人が自らに言及するとき、そこには常に宣長がいる」からである。もしくは『古事記傳』という宣長畢生の大業とされるものこそ、そうした自己言及的な言説の原型であり源泉であるからだ。宣長はつまり、名だかい古事記註釈の作業をとおして、ほかでもなく「「日本」という内部、あるいは「日本人」という同一性を形成」したのである（『「宣長問題」とは何か』一二頁以下）。

子安は、いわゆる宣長問題、つまり村岡以来の「宣長問題」自体にそもそも問題の見あやまり、より強くいえば一箇の神話の形成がかかわっていたと考える。村岡による国学＝文献学規定も、それを批判する山田孝雄の文献学規定批判（本書、二二一頁以下参照）も、本居宣長に代表される国学のいとなみが「日本の古典、古史、古言についての、要するに日本の古代テキストについての〈正当な理解〉」を与えるものと見なし、すなわち「国学的言説の真理性を承認している」。子安にいわせれば、それこそが神話なのである。神話の呪縛のもとに、つまり「〈正しい言説〉という国学について構成された近代の神話にもとづいて、人は「宣長問題」を提起する」。問題はかくてまたたんなる逸脱（「変態」）、イデオロギーの狂信へと帰着する。そういった問題提起はしかし、「〈正しい言説〉という国学について作られた近代の神話をそのまま問題構成の前提」としているのだ（子安前掲書、五二頁以下）。真の問いはどのようなものなのか。子安の語るところを引用する。

> だがむしろ問われるべき「宣長問題」は、宣長においてはっきりと成立する自己言及的な言説としての国学が、近代において〈正しい言説〉であることを承認され、あるいは〈正しい言説〉であることによってさらにいっそう聖化され、そのようにして近代に自己言及的言説が再生されるという、そのことにあるのである。

私がとらえる「宣長問題」とはそのような問題である。くりかえしていえば、近代において〈正しい言説〉としての神話を構成し、そのことを通じていっそう自己（日本）の同一性をめぐる言説を近代において再生させる、そのようなものとして宣長における国学的言説の成立をとらえることである。したがって私がこれからしようとすることは、こうした「宣長問題」を生じさせる、宣長に成立する自己言及的な言説の構成を解き明かすことである。その意味でこれは、近代において絶えず再生される自己言及的な、あるいは自己同一性をめぐる言説の偶有性をあらわにする〈系譜学〉的な研究だということができる。（同、五三頁以下）

さきにしるしておいたことがら（本書、三五六頁）と平仄をあわせておくとするならば、まず注目しておく必要があるのは、子安の文体そのもののいちじるしい変容であろう。「系譜学」という、ポスト・モダニズム経由のニーチェ用語（あるいはむしろ直接的にフーコー的な語彙）の登場がその変化を象徴している。ここでは、とはいえ子安のやや抽象的な宣言をその抽象性の水準のままに論じるのではなく、子安宣邦の所論を具体的なレベルで辿ってゆくことにしよう。

本居宣長の『古事記傳』はその三之巻から古事記の「神代」巻の註釈を開始する。古事記冒頭の文章はつぎのとおりである。「天地初発之時、於高天原成神名、天之御中主神、次高御産巣日神、次神産巣日神。此三柱神者、並独神成坐而、隠身也」。あたりまえのことをまず確認しておけば、古事記そのものはこのように漢字のみによってしるされたテクストなのだ。元来のテクストには、右では補っておいた句読点も当然存在しない。一節を宣長は、こう訓んだ。「天地初発之時《あめつちのはじめのとき》、於高天原成神名《たかまのはらになりませるかみのみなは》、天之御中主神《あめのみなかぬしのかみ》、次高御産巣日神《つぎにたかみむすびのかみ》、次《つぎに》神産巣日神《かみむすびのかみ》。此三柱神者《このみばしらのかみは》、並独神成坐而《みなひとりがみなりまして》、隠身也《みみをかくしたまひき》」。わかりやすく書きなおしておけばこうなるだろう。「天地の初発《はじめ》のとき、高天原《たかまのはら》に成りませる神のみ名は、天之御中主神《あめのみなかぬしのかみ》、つぎに高御産巣日神《たかみむすびのかみ》、つぎに神産巣《かみむす》日神《びのかみ》。この三柱《みばしら》の神は、みな独神《ひとりがみ》なりまして、み身を隠したまひき」（全集九巻一二一頁）。

宣長『古事記傳』の註解を引いてみる。さきに（本書、三二八頁）、そのはじめの部分だけに言及した箇所である。子安が言いおよんでいるテクストを、全集本文にもとづいて引用しよう。

> 天地は、阿米都知《あめつち》の漢字《からもじ》にして、天は阿米《あめ》なり。かくて阿米てふ名義《なのこころ》は、未《ダ》思《ヒ》得ず。抑諸《もろもろ》の言《こと》の、然《しか》云本《いふもと》の意《こころ》を釈《とく》は、甚難《いとかた》きわざなるを、強て解《とか》むとすれば、必僻める説《こと》の出来《いでく》るものなり。【古《へ》も今も、世《ノ》人の釈《とけ》る説《こと》ども、十に八九は当らぬことのみなり。凡て皇国《みくに》の古言は、たゞに其《ノ》物其《ノ》事のあるかたちのまゝに、やすく云初《いひそめ》名づけ初たることにして、さらに深き理などを思ひて言る物には非れば、そのこゝろばへを以釈《テとく》べきわざなるに、世々の識者《ものしりびと》、其《ノ》上《ツ》代の言語《ことどひ》の本づけるこゝろばへをば、よくも考へずて、ひたぶるに漢意にならひて釈ゆゑに、すべて当りがたし。（略）】さりとてはたひたぶるに釈ずて止べきにも非ず。考への及ばむかぎり、試《こころみ》には云《フ》べし。（中略）さて天《あめ》は虚空《そら》の上《かみ》に在《リ》て、天《ツ》神たちの坐ます御国なり。【此《ノ》外の理を以《テ》こちたく説成し、或は其《ノ》形などをも、さまぐ〵おしはかりに云《フ》などは、皆外国《とつくに》のさだにて、古《へ》伝《ノへ》にかなはざれば、凡て取《ル》にたらず。】地は都知《つち》なり。名義《なのこころ》は、是《レ》も思ひよれることあり、下に云べし。（全集九巻一二一頁以下）

天地のうち「地」については措いておく。「天」をめぐってのみ考えておこう。子安宣邦『本居宣長』はこの箇所を問題として、おおよそつぎのように言う。右に引いた註釈にあって本居は、「天」とは「阿米《あめ》」に当てられた漢字であると註記する。天と漢字表記されているものは、やまとことばではあめであると釈くわけである。一見したところ「「天は阿米なり」とは、とるにたらない些細な注釈の言句と見える」。だがちがうのだ。宣長の説く「天は阿米なり」とはたんに天をアメと訓むということだけをいっているのではない。『古事記傳』の主張によって排除されているのは、たとば天帝、天道、天理といった熟語を呼びおこす「天《てん》」の概念なのである。――漢字を導入するとは、「漢字とそれが含意するものの導入」であった。つまり「ものの考え方、見方の導入であったはず」なのだ。だからこそ宣長は「天」という漢字表記が内包する「含意を一切排除しようとする」(同書、九〇頁)。

天をアメと訓むことは、「「天」という漢字の含意を抑圧し、排除し」ながら、それをやまとことばに置きかえてゆくことである。それでは、そのように訓まれたアメとはなにか。それはなにを意味しているのか。宣長は言う。「かくて阿米てふ名義《なのこころ》は、未思得《ダヒ》ず」。この宣長のことばは、つうじょう解釈の恣意性を排除しようとする「学問的な禁欲的態度を示すもの」と考えられてきた。しかし子安によれば、ことの眼目はそこにはない。くだんのことばはより主要には、「宣長の「天」という漢字の含意にまどう漢意の断乎たる排除の意志を示すもの」なのである。古事記中に漢字で標記された「天」とは、やまとことばの「あめ」にほかならない。示されているのは明確な切断の意志である。「天」という概念にまとわりついている、「儒教的含意」のいっさいが遮断されなければならないということである(九二～九四頁)。

ここで排除されたのは「異質な言語」をもつ中国である。「中国が異質な他者性をもって言説上に登場することこそ、自己言及的な言説としての国学の成立の前提」なのであった(『「宣長問題」とは何か』六二頁以下)。漢字という書記言語《エクリチュール》を超えて、そのかなたにやまとことばが、美しき「口誦のエクリチュール」が取りもどされなければならない。天武天皇が阿禮に誦みならわせた口頭言語《パロール》を復元することが、『古事記傳』の企図のひとつにほかならなかったのである。これは危ういくわだてである。宣長の註釈作業の正当性を担保するのは古事記の序文における勅令の一解釈にすぎず、また古事記伝の訓みを支えるものとされた『漢字三音考』に代表される古代漢字音の研究は、古代の音韻を「帰納的に推定する研究」であるかのように装いながら、研究の方向はじつは反転している。子安の見るところ、本居にあって漢字音の探究は「正しい声音」「正しい言語」が漢字伝来以前にあらかじめ存在しており、「正しい声音・言語に導入された漢字・漢文がどのようにあてはめられたかの研究」となっているからである（同書、九九頁以下）。——国学、より限定していえば宣長学は、一箇の自己像を与える。それは、しかし、自己言及的な自己イメージにほかならない。それが空虚な自己言及であり自己準拠であるかぎりでは、自己像はじっさいには「反他者という否定的な言辞」をつうじてしか、すなわち漢字の排除と漢意《からごころ》への攻撃によってしか与えられないものなのだ（七〇頁）。「異国《あだしくに》」という「否定的な他者像」を構成することこそが、自己（日本）の同一性をめぐる言説を形成することの条件となる。異質な他者は、しかも普遍的な水準において否定されるはこびとなるはずである。この「「異国」を支配している思惟の様式——漢意——とは、「己が智もておしはかりごと」をすることであり、「道々しきことをのみ云」う「さかしく言痛《こちた》き」心のあり方」にほかならないからである（『本居宣長』四五頁）。

これまでもいくどか言及してきたように、本居宣長の『古事記傳』一之巻は総論からはじまり、そこでは訓みの問題が集中的に論じられている。くだんの総論を閉じる部分が「直毘靈《なほびのみたま》」と題される一章であって、宣長は標題に「此篇《このくだり》は、道といふことの論ひなり」と註記をくわえていた。「直毘靈」は本文と註釈文とからなっており、本文の書き出し「皇大御国《すめらおほみくに》は、掛《かけ》まくも可畏《かしこ》き神御祖《かむみおや》天照大御神《あまてらすおほみかみ》の、御生坐《みあれませ》る大御国にして」には、「万《ノ》国に勝《すぐ》れたる所由《ゆゑ》は、先《ツ》こゝにいちじるし。国といふ国に、此《ノ》大御神の大御徳《おほみめぐみ》かゞふらぬ国なし」とする釈がくわえられている（伝一、全集九巻四九頁）。子安は『古事記傳』を読むにさいし、いわばその序論である「直毘靈」をことのほか重視していた。『本居宣長』の第二章「『直毘霊』と「皇国」像の形成――『古事記伝』への道・二」から引く。

さてこの「皇大御国」の自己神聖化のことばをもって始まる『直毘霊』は、『古事記伝』の一之巻「総論」の末尾の一章としておさめられているのである。あの「天地初発之時」ということばをもって始まる『古事記』本文の注釈は、『古事記伝』では三之巻からであって、はじめの一、二之巻には序論とよぶべきものがおさめられている。（中略）ちなみに二之巻は太安万侶《おおのやすまろ》の「臣安万侶言《まお》す」ということばに始まる「序」とその解釈、そして神々の系譜および天皇の皇統図を載せている。

このように『古事記伝』一之巻は、『古事記』注釈にあたっての方法論的序章といった性格をもっている。そしてこの一之巻が、あの「皇大御国」と自己神聖化のことばで綴られる『直毘霊』をその末尾におさめているのである。（三一頁以下）

つづいて子安は「直毘靈」の成立をめぐる経緯をたどって、「直毘靈」の草稿である「道テフ物ノ論」が、『古事記傳』執筆のための研究が開始されたごく初期の段階から「総論」の一章として予定されていた事実を確認する。この間の消息が意味するところは、子安によれば、「『古事記伝』という『古事記』を注釈する作業」が、そもそも、「『直毘霊』という「道」をめぐるイデオロギー上の論争書を不可欠の前提としていた」ことである。そこから子安宣邦『本居宣長』は重要な結論を導出する。「したがって宣長の『古事記伝』は、「皇大御国」の自己神聖化の言辞を綴る『直毘霊』を序章としてもつ、そうした性格をもった注釈上の著作だということを意味している」。本居宣長について、あるいは『古事記傳』という事件(註)をめぐってあらたな視点を提起した一書は、『傳』の内容に立ちいるに先だち、あらかじめ主張していた。「この点を見ることなくしては、『古事記伝』という注釈学的な言説世界の特質をとらえることはできないだろう」(三四頁)。

(註)子安によれば、『古事記傳』をもって、日本をめぐる自己言及的言説と「とらえることは、それを近世十八―十九世紀の思想空間における一つの大きな出来事、あるいは「事件」としてとらえることでもある。「事件」としての『古事記伝』とは、何よりも『古事記』がこのように読まれるものとして人々の眼前に登場したということである」(九頁)。くわえて、古事記の神聖化について、子安の語るところも引いておく。「まず『古事記』は、天皇の詔勅にもとづき、朝廷において帝紀・旧辞を撰録したものだということである。この点において『古事記』は、すでに宣長にとって初めから神聖な記録であるのだ。しかもその「詔勅」ということが、天武天皇がみずから口に誦み、そのままに阿礼に誦み習わしめたということであれば、『古事記』はさらに神聖化されるだろう。つまり『古事記』の漢字・漢文エクリチュールによって、口誦のエクリチュールを訓み取りうる可能性を天皇がみずからすでに原型として示されたということである。(中略)こうして『古事記』は二重に神聖化されて、宣長の前にある」(七八頁以下)。

この「外篇」で、これまでもいくどか参照してきたところであるように、『「事件」としての徂徠学』以来の、あるいは『本居宣長』以降の子安思想史学が国学・宣長学研究にあって、さらには日本思想史一般の理解をめぐって新次元を切りひらくものであり、学ぶべき多くの視点をふくむものであることにかんしては疑いを容れない。私としてはしかし、右の結論についてこの「外篇」のなかでは判断を保留しておく。ただひとつ指摘しうることは、「直毘靈」を不変の参照枠として、『古事記傳』本文を解読してゆくこころみは——ちょうど篤胤との接続・反照関係にあって宣長を論じることが、ただひとつ可能で、唯一正当な読解の姿勢ではないのとおなじように(註)——、唯一ありえて、ただひとつ許容される宣長理解の方途ではないということである。宣長のテクストをめぐる子安のきらびやかな徴候論的読解、あるいは（デリダふうの）脱構築的解読は、それ自体の魅力と、また限界をもっているように思われる。ごく単純なことがらを確認しておくとすれば、子安宣邦そのひとがみとめていたとおり、特定のテクストを事件としてとらえることは、テクストの内部への自閉を禁じる。それはテクストの外部を召還し、他の言説との関係を想起＝内化《エアインネルン》させる。それぞれのテクストをその事件性において読解することは、当のテクストについての内側からの読みを、徹底的に遮断することにほかならないのである（本書、三六六頁）。とすれば、徴候論的な解読は一方で（子安が仮想敵のひとつとしておそらくは想定している）政治思想史的研究の断章取義（同、二九六頁を参照）と紙一重となり、他方で脱構築的な読解は、テクストを可能としているコンテクストからの切断の危険をはらむことになる。つまりは、あるばあいテクストの内部が空洞化されてしまうのだ。問題をめぐっては、「内篇」で宣長のテクストの読みをみずからこころみてゆくことで再考するほかはないだろう。以下では、子安宣邦の問題提起にかかわり、古事記ならびに『古事記傳』をめぐるふたつの定位を確認しておくことにしたい。

（註）子安の宣長理解が、その初期いらい一貫して、本居学を平田学とのかかわりにおいて問題としようとしていたことについては、すでにふれた。『本居宣長』「あとがき」は、その立場から吉川幸次郎の宣長論を批判する。「『古事記伝』の宣長がふたたび注目されたのは、吉川幸次郎の次のようなことばとともにである。宣長の「凡

て人のありさま心ばへは、言語のさまもて、おしはからるゝ物にしあれば、上つ代の万づの事も、そのかみの言語をよく明らめさとりてこそ、知るべき物なりけれ」（『古事記伝』巻一、「訓法の事」）ということばを引きながら吉川は、そこには「言語表現の様相への考察こそ、歴史と人間を考察する基礎という思考が、もっとも明瞭である。事がらは、現実の尊重を思想の基盤とする彼が、言語表現をもって、人間のもっとも切実な現実としたことから、発していよう」（「本居宣長の思想」一九六九年、『本居宣長』所収、一九七七年、筑摩書房）というのである。言語を人間の現実として注目する大きな思想の流れのなかで、宣長の『古事記伝』はふたたび脚光を浴びてきたといいうる。／だが、この『古事記伝』を再評価することばは、平田篤胤との関係をいってみれば隠蔽することの上に語られた、美しいことばだということができる。同書の後記で吉川はいみじくも「宣長との関係で、専門家ならば必ず読み、私が読まなかったのは、平田篤胤である」といっているのである。この発言は重要である。つまり、この再評価の発言は、『古事記伝』が十八世紀後期から十九世紀にかけて、さまざまな同調と反発を生み、あるいは多くの追随的な再生の言説を生みだした『古事記』注釈の言説であることを、あえて見ないことの上になされているということである」（二一二頁以下）。

国文学者の神野志隆光は『古事記の達成』（一九八三年）、『古事記の世界観』（一九八六年）等の著書で、古事記研究にあらたな水準を開披したことで知られる。神野志はそののち平成二十二（二〇一〇）年から二十六年にかけて『「古事記伝」を読む』全四巻をも刊行してゆく。『傳』を読みぬくこのこころみについては、本書の「内篇」で一、二度言及する機会があるだろう。ここでは主として、平成十九（二〇〇七）年に上梓された著書『漢字テキストとしての古事記』をとり上げておく。

神野志は同書で、近年の日本史学の成果をも参照しながら、まず文字世界の形成を問題とし、旧来一般に変体漢文と呼ばれていたものを「非漢文」と名づけて、その非漢文のひろがりを、古事記における漢字標記の基盤として劃定してゆく。よく知られているように、古事記テクストは、本文は「訓主体」、歌は「仮名主体」という書きわけを採用しており、その背後には多様な非漢文の世界がひろがっている。漢字テクストとしての古事記そのものをめぐって、きわめて啓発的なその所論については、ここでは立ちいることができない。一書の最終章「「古語」の世界の創出――『古事記伝』」のみを問題としておこう。

神野志は、章の劈頭で語りだす。「やや奇矯な言い方に聞こえるかもしれませんが、『古事記伝』は『古事記』そのものをよもうとしたものではありません」。それでは、『傳』はなにを読もうとし、なにを目ざしたものであったのか。神野志は答える。「本居宣長にとって、『古事記』をよむのは、漢字の覆いを取り去って元来の「古語」「古伝」をあらわしだすことをめざすもの」だった。「『古事記伝』はそのための作業」である。本居にとっては『古事記』自体ではなく、「古語」が問題」であったのである（一九八頁以下）。宣長の理解では、稗田阿禮が「いにしえの伝承」をそのまま伝えたというわけではない。阿禮はあくまで「すでにあったテキスト（「漢文の旧記」）を「古語にかへし」た」だけである。『古事記傳』の課題は、阿禮が再現した、この「古語」をもういちど復元することにある。そのいみで「宣長にとって、『古事記』は「古語」をもとめる場以外ではありません」。本居宣長の視界にあっては、探究されなければならないのは古語であり、古伝であって、それらはともに、『古事記傳』にとって古事記自体を超えたところにひろがっていた。「そこで把握されるべきものとは、「上代の清らかなる正実」（『古事記伝』一之巻「古記典等総論」）」である。うらがえして言えば、『古事記傳』の目標は、古事記そのものの理解とはべつのところに置かれていたことになる。神野志にとって、ここからひとつの帰結が生まれる。それ自体としてはよく知られている、『古事記傳』における文字標記自身の軽視、である。「文字は、後に当たる仮の物にしあれば、深くさだして何にかはせむ」（『古事記傳』一之巻

「訓法の事」)。じっさい宣長はそう書いていた。そのけっか『古事記傳』における宣長の訓みはときにアド・ホックなものとなり、またその方針も『傳』の総論でみずから説くほどには一貫していない。神野志の見るところでは、『古事記傳』の訓みには、「場当たり的で一貫性に欠ける」ところが散見される。——宣長が目ざしたのは古事記そのものではなく「古語」だった。にもかかわらず、じっさいには「「古語」として示されたもの」は、『傳』がしばしば用いる語をもっていえば「宣長の感取した「語のいきほひ」に依拠している」箇所が多く、ひとことでいえば「宣長の直観に負っている」というほかないふしがある。その意味では、古事記の訓みは『古事記傳』によって確定されたのではなく、かえって「作り出され」たしだいとなるだろう(神野志前掲書、二一一頁)。

神野志隆光による細部にわたる検討を紹介しておくことは、ここでは期しがたい。ひとつだけ具体的な例を挙げておきたい。よく知られている、伊邪那岐《いざなぎ》、伊邪那美《いざなみ》二神のまぐあいの場面、その一語の訓みにかかわる問題である。まず、『傳』による前後の訓読を示しておく。「その嶋に天降《あもり》まして、天の御柱を見立て、八尋殿を見立てたまひき。ここにその妹《いも》伊邪那美命に、汝が身は如何《いか》に成れると問ひたまへば、吾が身は成り成りて成合はざる処ひと処あり、と答曰《まをし》たまひき」。そこでまぐあいの相談がはじまる。問題はこのあとである。「伊邪那美命先づ阿那邇夜志愛《あなにやしえ》をとこをと言《の》りたまひ、後《のち》に伊邪那岐命阿那邇夜志愛《あなにやしえ》をとめをと言《の》りたまひき。各《おのおの》言《の》りたまひ竟《をへ》て後《のち》に、その妹《いも》に女人《をみな》を先言《ことさきだち》て不良と告《の》りたまひき」。知られているとおり、結果うまれた子が「蛭子《ひるご》」、「この子《みこ》は葦船に入《いれ》て流し去《すて》」られることになる(伝四、全集九巻一六五頁以下)。

神野志が問題とするのは「不良」の本居による訓読である。宣長はこれを「ふさわず」と訓んだ。ここは『本居宣長「古事記伝」を読むI』から引用しておく。

三つの候補をあげ、それぞれの根拠を示してゆくのですが、その一はヨカラズです。文字にそくした訓みでもあり、宣命（第七詔）の例もあって古語でもあるといってまずあげます。（中略）

その二はサガナシです。さきの「不祥」について「私記」の「師説」（真淵の説）の読みはサガナシでした。「自然《オノズカラ》然《（しか）》有べきさまに背き違へるを云て、是も古語と見ゆ」〔一七六〕といい、『日本書紀』の古訓に見える、「不良」＝サガナシの例もあげて補強します。

その三はフサハズです。（中略）問題なく古語ですが、宣長は、周到にも、『源氏物語』の注釈書の『河海抄』にまで目配りしています。（中略）

三つの訓みについて、「古語」として、そのいずれでもありうるということを丁寧にたしかめているといえます。しかし、その決定は、

さて右の三をならべて今一度考るに、なほ布佐波受《フサハズ》と訓むぞまさりて聞ゆる、〔一七七〕

というのです。最後は「まさりて聞ゆる」なのです。決定は直観だということです。

（同書、六七〜六九頁）

ここでみとめられるものはなにか。それは「宣長によってたちあらわされる古語による「古事記」」である。いいかえれば「『古事記伝』のつくる「古事記」」にほかならない（六九頁）。本居は、たしかに「文献の用例」を

つうじた確認という手つづきを踏んで、訓みをもとめている。候補となったものは、三つある。宣長はなるほど「「其所に叶」うように、相応しい「古語」を」求める。そのどれを採用するか、「最後の決定は、「まさりて聞ゆる」という直観による」(『漢字テキストとしての古事記』二一三頁以下)。——「『古事記伝』が、「古語」を〝作り出す〟ことは、漢字テキストとしての『古事記』に対して、できないことをおこなっていた」(同書、二二一頁)。生成したものは、一箇の虚構《フィクション》にほかならない。神野志隆光のとりあえずの結論である。ここで見てきたかぎりでの神野志の『古事記傳』批判は、古事記の訓み＝読みとしてのその性格を内的に検討したものとして、子安宣邦の仕事とならんで踏まえられる必要があるものだろう。

子安と同世代の歴史学者、飛鳥井雅道の晩年に、宣長をめぐる長大な論稿がある。論策のなかで飛鳥井は子安の仕事に言及し、「子安宣邦『本居宣長』(岩波書店、一九九二年)は、最近現れた本居宣長論の中で、もっとも刺激的な論」であることをみとめたうえで、その所説をめぐり、「宣長を批判するとき、『古事記伝』全部を『直毘霊』の抽象論で覆ってしまう。これでは宣長の内面に入り込まない、あるいは入り込めない論に終わらざるをえないと思われる」との印象を書きとめていた(『日本近代精神史の研究』一二六頁・註)。飛鳥井の感想が、子安思想史学に対してやや外在的な応答であるとすれば、東より子の『古事記傳』研究は、子安宣邦と問題意識の相当部分を共有しながら、子安とは異質な視点と方法によって宣長思想の構造をめぐってあらたな探究をしるしづけるものであった。ここでは、『古事記傳』研究にかかわる東の視角のみを確認しておきたい。まず問題となるのは宣長神学という、その規定であろう。

東自身もみとめているように、近世の神道学者のなかでみずからの思考を「神学」と称したのは、主要には闇斎学派あるいは垂加派の者たちであって、宣長の場合はすでに引用もしておいたとおり、『うひ山ぶみ』のうちでこそ、「物まなびのすぢ」の「しな〴〵」を分類するなかで、「神代紀をむねとたてて、道をもはらと学ぶ有《り》」といい、その学を「神学」と名づけてはいるものの（本書、一二八頁）、この語に積極的な位置づけを与えようとはしていない。もうひとつそのうえ今日の私たちの感覚では、この語の使用はキリスト教やイスラム教といった世界宗教の存在とつよく結びあっている。じっさいたとえば村岡典嗣の古典的研究は、国学のうちに「古文献による古代思想の再現と自己の神学の樹立」という両面を区別したうえで、宣長から篤胤への展開を「国学の神学化」とみなし、篤胤思想、とりわけその「主宰神」観、「来世」観のうちにキリスト教からの影響を見とどけていた。村岡は、そのいみで平田学のうちに「神学の樹立」を見てとって、本居学が一箇の自立した神学であったとはみとめないわけである。これに対して、東は説いている。

むしろ、宣長神学は、神典に記載がないから宇宙の究極者は不可知であるとし、人間は死ねば善人も悪人もすべて黄泉国に行くことが「神道の安心」だと説くことによって、国学史上、一回的な稀有な神学として屹立していると考えるべきなのである。宣長は、神とは何か、神はどこにどのようにして実在するのか、宇宙と世界はどのように生成され、いかなる意味をもっているのか、世界にさまざまな不条理があるのはなぜか、神と人間はどのように関わっているのか、といった神学上の問題に信仰者の立場から『古事記』注釈を通して答えていったのである。要するに、従来いわれているように篤胤によって国学の神学化が始まったわけではなく、この世に生起するすべてに神意をみ、テクストの神々を注釈するなかで独自な「神」概念を創出し、「神代の事跡」からさまざまな「妙理」を導出していった宣長学から

「神学」は始まったと考えるべきなのである。(東前掲書、一三頁)

このような観点から東より子は、本居宣長の註釈学的研究、とくに『古事記傳』のうちに宣長神学の成立を積極的に読みとってゆくことになる。東のそうした立場からすれば、子安宣邦の研究の「主眼は、宣長の思想の特質を内在的に明らかにするのではなく、宣長の「日本」認識の枠組みが近代の思想に与えた規定性の大きさを問題にするところにある」。見てきたところであるように、子安の仕事は本居のテクストの内的理解を、むしろ意識的に遮断し、宣長思想のいわば機能を問いなおして、かくて「近代の国民国家の精神的な核である「自己言及的な言説」のイデオロギー性」を鋭利なかたちで浮きぼりにするものだった。子安にとって第一の問題は「『古事記伝』の注釈学的精緻さの背後にある宣長の国家認識のイデオロギー性」にあったわけである。これに対して東の一書は、こう自問している。「しかし、宣長の『古事記』注釈のイデオロギー性は、子安のように「外部」の視点からしか捉えられないのであろうか」。東の見るところでは、宣長の『古事記』註釈が問題であるとすれば、まずは「注釈そのものの内的過程に即してその作為性を顕にしていく必要」があるはずだということになるだろう。「注釈という一見対象内在的な方法のなかに、実は、思想主体の問題がもっとも端的に露呈している」(同書、一六頁以下)。

東の整理によれば子安の仕事は、宣長学のうちに、「異国を反射板」とした「自己言及的言説＝「日本文化論」の原型」をみとめるものであった(一六頁)。子安のこの認定そのものには、おそらくは東もほぼ同意していることだろう。東の一書もまた「記紀に描かれた「神代の事跡」を天皇制の骨格に関わる「国体」の優越性を説く政治神話と見做すこと」が、近代以後のナショナリズム・イデオロギーに継受されていったしだいを見とどけている。そればかりではない。東によれば「自己の思想を「注釈」によって展開し権威づけるという方法は、近代以後も継承され続けていった」のだ。だからこそ宣長註釈学をいまいちど内的に辿りなおし、その作為性と虚構《フィクション》とを顕在化させる作業がいまだ重要なのである。「私たちの学問はなお宣長神学が提示した「原型」論的」発想(註)からも、「日本精神史の方法とイデオロギー性を隠蔽する文献学的方法」からも、完全に自由になったとはいえないからである（二〇頁）。

（註）ここで東の念頭にあるのは一方では丸山「歴史意識の「古層」」（『忠誠と反逆』所収）であり、他方では相良「おのずから」（『日本人の心』所収）であろう。竹内整一『「おのずから」と「みずから」』をも参照。

東より子『宣長神学の構造』は、その副題「仮構された「神代」」が示しているとおり、本居宣長『古事記傳』と古事記そのものとの距離を測定しながら、『傳』の全体を、宣長による神話の再構成と創出の過程とも見なしている。一書中には多様な論点がふくまれているけれども、そのいくつかについては、私たち自身が『古事記傳』を読みかえすなかで、つまり「内篇」の脈絡で言及するのが適当だろう。ここでは、東による『傳』理解を典型的にあらわしている一論点についてだけ簡単にふれておく。

東は、本居の「神」理解がきわめて感覚的であり、人間的であることを繰りかえし指摘し、いいかえれば神が身体を携えて現前するありかた（いわゆる「現身の神」）と、その人間的性格をいくたびも強調する。典型的な箇所を、あるいは総括的な認定といってよい部分を引用しておく。

宣長は神の普遍的性格を、善悪未分化の不可思議な力をもった「可畏き物」と捉えているが、情は普通の人の人情と異ならないとしている。つまり、彼は前述のごとく人間性の本質を、儒者が説くような道徳的なものと見做さず、善と悪との狭間でゆれ動く「真心」に求めたが、神も人間と同じように情動的心情の持主であると考えたのである。それゆえに、神は言葉の「雅やかさ」に感動し、涙を流し笑いさえする。宣長は人間を儒学の「理」から解放することによって、記紀神話の神々を儒学の「理」から解放したといえるだろう。このような情的存在としての神の捉え方の基底には、神があたかも人間のように肉体を有しているとの考えがある。というのは、そもそも喜怒哀楽の情は、現実を享受しうる五官をもった肉体がなければ起こりえないからである。神の身体そのものが人間的なのである。それはまず、伊邪那美神の「神避《カムサリ》」に典型的にみられるように、神代の神も地神は死ぬという事実に端的に示されている。(中略)このように、神代の神も多くは人間と同様に死すべき悲しい存在である。(中略)さて、宣長の神は死ぬだけではなく「老い」もする。たとえば、大国主神は国譲りの際、息子である事代主神に判断を仰いでいるが、『古事記』にはその理由が何も語られていないのに、宣長は「此時既に大穴牟遅神は年老坐て、多く事代主神に事を譲」(『伝』X、九八頁)ったからだと述べる。このようなあまり人間にひきつけた解釈に対して、橘守部は「神は無窮に座」(『難古事記伝』)すので老いることなどないと批判を加えている。

以上みてきたように、宣長の神はその不可知性が強調されるにもかかわらず、その神格は心情面のみならず身体面においてもすぐれて人間的な性格を帯びていたのである。その意味で、宣長の神は著しく人間と連続性をもっていたといえる。(一一五頁以下)

飛鳥井もまた書いていた。「宣長においては凡人の死も、「伊邪那岐大御神の女神」の死も、同列におかれ、その悲しみをそのままにおのれのものとしようとする思考方法が息づいている」。飛鳥井雅道は、附けくわえている。『『古事記伝』を読んでいて気付くのは、神々が悩むこと」である。飛鳥井の見るところでも本居の論理は、身体をたずさえ、喜怒哀楽になやみ、老いて死んでゆく人間の現実にふかく根をおろしていたのである（飛鳥井前掲書、四九頁以下）。

東のとらえる宣長は、神が人間にとってなにほどか可知的な存在なら、神は人間の経験の内部で「自己を顕現」させると考える。宣長の神は、日常的な経験のうちでもあらわれ、人間にとって出会われうる存在なのだ。その意味で天照大御神が太陽そのものであって、「現在でも目に見える神」であり、代々の天皇もまた現人神であることが、宣長にとっては決定的に重要なのである（東前掲書、九七頁）。神々は「現身」として、あるいは「御霊」として実在する。本居には、とはいえ「神の本体はあくまで原則的に「現身」として可視的な形態で実在するとの確信」が存在する。『古事記傳』にあっては、「そのもっとも確かな証拠が天照大御神が太陽として現存しているという事実」にほかならない。そのかぎりでは「天照大御神＝太陽説」は、宣長にとって「どうしても譲ることのできない神学上の拠点なのである」（一〇七頁）。――宣長が神々を「御霊」という見えないものとしてばかりでなく、「現身」という見えるものとしてとらえたことが、「神話の解釈に新しい地平を拓く」ことになったと、東は見るわけである（一〇二頁）。

ことがらの背景にあるのは、古伝説に対する宣長のとらえかた、あるいは古事《ふること》にむかうその基本的かまえにほかならないしだいとなるだろう。この件をめぐる東より子の立場は、おそらく小林の手法と子安の方法とをつなぐ重要な論点をふくんでいる。『宣長神学の構造』をめぐる叙述をおえるに当たって、ことの核心をめぐる東の論定を引用しておくことにする。

こうした宣長の古伝説への接近方法は、当時の人々にとって必ずしも納得しやすいものではなかったであろう。なぜなら、もし『記』が天地の始めからの言い伝えを記したものであるならば、論理的にいえば天之御中主神を初めとする神々自身がみずからの体験を語り伝えねばならなくなるが、宣長はそのようには考えず、「古伝説とは、誰言出たることともなく、たゞいと上代より、語り伝へたる物」(『玉くしげ』Ⅷ、三二〇頁)というごとく、上代の不特定多数の人々が語り伝えたものであると考えていたからである。それは、「神代より伝へ来しまゝにして、いさゝかも人のさかしらを加へざる」(『伝』Ⅸ、五八頁)というように、特定の伝承者の作為を排除し、共同性をもちえたことを意味している。つまり、古伝説はそれを伝えた神々や人々に権威があるからとか、その内容が実在した事跡だから価値をもつというより、上代の人々が古くから語り伝えてきたという、歴史的時間を拒否した共同性をもつものであることによって、真価を発揮すると考えているのである。(六八頁以下)

ここから重要な帰結が生じることだろう。東より子は、書きついでいる。「凡てみな伝説のまゝに心得べきことなり」とする本居宣長の発言は「人々に盲信的態度を要求するものでは」ない。「古伝説が長い熟成過程を経て実った精神的結晶であることを理解させようとするものなのである」。東は虚構された古代とみずから認定するものを、とはいえ『古事記傳』の内的な脈絡にあって突きとめようとする。その一点において、東の読解は、小林秀雄の手法と交錯してゆく。小林もまた「迦微」をめぐって、こう書いていた。「宣長には、迦微《カミ》といふ名の、所謂本義など、思ひ得ても得なくても、大した事ではなかつたのだが、どうしても見定めなければならなかつたのは、迦微といふ名が、どういふ風に、人々の口にのぼり、どんな具合に、語り合はれて、人々が共有する国語の組織のうちで生きてゐたか、その言はば現場」なのである（『本居宣長』四六三頁）。ちなみに子安宣邦はこの小林の定位のうちに、批評家が「宣長の注釈学的な神の認識を近代において追体験する」さまをみとめていたのであった（『「宣長問題」とは何か』三五頁）。

*

ひとつのできごとにとって有意味なものはその前史であり、また後史である。とりわけ前史が重要であるのは、あらゆるできごとの生起はその前史によって可能であったからである。本居宣長の登場が注目すべきできごとであったとするなら、宣長学に先行する近世儒学思想と国学思想が、本居思想の成立にとって決定的な意味をもつ。一箇のできごとをめぐっては、とはいえ、その後史もまた死活的な意義を有しうることだろう。後史は当のできごとが生起しなければ生まれえなかったものであり、できごとのいっさいは、後史によって引きつがれることをつうじて歴史的なできごととなり、かくてくりかえし夢みられることになるからだ。[註] 宣長学の生起が歴史的できごとであったとする認定のもと、かくてまたその直接の後史、たとえば平田学の成立が問われることともなるだろう。「外篇」が辿ってきたものは、とりわけ私たちの現在へと深くかかわるかぎりでの宣長思想の後史であり、本居宣長の受容をめぐる日本近代精神史の一断面なのであった。

（註）ここでの前史、後史という語の使用は、池田浩士の用法にしたがっている。

けれどもできごとの前史と後史が問いなおされるためには、そのできごと自体が決定的な意味をもつものであったことが必要である。できごとはすべてその前史が夢み、後史によって夢みられるとしても、決定的なできごとをめぐっては、そのできごとそのものがはらんでいた夢のありかが、繰りかえし問われなければならない。本書では以下「内篇」のみちゆきのなかで本居宣長の思考を、やがてその畢生の大著『古事記傳』に焦点をあわせながら考えてゆくはこびとなるはずである。

内篇　宣長の全体像

二十一

寛政十(一七九八)年三月、本居宣長は『古事記傳』巻四十四を起稿して、およそ三か月ののち畢生の大著全巻の浄書稿をおえる筆を擱いた。翌七月には、『家のむかし物語』が成稿している。古学を完成させる主著の完結を目のまえにしたその最晩年、本居家の来歴を詳らかに解いて、おそらくは子々孫々に遺そうとした手稿である。『うひ山ぶみ』が門弟たちのために説いた学問上の遺言、「我等相果候はは、必其日を以て忌日と定むべし、勝手に任せ日取を違候事、有レ之間敷候」とはじまり、墓所のようすを図解いりで説明した一文がいわゆる遺書であるとすれば、眷属に宛てた内向きの遺著とも呼ぶべきものが、この『物語』であるといってよいだろう。

一書は本居家に代々つたわり、昭和も戦後になってから、その自筆浄書稿が本居彌生の手で本居宣長記念館に寄託されるにいたった。宣長がそのほとんど最後の日々に、なぜ自家の歴史をひもとくのに筆を染めたかをめぐって、諸家にさまざまな解釈があるけれど、私にはそれほど興味を惹くことがらとも思われない。ここでは、宣長自身の手になるその生いたちの記録として『家のむかし物語』に目をとめておく。ただし、みずからのイエのなりたちを「物語」として説きあかすかまえに、『古事記傳』を書きすすめる古学者の相貌とかよいあうすじがほの見えることについては、いちおう指摘しておくべきだろう。たとえば宣長は本居姓の出所をめぐって、つぎのように書いている。

本居といふこと、件の系図に、本居縣判官建郷主より、はじめて見えたり。此主、頼盛卿の六世の孫にて、其曾孫なる直武主、北畠顯能卿につかへ給ひしよしなれば、建郷主は、鎌倉の北條が世の間の人なりけむ。さて本居といふは、もと地《ノ》名なるべけれど、かの建郷主、いづれの国の人とも見えざれば、その地名も、何れの国とも知りがたきを、宣長わかゝりしほどより、心にかけて、いさゝかもよしありげに聞ゆる事どもは、しるしおきたるを、こゝにしるす。まづ日本紀の仲哀天皇の御巻に、筑紫に没利《もとり》嶋《じま》といふ見え、續日本紀廿九の巻に、備前国藤野《ノ》郡《ノ》人、母止理部奈波《もとりべのなは》といふ人見え、和名抄に、備前国磐梨《ノ》郡物理《もとろゐノ》郷《ハ》毛土呂井《もとろゐ》とあり。これらはたゞ似たる名なる故にいふのみ也。又内宮の旧記の中に、嘉吉元年十一月廿六日、北方上分日記、三百文おとべのたらかうのゐもん、三十文もとうりのさくのぜうはたけねんぐ云々。右の如く所々に見えたり。（家のむかし物語、全集二十巻三二頁）

系譜にかかわる物語の年紀《としだて》を考察することは、のちに見てゆくとおり、源氏物語の理解と古事記註解とをつなぐ視点のひとつであり、地《ところノ》名への関心は、これも確認するはこびとなるだろうが、『古事記傳』の全体をつらぬく解釈動機のひとつである。そればかりではない。右に引いた部分につづけて宣長は、「もとうり」は「もとをり」だろう、「字音の格」によるしるしざまであろうとの注釈をくわえている。ことばの音と標記にかんする宣長の見かたがあらわれているところだ。本居註釈学の面目の一端を示す、つづく一文を引いておく。「安濃《ノ》郡の地名多く見え、おとべも彼《ノ》郡なれば、もとうりも、同郡のうちの村名《ノ》にぞ有けん。又今かの郡に、産品《うぶしな》村といふあり、日本紀に、本居をうぶすなと訓ること、所々にあるは、いづくにまれ人の生れたる地の事なるが、此《ノ》産品村、かのもとうりとよしありげにおぼゆ」。

話頭を転じて、もとにもどろう。じぶんの来歴にかんする本居宣長の関心は、その若き日々にさかのぼる。宣長はもと、小津姓を名のる家の出であるが、延享四（一七四七）年以後の手稿には「本居榮貞」との署名がまま見られるようになった。京都遊学時代のはじめに小津姓を本居姓にあらため、みずからは復姓と考えていたしだいはよく知られている。明和八（一七七一）年、宣長四十二歳のおりには、本居家をたずね、系譜・文書を借覧し、翌安永元年の吉野旅行のさいも祖先の事跡をたどり、古書をしらべて、「本居家系圖」の素材をととのえていた。最晩年に成稿した『家のむかし物語』一巻は、この「系圖」をもとにして書きつづられたものにほかならない（全集二十巻、大久保正による「解題」参照）。

一篇は「吾家の先祖は、系図にしるすところ、桓武天皇三十二代の孫、尾張守《ノ》平頼盛《ノ》六代《ノ》後胤、本居縣判官《ノ》平建郷、其子本居兵部大輔武遠、其子同兵部大輔武秀、其子同佐馬助直武、始めて伊勢国司北畠顯《ノ》能卿に仕へ云々」とはじまる。劈頭の桓武天皇云々はむろん、当時の家系図の定型というべきもので、宣長自身も「此系図、いぶかしき事どもあり」としるして、その由来にはほとんど信を措いていない。本居家は要するに、伊勢の地の歴代の主人につかえてきた地侍の家柄なのであり、「こまかなることは、いかなりけん、しるべきにあらず」といったところが、宣長そのひともみとめる本居家の既往だろう。以下では、本居家代々の当主、またその妻女をめぐって経歴が連ねしるされてゆくけれども、ここではふれない。がんらい始祖をともにする本居家と小津家とが「いかなる故にか、世々を経て、近きほどまで」交際がとだえてしまって、たがいのことを知らずに過ごしてきたことは「いと不審也」と宣長が書きとめている消息、両家のつながりをあきらめたのは宣長自身である経緯のみを、いちおう注意しておくにとどめたい。

遺稿『家のむかし物語』系譜部分の末尾で、宣長は自身をめぐって書きとめている。冒頭の一節を引いておく。

〇宣長、父は道樹君、母は恵勝大姉にて、上にしるせるがごとし。道樹君、嫡嗣は道喜君おはしけれども、なほみづからの子をも得まほしくおぼして、大和国吉野の水分《みまくりノ》神は、世俗に、子守明神と申《シ》て、子をあたへて守り給ふ神也と申すによりて、此神に祈り給ひて、もし男子を得しめ給はば、其児十三になりなば、みづから率《ゐ》て詣て、かへり申《シ》し奉らんといふ願をたて給へりしが、ほどなく恵勝大姉はらみ給ひて、享保十五年庚戌の五月七日の夜子の時に、宣長を生給ひぬ。童名を富之助といふ。【此名は、紺屋町の八郎次君のつけ給へる也。八郎次君は、唱阿君の舎弟にて、そのころ一族の重くせし、古老の人なればなり。】元文五年、十一歳の時、道樹君におくれまゐらせぬ。（同前、二六頁以下）

道樹とあるのは小津三四右衛定利のこと、木綿問屋を江戸に開いていた、松坂の商人である。母も松坂の商家にそだって、お勝と呼ばれた。享保十五年の五月七日は、西暦でいうなら、一七三〇年六月二十一日のことになる。現在の三重県松阪市、当時の伊勢国飯高郡松坂本町に生まれたのがのちの本居宣長である。お勝とは二度目の結婚、最初の妻とのあいだにも子はなく、定利はすでに道喜こと宗五郎（定治）を養子として、家を継がせる心づもりにしていたけれど、やはり「みづからの子をも得まほしく」水分神社に誓いをたてた。父、定利は元文五（一七四〇）年に、富之助、数えで十一歳の秋に他界する。あとには三十六歳の未亡人がのこり、江戸の店をあずかる養嗣子のほかに、九歳の妹、六歳の弟、半年まえに生まれたばかりの妹がはやく親に先だたれ、「おくれまゐらせ」るしだいとなる。――『むかし物語』のつづきを引く。父の重病をしらせるたよりと死去をつげる早便は、おなじ夜ふけに到着した。母が「いみしく驚きて、かなしみ泣給ひしこと」を、宣長はわずかに記憶している。じぶんでもひどく悲しかったこと、「今もほのかにおぼえたるを、思ひ出るも、夢のやうにかなし」。その年、父の幼名にちなみ彌四郎と名をあらため、寛保元（一七四一）年には、榮貞を「実名」とする。

翌寛保二年、十三歳の彌四郎はお礼参りで吉野の水分神社に詣でている。七月十四日に松坂を出て、十六日の夜から翌朝にかけ参拝、十九、二十日と高野山と長谷寺へとのぼり、二十二日に帰宅した行程は、吉野の地で「御嶽まうでする人々のあるに、たぐひて」辿られたみちのりであって、険阻な山々の道をおかす旅であった。十三歳の少年が、店につかえるともびとふたりに伴われての旅路とはいえ、「事なくかへりぬれば、惠勝大姉涙おとしてぞよろこび給ひける」と、『家のむかし物語』に老年の追想がある。

伊邪那岐、伊邪那美の二神は、国土をつぎつぎと生んだのちに、神々を産んでゆく。数おおく挙げられてゆく神名のうちに、水分神のなまえも見える。後年の註釈、宣長『古事記傳』の一節から引く。「天之水分《あめのみまくりノ》神、国之水分《くにのみまくりノ》神。名義ノ、久麻理《くまり》は分配《くばり》なり。即チ書紀に、分を久婆留《くばる》とも訓《よめ》り。神名式に、大和国ノ吉野郡ノ吉野、宇陀ノ郡宇太、山辺ノ郡ノ都祁《つけ》、葛《かづらきノ》上《かみノ》郡葛木《かづらき》等に、各々水分《みまくりノ》神社あり。續紀に、文武天皇二年四月、奉《たてまつりテ》レ馬二于吉野ノ水分ノ峯ノ神ニ一祈《こひタマフ》レ雨ヲ也」（伝五、全集九巻二〇九頁）。見られるとおり、古事記註解の脈絡でも、ごく簡便なかたちで宣長の理解のありようはみとめられるけれども、より詳細な解をも引いておく。

すべて水分神と申すは、古事記に、伊邪那岐命《ノ》伊邪那美命《ノ》、みとのまぐはひし給ひて、既《ニ》生《ミ》レ国《ヲ》竟《テ》、更《ニ》生レ神《ヲ》云々、次《ニ》生二水戸《みなとノ》神《ヲ》一、名《ハ》速秋津日《ノ》子神、次《ニ》妹速秋津比《ノ》売神、此速秋津日《ノ》子速秋津比売二神《ふたはしら》、因《テ》二河海《ニ》一持別《チケ》而生《ミタマフ》神云々、次天之《ニノ》水分《ノ》神、次国之《ニノ》水分《ノ》神、訓《テ》レ分《ヲ》云二久麻理《くまりト》一、とある是也。久麻理は分配《くばる》にて、田のために水を分り施《くば》し給ふ神にませり。さる故に、祈年月次《としこひつきなみ》の祭にも、此神にもとり分て、そのよしの祝詞を申給《シ》ふ也。その御社は、神名帳に、大和国《ノ》には、此吉野《ノ》、宇陀郡《ノ》宇太水分《ノ》神社、【大、月次、新嘗。】山辺郡《ノ》都祁《つけノ》水分神社、【大、月次、新嘗。】葛上郡《ノ》葛木《ノ》水分《ノ》神社、【名神、大、月次、新嘗。】これら也。余国《ほかノ》にもこれかれ有《リ》。祈年祭《ノ》又月次祭《ノ》祝詞《ノ》に、水分坐皇神等能前爾白久《みづくまりますすめかみたちのまへにまをさく》、吉野宇陀都祁葛木登《つけと》御名者《は》白弖《まをして》云々、と見えたり。さてこの水分《みくまり》と申すを、中昔より訛りて、みこまりみこもりなど申て、吉野のをも、六帖の歌、枕冊子などにも、みこもりの神といひ、今も子守大明神と申すこれ也。

（玉かつま十二・六三、全集一巻三七二頁以下）

言いおよんでいる歌は、大系本の頭注によれば「片恋は苦しき物と水籠の神にうれへて知せてしがな」というもので、この段の末尾には「此水分神社の御事は、おのれゆゑあるによりて、古の正しき事どもを、殊に世人《ノ》にも、ひろくしらせまほしくて、殊にかくは物しつるなり」とある。

宣長は、じぶんを水分神の申し子と信じていた。生前にみたび水分の神社に足をはこんでいる。七十歳の春のこと、三度目に参詣したさいには十五首の歌を詠んだ。連作の最後は「みまくりの神のさきはふいのちあらば又かへりみむみよし野の山」というものである。二年後の享和元（一八〇一）年に、本居宣長は夜見におもむいている。

水分とは、宣長自身が考証しているところによれば、水をくばること、水を支配することである。水分神が御子守《みこもり》、子をまもり、そだてる子育ての神となったのは、音声の転化と類似にもとづく訛化であるにすぎない。宣長そのひとが、このような神の意味の変容をじゅうぶん認識していた。それにもかかわらず、宣長がみずからを水分神の申し子と信じていたしだいには「ある種の疑念に似た思い」をいだかせるふしがある（岩田隆『本居宣長の生涯』一七頁）。いっぽう宣長が富之助とも彌四郎とも呼ばれた少年時代から、熱心な浄土宗の信徒でもあったことは、よく知られているところである。十歳のころには入蓮社走譽上人に血脈をうけ、英笑という法名をも授けられているほどである。宣長の信仰のありかとかたちについては、「外篇」でも見ておいたとおり解釈のわかれる件であるけれども、当面の問題についていうなら、ことの消息には或るていど理解のとどくところがあるようにも思われる。

宣長が二度目に水分神社をたずねたおりの記録は、『菅笠日記』にしるされている。宣長はあらためてみずからの出生にまつわる父の祈りを想いおこし、その願いに思いを馳せて、「われはさてうまれつる身ぞかし」との感慨もふかい。十三のときの参詣の記憶は「さながら夢のやう」である。ひととなってひさしい宣長は思う。いらい「三十年《みそとせ》をへ《経》て、今年又四十三にて、かくまうでつるも、契《リ》あさからず」。古事記でその生誕が語りだされる水分神は、「みまくり」のカミと訓む。續日本紀にも「水分峯神」とあることは、『古事記傳』でも説いたところである。中古にいたると「みまくり」が「よこなまりて」、「御子守の神」となり、いまはただ「子守」ともいわれる。水源を差配する神は「うみのこ《子孫》の栄えをいのる神」となった。だから「我父も、こゝにはいのり給ひし也けり」（全集十八巻三四七頁以下）。父の祈りの深度を測る宣長の思いは、それじしん深いのである。

さきに引いた『玉かつま』中の考証では、その末尾に「古《へ》の正しき事どもを、殊に世人《ノ》にも、ひろくしらせまほしくて」、とりわけ水分神社の縁起に説きおよんだ、としるされていた。おなじ『玉かつま』のなかには、「神社の祭る神をしらまほしくする事」と題する一段がある（七の巻・二）。前半を引用しておく。

　古き神社どもにはいかなる神を祭れるにか、しられぬぞおほかる。神名帳にも、すべてまつれる神の御名は、しるされずたゞ其社号《やしろのな》のみを挙られたり。出雲風土記の、神社をしるせるやうも、同じことなり。社号すなわち其神の御名なれば、さも有べきことにて、古《へ》はさしも祭る神をば、しひてはしらでも有けむ。然るを後の世には、かならず祭る神をしらでは、あるまじきことのごと心得て、しられぬをも、しひてしらむとするから、よろづにもとめて、或は社号につきて、神代のふみに、いさゝかも似よれる神名《ノ》あれば、おしあてに其神と定めたるたぐひ多ければ、其社につたへたる説も、信《うけ》がたきぞおほかる。そも〳〵神は、八百万の神など申《シ》て、天にも地《くに》にも、其数かぎりなくおはしますことなれば、天の下の社々には、其中のいづれの神を祭れるも、しるべからぬぞおほかるべき。神代紀などに出たる神は、その千万の中の一つにもたらざ《ン》めるを、必《ズ》其中にて、其神と定めむとするは、八百万の神の御名は、神代紀に、こと〴〵く出たりと思ふにや。古書に御名の出ざる神の多かることを、思ひわきまへざるは、いかにぞや。さればもとより某神《その》といふ、古きつたへのなきを、しひて後に考へて、あらぬ神に定めむは、中々のひがこと也。（全集一巻二〇六頁）

神社のなかには、そこで祀られている神が不明なものも多い。そもそも「八百万の神」とも称えるからには、記紀にその名をしるされた神々は、そのごく一部なのだ。後世の者たちが「かならず祭る神をしらでは、あるまじきことのごと心得」るのが、まちがいなのである。当て推量を逞しくして、「おしあてに其神と定めたるたぐひ」は、もとより信を措くにあたいしない。拠とすべきは、いうまでもなく古伝説、「古きつたへ」であるけれども、それが欠落しているときに「しひて後に考へて、あらぬ神に定むは、中々のひがこと」である、と宣長は考える。社の名がそれをつたえ、ひとびとが語りかわしてきた神名こそがその由来なのだ。

水分神については、古事記が語り、宣長も『傳』でその由来を解きあかしている。それは「古きつたへ」に随従するふるまいである。とはいえ、神々のそれぞれは、神代以来の時の流れのなかでそのかたちを変えていって、そのように変容してゆくこともまたおのずと然るべきところなのである。神々についていにしえはどのように語りかわされ、上古以来どのように語りつたえられて中古にいたり、そしていまどのように語りならわされているのか。たいせつなのは、そのことである。水をくばり、水を支配する水分の神が、いまは子をまもり、そだてる神へと、ひとびとの語りあいのなかですがたを変じているなら、その変身はある意味では正当であり、それ自体じゅうぶんに信の対象とすべきことがらなのだ。神はひとびとの物語りのなかにある。神を信じるとは、語りかわされるその物語を信じることであり、みずからがその物語のなかで生きることである。そのいみで宣長は、自身が水分神の申し子であると信じた。信じるとは、ここではことさらに疑う必要のないことにひとしい。

少年時代の宣長がうけた教育は、当時の中流以上の家庭で与えられうる教養として、ほとんど完全なものであったしだいについては、すでに村岡典嗣が確認している（『本居宣長』一二頁以下）。後年の国学者は元文二（一七三七）年に手習いをはじめて、寛保元（一七四一）年の七月からは四書の素読を学び、また猿楽や謡曲をも習った。十七の年には射術を、十九歳のおりには茶湯を、それぞれの師についてたしなみ、榮貞と名をあらためたばかりの寛延二（一七四九）年十月から、易経、詩経、書経、礼記の素読をはじめる。後年の宣長も書いている。「から国の書をも、いとまのひまには、ずゐぶんに見るぞよき」。漢籍にもつうじていなければ、「外《ッ》国のふりのあしき事」自体がわからない。なによりも、この国の「古書はみな漢文もて書たれば、かの国ぶりの文もしらでは、学問もことゆきがたければ也」（玉かつま一・二二、全集一巻四七頁）。それはかりではない。とりわけ「孝徳天皇天智天皇の御世のころよりしてこなたは、万《ッ》事、かの国の制によられたるが多ければ、史どもをよむにも、かの国ぶみのやうをも、大抵はしらでは、ゆきとゞきがたき事」が多い。古学研究のためにも必要となる漢籍の素養を、将来の国学者は少年時代このかたの読書をつうじて身につけた。国学者として大成した、晩年の宣長は附けくわえている。「但しからぶみを見るには、殊にやまとたましひをよくかためおきて見ざれば、かのふみのことよきにまどはさるゝことぞ。此心得肝要也」（うひ山ぶみ・本文、全集一巻六頁）。

すべて古学を修めようとするほどのひとならば、「雅の趣」を知らずに過ごすことは許されない。「古《へ》人のみやびたる情をしり、すべて古《へ》の雅たる世の有《リ》さま」を知ることが、「古の道をしるべき階梯」である。そのためにひとは、歌を詠み、物語をも読まなければならない。ことのしだいを説く宣長の一文を、「外篇」でもすでに引いておいた（本書、二八六頁以下）。さまざまに教えをうけ、みずから学んだことがらのなかでも、宣長がとりわけくさぐさの書籍を好み、歌に惹かれた少時をかえりみる回想を引く。たどられる時の流れは京都遊学のきっかけにも及ぶが、ここであらかじめ『玉かつま』の一節を見ておこう。

おのれいときなかりしほどより、書をよむことをなむ、よろづよりもおもしろく思ひて、よみける。さるははかぐ〳〵しく師につきて、わざと学問すとにもあらず、何と心ざすこともなく、そのすぢと定めたるかたもなくて、たゞからのやまとの、くさぐ〳〵のふみを、あるにまかせ、うるにまかせて、ふるきちかきをもいはず、何くれとよみけるほどに、十七八なりしほどより、歌よままほしく思ふ心いできて、よみはじめけるを、それはた師にしたがひて、まなべるにもあらず、人に見することなどもせず、たゞひとりよみ出るばかりなりき。集どもも、古きちかきこれかれと見て、かたのごとく今の世のよみざまなりき。かくてはたちあまりなりしほど、学問しにとて、京になんのぼりける。さるは十一のとし、父におくれしにあはせて、江戸にありし、家のなりはひをさへに、うしなひたりしほどにて、母なりし人のおもむけにて、くすしのわざをならひ、又そのために、よのつねの儒学をもせむとてなりけり。

（二・四三、全集一巻八四頁以下）

京で学ぶにいたる軌跡については、のちにふれる。佐佐木信綱によって紹介された、宣長わかき日の草稿のひとつに「経藉」と題するものがある（『賀茂眞淵と本居宣長』一八九頁）。現行版全集二十巻に収められた、一種の書籍目録であるといってよい。かならずしも入手、あるいは披見したものにはかぎらず、その存在を知る機会のあった諸書について書名、作者、巻数をしるして、おそらくは備忘録としたものだろう。宣長はたぐいまれな好書家であった。少年時代から青年時代へとおよぶそのすがたを伝える史料である。

父の死後、店をふくめ遺産は義兄が相続する。嗣子は江戸の店を整理して、のこった資産四百両を親戚に託し、母子のたつきが立つようにはからった。寛保元（一七四一）年の五月、母お勝は子どもたちともども、本宅を出て魚町の隠居所に移りすむ。宣長の明け暮れは、京都遊学時代をのぞいて、生涯この家で送られることになる。翌二年が例の吉野詣り、旅からもどった彌四郎のために、母は半元服の式をいとなみ、延享元（一七四四）年十二月、つとに榮貞を名のっていた少年は十五歳で成年となる儀式をむかえた。

延享五年は、寛延元年とかさなる。その年（一七四八年）、十九歳となった宣長に、婿養子入りの話が舞いこんだ。山田で紙商をいとなむ今井田家からの申し入れである。母は息子のゆくすえを思って、ことのなりゆきをむかえ、彌四郎は他家のひととなる。二年あまりの紙商見習い時代に、夢みる青年は二十回ちかくも伊勢神宮に足をはこび、また山田の宗安寺の住職を師として歌の添削を乞うている。それかあらぬか、養家から見はなされ、不縁となり、実家にもどった。――以上の経緯をめぐる『家のむかし物語』の記述は簡略である。「延享元年十二月廿一日、十五歳にて、元服といふことす。寛延元年には、ある人の子となりて、山田にゆきて、二年あまり有しが、ねがふ心にかなはぬ事有しによりて、同三年、離縁してかへりぬ」とのみみじかく記録されている（全集二十巻二七頁以下）。ねがふ心にかなはぬことがあったとする述懐を、研究者たちは宣長の向学心のうらがえしと見なしてきた。本山幸彦は、そう感じたのはかえって「養家の方ではなかろうか」と推しはかっている（『本居宣長』二九頁）。

ともあれ諸家の判断するところ、彌四郎青年は商人失格の烙印を押されたわけである。だが義兄の歿後に江戸の店の後始末を果たした手ぎわを考え、のちに医者として残した『濟世錄』などの記録をたどってみると、宣長が実務にまったく不向きであったと見なすこともややためらわれる。たほう、たとえ商人としての才は乏しかったにしても、商品経済をめぐる宣長後年の理解は、それなりに行きとどいたものであったとも思われる。時代は前後するけれど、ここで『秘本玉くしげ』の一節をかえりみておきたい。

『玉くしげ』とは、時の紀伊藩主、徳川治貞が、ひろく領内に治政をめぐる意見を徴したおりに、五十八歳となっていた宣長が筆をとり、ひとを介して提出におよんだ文書である。天明七（一七八七）年のことであった。紀伊国五十五万石ばかりか、伊勢三領十八万石をも支配する、御三家当主が擁いていた危機意識の背後には、あいつぐ凶作、物価高、うちつづく一揆などの社会情勢があったのである（本書、八六〇頁〜参照）。

宣長が一書中で、「百姓町人大勢徒党して、強訴濫放すること」（秘本玉くしげ・上、全集八巻三四一頁）を、むしろ同情的にとり上げているしだいをめぐっては、「外篇」中に、羽仁五郎の所論とのかかわりでもふれておいた（本書、一五四頁）。宣長は財政逼迫の原因として、武家の奢侈について苦言を呈しているいっぽうで、「今の世町人の奢《リ》は、殊に甚しき事也」と書いて、その帰結するところを以下のように説いている。

さて世間のおごりにつきては、商事もおほく、世のにぎはひにもなりて、金銀融通すれば、さのみ困窮はすまじきやうなる物なれども、左様にはあらず。上中下共に身分不相応におごりて、内証は困窮なる故に、商事は多くても、買たる物の価をえ出さざる者殊の外多く、又借《リ》たる金銀を返さざる者おほき故に、売《ル》者貸《ス》者利を得ることなりがたくて、損をすることおほく、又世上の惣体の商は多けれども、百姓の商人になるが多くて、商人の数次第に多き故に、手前〱の一分の商高は多からず、商高すくなくては、渡世になりがたき故に、しひて多くせんとすれば、掛損など多くなりて、又困窮に至る。さて町人は内証は困窮しながらも、百姓よりは身を労する事もすくなく、又百姓よりは奢りてとほる物ゆゑに、百姓は是をうらやみて、とかく町人になることを願ふ者多し。それ故に商人は年々に多くなりて、友つぶれになること也。（同上、全集八巻三四四頁）

見さだめられている論点の中心はふたつ、奢侈の流行と離農の盛行である。宣長の気がかりは「いづれの村にても、百姓の竈は段々にすくなくなりて、田地荒れ郷中次第に衰微す」（同前、三四〇頁）るなりゆきにあった。ここではしかし、宣長によるむしろ周辺的な観察に注目しておく。

商品経済の全面化は、当時すでに目にもあきらかであって、こころある者ならだれも問題とするところであった。「商事もおほく」、かくしてまた「金銀融通」することは、かならずしも経済の振興を意味しない。商取引きがさかんになり、貨幣の流通速度が増すことは、実体経済の生長を反映したものであるとはかぎらないからである。そればかりではない。商品経済の蔓延は、貨幣をたんなる流通手段にとどめることなく、支払手段としてのその機能を伸長させる。貨幣経済の浸透は、すでに手形に代表される商業信用を形成し、一般に信用経済の成立を可能としている。その結果むしろ「掛損など多く」なって、小商人はやがて「困窮に至る」。それにもかかわらず「商人は年々に多くなり」、商人資本間の競争が激化し、あるいは「友つぶれ」が生まれ、あるいはまた大魚が小魚を呑みこんでゆく。商品経済のありようと先ゆきとを見さだめようとする宣長の目は、現実的で冷徹、そのうえはなはだ精確なものであったと言ってよい。

宝暦元（一七五一）年に、嗣子となっていた義兄、小津定治が江戸で病死した。その行年わずかに四十歳、彌四郎が今井田家との縁組を解消し、生家にもどった翌年の二月のことである。三月になって、義弟は江戸に出て、店じまいの片をつけ、七月に松坂に帰って家督を相続した。父の店はとうに潰え、定治の店も衰微して、母子の手もとへと遺されることになったのは、親戚宅が預かっている四百両の金子と、魚町の隠居所だけであった。『むかし物語』によれば、その間の消息はつぎのとおりである。

すべて道喜君（義兄定治）の世におはせしほどは、何事もそのはからひ給ふに、まかせ給へりしを、此ぬしなくなり給ひては、恵勝大姉（母お勝）みづから家の事をはからひ給ふに、跡つぐ彌四郎（宣長）、あきなひのすぢにはうとくて、たゞ書をよむことをのみこのめば、今より後、商人となるとも、事ゆかじ、又家の資も、隠居家の店おとろへぬれば、ゆくさきうしろめたし、もしかの店、事あらんには、われら何を以てか世をわたらん、かねてその心づかひせではあるべからず。然れば彌四郎は、京にのぼりて学問をし、くすしにならむこそよからめ、とぞおぼしおきて給へりける。（全集二十巻二八頁）

老境にいたった宣長は、つづけて割注を附して書いている。「すべて此恵勝大姉は、女ながら男にはまさりて、こゝろはかぐ〳〵しくさとくて、かゝるすぢの事も、いとかしこくぞおはしける」。彌四郎は、賢母のこの判断にしたがい郷里の松坂をあとにして、京師におもむき、まず堀景山の門を敲き、武川幸順の弟子となって、儒学をおさめ、医術を学ぶことになる。

二十二

蓮田善明は、本居宣長のいわば「原質」を都会人たることのうちにみとめている。この件をめぐっては、すでに「外篇」でふれて、『玉かつま』の記述を部分的に引いておいた（本書、一六八頁以下）。ここで一節を、あらためてやや長く引用しておく。

伊勢の国は、かた国のうまし国と古語にもいひて、北のはてより南のはてまで、西の方は山々つらなりつゞきて、まことに青垣をなせり。東の方は入海にていせの海といふこれなり。かくていづこも〱山と海との間、ひろく平原にして、北は桑名より、南は山田まで、廿里あまりがほど、山といふ物一つもこゆることなく、ひたつゞきの国原なり。その間に、広き里々おほかる中に、山田、安濃津、松阪(ママ)、桑名など、ことににぎはゝしく大きなる里なり。大かた京より江戸まで、七国八国を経てゆく間に、かばかりの大里は、近江の大津と、駿河の府をおきてはあることなし。外の国々も思ひやらる。猶件の里々につぎて、四日市、白子などよき邑なり。かくて此国、海の物、山野の物、すべてともしからず、暑さ寒さも、他国にくらぶるに、さしも甚しからず。但しさむさは、北の方へよるまゝに次第に寒し。

風はよくふく国なり。国のにぎはゝしきことは、大御神の宮にまうづる旅人たゆることなく、ことに春夏の程は、いと〱にぎはゝしき事、大かた天下《ノ》にならびなし。土こえて、稲いとよし。たなつ物も畑つ物も、大かた皆よし。かくて松坂は、ことによき里にて、里のひろき事は、山田につぎたれど、富る家おほく、江戸に店といふ物をかまへおきて、手代といふ物をおほくあらせて、あきなひせさせて、あるじは、国にのみ居てあそびをり、うはべはさしもあらで、うち〱はいたくゆたかにおごりてわたる。

（十四・八四、全集一巻四四四頁以下）

宣長は、伊勢の「ことににぎはゝしく大きなる里」についていえば、「大かた京より江戸まで、七国八国を経てゆく間に、かばかりの大里」はほかにすくなく、とりわけて大神宮を擁する松坂の「国のにぎはゝしきこと」は「大かた天下《ノ》にならびなし」と考えていた。松坂が「ことによき里」でもあるのは、「土こえて、稲いとよし」という消息にもあらわれている。宣長の経済観からするなら、「およそ人間の用をなす一切の物は、其本は皆地より生ずる」（秘本玉くしげ・上、全集八巻三四四頁）。そればかりではない。永田廣志が注目していたように（本書、一四八頁）、本居学にあって皇国の優位性の根拠は、この国の米の良質さにもあった。「さて皇国《みくに》は格別の子細ありと申すは、まづ此四海万国を照させたまふ天照大御神の、御出生《ごしゆつしやう》ましく〱し御本国なるが故に、万国の元本《げんほん》大宗たる御国にして、万の事《ツ》異国にすぐれてめでたき、其一々の品どもは、申しつくしがたき中に、まづ第一に稲穀《たうこく》は、人の命をつゞけたもちて、此上もなく大切なる物なるが、其稲穀の万国にすぐれて、比類なきを以て、其余の事どもをも准へしるべし」（玉くしげ、全集八巻三一一頁）。宣長にとって、伊勢一国、わけてもまた松坂の里は、比類なき皇国のいわば雛型であったといってよい。

故郷にはいっぽう、時代の病も典型的にあらわれていた。松坂商人は「江戸に店といふ物をかまへおき」、「うはべはさしもあらで、うち〳〵はいたくゆたかに」すごしている。宣長が、唯一の時事論策のなかで、「今の世町人の奢《り》は、殊に甚しき事」と見ていたことは、前節ですでにふれた。つづく一文を引いておく。「すべて飲食衣服よりはじめ、諸道具住居等、みな高貴の人のうへとさのみ異ならず、中にもすぐれて富《メ》る者などは、内々こまかなる事のおごりは、大名にもをさ〳〵おとらず、何事も善美をつくして、ゆたかにくらすこと也」(秘本玉くしげ・上、全集八巻三四三頁)。ことのありようは、幼時から宣長そのひとが家の内外で見聞きしていたところなのである。

それでも、老境にいたった宣長の、ふるさとへの思いはふかい。たしかに「人の心はよくもあらず、おごりてまことすくな」い。とはいえ、「人のかたち、男も女もゐ中びたることさらになく」、女性の装いなどは「をさ〳〵京におとれることなし」。尾張以東などにおよべば、ひどくことばすら訛っているのに、「伊勢は、大かたなまりなし」。とりわけ「松坂はことに物よく上々の品なり。京のあき人つねに来かよふなり。時々のはやり物も、をり過さず」。ただの商業都市というだけではない。伊勢神宮のおひざ元の街並みに、「芝居、見せ物、神社、仏閣すべてにぎはゝし」。そのぶん、よそ者も這入りこんで窃盗も多いが、おしなべて「松坂は、魚類野菜などすべてゆたかなり。されど魚には、鯉鮒すくなく、野菜には、くわゐ蓮根などすくなし」。また、とも宣長は附けくわえていた。「松坂のあかぬ事は、町筋の正しからずしどけなきと、船のかよはぬとなり」(玉かつま・同前、四四五頁)。

お国自慢のなかに、京都と引きくらべる視線が侵入している。町筋ただしく、碁盤の目のように街並みがととのえられた古都ですごした日々が、ふるさとをとらえる視界をも拘束していた。

その年（一七五二年）、小津彌四郎は二十三歳の春をむかえていた。「〇宝暦二年三月五日、曙、松坂ヲ出ル。同日坂下《ノ》泊、酒屋ニ宿ル」。六日は草津を宿とし、「同七日、九ツ入レ京」。『在京日記』冒頭の淡々とした記録の背後に、青年の踊りあがろうとするこころが透けてみえるようだ。やや日をおいて彌四郎は綾小路室町におもむく。「同十六日、先生ノ許ニ行テ始テ謁ス」。先生とあるのは堀景山、「外篇」でいくどかふれる機会があったように、儒学の名家の出で、徂徠とも交わりのあった儒者である。弟子は、十九日から景山宅に身を寄せて、医術の師、武川幸順宅にうつるまで二年半ほど、醇儒の膝下で日々をおくった。この入門を機に、若き宣長は小津姓を廃し、本居姓を名のるようになる。十六日の記事を引こう。「今度上京已後、予閣《テ》二小津《ノ》家名《ヲ》二而用《ユ》二本居《ノ》旧号《ヲ》一矣」。旧号とあるとおり、宣長の意識においてこれはあくまで復姓であったのだ（全集十六巻二九頁）。

三月二十一日からは、さっそく易経の素読がはじまる。四月二日からは詩経が、ついで五月朔日には書経の素読が開始されて、そののち礼記へとおよぶ。おなじ五月、青年は史記の会読にも参加している。ほかにも晋書の会読があり、景山の嗣子、蘭澤による左伝講釈も同月二十六日にはじまっていた。――後年の宣長が松坂において展開した教育活動も「講釈」と「会読」とにわかれていたしだいについては、すでにふれた（本書、二八頁）。『玉かつま』に、両者をめぐる解説と評価が見られる。「いづれの道のまなびにも、講釈とて、古き書のこゝろをときさかするを、きくことつね也」。講釈のさい弟子は、「師のいふことをのみたのみて、己が心もて、考ふることなければ」、会読がおこなわれるようになった。「そはこうさくとはやうかはりて、おの〳〵みづからかむかへて、思ひえたるさまをも、いひこゝろみ、心得がたきふしをば、とひきゝ、かへさひもして、かたみにあげつらひ、さだむるわざ」である。だから「学問のために、よろしきしわざとは聞えたれど」、それにも得失がある。最初のうちは論も盛んになるけれど、やがて「度かさなれば、おのづからおこたりつゝ、一ひらにても、多くよみもてゆかむとするほどに」、果ては疑問の箇所すら「おほくなほざりに過すならひ」ともなってしまうからである（八・九、全集一巻二四〇頁）。宣長の学問論には、つねに体験の裏うちが感じられ、修練を積んだ年輪の数が読まれるけれども、この箇所もそのひとつだろう。

本居宣長が、漢学にあってもどのくらいの力量をそなえていたかにかんしては、この「内篇」でものちにたとえば古事記の訓読にもことよせて、垣間見る機会があるはずである。ここでは修学時代の足跡の一々に立ちいることはしない。さきに（本書、三〇六頁）、宣長の漢籍の素養をめぐる吉川幸次郎の見かたを紹介しておいたけれども、いまは京都遊学時代にかんするその所見を援用しておくにとどめよう。

吉川によれば、宣長遊学時代の漢詩は、七言古詩、五言絶句、そのどちらも「おおむね体を得」ており、当時の漢学書生の水準は越えているだろう。これに対して『在京日記』一年目はだいたい漢文でしるされているけれども、その漢文は――「もし漢文のつもりならば」――ひどく下手あるいは単純であって、両側面には繋がりがある。くらべるならば、書簡は議論をその主たる内容とするゆえか、漢文としてきわめてみごとであり、「中国人に見せても、よく分かるであろう」。日本人の手になる中国文は総じて、抽象的な思考にはかない、また「詩の抒情には堪える」いっぽう、日常のことこまかな叙述にはむしろ粗笨となる傾向がある。徂徠の詩文すら、この傾きをまぬがれないのである（『本居宣長』一一〇～一一三頁）。

吉川の見るところでは、若き宣長が研鑽を積んだ「堀塾での漢籍の勉強」には、「別の重要なことがら」がある。それは「「史記」「晋書」「世説新語」「南史」」が、「会読」セミナーのテクストであったことである。ことに「晋書」と「世説新語」、それらは道学先生のよろこばない書物であるが、それがこの塾の課本であったこと」が重要なのだ。「それらの書物は、中国史上、もっとも唯美的な時代に、それにふさわしい大胆な言動をした人人についての記録と意識され、事実またそうであるからである」(同、一二一頁以下)。――ことのついでに幸次郎は推測をくわえている。景山の塾で用いられた晋書のテクストは、半世紀まえの元禄十五年に柳澤吉保の命によって、荻生徂徠と志村楨幹が訓点を附した和刻本であったはずだ。「宣長と徂徠をむすぶ糸は、ここにもあるかも知れない」(一二五頁)。

京都遊学時代の漢学修行については、これくらいにしておきたい。ここで注目しておきたいのは、諸家も留目する、若き宣長の生活ぶりである。こころみに出丸恒雄が日記中から抄出したひそみにならって、宝暦二年五月から翌月にかけての、交遊・行楽の暦日を見てみよう(『宣長の青春』一九六頁)。ことのついでに、吉川のいう、「下手あるいは単純」な漢文の書きぶりも確認しておく(全集十六巻二九頁以下)。

五月五日　藤の森の祭を見る(「行《テ》見《ル》二藤《ノ》森《ノ》祭《ヲ》一」)。
五月六日　景山にしたがい、鞍馬山に詣でる(「従《テ》二先生《ニ》一詣《ス》二鞍馬山《ニ》一、因《ニ》参《ル》二貴布禰《ノ》社《ニ》一」)。
五月八日　竹内で能を観る(「見二能《ヲ》於竹内《ニ》一」)。
六月七日　祇園会山鉾を観る(「於二四條境町東《ニ》一観《ル》二祇園会山鉾《ヲ》一」)。
六月十日　夜、四條河原に遊ぶ(「夜游二于四條河原一」)。
六月十四日　祇園祭を観、夜四條河原に遊ぶ(「観二祇園会於三條万里小路東一矣、同夜游二于四條河原一」)。

宝暦六(一七五六)年の正月から宣長の日記は和文でしるされるようになる。「とし明て春たちかへりぬ」という書きだしからも、あらたな時節の到来を読みとることができる(同、四七頁)。右でも見たような行楽の記録は『在京日記』のほぼ全篇におよぶ。同年末の日記には「境界につれて風塵にまよひ、このころは、書籍なんとは手にたにとらぬかちなり」(九二頁以下)とも漏らされているほどである。そのようにして過ごされた毎日を、百川敬仁のように(本書、三四九頁)、「緊張した時間」にみちた危機の季節とみなすのは、やはり度のすぎた深読み、あるいはまた自己投影というものだろう。——同年同月の十三日に青年は禁裏へと足をはこんでもいる。「いともかしこき紫宸殿にのほり奉りて、おかみ奉ること、いとおそろしき迄そおほゆ」とある(全集十六巻五一頁)。若き宣長が賢所ちかくに住まい、古都を彩るあれこれに親しんだことには、おそらくは浅からぬ意義がある。日記にもくだんの事情にまつわる記事は多いけれども、ここではべつの側面に注目したい。翌宝暦七年、六月十八日の記載を引く。時あたかも京は祇園祭で賑わっていた。

十八日は、日のけしきすくれぬやうに朝は見えしか、したいにひよりよくなりぬ。けふなんみこしあらひのねり物見に、八時過より出侍る。四條通はさらにもいはす、其外の大路小路も、東へ〳〵とゆく人、引もきらすおひたゝし。御旅町よりして、四條の橋の上、祇園町のわたりとをりうへうもなし。茶屋〳〵いつこも〳〵いとにきはしく、簾かけわたし、かもしきつめて、客いと多く、にきはしきことのかきりなり。さて藪の下を過て祇園林に入り、二間茶屋にて見はやと思ふ。ねり物とをり侍る道すち、いつこも〳〵両かはにさんしきかけわたし、すき間もなく人居ならひて、今や来るとまちかねたるさま也。二間茶屋のまへにも、しやうき多くすへならへてかし侍る。まつおくへ入て、酒のみなとして、しはしまち居たる、二間茶屋のうち、にきはしきこといふもさらなりや。さてまつ程やゝ久しくて、まつ新地のねり物わたりぬ。やゝしはし有て、祇園町のもわたる。いつのとしもさのみかはらぬこととはいへと、其さまうるはしきほと、心はへのおかしさ、所からとて、児女のみめかたちうつくしきこといはんかたなし。(同、一一四頁以下)

晋書の会読にことよせてしるされた吉川の感想をまね(吉川前掲書、一三〇頁以下)、一文末尾について言えば、ひとはここでやはり『玉かつま』の一節を想いおこすことだろう。「よに先生などあふがるゝ物しり人、あるは上人などたふとまるゝほうしなど、月花を見ては、あはれとめづるかほすれども、よき女を見ては、めにもかゝらぬかほして過るは、まことに然るにや。もし月花をあはれと見る情《こころ》しあらば、ましてよき女には、などかめのうつらざらむ。月花はあはれ也、女の色はめにもとまらずといはんは、人とあらむものの心にあらず」(四・七八、全集一巻一四五頁)。あわく影のさす月の光があわれであり、霞に見まごう花の群れにこころ動かされるならば、若い女性の「さまうるはしきほと」、「みめかたちうつくしきこと」は、おなじくおかしく、あわれというべきものなのである。

京都の宣長が酒をこのみ、時に散財したことは日記からも知られるし、お勝からの来箋によっても、その浪費と飲酒の癖が母親の心配の種であったことは見まがいようもない。生を畢えるにいたるまで書きつがれた大著『古事記傳』にも、注意して読めば、酒好きの片鱗を文章の端々に読みとることができる。たとえば有名なところで、高天原における須佐之男の狼藉の場面にかかわる宣長の註釈を披いてみよう。天照大御神が「屎の如く見《みゆ》るは、屎には非ず、酒に酔《ゑひ》て吐散《はきちらし》つる物ぞ」と言ったのは弟をかばってのことであると解く宣長は註する。「抑《モ》酔て吐《ク》は、已《やむ》こと得ず、処をも撰《えらび》あへぬことあり」（伝八、全集九巻三四六頁）。酔漢のふるまいに通じていることがわかる。応神天皇が、酔余に杖で道なかの大石を打ったところ、石が走り逃げたという挿話による「堅石も酔人を避ける」という意の諺についてはこうである。「堅石は、師（眞淵）の迦多志波《かたしは》と訓れたる、宜し。書紀雄略《ノ》巻に、堅磐此《ヲ》云二柯陀之波《かたしは》一《ト》とあり。さて此《こ》はたゞ石と云《ハ》ずして、堅《かた》としも云るは、石はいかに打るれども、痛むこともなく、傷《そこな》ふこともなき堅き物なる、其《ノ》堅き石すらと云意なり。かくて諺に云る意は、凡て酒に酔《ヒ》乱れたる人は、正心《まごころ》ならねば、如何なるひがわざせむも測りがたければ、堅き石すら恐れ避るなれば必《ズ》恐れて避べきものぞとの譬《ヘ》に引て、云りしなり」（伝三十三、全集十一巻五二三頁）。およそ酒に酔いみだれた人間には正気が欠けているから、どのような「ひがわざせむも測りがた」いというところに、若い日々の経験がすがたを見せているような気がする。もう一箇所だけ引いておく。『古事記傳』も大詰めにせまろうとするところに、「佐加美豆久良斯」という字ならびがあり、これを「さかみづくらし」と訓んで、「宴楽《うたげ》のことなり」と註したのちに、宣長は、万葉の表現「海行者《うみゆかば》、美都久屍《みづくかばね》」を引いて、「みづく」とは「水に所漬《つかる》こと」であるから、語義は「酒に所漬《つかる》よしにて云にや」とする推測を披歴し、割注には「俗言にも、酒を甚《いた》く好みて、しばく飲《ム》者を、酒に浸り居ると云り」と附けくわえる。かさねて積む一句「かくて酒宴《うたげ》するを、佐加美豆久《さかみづく》と云は、栄水飽《さかみづあく》にて、酒を飽《あく》まで飲《のみ》、楽《あそ》ぶよしにもやあらむ」には、やはりなにほどか、筆者自身の酒を好むこころが移されているように思える（伝四十二、全集十二巻三二〇頁）。——京都の宣長が、あるいは深酒して吐瀉物をまき散らし、あるいは正体をうしなって路傍の石にも絡みかけ、総じて酒浸りの日々を送った、とは言わない。『傳』には、しかしそここに体験の裏ばりを感じさせる箇所があり、酒をめぐる説きようもその一例であるとのみ言っておきたい。

京都遊学時代の宣長の日記をめぐって、もう一点だけ目をとめておきたいことがらがある。若き宣長が、市井のできごと、街角のうわさ話といったものを興味ぶかげに書きとめていることである。たとえば、宝暦六（一七五六）年正月二十四日の記事を引用してみよう。

このころ難波よりのほ《（上）》れる人のかたりける、おひはき《（追剝ぎ）》のはなしこそ、いとおかしかりける。かの所のいつく《（何処）》とかやを、或人の、よふけてひとりとをり《（通）》けるに、むかふよりをのこ《（男）》一人きたりていふやう、てふちん《（提灯）》しはし《（暫）》かし給へ、物をおとし侍る、たつね《（尋）》たくさふらふといふ。かの人てふちんかし侍れば、こゝかしこくま《（隈）》なくもとめて、又いふやう、やつかれかおとし候物は、いと大切なるかき《（書）》物もさふらふ、其上かね《（金）》なともせう〳〵《（少々）》侍るか、これをうしなひてはをのれ《（己）》たちさふらはす、今かくもとめ候へ共、つや〳〵見え侍らす。をのれか跡より来り給ふは、御身よりほかにはさふらはす、さためてひろひ給ひつらん。ねかはく《（願）》はかへし給はり候はは、此世ならすうれしく候はめと、いとふかくなけく《（嘆）》に、かの人、おもひよらぬ事なれは、いとうむつかりて、ゆめ〳〵覚え候はすといふに、又いふやう、御身ならてたれか侍らん、とく〳〵《（迅）》かへし給はれといふに、かの人しのひかね、になう心くるしくて、さらはきる《（着）》物ぬきて見せ奉らん、うたかひ《（疑）》はらし給へとて、帯とき物のこらすぬき《（脱）》はなちて、あかはたか《（赤裸）》になりて見せける、其まに、かのぬきをきたる衣裳共、かひつかねてもて《（持）》いにけるとそ。いとめつらしきをひはきのしやうなりける。（全集十六巻五三頁以下）

機智に富んだ追剝ぎの話である。夜更けに通りを歩いていると、落し物を捜したいから、ちょっと提灯を貸してくれと、向こうからきた者がいう。くまなく探してもないのだから、あとから来たあなたが拾ったのだろう、なかには大事な書類も金銭も入っているので、返してくれ、と言いつのる。思いもよらぬことからひどく「心くるしくて」着物をぜんぶ脱いでみせたら、賊はそれをそっくり奪いとって逃げてしまった。

おなじ話を引いて粟津則雄が書いているように、「或人」の口惜しがるようすが眼に浮かぶような書きぶりである。宣長は「いとおかしかりける」と書きはじめながらも、その間抜けなおとこを高みから嘲笑するでもなく、けっしてひとごとならず仔細に書きつけている。たほうで追剥ぎについても「いとめつらしきをひはきのしやうなりける」としるしているだけである。宣長は『在京日記』のなかでこのように、「世上のさまざまな出来事」を、数おおく「生き生きとした好奇心をもって書きとめ」ており、それは「宣長自身の心の動きと、当時の世上の姿とを、ともに示していて、興味深い」(『文体の発見』一四二頁以下)。ここで、ひとことだけ附けくわえておけば、このような生き生きとした好奇心、また「言わば無心な遊び心のごときもの」にもとづく叙述、「対象を、それをとりまく生活のにおいとともに、現前させる」手法(粟津)はそののち『古事記傳』中でも、おりにふれてすがたをあらわすことになるはずである。

いくつかの例について後論で紹介してゆくが、ここでは神功皇后の逸話にふれた一例のみ示しておこう。征韓の旅から筑紫にもどって、皇后は川のほとりで食事をとる。そのとき裳の糸を抜きとって釣り糸とし、飯粒を餌にして鮎釣りをした。古事記本文によるなら、いまでも四月上旬、女性たちが着物の糸と飯粒で、鮎をとる行事があるという。宣長は註して書きとめている。「或人《ノ》云《ク》、今玉嶋川の岸に、大《キ》なる石あり。方七尺ばかりなり。俗《よ》に紫石《むらさきいし》と云り。此《レ》此《ノ》大后の釣し給ひし処なりと語《リ》伝ふと云り。又或人は、此《ノ》紫石の在《リ》所を浮嶋と云処と、玉嶋川との間の松原にありと云《ヒ》、方五尺ばかりと云り。又今も此《ノ》石《ノ》上にて、女の釣すれば、年魚《あゆ》を多く得るを、男の釣れば、得ることなしといへり」(伝三十、全集十一巻三九八頁)。宣長はここで割注をくわえ、ひとびとの言いつたえをどうしても記録したかったように思える。それだけではない。「女人抜裳糸以粒為餌釣年魚至于今不絶也」、すなわち、いまでも女性たちが着物の糸と飯粒で鮎を釣るという部分に、おなじく註して宣長は書く。「此《こ》は此《ノ》大后の御故事《みふること》を思《ヒ》奉《リ》て、ことさらに然為る事《わざ》のありしなるべし」。ふたたび割注である。「只何となく、其《ノ》ころ年魚を釣るとには非ず。四月上旬《ノ》のころ、年魚釣ることはめづらしからず。何処にも常の事なればなり」。なお割注はつづいている。「さて玉嶋川に、今世《ノ》にも、此事《ノ》遺りてありや、国人に尋ぬべきことなり」(同、三九九頁)。

国人にも問いたずねなければならないという表現は、ほかの箇所でも繰りかえしつかわれている。宣長は全国の弟子たちから、また知人を介して国々の言いつたえを耳にし、古事記を註する場合でもそうした伝承を重視した。この件は宣長そのひとの趣味嗜好、好むところを示すことがらであるとともに、本居の学問的な姿勢と手法をあらわすものでもある。宣長は一方で、なにより物語を読み、また耳にし、書きとめることを好んだ。それは源氏への偏愛としてあらわれ、また源氏を読むように古事記を読みとくかまえにもあらわれる。他方で宣長の姿勢と手法は、その学のありようそのものにかかわっている。本居学の、とりわけその註釈学と呼ばれるものの資料のひとつは、宣長の生きたその時代に、この国の各所に伝わり、なお遺されていた言語《ものいい》であり、風習《ならわし》であった。「すべてゐなかには、いにしへの言ののこれること多し。殊にとほき国人のいふ言の中には、おもしろきことどもぞまじれる」。「いづれの国にても、しづ山がつのいふ言は、よこなまりながらも、おほくむかしの言をいひつたへ」ている(玉かつま七・六二、第一巻二三一頁)。徂徠も「古の詞は多く田舎に残れり」と言うとおりである(南留別志・巻之一)。宣長はさらに書いていた。こちらは、一段を引用しておこう。

詞のみにもあらず、よろづのしわざにも、かたゐなかには、いにしへざまの、みやびたることの、のこれるたぐひ多し。さるを例のなまさかしき心ある者の、立まじりては、かへりてをこがましくおぼえて、あらたむるから、いづこにも、やう〱にふるき事のうせゆくは、いとくちをしきわざ也。葬礼《はふりわざ》婚《とつぎ》礼《わざ》など、ことに田舎には、ふるくおもしろきことおほし。すべてかゝるたぐひの事共をも、国々のやうを、海づら山がくれの里々まで、あまねく尋ね、聞あつめて、物にもしるしおかまほしきわざ也。葬祭《はふりまつり》などのわざ、後《ノ》世の物しり人の、考へ定めたるは、中々にからごゝろのさかしらのみ、多くまじりて、ふさはしからず、うるさしかし。（玉かつま八・一、同、一三五頁）

いわゆる国譲りにさきだって葦原中国に遣わされた天若日子《あめのわかひこ》は、大国主のむすめと番ってしまい、八年にもわたり復命もせず、高天原から投げかえされた矢に当たって死んでしまう。その死を悼む儀式のなかに、「岐佐理持《きさりもち》」と呼ばれる役が登場する。これを宣長は眞淵にしたがい「葬送《ノ》之時《ニ》戴《キテ》二死者《ノ》食《ヲ》一片行之人」と解き、こう附けくわえている。「今予郷《わがさと》の風俗《ならはし》に、送葬《はふり》に水持《みづもち》と云者あり、死者《しにびと》の乳母か何ぞ、親しき婦人《をみな》、白物《しろきもの》を服《き》、頭をも白き布などして結《ゆひ》て、水を盛《もる》器を持て、最先《まさき》に立行《チク》なり。かの影媛《ノ》歌に、玉垸《たまもひ》に水さへ盛《もり》とあるによくあたれり。されば此《ノ》伎佐理持も、諸国の葬の風《ならはし》を尋ねば、今も似たること必《ズ》ありて、名ものこれることもありぬべし」（伝十三、全集十巻七〇頁以下）。――柳田國男の民俗学は新国学とも称された。文献史料を超えて、各地の伝承を重視したからである。本居学もまた文献註釈学にとどまるものではなかった。伝承、言いつたえ、物語と習俗も宣長にとって、いにしえをあきらめる重要な手段だったのである。

相良亭は、宣長在京中の思想を語るものとして『在京日記』には重きを置かず、むしろ友人たちに向けた数通の書簡を重視していた(『本居宣長』五頁)。相良も引用する、上柳敬基宛ての手紙をとり上げてみよう。宝暦七(一七五七)年三月に筆をとってしるされた書簡は、本節で垣間見てきた消息の、そのさまざまな側面にかかわる一箋であるように思われる。ちなみに『在京日記 三』は弥生の三日、「高台寺の春光院にて花見」との記事からはじまる。みやこでの明け暮れのさまざまを愉しむ、宣長の生活ぶりに変化のきざしはない。

宣長による前便は「春将に云《ここ》に莫《く》れんとす。足下近状若何《いかん》。不佞は常に依りて冗懶《じょうらん》相ひ仍《よ》り、筆研を廃する者、殆んど数日なり矣」とはじまりながらも、清童子(清水吉太郎)との読書会にえらぶ漢籍の相談に言いおよびつつ、筆をとった主意は行楽への誘いにあったかのようである。こんど開帳される法輪寺の虚空蔵大士像には「霊なるを聞く」ところであり、しかも「時も亦た暮春、惟れ浴沂の歓も啻《ただ》ならざるものだろう、ひとつ嵐山、桂川に遊ぼうではないかというのである(全集十七巻一五頁以下)。——上柳は遊興へのいざないを断ったらしい。返信は残されていないが、どうやら大士像の霊験あらたかだそうだから、「詣而謁」しようという提案が、敬基の気に障ったようである。宣長からの二信はこうである。前半を引く。

復書を辱けなくし、感佩何んぞ似ん。諭すらく不佞が空蔵の徳を称え、妄りに瞿曇《くどん》氏の言を信ずるは、足下大いに取らざる也と。嗟呼、足下は道学先生なる哉、経儒先生なる哉。何んぞ其の言の固なる也《や》。何んぞ其の言の険なる也。不佞の仏氏の言に於けるや、之れを好み之れを信じ且つ之れを楽しむ。啻に仏氏の言にして之れを好み信じ楽しむのみにあらず。儒墨老荘諸子百家の言も亦た皆な之れを好み信じ楽しむ。啻に儒墨老荘諸子百家の言にして之れを好み信じ楽しむのみにあらず、凡百の雑技歌儛燕游、及び山川草木禽獣蟲魚風雲雨雪日月星辰、宇宙の有る所、適《ゆ》くとして好み信じ楽しまざるは無し矣。天地万物、皆な吾が賞楽の具なる已《のみ》。（同、一六頁）

仏儒百家を問わず、古書のすべては、原漢文の表現によれば宣長の「好信楽」の対象である。そればかりではない。世界のなかに存在するいっさい、楽しみのすべて、風ふき、雨ふり、雪つもり、生きとし生けるものが地をゆき、空を駆ける、自然のあらゆるありようが、宣長にとって「吾賞楽具」にすぎない。ともに学び、気の置けない朋友への一書、どちらかといえば諧謔を弄して、謹厳な学友をからかう趣旨の書簡とはいいながら、際限もなく生き生きとした好奇心、無心な遊び心が当時の宣長の心境の底にあったことを窺わせる筆のはこび、文のさまだろう。べつの一箋を引いて語られた小林秀雄の言をかりていうなら、「こゝに、既に、宣長の思想の種はまかれてゐる、と言つただけでは、足りない気がする」（『本居宣長』四六頁）。巷間のうわさ話までふくめて、ひとが言いかわし、語りならうすべてのものごとへのあくなき関心がそこにあり、それは後年の『古事記傳』のすみずみにまで持ちこされてゆく。

　宣長の果てない向学心を、その無限な好奇心、「好信楽」のこころが下ざさえしていた。その関心は、在京中、とはいえやがて日本古典、また歌と物語へとむけて収斂して、本居学の原型をかたちづくる。この国で上古いらい語られ、書かれ、伝えられてきたことばたちが、好まれ、信じられ、楽しまれてゆく。ことばのすべてこそが、宣長の「好信楽」の対象となるのである。ことの経緯をなおすこしだけ辿っておきたい。

二十三

上柳敬基は京に生まれそだって、父もまた儒者である。前節に引いた書簡中に「清童子」と名の出ている清水吉太郎は、宝暦七（一七五七）年当時十六歳、宣長とはひと回り年少になる後輩で、二年まえにおなじく屈堀景山の門下に入っている。清水は屈門の秀才と称され、ならびなき英才とも言われた。年月日は不詳であるが、吉太郎宛ての手紙の草稿も残されている。末尾に「右、復清童子」とある返信であり、清水は前便で、宣長が和歌を好むことを難じていたもようである。

再び書教を辱けなくし、感佩何んぞ限らん。古人言有りて曰はく、吾を非として当る者は吾が師也と。足下僕の和歌を好むを非として当る焉、則ち誠に僕の師なり矣。敢へて敬領せざらん哉《や》。足下僕の和歌を好むを非とす。僕も亦私《ひそ》かに足下の儒を好むを非とす。是れ何となれば則ち儒也者《なる》は聖人の道也。聖人の道は、国を為《おさ》め天下を治め民を安んずるの道也。私《ひそ》かに自づから楽しむ有る所以の者に非ざる也。今吾人国の為《をさ》む可き無し焉。民の安んず可き無し焉。則ち聖人の道、抑そも何をか為さん哉《や》。己が身の瑣々たるを修むるが如きは、奚《な》んぞ必らずしも諸《こ》れを道に求めん。（全集十七巻一九頁）

右にみる「為国治天下安民之道」とするとらえかたに、このあと伊藤仁齋とならんで名のあがる、徂徠の影が射している。宣長はつづけて、じぶんとしても六経を学んで久しく、その大略には通じ、その「美なる」ことも知っている、とはいえそれは「自づから楽しむ」道ではないと繰りかえす。じぶんたち「小人」には、治めるべき国も安んずべき民もないからである。道をみずからの楽しみとする者があるとするなら、それは治者、君主であって、じぶんたちごときがそれを口にするとするなら「僭に非ざれば則ち妄」であり、そもそも「自づから揣《はか》らざるの甚だし」いところである。大兄もよもや「生徒に教授し、道を鬻《ひさ》ぎて誉れを誘」うことを目ざしているわけでもないだろう。とすれば、貴兄の好んでやまない論語に学ぶべきは、むしろ「沂に浴して詠じ帰る」ことを望みとした曾晳の心性であり、また点（曾晳の字《あざな》）に賛同する孔子の姿勢ではないか。がんらい「点也《や》孔子の徒なり」、学兄にも異論はあるまい。「僕茲《こ》こに取る有りて、至つて和歌を好む」（同、二〇頁）。

前節で言及した上柳宛ての一筆にも「惟浴沂之歡不啻」という文字があった。沂とは沂水のことで、河の名であり、桂川をいちおう儒生らしくしゃれて称したものであるが、「浴沂」の出典が論語先進篇にあることは周知のとおりである。念のため摘録しておく。

孔子はあるとき弟子たちに問い、しかるべき地位を得たとすれば、なにが望みか、と言った。それぞれに治世の志を述べるのに対して、曾晳はひとり、「莫春には春服既に成り、冠者五六人童子六七人を得て、沂に浴し、舞雩に風じて、詠じて帰らん」と答える。大国を手中にし、武勇の国としたいとする子路の答えを、孔子は鼻で哂《わら》った。曾晳の言に、孔丘ははじめて「喟然として歎じて、曰わく、吾れは点に与せん」というのが、一話の大意である。——一段は、一読したところ老荘めいた色彩を帯びていることで、儒学者たちをとまどわせた。一節をめぐって相良亨は、素行、仁齋、徂徠の註釈を引いて、宣長以前の近世儒者の理解を示している（前掲書、一二頁以下）。ここでは徂徠が『論語徴』で披歴した解についてのみ、ややべつの読みをはさんでおこう。

徂徠は註している。「按ずるに曾点浴沂の答へは、微言なり」。そこには奥深い意味が隠されているのだ。曾皙が「礼楽の治に志あること」、「礼楽を制作し、天下を陶冶する」を目ざしていたことは疑いを容れないところである。たいせつなことがらはいずれにせよ「天下を治むる」ことを措いて他にない。「此れを外にして大を語るは、老荘に非ざれば則ち理学（朱子学）なり」。けれども、礼楽の制作は「天子の事、革命の秋《とき》」である。かくて「君子は之れを言ふを諱む」。ここまでは徂徠と宣長のあいだに、さしたる距離はない。別れるのはそのあとからである。曾皙は、ほかの弟子たちの説くところを「小」と見なした。「而して之れを言ふを難《はばか》る。ゆゑに志を言はずして、已今の時を言ふなり。是れ微言なるのみ。夫子（孔子）其の意ある所を識る。ゆゑに深く之れを嘆ずるなり」。——すくなくとも、すなおな解ではない。もうひとこと言っておけば、これは孔子という傑物の人間的魅力を殺ぐに足る釈でもあるだろう。

後半は宣長の解ではない。孔子はほかの弟子たちの志を取っていない。曾皙にのみ賛同している。「其の楽しむ所は先王の道に在らずして、沂に浴して詠じ帰るに在り矣。孔子の意、斯《すなは》ち亦た此れに在りて而して彼れに在らず矣」。このあと、さきに引いた一文がある。「僕茲こに取る有りて、至つて和歌を好む」。

宣長の言い分はつづく。「独り是れが為のみならず」。理由はほかにもある。「僕の和歌を好むは、性也。又た癖也。然れども又た見る所無くして妄りに之れを好まん哉《や》」。宣長が和歌の徳として挙げることがらのうちには「逍遥乎《こ》として壙埌《くわうらう》の野に遊び、彷徨乎《こ》として無何有の宮に出入す、亦た楽しからず乎《や》」ともあって、この時期の宣長の思考には、老荘思想にかよう彩りがふかい。

　荘子の通俗的解説書である『田舎荘子』は享保十二（一七二七）年に世にでて、おなじく『面影荘子』が寛保三（一七四三）年巷間に出まわっている。福永光司の認定に拠っていえば、江戸期における老荘思想は、学問的な老子荘子の研究を一方の極、通俗的な戯文における老荘談義を他方の極に「あるいは山脈のように高くつらなり、あるいは地下水のように深くひろがって」いた。のちに宣長は、みずからの思考が老荘と無縁であるよしを公言するとはいえ、時代を劃する思潮としての老荘思想の影響はやはり覆いがたい。福永は判定している。「儒学（朱子学）が幕府の権力に支えられた正統の学問として世俗的に権威づけられていた江戸期においては、その権威からはずれる思想の創造的な独自性を確保するためには、規範に対する自然の思想が必要であった。老荘の思想はもともと、その自然の思想を儒教に対する批判として説く。日本的な思想の独創性が確保されるために必要な老荘思想の役割がここにあるといえるであろう」（『道教と日本文化』一二四、一二六頁）。じっさい『本居宣長随筆』第八巻中にも、「道《ノ》可《キハ》レ道《トス》非二常道《ニ》一」にはじまる老子からの摘録がある（全集十三巻四八四頁以下）。ちなみにこの巻は、本居清造以来、宣長五十一歳の安永九（一七八〇）年以降の筆になるものと考証されているものである（大久保正による「解題」参照）。

　この件をめぐっては、しかしここでこれ以上は立ちいらない。むしろ、和歌を愛好することを性であり、癖であると、右に引いた一文で、宣長が言いきっているところに注目しておきたい。とはいえ、京都遊学の季節に宣長をおとずれた経験のうちに、それよりなお重要なことがらがある。儒学の師、景山を介した契沖との出会いである。

すでに引いた（本書、四〇二頁）、宣長後年の回想のつづきを、まず引用しておく。「母なりし人のおもむけにて」京に遊学するにおよんだのは、「くすしのわざをならひ、又そのために、よのつねの儒学をもせむとてなりけり」とあった、そのあとである。

さて京に在しほどに、百人一首の改観抄を、人にかりて見て、はじめて契沖といひし人の説をしり、そのよにすぐれたるほどをもしりて、此人のあらはしたる物、餘材抄勢語臆斷などをはじめ、其外もつぎ〳〵に、もとめ出て見けるほどに、すべて歌まなびのすぢの、よきあしきけぢめをも、やう〳〵にわきまへさとりつ。さるまゝに、今の世の歌よみの思へるむねは、大かた心にかなはず、其歌のさまも、おかしからずおぼえけれど、そのかみ同じ心なる友はなかりければ、たゞよの人なみに、ここかしこの会などにも出まじらひつゝ、よみありきけり。さて人のよむふりは、おのが心には、かなはざりけれども、おのがたてゝよむふりは、今の世のふりにもそむかねば、人はとがめずぞ有ける。

（玉かつま二・四三、全集一巻八五頁）

右で「人にかりて」とあるのは、堀景山所蔵の書を借覧したことをさす。景山は藤原惺窩の門につらなる朱子学の名門の出、徂徠がかつてその書簡に丁重な返信をものしたのも、その血統を重んじたからである。いっぽうこの醇儒は和学にも造詣がふかく、契沖を尊崇して、宣長が借覧した『改観抄』はそもそも景山が樋口宗武とはかって刊本としたものである。樋口は契沖の高弟であった今井似閑の門人で、時は寛延元（一七四八）年、宣長が今井田家の養子となり、歌道にこころざしていた時節のことである。宣長はこうして京に上ってまもないころ、契沖の著書と出会う。京遊学は、国学の始原との遭遇のはじまりでもあった。

屈景山の著作は、今日ではほとんど散逸している。わずかに伝わった『不盡言』は、大正年間に日本経済叢書に収録され、昭和初年に日本経済大典に収められたものの永く入手がむずかしく、平成十二（二〇〇〇）年になって、新日本古典文学大系中の一巻で活字に移され、あらためて注目されるにいたった。一書は、広島藩重役であった岡本貞喬の質問状に答えた書簡であり、江戸期に流布されたのは、景山の手もとに残されたその草稿である（日野龍夫による「解説」参照）。

中国の「文字の意味に能《よく》通達する事」の必要から説きおこし、街の儒者たちがかんらいの「字義語勢をも弁ぜず」に、ただこの国の意をもって「聖賢の暁の夢にもおもはれぬ事共を、弁舌にのつていひちらす」しだいを嗤う一節に、徂徠の古文辞学のかまえと通じるところがあり、「人の上に立て国家の政をする人は、必ず学文をして人情を能く知り、下の委曲の情をとくと察せずしては、人の実に帰服する事あるまじ」ともいう所説は、たしかに徂徠と宣長のあいだに立つ所論として注目されよう。人情につうじて、洒脱な表現を好むという意味では、徂徠の学統をつぐ服部南郭にも近しいところがあったといってもよい。かりに、後者の『南郭先生燈下書』がその真筆であるとすると、南郭もまた宣長後年の人情論の先蹤とも見られる（日野『服部南郭伝攷』二〇五頁）ことに似て、景山の一書からの宣長への影響を論ずるのは、本居思想の形成史的研究にあってなお重要な論点のひとつでもあるだろう。じっさい宣長は在京中に、おそらくは師の手沢本をつぶさに筆写しており、現在では『本居宣長随筆』第二巻中に読むことができるその手びかえは、景山のとりわけ古今伝授批判をながく写している（全集十三巻六〇～六四頁）。だがここで注目しておきたいのはほかでもなくその論脈で景山が契沖を師とも呼んで、こう語っている事情である。「契沖師の説に、「顯昭法師の古今の註を顕注といへり。その註に定家卿考を書加へて、密勘を作られし也。密勘の二字は、人に見すべきに非ずと云意也。是を注して密勘と名付けておかれ、外に伝授と云事あるべきにあらず。古《いにしへ》より記録多く侍れども、定家卿の時分に伝授の沙汰なし」と云へり。契沖師は水戸の文庫の秘書をも偏《あまね》く覧《み》、その外歌学を極めし宏覧逸材の人なれば、此語にても、定家の時分も古今伝授と云ことなき証ともすべき」。古今伝授とは、古今和歌集の解釈を秘伝として師から弟子に伝えたとされるもので、とりわけ東常縁《とうつねより》から宗祇に伝承され、それ以降に相伝されたものをさす。背景にあるのは、「南北朝時代から室町時代へかけての歌壇の沈滞期」にほかならない（横井金男『古今伝授の史的研究』三頁）。この秘事的な歌学伝授をめぐって、宣長はのちに『あしわけ小舟』のなかで、二條派歌学をつたえた常縁をその捏造にかかわる張本人として指弾してゆく。同様の指摘はすでに荷田在滿の『國歌八論』にあって、景山は古今伝授なるものを「世上に秘訣とする」のは、「理屈を臆断にてこしらへたるもの」と指摘していた。自説の根拠としてその論を引き、契沖をもって「歌学を極めし宏覧逸材の人」と評しているしだいに、ここではとりわけ目をとめておきたい。

　新大系本の注によれば、契沖の言とされている一節の典拠は未詳であるよし、この件は、とはいえ景山が未刊の契沖所論にまで通暁していた消息を語るものと見なすことができる。儒者たる堀景山の膝下にあって宣長は師の契沖熱に感染し、その秘蔵本をあるいは借覧し、あるいはまた筆写して、したしく契沖説にふれることができた。後年の宣長は、こうしるしている。「おのがわかくて、京にありしころなどまでは、代匠記といふ物のあることをだにしれる人も、をさ〳〵なかりければ、其書世にまれにして、いと〳〵えがたく、かの人の書は、百人一首の改観抄だに、えがたかりしを、そのかみおのれ京にて、始めて人にかりて見て、かはばやと思ひて、本屋《ふむまきや》をたづねたりしに、なかりき。板本《すりまき》なるにいかがなればなきぞととひしかば、えうずる人なき故に、すり出さずとぞいへりける。さてとかくして、からくしてぞえたりける」（玉かつま二・四二、全集一巻八四頁）。そのころ京に、漢学の師匠はあまたその門をひらいていたはずである。宣長が屈門をくぐった理由は審らかにしない。それがしかし「稀有の僥倖」（日野龍夫）であったことはたしかである。

契沖の『百人一首改観抄』からひとつふたつ、歌の釈を見てみよう。まず百人一首中でも人口に膾炙した紀友則のひとうた、「久かたのひかりのとけき春の日にしつ心なく花の散るらん」をとり上げてみる。

古今春下、櫻の花のちるをみてよめると有。六帖には第二句光さやけきと有。久堅は萬葉に久方ともかけり。天《あめ》とも空ともいふへき枕詞なり。天先成《テ》而地後《ニ》定《たひらキヌ》と云ことわりなれは、つちに対して久しき方といふ欤《か》。又天は陽にして健剛なれは、久しく堅しといふ心欤。又續日本後紀に瓠葛とかゝれたり。これによりて思ふに、延喜式鎮火祭祝詞に、伊弉册尊火の神を生たまひてそれにやかれて黄泉におもむき給ふとて、中途にて火の神のあれむ時鎮むへきやうをはからひおかんとおほしめして、立返り四種の物をうみ給ふひとつ瓠なり。神代紀に天吉葛と書てあまのよさづらといへる物これなるべし。されは大そらのあを〲とみゆるは瓠の葛のはへるやうなれは其心にや。いつれにもあれ、天とつゝくるより、おほよそ天象の物には皆枕詞に用る也。ひかりのとけきとは、日のあたゝかになごやかなるをいひ、春の日にとはなかき心也。のとかにて日も長くある時なれは、何わざするものもいそかはしき心なき折ふし、花ばかりあはたゝしくちるをとかめていふ也。永日を時としてさく物なれは、ことに心長かるへきにいそきてちるがあやしとなり。後撰に深養父か哥にも

打はへて春はさはかりのとけきを　花の心や何いそくらん
これおなし心なり。

句頭の「久かた」を説いて、「久方」「久堅」とも字をあて、「天先成而《テ》地後定《ニたひらキヌ》と云ことわり」に言いおよびながら天は大地より「久しき方といふ欤」といい、また「天は陽にして健剛なれは、久しく堅しといふ心欤」と行きつもどりつする釈は、後年の宣長なら附会とみなすかもしれない。おなじ枕詞を眞淵が解くさまを、あとで見てゆくことになるだろう。これに対して「ひかりのとけきとは、日のあたゝかになごやかなるをいひ」以下の解は、おだやかに当たって、穏当というべきところである。契沖熱が冷めはてて、眞淵の学問に目醒めてひさしい宣長も、「契沖が歌をとけるやう」と題して、なおこう語っている。「歌の注は、むつかしきわざにて、いさゝかのいひざまによりて、意もいきほひも、いたくたがふこと多きを、契沖は、歌をとくこと、上手にて、よくもあしくも、いへることのすぢ、よくとほりて、聞えやすし」(玉かつま九・三五、全集一巻二八四頁以下)。このあとになおつづく、「をり〳〵、くだ〳〵しき解ざまのまじれる」とした、契沖への不満についてはのちに引く。ちなみに古今集の現代語訳をこころみた一書『古今集遠鏡』における本居訳はこうである。「日の光ののどかなゆるりとした春の日ぢやに　どう云事で花は此やうに　さわ〳〵と心ぜわしうちることやら」(一の巻、全集三巻五一頁)。訳者が傍線を引いている語句は元歌にはふくまれていないおぎない、ここで宣長が補足しているのは、「らんの訳《うつし》は、くさ〴〵あり」(遠鏡・例言)、くだんの用例は、今日の古典文法にいう原因推量だからである。

もうひとつ、式子内親王の歌をめぐる、契沖の解釈にふれておく。よく知られた、

玉の緒よ絶なはたえねなからへは　しのふることのよはりもそする

との詠である。式子内親王は宣長の好む歌人で、『新古今集美濃の家づと』でも多くの和歌がとり上げられ、高評が与えられていた。くだんの詠歌にかんする本居の評語は「めでたし、上句詞めでたし」である（四の巻、全集三巻三九五頁）。「外篇」でもふれておいたとおり（本書、一二三頁）、「めでたし」は『家づと』にくりかえし見られる褒語で、解とはいいがたいものかもしれない。

契沖の釈を、こちらはみじかく引いておく。「忍ふるならひ年へて後には思ひ余りて色にも出るためし」を想うにつけ「今我思ひも終にはさためて忍ひよはる期有へしとおしはかる故に、只今のうちに命の絶はたえもせよとなり」。以下はいわば語釈となる。「玉の緒は命なり。それを玉をぬく緒によせて、なからへはいひよはりもそするともつゝけたまへり。糸も綱もすへてみしかく用る時はつよく、長く用れはよはき物なれは其心なり」。宣長後年の説きざまよりは、「よくとほりて、聞えやす」い解きかたとなっているとはいえ、やや理に勝った註となっている。べつの釈を引いて、宣長が問題とするのはその点である。

契沖による歌釈をめぐる後年の宣長の発言について、先に引いた一節のあとを引く。「しかるにをりくゝ、くだくゝしき解《とき》ざまのまじれるは、いかにぞや。たとへば遍照僧正の、天津風の歌の注に、もとより風雲ともに、うきたる物なれば、久しく吹とづべきものにはあらざるによりて、しばしといへる詞、よくかなへり、といへるたぐひ也。すべてかのころなどの歌は、よみぬしの心には、さることまでを思へるものにはあらず。然るをかくさまに、こまかに意をそへてとけるたぐひは、思ふに、仏ぶみの注釈どもを、見なれたるくせなめり。すべてほとけぶみの注尺といふ物は、深くせむとて、えもいはずくだ〳〵しき意をくはへて、こちたくときなせる物ぞかし」（玉かつま九・三五、全集一巻二八五頁）。

遍照の歌は「あまつ風雲のかよひちふきとちよをとめのすかたしはしとゝめん」というものである。雲がたまさか装ったすがたに、若い女性のかたちを見てとってのことであろうか、天の風が吹いて、雲の行き来する、風の通い路をすこしのあいだ封じてほしい、天に舞いおどる乙女たちのすがたを、つかの間であってもそのままにしておきたいものだ、といった歌意だろうか。契沖の釈意を『古今餘材抄』第九から引く。

風は天よりおこる物なれは天つ風といふ。つは例の詞なり。雲のかよひちも空の名也。それを天女のおりのほる道にかけたり。唯今まひはてゝ天上にかへらんとするを、人のちからにてとゝむへきやうなけれは、風にあつらへいふ心なり。雲をは風の心にまかするかゆゑなり。雲のかよひぢふきとちたらは、天上への道をうしなひて、今しはし下地にとゝまるへし。しはしがほとも猶其姿をみんといへるなり。もとより風雲ともにうきたる物なれは、久しく吹とつへき物にはあらす。よりてしはしとよめる詞よくかなへり。

宣長は、出遭いの感動がなお醒めやらぬ時期に、たとえば『紫文要領』などでは「契沖師」というかたちでその名を挙げていた。おなじ源氏論でも『玉の小櫛』のころとなると、呼称は「契沖僧」となる。主著である『古事記傳』で複数の先人に言いおよぶにさいしては「契沖、荷田大人吾が師」であるとか「契沖及び吾が師」といった用例がある。『傳』では、契沖の著作として『厚顔抄』『萬葉代匠記』『勢語臆斷』『河社』『和字正濫抄』

等が引用され、その数は二九八条におよぶけれども、芳賀登の調査によると、そのうちでも二一〇条は契沖の考えを否定しており、「採用したのは七〇条しかない」(『本居宣長』五九頁)。

右に引いた一文中にいう「思ふに、仏ぶみの注釈どもを、見なれたるくせなめり」、仏書なぞ見すぎたせいだろうなどと言うのは、ほとんど八つあたりに近い感想である。後論でいくつかの例を確認してゆくはこびともなるとおり、『傳』の註釈は場合によれば、契沖の註など吹きとじてしまうほどに微細におよんでいる。とはいえ後年の宣長の著述にも、いうまでもなく、僧契沖を手ばなしで賞賛している一文もなお存在する。よく知られている『玉かつま』の一段であるけれども、まずは言及されている契沖の一節を引用しておく。伊勢物語について逐条的な註釈をくわえた一書、『勢語臆斷』下之下の、「終にゆくみちとはかねて聞しかときのふけふとは思はさりしを」の解である。

しぬる事のがれぬ習とはかねて聞おきたれど、きのふけふならんとは思はざりしをとは、たれ〳〵も時にあたりて思ふへき事なり。これまことありて、人のをしへにもよき哥なり。後〻の人、しなんとするにいたりて、こと〳〵しき哥をよみ、あるひは道をさとれるよしなとをよめる、まことしからずしていとにくし。たゞなる時こそ狂言綺語もまじらめ、今はとあらん時だに心のまことにかへれかし。業平は一生のまこと此哥にあらはれ、後の人は一生のいつはりをあらはすなり。

宣長の評言はこうである。「ほうしのことばにもにず、いと〳〵たふとし。やまとだましひなる人は、法師ながら、かくこそ有けれ。から心なる神道者歌学者、まさにかうはいはんや。契沖法師は、よの人にまことを教へ、神道者歌学者は、いつはりをぞをしふなる」（五・四四、全集第一巻一七〇頁）。ここで、「やまとだましひ」にことごとしい意味はない。漢《から》ではなく倭《やまと》のものごとに、ひいては常識にぞくすることどもに通じていること、というほどの意である。

おなじ『勢語臆斷』から、「ちはやふる神世もきかす龍田川からくれなゐに水くゝるとは」にまつわる解釈にふれておきたい。くだんの歌は、龍田川をおおう紅葉を称えた一首である。龍田川はもみじの色を映し、あるいは移して、紅色もさやかな唐錦そのものだ、神代にすら、このようなふしぎはなかっただろうに、といったおもむきなのだろう。歌意はともかく、のちに眞淵の『冠辭考』にことよせて、「ひさかた」とならべて、おなじ語の釈を問題とするはこびとなるはずであるから、ここで契沖の釈意に言及しておく。『臆斷』下之下は、「ちはやふるは神の枕詞なり。立田川に紅葉のみちてなかるゝさま、ひとへにから錦をながせるがことくにして、錦の中より水のくゞるとみゆるを、奇異の事と見るゆゑ、神の世迄をたくらべていふなり」と解く。さらに『改観抄』から、より詳細にわたる註釈を引いておく。

古今秋下、二條の后の東宮のみやす所と申しける時に、御屛風に立田川に紅葉なかれたるかたをかけりけるを題にてよめるとて、素性法師の

紅葉ゝなかれてとまるみなとには　紅ふかき浪やたつらん

此哥の次にあり。伊勢物語にはむかし、をとこ、みこたちのせうえうし給ふ所にまうてゝ、立田川のほとりにてとかけり。古今を実録とすへし。ちはやふるは神といふへき枕詞なり。日本紀に厳忌をいちはやしとよめり。たゝはしき心なり。されは神は善神も賞罰あらたにましませは、いちはやぶるといふへ

きを、上略してちはやふるとはいへり。此中のふもし昔は濁りていへる証は、古事記にも萬葉にも夫《ぶ》の字をかけり。又萬葉にも千劔破《ちはやふる》とも千磐破《ちはやふる》ともかりてかけり。これ又濁れる証なり。

語の清濁は、『古事記傳』の宣長が腐心することがらのひとつとなるだろう。『傳』中の釈には、けれども「道速振《ちはやぶる》の解《ときごと》は、冠辭考に委《つばら》なり」（伝十三、全集十巻四六頁）とのみあって、契沖への言及はない。二十七之巻であらためておなじ語にふれたおりには、宣長はつづけて駿河国風土記を引く。和銅元（七〇八）年に池の底がくりかえし鳴動して、黒牛があらわれ、その負った玉の光が「照㆓四辺㆒ヲ」したという伝説である。宣長は書いていた。「彼ノ国にかく後ノ世にしも、池の中より霊《あやし》き物の出《デ》つる事もあれば、上ツ代には道速振神の、沼ノ中に住る例もありぞしけむ」。さらに割注がつく。「此《ここ》は虚言《そらごと》ながら、然《さ》る事の世に有《リ》しによりて、似つかはしく詐《いつは》り申せるなり」（全集十一巻二二四頁）。宣長は当面の箇所でも伝えごとのあれこれに意をくばっているわけである。

京都の宣長は、よく遊び、なにごとも愉しみ、いうまでもなくそのすべてからよく学んだ。そのようすを細部にわたって書きとめた『在京日記』には、とはいえ欠落がある。第一冊に十二か所、第二冊に四か所、第三冊には十二か所、一葉ぜんぶが切りはなされ、あるいは数行が截りとられたあとが認められるという。おそらくはひとの目を憚って、いつの時期にか、本居宣長そのひとが鋏を入れたものだろう。他見を懼れる記事がなんであったかは興味をよぶところであるが、内容については想像のかぎりではない。

宝暦七（一七五七）年の十月三日の日記は、「けふなん都をたちて初瀬へまうて、開帳し奉りてかへる也」とはじまる。「夜ふかく立いつ」とある一節のさわりを引いておく。

寺町を南へ下るに、浄教寺の門には、はや、人、門のひらくをまちゐたり。すへて此開帳、日毎に、また夜の内より、かく人多くまうて侍る。けに此釈尊はならひなき像にそおはしけれは、かく人の信し侍る也。日のへ有て、十五日までとうけ給はる。さて五條の橋をわたる程、やうやう都をはなるゝと思へは、いと名残のみおしくて、年比此はしわたりて、そこはかとまかり物せし折のことなと思ひつらねて、四方をのそめと、やみの夜なれは、いつこも〳〵あやなくて、見なれし東山のかたちさへ見えす。いと口おし。（全集十六巻一三五頁）

その後も宣長は、時を惜しむかのように「夜ふかく立」ちつづけて、予定よりもはやく、六日の夕刻には松坂に着いてしまった。日程のおおよそを辿ってみせた小林秀雄が「何をそんなに急ぐのだらう」と訝しんでいる（『本居宣長』二九頁）。——ふるさとで、宣長にはなすべきところがあったと思われる。日録にあるのは「行二医事一」であるけれど、おそらくそればかりではない。「難波の契沖師」のひらいた「一大明眼」にみずから応えて、歌をめぐる原理的な問いをあきらめる必要がある。京遊学時代で最大の成果は、松坂にもどってまもなく『あしわけ小舟』として実をむすぶことになるだろう。

二十四

青年宣長の対話体の草稿『あしわけ小舟』に掲げられた最初の問いは、「歌は天下の政道をたすくる道也。いたつらにもてあそひ物と思ふべからず。この故に古今の序に、この心みえたり。此義いかゝ」というものであった。稿をひらく問答のゆくえに、まず注目しておく必要がある。

踏まえられているのはいうまでもなく古今集仮名序、劈頭の宣言で、周知のところではあるけれども、念のため引用しておく。「やまと歌は、人の心を種として、よろづの言の葉とぞなれりける。世の中にある人、ことわざ繁きものなれば、心に思ふことを、見るもの聞くものにつけて、言ひ出だせるなり。花に鳴く鶯、水にすむ蛙の声を聞けば、生きとし生けるもの、いづれか歌をよまざりける。力をも入れずして天地を動かし、目に見えぬ鬼神をもあはれと思はせ、男女の中をもやはらげ、猛きもののふの心をも慰むるは歌なり」。歌の徳は天地と鬼神にとどき、修身斉家治国におよぶ、和歌はたんなる玩弄物ではなく、天下の政道の助けともなる、とする見解であるかにみえる。問いに対する宣長の回答も引いておく。

答曰。非也。歌の本体、政治をたすくるためにもあらず、身をおさむる為にもあらず、たゝ心に思ふ事をいふより外なし。其内に政のたすけとなる歌もあるべし、身のいましめとなる歌もあるべし、又国家の害ともなるべし、身のわさはいともなるべし、みな其人の心により出来る歌によるへし。悪事にも用ひられ、善事にも用ひられ、興にも愁にも思にも喜にも怒にも、何事にも用らる也。其心のあらはるゝ所にして、かつその詞幽玄なれは鬼神もこれに感する也。古今序の意はあしく心得へはさ思はるゝ事なれと、これは、むかしは人の心すなほにしてたゝ誠《いましめ》にのみしたると云は、歌の本然を云にあらず、時代の人の心をいへり。かつ淫奔などのうきたる事にのみ用る事ぞと心えて、そのやうの事にのみ用るゆへにかくいひて、歌のをとろへをなげく也。とかくよき事にもあしき事にも用る也。しかるに、いましめの心あるはすくなく、恋の歌の多きはいかにといへば、これが歌の本然のをのつからあらはるゝ所也。すべて好色の事ほど人情のふかきものはなき也。千人万人みな欲するところなるゆへにこひの歌は多き也。世に賢人にて、身をおさめ善事をのみ心がけて、誠をのみ大事と思ふ人はすくなきゆへに、誠の歌すくなし。（あしわけ小舟〔二〕、全集二巻三頁）

三十七葉からなるこの手稿を、佐佐木信綱が本居清造宅に見いだしたことにかんしては、「外篇」ですでにふれた（本書、九三頁以下）。佐佐木は、二條派歌学への同情がすこしく見られること、「契沖に対する感激の情の鮮新なること」、「もののあはれ」論の萌芽がみとめられるしだいを理由として、草稿が、宣長在京中に契沖を精読して、そののちふるさとの松坂に帰るまでの期間に執筆されたものと考えている（『賀茂眞淵と本居宣長』二四八頁）。

ながく定説となった佐佐木の見解に対して、現在では異が唱えられることも多い。宝暦七（一七五七）年の十月に帰郷した宣長は、翌年の一月から『古今選』の編纂に手を染める。これは、万葉から二十一代集にいたる名歌集であり、四万内外の詠から一七九一首の歌をえらび出すものとなって二か月ほどで完了した。その間、宣長は松坂の和歌愛好者があつまる嶺松院会にはいり、やがてその牛耳をとるようになる。問答体でしるされた問題の歌論が、ふるさとに帰ってまもないころの宣長自身の明け暮れを背景とした著であり、在京中の契沖体験を引きついで松坂にもどった、三十路に手がとどこうとする季節の思考を写しとった作であるとする所説が、私にも穏当なところであると思われる。問答の内容に、宣長にしたがう同好の士たちとのやりとりが、いくらかは影を落としていると観ることは、おだやかに当たっているように思われるからである（岩田隆『宣長学論攷』四四頁以下参照）。

引用にもどろう。「歌の本体、政治をたすくるためにもあらず、身をおさむる為にもあらず」とする冒頭の論断はよく知られ、くりかえし引かれるところであり、しばしば『小舟』における歌学の中心提題とも見なされてきた。歌の本質は「たゞ心に思ふ事をいふより外なし」という一言は、宣長最初の歌論にあって和歌の定義そのものであると捉えられて、いわゆる実情論の見やすい宣言であると考えられてきたわけである。それればかりではない。和歌とはただこころに思うことを詠うものにすぎないとする宣長の所説は、公的秩序から弾きだされた私情のすべてを肯定し、あわせて文藝に固有の価値を承認したその功績として繰りかえし称揚されてきたといってよい。のみならずこの件こそ、かの物のあわれ論へとつらなり、後者はまた本居の「文学説の要領」であって、宣長自身の「学問の初期に於いて、已に成熟せられた説」（村岡典嗣『本居宣長』二八二頁）とも見なされてきたわけである。しかし、そうだろうか。そのような通常の理解では、『あしわけ小舟』冒頭の所説にかんして、なにほどかその文脈が見おとされてきたのではないだろうか。

たしかに「歌の本体」はこころに思うことを言いのべるよりほかにないという規定が、歌とは物のあわれから詠みだされてくるという所論へとつながるものであることは明白である。とはいえ菅野覚明が指摘しているとおり、「この規定は、歌とは何かという問いへの答えではなく、あくまでも歌と政道のかかわりの問題との関連で出てきたもの」である。それだけではない。ここでいったん与えられたかにみえる回答と、『石上私淑言』冒頭に見られる歌の定義とのあいだには、かなりの距離がある。菅野の見るところでは、この件をめぐっては「これまでほとんど注意を払われてこなかった」のだ（『本居宣長』四四頁）。まずは、その間の消息からたどり、跡づけておくことにしたい。

一文ののち、ただちに「政のたすけとなる歌もあるべし、身のいましめとなる歌もあるべし」とつづき、ひとたびは否定された政道と教誡とに対する和歌の関係がすぐさま取りもどされるかに見えることは、いま措いておこう。さらにほとんど接続して、「しかるに、いましめの心あるはすくなく、恋の歌の多きはいかにといへば、これが歌の本然のをのつからあらはるゝ所也。すべて好色の事ほど人情のふかきものはなき也。千人万人みな欲するところなるゆへにこひの歌は多き也」とあるところから、冒頭の一文はやがていわゆる主情主義へとつながり、いうところの物のあわれ論へとつらなる立場の宣言にほかならないと見る余地が、それでも残っているからだ。

だがそうであるとすれば、いうまでもなくこれは宣長固有の立場といったものではありえない。近世国学最初の歌論である荷田在満『國歌八論』「翫歌論」中ですでに、「歌の物たる、六藝の類にあらざれは、もとより天下の政務に益なく、又日用常行にも助くる所なし」とある。その背後には徂徠およびその学派の詩歌論があり、いわば時代の潮流があった。たとえば蘐園学派の影響をつよく受けた南海祇玩の言に「詩は風雅の器なり、俗用の物に非ず。若《もし》俗用の物ならんには、詩を借るに及ばず」（詩學逢原・巻之下）とあり、また「大凡詩を作るは風雅を本とす」（南海詩訣）とする主張が見られる（古典文学大系本の補注を参照）。ただしこうした主張はなお儒教的な教誡論の枠内にあって、それは詩歌の意味をいわば政道のかたわらに、治世とかかわりのない――まえに引いた宣長書簡中のことばを用いるなら――「小人」のなぐさみものとしてのみとめようとする所論であったといってよい。在滿は、それゆえにつづけてこう書いていた。「古今の序に、天地を動かし鬼神を感ぜしむるといへるは、妄談を信ぜるなるべし」。歌はたほうたしかに「勇士の心を慰むる事はいさゝかあるへけれと」、しかし「いかでか楽に及ぶべき」。楽《がく》は礼射御書数ともならんで伝統的な六藝のひとつである。荷田在滿の理解では、和歌はそういった六藝にならぶものではありえない。歌に指定される場所は、儒学的教誡のささえる秩序をはずれた私情がわだかまる、こころのわずかな内面なのである。

荷田の所論をめぐる有名な論争（国歌八論論争）にかかわる主要な文献は、佐佐木信綱編『日本歌學大系』第七巻に収録されているけれども、おさめられている論中の一篇『國歌八論餘言』は「世の末に至りては、歌の道知れる人少なくおぼゆ」と説きおこし、在滿の翫歌論にこう反論した。引用を採っておく。

舜は五すぢの緒の琴を弾き南風の歌をうたひたまひて天下を始め給ひしとか。実に人の心を和ぐらるは歌の道なり。されば聖の御代礼楽を重んじたまへり。かの楽といふものの中には、歌も舞も弾きものも吹きものも鼓《う》ちものもみな籠りてあるべき。さればうるはしき歌は人のたすけとなり、あしき歌は人をそこなふ。されどまたあしき歌をもてこれはあしと思ひて見るときは、また誡めともなるなり。（中略）わが国の歌は、ひとの国（中国）の如く意深きにしもあらねど、またやはらかに人の心に通ふふしもあるにや。されどなほひとの国のには及ぶべくもあらざるを、世の末になりゆくまゝ、何の意もあらで、たゞめづらかに華やかなるをのみ好み詠み出づるほどに、果ては人のためよきあしき便りともなるべきものにもあらず。なほ淫れたる媒となるべし。然れば古への歌のさまにて、ひとの国の古への風を学びたらんには、実に人のたすけともなりぬべきわざなりかし。

ここで筆を執っているのは田安宗武、時の将軍吉宗の嫡子として政道のすじを重んじるとともに歌を好んで、それゆえ在満に和歌の意味づけをたずね、答えを需めた。『國歌八論』はもともと、寛保二（一七四二）年に提出されたその回答である。荷田の論は主家田安の意にかなうものではなかった。宗武は儒学的な精神に染まって、みずから愛好する和歌の政治的な価値づけを捜し、教誡論的な根拠をいまだ求めていたからである。右の引用からも、歌のよしあしを判別する基準は教誡としての善悪にあり、そのさい拠るべきところはもとより漢詩文にあること、それでも和歌もまた「やはらかに人の心に通ふふし」があるかぎりで、「人のたすけ」となることが、宗武の論の前提となっているしだいを読みとることができる。ちなみに田安宗武が「古への歌のさま」と考えていたのはいわゆる万葉ぶりのことであって、「世の末」とは新古今以後の時代を指している。在満はこれに対して「萬葉は聞くまゝに取りのせたる物にて、古今集のごとく歌をえらみたる物とは見えず」と書いていた。なお、このやりとりがあった当時、宣長は亡父の誓詞をまもるべく水分神社に詣でた十三歳の少年であったにすぎず、詠歌にめざめるのはなお数年ののちのことである。

賀茂眞淵も、田安宗武の一文をしめされ、意見を徴された。論点におよぶ部分を、眞淵はこう書きだしている。「歌、初めは思ふ心をいひて歌ふなり。或はひとりも、或は人に対ひてもうたふに、その意のまめにもかなしくもあはれにもあらんに、詞なびやかにして、うたふ声の、事に随ひて楽しくも悲しくもあはれにもあらんは、おのが心を慰むるのみかは、聞く人の心も愛でぬべし」。ここまではいわば、いうところの小人のなぐさめでもありうる。治世という面からいえば、歌は「理り」の限界を超えて、民が「心にしみて靡く」ことを可能にするものであって、それゆえ聖人は「楽てふものを作《お》こしたまひ、家に用ひ国に用ひて」人民の「心を和らげしむる」におよんだのだ（國歌八論餘言拾遺）。つづく論旨に当たる部分を、眞淵自身による改訂稿ともみなされる一文から引いて確認しておく。

　また上一人より始めて、いとやんごとなきあたりは、世の中のわざをも海山のありさまをも常にしも視聴きたまふことなく、身を浦波にしほじみたまはねば人の情をも知ろしめし難かるべし。からの書に、詩は志をいふ、また志のゆく所などいふごとく、歌もまた然り。これをもて人の諂ひなき志のほどをも知ろしめさば、さてのみもめでたきわざなり。また世の中にある人、愛しみ欲しみの心こそうたて去り難けれ。さる心寡なからん教への書も多かれど、それ聴く人も、いとしも寡なくなれることなり。たゞ歌てふものぞこよなきや。余りにすける人は家をも財をもうち棄てて世の外にはひ隠れて心静かに翫ぶ者さへ出て来めり。それはいと過ぐいたることながら、多くの人の中にては、つゆばかりの弊へなるべし。貴きも賤しきも、暇のあらんをりは、古歌の如く煩はしからずいひ出でつゝ楽める時し侍らば、まのあたり教へねども、愛しみ欲しみの争ひおのづから少なくなりもてゆかんかし。（國歌論臆説）

眞淵は一方では歌とは「思ふ心をいひて歌ふ」ものであることをみとめ、他方では和歌もまた治世のすべともなることを否定しない。「やんごとなき」治者にとって、下々の歌は人心をわきまえるしるべともなる。人民のあいだでは「愛しみ欲しみの心」に発する諍いが絶えないのが実情であるにしても、貴賤の別なく歌をほどほどに好めば、「争ひおのづから少なくなりもて」ゆくことだろう。出家し遁世して歌の道のみを究めようとする者も出てきかねないとはいっても、それはむしろ「つゆばかりの弊へ」である。「ましてやんごとなきあたりにこの風を用ひたまはば、誰かは靡かざらん」。歌は政道にとって有効でありうる。だから、歌を「いでや用ひんとならば、教へともなれる古へのから歌の心もてやまと歌をもよまんぞ、めでたきことなるべき」。ちなみにいうまでもなく、眞淵にとって歌のよしあしの規矩はやはり万葉にある。

儒教的な教誡を歌にもとめる立場と、文藝の意味を高唱する所論とは、それ自体としては背反するものではない。第一次の国歌八論論争の帰趨は、この間の消息を確認するところで落着している。賀茂眞淵はこの所説をもって宗武の知遇を得て、その歌論、和歌の有用性を説く所論が、荷田在滿にかわって田安家に出仕するきっかけともなった。後年あらためて論争を引きつぎ、いわば第二次の論戦の端をひらいた宣長の説くところは、べつの文脈をかたちづくるものであったように思われる。

荷田は「古今の序に、天地を動かし鬼神を感ぜしむるといへるは、妄談を信ぜるなるへ」き件を注記していた。在滿は、和歌には、天地《あめつち》を動かして、鬼神《おにがみ》をも感《うご》かすほどの力をそなえる器はないと考えていたわけである。宣長はことなる。その『國歌八論』の批評は、この箇所に注記して「歌の本分の徳をしらず」「後世の歌になづめり」と書いていた。荷田在滿が解をつづけて「男女の中を和ぐるはさる事なれど、却て婬奔の媒とやなるべからん。されば、歌は貴ぶべき物にあらず」と説くのに対して、宣長はその行間に「あしき事に感すれはよき事にも感する事知へし。人だに感すれは神の感し玉ふはもとよりの事としるへし」とも書きこみ、頭注のかたちでさらに「姪奔の媒となるへき処が即ち人心を感せしむる歌の徳ならずや」と書きくわえて、在満の「こゝの論ことに拙し」とも評している（國歌八論評、全集二巻四七七頁）。

歌は、それではなぜそれほどの力をはらむことができるのだろうか。歌とはなべて人の心を種として詠むものであり、詠うとは「たゞ心に思ふ事をいふ」ことにある、と主張するだけではその答えにはならない。すぐれた歌がひとを動かし、鬼神を感じいらせるゆえんはそれがすぐれた歌である点にある。だからこそ、つづく批評のなかで宣長は、すぐれた歌の「姿は似せがたく意は似せ易し」とも言うのである（國歌八論斥非再評の評、全集二巻五一二頁以下）。

すぐれた歌であるとする評価に対してその基準を与えるものは、一方で政道でもなく教誡でもない。他方歌が「たゞ心に思ふ事をいふより外なし」という次元にとどまるならば、歌のなかには「政のたすけとなる歌」も、「身のいましめとなる歌」もあり、歌はおよそ「悪事にも用ひられ、善事にも用ひられ」て、詠歌のよしあしを定める基矩は与えられない。そもそも「似せ易」いこころに、歌の良否の規準をもとめることはできない。政道にせよ教誡にせよ、歌の外部に存在する外的な条件である。それだけではない。「姦邪の心にてよまば、姦邪の歌をよむべし、好色の心にてよまは、好色の歌をよむへし。仁義の心にてよまは、仁義の歌をよむへし」。実情に区別はないからだ（あしわけ小舟〔一〕、全集二巻四頁）。そのかぎりでは実情とみなされるこころもまた、詠歌にとって外部的な制約にほかならない。歌自体のよしあしを分かつものは歌そのもののなかに、その内部にはらまれているはずなのだ。

そのように理解することではじめて、若き宣長の歌論に対して文藝に固有の価値を承認した功績を帰することができるように思われる。「歌の本然」は思うところをいうこころには宿らない。「似せがた」いすがたに、つまりはことばの雅に、歌ほんらいの水準が見さだめられるのである。宣長が国歌八論論争にあらためて参入したとき、その視界はすでに第一次論戦が争われた地平を超えていたといってよいだろう。
そればかりではない。伝統的な歌学の立場をかえりみてみる。あわせて後論の前提ともなるところを確認する手だてをかねて、たとえば平安中期を代表する藤原公任の歌論、冒頭部を引用してみよう。

うたのありさま三十一字惣而五句あり。上の三句をば本といひ、下の二句をば末といふ。一字二字あまりたれども、うちよむに例にたがはねば癖とせず。凡そ哥は心ふかく姿きよげに、心にをかしき所あるを、すぐれたりといふべし。(中略)心姿相具する事かたくは、まづ心をとるべし。終《つひ》に心ふかゝらずは、姿をいたはるべし。そのかたちといふは、うち聞きよげにゆゑありて、哥ときこえ、もしはめづらしく添へなどしたるなり。ともに得ずなりなば、いにしへの人おほく本に哥まくらを置きて、末におもふ心をあらはす。(新撰髄脳)

これが歌学史のいわば常道であり、こころとすがたがともに揃わない場合には、「詞」よりも「心」を重んじるのが歌論の常識である。「ことばはふるきをしたひ、心はあたらしきを求め」(近代秀歌)る、すなわち「情以レ新為レ先」「詞以レ旧可レ用」(詠歌大概)とする定家もまた「心詞の二をともにかねたらんはいふに及ばず、心のかけたらんよりは詞のつたなきにこそ侍らめ」(毎月抄)という。近世歌論すらも同様であり、細川幽齋にいたってもなお毎月抄が引用されて、「詞をもとめて心を作るは悪しく、心によりて詞をかざり読むべきなり」とするかまえが確認されていた(聞書全集・巻之二)。

宣長の場合はどうであったか。『あしわけ小舟』を改訂したものといわれる『石上私淑言』では、「まづ意《こころ》をむねとすべきか、又詞を先とせむか」という問いが立てられ、こう答えられてゆく。『小舟』の錯綜した論脈をたどる手びきとして、論じざまとすれば先まわりともなるけれども、あらかじめ引用しておく。

意も詞も共にみやびやかにとゝのへて、ひたすら俗《いやし》きをばえりすつべき事也。其中に詞のいやしきはしりやすく、意のいやしきはわかれがたき物にて、近き世の歌にはそれがおほく見ゆる也。さるはむげにいやしき事をよむにもあらざれど、たゞの言にいひてはえんなることの、歌によみてわろきがある也。（中略）然るに中ごろよりこなた先達の、意詞《こころことば》の中に意をむねとするにつきて教へらるゝやうは、たゞ詞をのみえんにかざりてよむほどに、意のさだかならずおぼつかなく、あるは詞のほどよりは、意のさしも深からぬなどをぞいましめられたる、これも又さる事也。いかにみやびやかなればとても何事共心得がたからんは（無徳）いとむとくなるべし。されどそは大かたの人のうへの事也。（中略）さてこの意と詞とは、昔よりとりどりにさだめて、いづれをさきともいひがたき事なるが、まづ意をむねとせよといはんはげにと聞えて、たれも一わたりさも有ぬべき事と思ふべけれど、今一たび思ふに、なを歌は詞をさきとすべきわざになん有ける。其故は俗《いやし》き意を雅やかなる詞にはよみがたき物なれば、詞をだにも雅やかにとゝのふれば、をのづからいやしき意はまじらず、又意はさしも深からねど、詞のめでたきに引れては、あはれにすぐれたる歌つねにおほかれど、詞わろくてよきはなき物也。さればいづれとなき中に、しひていはば猶詞をぞむねとはすべかりける。（一八九、全集二巻一七八頁以下）

こころが浅くても、よい歌はある。ことばが劣った秀歌は存在しない。歌であるかぎり、こころよりまえにすがたが、つまりことばが問題なのである。

宣長の歌論は、歌とはなにかを問う歌学ではない。すくなくとも中心点はそこにはない。すぐれた歌とはどのような歌であり、よい和歌を詠ずるためにはなにが必要なのかという問いのうちに、宣長の主要な関心がある。この間の経緯を前提として、それを手ばなさないことが、『私淑言』の原型となった『小舟』の一見したところ錯綜した理路をたどってゆく条件となるだろう。

本居宣長の最初の歌論にもどる。さきに言いおよんでおいた一文、「姦邪の心にてよまば、姦邪の歌をよむべし、好色の心にてよまは、好色の歌をよむへし。仁義の心にてよまは、仁義の歌をよむへし」との一節につづけて、「たゞ〳〵歌は一偏にかたよれるもの」ではないむねを再確認したのちに宣長は、「実情をあらはさんとおもはは、実情をよむへし、いつはりをいはむとおもはは、いつはりをよむべし。詞をかざり面白くよまんとおもはは、面白くかさりよむべし。只意にまかすべし。これすなはち実情也」とさらに言をかさねる（あしわけ小舟（一）、全集二巻四頁）。子安宣邦が説き（本書、三五七頁参照）、菅野覚明も再確認しているように（前掲書、六四頁）、これは実情論ではなく、むしろ実情解体論であると言ってもよい。詠まれるべき実情もひとえに意にまかされるのであれば、それはどのような内容も指定しない同義反覆であると見ることもできるし、いつわりを歌おうとすることすら実情であるならば、実情という基準は無限に拡散して、その内実はかえって無に帰するからである。問題は、実情を詠むことへの指向すらも宙づりにされたのち、和歌の本体としてなにが残されるのかにある。この件を問いかえすことは同時に、契沖に、おそらくはまた景山に学んで、古今伝授の根拠のなさを撃った若き宣長が、なおも伝統的な歌学のすべてを切りすてようとはしなかった理由、これもまた論者を戸惑わせることのあった論点をあきらかにするものともなるはずである。つづく問答を引用しておく。ことは詠歌にくわえられた伝統的な規制、禁制の是非にかかわる。

●問　さやうに意にまかせて広く用る歌ならは、いかでか禁制をたてていろ〳〵のむつかしき法をなすや。さきの説の如くは、俗語にてもかまはず、文字の数もさためず、心にまかせてよむべしや。
答曰。此問一理あるに似たり。されども、文字の数をさだめず思ふまゝにいふは、歌にあらず、つねの言語也。ほとひやうしよきを歌とす。又俗言ものぞかず禁製〔ママ〕もかまはざれとも、曲節あれば歌也。水にすむ蛙の声も、ふしへうしあるは歌にあらずと云事なし。それ〳〵にをのれ〳〵が歌をよむ心也。鳥獣も思ふ事ありて、鳴くに、その声のほとよくとゝのへるが歌なり。況や人の言のはは、ふしへうしあるは皆うた也。○（頭注略）これ泣にもふしへうしある也。しかるを禁製〔ママ〕をたてて心のまゝによまさぬは、せばくして歌の本体にかなはぬやうに思へどさにあらず。思ふ心をよみあらはすが本然也。その歌のよきやうにとするも、又歌よむ人の実情也。よきが中にもよきをえらび、すぐれたるが中にもすぐれたる歌をよみいてむとするが、歌の最極無上の所也。（小舟〔二〕、全集二巻四頁以下）

ここでも、実情概念がさらに拡散してゆくかに見える。けれどもその見かけには、もはや惑わされる必要もない。歌であるためにまず「文字の数」の定めがその制約となり、節拍子の存在することが条件となる。そればかりではない。ただ歌となればよいわけではない。よい歌を詠もうとすることが「歌よむ人の実情」

であるならば、詞もまた「よきが中にもよきをえらび」、歌を詠みだそうとすることが必須であって、外部的にみえる制約は、じつは詠歌そのものを可能とする、その内的な条件なのである。

つづく部分で、実情概念はいよいよその内実を解除されるかに見える。「たとへは花をみて、さのみおもしろからねと、歌のならひなれは、随分面白く思ふやうによむ、面白と云は偽りなれど、面白きやうによまむと思ふ心は実情也。しかれは歌と云ものは、みな実情より出る也。よくよまむとするも実情也。よくよまむとおもへと、よくよめば実情をうしなふとて、わるけれとありのまゝによむ、これ、よくよまむと思ふ心にたかふて偽也」(同、五頁)。実《まこと》と偽りが交錯し、宣長はただ言を弄しているかに見えるかもしれない。

右にいわれている消息の理路を辿ることは、とはいえさして困難なわざではなく、その理説は、存外ことがらにかなっている。あわく影さす月の光が歌題であり、霞に見まがうほどの花の群れがあわれであって、風が吹き、雨がふり、あるいは雪のつもるさまがおもしろく、恋するこころのたゆたいが詠歌の「ならひ」であるのは、それらの情景がまずことばによって描きとられて、詠みつづけられてきたからであり、ひとはまた、たとえば歌に読みこまれた恋情を、みずからのちいさな体験を投げいれることで理解するとはかぎらないからである。ひとは多くはむしろ秀歌に謡われたこころの動きとその機微を学んで、その鋳型にあわせてじぶんの体験を意味づける。詠みこまれる自然にはつねに・すでにことばが織りこまれ、おのずから湧出するかに思える感情は、定型をともない伝えられてきた歌情によってあらかじめ枠どられてゆく。ことばによって作られるこころ、その作為と、あるがままの情の自然とは分かちがたい。自然には作為がはらまれ、作為はやがておのずとかたちがさだまって、それじしん自然となるからだ。

時代がやや降って、たとえば香川景樹がつぎのように説いていた。引用しておきたい。

景樹按《おもへ》らく、いにしへの歌の調《しらべ》も情《こころ》もとゝのへるは、他の義《ゆゑ》あるにあらず。ひとへの誠実《まごゝろ》より出ればなり。誠実より為れる歌はやがて天地《あめつち》の調にして、空ふく風の物につきて其声をなすが如く、あたる物として其調を得ざる事なし。これを雲と水とに喩ふ。雲の在《ある》や騰《たち》て浪にまがひ、垂《くだ》りて花をあざむき、拖《なび》きて褶《ひれ》となり、屯《あつ》まりて峰をなす。水の行《ゆく》や、乱れて文《あや》をおり、湛《たゝ》へて藍をそめ、凝りて鏡をかけ、迸《とばし》りて珠をなす如き、百《もも》に千《ち》に変態を尽すといへども、みな意《こころ》ありて然するには非ず。たゞ風によりて飄《ただよ》ひ、地《つち》に就て下れるのみ。彼言の葉も斯の如し。(新學異見・序)

いにしえの歌が雅やかであるのは、それが「まごゝろ」に発したものであるからだ。雲と水がおのずから、かたちを変じていっさいとなるように、古歌もまた自然と湧出してことばのかたちを取ったのである。そのしらべは「巧めるが如く飾れるが如く」みえ、人為のきわみであるかに映じて、そうではない。自然(「天地」)のあいだで、ただまごころのみが「純美《うるよはし》き物」であるがゆえに、古きよき歌は「其奇妙《あや》たぐふべき物なきに至る」。その意味で「往古《いにしへ》の歌は、おのづから調をなせりといふべし」(同)。――文字どおりの実情論とは、景樹の説きおよぶすがたを希求するものである。そこでは実情とは一箇の自然であり、歌はおのずからうるわしい調べなすものなのだ。その意味では、若き日の宣長の歌論はほんらい、実情論ではない。それは自然のなかにすでにことばの痕跡をみて、ことばの雅やかさと自然の美とを等価ととらえるところになりたつ論であり、情《こころ》ではなく、なにより詞《ことば》をめぐって立てられた説なのである。もうすこし考えておきたい。

二十五

老年にいたった宣長の随筆に、絵画をめぐる感想をしるした数条がある。ひとのすがたを写すなら、「つとめてその人の形に似むこと」が必要である、とするのがその基本的な見解であるが（玉かつま十四・三八）、かといって浮世絵などは「ゑのさまのいやしき事」はいうまでもなく、そればかりか「中々にかほ見にくゝ見えて」、ひどく稚拙なことも多い、と宣長はみる（同、四〇）。

この節で見てゆきたいことがらとのかかわりでは、とりわけ詰まらないとされているのが水墨画であるのが興味ぶかい。「近き世に茶の湯といふわざを好むともがらなど、殊に此墨絵をのみめでて」いるけれども、それもたんに「その道の祖のさだめおきつる心ばへ」にこだわって、そうしているだけなのだ。「すべて此茶の湯にめづる筋は、絵も、書も、さらに見どころなくおかしからぬものなるを、かたくまもりてたふとむは、いとく〱かたくなることなり」。なぜそのようなことになるのか。家元制度が元兇である。「大かた此家々の絵は、その家々の伝ありて、法をのみ重くまもりて、必しもその物のまことのさま」を問わない。多くの場合ならば、「旧き定めをまもるは、いとよきことなれども」、ことにより、ものによるのだ（同、全集一巻四三〇頁）。——本居宣長はふつう、伝統主義者と見なされている。その件にまちがいはないとはいえ、宣長の伝統主義は存外に奥深く、複雑な様相をはらんでいる。それは本居の歌論についてもおなじことで、宣長の最初の歌論書もまたひとすじでは辿りがたい屈折をふくんでいた。ただし、意味もない秘伝主義に対する宣長の評価は、分野と時節を問わず手厳しいものがある。もうひとつべつすじの例を挙げておく。

大国主命は、異母兄弟たちの迫害を案じた母の諭しにしたがって、根の堅洲国に須佐之男をたずね、そのむすめと恋に落ち、須佐之男からさまざまに験されたのちに地下の国から脱出する。そのとき妻の須世理比売《すせりひめ》とともに持ちだしたのが、須佐之男の太刀と弓矢と琴であった。物語についてはやがて宣長の読みを跡づける機会もあるけれど、ここでふれておきたいのはくだんの「天詔琴《あめノのりこと》」をめぐる『古事記傳』の註解である。ややながく引用して、文脈を示しておく。

かゝれば琴と云名は、神の来て詔言《のりこと》し賜ふ所、と云意にてつけたるなれば、本は凡て能理許登《のりこと》といひしを、許登《こと》とのみ云は、後に略《はぶ》ける名ぞかし。さて琴は如此《かく》、神代より有《ル》ことは更にも云《ハ》ず、大刀弓矢に並《ベ》て、此《ここ》にかく云るを思へば、有《ル》が中にも重き器財なること知られたり。【後に漢国よりも、此類《ノ》の楽器くさ〴〵渡《リ》まうで来ては、御国に本よりあるをば、倭琴《やまとごと》と云ひ、彼《かしこ》のをば唐琴《からこと》と云り。備前国《ノ》に唐琴と云地名のあるを以て、古《ヘ》此名ありしことを知《リ》ぬ。さて又後には、分て琴《きむ》のこと箏《さう》のこと琵琶《びは》のことなど云り。かくて中昔までは、此《ノ》倭琴をも、常に弘くもてあそばれて、殊に諸の楽器の中の最上と定められしも、神代より深き故ありて、本より大御国の物なればなるべし。さて然《しか》重くし貴ばれしあまりにや、後世《ノ》には、其家に深く秘て、ひろくは伝へぬことになりぬるから、遂に世間《よのなか》には、たゞ名をのみ聞て、如何なる物とも、その状《さま》をだにしらず、況て弾法《ひくすべ》知人《ル》は絶てなく、たゞ其家にのみ伝へて、わづかに神遊などにのみ用ることとなりぬるは、いとも〳〵くちをしく、心う

きわざなりかし。（略）】（伝十、全集九巻四五七頁）

琴とは、もともと神の「詔言《のりこと》」の場で、がんらいは「能理許登」といい、神代よりのものであると解き、それゆえに「重き器財」とされたことを説いて、しかしそのようにあまりに「重くし貴ばれしあまりにや」、秘め事となって、一般には知られず、「遂には絶《たゆ》るもの」となってしまったしだいを嘆く一節である。問題はそのさきである。宣長は書いている。「凡て何事も、あまり深く秘て、世にもらさぬから、知人《ル》まれになりもてゆきて、遂には絶《たゆ》るものなれば、貴み重くすと思ふが、返《リ》て賤しめ棄ると云ものぞかし。されば物を重くし貴むとならば、ます〳〵弘く世に伝へて、盛《リ》にせまほしくこそあれ。かゝるめでたき神代の物の廃れて、世に知人《ル》もなくなりぬるが歎《なげか》しさに、かく長々とは云なり」。

本居宣長は総じて、秘伝めいたものをみとめない。そうであるがゆえに、すでに名も実もともなった古道の大家となり、ひろく弟子たちをあつめる身ともなったのちにも、むしろ誇らしげにこう書きとめていた。本書の「外篇」でも、小林の所論とのかかわりで一回みじかく引いているけれども（本書、三〇九頁以下）、途中を略することなくもう一度いいおよび、引いておく。「おのれは、道の事も歌の事も、あがたゐのうしの教のおもむきによりて、たゞ古の書共を、かむかへさとれるのみこそあれ、其家の伝へごとゝては、うけつたへたることさらになければ、家々のひめことなどいふかぎりは、いかなる物にか、一《ツ》だにしれることなし。されば又、人にとりわきて殊に伝ふべきふしもなし。すべてよき事は、いかにも〳〵、世にひろくせまほしく思へば、いにしへの書共を考へて、さとりえたりと思ふかぎりは、みな書にかきあらはして、露ものこしこめたることはなきぞかし」（玉かつま七・五六、全集一巻二二八頁）。宣長のこの姿勢は、若い日々から一貫していく。ただし、青年の日の第一の師は眞淵（「あがたゐのうし」）であるまえに契沖であった。その間の消息から、あらためて『あしわけ小舟』の所論をたどる作業を再開してゆくことにしよう。まずはいわゆる古今伝授に対する批判が問題となる。契沖の文献註釈が言辞の道としての歌のありかたを、青年宣長のまえに拓いてゆくさまを確認しておく必要がある。

伝授とは歌学にのみ見られる現象ではなく、ふるくは仏教教学にみとめられ、およそまた中古に最盛期をむかえたさまざまな技藝、蹴鞠や香道におよぶまでその伝統は浸透している。奥義秘伝を中核として、その神秘化をこととする伝授は、とはいえ歌道にあってもっとも著しく、とりわけ中世期にはいって貴族文化が衰退期をむかえるとともに、古今伝授を典型とする伝統の捏造がむしろいよいよ盛んになった。

いわゆる古今伝授のなかでももっとも知られ、その分もっとも多く批判され、嘲笑されてきたのは、「切紙伝授」としての三鳥（もゝちどり、呼子鳥、稲負鳥）、三木（をがたまの木、かはなぐさ、めどのけづりばな）の伝である。ここでは宣長ものちに嘲罵する「呼子鳥」についてふれておこう。

　　をちこちのたづきもしらぬ山中に　おぼつかなくも喚《よぶ》子《こ》鳥《どり》かな

古今集巻第一春歌上中の、「よみ人しらず」とされた一首である。揺れる枝がざわめく音、葉のすれる響きの遠近すら聴きわけられないほどの木々のあいまに、こころもとなさそうに啼く鳥の声が、山の深さを思わせるといった歌趣であろう。「喚子鳥」については現今の諸解も「郭公ほか諸説あるが、未詳」（集成本）、「鳥の声を、子を呼ぶかのように聞き取って、呼子鳥と言ったか」（新古典大系本）等とあるが、なお詳らかにしないようである。

契沖『萬葉代匠記』は註していう。兼好が徒然草に、くだんの鳥は春のものであるとは分かるけれども、どのような鳥とも「さたかにしるせる物なし」と書いたところ、ひとづてに「相伝の書」を窺うおりがあり、そこには「喚子鳥は人をも云、猿をも云とあれと猿と云かよきなり」と記されているよしを知った。「是相伝の至極」というものだろう。しかし、と契沖は注する。古今集ばかりでなく「傍〻他の哥を引て思ふに、不審残ること侍り」(精撰本惣釋)。同人の古今註解から、あらためて引用する。

> をちこちは俗にあちこちといふにおなし。萬葉に彼此とかけり。たつきもしらぬは萬葉にたときともいへり。たよりも知らぬ心也。喚子鳥は和名集にも載て萬葉をは引かれたれと、もろこしの文を引てその鳥のことなりとも釈せられねは、只此国にのみある鳥にや。後拾遺下に、法輪に道命法師の侍ける、とふらひにまかりわたるに、よふこ鳥のなき侍りけれはよめる　法圓法師
>
> 　我独きく物ならはよふこ鳥　ふた声まてはなかせさらまし
>
> 康資王母《やすすけおうのはは》家集にもの思ひみたれたるによふこ鳥のなくを
>
> 　よの中をなそやといふもよふこ鳥　わかなく声をこたふとやきく
>
> かく其比まて人のしれりけるを、いつよりこれかかれかとまとふ事にはなり侍りけん。萬葉におほくよめり。常に鳴鳥なり。第八に坂上郎女春哥に
>
> 　よのつねに聞はくるしきよふこ鳥　声なつかしき時にはなりぬ
>
> かくよめれは鶯郭公なとのやうにきかまほしき声にはあらさるなり。(古今餘材抄・第二)

こののち万葉集ほかからの引歌があって、やや置いて『代匠記』とおなじ兼好の挿話がふれられ、話頭がつづく。「近代の歌人此事を秘して口外に出さす。されとも此草子に揚名介呼子鳥なとをも書のすれは、兼好の比まてはさほとに秘せさると見えたりといへり」。その後も穿鑿は継続するものの、末尾に契沖は、「よふこ鳥の事たゝよふこ鳥といふ鳥の春あるにてこそあらめ。何鳥と知て其異名をよむ事なけれは、詮なき事也」とする一註解を引いて、「是は正直なる注也」と評して、「これらならて哥によむ鳥獣草木にもたゝの詞にも、しれぬ事もあり。たしかならぬ事もあれと、大かたさぞとおしはかりてよむ、常の事也」と釈を結ぶ。ほかにも稲負鳥をめぐって、相伝などと「世にこと〳〵しけにいふ」とはいえ、「智あらん物誰かこれをうけん」（餘材抄・第三）とも評があって、契沖がすでに「伝授などを少しも重んじない」ばかりか、「深秘とか秘事とかいふやうな事には極力反対であつた」しだいは判明である（久松潜一『契沖傳』二八〇頁以下）。

本居宣長の最初の歌論は、古今伝授は「歌道に益なき」ものであるばかりか、「大に歌道のさまたけにて、此道の大厄也」と主張している。伝授によって家伝がうまれて、その結果「その家と云事を重くして、歌のよしあしよりは、此伝授を詮にするゆへに、天下の名人いできがた」いからだ。つづく問答を引く。

●問云、古今伝授の偽作なる事は何を以てしるや。

答云、これは少し才智ありて眼のあきたる人は、かれこれいはずともしるへき事也。されど世の人こそつてまことと思ひ、尊信し、足下もさやうに不審し玉ふゆへに、あら〳〵こゝに弁する也。まづ全体歌と云ものに、伝授あるへきものか、よく〳〵これを工夫し玉へ。人の心をたねとしてよみいてたる歌に、なにの伝授のあるへきぞ。伝授にあらでは心得られぬ歌ならは、その歌は無用のもの也、歌にあらず。かの古今のよぶことりの如き、その歌の作者ひとりが、よぶこどりと云鳥をしりてよみたるか。よぶことりは萬葉にも多くよみ、古今より後の歌にも多し。その人々は、つねによぶことりをよく知りて、つねにある鳥なるゆへに、歌にもよみたる也。(あしわけ小舟〔六一〕、全集二巻七四頁)

書きだしはあきらかに「智あらん物誰かこれをうけん」との契沖の言を受けたことばである。「よぶこどり」をめぐる批判も『餘材抄』を承けたものとおぼしく、引用のあとで兼好法師に言いおよぶことまでおなじ論のすじみちを踏んでいる。べつの箇所では契沖の名をあげて、「近代難波の契沖師此道の学問に通し、すへて古書を引証し、中古以来の妄説をやふり、数百年来の非を正し、萬葉よりはしめ多くの註解をなして、衆人の惑ひをとけり」ともある(〔一七〕、全集二巻一四頁)。

ここにはたしかに、契沖の書から宣長がうけた感動がなお生き生きと脈うっているように思われる。若き宣長は、契沖のなにに驚いたのか。それは、従来の歌の釈文がひとつひとつの歌意を解くにさいして、いわば無秩序に、あるいは無原則に証となる歌を引くにすぎなかったのに対して、契沖の古典をめぐる博覧強記が、その稠密さにおいて類を絶しており、引歌をたんに羅列してゆく域をはるかに越えて、秩序づけられた整合性をそなえていたからである。契沖の「あらゆる事例を配慮する実証は、その完全さにおいて、対象である歌語の世界を逆に整合的秩序性を持つ全体として浮かび上がらせ」るものであった。歌の世界、歌語の世界は「一つの確たる秩序を持った世界」であって、ひとは「その秩序を完全に了解することによって参入する」ことができ、またその秩序さえ解明し、理解することができれば「誰にでも確実に参入できる、明確でしかも開かれた世界」となる。菅野覚明が強調しているように、和歌の世界はそうであるがゆえにこそ、「言辞の道と呼びうるもの」にほかならない（前掲書、一三四頁以下）。契沖が宣長のまえに披いてみせたのは、固有の秩序をもつことで自立した言辞《ことば》の道として、万葉以来うけつがれ、ことばを究めようとする者のまえにはなお目のあたりに開示されている、独立した和歌の世界なのである。

菅野が引く一節を、前後を略さず引用しておく。「或人契沖を論して云く。歌学はよけれども、歌道のわけを一向にしらぬ人也と。予これを弁して云く、これ一向歌道をしらぬ人の詞也。契沖をいはは、学問は申すにをよはず古今独歩なり。歌の道の味をしる事、又凡人の及はぬ所、歌道のまことの処をみつけたるは契沖也」（あしわけ小舟〔五四〕、全集二巻五五頁以下）。

さきにふれたとおり、後年、宣長による契沖評価は低落してゆく。それでも歌学者、契沖への基本的信頼はゆるがない。仁徳天皇の意に叛いて女鳥《めどり》の王と出奔した速總別《はやぶさわけ》の王《みこ》が、険しい山路にじぶんの手をはなさない妻がいとおしいとうたったひと歌のなか、「和賀弖登良須母《わがてとらすも》」（「吾《ガ》手取《とら》すも」）とあるのに先だつ一句「伊波迦伎加泥弖《いはかきかねて》」を、契沖が「伊毛波伎加泥弖《いもはきかねて》」と訓み、「妹者来不得而」と解したのを訝しみつつ、宣長は「何《レ》の本に依れるにか、私に毛《ノ》字を加へたるにや」と自問しながら、「されど、契沖はさることはをさ〳〵せぬ人なり」とも書いていた（伝三十七、全集十二巻一二六頁）。学問的な誠実さという次元での評価としては、なおやはり最上級のものといってよいだろう。

話題をもとにもどす。宣長は伝授そのものの批判についてはやや譲歩する場合もある。すべて家元制度が今日にいたるまでそうであるように、天皇制自体とかかわるところがあるからである。「古今伝授の事、近代朝廷のおもき御事とし玉ふ事なれは、今おほけなく論するは、おそれなきにあらされとも、つや〳〵その事のおこりをもしらす、只大切なる事とのみ思ふてゐる人のために、そのもとをかたはしこゝに記し侍る」ともあるとおりである(一八)、全集二巻一四頁以下)。ただし古今伝授からも由来する歌人の伝統的秩序については、容赦するところがなかった。ことは堂上地下の別にかかわる。

初心のもの、堂上の歌也といへは、これは又各別也、ちがふた物也とて、各別におもひ、殊に御宗匠方の歌は、いとゝおもしろがり、まゝことやうの詞、きゝにくきてにをはあるなとをも、返て人の及はぬ詞つかひなりなとと、いとゝ感心す。地下の歌といへは、よき歌にてもさのみにおもはす、一ふしよみ出たるめつらしくおもしろき詞なとには、返て難をさへつくる也。(中略)それゆへ堂上の人々これに心ほこりて、むさと地下の歌を見くだし、めつたに高上にしたかりて、歌と云者はさやうの物にあらす、ことの外ならひある事也なとと、地下の人にの玉へは、これを誠と信して、いよ〳〵高上なる事、むつかしき事と覚ゆるは、おろかなる事也。(中略)堂上にてもあしきはなはたあしくて、見るにたらさる歌甚多し。地下にてもすくれたる歌、堂上にもまれなる歌もまゝある事也。一がいに堂上の歌、地下の歌と、分なるもののやうに思ふは、いふにたらさるをろかなる事也。何そ情にへたてあらん。

(あしわけ小舟(一三)、全集二巻一一頁)

細川幽斎についてはすでにその名を引いて、歌論の断章に言いおよんでおいた(本書、四四六頁)。近世の初頭、幽斎は、三條西公國、嶋津喜久、中院通勝に伝授をおこなって、関ケ原の戦のあったその年、慶長五(一六〇〇)年に八條宮智仁親王も幽斎から伝授を受ける。親王は寛永二(一六二五)年に、時の上御一人、後水尾天皇に対して切紙伝授をさずけた。近世期の全体にわたり一定の影響力をもった、御所伝受という特殊な伝統のはじまりである。

冷泉家は藤原定家直系の歌学を伝承しながら、近世初期のいっとき昔日のいきおいを失いかけたが、冷泉爲綱、爲久、爲村の三代の精進によって、しだいに復興していった。そうした流れのなか、近世前期は圧倒的に堂上歌人優位の時代である。松永貞徳にはじまる地下歌壇はなお堂上歌壇の下風に立っていたばかりではなく、その歌論もむしろ堂上歌人たちのそれより古風ですらあった。近世にはいってしばらくのあいだ、和歌史はむしろ守旧の風が吹きまどう反動期にあって、地下歌人たちのあいだにこそ、かえってその弊風がつよく吹きつけていたのである（上野洋三『元禄和歌史の再構築』参照）。

そうした時代を経て、時は宝暦年間、宣長は近世中期の二條派の一員であり、しかも地下歌人のひとりであった。その最初の歌論『あしわけ小舟』には、平安貴族以来の和歌の伝統を町人であるじぶんもまた享受し、さらに学びえて、そしていま越えつつあるという喜びも表現されているかもしれない（子安宣邦『本居宣長とは誰か』七六頁参照）。

しかしまたそればかりではない。「僧の恋歌」と頭註にあるよく知られた問答を引く。問われているところはこうである。むかしから現在にいたるまで、「墨染の人」すなわち世をすてて出家したはずのひとびとが、恋の歌を詠んだ例は数しれない。しかもそれを「又はゞかる事とも」してはいない。男女のことは仏教ではかたく戒められ、とりわけ不犯は僧侶たるものの最大の戒律であるはずだ。「しかるを、僧の恋歌よめるも甚賞す」のはなにごとであるか。高名な遍昭僧正など、なかでも「にくむべき」「不道心の僧」ではないのか。宣長の回答を引いておく。

答えて曰く「これ何事そや」、と宣長は心外であるとの意を示してみせる。歌とは「心におもふ事は、善悪にかゝはらす、よみいつるもの」なのだから、「心におもふ色欲をよみ出たる、何の事かあらん」。問題は歌のよしあしであり、それのみである。「其歌よろしくいできたらば、是又なんぞ美賞《ほめ》せさらんや」。後続する部分から引用する。

すぐれたる歌ならは、僧俗えらふべきにあらす。その行跡のよしあし、心の邪正美悪は、その道〳〵にて褒貶議論すへき事也。歌の道にて、とかく論すへきにあらす。此道にては、只その歌の善悪をこそいふへき事なれ。僧なれは恋の歌よむましき理也など、なんぞよしなき議論をなすへき。其上すべて出家とさへいへは、みな心まで仏菩薩のごとき物ぞと心えたるか。僧のすこし好色がましき事あれは、人はなはたこれを悪む事、俗人と雲泥の如く、大悪のやうにおもへり。まことに世尊のうへなきいましめ、淪《(ママ)》廻妄執のきづな、これに過たる事なけれは、僧としては、もつともいとひさくへき事なれとも、僧とてもと俗人とかはりたる性質にあらす、もと同し凡夫なれは、人情にかはりたる事はなきはず也。

（あしわけ小舟〔三三〕、全集二巻二八頁以下）

最初の歌論の冒頭で宣長がすでに「すべて好色の事ほど人情のふかきものはなき也」と説いていたしだいについては、引用にそくして見ておいた（本書、四三八頁）。僧侶は「恋すましきもの」と考えられているがゆえに、それだけますます「情の積鬱すへき理」であろう。せめて思いを和歌で晴らそうとするところから墨染に恋の秀歌が多いのは、むしろ理の当然ではないか。

宣長はここで証歌をあげ、周知の一伝説であるゆえか「ゆらぐ玉のを」と言いさしている。新古今集巻七賀歌中に「題しらず、読人しらず」として収められている歌を示せば、つぎのとおりである。

初春の初子《はつね》のけふの玉はき　手に取るからにゆらぐ玉の緒

元歌は万葉集巻二十に載せられている。詞書によれば、天平宝字二（七五八）年の春正月三日に、宮中で飾りの玉箒が臣下に下賜されて、宴があり、そのおりに求められて大伴家持が詠った作とされる。俊頼髄脳ほかに見える伝承は、志賀寺の老僧が、京極御息所に恋して、その手をとって詠じたものとつたえた。元歌ならば、手にとるとゆらゆら美しい音をたてる玉箒を称える詠、伝承によると、御息所の玉のごとく美しい手にふれて、思いをこめた歌ということになるだろう。宣長は僧の恋という挿話に言及して、くだんの説話を「あはれにやさしき」ものと評価している。後続する部分に、さらに留目しておきたい。

たしかに「今の世」で、僧がうわべは取りつくろいながら、「心にはあくまで色をこのみ、俗にもすぐれて淫乱好色」であるとすれば、その偽善は「にくむにあまり」あるだろう、しかし、と頭注を附して、さらに宣長は説いた。「淫乱の人のよめる恋歌を、よみたるその歌を賞するは、たとへは蓮の花を賞するが如し。はちすは至りてきたなき泥中より生すれとも、花のうるはしけれは賞するなり。その生する所がけからはしとて花をすつへけんや」。泥は泥、蓮は蓮であって、花はこよなく麗しい。破戒は破戒、恋は恋、歌は歌なのであり、すぐれた歌には罪がない。蓮を愛する者は泥を是としているわけではない。五穀は糞尿によって生いそだつ。五穀の実りを祈るひとが「糞穢をよろこふ」とでも言うのだろうか（小舟〔三三〕、二九頁以下）。

蓮の花とは歌の華、その雅であり、歌がすぐれた歌であることそのものである。僧侶のよむ恋歌であっても、その歌に花があり、ことばが雅をあらわして詠みざまがすぐれているならば、よい歌であって、すぐれて雅やかな和歌はまたひとを動かし、鬼神をも感じいらせる。そうであるならば、しかし歌にはやはり効用がともない、歌によって思いもつたわり、歌はその花と雅によって有用であることになるのではないだろうか。問題はふり出しにもどってしまうように見える。じっさい若き本居宣長は、最初の問答にふたたび立ちかえって、問者に問いを繰りかえさせている。「問、歌詩は以て政道のたすけとする事は、和漢古よりの通義也。然るを和歌政道のたすけにあらずと云はいかゝ」。再問に、宣長は「体」と「用」の差異を設定することで答えてゆく。

宣長はまず「此不審尤《モ》なり」とする。そこで「用ゆる所と本体とのちがひ」が区別されなければならない。歌の「本体」は「政道のたすけ」のためにあるのではない。詩歌が治世を助けるものとなるのは「よみたる歌を取り用る時の事」、その体ではなく用にあってのことである。しかももともと「政道のたすけとするものにもあらぬ歌を、何とて取り用て、天下政道のたすけ」とするかというなら、それは、おのおの思うところを詠みのべた歌によって「上《ミ》たる人の、下民の情をよく〳〵あきらめ知らんため」であって、それも「貴人は奥ふかく住玉へは、下万民の事をくはしく知り玉ふ事」がないからなのである。これがまた、孔子が詩経を編んだゆえんでもあるだろう。——ここまでは、国歌八論論争の脈絡で眞淵が述べたところともほぼひとしい。問題はそのさきにあり、当時の宣長に固有の立場もまたそのかなたにひろがっていた。

されは天下政道のたすけとなるは、和歌の用也。又好色活計のためになるも、和歌の用也。その中にて、政道のたすけとなるは、大にして善なる用也。好色のためにするは、小にして悪なる用也。たゞ善悪大小は、その用ひやうによる事にて、和歌の本体に、善悪大小はなき也。貫之のいはれしもこれ也。其ころ只好色なと、小にして悪なる用にのみ用る事にして、政道に用る事をしらぬを嘆きしもの也。これを心得ちがへて、和歌はたゞ政道のたすけとするものにして、好色なとの用にするものにあらずと思ふは、甚《タ》せばし。たゞ〳〵用ひやうによりて、大にも小にも、悪にも善にもなる也。

（あしわけ小舟〔四九〕、全集二巻四九頁以下）

歌はその「用」としては、治世のためにも好色のためにも有用である。和歌にはかくて効用があり、その効用には善悪の区別があるだろう。その善悪はしかし、歌そのものの良否ではない。その「体」の善悪ではない。それでは、歌それ自体にはよさはないのだろうか。善悪良否はその用いられかたにあり、どのようにも使われて有用となり、効用をしめす詠歌の「体」はかくていわば価値的に空無なのだろうか。

問題がふたつある。歌には用があり、その用にあって歌は善ともなり、悪ともなる。歌は用において有用である。とすれば効用という意味での価値はだからあくまで用にぞくすることになり、だからまた歌の外部に所属するはこびとなるはずである。歌そのもの、その「本体」に価値が帰属するとするなら、それは有用性という価値ではない。しかしそのためにはそもそも、効用を超えた価値の存在が前提となるだろう。——第一に歌そのものに価値があるかが問題である。歌に価値がやどるとすれば、それはもはや、有用性という価値ではありえない。第二にそれでは有用性を超えた価値ははたして存在するのか、存在するとすればそれはなにか、が問われなければならない。

じっさい宣長は、つづけてこう書いていた。「和歌は器物なとのやうに、其大小善悪の用のために作るものにはあらず」。歌の価値は有用性という次元にそもそも与っていないのだ。比喩をかさねて『あしわけ小舟』は説く。和歌とは「たとへは樹木」、自生した大木のようなものである。「人の用にたゝんとて、うへ生したるにもあらねど、山に大木になりてたてれば、人これを見て、よき材木ぞと思ひて、伐て用る」。材木となった樹木の用途はさまざまでありうる。大きく用いれば柱となって、ちいさく用いるなら器ともなるだろう。「されとも山にたてる時は、松はたゞ松、ひの木は只ひの木にて、天地のめぐみにて成長し、年月久しくおひしげりて、立る」だけのことである。檜は檜として、有用性の連鎖の外にあって自然のいとなみを語り、樹木に固有な時間を開示する。檜そのものは、人間にとっての有効性とはべつの価値の秩序のなかにある。その価値は樹木のいわば内的な価値である。檜にとっての価値は檜それ自体の内部にあり、木としてのそのすがたのうちにある。それでは歌にとっての歌の価値、和歌それ自身に内在する価値はどこにあるのだろうか。――歌は「用」において有用である。歌そのもの、その「体」に価値がやどるとするならば、その価値はそれじたい有用性の次元にぞくすることができない。歌とは言辞の道であった。であるとするなら、歌に内在的な価値、歌のよしあしは、ことばとしての歌のうちにはらまれるものとなるだろう。

とはいえ、ことばもまた有用なものである。ことばによってじっさいひとはものを名ざし、ことを描いて、ものごとを伝え、またひとに命じ、ひとを縛り、ひとを動かす。歌の価値が歌の内部にあり、かくてことばに内在的なものであるなら、その価値はことばそのものの有用性を超えたところにあるはずだ。問題はここで、「物のあはれをしる」をめぐる問いとむすびあってゆくことになる。

二十六

物のあわれの説は、本居宣長の文藝論の中心概念と見なされてきた。とはいえよく知られているとおり、『あしわけ小舟』本文には、ただ一箇所「物のあはれを感する」という表現が見られるにすぎない。文脈はしかも、近世以来の和歌の家伝は「たゝ己が家のたてたる処のみを」すぐれたものとし、他家の歌を貶め、これを採らないというものであって、一語に枢要な意味をもたせる論脈ではない。ただ「すべて此道は風雅をむねとして、物のあはれを感する処が第一なるに、それをばわきへなして、たゞものひたふるに流儀だてを云ひ、家の自慢ばかりするは、大きに此道にそむく大不風雅の至り」であると語られるだけである（〔五六〕、全集二巻五八頁以下）。ほかに頭注にひとつ、「歌の道は善悪のぎろん（議論）をすてて、もののあはれと云事をしるへし」とあるが（〔三四〕、同、三一頁）、これはおそらく草稿の筆を擱いて、時をおいた書きこみであるかと推測される。『小舟』が歌の本体、その固有の価値、有用性を超えた価値に言いおよびながら、そのありかを明確にしめすに至っていないのは、思うにこの語がなお不在であることとかかわりがある。

ただし宣長最初の歌論でも、歌の「体用」論に接続して「テニヲハと云もの、和歌の第一に重す《ン》る所也。すへて和歌にかきらす、吾邦一切の言語、ことことくテニヲハを以て分明に分るゝ事也」（〔五〇〕、五〇頁）

とある消息に意をはらっておく必要がある。テニヲハの整いこそやがて、宣長にあって和歌が和歌となり、すぐれた歌となる不可欠の条件（*conditio sine qua non*）となるからである。この件は、和歌の「歴代変化」をめぐる考察が、『石上私淑言』には存在せず、『あしわけ小舟』には存在することとあわせて、注意されてよいところである。よく知られているように『小舟』の和歌史論ですでに新古今集こそ、和歌の変遷にあってその頂点をきわめたものであるしだいが認定されていた。若き宣長の観るところでは「新古今は、此道の至極せる処にて、此上」なく、和歌の道は「新古今に至て全備したれは、此上をかれこれ云は邪道」なのである（五九、全集二巻六四頁）。この認識は、宣長にあって終生かわるところがなかったといってよい。

物のあわれ論がはっきりと登場するのは、これも周知のところであるように『紫文要領』ならびに『石上私淑言』にいたってのことである。前者については稿末に宝暦十三（一七六三）年六月七日擱筆と書きいれがあるいっぽう、『要領』への自家言及が『私淑言』には見られる事情からみても、通説どおり、後者は源氏物語論にややおくれて成稿したものとみとめられてよいだろう。以下しばらく、佐佐木信綱以来『あしわけ小舟』の改訂稿とみなされてきた（本書、九三頁参照）、この草稿をたどってゆくことにしたい。けれども、原型とくらべて格段に体系だって論じられているとはいえ、議論がそのぶん多岐にわたる歌論のぜんたいを見わたすのではなく、「松はたゞ松、ひの木は只ひの木」であるように、歌はただ歌であるとして、歌の本体とはそれではなにかという前節の末尾で見た宣長の問いにそって、その問いへの回答をあきらめるすじみちを追跡する読みかたを主眼としておくことにする。

問答体を引きついだ『石上私淑言』巻一は端的に、「歌とはなにか」という問いから論が開始される。劈頭部分を引用する。

○ある人とひていはく、歌とはいかなる物をいふぞや。まろこたへていはく、ひろくいへば、卅一字の歌のたぐひをはじめとして、神楽歌《かぐらうた》催馬楽《さいばら》、連歌《れむが》今様《いまやう》風俗、〔平家《へいけ》物語猿楽《さるがく》のうたひ物〕、今の世の狂歌俳諧、小歌〔浄瑠理《ミセケチ》〕、わらはべのうたふはやり歌、うすづき歌木ひき歌のたぐひ迄、詞《ことば》のほどよくとゝのひ、文《あや》有てうたはるゝ物はみな歌也。この中に古今雅俗のけぢめはあれども、こと〴〵く歌にあらずといふことなし。されば今あやしきしづのめが口ずさひにうたふ物をも歌といふ。是即まことの歌也。かの卅一字の歌のたぐひは、むかしの人の歌なり。小歌はやり歌のたぐひは、今の人の歌也。これおなじ歌にして、其さまはるかにことなるは、古今のけぢめ也。むかしの歌は詞《ことば》も意《こころ》もみやびやかにてめでたく、今の小歌はやり歌は、詞も意もいやしくきたなきは、雅俗のけぢめ也。（〔一〕、全集二巻八七頁）

宣長は論の冒頭で、まずはいわゆる歌の範囲をもっともひろく設定する。古歌も流行り歌も、「しづのめが口ずさひにうたふ」歌も、ことごとく歌である。そればかりではない。すでに引いた古今集仮名序にもいうとおり（本書、四三七頁）、「禽獣にいたるまで有情のものは、みな其声に歌」がある。「鳥蟲なども、其なく声のほどよくとゝのひて、をのづから文《あや》ある」ものはすべて歌なのである。そう説く宣長の真意は、どこにあるのだろうか。一見したところ宣長は、歌の定義を拡散させようとしているかに見える。しかしそうではない。右にひく一節で、宣長が一定の条件を満たす声は「こと〴〵く歌にあらずといふことなし」とするのは、かえってやがて問題の外延をかぎり、そのために論じるべき歌に特異な内包を附けくわえてゆくための布石であるように思われる。

論はじっさい、鳥蟲の声におよんだところで踵をかえし、歌のひろがりをむしろ枠づけ、その輪郭を描く段をむかえる。春にうぐいすが声をつくり、夏にせみが鳴いて、秋にははぐれた鹿が連れあいを呼ぶ。それだけではない。大気は風に鳴り、大海は波を打ちよせて、潮騒を響かせ、地に音をたてながら驟雨はすぎ、木々の葉は擦れてかすかな声をあげる。鳥蟲にかぎらず、「風のをと水のひゞき」もまた歌ではないか。――そうではない、と宣長はいう。「ほどよくとゝのひてあやある」ものが歌であるとはいえ、「金石絲竹のたへなる物の音《ね》」は歌ではない。音調《ととのい》と色彩《あや》のみでは歌とはならない。心意《こころ》をもたないものは、つまり風や水は「みづから声をいだす事」がない。雨に打たれ拍子をつくる屋根瓦、ふれあってすずしく鳴る玉であってもただ「外物にふれて声ある」だけである。ゆえに「歌は有情の物にのみ有て、非情の物には歌ある事なし」。生きて、情《じょう》があり、情《こころ》をうごかすものに歌がある。なぜか。「いける物はみな情ありて、みづから声をいだすなれば、其情よりいでてあやある声」が、すなわち歌だからである（全集二巻八八頁）。

つづけて宣長は、声の整いとは「うたふに詞のかずほどよくて、とゞこほらずおもしろく聞ゆる」ことで、ことばに「あやあるとは、詞のよくとゝのひそろひてみだれぬ事」であると解いて、和歌ではそれが五音、七音へとおのずから定まっていったことを説く（私淑言〔二二〕）。そのあとで問われることがらが歌の起源であり、『私淑言』は伊邪那岐、伊邪那美の唱和にさかのぼり、須佐之男の八雲の神詠にふれてゆく（同〔四～六〕）。唱和、詠歌の語釈には、後年の大業へと向けてすでに積みかさねられつつある古典籍解釈への備えがみられ、またあえて古事記を引く理由を仮想の問者に問われて「日本紀はすべて漢文をかざりて、うるはしからむとかける故に、古語にかゝはらず、たゞ文章を主として」（全集二巻九二頁）しるされたものであると答えてゆく行論など興味を引くところであるけれど、ここでは立ちいらない。――歌は「有情の物」だけがうたい、「其情よりいでてあやある声」が歌である。あやについてはあきらかとなった。歌とは二はしらの神がうたい交わすところにはじまり、素戔嗚《すさのお》に「ならふにはあらねど、じねんに《（自然）》」（〔九〕、九六頁）人代へ受けつがれて、三十一文字へと定型化されたものが和歌である。「歌のはじまり」はそうであるとして、それではさかのぼって、「此歌てふ物は、いかなる事によりていでくる物」なのか。宣長は答える。「歌は物のあはれをしるよりいでくるものなり」（〔一二〕、九九頁）。これにつづく第十二条の問答はよく知られている。とはいえ逸することのできない論点であるから、やはり引いておこう。

> 問云、物のあはれをしるとはいかなる事ぞ。
>
> 答云、古今序に、やまと歌は、ひとつ心をたねとして、万のことのはとぞなれりけるとある、此こゝろといふがすなはち物のあはれをしる心也。次に、世中にある人、ことわざしげきものなれば、心に思ふことを、見る物きく物につけて、いひいだせる也、とある、此心に思ふ事といふも、又すなはち、物のあはれをしる心也。上の、ひとつ心といへるは、大綱をいひ、こゝは其いはれをのべたる也。同真名序に思慮易《ク》レ遷《リ》哀楽相変《ル》といへるも又物のあはれをしる也。これらを物のあはれしる也といふいはれは、すべて世中にいきとしいける物はみな情《こころ》あり、情あれば、物にふれて必おもふ事あり、このゆへにいきとしいけるものみな歌ある也。其中にも人はことに万の物よりすぐれて、心もあきらかなれば、おもふ事もしげく深し。そのうへ人は禽獣よりもことわざのしげき物にて、事にふるゝ事おほければ、いよいよおもふ事おほき也。されば人は歌なくてかなはぬことはり也。（同頁）

歌がそこから「いでくる」ところは「物のあはれをしる心」にある。生きている有情のものは「物にふれて必おもふ事」があり、とくに人間は「心もあきらか」であって、「ことわざのしげき物」であるから、「人は歌なくてかなはぬことはり」なのである。——歌が人間にとって「なくてかなはぬ」のが理の当然であるというのなら、ひとはかならず歌にしたしみ、みずからも歌を詠まなければならないことになる。じっさい『あしわけ小舟』には、「人は必歌よむへき事」と欄外に一条のおもむきがしるされた段がある。ここで振りかえって確認しておこう。大意をとっておきたい。

鳥や蟲さえ、おりふしに声をあげ、「曲節ある音を出し」、それぞれの歌をうたう。ましてや「人間として一向よむ事あたはさる」のは、ひどく恥じいるべきことではないだろうか。歌など詠まないでも「事たると思ふ」者もあるだろうが、それはひどく「あちきなし」。歌はたしかに有用性という観点からすれば、なくてもこと足りるものかもしれない。そう考えることがいたく愚かしいのは、ひとの生には、有効性というだけでは掬いとることのできない次元が存在するからである。じぶんが歌にしたしまないのみならず、ひとが歌をうたうのを難じ、「無益の事也」と極めつける輩には、有用性以外の価値が存在しない。かれらは雅というものを知らない「木石のたくひ」であって、そうした者たちは「人情にうとき事、いはむかたな」いのだ。ひとつに人情に通ぜず、いまひとつには「物のこゝろをわきまへ」ていない。有情の者、物のこころを知るひとにとっては、「春たつ朝より、雪の中に歳のくれゆくまで、何につけても、歌の趣向にあらさる事」などないのである。四季に移りかわってゆくその折々の風景、春の花、夏の宵、秋の月、冬の雪、そのすべてが歌の生まれるきっかけとなる。「何事かはおもしろからさらん」。それのみではない。「いとたけき猪のたくひも、ふすゐのとこといへは、哀れになつかしきといへる、古めかしき事なれと、まことに此歌の徳ならては、いかてかかくゆうにやさしくは言《ヒ》なされむ」(小舟(三二)、全集二巻二七頁以下)。

徒然草・第百三十七段の「花はさかりに、月はくまなきをのみ見るものかは」をめぐってのちに宣長は、「後の世のさかしら心の、つくり風流《みやび》にして、まことのみやびごゝろにはあらず」と述べている。その根拠として挙げているのは、「人の心は、うれしき事は、さしもふかくはおぼえぬものにて、たゞ心にかなはぬことぞ、深く身にしみてはおぼゆるわざ」であり、それゆえ歌についていうなら「心にかなはぬすぢを、かなしみうれへたるに、あはれなるは多」いけれども、「わびしくかなしきを、みやびたりとてねがはむは、人のまことの情《こころ》」ではないという消息である(玉かつま四・七七、全集一巻一四四頁)。ここで、理路の前半は、物のあわれを問題として、とりわけ悲哀の情を焦点化する論脈にもつらなることは措くとしても、宣長が兼好に代表される中世の或る種の美意識にさかしらを見ていたことがわかる。右の引用で最後に挙げられた例についていえば、さかのぼれば寂蓮に帰せられるけれど、直接にはとはいえやはり兼好法師に由来するものであろう。「和歌こそなほをかしきものなれ。あやしのしづ山がつのしわざも、いひ出でつればおもしろく、おそろしき猪《ゐ》のししも、ふす猪の床といへば、やさしくなりぬ」(徒然草・第十四段)。兼好の説きざまでも宣長の論脈でも、「哀れになつかし」いさま、「おもしろく」「やさし」いようすが、ものそのものではなく、むしろ歌の徳から、つまりはすぐれた詞《ことば》の力によって生まれてくる消息に言いおよばれているしだいが注目される。兼好においても、兼好を引く宣長にあっても、物のあわれがことばによって構成されているのだ。ここでは、しかし結論をいそがないこととし、『石上私淑言』の後続する脈絡をまず辿ってみよう。——「人は歌なくてかなはぬことはり也」としるされたあとは、こうつづいていた。引用しておく。

その思ふ事のしげく深きはなにゆへぞといへば、物のあはれをしる故也。事わざしげき物なれば、其事にふるゝごとに、情《こころ》はうごきてしづかならず。うごくとは、あるときは喜《うれ》しくあるときは悲しく、又はらだゝしく、又はよろこばしく、或は楽しくおもしろく、或はおそろしくうれはしく、或はうつくしく愛《》或はにくましく悪《》或はこひしく或はいとはしく、さまぐ〵におもふ事のある是即もののあはれをしる故に動く也。しる故にうごくとは、たとへば、うれしかるべき事にあひて、うれしく思ふは、そのうれしかるべき事の心をわきまへしる故にうれしき也。又かなしかるべき事にあひて、かなしく思ふは、そのかなしかるべきことの心をわきまへしる故にかなしき也。されば事にふれてそのうれしくかなしき事の心をわきまへしるを、物のあはれをしるといふ也。その事の心をしらぬときは、うれしき事もなくかなしき事もなければ、心に思ふ事なし。思ふ事なくては、歌はいでこぬ也。（私淑言〔一二〕、全集二巻九九頁以下）

ここで宣長は、論理的には、「事の心」からはじめて「心に思ふ事」にいたり、ひとの心からさらにことばへ、限定しておけば「歌」の発生にたどり着くすじみちを跡づけているように見える。そのばあい「事」と「情《こころ》」と「詞《ことば》」はとりあえずたがいに独立であって、とりわけことと、こころとことばとを繋ぎあわせるものがこころであるかに見えよう。しかし、そうだろうか。

引用で言われる、「うれしかるべき事にあひて、うれしく思ふ」こと、「かなしかるべき事にあひて、かなしく思ふ」ことについて考えてみる。前者にかんする「うれしかるべき事の心をわきまへしる故にうれしき也」、後者をめぐって語られた「そのかなしかるべきことの心をわきまへしる故に」かなしく思うのだとする説明は、説明になっているだろうか。それは一方でことそのものと、こころとの落差を飛びこえてしまっているようにも見える。宣長の書きようは他方では、たんなる同義反覆であるかにも思われる。悲しいことが悲しく思われ、嬉しいことが嬉しく感じられると語ることでいったいなにがあかされているのだろう。――宣長の説明は、とはいえただのトートロジーではなく、またことところとをひたすら癒着させようとするものでもない。それは、宣長がここで語りだしているのが「事」のすがたについてではなく、「情」のかたちにかんしてでもないからである。宣長が問題にしているのはことばをめぐってなのだ。すこしだけ考えなおしてみよう。

ことのこころとはたとえば春に花がひらくさまがはれやかであり、夏に新芽の芽ばえるようすがみずみずしく、秋に吹く風はすがすがしいばかりか、梅雨の長あめもものおもわせ、冬のつとめては身をひきしめることである。自然と、そのなかで生起し、存在するものごとはすべて、それじたい或るときに嬉しく、べつのときに悲しく、あるいはおもしろく、あるいはまた恐ろしく、また恋しく、場合によれば厭わしい。とはいっても、めぐりきたのどかな春の日ざしに花のひらくさまがはれやかに嬉しく、降りやまない霖《ながめ》が厭わしくものおもわせて、初夏の木々がみずみずしく芽ばえることが、ひとの思いをのびやかにさせるとすれば、それらのすべてが感じられるのは、すでにことばが存在する世界、あらかじめことばによって彩られた自然においてのことではないだろうか。――こころそのものにかんしても、おなじことではないか。じぶんでも摑みがたい思い、言いあらわせば反転してしまうような感情、あるいはことばとなるそのまえに、こころを揺らして過ぎ去ってゆく思いなしといったものもむしろことばのあとに、ことばが「事」と「情」を、世界とこころを浸して、それをかたどったそのあとで生まれてくるものではないのだろうか。

ことばはことそのものに対して、ときにひどく無力なものである。いま目のまえで海中に没してゆく夕日のありようを、刻々と色あいを変える雲のすがた、夕陽をむかえ入れて煌めき浪だつ海のおもてとともに、ことばによって描きとることはできない。ふかい森の木々のあいだを吹きぬける風に揺らめき、いっときもおなじ彩りをとどめることのない、葉のみどりに追いついて、そのざわめく微かな音とともに語りつくす詞など、およそ考えることができるだろうか。――逆に、ことばが登場するまえのことそのものについて考えてみよう。そこでも葉の彩りは、枝のあいまをくぐった陽の光に照りはえて、森はひそやかなけはいとともに沈黙し、波はくりかえし岸によせて、岸からしりぞき、海のおもてが陽光に泡だち、また月光を照りかえす。いっさいはひとの語ることばとはかかわりなく、詞がそれを浸してかたどるさまと離れてなお、悠久のいとなみを繰りかえしてゆくことだろう。

そうだろうか。春にこころを震わせるように花がひらき、初夏に新緑をわたる風がさわやかに木々を揺らし、奥ゆきも見とおせず、響きのすべてを吸いこんで森が沈黙して、石や岩がかたくなに口を閉ざすのも、そのすべてはことばが存在する世界にあってのことではないだろうか。あるいはまた、ことばにはならない思い、それをかたどる詞すら存在しないかに思われる感情といったものを考えてみる。そうした思いや情のかずかずがたしかに存在し、おそらくは無数に存在することについては、疑いを容れない。ことばにはならないそれらの思いは、しかしことばのまえに存在し、ひろがっているものなのだろうか。ひとはかえって、ことばを交わし、ことばにしたしみ、ことばを生きて、その涯てにことばにならない情《こころ》に突きあたり、それでもなおことばを紡ぎあげようとするのではないか。「事」にことばが刻まれて、「情」そのものがことばによってかたどられる。だからこそ、「物のあはれ」を知り、「あはれ」と口にするとき「事」と「心」と「言」とがあいかない、響きあう。ことばの響きはことそのものの揺れさわぐさまであり、言と事とが響きあって、意《こころ》を揺らす。のちに古事記のことばたちを註釈しはじめる、宣長の言いようにことよせて語りなおすとするならば、ここでも「意《こころ》と事《こと》と言《ことば》とは、みな相称《あひかな》へる物」である。そのさまをとらえようとするならば、それでもやはり「言辞《ことば》ぞ主《むね》には有ける」ことをみとめなければならない（伝一、全集九巻六頁参照）。物のあわれを知ることを可能とするのも、こころとことが揺れ、揺らし、感《うご》き動《うご》かされる次元が存在するからである。その次元をことばがかたどっている。「さて歌はその物の哀をしる事の深き中よりいでくるなり」（石上私淑言〔一二〕、全集二巻一〇〇頁）。だからこそ歌のなかでは、「いとたけき猪」も「ふすゐのとことい へは、哀れになつかしき」ものとして立ちあらわれる。あわれは歌の徳、すぐれた詞《ことば》の力によって生まれてくる。物のあわれは、その意味でことばによって構成されている。さきに引いておいたとおりなのである。

　宣長はじっさい、物のあわれを知ることの「大略」をあかしたのちに、まずその原義を万葉にもとめて、「阿波礼」とは「もと歎息の辞《ことば》」であって、「何事にても心に深く思ふ事」（一〇〇頁以下）を指すしだいを確認したのち感嘆詞としての「あはれ」の用例を記紀歌謡に辿り、それらが「みな歎辞」（一〇一頁）である消息を見とどけている。そのうえで、「あはれといふ言《こと》」「あはれといふ」「あはれと見る」「あはれと聞く」「あはれと思ふ」「あはれなり」の用例を網羅的にしらべ上げて、万葉、拾遺、古今、後撰等々の集から証歌をつぎつぎと引いてゆく。詮索のその果てにしるされるところのみを引用しておく。

　さてかくのごとく阿波礼といふ言葉は、さま〴〵いひかたはかはりたれ共、其意はみな同じ事にて、見る物きく事なすわざにふれて、情《こころ》の深く感ずることをいふ也。俗にはたゞ悲哀をのみあはれと心得たれ共、さにあらず。すべてうれし共おかし共たのし共かなし共こひし共、情に感ずる事はみな阿波礼也。されぱおもしろき事おかしき事などをも、あはれといへることおほし。物語文などにも、あはれにおかしう、あはれにうれしうなどとつゞけていへり。（一〇五頁以下）。

物語のなかから引かれるのは「此男人の国より夜ごとにきつゝ、笛をいとおもしろく吹て、声はをかしうてぞ、あはれにうたひける」という一節となる。伊勢・第六十五段の創作で、后に懸想した業平が流された国から夜ごと訪れ、笛を吹いたと伝える条である。ちなみに契沖は註して「笛を吹てうたふは、それとしられんとなるへし」と書き、「さりともと思ふらんこそ悲しけれあるにもあらぬ身をしらすして」、わたしが蔵に押しこめられたのも知らずに、あのひとがなお会えると思っているのも悲しいこと、と詠む歌に「有にもあらぬ身にてあるをもしらて、さりとも猶あはんとおもふらんがかなしきことゝとよめるなり。あはれなる哥也」としるしていた（勢語臆斷・下之上）。宣長はとうぜんこの釈をも読んでいるだろう。

かずかずの歌集を見とおし、多数の証歌を引くという作業は、そもそもなにを意味しているのだろうか。それが一方で宝暦八（一七五八）年の睦月、如月をついやして編まれた『古今選』をめぐる作業を背景とし（本書、四三八頁以下）、他方では古事記に訓をつけ、各所の解をも考えようとしていた、帰郷まもない宣長に芽ばえはじめた関心をも前提としていることは、まちがいがない。その間の消息はいわばこの時期の「物のあはれ」論の形式的な条件である。「物のあはれをしる」ことをめぐる所説の内実をめぐって、ここで確認しておかなければならない事情がほかにある。それは、万葉からはじまり、二十一代集から秀歌をえらび、そこから証歌を採って、語義と用法を劃定するこころみは、けっしてことばの背後にはまわっていない、ということである。あわれということばがさまざまに用いられる場面が、そのことばのはたらきだけが問題である。あるいは、あわれという詞が口をついて出て、ことばが生まれ、歌が生まれでるところのみが問われているのである。

つづく『石上私淑言』上・第十三条がじっさい、「歌のいでくる」さまを問い、問題に答えている。一段のぜんたいを引く。

問云、歌は物のあはれをしるよりいでくる事はうけ給はりぬ。さてその物のあはれに堪ぬときは、いかなる故にて歌のいでくるぞや。

こたへていはく。歌よむは物のあはれにたへぬときのわざ也。物のあはれにたへぬとは、まづ物のあはれなる事にふれても、あはれをしらぬ人は、あはれ共おもはず、あはれとおもはねば歌もいでこず。たとへばおどろ〳〵しう神なりさわげ共、耳しひたる人は、きこえねば、なる共おもはず、なるとおもはねば、おそろし共思はぬがごとし。しかるに、物のあはれをしる人は、あはれなる事にふれては、おもはじとすれ共、あはれとおもはれてやみがたし。耳よく聞人は、おそれじとすれ共おそろしう鳴神を思ふが如し。さてさやうに、せんかたなく物のあはれなる事ふかきときは、さてやみなんとすれども、心のうちにこめては、やみがたくしのびがたし。これを物のあはれにたへぬとはいふ也。さてさやうに堪がたきときは、をのづから其おもひあまる事を、言のはにいひいづる物也。かくのごとくあはれにたへずして、をのづからほころび出ることばは、必長く延《ひき》て文《あや》あるもの也。これがやがて歌也。なげくながむるなどいふも此時の事也。【此事下にいふべし】さてかく詞にあやをなし、声をながく引ていひ出れば、あはれ〳〵とおもひむすぼゝれたる情《こころ》のはるゝ物也。これいはむとせざれども自然にいはるゝ物也。あはれにたへぬときは、いはじとしのべ共をのずから其おもむきのいはるゝもの也。まへに貫之主のいはではえこそあらぬ物なれとよまれたるが如し。さればあはれにたへぬときは、必おぼえず自然と歌はよみいでらるゝ物也。（石上私淑言一〔一三〕、全集二巻一〇八頁以下）

貫之は「あはれてふ言にしるしはなけれどもいはではえこそあらぬ物なれ」と詠った。あわれにしるし、つまり効用はないが、それでも口にのぼせざるをえない（いはではえこそあらぬ）ものなのだ。なぜか。歌が生まれるのは「物のあはれにたへぬとき」である。物のあわれに堪えないと思うさい、また止めようもない思いをそもそもいだくためには、「あはれ」というもののこころを知っていなければならない。もののこころは、しかしことばによって枠どられ、知られている必要がある。音を聞くためには、音が鳴り、響きがつたわり、揺れる大気の波が耳に伝わるだけではなく、聴覚がそなわっている必要もあるのとおなじことだ。「あはれ」が深いときには、「やみなんと」しても「やみがたくしのび」がたい。かくて「をのづから」、あらかじめことばが刻みつけた「あはれ」がさらに「おもひあま」って、引きつづくことばとなって溢れでる。やがて音が長く引かれて、「声をながく」発せられた詞が「ほころび出」て「文《あや》あるもの」となる。これがそのまま歌となるのだ。思いの深さがやがて声の長さとなり、詠みだされることばの深度となる。ことばが思いにさきだち思いに遅れて、「おぼえず自然と」歌となり、歌はことともののとにあらかじめことばによって刻まれた深みと測りあう。「声を長くし、詞にあやをなすことも、たくみて然するにはあらず」。ことと、こころと、ことばの深さから引きだされた声は「をのづから詞にあや有て、長くひかるゝ」ことになるからである。

「かくのごとく物のあはれにたへぬところよりほころび出て、をのづから文《あや》ある辞が、歌の根本にして真の歌也」（同〔一四〕、一〇九頁以下）。――『源氏物語玉の小櫛』二の巻から引用をかさねておく。箇所は本書「外篇」ですでに言いおよんだところとひとしいけれども（二九四頁参照）、まえには略した部分をもつづけて引いておくことにする。

物のあはれをしるといふ事、まづすべてあはれといふはもと、見るものきく物ふるゝ事に、心の感じて出る、歎息《なげき》の声にて、今の俗言《よのことば》にも、あゝといひ、はれといふ是也。たとへば月花を見て感じて、あゝ見ごとな花ぢや、はれよい月かななどいふ。あはれといふは、このあゝとはれとの重なりたる物にて、漢文に嗚呼などあるもじを、あゝとよむもこれ也。古言に、あな又あやなどいへるあも同じ。又はやともはもともいへるはも、かのはれのはと同じ。又後の言に、あつはれといふも、あゝはれと感ずる詞にて、同じこと也。（全集四巻二〇一頁）

あわれとは嘆息であり、深くつかれるため息である。思いがその深奥にうずくまる胸の底から吐きだされる吐息は、わだかまる思いの霧が晴れるまで引きのばされてゆく。「あゝ」「はれ」という声は、息とことばのあわいで生みだされる。ことばが織りこまれた自然と感情のなかには深い思いが刻みこまれており、その思いの深さと測りあうほどの嘆息がいま一度ことばのすがたを身につけ、長くのばされ、詞の彩りをまとって歌となる。もの言わぬ自然、ことばにならない思いと、その深度を測りあう歌となるのである。
そうであるとするならば、右の一節で語りだされているのは、歌の発生であるとともに、言語そのものの起源でもある。同時代の泰西の思想家たちと足なみを揃えでもするように、宣長もまた、有用性を超えでたところに歌の、そして言語それ自体の起源を見とどけようとしているかに見える。ことばのはじまりを問うなら、始原は言語自身であることはできない。そのかぎりで吐きだされる息は声となっても、いまだことばではない。ことばのはじまりが問題であるならば、起源にあるものは言語にかよいあうものでなければならない。その意味では、深く吐かれるため息は、すでに嘆きのことばにつながる思いの深さをはらんでいる。かくてことばはまず、嘆息とわかちがたい歌として生まれてゆく。

歌とは「物のあはれにたへぬとき」詠みだされて、その長く延ばされた声によって「をのづから心をのぶる」ものであった。しかし、そればかりではない。歌は「よみいでてをのづから心をのぶるのみ」のものではない。あわれが深いときには、ただ言いのべ、声を詠いのばすだけではこと足らず、「猶心ゆかずあきたらねば、人にきかせてなぐさむ物也」。みずからあわれと思うばかりか、「人のこれを聞てあはれと思ふとき」に、さらにこころが晴ればれとすることだろう（石上私淑言〔一四〕、全集二巻一一二頁）。――ことの消息がふたつのことがらを帰結する。ひとつは、そうであるなら「人のきゝて感《あはれ》とおもふことが緊要」となって、ますます「ことばを文《あや》なして」歌うことが必要となるということだ。「おかしくあはれに」詠いだすために、かくしてたとえば枕詞が発生する。「妻といはむとては、まづ若草のといひ、夜といはむとては、ぬば玉のとうち出るたぐひなどみな、詞を文《あや》にして調をほどよくとゝのへむため」である。もうひとつは、歌がやがて物語ともなることである。うたい、語るだけでは十分ではない。ひとはかくて物語ることをはじめ、物語を聞くことをもとめる。物のあわれを知ることをめぐる考察は、かくてまた物語へと引きつがれてゆく。

二十七

宣長は『あしわけ小舟』を筐底に秘めて公開せず、のちにこれを書きあらためて『石上私淑言』と題する歌論をのこした。この歌学書もしかし刊本となることがなく、全三巻のうち巻二までが上木されたのも宣長死後、文化十三（一八一六）年になってからのことである。

歌論にややさきだって稿がすすめられていた、源氏物語論『紫文要領』は後日その一部が利用され、また補綴されて、源氏をめぐる註解書として上梓される。前節で引いた『玉の小櫛』が、それである。その間の経緯をめぐっては、夙に「外篇」でもひとたび言いおよんだところである（本書、二九四頁）。

いったんつづらの底ふかく隠されながらいくどか改訂の筆もくわえられたとおぼしい『要領』には、中世期以降あまた世に問われてきた註解書に準じて、「大意之事」と題する一節がある。若き宣長はその箇所を、「この物語の大意《おほむね》、古来の諸抄にさまぐ〱の説あれども、式部が本意にかなひがたし。およそこの物語を論ずるに、異国の儒仏の書をもてかれこれいふは当らぬことなり」と書きはじめている（紫文要領・上、全集四巻一五頁以下、古典集成本四〇頁）。『要領』は宣言している。「大よそこの物語五十四帖は、物のあはれをしるといふ一言にて尽きぬべし」（同、全集本五七頁、集成本一二四頁以下）。

本居宣長は『要領』中でも契沖に言及して、その註釈をたかく評価し、「ひとたびこの人の説を観る時は、近代のあさはかなる妄説どもはとるにもたらぬことなり」とまで書いている（全集本一四頁、集成本三七頁）。契沖もまた「諸抄に此物語の大意をいへる中に用ある事あり。不用なるもあり。法花に准らへ、史記左伝なとになすらへたるよしなと、たとひ下心さる事ありとも、仮名にかける物に似合す。すてに作者のみつからきらへる事なれは、用ある事をのみ用へし」と注意していた（源註拾遺・大意）。契沖の書にふれて心うごかされ、先行する諸抄諸注に抗して、一篇の趣旨は物のあわれをしるとの一語に尽きる、と宣言したその立場が、どれほど清新なものでありえたかを知るためには抄、注なるもののありかたを窺っておく必要がある。

北村季吟の『湖月抄』は元禄期を中心とする近世初期の代表的な註解で、本文全体の活刻をふくんでいるとともに、テクストに頭注と傍注をくわえており、その簡便さによって幕末までひろく読まれた。宣長自身が当の刊本を利用していて、『紫文要領』の章だてはこの抄のそれにならうものともなっている。やはり先行する抄、注が踏まえられた季吟の「大意」は明星抄を引きつつ「此物語一部の大意、面には好色妖艶を以て建立せりといへども作者の本意人をして仁義五常の道に引いれ、終には中道実相の妙理を悟らしめて、出世の善根を成就すべしとなり」とはじまる。やや置いて、「爰に不審をかくる人あり、此物語はこと〴〵く好色淫乱の風也。何とて仁義五常を備ふべき哉」と問いがある、その回答にあたる部分を見ておこう。

是道をしらざる人の一隅の管見なり。四書五経とて仁義五常を旨とする書に、殊に淫乱の悪逆をしるせり。是上に申ごとく悪をばこらさんの義也。尚書に朝に渡る者の脛を切、比干といひし賢人の胸をさかれし事あり。むかしもかかる事ありとて手本にすべきに非ず。毛詩又淫風をしるし戒とす。世々の史漢亦暴虐をしるせり。是後人の戒なり。経教の中にも提婆が五逆、又仁王経に九百九十九王のくびをきらんとせし事、又阿闍世太子の父王を籠者し、母を害せんとせし事も、末世の群生を戒めんため也。此物語も好色淫風の事をのせて、此風のいましめとす。さればこそ世の翫物とはなれりけれ。凡四書五経は人の耳に遠くして仁義の道に入がたし。況や女房ごときのために其徳益なし。さればまづ人の耳にちかく又人の好ところの淫風を書顕して、善道の媒として中庸の道に引入、終には中道実相の悟におとし入べき方便の権数也。

中世期の代表的な註釈本で、宣長も「至宝」と呼ぶ四辻善成『河海抄』は、はじめに「料簡」とする章を置いて、水鏡を引きながら「凡物語の中の人のふるまひを見るに高き賤しきにしたがひ男女につけても人の心をさとらしめことのおもむきを教へずと云事なし」としるしていた。この註釈は、『湖月抄』でもおそらくその内容が肯定的に引かれている見解をふくむ箇所のひとつに当たるものだろう。

元禄十六（一七〇三）年に成った安藤爲章の『紫女七論』は、近世にあらわれたはじめての本格的な研究論文といってもよく、とりわけ紫式部日記をも参照しながら、作者、式部の生没年や、物語の執筆時期などをめぐって考証をくりひろげたことによって知られている。爲章は源氏物語にかんして契沖と議論を交わしたといわれ、一篇については宣長の書写本が遺されている。『七論』は「其四 文章無双」中で源氏の文体を評して「まことにやまとふみの上なき物」と評価するいっぽうで、一篇の「本意」はやはり「勧善懲悪」にあると見て、「此本意をしらすして誨淫の書とのみ見るともからは無下の事なり。また詞花言葉をのみもてあそふ人は剱の利鈍をいはすしてたゝ柄室《さや》のかさりを論するかことし」（其五 作者本意）と注していた。ついでに言えば「可翫詞花詞」と云ったのは、もちろん定家である。

さいきん源氏物語の享受史をあらためて問題とした坂東洋介に倣っていえば、源氏の受容の歴史には相反するふたつの方向がみとめられる。ひとつは物語を生きる態度であり、もうひとつにはそれを反省的にとらえるかまえにほかならない。鎌倉時代にさかのぼるなら、前者としては菅原孝標女をあげ、後者を源親行に代表させることもできる。ようやくのこと源氏全帖を手にして「昼は日ぐらし、夜は目の覚めたるかぎり、灯を近くともして」(更級日記)読みふけった受領のむすめの傍らにはまた、源氏がつくり出されたこと自体を「この世一つならずめづらか」(無名草子)なことと感じ、前世の因縁にすら思いを馳せて、紫式部は石山寺の観音の加護をうけて物語を綴ったと考えながら、登場人物たちの人物評に興じた読者の群れが存在していたことだろう。他方にはいわゆる河内本を集成しながら、紫式部の本意をもとめ、「此の物語の志趣、上にはその根を和漢の才智に開き、内にはその花を諷諫の詞林に結ぶ」とみなして、顕教密教の極意を読みこんで、「よく此を読み得たらむ人は、などか悟道得脱せざらむ」(原中最秘抄)としるした知識人がいたわけである。くだんの構図はそして、近世にいたるまで持ちこされてゆく。

本居宣長の源氏論が劃期的なものであるとすれば、それは宣長が物語を生き、しかもそれをとらえたことに由来する。あるいは先行する抄や注のどれとくらべても源氏を精確にとらえながら、同時に物語を生きる姿勢を手ばなさなかったことに起因することだろう。そのかまえは、一方ですでにたとえば『紫文要領』の総論にあって源氏をめぐるいわゆる「準拠説」を斥ける身ぶりと、他方では物語の年紀《としだて》を劃定しようとする手ぎわとを、微妙に両立させるはこびのうちにみとめられなければならない。

準拠説、つまり物語の時代をもとめ、人物たちの原型をさがして、「準拠《なずらへ》」の基を詮索する議論は、物語の享受の歴史とともに古いものだろう。ここでは影響力のあった代表的な例にかぎれば、たとえば『河海抄』は巻冒頭に「いづれの御時にか」としるされてあるのを「延喜の御時といはんとておぼめきたる也」といい、「女御更衣あまたさぶらひ給けるなかに」を註するなかで、醍醐天皇の後宮に居ならんだ女性たちを数えていた。『湖月抄』では、時代が「醍醐 朱雀 村上 の三代に准」じており、光源氏は西ノ宮左大臣（源高明）といったように「如レ此相当する也」と説かれている。

宣長によると「大方準拠のことは、物語のあらゆることを一々考へて、みなそれぞれになぞらへ当てんとするはわろし。ただ大やうにすこしづつのことをより所にして、事のさまを変へて書けることもあり」。人物の原型もひとりとはかぎらず、挿話も和漢の典籍にもとづきながら部分的に採られることもあって、「確かに定まれること」はなく、およそ「緊要のこと」ではない（紫文要領・上、全集本九頁、集成本二六頁）。ただし、案件にふれて、宣長の熱の入らない書きようは、季吟のそれともむしろ近しいところがある。『湖月抄』も、たとえば桐壺帝が延喜の影を帯びているとはいっても「大綱は其人の面影あれども行迹においてはあながちにことごとくかれを摸する事なし」ともしるしていたからである。

たほう本居宣長が源氏五十四帖各巻の年代設定をあきらかにして、登場人物がそれぞれの事件に際会するときどきの年齢を確定しようとする場面では、その年紀を詮索するこころみは、やや面妖な情熱に駆られているとすら見えて、宣長が手稿を書きつづる筆は奇妙な熱を帯びている。『要領』とならび、後年の『小櫛』執筆の材料のひとつともなった『源氏物語年紀考』から、紫上にかかわる一節を、全集版のテクストに整理をくわえながら引用しておく。

若紫巻に十はかりと見え、紅葉賀巻正月の詞に、十にあまり給ふよし見ゆ。葵巻に、始て源氏君と新枕かはし給へるは、十四の歳也。玉葛巻に廿七八歳と見えたり。（中略）さて若菜下巻の末の年卅七歳とあるは、此詞年紀違へり。諸抄の説によれは、此時四十歳にあたりて、三年の相違也。今定むる年立によれは、此時卅九歳にあたりて、二年の相違也。これによりてつら〳〵按するに、九と七とは文字の形もやゝ似たれは、もしは卅九を卅七とうつし誤て、卅七とかきつたへたる事もあるへきにや。されとも今つたはる諸本、みな卅七と有、先達の本共も、卅七也と見えたり。なほいふかしき也。かようの事は、今の人ならは心をつけてよく〳〵かんかへ合せてかくへけれと、むかしは理にそこなひなき事は、大かたにして、紫式部も只大方にかんかへて深くたゞさで、何心なくかける物なるへし。それをとかくいひくろめて、しひて紫式部をたすけんとするは、返て式部か本意にあらさるへし。是等はたゝ相違と見るへし。薫を匂宮に二三年の兄といへるも、此例と聞えたり。（全集四巻一五四頁以下）

一篇の冒頭で宣長は「おほよそ此物語において、源氏君をはしめ人々の年齢《としよはい》のこと、さのみ深く沙汰せすとも有ぬへき事なれとも、古来先達の諸抄に、こまかに其さたせられたることなれは、又おのれもこれを考へてしるす也」とも書いていた。とはいえ、右にも挙がっている薫をめぐっては、年立の不審をさまざまに書きつらねているけれども、とりわけ物語の進行にもかかわりのふかい、薫の昇進の時期が気になっていたもようである。あらあら引いておけばこうである。「まづ薫の昇進を考るに、匂宮巻云、十四にて二月に侍従になり給ふ。秋右近中将になりて云々、同巻云、十九になり給ふ年、三位の宰相にて、猶中将もはなれ給はす。

椎本巻に云、宰相中将、其秋中納言になり給ふ云々」。これは、紅梅、橋姫の巻とも符合する。ただし竹川巻と引きあわせると齟齬があるかに見える。同巻では十四、五歳から三年へても「なほ侍従とのみ有て、中将の沙汰」はなく、数年後に宰相中将としるされているからである。これはしかしじつは矛盾ではなく、ときに元の官位で呼ぶことに物語上さしつかえはない。たんに「匂宮の巻の昇進と、竹川巻の詞とを、しひて引合せて、相かなへんとし給ふ故に、さま〳〵の牽強の説出来」るだけのことである云々（同前、一四七頁）。

準拠の説を採らないことと年紀の確定に熱中することとは、じつはおなじ鋳貨の両面であるように思われる。準拠を斥けるのは、物語世界の自律をみとめることとひとしい。年立そのほかの細部に目を凝らすことは、自立した物語の襞に分けいって、その整合性をもとめることで、完結したその世界をさらに輪郭づけ、整理して、現実世界とならび立つほどの強固な骨ぐみを与えなおそうとすることにほかならない。もとよりの動機は研究者というよりは愛読者のそれであるだろうが、ここでは愛読者であることが研究者となることを阻害せず、むしろ前者が後者の条件ともなっている。――よく知られているとおり、小林秀雄は『要領』中でこまかに註釈されている、源氏の君と玉鬘との物語問答に着目して、「玉鬘は、「紫式部の思へる心ばへ」のうちにしか生きてはゐないのだし、この愛読者の、物語への全幅の信頼が、明瞭に意識化されゝば、そのまゝ直ちに宣長の言葉に変ずるであらう」と書いていた（『本居宣長』一七四頁）。小林は「「源氏」による彼の開眼は、彼が「源氏」の研究者であつたといふ事よりも、先づ「源氏」の愛読者であつたといふ、単純と言へば単純な事実の深さ」（同、一八〇頁）に目を注いでいたのである。ことのしだいには、たしかに簡単に通りすぎることのできない消息がかかわっている。ことがらは、源氏読解と古事記註釈を宣長の内部でつないでゆく環のひとつともなるからだ。

のちに立ちいるように、古事記の記述の年代劃定の問題をめぐる宣長の立場は、暦年にこだわる日本書紀のさかしらを批判する態度という面では一貫しているものの、その具体的な細部にあって微妙な振幅を示している。通りすがりのようなかたちであったとはいえ、さきに一旦はふれ（本書、三九三頁）、後論でも見てゆくところであるとおり、一方で宣長は、古事記に登場する地名の数々にはひとかたならぬ興味をあらわにしていた。他方では古事《ふること》をつたえる時間軸に『古事記傳』は本質的な関心を懐いておらず、その件は古事記という一書の性格にも対応していることだろう。たほう、たとえば神話的な初代の天皇が歿した年代の前後にかんして、書紀に並行する記事にことよせて宣長はやや立ちいった興味を示している。

第二代の綏靖《すいぜい》天皇をめぐって古事記のしるすところは、ひどく簡略である。神沼河耳《かむぬなかはみみ》の命は葛城の高岡の宮をひらいて「天下治《あめのしたしろしめ》」し、妻を娶って生んだ子が次代の安寧天皇、四十五歳で黄泉におもむいたその陵が衝田の岡にあるむねが書きとめられているだけである。この記述に『古事記傳』は註して書いている。

書紀綏靖巻《ノ》に、元年春正月壬申朔己卯、神渟名川耳尊《ノ》即㆓天皇位㆒、是年也大歳庚辰とあれば、大御父天皇崩《リ》坐て、三年過て後に、御位には即《つき》坐ししなり。【神武天皇《ノ》元年を辛酉とあれば、崩の年は七十六年とあれば、丙子に当れり。さて丁丑戊寅己卯と三年過て庚辰なり。】凡て上代《ツ》の事は、年紀《としだて》は必しも拘《かか》はり難けれども、此《ノ》御代の初《メ》を、三年の後としも定められたるは、拠《よりどころ》ありけむ。【其所以《ゆゑ》は今知《ル》べき由なけれども、つらつら思ふに、】神日本磐余彦《ノ》天皇崩、時《ニ》神渟名川耳尊《ノ》孝性純深悲慕無已《ひとへにみおやをしぬびますみこころふかくてえわすれまさず》（中略）云々、とあるを以見れば、手研耳《ノ》命の禍害《まがこと》を構へ賜ひしに因て、大御葬《おほみはぶり》すら、四年になるまで【子《ノ》年より卯《ノ》年まで四年なり。然るに崩の明年秋九月《ニ》葬と上にあるは、此《ここ》の文と違へり。】延緩《のび》つるほどなりしかば、其《ノ》間は、天皇は何《いづれ》の皇子《みこ》とも、未定《ダマリ》坐《サ》ずてありけむを、手研《たぎし》耳命《みみのみこと》を殺し給《ヒ》て、世間《よのなか》静まり、さて神八井《かんやい》耳命《みみのみこと》の譲《リ》坐るに因てぞ、始《メ》て御位は定まりつらむ。【或人、此《ノ》即位の遅かりしは、三年の御喪を竟《をへ》賜ひてなりといふは、例の漢意の儒意なり。皇国にそのかみ三年《ノ》喪など云ことのあるべきかは。】（伝二十、全集十巻四五二頁以下）

今日の目から見れば神話上の天皇の、即位の事情にかんして揣摩《しま》をめぐらし、その年立についても指おり数えながらあれこれと詮索をくわえているさまが想像されるうえに、奇妙なところで「漢意」と「儒意」への批判が顔を出しているしだいが見てとられるところもおもしろい。私たちにとってはいずれ捨てておいても差しつかえのない細部でも、宣長にあっては重大事であり、それは古事記という物語を一貫して読みとこうとする『傳』のかまえと緊密にむすびあっているのだ。テクストの前後をさまざまに対照しながら、物語の緯糸経糸をつなぎ合わせ、内証と外証を折りかさねながらことの経緯を辿ってゆくかまえには、源氏にかんしても古事記をめぐっても、宣長に姿勢の変化は見られない。源氏物語についてなら、それは物語《イストワール》のはこびへの純粋な興味にもとづき、古事記においては、宣長にとっての歴史《イストワール》そのものへの関心が駆動しているともいったんは語ることができるだろうが、源氏の世界にもぐり込んでその年紀を決しようとするこころみと、記紀が物語るところに徹底して内在しながら、その年代を見きわめようとするくわだてとのあいだに、宣長そのひとにとってさして大きな距離が開いていたとは思われない。『紫文要領』や『源氏物語年紀考』、それに『玉の小櫛』にいたるまでのみちのりと、『古事記傳』を綴りつづけるみちゆきは、宣長にあってひとすじでつづいていたと見るほうが、むしろ肯綮に中たっているのではないだろうか。源氏物語についても古事記にかんしても、本居宣長は物語の細部をとらえることで、その全体を生きていたのだろう。

源氏物語の大意を説いて宣長が、一篇の趣旨については「古来の諸抄にさまぐ〳〵の説」はあるけれども、それらはおしなべて紫式部の「本意にかなひがた」く、またそもそも「この物語を論ずるに、異国の儒仏の書をもてかれこれいふは当らぬことなり」と主張しているしだいについてはすでにふれておいた。この国では竹取以来、名のみつたわる作品もふくめて多くの物語があって、それらは総じて昔ばなしと称することもできる。源氏物語がその題号を負い、「いづれの御時にか」と書きだされているのもそのゆえであり、物語とはほとんどこの国に特異な文学様式（「一体の書」）であって、（註）およそ儒教、仏教の経典とは「全体たぐひの異なるもの」なのだ。そう説いたあとで、『紫文要領』はしるしている。引用しておく。

（註）この件は、本居宣長の僻見ではなく、漢文学とくらべてもひととおりは承認されるところであると思われる。たとえば吉川幸次郎は今昔物語の一節を引いて、「この物語が老漢学書生の私に衝撃であること、若い漢学書生の宣長に対しても同様であったかという予想を生むほどであるのは、同様の文字あるいは文学に、漢籍の中で遭遇した思い出が、困難だからである」と書いていた。ちいさな事件をめぐる細部の描写、すみかのありよう、おんなたちの香り、そのときめき、さまざまな漣の記述が「うつくしくつらなって、高貴な色気を、細微にただよわせ、起伏」にとみ、全体に独特な「かぐわしさ」が漂う。吉川によれば「唐代の「伝奇」にも見られない、この国の物語の特質である（『本居宣長』一五三〜一五五頁）。丸谷才一がべつの視点から、「古来、中国文学で恋愛が軽んじられる」ことを指摘し、「儒教の伝統のせいで中国文学は恋愛嫌ひなのだ」と書いているのも、この間の消息と符合する（『恋と日本文学と本居宣長』一三頁）。

さてその物語といふものは、いかなることを書きて、何のために見るものぞといふに、世にありとあるよき事あしき事、めつらしき事おもしろきこと、おかしき事あはれなることのさまぐ〳〵を、しとけなく女もしにかきて、その絵をもかきましへなとして、つれ〳〵のなくさめによみ、又は心のむすほゝれて物思はしきをりのまぎらはしなとにするもの也。その中に歌のおほき事は国の風にして、歌は思ふころをのふるものなれは、これによりてその事の心も深く聞え、今一きは哀れとみゆるものなれは也。さていつれの物語にも、男女のなからひの事のみおほきは、歌の集共に恋の歌のおほきとおなしことにて、人の情の深くかゝること、恋にまさるはなき故也。【此事は猶別にくはしくいへり。奥にいふを、かむかふへし。】（全集本一六頁、集成本四〇頁以下）

べつのところで「くはしく」ふれたとあるのは、『あしわけ小舟』のいくつかの箇所を指していよう。じっさい右に引いた一文で説くところは、なお若い宣長がさきだち、またほぼ並行して、その歌論で歌をめぐり説いたところとひとしい。あとで論じる（「奥にいふ」）とあるのは『要領』巻下の冒頭に言いおよぶもので、そこには「人の情のふかく感する事、好色にまさるはなし。されば其筋につきては、人の心ふかく感じて、物のあはれをしる事何よりもまされり」とある。つづけて宣長は、歌にもまた神代以来いまにいたるまで恋の歌ばかりが多く、そのうえ秀歌もまた恋の歌に多いといい、かくてみずからの歌論の所説をうけて、「物語は物のあはれをかきあつめて、見る人に物のあはれをしらするものなれは、此好色のすぢならでは、人の情のふかくこまやかなる有さま、物のあはれのしのひかたく、ねんころなる所の味はかきいだしがたし」との主張をかさねる（全集本六五頁、集成本一四一頁以下）。

伊勢をあらためて引くまでもなく、いわゆる歌物語と、固有の意味での物語のあいだに境界を引くことはできない。源氏物語全五十四帖も一大長編であるとともに、短篇を積みかさねた歌物語の集成である。ここで注目しておくべきことは、しかしべつにある。見ておいたように、宣長にとって歌とは有用性の地平とはべつの秩序にしたがうものだった。物語をしいて有用なものの鎖の内部で位置づけるならば、それは「つれ〳〵のなくさみ」のためにある、ということになるだろう。『要領』巻上が蓬生の巻を披いて「はかなきふる歌物語なとやうの御すさひ事にてこそ、つれ〳〵をもまきらはし」という一節を引いているとおりである。とはいえおなじく胡蝶の帖を引いて言われているように、物語にはまた「やう〳〵人のありさま、よの中のあるやうをみし」るという功徳もあるだろう。ちなみに、匂宮が正妻をむかえると聞いて、嫉妬にかられた中君が、昔物語を読んだときにはただ「あやしう聞思ひし」感情が「わかみになしてそ」深く納得される、と述懐する寄木の一節に言いおよんで、宣長は「宇治の中君の、今わか御身にて、物語にある事を思ひしり給ふとなり」と註しているけれども、これはむしろ、かつて読みふけった物語に書きしるされた、こころの動きとその肌理が思いだされて、みずからが「嫉妬のすちによりて、物思ひのある事」に思いいたった一節と読むべきであろう。架空の物語が、現実の体験の意味をあかす鋳型となっているのだ（本書、四五〇頁参照）。

西洋の例を引いておくなら、恋する若いむすめは、じぶんの体験をイゾルデやジュリエットへと感情移入するのではなく、ロマンの主人公の感情をみずからのちいさな体験のなかに移しいれ、悩みをかかえた若いおとこは、みずからの苦悩にもとづいてヴェルテルの悩みを理解するのではなく、むしろゲーテの小説から学びしった苦しみのかたちからじぶんの煩悶のありかを類推するのとひとしい（シェーラー）。——これは、ただの附会ではない。以下に言及することになる螢の巻では、玉鬘が、現在では散逸した古住吉物語の一節を想起することで、じぶんの境遇に思いを馳せる。宣長が註して「住吉物語をよみて、わがみのうへに有し事を思ひあたる也」と書いているとおりである。

ともあれしかし効用は、ほんとうは物語の功徳ではない。「つれ〳〵のなくさみ」という言いとりようが、歌も物語もじつは有用性の秩序からは逸脱していることを告げている。さきほど小林を引いた箇所でもふれかけたとおり、源氏の君と玉鬘との物語問答こそがやはり紫式部そのひとの物語論であって、とうぜん宣長もその件を見のがしていない。「中にも、紫式部か此物語の本意は、まさしく螢巻にかきあらはせり」。小林が引いて強調していたように、「それも、たしかにさとはいはすして、たゝ例の古物語の事にして、源氏君の玉葛君に語り給ふ中に、をのか下心をしらせ」ているのだ（全集本一九頁、集成本四七頁）。

いつもの年にもまして五月の長雨がつづき、「晴るる方なくつれ〴〵なれば」、源氏のやしきに住まう女性たちはそれぞれに「物語などのすさびにて明かし暮らし」ている。源氏は玉鬘の部屋にもあれこれと絵物語が取りちらかされているのに目をとめて、苦笑まじりに声をかけた。螢の巻から、源氏本文を引く。

（源氏）あなむつかし。女こそものうるさがらず、人に欺かれむと生《む》まれたるものなれ。こゝらの中にまことはいと少なからむを、かつ知る〳〵、かゝるすゞろごとに心を移し、はかられたまひて、暑かはしき五月雨《さみだれ》の、髪の乱るゝも知らで書きたまふよとて、笑いたまふものから、また、（源氏）かゝる世の古事《ふるごと》ならでは、げに何をか紛るゝことなきつれ〴〵を慰めまし。さてもこのいつはりどもの中に、げにさもあらむとあはれを見せ、つき〴〵しくつゞけたる、はた、はかなしごとと知りながら、いたづらに心動き、らうたげなる姫君のもの思へる見るにかた心つくかし。またいとあるまじきことかなとみる〳〵、おどろ〳〵しくとりなしけるが目おどろきて、静かにまた聞くたびぞ、憎けれどふとをかしきふしあらはなるなどもあるべし。このごろ幼き人の、女房などに時々読まするを立ち聞けば、ものよく言ふ者の世にあるべきかな。そらごとをよくし馴れたる口つきよりぞ言ひ出だすらむとおぼゆれどさしもあらじやとのたまへば、（玉鬘）げにいつはり馴れたる人や、さま〴〵にもさも酌みはべらむ。たゞいとまことのこととこそ思うたまへられけれとて、硯を押しやりたまへば、（源氏）こちなくも聞こえおとしてけるかな。神代《かみよ》より世にあることを記しおきけるななり。日本紀などはたゞかたそばぞかし。これらにこそ道々しくくはしきことはあらめとて笑ひたまふ。

女性にも困ったものだ、わざわざひとに騙されようというのだからね。多くの物語中には「まことはいと少なからむ」と知りながら、よく物語など読み、写すものだ。明石の姫君に女房たちが読みきかせなどしているのを立ちぎきすると、口さきが上手な者もいるものだと感心はしますがね。源氏の悪態に玉鬘は機嫌をそこね、物語を写す筆をひたしていた硯を押しやり、向きなおって、嘘つきなら、いろいろ邪推もするのでしょうけど、と反論する。源氏はさらに笑いをふくんで、いやとんだ悪口を言ってしまった、神世このかたのできごとを書きとめたのが物語というものなのでしょう、その委細にわたり、ためになることからいえば日本書紀などおよびもつかないでしょうね、と玉鬘を宥めるといった大意である。――ちなみに「いつはり馴れたる人」という玉鬘のことばを源氏への当てこすりとも取るのは、宣長にいわせると誤釈である。「源氏の事ならは、さもくみ給ふらんと有へきを、侍らんとあれば、是はたゝすへての人の事にていへる也」（要領・上、全集本二三頁、集成本五六頁）。対話の相手を諷したものと取るのは『湖月抄』であるけれども、直截法の回避と考えれば、なおなりたつ解であると集成本の頭注にある。いずれにせよ、宣長の釈の肌理こまかなところではある。

阿部秋生このかた注意されているように、螢巻の物語論は「草子地」ではなく、会話文にふくまれているかぎり、そこに作者の真意を読みとるさいには慎重となる必要があるかもしれない（大久保正『江戸時代の国学』二二七頁）。問題の箇所の読みなおしは小林の一書にまかせて、ここでは一点にかぎって注意しておくなら、「ただいとまことのこととこそ思うたまへられけれ」、わたしにはどうしても本当のこととしか思われません、とする玉鬘のひとことは、すくなくとも物語の全体を生きようとした本居のこころもちを代弁するものではあったろうし、物語についてその細部をとらえようとする宣長の作業の背後にありつづけた情熱とかよい合うものだったろう。もういちど繰りかえしておけば、その間の消息については、本居宣長にあって源氏物語評釈と古事記註解とのあいだを距てるものは存在しなかったように思われる。

玉鬘のことばに註して宣長が引く「君子はあさむくへし」とする言につき、集成本の頭注には典拠未詳とある。小林は論語雍也篇の「君子欺ク可キ也、罔ス可カラザル也」を引く（前掲書、一三五頁）。井戸に落ちた者があると聞けば、仁者は騙されて飛びだすだろう、ただ井戸には落ちないだけだというのが孔子の考であった。宣長のことばをつづける。「心のすなをなる人は、偽をも真と思ふもの也。人の言を偽とのみ思ふは邪智なり。ことに源氏物語を見ん人、これはみな空言ぞと思ひて見るときは、感する事浅く、哀もふかゝらす。されはみなまことのことと思ひて見よといふ心も有へし」（全集本二四頁、集成本五七頁）。のちに宣長は古事記をめぐっても「言を偽とのみ思ふは邪智」であり、さかしらであると語るようになるだろう。

二十八

安永八（一七七九）年前後、古事記の註解はなお、そのみちのりの半ばにも達していない。諸家の考証によると、本居宣長はそのころ『古事記傳』の執筆の手をいったんは休めているふしがある。宣長はこの時期に源氏物語をめぐるみずからの仕事をまとめようとしていたものと推測される。自宅での講釈や会読をべつとして、夙に仕事の中心を中古から上代へと移してひさしい国学者は、五十歳の敷居を跨ごうとして、当時の感覚としては一生の仕事の整理に手をつけるのに早すぎるとは言いがたい時節をむかえていた。ひとたびは思いたったもくろみはしかしただちには成就せず、宣長がふたたび源氏へと向きなおって『源氏物語玉の小櫛』が成ったのは寛政八（一七九六）年のこと、よわい耳順を疾うに越え、すでに古稀の閾すら目のまえにある。全九巻からなるこの源氏評論と註釈は、『紫文要領』と『源氏物語年紀考』を下じきにして、註解としては若紫の帖までは周到な解をふくむけれども、末摘花以降はときにきわめて簡略な釈にとどまった。六の巻の末尾にじっさい宣長は「上件《ノリ》五巻は、思ひとりたる事ども、をさ〳〵のこさず、しるしいでつるを、次々なほそこらの巻々、末いと長きを、事しげき身には、えたへずなん有ければ、しばしこゝにとぢめてむとす」（全集四巻三九六頁）としるし、いったんは中絶も考えたようである。寛政四（一七九二）年の閏二月には

『古事記傳』の第二帙が開板され、おなじころ巻三十二が起稿されている。同年には加賀藩からの招きを断ったいっぽう、極月に紀伊藩の扶持を受けるなど公的に事おおく、前後には門弟の慫慂おさえがたさに名古屋と京都に旅行をかさね、私的な面でも多端であった。著書についてみても、寛政五年には『玉かつま』の執筆がはじまり、六年にはいちど引いた（本書、四三〇頁）、『古今集遠鏡』が成稿している。

六の巻の末尾に一度は「我身七十ちかくになりて、いとゞけふあすもしら」ず、たほう「むねと物する、古事記のちうさく《（注釈）》などはた、いまだえ物しをへざる」ところでもあるので、いったん擱筆すると書きおいた宣長は、とはいえやはり「いと〳〵くちをしく、いふかひなきわざ」との思いをとどめがたく、ほどもなくふたたび七の巻以降の筆を執った。ただし、その冒頭には、以下の稿が「としごろ考へ出つる事どものあるところ〴〵、こゝかしこと、書つけおきつるかぎりを」書きつなぐものであると注がしるされている（全集四巻三九七頁）。それでも註釈にはいくつかおもしろい点がある。ちいさなところだけひとつ、ふたつ拾っておきたい。

須磨の巻に描かれている源氏は流滴の身をかこって、夜にはときに「涙落つともおぼえぬに枕浮くばかりに」なり、つれづれに琴を手にとって鳴らしてみても「我ながらいとすごう聞こ」えるほどであった。そのような折ふし、大弐（大宰府次官）のむすめ五節の君は、かつて源氏の恋人であったが、たまさか帰京する船中で「琴《きん》の声」を耳にする。「風につきて遥かに聞こゆるに」、須磨のものさびたようす、引きくらべて、源氏の身分の高さ、くわえて「物の音《ね》の心細さ」がいちどきに胸にせまって、五節の君のみならず「心あるかぎりみな」涙した。——古事記の註釈を書きすすめる筆をやすめて宣長は書いている。引用しておく。

琴の音は、いとかすかなる物なるに、五節がのれる船まで聞えたることいかゞと、疑ふ人あるは、古《へ》の上手のきんの音のやうをしらざる也。いとかすかなるやうなれども、上手のひくには、思ひの外に、遠きところまで、よく聞えし也。今の世、琴《きん》の伝へ絶たるを、近きほど、もろこしの国の後世《ノ》の琴をひく人、まれ〳〵に有て、みづからは心をやりて、上手と思ふめるもあれど、そはわづかにひくといふばかりにこそあらめ、さらに古《へ》の上手の足もとにもよるべからねば、さるともがらの、とかくいにしへをうたがふは、あじきなきわざ也。（小櫛・七、全集四巻四一二頁）

古事記に登場する「天 詔琴《あめノのりこと》」をめぐる註釈から先に引いたところが思いおこされる（本書、四五三頁以下）。中国から「此類《ノ》の楽器くさ〴〵渡《リ》まうで来て」、この国にもとからある琴は「倭琴《やまとごと》」と呼ばれるようになり、しかしこの倭琴も後世では「弾法《ひくすべ》知《ル》人は絶てなく」、やがては「遂には絶《たゆ》る」にいたったしだいを、『傳』は嘆いていた。紫式部の時代に一般的であった琴の弾きかた、その音の響きようにしても、宣長にとくだんの知識があったわけではなく、まして耳にする機会にめぐまれたはずもない。それでも物語に登場する逸話にひとつひとつ異をたてて、疑いをあらわすひとびとに対して、この老人が苛立ちを隠していないところが、『古事記傳』のいくつかの箇所と考えあわせ興味ぶかい。のちに見るように、たとえばその落とす影が遥かとおい地までおよんだとする「一高樹」の伝承――伐りたおされたその一部はのちに琴になったという――をたんなる伝説とみなす者たちに対し、宣長はほとんどむきになって反論している（本書、七二九頁以下参照）。古事記を註する宣長の姿勢にかかわることで、たんなる老いの惑いとばかりは言いきれまい。

またおもしろいのは、一見したところこれとは相反するかに見える註解もみられることである。いま言いおよんだ須磨の巻にも、「涙落つともおぼえぬに枕浮くばかりに」なったという一文が見られたけれども、同系統の表現を、浮舟の帖を註する宣長が問題としている。薫と匂宮とのあいだにそのはかない身をはさまれて、浮舟はすでに自死をも覚悟している。そんな折もおり、匂宮からは「いづくにか身をば捨てむと白雲のかからぬ山もなくくぞゆく」、恋しいあなたにも逢えず、いっそのことと思いながら、どこで果てようかと思いまどって、雲も見えない山を泣きながら歩いていました、との歌が届く。浮舟は「いよいよ思ひ乱るること多く」、横になっているところに侍従がことのしだいを話しかけても、さらに返答もできず、「枕のやうやう浮きぬる」のを、側ちかく仕えているひとびとが「いかに見るらむ」と思うにつけ、身がつつましい。宣長は書いている。「涙のおほく出ること」を歌では大げさに表現して、「枕うく」とか、釣りができるほどにとか詠むのが通例であるけれど、「此物語は、さやうに実ならぬ事は、いさゝかもいはざるに」、ここでは「つねに世にいひならへる詞をもていへる」にすぎない。註をつける宣長の面だちはやや不満げであったにちがいない（小櫛・九、全集四巻五〇九頁）。――薫の名について、註解ははっきりと不審の意をあらわしている。にほふ兵部卿の巻に「香のかうばしさぞ、この世の匂ひならず」ともあるのに註して、「此事いとうたがはし。其故は、大かた人の身に、おのづからのかうばしき香は、なき物なるに、かくいへるは、作りごといめきたり」。源氏物語はすべて「世にあるさまの事」をしるすものであるのに「此事のあやしきは、いかなることにか」（小櫛・八、全集四巻四六九頁以下）。永年の愛読者としては大いに不服なのである。

ただし、合理的解釈を貫徹しようとするこうした姿勢は、一面では『古事記傳』そのものの特徴のひとつでもあった。『玉の小櫛』に言いおよんだついでに、宣長の源氏理解の中心となる思念にかかわり、源氏解釈一般としても興味ぶかい論点をめぐって、あとひとつ引用を採っておきたい。巻名のみつたわって、本文を欠く雲隠の巻をめぐる評註である。

此巻は、名のみ有て、詞なし。さるは巻の名に、源氏君のかくれ給へることをしらせて、其事をば、はぶきてかゝざるにて、紫式部の、ふかく心をこめたること也。そも〳〵源氏君をば、よき事のかぎりを、とりあつめてかきたり。御かどの御子にして、御妻には、摂政の御女と、親王の御女と、姫宮とをもち給ひ、みかどと后と大臣とを、御子にもち給ひ、其身太上天皇の尊号をえ給ひ、御末々まで、めでたく栄え給ふ、これよき事のかぎり也。さて死ぬるは、人の世に、凶《あし》きことのきはまりなる故に、此君には、老衰《イ》へ給へるさまをもかゝず、かくれ給へる事をば、かゝざるにぞ有ける。（同、四六八頁）

雲隠の帖なるものは後人の恣意によると見るむきもあるが、源氏物語は主人公について「よき事のかぎりを」書きつづっている以上、その老いと死とを描くことは物語の本意にそぐわないとする所説は、いまでも支持する研究者もおおい見解のひとつである。もうひとつ注目しておく必要があるのは、傍点部には、すでに引いた『答問録』の一節で典型的にみられ（本書、三三三頁）、『古事記傳』にもみとめられる、宣長固有の死生観があらわれていることだろう。宣長にとって死ほどあわれに悲しいことはない。

右の引用につづく註解にも、目を留めておく必要がある。「此物がたりは、すべて物のあはれを、むねと書たるに、むねとある源氏君の、かくれ給へる、かなしさのあはれをかゝざるは、いかにといふ」なら、それはすでに、紫上の死をめぐってじゅうぶん書かれているからだと宣長はいう。「長きわかれのかなしきすぢのもののあはれは、幻の巻に書つくしたり」。それは「もののあはれのかぎりをつく」すものだった。以下が、とりわけ注目にあたいする。「同じかなしき事も、その人の心の、深さあさゝにしたがひて、あはれのふかさあささも」変わってくるものだ。源氏は「物のあはれを深くしり給へる」人物であり、こんどはその源氏の死をふかく悼む者があるとして、しかし「もし源氏君のかくれ給へるかなしさを、かゝむとせば、たがうへのかなしみにかはかくべき」。ただの評釈を超えた、美しい一文であるというべきだろう。

源氏が女三宮を正妻にむかえたことは、紫上にとって痛手であった。内省にまさる紫上は、それでも手習などに気を紛らわせようともしたけれども、筆にしようとする古歌などもおのずから「もの思はしき筋のみ書かるゝを、さらばわが身には思ふことありけりとみづからぞ思し知らるる」（若菜・上）。写そうとする歌もじぶんの心を映している。絶望がしずかに、とはいえ深くこころを蝕み、やがていのちを食いあらした。「年月重なれば、頼もしげなく、いとゞあえかになりまさり」、紫上は、明石の姫宮とせつなく歌をかわした夜が「明けはつるほどに消えはて」た（御法、本書、七六頁参照）。幻の帖の末尾ちかくに見える、源氏の歌「七夕の逢ふ瀬は雲のよそに見てわかれの庭に露ぞおきそふ」を宣長は解く。「ことしは、紫上のかなしみによりて、星合の空をも見ず、たゞ星の別れの、今朝の庭に、わがなく涙の露をぞ、おきそふる也」（小櫛・八、全集四巻四六八頁）。これも行きとどいた美しい解だろう。

話頭をもどす。『紫文要領』が「大よそこの物語五十四帖は、物のあはれをしるといふ一言にて尽きぬべし」としるしているしだいについては、すでにふれた（本書、四八三頁）。おなじ箇所には、右にみたことがらが一般的なかたちで説かれ、こうしるされている。「物のあはれをしる」とは「事の心」「物の心」を知ることである。もののこころ、ことのこころを「その品にしたがひて感ずるところが、物の哀れ」である。たとえばいまを盛りと咲きほこる桜をみて「めでたき花かな」と思う者は「物の哀れ」を知り、「いかほどめでたき花を見てもめでたき花と思はぬは、物の心」、「物の哀れ」を知らない（全集本五七頁、集成本一二五頁）。すべてよしあしは、それぞれの道によってかわるものである。仏道がよしとするものが、儒道においてもそう見なされるとはかぎらない。物語にあってよいとされることは、儒仏のそれとはことなる。物語についてよいとされるひとは「もゝのあはれをしる」者である。ここではさかのぼってべつの箇所を引いておく。

儒仏のをしへも、本《ト》人情によりてたてたる物なれは、こと〳〵く人情にたがふへき道理にあらす。然れ共人情の中には善悪があれは、その善をそだて悪をおさへて、善にうつるやうにとするがをしへなれば、その悪をはきひしくいましめて、人情にさかふ事有也。物語はその善悪を勧懲《すすめこら》する書にはあらさる故に、物の哀をしるといふ中には、儒仏の教にいみしくいましめたる事も多く有也。たとへは人のむすめに心をかけて、ねんころにけさう（懸想）する人あらんに、其男いみしく恋ひしたふて、命もたへかたく思ひて、其よしをいひやりたらむに、かの女、その男の心を哀と思ひて、父母にかくれてひそかにあふ事あらん。是を論するに、男のかの女のらうたきを恋しと思ふは、物の心をしり物の哀をしる也。いかにとなれは、かたちのよきをみてよきと思ふは、是物の心をしる也。又女の心に男の心さしを哀と思ひしるは、もとより物の哀をしる也。物語の中には、かやうのるいことに多し。命にもかくるほとに思ふは、物の哀の中にをきても尤深き事故に、かやうの恋のみ多き也。それをしるす心は、それをよしとして人にすゝむるためにもあらす、あしゝとしていましむる為にもあらす。そのしわざの善悪はうちすててかゝはらす、たゝとる所は物の哀也。（全集本三九頁以下、集成本八七〜八九頁）

いのちを賭けた恋、露見すればすべてを失う愛もある。「物語の中には、かやうのるいことに多し」。源氏物語のなかで、いのちを懸けた恋といってよいものがふたつあるだろう。恋にあわれは集約され、許されぬ愛に恋のあわれが極まるとすれば、そのふたつの恋愛のてんまつに、ここですこしだけ立ちよっておいてもよいだろう。「たゝとる所は物の哀也」といわれるほどの思いとは、どのようなものであったのだろうか。

父帝は桐壺の更衣をふかく愛して、そのおもかげに囚われている。あらたにむかえた藤壺は、「御容貌《かたち》ありさまあやしきまでぞおぼえたまへる」、ふしぎなほどに桐壺に似ていた。父が寵愛するひとを、やがて源氏も恋したうことになる(桐壺)。義母にあたる藤壺が病で宮中をはなれたおり、源氏は手引き役の王命婦を責めたてて、つかのまの逢瀬のときをえた。物語ははっきりと語っていないけれど、そのように逢うのははじめてのおりではない。藤壺はその密会の「あさましかりしを思し出」て、それでなくとも「さてだにやみなむ」と思いきめていたところから、その立ち居もふるまいも、いつぞやにも増してつれない。それでもようすは「なつかしうらうたげ」で、打ちとけてくれるわけでもないけれど「心深う恥づかしげなる」さまは、ほかの女性とはくらべるべくもなく、源氏は、むしろ「などかなのめなることだにうちまじりたまはざりけむ」、せめてこのひとに目にとまる欠点があったならと、「つらうさへぞ思さるゝ」。――いずれにせよ「あやにくなる短夜にて」、いっそ会わないほうがよかったとすら感じられる、みじかく切ない密会であった。源氏から藤壺へ、藤壺から源氏へと交わされた歌のやりとりから引いておく。

見てもまたあふよまれなる夢の中に　やがてまぎるゝわが身ともがな

とむせかへりたまふさまも、さすがにいみじければ、

世語りに人や伝へんたぐひなく　うき身を醒めぬ夢になしても

思し乱れたるさまも、いとことはりにかたじけなし。命婦の君ぞ、御直衣などはかき集めもて来たる。殿《（源氏は）》におはして、泣き寝に臥し暮らしたまひつ。御文《（藤壺が）》なども、例の、御覧じ入れぬよしのみあれば、常のことながらも、つらういみじう思しほれて、内裏へも参らで二三日籠りおはすれば、また、いかなるにかと御心《（父帝の）》動かせたまふべかめるも、恐ろしうのみおぼえたまふ。宮《（藤壺）》も、なほいと心憂き身なりけりと思し嘆くに、なやましさもまさりたまひて、とく参りたまふべき御使《（帝の）》しきれど思しも立たず。（若紫）

つかの間の至福の時は過ぎ去ってゆく。おそらくふたたび肌をあわせる夜もないだろう。源氏はいっそ、このうつつとも夢ともつかぬ夢のうちに消えいってしまいたいとも思い、そう詠った。あなたの夢のなかのわたしは、世間の語り草となるほどに「うき身」なのですよ、と相手は答えた。宿にこもって参内もせず、源氏は父帝が心配し、「御心動かせたまふ」のではと思うだに「恐ろし」く感じる。藤壺の「なやましさ」がまさる理由のひとつは、一夜のできごとによって、のちに天皇となる子を懐胎したからである。

宣長は『要領』のなかで「薄雲の女院」つまり藤壺を「女にてよき人のためしにする人」にかぞえ、物語もまたその不義をとがめず、「すこしも悪しきとて貶したること」のない消息に注意をうながしている（全集本四二頁、集成本九三頁）。宣長が筆写した『紫女七論』には、「藤壺に源氏のかよひて冷泉院をうみ給ふはまことにあるましきあやまちにして、源氏は淫烝の罪おもし」とある。爲章としては、そうはいってもこれは「帝胤のまきれおもはすなるかた」ではなく、帝にとっては「正しく子」であり「孫」であることを確認して、

物語ののちのはこびにやはり教誡をふくむ「式部か心」をみとめている。宣長としてもやや差し障りを感じたのでもあろうか、それでなくとも簡略な『小櫛』の註は、このくだりについてことのほかみじかく、ただ二首の詠歌をめぐって釈をくわえているにすぎない。源氏の歌には「あふは、夢の縁の詞也。夢には、あはすといひ、あふといふこと有也。見てもといふも、夢につきていへる言也」と解がつき、藤壺の返歌には「さめぬ夢とは、夢は、さめて又本の現にかへる物なるを、夢になしてきゆる身は、かへる事なきをいふ也」と註がくわえられている（小櫛・六、全集四巻三九一頁）。後者の註解には、それでも宣長の思いがほの見えるところかもしれない。――宣長はおそらく、この恋が藤壺にとってもいのち懸けのものであったなりゆきを見てとっているのだろう。夢のような愛に溺れて夢のなかにもどるしかない者は、このうつつで帰るところを持たない。いずれは身をやぶるほかないことを、藤壺はここでそれじたい儚い夢のように見とおしはじめている。そのさだめは、時を超えて遥かのちに浮舟のものとなってあらわれた。

ふたつ目の恋の主人公は、柏木である。源氏が先帝の朱雀院の意をいれて、邸にむかえた女三宮に、源氏のむすこ夕霧の友人、柏木があってはならない恋をした。柏木はもともと三宮に関心もあり、夕霧とともに三宮のすがたを垣間みてしまったことがきっかけである。こころもちも幼い三宮が可愛がっていたちいさな猫を大きな猫が追いかけ、その弾みで御簾が巻きあげられてしまったとき以来、そのすがたが忘れがたく、ついにその寝室にしのびこむ。女三宮は、ただ「わななき」、それればかりか「水のやうに汗も流れて、ものもおぼえたまはぬ気色」で、柏木にはそれさえ「いとあはれにらうたげ」であった（若菜・下）。

ことが果てて、柏木も三宮も、それぞれの罪の影に怯え、源氏の陰に脅える。三宮は柏木の胤をやどしてしまい、ことを知った源氏にいたぶられた柏木はそのまま「いといたくわずらひ」、日を追って弱っていき、やがては「いとどはかなき柑子などをだに触れたまはず、ただ、やうやう物に引き入るゝやうに」、死へ招きよせられてゆく（同上）。柏木の子（のちの薫である）を産んで、女三宮は髪をおろす。そのしらせを聞いて、柏木のいのちをつなぐ微かな糸も断ちきられて、青年は「泡の消え入るやうにて失せ」てしまった（柏木）。

『紫文要領』は、「かの女三の宮の事によりて、病つきてはかなく成ぬる衛門督（柏木）の事よ、あるか中にも哀なる物也」という。そのうえで物語の説きようを辿ったのち、宣長は書いていた。「此衛門督も、尋常の議論にていはは、人の室家を奸して、子をうましむる不義大なれは、何ほとよき事外に有共、称するにたらぬ事なるを、返てそれ故に死にたる心を哀み、世の人におしまれ、源氏君さへ深くおしみあはれみ給ふこと、他にことなるさまにかける事、物の哀をさきとして、婬事をはすてゝかゝはらぬ事をしるへし」（要領・上、全集本四一頁以下、集成本九二頁以下）。やはり「たゝとる所は物の哀」ばかりである。そして恋は恋、不義は不義、歌と物語は歌と物語なのである。

死の直前に柏木は女三宮と最期の文を交わしていた。宣長がその歌のやりとりを引き、所感を附けくわえている。引用しておこう。

柏木巻に、右衛門督、女三宮の御事によりて病づき、つゐにはかなくなりなんとする比の歌に、

今はとて燃えむけふりもむすほゝれ　たえぬ思ひのなをや残らん

宮の御返し、

立ち添ひて消えやしなまし憂きことを　思ひ乱るゝ煙くらへに

此物語の中あまたの恋の中にもことに哀ふかし。右衛門督の今はのほとの書きざま、哀ふかきか中にも、

此贈答はことに哀ふかく見ゆ。されはかの人（柏木）も、此煙はかりは此世の思ひ出也といへるわたり、よむものすゝろに涙おちぬへく覚ゆる也。されは物の哀しる人は、節義を守る人とても、折にふれ事によりては、しのひかたき事有也。（要領・下、全集本六八頁、集成本一四七頁以下）

宣長の引く返歌のそのあとには、「後るべうやは」とあった。じぶんが死んで、その荼毘の煙も、わたしの思いのように「むすほゝれ」、あきらめきれず燻って空に立ちのぼり切ることがないでしょう、とかき口説く柏木の歌に対して、わたしとて後れをとることがありましょうかというほどの意味である。「この煙」ばかりが「この世の思ひ出」と思いさだめた柏木のこころが哀れに悲しく、読む者にとってはいとおしい。

それにしても、とあるいはひとが問うかもしれない。源氏にせよ、柏木にしても、「みなその心ばへ女童のごとくにて、何事にも心よはくみれん（未練）にして、男らしくきつとしたることはなく、たゝ物はかなくしどけなく愚かなること多し」。なぜそのような登場人物をもって「よしとはするや」。宣長の答えるところは、繰りかえし引照され、きわめて有名な一節ではあるけれども、やはり引いておきたい。

答へて云、おほかた人のまことの情の内をさくりて見れは、女童のことくみれんにおろかなる物也。男らしくきつとしてかしこきは、実の情にはあらす。それはうはへをつくろひかさりたる物也。実の心のそこをさぐりてみれば、いかほとかしこき人もみな女童にかはる事なし。それをはち（恥）てつゝむとつゝまぬとのたかひめ計《ばかり》也。もろこしの書籍は、そのうはべのつくろひかさりてつとめたる所をのみもはらかきて、実の情をかける事はいとおろそか也。故にうち見るにはかしこく聞ゆれ共、それはみなうはべのつくろひにて、実の事にあらす。其うはへのつくろひたる所計かける書をのみ見なれて、其眼をもて見る故に、さやうに思はるゝ也。こゝの歌物語は、人の実の心のそこをあらはにかきあらはして、物の哀を見せたる物也。人情のこまやかなる所をくまなくくはしくかきあらはせる事、歌物語にしくはなし。其中にも此物語は、すくれてこまやかにして、明鏡をかけてかたちをてらし見るか如くに、人情のくはしき所をかきあらはせり。故に女童のことく、はかゝいゝいゝいゝはかなくみれんにおろかなる事おほし。

（要領・下、全集本九四頁、集成本二〇二頁以下）

源氏の読者なら、だれより「はかなくみれんにおろか」にみえる登場人物として、浮舟のことを思いうかべることだろう。ふたりの貴公子のあいだでこころ揺れて、やがて身をあやまる女性を、たとえば無名草子は「憎きものとも言ひつべき人」と評している。物語最後のヒロインである浮舟については「外篇」で、小林の所論とのかかわりで長くふれた（本書、三二三頁）。ここでは前後のことのしだいを補っておく。

光源氏の異母弟、八宮はかつて兄を須磨に追いやった宮中政治に利用され、源氏がかえり咲いたのちに、落魄の身を俗形ながら仏に帰依して宇治に養っていた。仏道にこころ寄せる薫が宇治にかようううちに、ふとしたことから大君、中君ふたりの姫君のすがたを垣間みて、姉の大君に惹きよせられる（橋姫）。大君は薫の真情を信じぬままに、年の寄るみずからのすがたに怯えながら「見るままにものの枯れゆくやうにて、消えはて」た（総角）。残された薫が大君のおもかげを見て、引きつけられたのが、姉妹の異母妹、浮舟である。すでに中君と契りをむすんでいた匂宮もまた浮舟に言いよって、薫をよそおい、おんなを犯す。きぬぎぬの別れのときには「暮ゆくはわびしくのみ思し焦《い》らるる」ようすの匂宮に浮舟もまた心ひかれ、やがてふたりの情熱のあいだで翻弄されて、こころ裂かれ、身を破ることになってしまう。親きょうだいもなつかしく、「先立ちなむ罪」も恐ろしく、匂宮のあけすけな思いも薫のためらいも「向かひきこえたらむやうに」慕わしい。「なげきわび身を棄つとも亡き影にうき名流さむことをこそ思へ」、身を投げてもなお、浮き名も憂き名も流れることすら分かっている。それでもおんなは、いったんは覚悟の自死をとげようとする（浮舟）。

宣長の理解を、『紫文要領』から引く。物語というものは、「色にまよふて身をうしなふ人をもよしとするか」という問いに答えて、泥水と蓮のたとえを持ちだし、あらためて右衛門督柏木にふれ、「身をいたつらになすほとの、物おもひの深き心のほとをあはれふ」とも述べたあとの一節である。

大方物の哀をしれは、あた〳〵しきやうに思ふはひか《（僻）》事なり。あだなるは返て物のあはれしらぬかおほき也。其故はまへにもいへることく、物のあはれをしりかほつくりて、こゝへもかしこへも物の哀しる事をしらさむとて、なびきやすにあたなるが多き也。是は実にしる物にはあらす、うはへのなさけといふものにて、実は物の哀しらぬ也。又さにはあらて、こゝもかしこも、物の哀しりてなひくもあり。是も事によるへけれ共、まづはそれは一方の物の哀しりても、一方の哀をしらぬになる也。されは浮舟君はそれを思ひみたれ《（乱）》て、身をいたつらになさんとせし也。薫のかたの哀をしれは、匂宮の哀をしらぬ也。匂宮の哀をしれは、薫のあはれをしらぬ也。故に思ひわひ《（詫）》たる也。かの蘆屋のをとめも、此心はへにて、身を生田の川にしつめてむなしうなれり。是いつかたの物の哀をもすてぬといふ物也。一身を失て、二人の哀を全くしるなり。浮舟君も匂宮にあひ奉りしとて、あた《（仇）》なる人とはいふへからす。これも一身を失て、両方の物の哀を全くしる人なり。（要領・下、全集本七四頁以下、集成本一六〇頁以下）

万葉集の巻九に「いにしへの　ますら壮士《をのこ》の　相競ひ　妻どひしけむ　葦屋の　菟原娘子《うなひをとめ》の　奥城《おくつき》を　我が立ち見れば」とはじまる長歌がある。おなじ巻のべつの長歌には「ますらをの　争ふ見れば　生けりとも逢ふべくあれや　ししくしろ　黄泉に待たむと」とあるとおり、川に身を投げてむなしくなったという少女をめぐって、摂津の国、芦屋につたわる伝説がふまえられている。宣長はいずれにしても、ふたつの情熱のはざまで身を失ってしまった女性たちに格別の好意をよせていた。それは「一身を失て、二人の哀を全くしる」ことで、なべて物語の好むところであるからである。——さきに浮舟の物語にやや長くふれたおりに、匂宮が浮舟を小舟に乗せて連れだす挿話に言いおよんでおいた。いまは源氏の本文を引いておきたい。

いとはかなげなるものと、(浮舟が)明け暮れ見出だす小さき舟に乗りたまひて、さし渡りたまふほど、遥かならむ岸にしも漕ぎ離れたらむやうに心細くおぼえて、つとつきて抱かれたるもいとらうたしと思す。有明の月澄みのぼりて、水の面も曇りなきに、(船頭)これなむ橘の小島と申して、御舟しばしさしとどめたるを見たまへば、大きやかなる岩のさまして、されたる常磐木の影しげれり。(匂宮)かれ見たまへ。いとはかなけれど、千年も経べき緑の深さを、とのたまひて

　年経ともかはらぬものか橘の　小島のさきに契る心は

女も、めづらしからむ道のやうにおぼえて、

　橘の小島の色はかはらじを　このうき舟ぞゆくへ知られぬ（浮舟）

ちいさな舟に揺られ、いつまでも着くことのない遠い岸へとはなれてゆくようにこころ細い思いがする。それだけに匂宮にみずから身をよせて抱きとられてしまう。船頭が小島のなまえを告げる。こぶりだが風情のある常緑樹にことよせて、宮が変わらぬ思いを詠みこんだ歌をよみ、浮舟も応えた。月のひかりのなかで揺らめく小舟が浮舟の「ゆくへ知られぬ」さだめを映し、さざ波ごとに月を移した川は夢とも分かたれない世のさまのようで、罪咎すらも時のかけらたちのように水面に揺らめいている。一節はぜんたいとして夜にふとむすばれた夢のように美しく、また醒めてみられた無垢な夢のようでもある。

源氏物語の最終章、夢の浮橋の末尾はすでに引いた（本書、三二三頁）。宣長は巻の名を解いて、「此物語のすべてにもわたるべき名也」という。ただし諸抄の説くように、この現世が「夢のごとく」「はかなく常ないものであるとの意ではない。そもそも物語全篇が「何もく〳〵ことぐ〳〵く、夢に見たりし事のごとく」であるけれども、式部が「本にははべめる」と言いさすかのように巻をむすんだ「とぢめのやう」は「まことにのこりおほくて見はてずさめぬる夢」のようである（玉の小櫛・九、全集四巻五二二頁）。宣長は紫式部の織りあげた、現実と測りあうほどの深度と強度をもった夢のあとを追い、物語のなかでじしん夢みて、みずからもなお夢を見はてることがなかったように思われる。老いの日々に、その完成をいそいだ註釈の末尾に一首そえられている。「なつかしみ又も来て見むつみのこす春野のすみれけふ暮ぬとも」。

源氏によせる本居宣長の思いの深さが、野の花が匂いたつように、はるか時の風にのって届いてくるかのようである。

二十九

賀茂眞淵は元禄十（一六九七）年、遠江国の浜松庄伊場村に生まれた。契沖に後れることおよそ五十年、本居宣長より長ずるにおおむね三十歳ということになる。実父は岡部郷士で、生家は岡部姓であるが、賀茂がむしろ本姓、がんらいは神職の家系である。姉婿の養子に迎えられながらも、のちに不縁となり、さらに従兄政長の婿養子となって、若い妻とすごしたものの死別、曲折をへて京にむかい、荷田春満のもとで国学を修めようとした経緯をめぐって「外篇」で佐佐木信綱の一文を引いておいた（本書、九八頁以下）。やがて国歌八論論争にくわわり田安家の知遇を得て、宗武に仕えるにいたったことも、すでにふれたとおりである（同、四四四頁）。ときに延享三（一七四六）年のこと、晩学の眞淵は五十への坂を登りそめ、宣長はいまだ十七歳の青年である。

元文元（一七三六）年、妻子をおいて京都に遊学していた眞淵に、浜松へいっとき帰郷する機会があった。『旅のなぐさ』はそのときの紀行文、というよりおりにふれて地名や古語をめぐる考証を書きとめた一文である。冒頭には、とはいえ「久しくもなりにけるかな。都の誰彼いと睦ましくなりたるにつけて、思へども猶恋しきものは、故郷にぞあなる」とある。翌二年、眞淵は出府して、その翌年にも岡部郷にもどる機会があり、四十四となった元文五年には二か月ほどかけ、ふたたび故郷を訪ねていた。そのおりに草した歌文集が『岡部日記』として残されている。「千里の遠《をち》に垂乳根をおき奉り」、江戸から遥かはなれた故里に老母を住まわせ、「とみの事ありともいかでか知らん。知るともいかで頓《とみ》に往きいたらん」と胸騒ぎし、「妻子同胞にも逢はばやと」、慌ただしく旅にたつ。『なぐさ』には詠草はなく、『日記』には三十余作の歌が収められている。『あがたゐの歌集』にも帰郷のさいの作とおぼしき歌があり、とはいえ『日記』には漏れている以上、いずれのおりの詠とも定めがたいが、ここでは「菫を」と詞書がみじかく附せられた歌を引いておく。

故郷《ふるさと》の野辺見に来ればむかし我が　妹とすみれの花咲にけり

妹《いも》とあるのは享保八（一七二三）年十二月、眞淵二十七歳で娶った先妻のこと、わずか半年あまりの新婚生活のあと、従兄のむすめは翌年の九月に世を去っている。ふるさとを離れて久しく、若妻におくれてさらに久しい。家人を置いてひとり旧居を訪れれば、「思ひあうた少女」とつかのま暮らしたすまいはすでに毀たれて野原にかえり、ひともと咲きひらいていた菫の花だけがむかしのひとの面影をやどして迎えてくれた、といった歌趣だろうか。いうまでもなく「すみれ」に「菫」と「住む」の意が掛けられ、眞淵の歌のなかではやや後世ふうのたおやかな詠であるかもしれない。

信綱の筆がいきさつをとらえ、「弥生の光うららかにたゞよふ浜名の湖《うみ》に船を浮べた。名も美くしき引佐《いなさ》細江《ほそえ》の、水尽きんとして尽きざる細江また細江の幾つを見つゝ、館山寺の裏山にのぼつて、岩躑躅のかげに割籠を開いた。——花は散り春は逝いて、物悲しい秋の風に、うら若い妻は涙と彼とを此の世に残した」としるしていた。後世の歌人がただいたずらに想像をめぐらしたばかりではなく、たしかに眞淵そのひとが、最初の妻のおもかげに永く囚われてもいたのだろう。いずれにしても、賀茂眞淵が若年以来、この世に生まれて逃れがたい、いくつかの辛酸をかさね、そのなかで学にこころざして、また詩人としても立ったことの経緯が、一首の背後にひろがっているといってよい。

宣長が眞淵の著書に出会ったのは、京都遊学をおえて、故郷の松坂にもどってまもなくのころ、おそらくは宝暦七（一七五七）年、あるいはその翌年のことである。さきに引いた（本書、四二六頁）『玉かつま』の一段をつづけて引いておく。遊学時代の契沖の著書との邂逅と、かの地の歌会への参加などを振りかえるくだりの、そのあとを引用する。

さて後、国にかへりたりしころ、江戸よりのぼれりし人の、近きころ出たりとて、冠辭考といふ物を見せたるにぞ、縣居大人の御名をも、始めてしりける。かくて其ふみ、はじめに一わたり見しには、さらに思ひもかけぬ事のみにして、あまりこととほく、あやしきやうにおぼえて、さらに信ずる心はあらざりしかど、猶あるやうあるべしと思ひて、立かへり今一たび見れば、まれ〳〵には、げにさもやとおぼゆるふし〴〵もいできければ、又立かへり見るに、いよいよげにとおぼゆることおほくなりて、見るたびに信ずる心の出来つゝ、つひにいにしへぶりのこゝろことばの、まことに然る事をさとりぬ。かくて後に思ひくらぶれば、かの契沖が萬葉の説《ときごと》は、なほいまだしきことのみぞ多かりける。

（二一・四三、全集一巻八五頁）

蓮田善明が「あまりことゝほく、あやしきやうにおぼえて」という一語に注目していたしだいは、すでに「外篇」でふれた（本書、一六六頁）。『冠辭考』はいわゆる「枕詞」の研究書である。眞淵は師の荷田春滿の説を承けて枕詞を「冠辞《かうむりことば》」と呼び、およそ三五〇語におよぶ枕詞にかんして解釈をくわえている。文献実証主義的な研究手法についてなら、宣長はつとに契沖の諸著をつうじ親しむところもふかい。それればかりではない。『萬葉代匠記』にもすでに枕詞をめぐる組織的な研究がある。「精撰本惣釋枕詞上」の冒頭では枕詞の意味を解き、こう説かれていた。「哥に枕詞ある事は、人の氏姓あるに同し。氏を置て呼名の長きか如く、古き哥のたけ高く聞ゆるは、多くは枕詞を置、多くは序よりつゝけたるか故なり」。この件は人代にかぎられない。契沖は例の須佐之男の「八雲立つ」その他を引いて「此等の類の神語あるを以て、由あることゝと知へし」と言う。『代匠記』の版本に直接にはいまだふれていないにせよ、蓮田善明がそう書いていたとおり、ここにはたしかにとりあえず「ひどく不審な事がある」わけである。

そこに「古道が見えてくるのには、わざとこんなでなければならない、といふやうな何か深いことわり」を見る蓮田の解釈はいまは措こう。宣長の学問は「さわやかな、しづかな瞬間をその土の下に、つねに埋めて抱いてゐる」とする善明の理解は興味ぶかいところではあるけれども、ここではもうすこし手近なところから考えておきたい。眞淵の著にわずかに立ちよっておこう。――『冠辭考』は、つぎのようにはじまる。「序」の劈頭から引用する。

いとしもかみつ世には、人の心しなほかりければ、言語《こと〻ひ》も少なく、かたちよそひもかりそめになん有けらし。しかはあれど、身に冠《かうむ》りあり衣《ころも》あり沓《くつ》あり、心にうれしみあり悲しみあり、こひしみありにくしみあり。こをしぬばぬときは言に出てうたふ、うたふにつけては五つ七つのことばなむ有ける。こはおのづから天《あめ》つちのしらべにしあれは、この数よりもいふ言《こと》の少なき時は、上《かみ》にも下《しも》にも言のそはりて、調べなんなれりける。譬《たとへ》ばかりそめなる冠り、おろそけなる沓などを、いつとなく身にそへ来たれるがごとし。すなはち、はしけやし《愛哉》わぎへ《吾家》のかた《方》ゆ《従》くも《雲》ゐたち《立》く《来》も、てふ大みうたのたぐひ也。こは頭《かみ》を旋《めぐらす》てふ哥のかたへなれは、片哥となん名づけゝる。しかれども心ひたぶるに、言のすくなきをおもへば、名は後にして事はさきにし有べし。またこのすがたのごとうたはむにも、言のたらはぬときは、上にうるはしきことを冠らしめて調をなんなせりける。

思いを「しぬばぬときは言《こと》に出てうたふ」とする主張には、例の「ひたぶる」な「わりなき思ひ」という眞淵の和歌観が見える。眞淵はまた「歌の始めはことのはいと短くぞあるべき」と考えて、片哥こそが歌の起源とみなしていた（國歌八論餘言拾遺）。五句の歌に対して三句の歌——たとえば古事記中の古歌「はしきやし我家のかたゆ雲ゐたち来も」——を片哥とはいうものの「名は後にて事は先なるも知る」ことがかなわないからである（國歌論臆説）。ここで注目しておきたいのは、とりあえずはしかしべつのことがらである。「身に冠りあり衣あり沓あり、心にうれしみあり悲しみあり、こひしみありにくしみあり」といった、畳みかけるような眞淵の口調に、「哥に枕詞ある事は、人の氏姓あるに同し」とする契沖の語りようとは異質な、ある種の衝迫を聞きとっておきたいところである。その独特な語り口に、宣長は当初なじめないものを感じたのではないかと思われる。しかもその解きぶりは宣長によって、契沖の説きようとの落差として認識されたはずである。ひとことでいうなら、みずからも深く詩人であった賀茂眞淵の思考の文体に「こととほく、あやしきやう」があったのだろう。この件を確認しておくまえに、以前（本書、四二九頁以下、四三四頁以下）契沖の解に言いおよんでおいたふたつの枕詞をめぐって、眞淵の釈を見ておこう。

さきに『勢語臆斷』ならびに『百人一首改觀抄』中に見られる、「ちはやふる神世もきかす龍田川からくれなゐに水くゝるとは」にまつわる解釈にふれておいた。初句の「ちはやふる」を契沖は「神の枕詞なり」として、「神は善神も賞罰あらたにましませは、いちはやぶるといふへきを、上略してちはやふるとはいへり」と書いているのも、見ておいたとおりである。

眞淵の解は、おなじ語をめぐって格段にくわしい。契沖とおなじく万葉、古事記を引いたのちに『冠辭考』はしるす。「此辞を萬葉にはさまぐ〱書つれど、たゞ崇《たゝ》はしく荒き神てふ意なるを知へし。さて知波夜夫流《ちはやぶる》の知は、伊知を略り《はぶけ》。その伊知は伊都《づ》と音通ひて、強き勢ひをいふが故に、伊都に稜威の字を紀には書つ」。さらに「波夜」は「武《たけ》く疾《とき》に同じ」であり、「夫流」は「其ありさま」をさす。およそ神代には「残賊強暴悪神《ちはやぶるあらぶる》を和《なご》し平《むけ》給へるに同しく、官軍《みいくさ》にそむく人をいへれば、すなはちいちやはぶる人」という表現が生まれる。これは神武段で「まつろはぬものを八十建《やそたける》といひし類」であり、「凡神代にては神といひ、人代にては人」というだけのことである。「其神代には神に此語を冠らせたるに泥みて、人とも宇治ともつゞけたるを疑ふ様に成たれど、何にてもたけくたゝしきものには冠らする也」。――歌の解としては、宣長はおそらく契沖の読みかたに、強い影響を受けたことだろう。若き日の宣長の歌論にみとめられる、証歌を系統的に引く手法そのものも、契沖から宣長が継受したものである。それに対して、神代のものごとを一つかみに摑むような眞淵の直観的な論法に、宣長ははじめ戸惑い、やがて惹かれていったのかもしれない。『古事記傳』が眞淵の解を採っているしだいについてはすでにふれておいた。ちなみに「宇治《うぢ》と稜威《いづ》は同し音にて、いちも通へば何れも同し意」であるとする、『冠辭考』のおなじ箇所に見られる通音の考も、宣長の思考に正負の痕跡を刻んでゆくことになるはずである。

さきに契沖について言いおよんでおいたもうひとつの例を見ておこう。『百人一首改觀抄』中の「久かたのひかりのとけき春の日にしつ心なく花の散るらん」をめぐる契沖の解釈は、「久堅」とは「天《あめ》とも空ともいふへき枕詞」であって、その語の由来は「天先成而《テ》地後定《ニたひらキヌ》と云ことわりなれは、つちに対して久しき方といふ歟。又天は陽にして健剛なれは、久しく堅しといふ心歟」とするものだった。『代匠記』のなかでも「意は、久しく堅しと云へるなり」と解かれて、「日本紀に、我国開闢の初を説て云、天《あめ》先成《ツテ》、而地《つち》後《ニ》定《マル》、然《シテ》後神《かみ》聖生《あれマス》二其中一《ニ》焉云々」ともある（精撰本惣釋枕詞下）。

眞淵の解釈は、あきらかに契沖のそれを反論するものとなっている。項のはじまりにやはり古事記、万葉を引いたあとで、『冠辭考』は説きはじめる。「こは先ひとのいふことをいひて後にわが意はいはん」。万葉にはたしかにこの語が「久堅能」「久方乃」などとも書かれ、神代紀には「清妙《すめる》之《が》合搏《あひよるハ》易《やすク》、重濁《にごれる》之《が》凝場《こりかたまるハ》難《かたシ》、故《かれ》天《あめ》先《まづ》成《なり》而《て》地《つち》後《ニ》定《さたまりヌ》、とあるをおもひ合せて、天のかたまり成たるは、地より既に久しければ、久く堅き之天といふといひ、又天の成しは右のごとくなれば、地よりも久しき方てふ意ともいへり」。契沖の解の前半である。「眞淵今思ふに」、と論判がはじまる。上代で語の下に「之」と附するのは、かならず体言に見られることで、用言にはみとめられない。「堅き」は用言であるから、「久しく堅き之」という語のならびはありえない。これは「堅き」を「かた」と略しても同様である。「又久しき方のてふは之の辞はいふべけれど、方《かた》てふ語のいひざま古への人の言とも聞えず、且凡の語を神代の事にもとづきて意得るは常ながら、古への語のもとづき様はみやびかにしてやすらか也」。久しき方といっても久しく堅しといっても、意味もつたなく、おもしろ味もない。先人の解釈は古語、古意をていねいに考えることをせず「ゆくりなくおもひよれるものなるべし」。長年かんがえてきて、ようやく思いいたったことがある。第一に「久堅」「久方」はともに借字であり、字句に意味はない。「天の形はまろくて虚らなるを、匏《ひさご》の内のまろくむなしきに譬て、匏形《ひさかた》の天といふならんと覚ゆ」と眞淵は解いた。この考はのちに宣長によって追認されている。「比佐迦多能《ひさかたの》は、天の枕詞なり。【迦を濁るは非なり。古書皆清音の仮字を用《ヒ》たり。】其意は、冠辭考に見えたり」（伝二十八、全集十一巻二五三頁）。ただし契沖も晴れわたる空が「匏の葛のはへるよう」とかようがゆえか、とも一解を示していた。

最後に、おそらくは宣長が眞淵にふれて「いにしへぶりのこゝろことばの、まことに然る事をさとりぬ」といったんは考え、とはいえのちには、むしろ契沖の釈にちかい註解を附するにいたった例にふれておく。『冠辭考』では「かぎろひの」と立項されているものである。

萬葉巻六《ノ》に、炎乃《かぎろひの》、春爾之成者《はるにしなれば》、云々、【かぎろひのひを、伊の如くとのふるは音便也。】このかぎろひは、春の空に糸の如くかげろひつゝ見ゆる物をいふ。さて是そ実にうら〳〵と晴たる春の天のさまなれは、専ら春に冠らせていふならん。されど此語の本は火かげのきらめくより出て、かのそらに遊へる糸などは、譬てかぎろひといふ也。実の火影をいへるは、古事記に、【履中天皇、難波より大和へいでます道にてかへり見し給ふに、難波の宮に火のつきたるを、】加藝漏肥能《かぎろひの》、毛由流伊弊牟良《もゆるいへむら》、都麻賀伊弊能阿多理《つまがいへのあたり》、萬葉巻二に、香切火之《かぎろひの》、燎流荒野尒《もゆるあらのに》、また蜻火之《かぎろひの》、燎流荒野尒《もゆるあらのに》、云々、など也。且この加藝漏肥・香切火などよめるに依に、かげろふ火てふ事なるを、ふを略きて、かぎろひといへるなるへし。（中略）

○蜻蜓を蜻火と書は、赤卒《あかゑんば》が飛を火の如く見なして、かぎろひといへばなるべし。さて古事記に、宮に火つきたるをもかぎろひといへるに依に、基本は火なり。然れば蜻蜓をかげろふ火と見なしけんは後なれど、そも又はやき時の語なる故に、萬葉には蜻蜓の訓をかりたるも有なるへし。

基本的な語釈にさいして用いられた「春の空に糸の如くかげろひつゝ見ゆる物」「うら〳〵と晴たる春の天のさま」「火かげのきらめくより出て、かのそらに遊へる糸」といった物言いが、そのまま歌から採られて、詠へと転じてゆくような表現であることに注目しておく必要がある。ここにはやはり、情景を目のあたりに想いうかべて、いにしえの体験そのものをたどり直そうとする詩人の目がはたらいている。このようなふしぶしが、宣長にははじめ「こととほく、あやしきやうに」感じられながら、くりかえし読むうちにやがては「げにさもやとおぼゆる」ようになり、「つひにいにしへぶりのこゝろことばの、まことに然る事」とも考えはじめられるにいたったところではないだろうか。古言が事と意と詞とをひとつのものとして言いあらわすものであるとすれば、右の引用に見られる眞淵の手法が、しだいに宣長の心意のうちへ滲みこんでゆくさまがなぞり直されるように思われる。

後年の註解についていうならば、『古事記傳』は眞淵の理解に拠らない。「蜻蛉《あきづ》は」と宣長は書いている。「書紀神武巻《ノ》にも見えたり。和名抄には、蜻蛉和名加介呂布《かげろふ》とありて、阿岐豆《あきづ》と云名は挙ず。【古《ヘ》は、阿岐豆と云しをやゝ後より、加牙呂布《かげろふ》とは云なるべし。但《シ》萬葉に、加藝呂肥《かぎろひ》と云に、蜻蜓玉蜻など借《リ》て書れば、そのかみより、加牙呂布とも云しにこそ。加牙呂布は、加藝呂肥の訛れるなり。或人云、今も陸奥の仙台南部などにては、阿気豆《あけづ》と云と云り。】今世《ノ》に、とんばうと云蟲なり」。国々のことばに意をくばる、宣長の姿勢が見える。問題は以下の割注である。「此《ノ》蟲に種々ありて、種々の名あり。さて歌に、かげろふのあるかなきかなどよめるは、もと蟲《ノ》名の、かげろふには非ず。其《そ》は漢文に、陽炎と云《ヒ》歌に、絲ゆふと云物のことなるを、此《ノ》蟲《ノ》名と混《まが》ひて、蜻蛉の一種殊に細く小くして、微《かすか》なるを云と心得て、歌にも然よむこととなれるは誤なり」(伝四十一、全集十二巻二八六頁)。契沖も注していた。「古き歌に、夕暮に命懸たるかけろふの有やあらすや問もはかなし。是は蜏《ひをむし》なとの如く、朝に生れて夕に死ぬらむやうによめり。おほつかなし」(精撰本惣釋枕詞上)。

本居宣長は『冠辭考』との出会いを述べたそのあとで、賀茂眞淵そのひととのただ一度の出逢いについて書いている。「外篇」でふれた佐佐木信綱の一文の、いわば「原文」である(本書、九七頁参照)。眞淵の書との邂逅という一件をしるしたのちに、後年の宣長は書きついでゆく。「道の学び」すなわち古道論にかんしては、これといって師とすべき者も、範とすべき書もなく、「神書といふすぢの物、ふるき近き、これやかれやと」読んだものの学ぶに足るものはなく、在京時代にも「師と頼むべき人もなかりしほどに」、のちには『冠辭考』の著者を「したふ心、日にそへて」増してゆくばかりであった。——そんな折しも、ある年、「此うし(眞淵)、田安の殿の仰《せ》事をうけ給はり給ひて、此いせの国より、大和山城など、こゝかしこと尋ねめぐられし事の有しをり、此松坂の里にも、二日三日とゞまり給へりしを、さることつゆしらで、後にきゝて、いみしくくちをしかりしを、かへるさまにも、又一夜やどり給へるを、うかゞひまちて、いとくうれしく、いそぎやどりにまうでて、はじめて見え奉りたりき」(玉かつま二・四三、全集一巻八五頁以下)。

この部分を後世の歌人にして国文学者が下じきにして、名だかい一文を書きおろしたわけである。つづく一段「あがたゐのうしの御さとし言」の全文を引く。

宣長三十あまりなりしほど、縣居《ノ》大人のをしへをうけ給はりそめしころより、古事記の注釈を物せむのこゝろざし有て、そのことうしにもきこえけるに、さとし給へりしやうは、われももとより、神の御典《みふみ》をとかむと思ふ心ざしあるを、そはまづからごゝろを清くはなれて、古《ヘ》のまことの意をたづねえずはあるべからず、然るにそのいにしへのこゝろをえむことは、古言を得たるうへならではあたはず、古言をえむことは、萬葉をよく明らむるにこそあれ、さる故に、吾はまづもはら萬葉をあきらめんとする程に、すでに年老て、のこりのよはひ、今いくばくもあらざれば、神の御ふみをとくまでにいたることえざるを、いましは年さかりにて、行さき長ければ、今よりおこたることなく、いそしみ学びなば、其心ざしとぐること有べし。たゞし世《ノ》中の物まなぶともがらを見るに、皆ひきゝ所を経ずて、まだきに高きところにのぼらんとする程に、ひきゝところをだにうることあたはず。まして高き所は、うべきやうなければ、みなひがことのみすめり。此むねをわすれず、心にしめて、まづひきゝところよりよくかためおきてこそ、たかきところにはのぼるべきわざなれ。わがいまだ神の御ふみをえとかざるは、もはら此ゆゑぞ。ゆめしなをこえて、まだきに高き所をなのぞみそと、いともねもころになん、いましめさとし給ひたりし。此御さとし言の、いとたふとくおぼえけるまゝに、いよ〳〵萬葉集に心をそめて、深く考へ、くりかえし問《ヒ》たゞして、いにしへのこゝろ詞をさとりえて見れば、まことに世の物しり人といふものの、神の御ふみ説《とけ》る趣は、みなあらぬから意のみにして、さらにまことの意はええぬものになむ有ける。

（同・四四、八六頁以下）

三十をすぎて宣長は、古事記の註釈にこころざしていた。その折もおり、眞淵とただ一度の対面を果たすことになる。そのよしを相手に伝えたところ、そのためには「まづからごゝろを清くはなれて、古《へ》のまことの意」を尋ねなければならないこと、とはいえ古意をうるには「古言を得たるうへならでは」不可能であるよし、そのためには「萬葉をよく明らむる」必要があるむねを教えさとされる。そもそもひとびとはとかく「ひきゝ所を経ずて、まだきに高きところにのぼらんとする程に、ひきゝところ」にすら達することができない。「まづひきゝところよりよくかためおきてこそ、たかきところにはのぼるべきわざなれ」。

有名な――佐佐木信綱の名文によって、ますます高名ともなった――一文である。なかでも「まづひきゝところよりよくかためおきてこそ、たかきところにはのぼるべきわざなれ」という一節は、「あがたゐのうしの御さとし言」の枢軸をなすものとして人口に膾炙した。諸家のすでに指摘するところであるとおり、右に引いた、夙に暦のめぐりをもおえ、老年に達した宣長の証言には、いくつかの留保が必要だろう。伝記的な事実の詮索や、いわゆる脱神話化におよぶ作業は私の任でもありえないけれども、ひとつふたつ、それでも書きそえておくべきことがらがある。

とりあえずの手がかりとして、『玉かつま』の回想を、眞淵最晩年の書簡、宣長宛ての手紙の一節とくらべてみる。賀茂眞淵が世を去る年に筆が執られた、いわばその学問的な遺言の一部といってよい。

> 我朝之言古歌に残り、古事記その書なから、歌ハ句調の限り有て助辞の略あり、記も漢字に書しかハ全からす、たゝ祝詞宣命に助辞ハ見ゆてふ事、己いまたいはさる事にて、甚感服いたし候。此宣命考出来候ハハ序に書れ候へ。且宣命等を先訖候て後古事記の考を可レ被レ問との事、是則既いひし、萬葉より入歌文を得て後に記の考をなすへきハ拙が本意也。天下の人大を好て大を得たる人なし。故に己ハ小を

尽て大に入へく、人代を尽て神代をうかゝふへく思ひて今まて勤たり。其小を尽人代を尽さんとするに、先師（荷田春満）ハはやく物故、同門ニ無ㇾ人、羽倉（荷田）在満ハ才子なから、令律官位等から半分之事のみ好候へハ相談ニ不ㇾ全候。孤独ニしてかくまても成しかハ今老極、憶事皆失、遅才に成候て遺恨也。（宣長全集別巻三、三九一頁）

一箋を途中から引用したものであるが、引用部分の冒頭で話題になっているのは（助辞とはあるけれども）いわゆるてにをはの問題であって、歌には口調によりそれが省略されることがあり、古事記の標記も完全ではないのに対し、祝詞宣命には古語のてにをはが完璧なかたちで保存されているのではないか、とする宣長の見解に、眞淵が同意しているのが確認される。たほう引用部分末尾では、老眞淵の孤独と焦燥が「同門ニ無ㇾ人」、「老極、憶事皆失」といった表現に窺われて痛ましい。問題は、とはいえその両者のあいだに挿入された眞淵の述懐にある。宣長の提案に対して、じぶんにはもとより「萬葉より入」り、準備をととのえたのちに古事記へと向かおうというのが「本意」であって、それも「天下の人大を好て大を得たる人なし」と考えるがゆえであり、だからこそ「己ハ小を尽て大に入へく、人代を尽て神代をうかゝふへく思ひて今まて勤たり」とある。小を尽くして大に入るとは、低いところから固めおいて高いところをのぞむ、とするのとほぼひとしい。事情のこの暗合は、いくつかのことがらを語っているように思われる。

宣長が松坂日野町の旅館、新上屋でただいちど眞淵と会見したのは、宝暦十三（一七六三）年五月二十五日のことである。この出会いののち同年十二月二十八日、宣長は縣居門に正式に入門し、翌年明和と年号がかわる年の正月、眞淵に入門誓詞を呈している。眞淵よりの最後の来箋は明和六（一七六九）年五月九日の日付で、師は同年の十月末日に歿した。弟子が訃報に接したのが十二月四日のことである。宣長は不惑の齢に達していた。

　時は流れて、寛政元（一七八九）年が宣長の還暦とかさなり、その四年後の寛政五年から『玉かつま』の執筆がはじまる。材料には『本居宣長随筆』としてまとめられている手帖類も使われているけれども、賀茂眞淵との出会いを想起する一文にかんしてはすくなくとも、宣長が記憶をあらたにして、みずからの学問の出発点をあらためて刻みつけようとしたものと見ておいてよいだろう。けれどもそのさい、師からの最後の来簡を披いて記憶を確認し、また修正したと見るのは自然な想像である。「宣長、縣居大人にあひ奉りしは、此里に一夜やどり給へりしをり」のただ一度であるけれども、そののち繰りかえし書簡を交わし、「そのたびたび給へりし御こたへのふみども、いとおほくつもりにたりしを、ひとつもちらさで、いつきもたりけるを、せちに人のこひもとむるまゝに、ひとつふたつととらせけるほどに、今はのこりすくなくなんなりぬる」と『玉かつま』にはあるけれども（二・四五、全集一巻八七頁）、最後の一筆はとうぜん手もとに残しておき、またおりにふれて披見したはずである。――念のためしるしておけば、所説はいわば眞淵の持論にぞくするものであり、たとえば入門後三年のちの書簡にも「古事記之事、度々御申越ニ候。萬葉済て後かし可レ申候」、そうでなければ「古事記日本紀の新意を得ましき事也」とあって、「古今天下之人大を好まぬハはなきに、誰か大を得し人有や」とつづく（明和三年四月十五日付、宣長全集別巻三、三七八頁）。いずれにしても、後年の宣長が、追懐におよぶ記述をととのえるさいに、手もとの資料をも利用しながら記憶をふたたび構成し、部分的には補足をくわえながら物語を編みなおしていることはまずまちがいがない。

　たしかに『玉かつま』一の巻でも、宣長はなおつぎのように書いていた。やはり引用しておく。

からごゝろを清くはなれて、もはら古《へ》のこゝろ詞をたづぬるがくもむは、わが縣居《ノ》大人よりぞはじまりける。此大人の学の、いまだおこらざりしほどの世の学問は、歌もたゞ古今集よりこなたにのみとゞまりて、萬葉などは、たゞいと物どほく、心も及ばぬ物として、さらに其歌のよしあしきを思ひ、ふるきちかきをわきまへ、又その詞を、今のおのが物としてつかふ事などは、すべて思ひも及ばざりしことなるを、今はその古《へ》言をおのがものとして、萬葉ぶりの歌をもよみいで、古《へ》ぶりの文などをさへ、かきうることとなれるは、もはら此うしのをしへのいさをにぞ有ける。今の人は、たゞおのれみづから得たるごと思ふめれど、みな此大人の御蔭《みかげ》によらずといふことなし。又古事記書紀などの、古典《いにしへのみふみ》をうかゞふにも、漢意《からごころ》にまどはされず、まづもはら古《へ》言を明らめ、古《へ》意によるべきことを、人みなしれるも、このうしの、萬葉のをしへのみたまにぞありける。そも〳〵かゝるたふとき道を、ひらきそめられたるいそしみは、よにいみしきものなりかし。（一・四、全集一巻三七頁以下）

宣長は「古《へ》のこゝろ詞をたづぬるがくもむ《（学問）》」すなわち古学の祖は眞淵であるとみとめている。万葉以来の「古《へ》言」にさかのぼったのが賀茂眞淵そのひとの功績だからである。眞淵は「まづもはら古《へ》言を明らめ、古《へ》意によるべきこと」を主張したわけである。――宣長が師恩をわすれたことはない。けれども宣長は、師の影をのみ追いつづけたわけでもない。ことの消息を順にしたがい見ておく必要がある。

三十

紀貫之が在原業平を「その心あまりて、ことば足らず。しぼめる花の色なくて、匂ひ残れるがごとし」と評していたことはよく知られている（古今集仮名序）。古註が三つ証歌として挙げる、その第一のものは、

月やあらぬ春やむかしの春ならぬ　わが身ひとつはもとの身にして

と詠ずる、伊勢物語中に見られ、集にも採られた歌であった。一首の歌意をめぐって古来、解釈がわかれているところである。

契沖は、月も春も昨年とはかわってしまったかと思えばそうではない、じぶんひとりはむかしのままで、とする解、じぶんの憂さだけはそのままで、月はおぼろ月夜、春は梅のさかりでおなじことなのに、去年とまったくちがうのはなぜなのか、とする釈の二案をしめして、いずれかといえばおそらくは前者にかたむき（勢語臆斷上之上）、眞淵はあきらかに後者の説を採っていた（伊勢物語古意一）。本居宣長は、従来の解釈は「いづれも其意くだ〳〵しくして、一首《ひとうた》の趣とほらず」と言い、別按を書きとめている。宣長が後年、契沖

とはことなり、眞淵とも隔たった考えをひとうたの理解をめぐって示している典型的な例のひとつである。『玉かつま』六の巻から引用する。

これによりて、今おのが思ひえたる趣をいはんには、まづ二つのやもじは、やはてふ意にて、月も春も、去年にかはらざるよし也。さて一首の意は、月やは昔の月にあらぬ月もむかしのまゝ也。春やは昔の春にあらざる、春もむかしのまゝの春なり。然るにたゞ我身ひとつのみは、本の昔のまゝの身ながら、むかしのやうにもあらぬことよ、とよめる也。昔とは、思ふ人に逢見たりしほど也。本の身といふも、其時のまゝの身といふことなり。さて身にしてといふは、身ながらの意にて、かくとぢめたる所に、昔のやうにもあらぬことよ、といふ意をふくめたる物也。にしてといへる語のいきほひ、上句に、月も春もむかしのまゝなるに、といへるとあひ照して、おのづからふくめたる意は聞ゆる也。此人の歌、こゝろあまりて、詞たらずといへるは、かゝるをいへるなるべし。いせ物語のはしの詞に、立て見ゐて見見れど、こぞに似るべくもあらず、といへるは、此ふくめたる意を、あらはしたるもの也。去年ににぬとは、月春のににぬにはあらず、見るわがこゝちの、去年に似ぬ也。(三、全集一巻一七六頁以下)

上句の「や」を反語に読んで、下句の「もとの身にして」を逆接ととり、下句を上句と照らしあうものとみて、言いたりないことばから「むかしのやうにもあらぬことよ」とする意味がこぼれ出していると考えているわけである。伊勢物語は、藤原高子が清和天皇后となって、「人のいき通ふべき」相手ではなくなった、という背景を伝えている。「去年を恋ひていきて、立ちて見、居て見、見」ても「去年に似るべくもあらず」

とは、その意であるとの解釈である。契沖の解とも眞淵の釈ともことなり、とりわけ下句を裏がえして読むところに本居の独創がある。ただし、宣長が「昔とは、思ふ人に逢見たりしほど」のことと解しているのに対して契沖は、逢瀬のあったときでなく、高子が後宮に移ったのを聞いた年のことと注している（古今餘材抄第八）。伊勢本文には「又の年の正月に、梅の花ざかりに、去年を恋ひていきて」とあるから、物語としては契沖にも理があり、歌の解としてもやや興がまさるかとも思われる（本書、五六六頁・註参照）。

後年の本居宣長は、契沖はもとより、賀茂眞淵とくらべても、古典籍の読みにかんしてはじぶんのほうが語学的にも文学的にもすぐれていると信じるにいたった。一方で、本居の自己評価にはじゅうぶんな根拠もあると考えられるけれども、他方では宣長が、契沖と眞淵の両者をその学問的な生の最後にいたるまで変わらず意識して、両人との隔たりを測りつづけていたことにかんしても、ほぼ疑いを容れない。『古事記傳』でも「師」と呼ばれる眞淵をめぐってすら、宣長との距離は存外に早期から、あるいは生涯ただいちどの対面の、そのおりから開きはじめていたとも考えられよう。

眞淵との出会いをとり上げるに先だって論じておいた『紫文要領』には跋文があり、「右紫文要領上下二巻は、としころ丸か心に思ひよりて、此物語をくりかへし心をひそめてよみつゝかむかへいたせる所にして、全く師伝のおもむきにあらす。又諸抄の説と雲泥の相違也」（全集本一一三頁、集成本二四二頁）としるされている。源氏物語の「本意」について宣長の説くところが、諸抄の説とおおきく趣をことにする点は、すでに見てきたところからもあきらかである。問題となるのは師伝のおもむきであって、とくに末尾に附せられた日付が「宝暦十三年六月七日」であることともあわせて注目される。眞淵との対面は同年の五月二十五日であって、たしかにわずか十日あまりの日かずがあいだに流れているにすぎない。

五月二十五日の日記に、宣長は「曇天　○嶺松院会也　○岡部衛士（眞淵のこと）当所一宿、始対面《テス》」とするして、「一宿」の右行間に「新上屋」と書きこんでいるだけである（全集十六巻二〇二頁）。この記述のいわば存外な冷淡さに目をむけ、右に引いた跋文の日付に注目し、また一文に宣長のやや激した調子を読みとることで、対面時に源氏物語をめぐって眞淵とのあいだに相応の齟齬があって、あるいは眞淵は「自分の言うところの分からない人だ」と宣長が感じたにちがいないと想像するのは、大野晋の所見である（『語学と文学の間』二一七頁）。岩田隆が指摘するとおり、大野の挙げる論拠はじゅうぶんに説得的なものとはいえないだろう。とはいえ逆にまた、大野が想定するような「源氏論議はあり得なかった」（岩田『宣長学論究』三六頁）とする根拠、ことがらの不在を積極的に主張する拠りどころも存在しないと思われる。宣長はその最初の歌論を書きあげ、源氏論をおそらくは執筆中である。歌論や物語論が話題となったとすることはすこしも不自然な想定ではなく、話頭にのぼったとすればかならず擦れちがいが生じたはずであるからだ。

田中康二が「松坂の一夜」伝説を問題とし、美談がどのような曲折をへて一般化していったかを追跡しているしだいについては「外篇」ですでにふれた（本書、九七頁）。信綱は一文をむすぶにさいして、新上屋のほの暗い行燈は「吾が国学史の上に、不滅の光を放つて居る」としるしている（同、九九頁）。田中の認定によればある意味で当然のことながら、一方で宝暦十三年のその時点で「国学史を左右する事件という認識」が当事者に芽ばえていたはずもない。他方で『玉かつま』執筆時の宣長にとって、眞淵との邂逅は「『古事記伝』の完成という出来事」との関連でのみ物語られるにあたいしたのだ（『国学史再考』七九頁以下）。近年の田中の物言いに合わせて語るならば、老宣長にとって、咫尺《しせき》の間にせまった『古事記傳』の完成という現在だけが問題であったのである（『真淵と宣長』四四頁）。

時間をもとにもどす。さきに「外篇」で引用しておいた佐佐木信綱「松坂の一夜」の一節（本書、九七頁）についてその前後を補っておく。「舜庵は、その後江戸に便を求め、翌十四年の正月、村田傳藏の仲介で名簿《みやうぶ》をさゝげ、うけひごとをしるして、縣居の門人録に名を列ぬる一人となつた。爾来松坂と江戸との間、飛脚の往来に、彼は問ひ此《これ》は答へた。門人とはいへ、その相会うたことは纔かに一度、ただ一夜の物語に過ぎなかつたのである」。

宣長が問い、眞淵が答えた消息は、『萬葉集問目』として現在につたわっている。万葉集にかんする師弟のあいだの書簡によるやりとりで、賀茂眞淵が歿する前年にいたるまでの四年間、万葉集にかぎっても全二十巻について、前後二回にわたり質疑応答が繰りかえされている。小林秀雄が書いているとおり「質疑は宣長謹問、或は敬問とあつて、師弟の礼は取られてはゐるが、互にその蘊蓄が傾けられ、厳守されてゐるのは、雑念を交へぬ学者の良心」（『本居宣長』二二二頁以下）であった、といいとおりは言ってよい。べつの箇所で小林も注目していたように、両者の文通がはじまると時をおかず双方の資質の差異もまたあらわれて、いったんは眞淵が宣長に破門を言いわたすほどの齟齬も生じたけれど、とりあえずその問答のさまを一、二点にかぎって垣間みておき、宣長後年の所説とのかかわりもあわせて瞥見しておくことにしたい。

宣長の時代に流布していた万葉は寛永版本で、系統は仙覺による校訂本にさかのぼる。仙覺の本文批判は二十種ほどの異本を校合するところに成立しており、仙覺本では本文批判の痕跡をたどることはできないとはいえ、仙覺自身は異本による本文批判の開拓者であるとともにその代表者である。契沖はこれに対して、異本による本文批判と内証にもとづくそれをともに用いて、しかも契沖の本文批判の過程をも跡づけることの可能なのが、その大きな特長となっている。眞淵による万葉の本文批判はそのほとんどが内証によるものであって、その手法は本文の確定という水準でも、一方で独創的で詩人的といってよい反面、他方では直観的で、ときに恣意的であったと評されるのがつねである（久松潜一『萬葉集の新研究』四〇三〜四一四頁）。宣長による本文批判の態度は、内証を主軸とする眞淵の手法を受けつぎながら、師の独断をあらためた箇所も多く、ごく穏当なものがすくなくないといわれる（大久保正『宣長の萬葉學』九八頁）。じっさいまた、眞淵の教示を受けるにいたった時点で本居宣長の学力はすでに縣居門の主人も一目おくほどの水準に到達しており、師もまた「終始真に師表たるにふさはしい態度を以て宣長を啓発し、宣長又自ら深く考へて之を質すといふ真摯な学徒として之に対し」ているといってよい（同書、二四頁）。

一例を挙げよう。『問目』は万葉第一巻冒頭、雄略天皇の大御歌から質疑応答が開始される。ただちに第七歌にうつって、後年の宣長の、よく知られた考証にかかわる案件へとおよぶ。第七歌は「金野乃　美草苅葺屋杼礼里之　兎道乃宮子能　借五百礒所念」と書かれたもので、現今の訓によれば、

秋の野のみ草刈り葺《ふ》き宿れりし　宇治の都の仮廬《かりいほ》し思ほゆ

というものである。右注には「額田王歌〈未詳〉」とあるけれども、かりに額田王の作であるとすれば、万葉集を代表する女性歌人の詠ということになる。多田一臣の訳解により意をしるしておけば、「秋の野の美しいススキを刈り取って屋根に葺いて旅宿りをした、宇治の都の仮宮のことがしきりに思い起こされることだ」というところだろうか（『万葉集全解』I、二二頁以下）。額田王には万葉に十三首の撰がある。世上もっとも

よく知られた歌は、大海人皇子に呼びかけたものとされる作「あかねさす紫野いき標野いき野守は見ずや君が袖ふる」だろう。対する返歌については、あとで宣長の解を見てゆくことになるはずである。

万葉でいわれる額田王とおぼしき女性をめぐり、日本書紀天武天皇紀下に「天皇初娶二鏡王女額田姫王一、生二十市皇女一」とする記事がある。文学大系本では「天皇、初め鏡王《かがみのおほきみ》の女《むすめ》額田姫王《ぬかたのおほきみ》を娶《め》して、十市皇女《とをちのひめみこ》を生《な》しませり」と訓んでいる。万葉集には鏡王の女《むすめ》の作とされるものが五首えらばれていた。この間の事情をふまえて、宣長は「額田王は、日本紀に額田姫王とある人か。然らは鏡王女と云ノを、別に出したるは、いかなるゆゑにや。又、此集、鏡王女とある人も、額田王も、ともに天智天皇の御事をよめり。日本紀に、天武天皇の妃とあると、相違のやうに聞エ候はいかゝ」と問う。眞淵の答えは、一見したところひどく簡単なものだった。「此事甚疑あり。くさ〲思ひめくらし給へ」（萬葉集門目・一、全集六巻八九頁）。――この一件は一方では、期待する弟子にみずから考えつづける態度を要求したものといってよいだろう（大久保前掲書、二四頁）。他方その態度が、ほとんど破門の言いわたしにおよぶまで弟子を叱責するもととなった。大久保が「最もよく眞淵の態度を示して居る」ものとして佐佐木信綱『和歌史の研究』から重引する「萬葉中にても自己に一向解ことなくて問るゝをば答ふまじく候也」との一言が見られる書簡はじっさい、まず「詠歌の事よろしからず候、既にたび〲いへる如く、短歌は巧みなるはいやし」と宣長を批難し、万葉の撰者ならびに巻立をめぐって宣長が異を立てた一件に対しては「是は甚小子が意に違へり、いはばいまだ萬葉其外古書の事は知給はで異見を立らるゝこそ不審なれ。か様の御志に候はば向後小子に御問も無用の事也」とも言いわたすものである。熟考のうえ問うことを求める一節は、じつは「若猶此上に御問あらんには、兄の意を皆書て問給へ」の一文につづくものなのである（明和三年九月十六日付、全集別巻三、三七八頁以下）。

右記の来箋を受け、宣長はいったんは誠意ある詫び状をしたため、いわば縣門再入の誓いを立てた。はなはだ「疑あり」と眞淵もみた問題そのものについては、宣長はほかの多くの論点ともども、師の考にも学びながら「くさ〳〵思ひめくらし」て、のちに一解を得ることになる。後年の考証を引用しておく。

萬葉集に、鏡《ノ》女王、また額田《ぬかたの》王とある、二人の女王の事、まぎらはし。まづ鏡女王を、鏡王《ノ》女とあるは、皆誤《リ》なること、又額田《ノ》王とは別《こと》なることなどは、師の考に弁へられたるが如し。さて古《へ》は、女王をも、分て某《ノ》女王とはいはず、男王と同じく、たゞ某《ノ》王といへり。かくて萬葉のころにいたりては、女王をば、皆女王と記せるに、此額田《ノ》王に女《ノ》字のなきは、古き物に記せりしまゝに記せるなるべし。鏡《ノ》女王は、父の名とまぎるゝ故に、ふるくも女王と記せるなるべし。さて右の二女王、ともに鏡《ノ》王といひし人の女にて、鏡《ノ》女王は姉、額田《ノ》王は弟《おとうと》と聞えたり。父《ノ》王は、近江《ノ》国の野洲《ノ》郡の鏡の里に住居《すま》はれしによりて、鏡《ノ》王といへりと見ゆ。此ほども、居住を以て呼る名の例多し。かくて某女子も、もと父の郷に住居《すま》はれしによりて、同じく鏡《ノ》王と呼る也。すべて地《ところ》の名をもてよべるは、父子兄妹など、同じ名なる多し。そは事にふれてまぎるゝをりなどは、女子の方をば、鏡《ノ》女王と書てわかち、つね口には、京人などは、たゞ鏡《ノ》王といひし也。これ古《へ》のなべての例也。さて此姉妹《あねおと》ともに、天智天皇に娶《めさ》れたる人也。萬葉二の巻の十のひらに、天皇の賜へる御歌、御答に奉れる歌、これ鏡女王もめされたる証也。此女王此時は、大和《ノ》国に住居《すま》れたりと聞えたれば、故郷の鏡の里には、これよりさき、もしは後にすまれたるなるべし。

(玉かつま二・三五、全集一巻八〇頁以下)

天皇の歌は、大意としては「せめてものこと、あなたの家をいつでも見ていられるものならば」といった歌趣、鏡女王の返歌は「秋山の木の下隠《したがく》り行く水の我れこそ増さめ思ほすよりは」、繁みの下に隠れて流れる川の水嵩のように、わたしの想いのほうが勝っていますとも、という歌意である。その歌のつぎに「内大臣（藤原鎌足）の聘《よば》ひ給へる」おりの歌が収められているのは、まだ天皇に見初められるまえのことだろう、いや「めされたるうへの事にても有べし」と宣長は説く。さらに四の巻に天武天皇の皇太子時代の歌「紫草《むらさき》のにほへる妹を憎くあらば人づまゆゑにわが恋ひめやも」とある（これが「あかねさす紫野ゆき標野ゆき野守は見ずや君が袖ふる」の返歌である）のは、のちの天武天皇が「額田王に御心をかけられたりし」ことのあかしであると解いて、「かくて天智天皇かくれさせ給ひて後に、天武天皇にはめされて、十市皇女をうみ奉れりし也」と書紀中の記事を読みといてみせる。

眞淵『萬葉考別記』二では、集に鏡王女とあるのは鏡女王の誤記であり、額田王とは別人であると説かれていた。「師の考に弁へられたるが如し」と、宣長はこの師説から出発している。たほう、天武天皇の一首について、眞淵は「吾妹をにくからば他妻をも恋べきを、妹を愛《うつくし》むからはいかで他妻をおもはんや」との意であると釈く。「妹」と「人づま」を別人と解するわけである（萬葉考・一）。これに対して、宣長は「人づまゆゑにとよみ給へるは、天智天皇の妃なるが故也」と書いて、「考の説はたがへり」と明言する（前掲箇所、全集一巻八一頁）。――後年の宣長が否定するにいたった『萬葉考』の解釈とも関連して、眞淵の書簡にいわば釈明がある。「萬葉別記に書きしハ、たゝ萬葉ハ男女之恋情のみ有て教へてふ事惣てなしなといふ愚儒の説を破、又皇朝にハ同姓を婚なといふ事近年之儒の口実也、よりてそれら一二を論せしのみ也」（明和六年正月廿七日付、全集別巻三、三八七頁）。「妹を愛むからはいかで他妻をおもはんや」との解はやや教誡めいている。ちなみに現在では、額田王と大海人皇子のあいだの歌のやりとりは、遊猟という場での演技的な詠歌であると解するのがふつうである。ときの妃に皇太子が不倫の恋をしかける歌が集に収められるわけもなく、そもそも行き来した歌は「相聞」ではなく「雑歌」の部立に入っているからだ（渡部泰明『和歌とは何か』一二頁以下）。

おなじ『玉かつま』二の巻に「師の説になづまざる事」と題する段がある。「おのれ古典《いにしへぶみ》をとくに、師の説とたがへること多く、師の説のわろき事あるをば、わきまへいふこともおほかるを、いとあるまじきことと思ふ人おほか《ン》めれど、これすなはちわが師の心にて、つねにをしへられしは、後によき考への出来たらんには、かならずしも師の説にたがふとて、なはゞかりそとなむ、教へられし。こはいとたふときをしへにて、わが師の、よにすぐれ給へる一つ也」（四六、全集一巻八七頁以下）。万葉をめぐる両者のあいだの議論にも、たしかにそのおもむきはあったことだろう。

たとえば、万葉集巻第二中の持統天皇作とされる一首「燃火物　取而裹而　福路庭　入燈不言八　面智男雲」は、「燃ゆる火も取りて包みて袋には　入ると言はずや」と訓まれる。天武天皇が死去したさいの詠歌とされるもので、「燃えさかる火も手に取って袋に入れるというではないか」という意趣であるけれど、第五句「面智男雲」はなお難読とされる。四句を「面」までとして「入ると言はずやも」と読んで字あまりとする説、「面智男雲」を「面知る男雲」と解する説等が併立しているよしである（多田前掲書、一五一頁以下）。この一句について宣長が「此結句、いかゞよみ候へきや」と問い、「面知」等の類例を挙げながら「これらと同し訓なるへくや、何《レ》も読得ず」としるしたのに対して、眞淵は「いと解かたし。面知君の例、おのれもしか思ひしを、又の考も有なん。誤字も有ぬへし。智は知日二字なるへし」と答えている（問目・一、全集六巻九二頁）。難問をみとめ、自身の一考とことなる別解の可能性を承認して、後日の解を、おそらくは愛弟子による研鑽のゆくすえに望んでいるのである。

宣長が眞淵に問い、やがてみずから解をえた例を、もうひとつ挙げておこう。今度は、やりとりのなかで眞淵が宣長の按をつよくたしなめ、師の考をのちに弟子が否定して、釈をあらためる例である。

万葉集巻第十三に「やすみしし　我ご大君　高照らす　日の御子の」とはじまり、伊勢の国を謡った長歌がある。山を見れば「高く貴」く、川に目をやれば「さやけく清」く、「水門《みなと》なす　海も広し　見わたす　島も名高し云々」と詠んだあとにつづく一節を賀茂眞淵が、『冠辭考』「宇《ノ》部」で証歌として引いていた。「うちひさす」の項に、「巻十三に、山邊乃《やまのべの》、五十鈴乃原爾《いすゞのはらに》、内日刺《うちひさす》、大宮都可倍《おほみやづかへ》、朝日奈須《あさひなす》云々」とある。引用には、とはいえ眞淵による書きかえがふくまれている。五十師乃原が五十鈴乃原と改められていたのである。眞淵にまま見られる、やや性急な本文の改変である。いまだ三十代の本居宣長は老碩学に異論を立て、却下された。全集版テクストにすこし整理をくわえて、宣長の質疑の部分を引用しておく。

　山邊乃五十師乃原を、冠辭考に五十鈴原と改て引たまへるは、即《チ》大神のしつもります所と見て、この歌の大宮も、やかて神宮の事としたまふにや。今思ふに、五十をは古《へ》は伊《い》とのみ云て、伊曾《いそ》とよむ事は例なきかと思へは、少し疑はしけれとも、なほ五十師《いそしの》原にて、大宮も、下の詞を思へは、行幸の行宮なとにや。今鈴鹿郡石薬師のちかき処に、山邊《ノ》と云所あり、赤人旧跡とて、山上に百間四方ほとの跡あり。めくりに老松生たり。これ赤人と云は、俗のみたりに伝会せし事にて、実は、かの山邊《ノ》の御井の跡なとにもやあるらん。見渡嶋名高之《みわたしのしまのなたかし》なと云るも、そこのさまにかなへり。又巻一に、山邊の御井を見がてりなとよめるさまも、五十鈴の宮所のあたりとは聞えず。こゝの歌のさまも、別所のやうにおもふはいかに。（萬葉集問目・十、全集六巻一七八頁以下）

巻一の歌は「山邊ノ御井を見がてり神風の伊勢娘子《をとめ》ども相見つるかも」というものであり、詞書に「和銅五年壬子《みずのえね》の夏の四月に、長田王《ながたのおほきみ》を伊勢の斎宮《いつきのみや》に遣はす時に、山邊の御井にて作る歌」とある。山邊の御井は三重県鈴鹿市山辺町付近との説もあるけれども、現在もなお未詳である。

眞淵の応答は最初からやや怒りをふくんでいる。「かの鈴鹿郡石薬師近所、海有やしらす。渡會あたりこそ二見へも近く、志摩の答師なとも近けれ。是は、いせの惣てをいへり、其井辺より見ゆるとはいはす。いかでかかくは思ひ給ふにや」。王が斎宮に赴いたのは斎宮造作のおりだろう、斎宮と神宮とのあいだには距離があるから「見かてら行といふに、何かうたかひ有にや」。つづけて総じて質疑にふくまれる弟子の態度に、師は苦言を呈している。「惣てかゝる僻見度々聞ゆ。謹み給へ」。問題となるあたりの地理にじぶん自身は詳しくなく（「地をしらねは」）、伝聞によるところもあるしだいをみとめながら、眞淵は自解をゆずっていない。「とかくにかの石薬師辺にはあらし」。五十鈴川という名の、その指す範囲が、むかしと今とではことなっているのだろう、「又、流はかはりやすし、少しの違は有もせん」。前後とくらべやや長きにおよんでいる返答に、徒弟に異を立てられた巨匠の苛立ちめいたものが仄見えないこともない。——この問答に先だつこと、かなり以前の日付（宝暦十三年十二月十六日）が附された眞淵よりの来簡に「御不審之内甚可なるもあり、或ハ御思慮ニ過候事有レ之候」ともあった。ちなみに、おなじ一箋の冒頭には、宣長の詠歌を是としないことば（「集中之可ならぬ体を被レ擬候もの也」）もしるされていた（全集別巻三、三七四頁）。

宣長は後年、これも『玉かつま』のなかで、みずからの考証を披歴している。「萬葉集の歌によめる、伊勢《ノ》国の五十師《ノ》原山《ノ》邊御井は、鈴鹿郡《ノ》にて、今も山邊《やまべ》村といふ所也」。その場所に存在する「山邊《ノ》赤人の屋敷跡」なるものは、「山部」と「山邊」の姓をとりちがえ、地名に引きよせた「ひがこと」なのは論を俟たない一件であるけれども、「五十師原を、萬葉の今の本に、いそしのはらと訓」んでいるのもまちがいである。「古《へ》はいそといふに、五十と書ること」はなかったから「いしのはらとよむべし。五十と書るをば、伊《い》とよむ古書の例」であるからだ。このあとに、かつて『問目』にも粗々しるしたことがらを、さらに実見、典籍、伝聞をふくめて、より詳細にわたって書きとめ、つづけて説いている。「そはとまれかくまれ、五十師《ノ》原山《ノ》邊は、うたがひなく此ところにて、赤人屋敷といふ地ぞ、行宮の御跡」、按ずるに持統天皇行幸のさいの仮宮の址にほかならない。「然るを師の萬葉考には、五十師原を、五十鈴《ノ》原と改めて、かの長歌を、大御神の宮づかへの事に説《とき》なして、鈴鹿郡《ノ》の山邊也といふを破りて、くさ〴〵論ぜられたれども、其説こと〴〵くあたらぬこと也」(三・一、全集一巻九一〜九三頁)。

かつて宣長の考を一蹴した眞淵は、そののちもみずからの按をゆずらなかった。くだんの長歌では「島も名高し」のあと「こゝをしも　まぐはしみかも」、このような場所をこそ見事というのだろうか、とつづく。「こゝをしもてふより大宮とつゞけたるさま、斎宮離宮をいふにあらす。只大神宮の御事也。然れば今本に五十師乃原と有るは誤りにて、五十鈴乃原なるを知るべし」と、『萬葉考別記』一にもある。老年にいたって宣長は、師説のあやまりである「よしをいはんに、数々あり」として、「一《ツ》には、まづ師《ノ》字と鈴《ノ》字とは、楷書はさらにもいはず、草書も形似ざれば、誤るべきにあらず」にはじまり、九箇条にわたって反論の拠を挙げるけれども、ここではその語気の鋭さのみ指摘して、一々の紹介は略する。

この節をおえるにあたり、有名な例を附けくわえておこう。いささか頓智めき、あるいは推理小説じみたところがあって、ことの経緯はよく知られ、宣長の着眼が今日の訓みの基礎となっているものである。

万葉集巻第十秋雑歌は巻頭、七夕にまつわる詠歌を輯めている。歌のひとつは、みずから織女に擬して、

月日おき逢ひてしあれば別れまく　惜しかる君は明日さへもがも

と詠ずるもので、永い月日の涯てにようやくお逢いできたのですから、あなたとのお別れが耐えがたく惜しまれます、いっそ明日もまたこうしてお逢いできればと、きぬぎぬの別離をうたう歌だろう。

歌意はともあれ、問題は「逢ひてし」である。漢字のまましるせば、「逢義之」とあって、古来難読とされてきたもののひとつであった。壮年の宣長は、すでに眞淵に問うている。「義之《てし》は篆《ノ》字の誤、大王《てし》は天子の意とのたまはせる、さる事なるへし。されとなほ、愚なる心に疑《ヒ》はれやらす。そのゆゑは、義をテとよめる所もあらは、篆の誤なるへきに、義之《てし》とのみつゝけて、いつこも〱かけり」。これは、じつは二度目の質疑であった。宣長はすでに自問自答をかさね、解答を手にしている。「義は羲の字にて、かのから国の王羲之てふ人の事にて、手師《てし》の意に用るか」。――師の応答は、ここでもつれないものだった。古書を読みかえせば類例はたやすく見つかるだろうが、いまは「そを見わたす暇なし、そこにて考給へ」。じぶんで例を調べてみよ、というのである。宣長は「かの手師に心付しより、他の見えぬなるへし。手の師てふは、甚俗也」。しかし、眞淵もさいごは公平に留保する。なにもじぶんの説がかならず当たっているとするわけではない、それでも「猶も別の考をなし給へ」(萬葉集問目・六、全集六巻一四二頁以下)。

ここでも後年の解に言いおよんでおこう。『玉かつま』中の考証から引用しておく。

萬葉三の巻に我定義之《わがさだめてし》、四の巻に、言義之鬼尾《いひてしものを》、七の巻又十二の巻に、結義之《むすびてし》、十の巻に、織義之《おりてし》、また逢義之《あひてし》、十一の巻に、触義之鬼尾《ふれてしものを》、これらの義之、みな同じ辞にて、てしと訓《ム》べきこと論なし。さてそれは、義《ノ》字を、ての仮字に用ひたるにはあらず、さる故に、義之《てし》とつゞけるのみにて、義《て》とのみいへるは、一つもなし。義《ノ》字は、みな羲を誤れるにて、もろこしの王羲之といひし人の名也。此人、書に名高きこと、古《へ》よりならびなくして、皇国にても、古《へ》よりこれが手跡をば、殊にめでたふとみける故に、手師《てし》の意にて書る也。書のことを手といふは、古きことにて、日本紀にも、書博士を、てのはかせとも、てかきとも訓たり。又同じ萬葉の中に、てしといふ辞を、すなはち手師《てし》とも書るにて知べし。

（六・三九、全集一巻一九二頁）

眞淵は「ならの朝に既、物書を手といひしや」とも問うていた。後年の宣長が『玉かつま』中で指摘するとおり、日本書紀持統紀の五年の記事に、「九月の己巳《つちのとのみ》の朔壬申《みづのえさるのひ》に、音《こゑノ》博士、大唐《もろこし》の續守言、薩弘恪、書《ノ》博士、百済の末士、善信に、銀《しろかね》、人ごとに二十両賜ふ」とあって、書の左右には「テノ」「テカキ」との傍訓が寛永版本にある（大系本頭注）。その件を、おそらく宣長は『問目』に記録されている往復の段階で、すでに知悉していたのではないだろうか。

三十一

垂仁天皇には古事記中に挿話も多い。そのひとつ、妃の沙本毘売《さほびめ》の宿世をめぐってはのちにふれるところがあるだろう。夫への愛と兄への親しみとのあいだで板ばさみになる、ソフォクレスえがくアンティゴネーの運命を想わせる悲劇であるけれども、その背景には古代王権における王位継承権のひろがりが存在するとも言われる（西郷信綱『古事記注釈』第三巻、二三二頁）。

天皇は多遅摩毛理《たぢまもり》を「常世」に遣わして、「非時《ときじく》の香《かく》の木《ノ》実」、つねに香りのよい果実を求めながら、この新羅王子の玄孫の帰着をまたずに歿してしまう。『古事記傳』は常世を新羅と解し、「登岐士玖能迦玖能木実《ときじくのかくのこのみ》」は橘であり、「此《ノ》名は、将来《もちてき》つる人の名に因《リ》て、多遅麻花《たぢまばな》と云なるべし」と説いている。さらに橘と蜜柑との関係について「昔の橘は今の蜜柑《みかむ》なり」とする論と「昔の橘即《チ》今も橘と云物なり」とする説を併記しつつ、「定めがたし」と述べたうえで、割注を附して以下のように書いていた。

今思ふに、まづ今《ノ》世に橘と云物は、罕《まれ》にありて、其《ノ》実柑子《かうじ》よりなほ小くて、味も蜜柑とは遙に劣れり。然るに、古《へ》橘はさばかり賞《めで》て、世に多かりし物なれば、是にはあらで、蜜柑こそ其なるべけれ。薬の橘皮にも、昔より蜜柑の皮を用《フ》るなり。今橋と云物の別にあるは、昔の橋をば、いつのほどよりか、蜜柑とのみ云から、後に、別《こと》なる一種を、橋と名つけたるならむ。其《ノ》今橋と云物は、延喜式、伊勢物語などに、小柑子と云る物是《レ》なるべし、と思はる。然れば、始《メ》の説宜しかるべきか。又思ふには、若《シ》昔の橋、今の蜜柑のことならば、昔のまゝに、今までも多知婆那《たちばな》とこそ云来《ヒ》るべきことなれ。蜜柑と云名に変るべき由なし。然れば蜜柑は、後に渡来《リ》つる物なるが、其《ノ》始《メ》て渡りつる時に、味の美きまゝに、蜜柑とは呼初《いひそめ》しならむかとも思はるれば、後の説も、理《リ》ありて聞ゆ。又思ふに、美加牟《みかむ》と云名は（中略）柚柑《ゆかむ》を訛りて云るを、後に蜜柑とは書《キ》なせるかともおぼゆ。凡て橘柑柚の三《ツ》は、漢国にてもまがひ又其種類もいと多ければ、漢名に依ても、決《さだ》めがたく、又古《へ》今の異《かはり》も、いとまぎらはしきなり。又或説には昔の橋は、今云柑子《かうじ》なり。今云蜜柑は、昔の柑子なりと云り。然れども、柑子は、今も柑子と云物とこそ聞えたれ。（伝二十五、全集十一巻一五〇頁以下）

宣長の註釈のかまえが、細部においてきわだっている一例である。古書にあらわれることばの本義、元来の語源的意味というより、その語がそのかみ、なにを指すものとして、ひとびとのあいだで使用されていたか、のちの転義はどのようにしておこったのか。対立する説を吟味しながら註解が行きつもどりつするさまが、物語の本筋とはべつのところで展開しているところが興味ぶかい。ただし、ここでさしあたり注目しておきたいのはその件ではない。引用で確認されることの経緯を背景とした、宣長後年の発言である。

『玉かつま』の最終巻に「古より後世のまされる事」と題された一段がある。あらあら辿っておこう。「古よりも、後世のまされること、万の物にも、事にもおほし」。国学に対して、その復古主義という評価のみを墨守する論者にとっては、標題、書きだしともに意外な一節ではないだろうか。宣長が挙げる例がみかんである。「其一つをいはむに、いにしへは、橘をならびなき物にしてめでつるを、近き世には、みかんといふ物ありて、此みかんにくらぶれば、橘は数にもあらずけおされたり」。宣長はここでは第二説を採っているわけである。「蜜柑ぞ味ことにすぐれて、中にも橘によく似てこよなくまされる物なり」。そればかりではない。「古にはなくて、今はある物もおほく、いにしへはわろくて、今のはよきたぐひ多し。これをもておもへば、今より後も又いかにあらむ」（十四・五九、全集一巻四三六頁）。これを、「素朴な進歩史観」（苅部直『「維新革命」への道』一一一頁）と呼ぶかどうかは措く。宣長のこうした態度に直接かかわっているのはおそらく『玉かつま』中でももっとも知られた一節にみられる、「うまき物くはまほしく、よききぬきまほしく、よき家にすままほしく」することは「みな人の真心《まごころ》」（四・七八、一四五頁）であるとした、その大らかなエピキュリアニズムだろう。――ごく健康な享楽主義を生んだ本居宣長のおなじ心性が、歌論にあっては、ことばの雅を第一とする宣長の立場を帰結する。ことの消息はしかも、師の賀茂眞淵との関係では、両者のあいだでついに調停不能なひそやかな対立とつながることとなったのである。

眞淵に『邇飛麻那微《にひまなび》』と題する学問論上の小篇がある。寛政十（一七九八）年、宣長がすでに六十九歳となる年に上木された。古学における万葉の意味、記紀の重要性に眞淵が説きおよぶ一節から引用しておく。

○後の世人、萬葉をかつぐ〳〵見て、えも心得ぬまゝに、こはふりにしものにして、いまにかなはずといふよ。やまと（倭）もから（唐）も、いにしへこそよろづによろしければ、古ことをこそたふとめれ。いづこにか古へを捨て、下れる世のふりにつけてふ教のあらんや。そはおのれがえしらぬことを、かざらんとてうるけ（愚）人をあざむく也。凡古き史《ふみ》に依て、古き代々は知るれど、その史には、古への事或はもれ、或は伝へ違ひ、或は書人の補ひ、或はから文の体に書しかば、こゝの言を失ひなどして、ひたぶるにうけがたき事有を、古歌てふ物の言を、よく正し唱ふる時は、千年前なる、人麻呂、赤人など、目のあたりにありて、よめるを聞にひとしくて、古への直ちに知るゝ物は、古への歌也。且古へ人の歌は、ときにしたがひて、おもふことをかくさずよめれば、その人々のこゝろ顕は也。さる歌を、いくもゝも常に唱ふるまゝに、古へのこゝろは、しかなりてふことを、よくしり得られる。（中略）又後世の人、萬葉は歌也、歌はをみなのもてあそぶ戯の事ぞとおもひ誤れるまゝに、古歌をこゝろえず、古書をしらず、なまじひにから文を見て、こゝの神代の事をいはんとする、さかしら人多し。よりてそのいふ事、虚理《そらことわり》にして、皇朝の古への道にかなへるは、惣てなし。先《まづ》古への歌を学びて、古へ風の歌をよみ、次に古への文を学びて古へ風の文をつらね、次に古事記をよくよみ、次に日本紀をよくよみ、續日本紀ゆ下《しも》御代つぎの史らをよみ、式、儀式など、あるひは諸の記録をも見（註略）かなに書る物をも見て、古事、古言の残れるをとり、古への琴、ふえ、衣の類ひ、器などの事をも考へ、其外くさ〴〵の事どもは、右の史らを見思ふ間にしらるべし。かく皇朝の古へを尽して後に、神代の事をばうかゞひつべし。

一知半解の者にかぎって万葉は「いまにかなはず」などと言う。眞淵はほとんど憤っている。留保のない尚古主義、復古の宣言がつづく。「いにしへこそよろづによろしければ、古ことをこそたふとめれ」。眞淵にとっては、詠歌についても、否むしろ歌を詠むことにかんしてこそ、古代の優位が動かしがたい。かくて、縣居の大人の見るところでは、「いづこにか古へを捨て、下れる世のふりにつけてふ教のあらんや」。

古歌を、とりわけ万葉を学んだのちに、古事記へといたり、「古へを尽して後に、神代の事をばうかゞ」うべきである、とは眞淵の譲ることのできない持論であった。その半ば以上については、宣長にも異論がありえないところである。宣長にとって、とはいえ眞淵の所論にかんして、どうしてもこころの底からは同意しえないふしがあったのである。「萬葉をかつ〴〵見て、えも心得ぬまゝに、こはふりにしものにして、いまにかなはず」とする眞淵の言は、皮肉なことに、あたかもこの愛弟子に対して向けられたかのような響きすらともなっていた。

眞淵の万葉重視は、たんなる古歌と古言との尊重ではない。「いにしへは、ますらをはたけくをゝしきを、むねとすれば、うたもしかり。さるを古今歌集のころとなりては、男も女ぶりによみしかば、をとこをみなのわかちなくなりぬ」(歌意考)。新古今については、言うまでもない。歌論をめぐって眞淵には、あきらかな下降史観が存在する。「上つ代には、人のこゝろひたぶるに、なほくなむ有ける」。こころに思うことがそのまま歌となって、「かくうたふも、ひたぶるにひとつ心にうたひ、こと葉もなほき、常のことばもてつゞくれば、続くともおもはでつゞき、とゝのふともなくて、調《とゝの》はりけり」(同)。詠歌は、眞淵にとって、自然であり、技巧ではない。雅もまた工まれるものではなくおのずから生まれでるものである。賀茂眞淵にあって歌はやはりたんなる言辞の道、ことばのみやびである以前に、こころの直さをおのずとあらわすものにほかならない。

宣長は、眞淵と出会うまえに、すでにみずからの歌論の骨格を形成しおえている。若き宣長にとっても、「歌学のためには萬葉第一」であることはまちがいがない。とはいえ「詠歌のたつきには(中略)三代集をずいぶんまねてよみつくれは、当世てうど《（丁度）》よき歌になる」とその歌論はいう（あしわけ小舟〔一七〕、全集二巻一四頁）。そのうえ万葉は、契沖の説くとおり勅撰ではない。むしろ在滿の主張するように「聞くまゝに取りのせたる物」（本書、四四二頁参照）であるにすぎない。万葉は詠歌の規矩たりえないのである。『あしわけ小舟』のいわゆる「歴代変化」論から引いておく。

萬葉は公《ケ》の事にあらざるうへに、撰ひたるものにもあらず。たゝ私に聞書のやうにかきあつめたるものなれは、善悪混したるものにて、取りかたき事多し。そのうへ世ものほりて、末の世の人の耳にとをくして、心に感する事すくなし。されはその体まなひがたく、たとひまなひ《（学）》てもよろしくもあらず。その中にも、今の世にも通して、やさしき詞なとを引なをして、今の風によみなすなとは別の事也。まづ萬葉は上古の歌のさまをみ、詞のよつておこる所を考へなとする、歌学のためにはよき物にて、よみ歌のためにはさのみ用なし。（あしわけ小舟〔五九〕、全集二巻六二頁以下）

宣長は『小舟』をつづらの底に蔵し、手をいれて『私淑言』を書きおろす。とはいえ、この歌論をもまた生前に世に問うことはしなかった。師の目を憚ったとは言えないにしても、右の一節など、眞淵が一読すればふたたび、みたび憤怒を抑えがたかったにちがいない。歌の詠みざまとしての万葉評価についていえば、宣長の評定は眞淵の薫陶を受けてなお、基本的には変わるところがなかったものと思われる。――師もまた弟子がじぶんに心服しているわけではないしだいに気づいていたはずである。小林の書きぶりを借りるなら、弟子はなにかを隠していた。「従へないのではない、従ひたくはないのだ」（『本居宣長』二三六頁）。おそらくは、小林が師弟それぞれの心事を推しはかった、そのとおりであったのだ。とりわけ万葉集は「撰びてあつめたる集にはあらず、よきあしきえらびなく、あつめたれば、古《へ》ながらも、あしき歌も多し」とする、弟子の評価は、その最晩年までかわらなかった（うひ山ぶみ・註（ウ）、全集一巻二〇頁）。

ここで宣長の時間を本居榮貞時代までさかのぼってみよう。さきに『玉かつま』の一段を引用しておいたとおり（本書、四〇二頁参照）、宣長は「十七八なりしほどより」歌を詠むことをこころざし、延享四（一七四七）年十八歳の冬から『和歌のうら』と題辞のある手帖をつづっている。第二冊目は「和歌の浦《萬葉抜書存》」と表紙に墨書されている自筆稿本で、今日たどりうるかぎりでは、宣長の万葉への関心をしめす最初のまとまった資料である。おそらくは起稿の年月日が、「寛延元年　十　十五」（寛延元年は延享四年の翌年である）と細字で記入されているよしである。北村季吟『萬葉拾穂抄口訣』からの抄出や、万葉仮名への注記等もふくまれているのが注目されるけれども、ここでは、宣長に芽ばえた枕詞への関心についてしるしておく。

たとえば万葉集巻第三（四二八）に、「土形娘子《ひぢかたのをとめ》を泊瀬《はつせ》の山に火葬《やきはぶ》る時に」人麻呂が詠じた歌として、

隠りくの泊瀬の山の山の際《ま》に　いさよふ雲は妹《いも》にかもあらむ

とする一首がおさめられている。泊瀬の山のやまあいに漂う雲を、おそらくは悲運に見舞われた若い女性の最期の煙に見たてたひとうたであり、仏教伝来とともにひろまった火葬という葬法がもたらした衝撃の痕をとどめる秀歌である（多田前掲書、三四二頁）。土形娘子は伝未詳であるよし、問題は「隠口能《こもりくの》」という一語

であり、若き宣長がその解を示している。「隠口初瀬《こもりくのはつせ》　榮貞按、口《くち》に隠《こも》れる歯とつゞく、又いはんと思ふ事をはぢて、口の中にその言をこめをく心にて、こもりくの恥《はづ》とつゝく」。宣長は「初瀬、恥に通する」と解するのだが、そのさいの証歌は、新古今巻第三から採られた「すゞしさは秋やかへりて初瀬河ふる河のへの杉の下蔭」である。宣長はまた別解を示して、「こもりくの説、又は木間《このま》もりくる月のはつかなると云心歟。はつかはわづか也、木《こ》もり来《く》のはつとつゝく」とも言う（全集十四巻五二九頁）。これはむろんいずれにせよ誤釈であって、のちに宣長は賀茂眞淵『冠辭考』の解を読むことになるだろう。「こは右の隠国と書るぞ正《まさ》しき字ならむ。山ふところ弘くかこみたる所なれば、籠《こも》り国の長谷《はつせ》といふべきもの也」。――べつの長歌（四五）に附せられた古典集成本の頭注には、「こもりく」は「人の霊のこもる所の意」、泊瀬は墓所であって「隠《こも》り処《く》」として畏れられたともある。山々のつらなりと深い木々の落とす影がこころに移って、長谷の山郷はおのずと「辺境世界」から「原郷世界」（佐藤正英）への通路ともなっていたことだろう。

京遊学時代の契沖との出会いについては、すでに見ておいた。これも『玉かつま』から引いておいたように（本書、四二六頁参照）、宣長が回想して挙げている契沖の著書は『百人一首改觀抄』『古今餘材抄』『勢語臆斷』であり、『萬葉代匠記』は披見にいたらず、景山所蔵の万葉本への書きいれによってその大体を知ったにすぎない。そもそもこの時節には、宣長自身のふかい関心がなお中古にあって上代には存在せず、詠歌の好みもとりわけ新古今の世界に置かれていたことも、ふれておいたとおりである（同、四六八頁）。

これも通りすがりに見ておいたように（四三九頁）、帰郷の翌年、宝暦八（一七五八）年の三月に成稿した『古今選』は、万葉から二十一代集へといたる和歌から一七九一首の秀歌を撰びだす作業であったが、その編纂のさまを見ても、当時の宣長の趣味嗜好はつぶさに確認することができる。たとえば同稿・一上、春の部はおよそ三四〇首ほどの古歌をえらぶが、万葉から採られたものは、それぞれ赤人、家持、それによみ人しらずの一首をふくめ三作にすぎない（全集十四巻四一四、四一五、四一七頁）。

春の野にすみれつみにとこし我そ　野をなつかしみ一夜ねにける
春の野にあさるきゝすの妻こひに　をのかあたりを人にしれつゝ
山のはに雪はふりつゝしかすかに　此川柳はもえにけるかも

これに対して、新古今集からの撰は五十首あまりで、そこには、いうまでもなく「春のよの夢のうきはしと絶して岑に別るゝ横雲のそら」（定家）（同、四一七頁）、「風かよふねさめの袖の花のかにかほる枕の春の夜のゆめ」（俊成卿女）（同、四二〇頁）もふくまれている。二首にかんする後年の宣長の註釈について、本書の「外篇」で夙に見ておいたところである（本書、一二二頁以下）。

　宣長がおそらく偏愛する、式子内親王の作からは「山ふかみ春ともしらぬ松の戸にたえ〴〵かゝるゆきのたまみ《（水）》つ」（全集十四巻四一二頁）、「今さくらさきぬと見えてうす曇り春にかすめる世の気色かな」（同、四二〇頁）が入っている。前者に対して『新古今集美濃の家づと』では「めでたし、詞めでたし、下句はさら也、春ともしらぬ松とつゞきたるも、趣の外のあまりのにほひなり」と評される（一の巻、全集三巻二九九頁）。『家づと』にまま見られる、とりわけことばの雅やかなさまを讃える高評である。後者にかんしては、やや点が厳しい。「初句いうならず。今といへるは、心をいれてよみ玉へる詞とは聞ゆれど、さしもあらず。此ことばなくても有べきさまなればなり」。歌情に対して冗語であるというのである。「或抄に、今といふにて、いつかくと待たる心ありといへれど、其意はえうなき歌なり」。以下も、実作の観点から貶語がつづく。「二の句は、世のけしきのさやうに見ゆるなり。四の句は、春のけしきにかすめるをいふ。されど此にもじ、少しいやしく聞ゆ」。こうした評も宣長らしいものであり、さらに附けたしがある。「又近き世に、秋に見しなど、多くよむにもじは、殊にいやしき詞なり。心すべし。こは事のついでにいふなり」（同、三〇九頁）。

こうならべてみると、万葉から採られた三首も、いわゆる万葉ぶりの詠歌ではなく、かえって後世風へとつながる歌趣をふくんでいることがわかる。いずれにしても、歌道という点からは、万葉への関心はやはり薄いのである。この点については、最晩年の教えでも「萬葉の歌の中にても、やすらかに長高《ケ》く、のびらかなるすがたを、ならひてよむべし」と、なおも限定がある（うひ山ぶみ・本文、全集一巻六頁）。

これに対して、宝暦十一（一七六二）年、宣長三十一歳の年になったものと考えられる『阿毎菟知辨《あめつちべん》』では、上古への関心が、主題的なかたちで明示されている。この小篇は「天地を訓して阿毎菟知と為すは古言に非ず」（全集十四巻一三七頁）として、「地」を「矩爾《くに》」と読むべきであると主張する一文である。『萬葉集問目』九にも「天地をあめつちと訓《ム》事、古語にあらず、あめくになるべしてふ事、前に申せしに、猶わろきよしのたまへり」（全集六巻一七四頁）とあるところから見て、宣長は眞淵に対して、この件を二度にわたり持ちだしていた。結果はよく知られているとおり、宣長はけっきょく眞淵の説を承認し、『古事記傳』でも師の『久邇門致考』を引いて、「天地」を「アメツチ」と訓じている（伝三、全集九巻一二二頁）。そうであるにせよ、一篇には「人皆和訓の文字に害あることを知て、未だ古語に漢字の害あることを知らす」（全集十四巻一三八頁）、さらには「如キ二萬葉集一、為レ足レ徴スル二古言ヲ一」といった発言が見られて、古語を蒐集する源泉としての万葉への関心がみとめられることが注目されなければならない。字訓に「拘執」することの非をこと挙げするその身ぶりには、すでに「すめら御国の古へ、語を主とし、字を奴として、心にまかせつゝ用ゐなしつ。他国の例に泥てあやしむことなかれ」(冠辭考・附言)とする眞淵の認識が影を落としているのである(大久保前掲書、一七頁以下、岩田『宣長学論究』九六頁以下参照)。――古言ヲ徴スル、という宣長の表現にも注意しておく必要がある。『阿毎菟知辨』は、天地の訓を解く資料として万葉に言及していた。万葉は、そして最終的にも本居学にあっては、「それ自身の価値としてでは無く、古事記との関係に於いて認識」(大久保前掲書、二二一頁)されることになったのである。

ここで本節の時間が、前節における宣長の時間と交叉する。『日録』は宝暦七(一七五七)年十月六日からはじまっていた。松坂帰郷のその日付である。「自二京師一帰二松坂一、称二本居春庵一、行二医事一」(全集十六巻一四三頁)とある。やや飛んで、宝暦十一(一七六一)年五月二十四日の記事を引用しておく。

廿四日、夜萬葉集開講、先レ是枕艸子講レ之、雖レ未レ終レ之、中廃而講二萬葉一、以二四之日一為二定日一。

(同、一五五頁)

昼の「医事」のあと、夜間に宣長の自宅で開講された講義の記録である。それまで枕草子を読んでいたのを中断し、万葉を講読しはじめたことがわかる。定日が四のつく日とあるから、月に三回ほどの開講となるだろうか。あわせて、最初の万葉講釈が眞淵との会見以前にはじまっていることに注意しておく。

宣長の講義のうちで、回数からすれば古今集の四回が最多であるけれども、文献の分量をも勘案すれば、源氏三回半、万葉二回半がやはりその双璧ということになるだろう。万葉についていえば、右にしるされたおりはいわゆる講釈で、以後安永二（一七七三）年にいたるまで十三年間にわたって継続され、全二十巻を講じおえている。第二回目には会読となり、こちらは安永四年十月から十一年間におよんで、天明六（一七八六）年の十月までにおなじく全巻を読みおえた。第三回としては同年ひきつづき会読が再開され、途中で講釈にかたちを変えて最晩年、すくなくとも寛政年間、つまり宣長六十代にいたるまで継続される。

そうした講義活動を中心として、みずから講じ、弟子たちともやりとりを交わし、考を深めていった成果のひとつが『萬葉集玉の小琴』であった。一書は万葉巻一から巻四までの註釈であり、賀茂眞淵『萬葉考』を補い、また匡すためにあらわされたものである。二之巻の末尾に「右一二巻の中に、考の説のよろしからぬ事は、猶これかれあれども、おのれもいまた思ひ得ぬ事は、皆もらしつ」とも注記してあるとおりである（全集六巻三六頁）。自序には安永八（一七七九）年の日付があるとはいえ完成にはいたらず、写本がひろく出まわったようであるけれど、刊本の出版は天保九（一八三八）年、宣長歿後三十七年後のことであった。万葉研究としては宣長唯一の著述である。やや長いが、自序をすべて引いておく。

まんえふ集は、師のつねいはれける如く、さうのもじ《草書》して書伝へてければ、後見る人の見まかへつゝ、はやくよりあらぬもじ《文字》に写しひかめつる事のみおほかる本の、後の世にはのこりにたるを、ひかよみ《僻訓》はさらにもいはす、さるひかもじ《僻文字》のまゝにしも、しひてよみきつるか故に、いかにふこゝろ共、さらにあきらめしられぬ歌なもおほかりける。かれこゝをもて、いさゝかもうたかはしとおもほゆる歌は、必ひかうつしのもじあらんことをし思ひて、それ思ひめくらすそ、萬葉まなひ《学び》のむねなると師はいはれにき。

まことしかにはあれ共、それはたいとかたきわさにして、たはやすくおもひうへくもあらさりけるを、今の世の人ともは、そのかみのこゝろことは《(詞)》のふりをも、うまらにはさとりしらすて、いまたしき程より、たゝひかもじひかもじとなも、いひのゝしりつゝ、みたりにあらため《(改)》なほ《(直)》すめるは、中々なる物ぞこなひもおほけれと、しかいひて又さるほん《(本)》にのみかゝつらひつゝ、猶もじのまゝによみえてんとするには、かにかくに思ひめくらせ共、つひにいにしへの心ことははえかたくて、中々によこさまに、しひたることにもなりゆくめれは、猶此ひかもじ考ふる教はしも、すてかたくうこく《(動)》ましかりけれは、今はたそのをしへにしたかひて、これかれ思ひえつる事共を、なほねもころに、かたへの歌なる、同し詞のたくひをも、たつねあはせ、同し心の友かきにも、かたらひはかりて、我も人もあしからしと、定めたるかきりをなも、こゝろみかてら、もしもよみも、あらため《(改)》なほ《(直)》しなと、あるは、人みなの、えかてにすなる、歌のこゝろを思ひえたるなと、書あつめたる此ふみそ。猶よからんや、あしからんや、これよりうへのさためは、たゝ後見ん人の心になも。（全集六巻一一頁以下）

眞淵による本文批判の意味をみとめながら、現今の傾向——「たゝひかもじひかもじとなも、いひのゝしり」、安易な改訂主義に走る傾き——に疑義を呈しつつも、師とおなじく内証を重視しながら（「かたへの歌なる、同し詞のたくひをも、たつねあはせ」）、「同し心の友かき」、講筵につらなる同学の士との討論を経て、註釈の一部を公開するけれども、ことの良しあしは後学に委ねたい、とする趣旨である。ここで批判されている眞淵にしても「すへてしか改むるにはそのよしをしるさぬはなし、それはたおのが誤れらば、後の人のあらためん也」（萬葉集大考）と述べているいっぽう、宣長の本文批判にしても今日の目からすれば行きすぎに見えるふしもあるとはいえ、弟子の手法は師のそれとくらべて、やはりなお穏やかにあたっているものがすくなくはないだろう。

たとえば一之巻は、万葉巻第一の劈頭をかざる御製から稿をひらく。「籠《こ》もよ　み籠《こ》もち」、籠、立派な籠をもって菜を摘んでおられるむすめさんという呼びかけからはじまり、「家告《の》らせ　名告《の》らさね」、この大和の国は「吾許曾居師告名部手吾己曾座」とつづく。この「吾許曾居師告名部手」を契沖は「われこそをらしつげなべて」と読み、眞淵は「われこそをらしのりなべて」と訓ずる。宣長はいずれの解も斥け、「告」を「吉」の誤写とみ、以下のように説いている。「本に、居師と師《ノ》字を上の句へつけて、をらしと訓るは誤也。こゝはをらしといひては、語とゝのはず。又吉《ノ》字を告に誤りて、つげなべて、のりなべてなとよむも、いかゝ。のりなべといふこと心得ず。こは必吉《ノ》字也。しきは太敷坐《ふとしきます》、又しき坐国《ますくに》などいへるしき也」（全集六巻一三頁）。この考量のけっか得られる読みは「われこそをれ、しきなべて、われこそませ」（「吾こそ居れ　しきなべて　我こそ座せ」）というもの、前後をつなげて訳しておくならば、大和の国は「私がすべて支配し、すみずみまで治めている」けれども、その私のほうから名のってあげよう（「我こそば　告らめ　家をも名をも」）となって、今日ほとんど定訓となっているところとも一致する。そうした訓みを可能としたのも、眞淵の手法を受容しながら、それを適切に適用し、また「歌としての語調、歌趣に深く留意して新訓を案出」する宣長の姿勢であったのだ（大久保正『萬葉の傳統』三〇四頁参照）。

　右の一例は、万葉をめぐる宣長の本文批判をふくみ、また訓の研究であるとともに語釈的な詮索を示している。これはじつは『玉の小琴』の特徴であると同時に、本居宣長の万葉研究全般の範例でもある。『小琴』を一覧してみればあきらかなとおり、一書には批評的研究といってよいもの、鑑賞的解釈と呼ぶべきものがほとんどふくまれていない。歌論における眞淵の万葉主義は、本居のうちに種を蒔かれるもついに稔らず、宣長は最終的にはほぼ古事記読解の補助資料としてのみ、万葉の細部に考証をくわえたことになる。

本居宣長は『古事記傳』一之巻中の「訓法《よみざま》の事」を、「凡て古書は、語を厳重《おごそか》にすべき中にも、此記は殊に然あるべき所由《ゆゑ》あれば、主《むね》と古語を委曲《つばらか》に考《へ》て、訓を重くすべきなり」と書きだしていた（伝一、全集九巻三一頁）。宣長が考える、そうであるべき理由についてはのちにふれるはずである。やや置いて、具体的な注意を『傳』の総論が与える部分から引用しておこう。宣長は「さて然つゝしみ厳重《おも》くするにつきては、漢籍《からぶみ》また後《ノ》世の書をよむとは異《こと》にして、いとたやすからぬわざなり」といい、漢文と古事記本文との書きようの差異にふれ、「此《ノ》たがひめをよく弁へて、漢《から》のふりの厠《まじ》らぬ、清らかなる古語を求めて訓べし」と説いたあとに、つぎのようにしるしていた。

さて全古語《もはら》を以て訓《マ》むとするに、それいとたやすからぬわざなり。其故は、古書はみな漢文もて書て、全《また》く古語のまゝなるが無《な》ければ、今何《いづ》れにかよらむ、そのたづきなきに似たり。たゞ古記の中に、往々《をりをり》古語のまゝに記せる処々、さては續紀などの宣命《みことのり》の詞、また延喜式の八巻なる諸《ノ》祝詞《のりと》など、これらぞ連《つづ》きざまも何も、大方此方《ここ》の語のまゝなれば、まづこれらを熟《うま》く読習《よみなら》ひて、古語のふりをば知《ル》べきなり。さて又此記と書紀とに載れる歌、また萬葉集を、熟く誦《よみ》ならふべし。殊に此記と書紀との歌は、露ばかりも漢ざまのまじらぬ、古《へ》の意言《こころことば》にして、いとも〱貴くありがたき物なり。【此歌どもをよく見れば、言語《ものいひ》はさらにもいはず、古《へ》の世間《よのなか》のありさま、人の心ばへまで、おしはかり知られて、後《ノ》世《ノ》人のことぐ〱しくいひあへる、義理《ことわり》深げなる説どもの、ひがことなること、著明《いちじろ》きものをや。】されど其は数おほからず広からずて、事足《たら》はぬを、萬葉は歌数いと多くして、其《ノ》中に古言はあまねくのこれるぞかし。【此集も、訓は後世《ノ》人の所為《しわざ》なれば、誤りて、古言ならぬこといと多し。そは仮字にかける歌、また他の歌の例などをよく考へ合せて、古語を撰ぶべし。】

（同、三三頁）

割注の末尾に「他の歌の例などをよく考へ合せて、古語を撰ぶべし」とあるのは、『萬葉集玉の小琴』自序で「かたへの歌なる、同し詞のたくひをも、たつねあはせ」とあった注意にひとしい。からごころの排除というよく知られた宣長の主張は、古事記訓読の具体的な場面では、万葉をも参照して、古語を手さぐりするという作業のうちにあらわれた。逸することのできないその先蹤が「吾《ガ》岡部《ノ》大人《うし》、【賀茂《ノ》眞淵《ノ》縣主】」であったことを、『古事記傳』もまたみとめている（同、七頁）。いまや神典にじかに立ちむかおうとする宣長の眼から見れば、縣居門の主には、とはいえなお欠けているところがあった。眞淵は「かのさとし言にのたまへるごとく、よのかぎりもはら萬葉にちからをつくされしほどに、古事記書紀にいたりては、そのかむかへ、いまだあまねく深くはゆきわたらず、くはしからぬ事どももおほし」。万葉にかんしてさえ、弟子は師に足らぬところを見ていたことは、すでに確認した。しかし、そればかりではない。眞淵には「からごゝろを去れることも、なほ清くはさりあへ給はで、おのづから猶その意におつることも、まれ〳〵にはのこれるなり」（玉かつま二・四五、全集一巻八七頁）。蓮田善明も言いおよんでいた一文である（本書、一七三頁）。なにが眞淵と宣長を隔てたのだろうか。

三十二

よく知られているとおり、『玉かつま』一の巻に「からごゝろ」と題する段があり、そこで宣長は「漢意《からごころ》とは、漢国のふりを好み、かの国をたふとぶのみをいふにあらず。大かた世の人の、万の事の善悪是非《よさあしさ》を論ひ、物の理《リ》をさだめいふたぐひ、すべてみな漢籍《からぶみ》の趣なるをいふ也。さるはからぶみをよみたる人のみ、然るにはあらず、書といふ物一つも見たることなき者までも、同じこと也」(二五、全集一巻四八頁)とすら主張していた。私としては、抽象的な論難という次元でのいわゆる漢意批判には関心がうすい。漢意をめぐる問題は最終的にはむしろ古語、古典籍の読みという具体的ないとなみの水準で、本居学にあって問題となるように思われる。賀茂眞淵を古学の祖とみなし(前節末尾の引用参照)、「彼大人《ノ》の功《いさを》」を顕彰する『古事記傳』中に弟子は、しかしほかならぬ訓読の場面でもいくつかの点で師に対する異和を隠していない。

天若日子の挿話については、本書でも一度ふれた(四一九頁)。その葬礼のおり、阿遅志貴高日子根《あぢしきたかひこね》ノ神が亡き天若日子と見まちがえられて、なぜまたじぶんを穢らわしい死人と取りちがえたのだ、と怒るせりふ、「比穢死人」に対する宣長の訓は「伎多那伎志爾毘登爾那蘇布流《きたなきしにびとになそふる》」である。眞淵が「ナゾモアヲマガレルヒトニタグヘケガセルヤ」と訓じた件をめぐって『傳』は「死人も、此《ここ》は麻加礼留人那伎人《まがれるひとなきひと》など訓べき処に非ず。

又比穢《たぐへけがす》と云言も、なにとかや聯《つづき》ざま漢めきたり。又終《リ》の夜《や》もわろし。凡て何誰幾《なにたれいく》など云て、下を夜《や》ととぢむること、雅文《みやびごと》にはなきことなり。漢文読よりうつれる、近《キ》世の俗言《さとびことば》なるを、師の文にも、常に此《ノ》誤《リ》多きは、いかにぞや」と書いていた（伝十三、全集十巻七八頁以下）。

眞淵には漢文訓みの僻があると言うのである。逆向きの指摘もある。宣長は総説的な注意をくわえ、「近きころ古学《いにしへまなび》するともがら、凡てなだらかに耳なれたる言をば、みな後《ノ》世のさまと心得て、必めづらしく聞なれぬさまなるをのみ古言とするは、ひがことなり」（伝一、全集九巻三五頁）とも語っている。眞淵が「物言《ものいふ》」を「許登々布《こととふ》」と訓じたのに対して宣長は、「強《あながち》なり」と評し、「言《ノ》字のみならば、さも訓《ミ》つべきを、物《ノ》字のあるに、いかでかさは訓べき。万葉十四に、毛乃伊波受伎爾氐《ものいはずきにて》とあるをや。凡て師の癖として、今《ノ》世に耳遠きを古言として、好まれたること常多し」（伝十四、全集十巻一〇六頁）としるしていた。師の眞淵には古言《ふること》にかんする見あやまりがある。雅文《みやびごと》に疎いふしがある。宣長はおそらく、師において足りないところをそこに見ていたのである。――この件が詠歌のありかたに対する両者の隔たりと関連し、あるいは宣長の眞淵評価はその距離に由来している。それはとりあえずことがらの客観的評定というより、ことばの雅をめぐる感覚にかかわって、師弟のあいだで交わるところのない所見の相違であったと思われる。

宣長の代表的な和歌註解書『新古今集美濃の家づと』については、これまでも三度ほど言いおよび、いくつかの歌をめぐり、みじかい引用も重ねておいた（本書、一二一頁以下、四三一頁、五五二頁以下参照）。ここでは、『美濃の家づと』からややながい歌釈をひとつ引いておきたい。俊成卿女の「題しらず」とある詠草「うらみずや《よ》うきよを花のいとひつゝさそふ風あらばと思ひけるをば」に附せられたものである。

めでたし。本歌、〽わびぬれば身をうき草の根をたえてさそふ水あらばいなんとぞおもふ。初句やとよとのおとりまさりは、よの方は、今少したしかに聞ゆれ共、うきよのよと重なりて、しらべおとれり。やは疑ひのやに、いささかまぎるゝかたはあれ共、疑ひのやにはあらざることは、一首の趣にてよく聞えたり。此やは、即よの意にて、此歌にては、よといはんよりは、しらべまされり。すべて此集の比の歌は、句のしらべ詞のしらべに、くはしく心をつけて、めでたくいひなしたる物なれば、其心して、一もじといへ共、なほざりには見べからず。二三の句は、本歌のごとく、世をうき物に思ふ我心を以て、花の心をも思ひやりて、早く散行をも、うき世をいとひての故と、おもひなだめて、恨みざる、一首の趣をあらはしたり。四の句、本歌の水を風にかへたる、おもしろし。さて此句、九《ここの》もじによむはわろし。とは下なる句へつけり。此例多し。結句、をばといへる意は、花の早くちることは、大かたはうけれ共、うき世をいとふ所は、ことわりなれば、それをば恨みずといへるなり。大かた此歌、ほかにはたぐひなき、一ッのさまにて、女の歌には、殊にあはれにおもしろきふりなり。四の句結句ともに、もじの余りたるも、にほひとなれり。初句を或抄に、恨みずやはあらん、恨むべしとの意也といへるは、むげに歌見しらぬいひごと也。(家づと・一、全集三巻三一六頁)

渡部泰明も言うとおり、『美濃の家づと』にはときとして、「その鋭利な論理力に舌を巻きつつ、理詰めを事とする行文に辟易することも少なくない」(『中世和歌史論』四三三頁)。これも「めでたし」とはじまる、右の解では、しかし「しらべ」、それも「句のしらべ詞のしらべ」、それに「一首の趣」が強調され、むしろ歌情の襞に入りこむ釈となっていよう。「本歌の水を風にかへたる」趣向にも目が行きとどいているほかに、宣長にはめずらしく、字あまりを詠歌の「にほひ」として許容している。『家づと』はときに西行の歌を解いて、その「もじの余りたる」のを聞きとがめているからである。たとえば「小ぐら山ふもとの里に木葉ちれば梢にはるゝ月を見る哉」に対して「三の句、もじあまりいと聞ぐるし。例の此ほうしの、わろきくせなり」と断じているとおりである（二の巻、同巻三六四頁）。

宣長が「一首の趣」と見るのは「世をうき物に思ふ我心を以て、花の心をも思ひやりて、早く散行をも、うき世をいとひての故と、おもひなだめて、恨みざる」というもので、解はこれを本歌とかよう歌趣と見ていた。挙げられているのは小野小町の詠歌、古今集巻十八雑歌下に入撰している。わび住まいゆえこの身を憂きものとも感じ、誘いさえあれば浮き草のように流れさってゆこうかと思っております、との淋しい詠、おそらくは容色の衰えをも背景とした詠草だろう。宣長が「大かた此歌、ほかにはたぐひなき、一ッのさまにて、女の歌には、殊にあはれにおもしろきふりなり」と説くのは、この本歌を踏まえてのことである。

新古今集が本居宣長の偏愛する歌集であることはよく知られているところであり、本書でもすでにふれたことがらである（四六八頁、五五一頁以下）。弟子の詠草の「新古今風」を嫌ったとはいえ「源氏物語までの歌文の中に撰ミてとる事又不ㇾ少」（明和三年四月十五日、全集別巻三、三七七頁）ることはみとめる眞淵としては、新古今集までは許容するところもあったかもしれない。が、宣長がじぶんの門に入って、教えを受けながら、頓阿の歌集の註釈書を出すことなどは、師として到底みとめることができなかった。『草菴集玉箒』巻五までが上木されたのは明和五（一七六八）年五月のことであるが、翌六年正月廿七日に眞淵は宣長に宛て、こうも書いている。「草庵集之注出来の事被二仰越一致二承知一候。併拙門ニ而ハ源氏迄を見セ候て、其外ハ諸記録今昔物語なとの類ハ見セ、後世の歌書ハ禁し候へハ可否の論に不ㇾ及候」。もともと後世の歌も学も「立所」

が劣り、低いからである。門人等はみな承知していることだ。「已彫出されし」よしであるから、いたしかたもないがとあり、そのあとには「前に見せられし歌の低きハ、立所のひくき事今そ知られつ」ともある。激語と言うべきだろう。師の見るところ、「頓阿なと歌才有といへとかこみを出るほとの才なし。かまくら公（源実朝）こそ古今の秀逸とハ聞えたれ」というしだいなのである。追伸がある。「尚々持病之癪気中にて臥筆故、かく乱筆也。御宥恕可レ被レ下候」（同巻三八八頁）。師はそれでも、いいたいことは言わざるをえなかった。弟子としてもまた、今回はすこしもゆずる気もちがなかっただろう。

吉田兼好の美意識に対する宣長の批判についてはすでにふれた（本書、四七三頁）。正徹は「花は盛りに、月はくまなきをのみ見るものかは」といった「心根を持ちたる者は、世間にたゞ一人ならでは無き也」、そうしたこころは「生得にて有る」ものだと書いている。つづけて、その時代つまり南北朝期に「頓阿、慶運、静辨、兼好とて其比四天王にて有りし也」（正徹物語上・七四）とある。とりわけ頓阿は、二條爲明（爲世の孫）の死後に二條派を背負ったいわばその中興の祖で、新拾遺集の編纂を爲明にかわってになった。正徹も「爲明は返納もなくして」、すなわちこの十九番目の勅撰集を天皇に上覧へとおよぶこともできず、「集中に歿し」、「雑の辺か、恋の篇からか、頓阿撰しつぎ侍」ることとなった、と書きとめている（同・一一二）。江戸中期の代表的な堂上歌人、武者小路實陰もまた「つね〴〵見もてならふべきは（藤原）爲家、頓阿、逍遙院殿（三條西實隆）、つぎ〴〵忘れず見ならふべきは、三代集、千載集、新古今集、新勅撰集、續後撰集等なり」と、とくに範として仰ぐべき古今の歌人のなかに頓阿の名を挙げていた（初學考鑑）。そればかりではない。現代の代表的な和歌研究者のひとりも、もっとも優れた歌人は何者かという問いにも、いちばん上手い歌詠みはだれかという問いにも答えがたいにせよ、「最も和歌らしい和歌を詠んだ歌人は、と問われれば」、俊成か、頓阿であると答えるだろうと洩らしている（渡部前掲書、三四五頁）。

とりわけ頓阿の草菴集は、二條派正風の詠歌の模範としてながく重んじられた。享保九（一七二四）年に梅月堂宣阿が『草庵集蒙求諺解』を、享保十五年には櫻井元茂が『草庵集難註』を著している。元茂は服部南郭の友人であり、その『難註』は『諺解』のあやまりを匡そうとするものとなっていた。宣長は『玉箒』に先だって門人の稲掛棟隆から両書を借覧、『梅櫻草の庵の花すまひ』を執筆したことが知られている。『花すまひ』はふたつの註釈の優劣を花相撲《すまひ》と見たてたもので、「あさかすみたなひきにけりしきしまのたかまと山に春や立らん」をめぐるおのおのの釈をくらべた劈頭からして、「まづ式嶋の註は小僧どものしらぬも道理なれば難ぜず」と書きはじめられる、戯文をよそおった註解書であって、宣長にはめったに見られないくだけた文体は、のちの『古今集遠鏡』にもつうじるところがあって興味ぶかい。『遠鏡』そのものはおそらく、それが国文学研究史上に有する意義もちいさなものではないだろうが（田中康二『本居宣長の思考法』一一二頁～、同氏『本居宣長の国文学』七三頁～、をそれぞれ参照）、ここでは立ちいらない。（註）

（註）『遠鏡』例言の冒頭の一節を引いておく。「此書は、古今集の歌どもを、ことゞゝくいまの世の俗言《さとびごと》に訳《うつ》せる也。そもゝゝ此集は、よゝに物よくしれりし人々の、ちうさくどものあまた有て、のこれるふしもあらざなるに、今さらさるわざは、いかなればといふに、かの注釈といふすぢは、たとへばいとはるかなる高き山の梢どもの、ありとばかりは、ほのかに見ゆれど、その木とだに、あやめもわかぬを、その山ちかき里人の、明暮のつま木のたよりにも、よく見しれるに、さしてかれはとひたらむに、何の木くれの木、もとだちはしかゞゝ、梢のあるやうは、かくなむとやうに、語り聞せたらむがごとし。さるはいかによくしりて、いかにつぶさに物したらむにも、人づての耳は、かぎりしあれば、ちかくて見るめのまさしきには、猶にるべくもあらざめるを、

世に遠めがねとかいふなる物のあるして、うつし見るには、いかにとほきも、あさましきまで、たゞこゝもとにうつりきて、枝さしの長きみじかき、下葉の色のこきうすきまで、のこるくまなく、見え分れて、軒近き庭のうゑ木に、こよなきけぢめもあらざるばかりに見ゆるにあらずや。今此遠き代の言の葉の、くれなゐ深き心ばへを、やすくちかく、手染の色にうつして見するも、もはらこのめがねのたとひにかなへらむ物をや」（全集三巻五頁）。――「久かたのひかりのとけき春の日にしつ心なく花の散るらん」の訳については、さきに引いた（本書、四三〇頁）。ここでは有名なところをひとつ、ふたつ引用しておく。「年のうちに春は来にけり一とせをこぞとやいはむことしとやいはむ」（在原元方）。――訳「年内に春がきたわい　これでは　同し一年の内を　去年と云たものであらうか　やつはりことしと云たものであらうか」（第一遠鏡、全集三巻三三頁）。しるしておいたように、傍線部は元歌にない語の補いである。「みるめなき我身をうらとしらねばやかれなであまのあしたゆくくる」（小野小町）。――訳「海松《みる》めの無い浦ぢやと云事をしらずに　海士がみるめを苅うと思ふてひたもの来るやうに　あの御人は　わしが身を　どうも逢れぬ身ぢやとは　知らしやらぬかして　一夜もかゝさずに　足のだるいに　毎夜〳〵逢《ハ》うと思ふて見える　とてもあはれはせぬにのさ」（第十三遠鏡、同一七二頁）。最後に、さきに（本書、五二九頁）契沖、眞淵の解との差異にふれた業平の一首、「月やあらぬ春やむかしの春ならぬわが身ひとつはもとの身にして」。――訳「今夜こゝへ来て居て見れば　月がもとの去年の月ではないかさあ　月はやっはり去年のとほりの月ぢや　春のけしきがもとの去年の春のけしきではないかさあ　春のけしきも梅の花さいたやうすなども　やっはりもとの去年のとほりで　そうたいなんにも去年とちがうた事はないに　たゞおれが身一ッばつかりは　去年のまゝの身でありながら　去年逢た人にあはれいで　其時とは大きにちがうた事わいの　さても〳〵去年の春が恋しい」（第十五遠鏡、同前二〇一頁）。

宣長最初の註解書である『草菴集玉箒』巻一は、「春立こゝろを」との詞書をもつ、

朝霞たな引にけり敷嶋の　高圓山に春や立らん

をめぐる『草庵集蒙求諺解』『草庵集難註』（「諺解」「難注」と称する）それぞれの註釈を引くところからはじめられる。前者は「式嶋《しきしま》は大和といふに同じ。敷島の高圓山とは、大和国の高圓山といふ義也」、また「高圓山は和州添《そふノ》上《かみノ》郡春日山の南に並て有云々」として、後者では「しき嶋は日本の惣名也」と註される。

以下、宣長は「今按」として論じてゆく。『諺解』が高圓山を添上郡とするのは正しい。が、春日山の南方にあるとするのは「信じがたし」。『難註』の説くところは「みなひが事」である。ここではまず「しき嶋」にかんする宣長の釈を問題としておこう。かいつまんで引いてみる。

敷嶋は「此歌にてはたゞやまといふに同じ事也。諺解にいへるが如し」。こうした点については、古書をしらべて弁えるべきところだ。歌趣からして「日本の惣名として、日本は何方もはや春の立たるなるべし」では意味がとおらない。まして「敷嶋とのみもいはで、高圓山とさへ有ば、いかでか其心ならん」。万葉第十の赤人の詠を証歌として引くのも当らない。引くとすれば、續後撰集中の「敷しまや高圓山の秋風に雲なき峯をいつる月影」（後鳥羽院）であろう。『難註』ではそのうえ、高圓山は西方にあると言われるけれども、「西の山よりも月は出る物にや」。いま城上郡にも高圓といわれる山があるとはいえ、それは後鳥羽院御製にことよせて後世が称したもので信を措くにたりない。「すべて名所には其たぐひ」が溢れているから、「よく古書を考へてわきまふべき」ところである。古歌で詠まれている高圓山は、どれも添上郡の春日のあたりであるのははっきりしている。最後に宣長は歌のおもむきを解く。「歌の意は、敷しまの高圓山に、朝霞たな引にけり、春や立つらん」と「春の来ぬる事をしれる也」。情景としては句の順を入れかえ、「敷島の高圓山に」「朝霞たな引にけり」「春や立らん」と三、四、一、二、五と読めばよい。つまり高圓にかすみが立ったのを見て、春の到来を知った、ということだ。歌情としては、おなじく續後撰集に「朝まだき霞たなびく巻向の弓槻《ゆづき》がだけに春たつらしも」(藤原家隆)とあるのにひとしい。『難註』では一首があたかも高圓山に想いをよせるものであるかのように解くが「さにはあらず」。詠われているのはあくまで「春や立らん」という感慨なのである(以上、全集二巻二三七~二四〇頁)。

おなじ歌を『花すまひ』もまたとり上げ、「さて高圓山の在所は此《ここ》にくはしくいふはいらぬ事也」と論じていた。その理由づけに、宣長のみる頓阿の位置と、いわゆる題詠の理解とが顕れていて興味ぶかい。「すべて中古以来の歌に名所をよめるは、みなその在所をくはしくしらねど、たゞ古歌によりてよむ事なれば、頓阿もそのとをりにて、たゞ高圓山をよめるまでにて、何もそれに義理もなく、方角もいらぬ事也」(全集二巻二〇九頁)。それが題詠のありようであって、頓阿こそその名手なのである。——そうした観点からするなら、歌枕ともなった名どころの一々を詮索することに、歌の註釈としての意味はない。ただし、一点だけ補足しておくべきことがある。それにもかかわらず、本居学のうちに確実に存在する地《ところノ》名への深い関心である。この件について、これまでも通りすがりにいくたびか注意しておいた(本書、三九三、四九〇頁などを参照)。右にみた宣長の註は、古書という拠を重くみる着実なものであるとともに、論理と自然の数(「西の山よりも月は出る物にや」)を重視する理詰めの釈ではある。ここではべつの側面も考えておきたい。

たびたび引いてきた後年の随筆集『玉かつま』中にも「古き名どころを尋ぬる事」と題された条がある。「ふるき神の社の、今は絶たる、又絶ざれども、さだかならずなりぬる」ことは、宣長の時代すでにどこにでも見られることがらであったが、それは「いとかなしきわざ」である、と書きはじめられる一段は「万《ツ》につけて、いとも〳〵かなしきは、乱れ世のしわざなりけり」と慨嘆しながら、現今の治政を称えて、今の世こそ神社も「殊に古《へ》に立かへりて、栄ゆべき時なりけり」と説く。徳川支配に対して疑いを知らぬかに見える、「其時の神道」（本書、一〇三、二九二、三三八頁参照）を謳歌した宣長の姿勢を典型的にしめす一文とも読めるけれども、問題としておきたいのはさしあたりその件ではない。後続する部分を引用しておく。

次には神社《ノ》ならぬも、いにしへに名あるところ〴〵、歌枕なども、今はさだかならぬが多かるは、かゝるめでたき時世《ときよ》にあたりて、尋ねおかまほしきわざ也。かくて神の社にまれ、御陵にまれ、歌まくらにまれ、何にまれ、はるかなるいにしへのを、中ごろとめうしなひたるを、今の世にして、たづね定めむことは、大かたたやすからぬわざになむ有ける。其ゆゑをいはむには、まづ此ふるき所をたづぬるわざは、たゞに古《へ》の書どもを考へたるのみにては、知《リ》がたし。いかにくはしく考へたるも、書《ふみ》もて考へ定めたることは、其所にいたりて見聞けば、いたく違ふことの多き物也。（中略）又世に名高き所などをば、外なるをも、しひておのが国おのが里のにせまほしがるならひにて、たゞいさゝかのよりどころめきたることをも、かたくとらへて、しひてこゝぞといひなして、しるしを作るたぐひなどはた、よに多きを、さる心して、まどふべからず。ふみなどは、むげに見たることなき、ひたぶるのしづのをの、おぼえゐてかたることは、しり口あはず、しどけなく、ひがことのみおほかれど、其中には、かへりておかしき事もまじるわざなれば、さるたぐひをも、心とゞめてきくべきわざ也。されど又、むかしなま〳〵の物しり人などの、尋ねきたるが、ひがさだめして、こゝはしか〳〵の跡ぞなど、をしへおきたるをきゝをりて、里人は、まことにさることと信じて、子うまごなどにも、かたりつたへたるたぐひもあ《ン》なれば、うべ〳〵しくきこゆることも、なほひたぶるにはうけがたし。（六・六二、全集一巻二〇一頁以下）

地名をあきらかにしようとも思う宣長のうちには、いくつかの迷いと留保がある。神社、陵、歌枕、どれにしても「尋ねおかまほしき」ものではあるけれども、それらを「今の世にして、たづね定めむことは、大かたたやすからぬわざ」である。古書だけに頼るわけにはいかない。かといって、現地に赴いたとしても、とかく「世に名高き所」については「しひておのが国おのが里のにせまほしがるならひ」もある。一方では「ふみなどは、むげに見たることなき、ひたぶるのしづのを」が言いつたえていることなどにも、かえって「心とゞめてきくべき」ふしがあるとはいえ、他方では現地の者たちが「まことにさることと信じて」、子孫に語りつたえている口承にしても、中途半端に知ある者が「ひがさだめして、こゝはしかく〳〵の跡ぞ」などと教えこんだものでないともかぎらない。みずから足をはこんで実見したところで、古色もときに当てにはならないのだ。「大かたなにならぬ所にも、ふるめきたる森はやしなどは、多くあるもの也。木だちなど、二三百年をもへぬるは、いと〳〵物ふりて見ゆるもの」(同、二〇二頁)なのである。——ところの名と由来を知りたいと考えるのは一面では、空間的な定位点こそ、歌と物語、口伝と現在とを繋留する拠りどころともなるからだ。物語《イストワール》と歴史《イストワール》の結節点でもありうるものは、地名なのである。伝承と歴史とのむすび目もまた地理的な表象にほかならない。とはいえやがて柳田國男や折口信夫、さらに谷川健一も突きあたる困難に、他面からかえりみて宣長も目を閉ざしていない。

たしかに歌枕とは『花すまひ』もまた注意していたとおり、和歌という独立した言辞の道の内部で、その雅をささえる道具立てのひとつにすぎない面がある。けれども一方で歌が連綿として歌いつがれて、あらたな詠歌を生みだし、また歌物語となって物語られ、他方では神話という始原の物語《レシ》が歴史《イストワール》物語の様相を帯びてゆくとき、物語世界と現実世界との関係、語られた過去と読みとく現在とのかかわりへの問いが、やはり不可避なものとなる。(註)やがて古事記と古事記伝とのむすび合いをとおして、後論でも問題となるとおりなのである。『諺解』『難註』のはざまに立って「敷島」の語の指示範囲《スコープ》をあきらかにしようとする宣長の註解の背後にはじっさい、『石上私淑言』巻二で「夜麻登《やまと》は歌にあづかれる事にもあらねば、くはしくいはず共有ぬへけれど」と語りながら、「大和《やまと》」の、「大八洲《おほやしま》」の使用の迹をくさぐさの古書に証してゆく、本居考証学がほどなく成熟するにいたる、そのみちゆきの端緒が存在するのである(全集二巻一二九頁～参照)。

(註)歌枕にかんする『玉かつま』の典型的な考証を引いておこう。「古今集秋下に、神なびの山を過て、立田川を渡りける時に、紅葉の流れけるをよめる、〽神なびの山を過ゆく秋なれば立田河にぞぬさはたむくる。此神なび山は、山城国乙訓郡にて、同集別部に、山崎より神なびの森まで、おくりに人々まかりて云々、とあると同所也。さて源重行集に、山崎川を立田川といふを、筑紫へいくとて、〽白浪の立田の河を出しより後くやしきは船路なりけりと有、然れば立田川といふも、山崎のあなた、津国嶋上郡にて、かの神なび山近き所にて、筑紫へ下る道也。大和国の立田とは別也。然るを、神なび山といふも、立田も、大和に名高くてある故に、昔より右の古今集なるをも、大和国のとのみ思へり。契沖も然心得て、神なび山は高市郡、立田は平群郡にてはるかにへだゝれれば、其山の紅葉の、立田川に流るべきことわりなし、といひて疑ひたり。されど詞書に、歌ぬしのみづから、其山をこえ、其川を渡りてよめるとあれば、誤とはいひがたし。然るを吾師は、もとよりかの歌をひがことゝして、詞書をさへ、撰者の作れるがごといはれたるは、いひ過しなりけり。たとひ歌はひが心得してよむこともありとも、さる詞書までを作るべき物かは」(一・三、全集一巻三七頁)。

もうひとつ、草菴集にふくまれ、またいわゆる頓阿法師詠でも採られている一首をめぐって、『玉箒』の註を見てみたい。法師詠とは仮称であるけれども、おそらくは新千載集の撰歌のため延文二(一三五七)年に編まれ、頓阿みずから勅撰にふさわしいとみなした自信作を収めている（新古典大系本「解題」参照）。

わきてなどつれなかるらん出る日の　ひかりに近き峯のしら雪

一方の『諺解』は歌趣をこう解いていた。平地でさえも春には消えるはずの雪が、なぜとりわけ陽に近い峰にきえ残っているのだろうか、他の場所にも先んじてすがたを消しているべきであるのに「などかくつれなくきえぬ事ぞと也」。

宣長の釈を引く。「諺解わきての詞のあて所たがへり」。解では「平地にてさへ」とあって、平地にかけて取っている。けれども「此わきては、何とて平地よりも峯にはとり分てのこるらんの意也」。そのようなことはだれでも弁えているべきところであるけれども、重要なのはそのさきである。「歌の心」をとらえるさいは「物の全体の理と、作者の見る心とをわかちて心得べし」。物の理とはなにか。「まづ雪は平地は早くきえ、高山は久しくのこる」ということである。「高山は寒き故也」とするのが、いわば自然の数にほかならない。これに対して「作者の見る心は、峯は日にちかければ、外よりも早く消べき事と思ふ心にて、分てなどつれなく残る事ぞと読る也」。ことがらの理とこころの理とを分かつのは「是惣体歌を心得るに益ある事なり」。両者を「わかちて心得ざれば混雑する事おほき也」。『諺解』が「平地にてさへ」と解くとき、このふたつの水準が混線しているのである（全集二巻二四七頁）。

宣長の註解では、語のかかり所と歌趣の理解とが交錯してひとつの解釈を与えていた。ちなみに、新古典文学大系が註でしめす現代語訳は「とりわけなぜにつれなくそのままなのだろう。さしのぼる春の日の光により近いのに、峰の白雪は消えもしないで」となっている。参考歌として、新古今集春上中の「春日野の下もえわたる草の上につれなく見ゆる春の淡雪」(源國信)が引かれ、解釈的な註がくわわって、「朝日と、雪の消えた野と雪残る峰との遠近を道理に立てての知的趣向の詠」としるされている。これは宣長の解とほぼ一致していると見てよいだろう。大系本の註ではもうひとこと、「旭光のもとの残雪の白さが印象的」であるとの補足がくわわり、鑑賞が感覚的に鮮明な水準まで達している。宣長の註解では、当該歌にかんしてこのおもむきはなく、宣長の歌釈は、ここでもやや理に落ちたものと映じるかもしれない。

宣長晩年の学問論『うひ山ぶみ』に、詠歌をめぐる「後世風」を擁護する一節がある。「外篇」で竹岡勝也の所論とのかかわりでふれてはいるものの(本書、一二九頁)、当の箇所に附せられた宣長の自註にかんしては言いおよんでおかなかった。引いておく。

今の世、萬葉風をよむ輩は、後世の歌をば、ひたすらあしきやうに、いひ破れども、そは実によきあしきを、よくこゝろみ、深く味ひしりて、然いふにはあらず。たゞ一わたりの理にまかせて、万《ツ》の事、古《ヘ》はよし、後世はわろしと、定めおきて、おしこめてそらづもりにいふのみ也。又古と後世との歌の善悪を、世の治乱盛衰に係《かけ》ていふも、一わたりの理論にして、事実にはうときこと也。いと上代の歌のごとく、実情のまゝをよみいでばこそ、さることわりもあらめ、後世の歌は、みなつくりまうけてよむことなれば、たとひ治世の人なりとも、あしき風を学びてよまば、其歌あしかるべく、乱世の人にても、よき風をまなばば、其歌などかあしからん。又男ぶり女ぶりのさだも、緊要にあらず。つよき歌よわき歌の事は、別にくはしく論ぜり。大かた此古風と後世と、よしあしの論は、いと〳〵大事にて、さらにたやすくはさだめがたき、子細どもあることなるを、古学のともがら、深きわきまへもなく、かろ〴〵しくたやすげに、これをさだめいふは、甚《ダ》みだりなること也。（註（ノ）、全集一巻二二頁）

古学のともがらとは、一般に眞淵歿後の縣居門の者たちを指しているとされるけれども、先師そのひとに対して向けられていたと思われるふしもないではないだろう。当面の問題は、しかしその件ではない。かの僧が南北朝時代を生きたことについて、正徹を借りてすでにふれた。「乱世の人にても、よき風をまなばば、其歌などかあしからん」とある、乱世の人とは頓阿のことなのだ。宣長は別して、この二條派中興の祖が大歌人とは思ってもいないだろうが、詠草の規矩としてのその作歌ぶりについては十二分にみとめていたはずである。じっさいつづく自註には、代々の勅撰集をよく学ぶことを勧めたうえで、しかし「件の代々の集を見渡すことも、初心のほどのつとめには、たへがたければ、まづ世間にて、頓阿ほふしの草庵集といふ物などを、会席などにもたづさへ持て、題よみのしるべとすることとなるが、いかにもこれよき手本也。此人の歌、かの二條家の正風といふを、よく守りて、みだりなることなく、正しき風にして、わろき歌もさのみなければ也」（同前（オ）、二六頁以下）と書いている。

『草菴集玉箒』は宣長最初の註解書である、とさきにもしるしておいた。「正しき風」を守った頓阿の作風への信頼が、この註釈書の前提となっていることはまちがいがない。『玉箒』には、とはいえ本居学形成への途上にあって、それ以上の意味がある。もうすこしこの一書のもとにとどまっておきたい。

三十三

本居宣長にとって最上の歌集は新古今であり、至上の歌人は藤原定家であった。じっさいの作歌のうえでは、とはいえ頓阿を重んじている。最後の件については、前節の末尾で確認しておいたとおりである。頓阿にみずから学ぼうとして、また弟子たちにも頓阿の後世風（「正風」）をすすめた、宣長そのひとの詠風は、それではどのようなものであったのか。――詠歌の例をいくつか示しておく。ただ私意におちいるのを避けておくため、第三者の目を介しておこう。野口武彦が「眼につくままに『鈴屋集』から拾い出して」きた作を三つならべてみる（野口『江戸文林切絵図』九一頁）。

春の夜のかすめる月に風たえて　香さへおぼろの庭の梅が枝
風きほふ雲のゆくへのゆく秋の　あはれを見する夕ぐれの空
しら玉かをたえの橋の秋風に　みだれてしづく浪の月影

中野重治が感想をしるして、「何であんな立派な学者が、あんな変な歌を一生だらだらとこりずまに書いたのだろうとほんとうに不思議に思う」としるしたことは、よく知られているとおりである（「不思議な人」）。中野がつづけて、詩としては取るところもない歌を長年よみつづけた精神が、宣長の学問を支えていたのではないかと述べたのに対して、大久保正は「この詩人の眼は、宣長の和歌が、自我の表現を核とする近代の詩とはその本質を異にした機能をもつものであった」しだいを見てとっていると評していたが（全集十五巻「解題」）、その言は、中野の一文のうちに隠されていた、或る種の悪意を見ていない点をのぞけば、おおむね正当なものだろう。ただここで、もうすこし考えておく必要がある。

さきに賀茂眞淵の作を、ひとつ見ておいた（本書、五一五頁）。『あがたゐの歌集』から、もう一首、「山吹の咲きたるに人の見る形を」という詞書をともなう歌を引いておこう。

故郷《ふるさと》は春の暮れこそ哀れなれ　妹に似るてふ山吹の花

おなじく「故郷《ふるさと》」とある、まえに引証したひとうたと思いあわせて、「妹《いも》」を亡妻とみれば「哀れ」のおもむきも深い。万葉巻第十九所載の一連の本歌「山吹の花取り持ちてつれもなく離《か》れにし妹を偲ひつるかも」、また「山吹をやどに植ゑては見るごとに思ひはやまず恋こそまされ」や「妹に似る草と見しよりわが標《し》めし野辺の山吹誰か手折りし」の歌趣からはなれて、やはりひとりの詩人の詠みぶりがきわだっている。歌語は平明で、それぞれとりわけて雅やかさを匂いたたせるものではないとはいえ、ひたむきでわりなき思いが、詞と詞とのあいだからそれでも零れおちているといってよいだろう。

あるいは眞淵の歿後、縣居門の主流たる江戸派を代表した、村田春海の詠を挙げてみる。『琴後集』所収の一首、春海研究の現状では「代表歌」とされるべき作と言われ、また近世和歌中の佳歌とも目されるものである（田中康二『村田春海の研究』一一四頁以下）。

心あてにみししら雲は麓にて　おもはぬ空にはるるふじのね

富士がどれほど高い山として知られているとはいっても、白雲のたなびくあたりがその頂きだろうと見ていたら、雲が晴れてみると、とおく青空に届かんばかりの山頂が予想をはるかに超えた高みにあらわれた、といった歌趣だろうか。理知に流れる気味があるとはいっても、春海らしい古今風の、やはり秀歌とされるにふさわしい一首であるとともに、うた詠む身ぶりに詩情が揺曳する佳作と称しうるものだろう。

宣長の詠歌にもどれば、ともあれその「詠みぶりにひらき」のない「みごとな没個性ぶり」（野口武彦）はやはり正風の典型とも言えようし、頓阿の亜流と評されることもできるだろう。しかし、いま眞淵や春海とくらべてみるとき、どの詠草をとり上げてみても、おしなべて他からきわだつところのない――善かれあしかれ――その安定感、詠歌ぜんたいに見られる――とりあえず没個性というほかはない――その平板さが、いったいどこから生まれてくるものなのか、かえって謎めいている。あらかじめ見とおしを附けておくならこの謎は、詠歌そのものと歌学とのあいだの隔たりとかかわっているはずである。

宣長最初の註解書『草菴集玉箒』にもどろう。前節では、一首の註にことよせて「歌枕」をめぐる宣長の両義的な態度を垣間みて、またべつのひとうたに寄せて、ことがらの理とこころの理とを分かって、歌趣をとらえようとする解のありかたを見ておいた。ここでは、ほかの註釈書（『美濃の家づと』と『玉の小櫛』）には見えず、『玉箒』にのみ見える評語があらわれる例をとり上げてみたい。田中康二によれば、そうした評語には「歌の魂なし」「例の病也」「私事也」の三種があり、それのどれも（歌そのものではなく）歌をめぐる他の按に対して向けられた批判の言として機能している（『本居宣長の思考法』六七頁以下）。

田中にならい、「魂なし」の初出例にふれておく。「彈正親王家五十首に若菜」と詞書があり、詠は、

　わかなつむ荻のやけはら風さえて　空も雪間の見えぬころかな

とあるのを、『諺解』中では「荻のやけはらは、とりわき若菜も早くおひぬべきと思ひて来しに、風さえて、野べの雪間のなきのみか空もはれまなく雪の降て、わかなをつみがたきと也」と解く。これに対して宣長は「諺解の説たがへるにはあらねど、一首の趣意のたてどころあらはれず、魂のぬけたる歌になる也」と難じていた。若菜とは、野原を覆う雪が消えたところを捜して摘むものだ。だからふつうなら「野べの雪間」と詠み、「雪間」がないというのも、一面に雪がなお降りつもっている地面をさして用いられるのが常である。それを「空も雪間なきとよめるがめづらしき趣向にて、是が歌の眼也」（玉箒巻一、全集二巻二四五頁）。

右に見るかぎりでは、歌のたましいなし、とはひとうたの解にあって「趣意のたてどころ」をとらえず、「めづらしき趣向」に気づいていない、「歌の眼」を取りおとした評註をさし、これを批判して使われている評語であると言ってよい。例歌についていえば、宣長の釈は「空も雪間の見えぬころ」がその眼目であると見ていることになる。宣長の目のつけどころは、ここでは類例をもたない表現のおもむきにある。

つぎに、先行する解がまったく歌意を外してしまっていると宣長が考えている例を挙げておく。

山ざくら雲もひとつに咲しより　にほひはよもの嵐なりけり

一首を『諺解』はこう解いている。これは花の盛りを詠んだもので、あまり花が数おおく咲ほこっているので、さてはこれは桜ばかりではあるまい、「雲もまじりて花と見ゆるなるべし」と思われるくらいであり、そのあまりに「四方の嵐がことぐく匂ふようなる也」。

宣長は難じている。『諺解』が説くのはむだなことばかりであって、その結果むしろ「趣向の立《チ》どころをしらず、歌の魂ぬけたり」。「雲もひとつに」はたんに「花の雲にまがひてひとつに見ゆる」ことをさす。下句は、嵐がふくと花の匂いがしてくるのは、花の香りがそのまま「よもの嵐」となって吹くようであることを言っているのだ。宣長の解は附けくわえる。雲と嵐はともに「天象」である。花が天象たる雲となるから、花の匂いすら同類の嵐となって四方へと散ってゆく。「雲と嵐とを相照して見る」必要があるのである（玉箒巻二、全集二巻二六三頁）。これは、先行する評註をほぼ全面的にあらためた例である。宣長のとらえる一首のたましい、「趣向の立《チ》どころ」とは、花とその香りとを、雲と嵐という、ともに天候にかかわる現象のそれぞれに引きあてたものということになるだろう。

べつの例を見てみよう。「民部卿家十首に初花」とあって、「一木まづ咲そめしよりなべて世の人のこゝろぞ花になりゆく」とする詠草について、これは註解の全文を引いておく。

諺解云。古今序に、人の心花になりにける、是は花美《くわび》の方をいふ。此歌は一木咲しを見るより、世上の人みな、花を賞翫する心になり行也。
○今按。諺解たがへるにはあらねども、歌の魂なし。此歌は一木となべての世とをたゝかはせ、又なべての櫻の梢の、花にまだならぬ事を思はせたる物也。一首の心は、かつぐ只一木まづ咲そむれば、いまだなべての櫻の梢は花にならざるさきに、はや世の人の心がまづ花になりゆくといふ趣意也。心ぞの●ぞをつよく見るべし。心の花になるとは、花の事のみを思ふ也。（全集二巻二六〇頁以下）

宣阿の歌釈は、一本だけでも桜が咲いたらもう、世のひとはみな花をめでるこころになってゆくことだ、とするものであろう。宣長の理解では、一首のたましいはそこにはない。早咲きの桜の一本と世間一般とのあいだに対比があって、いちはやく開花した桜木を見ることで、他の木の枝はまだつぼみを宿したままなのに、世間はおしなべて「花の事のみを思ふ」ようになってしまうとの歌意である。下句「世の人のこゝろぞ花になりゆく」の「ぞ」一語に歌趣をささえる重みがあると見るのだ。

『玉箒』には「とりすべていふ事」と題されたいわば総論がある。そのうちで『諺解』を総評して、宣長は書いていた。ひとつに、解にさいして引かれる証歌が恣意的であって、一首の歌趣とかかわらない場合が多い。「たゞ詞の例」として挙げるだけなら、それは「歌の意にあづからねば、ひくも引ぬも」おなじことである。もうひとつ、より重要な消息がある。「たゞひともじ二もじのけぢめにも、深き心はあ《ン》なる物を、かのふみにはすべてさる心ばへをえ見しらぬ故に、大かたの事の心はたがはぬも、その歌にとりて、むねと立《テ》たるおもむきあらはれず」（全集二巻二三三頁以下）。——本居にとっては、右の「ぞ」がその好例である。宣長の認定には、並行してすすめられていたその文法研究が深くかかわっていた。確認しておく必要があるのは、この間の消息である。

時枝誠記が、『玉箒』と『詞の玉緒』とのあいだの相互参照的なかかわりをとりわけて重視していたしだいについては、「外篇」で見ておいたところである。時枝がとらえたかぎりでは、宣長もまた中世歌学の伝統を継受して、㈠単独のテニヲハ、㈡呼応の関係、㈢歌の留り、切れ、の三点にそってテニヲハ研究をすすめた(本書、一九五頁〜)。山田孝雄も、とうぜんのことながら本居の文法研究に注目し、「宣長の国語学史上に於ける最も大なる功績は係結の研究に」あると見ていた件にかんしては、すでにふれておいたとおりである(同、二〇七頁以下)。「外篇」では引用を略した山田の評定を、ここであらためて引いておこう。『玉緒』は「係結の研究に於いて空前の大著述と称せらる」。宣長の研究のすぐれて帰納的な側面は、その精細にあって富士谷成章をしのぐ面もあるとはいえ、その性質論のなお断片的な性格からすれば「富士谷に遠く及ばずといふべし」。事実としてはひろく知られていた係り結びという現象を「一括して統論した」功績でさえ「前人の未だ企て得ざりし所」とはいえ、なおその偉大を帰するに足りない。「本居の功績はその条理ある事を総括して一の系統に組織せる点に」ある。従来の研究にあってもまた「ぞ」「や」「こそ」などが係辞であることは認識されていた。「本居の研究の偉大」は、わけても「は」「も」をもとくに係辞とみとめ、そのうえ係辞の不在をも「徒《ただ》」(比喩的にいえば、問題の文脈におけるゼロ記号ということになるだろうか)としるしづけ、「係辞の本義が陳述の支配にありといふこと」を闡明した点にある。この一件には「明治大正の時代の国語学の大家を以て自ら任ずる徒までも未だ識別し得ざるもの」すらふくまれているのだ(『國語學史』六一七〜六二〇頁)。山田が最後に挙げた側面をめぐり現代の研究者のひとりも——本居宣長の時代にあってはなお、用言の活用にかんする明確な認識が不在であった経緯に注意しつつ――、宣長がひたすら語形のみに注目しながら（たとえば、終止形とハ、モ、連体形とゾ、ノ、ヤ、ナニ、已然形とコソの）「打ち合ひ」を指摘して、ハ、モの仲間として係りの助詞の不在を「徒」と呼んだ慧眼を賞賛している。ちなみに、おなじ研究者が、本居以後の係り結び研究史上で注目する国語学者は、山田孝雄そのひとにほかならない（大野晋『係り結びの研究』四〜九頁）。――ここまでは国語学史上の常識にぞくする。問題はそのさきにある。この「内篇」でこれまで初期本居の歌論にかかわっていくどか参照してきた、菅野覚明『本居宣長』から引用する。

宣長の語学説は、国語学史の中ではきわめて高く評価されている。しかし、宣長の思想との関係においてその内容や意義を論じた研究はほとんどない。というのも、これまでの思想史研究においては、宣長の語学説は神話世界に表現された「道」を明らかにするための技術的補助手段として位置づけられてきたためであり、たかだか宣長の古道論が、いかに実証的な研究を基礎に立論されているかを示すために、部分的に触れられるにとどまったからである。一方、国語学の方面からの評価も、宣長の国語研究そのものの卓抜性については余すところなく触れられてはいるものの、思想との関連ということになると、皇国中心主義的な理念が国語の事実に投影されている点（これは後に触れる）について、その実証性の限界を指摘するにとどまっている。

本書はこれまで、京都遊学中の青年時代から、宣長の問いは、一貫して和歌を具体的対象とする詞の自立的意味の追求にかかわっていることを見てきた。即ち、宣長が二条派歌学や儒教的詩歌論を批判するさいの足がかりが詞の問題に即していること、そしてその詞の問題に関して宣長は、常に単なる印象や感想を超えた客観的なよしあしの領域を示唆し、それが宣長の主張の核心をなすことを見てきたわけである。そういう宣長の立場は、おそらく詞に対する具体的な考察へと行き着くはずである。こういう見通しで追いかけてきた到達点が、宣長の語学説なのである。従来思想説固有の問題として考察され、しかもなお曖昧な点を多く残している宣長思想を解く鍵は、この語学説の中に秘められていると考えるのが、本書の立場である。（同書、二五四頁以下）

この一件が菅野の宣長研究の中心点であり、その独創性の一端をかたちづくっている。菅野の着眼の背後には一方でおそらく時枝や山田、とりわけ後者の国語学・国語学史研究が存在していることだろう。他方で菅野の発想は、本居の語学説、わけても文法研究をその思想研究とむすびあわせる一点において、蓮田善明の衣鉢を継ぐものともなったといってよい（本書、一八二〜一八四頁参照）。

宣長の文法研究、とくにそのテニヲハ研究の細部をめぐっては国語学者たちの研究に、その思想的意味をめぐる評価にかんしては菅野の探究へとゆだねて、ここでは立ちいらない。ことがらの稜線のみをたどり、あとづけておくことで、当面の論点を繋いでゆくことにする。

テニヲハ研究に一期を劃することになる『玉緒』にさきだって、『てにをは紐鏡』の稿が成ったのは、明和八（一七七一）年、宣長四十二歳になる年の秋である。『紫文要領』ならびに『石上私淑言』の成稿から数えてほぼ八年後、賀茂眞淵が幽冥境を異にした時からは、おおむね二年ののちのことになる。『紐鏡』は係辞による陳述の支配のさまを図示した一覧で、係り結びにかんし宣長があきらかにした基礎的事実についていえば、すでにその表中にほぼ尽くされていた（全集五巻三頁以下）。

宣長はつづけて『詞の玉緒』をあらわし、これをもって『紐鏡』に対する周到な理論書、また解説書としようとする。その「序」のなかで、こう書いていた。上代、装身具としても、さまざまな飾り物としても、ひとは身のほどにつけ「玉」を用い、それを「ぬきつらね」て「いま一きはの光」をそえるために「緒」を使ったものである。この玉の緒は「いとなのめなるまじき物」であって、ことばの玉の緒、つまりテニヲハにしてもそうなのだ。「そのかざりいたづらなら」ず、詞を「つらぬる」そのはたらきをあきらめようとする本書に、かくて「言葉の玉のを」という「ふみの名」がつけられたのである（全集五巻八頁）。

一之巻の劈頭にいう。テニヲハは、そもそもこの国では「神代よりおのづから万のことばにそなはりて、その本末をかなへあはするさだまり」が存在した。上代はいうにおよばない。中古にあってもその定まりを「たがへるふしはをさ〳〵なかりけるを」、時代が降り、歌文を問わず「このとゝのへをあやまり」、本末があわない「たぐひのみ」多い。「おのれ今此書をかきあらはせるは、そのさだまりをつぶさにをしへさとさんとてなり」。テニヲハは、漢文にいう助辞とはちがうのだ。（註）助辞には呼応の規則が存在しない。テニヲハには「たしかに此さだまりのあと有て、いさゝかもたがひぬれば、言の葉とゝのはず、歌も何もすべていたづらごと」となってしまう。テニヲハの「とゝのへ」とは一文の「本末をかなへあはせ」るものであり、そこには「おのづからのことわりありて、定まりつる物になん有れば」、くだんの規則からの逸脱は「人わらへにもなるわざ」なのである（同、一七頁以下）。

（註）中国語文法における伝統的品詞分類の概念としては、「実詞」対「虚詞」の二分法が存在するよしである。実詞が実質語（content word）、虚詞が機能語（function word）におおむね対応するとのことであるけれども、木村英樹によれば、とりわけ後者はとうぜん狭義の語レベルで表現されるものとはかぎらない。宣長の時代

の「助辞」理解は他方でまた、あくまで文章語としての、しかも（中国語ではなく）漢文を相手にするところに由来する偏りは免れていないことだろう。木村『中国語文法の意味とかたち』参照。

係り結びをめぐる、古歌から網羅的に証歌をとった宣長の例証にかんしては、現在は標準的な文語文法の一部として周知のところをふくむゆえに、いまは紹介を割愛する。これまでの行論、ならびにすでに引いた山田、時枝の所論とのかかわりを見てゆくために、ここではことばの「留り、切れ」にかかわって『玉緒』にみられる概括的な所説を、宣長の所見の示しかたの例示としてのみ引用しておく。

○すべての詞づかひに、切るゝところとつゞく所とのけぢめあることを、まづわきまへおくべし。是を上の件にいへる ぬ つる と ぬる つる るゝ との例にていはば、〽花さきぬ‖ 〽鶯なきつ‖ 〽もみぢ葉なが‖るなどといふたぐひの ぬ つ る は切るゝ辞也。これを〽櫻花散ぬる‖風の云々、鶯の鳴つる‖枝を云々、〽もみぢばのながるゝ‖川に云々 などといふ時は、〽散ぬる風 〽なきつる‖枝 〽ながるゝ‖川とやうに下へつゞけば、ぬる つる るゝ などはつづく辞也。【〽ちりぬ‖風 〽なきつ‖枝 〽ながる‖川などとはつゞきがたし。又 〽花ちりぬる‖ 〽鶯なきつる‖ 〽もみぢばながるゝ‖などいひては、語切れずと心得べし。かくのごとくたゞに ぬる‖ つる‖ るゝ‖ といひても切るゝことと思ふは、後世人のひがことなり。そのよしは下にくはしくいふべし。】（中略）件の ぬ つる と ぬる つる るゝ との例に准へて、いづれをも考へさとるべし。さて又、切るゝ所もつゞく所も同じき詞もあり。聞《きく》成《なす》待《まつ》言《いふ》知《しる》などの く す つ ふ る のたぐひ、又 ん らん なん などの類也。これらは詞のつらねざまにしたがひて、切れもつゞきもする也。（詞の玉緒一之巻、全集五巻一九頁）

もういちど確認しておけば、宣長の時代、用言、ここでは動詞の活用という概念がなく、当然また活用の別による動詞の分類も存在しない。宣長がひたすら古歌にあらわれる語形を調べあげて、現在いう終止形、連体形の区別を突きとめようとしていること、それをわけても詠歌、作文にさいし則るべき技法として確定しようとこころみているしだいが分かる。中世以来の先例に学んでいるとはいえ、これはこれでたいへんな手間ひまと根気が要るばかりでなく、よくいわれる悉皆的な帰納的手段ばかりでなく、一種の理論的直観をも要する作業であったことは、ここで強調しておかなければならない。宣長の方法をかりに帰納と呼ぶにしても、帰納とは漫然と事象を観察するところから可能となるものではない。あらかじめ理論的な見とおしが存在しないなら、がんらいなにについて、なにから、そしてなにを抽出すべきかが定めようもないからだ。くわえて先行する見きわめが不在であるならば、そもそもどこで枚挙が終了して、理論的な骨格が劃定されうるのか、知るすべもないからである。なんであれ法則が、たんなる観察と帰納から発見されるべくもない消息は、科学論的にはもはや常識の一部だろう。そのかぎりで、本居宣長における文献実証主義なるものについて語ることは、ほんらい慎重を期する必要のあることがらなのである。

ここで時枝誠記が例証としていた事例をあらためてかえりみておくことにする。『草菴集玉箒』から引いておこう。「源大納言家詩合に春暁月」との詞書が添えられた、「あくるまも霞にまがふ山《ノ》端を出て夜ふかき月のかげかな」というひとうたに対する解である。「外篇」では時枝の引用にしたがい、断片的に言いおよんでおいたくだりとおなじ箇所であるけれども（本書、一九七頁）、ここでは宣長の釈の全文をもういちど確認しておきたい。

諺解云。空の霞にくらくて、明る事のしれぬを、まがふといへり。霞にまがふゆゑ、山のはも見えずして、月の出ても霞の内なれば、山のはより出たるもしれず。さある故にまだ夜深く、暁よりも前のやうにおもはるゝ也云々。

○今按。初句にてよみ切て、二の句より出てといふ迄を、引つゞけて見るべし。歌の心は、夜の明る時分も、山のはは霞にまがひてまだくらき故に、暁に出る月も、まだ夜深く出たるやう也といふ也。諺解に、月の出ても霞の内なれば、山のはより出たるもしれずといへる、誤也。（巻一、全集二巻二五六頁）

さきに見ておいたとおり、宣阿が「あくるまも霞にまがふ、山《ノ》端を」と解くのに対して、宣長は「あくるまも。霞にまがふ山《ノ》端を出て。夜ふかき月のかげかな」としているわけである。その結果えられる釈が、夜があけてゆく頃あいとはいっても、山の端は霞にまぎれてまだ仄暗い、それゆえ夜明けの月とはいっても、夜もなお深いときの月のようであることだ、とするものとなる。山入端から月が出ても、霞に隠れてわからない、と取るのは、切れと係りとを見あやまった誤釈であると考えるのである。

類例に「波のうへの入日にちかく成にけり沖にたゆたふ海士のつり船」がある。ただし宣長の註解はただ「難注にしたかふへし」とあるのみである（巻八、同三七三頁）。『草庵集難註』を見ると、「諺解云、波の上へ落かゝりたる入日のあたりちかく釣舟のたゆたふ景《けい》見ゆるやうなる体也」とあるが、これはあやまりで、係りかたがとらえられていない、「成にけりの詞をよく味ふべし」とある。(註)『草庵集蒙求諺解』における櫻井元茂の註釈では、あたかもはじめから「入日にちかく」「海士のつり船」が漂っているかにも読める。一首はむろん「成にけり」で切れているのであり、宣長ふうにいえばこれが歌のたましいなのだ。『玉箒』のみとめる歌釈は、したがって、以下のようなものとなる。「歌の心は、あまの釣舟は同じ所にたゆだひ居たるに、夕に成まゝ次第に日の海に入ゆくゆへつり舟か入日にちかく成たる也」。そのように解してみるなら、「諺解に入日のあたりちかくつり舟のたゆたふといへる儀にては、成にけりの詞詮なし」ということだ。

（註）ちなみに、ここで『諺解』が証歌として引くのが、本書の四九九頁でふれた、源氏物語・須磨の帖の逸話中に詠まれた一首「琴の音に引とめらるゝ綱手縄たゆたふ心君しるらめや」である。これは、さきに見ておいた、『諺解』に対する宣長の論難中に指摘される（本書、五八〇頁）、「たゞ詞の例」（ここでは「たゆたふ」）として挙げられた引歌、歌意の解明に寄与しない古歌を参照する一例ともなっているといってよいだろう。

宣長『玉箒』が「難注にしたかふへし」と言ったのは、この解が歌の切れを正確にとらえて、歌趣の理解へつなげているからだ。ちなみに正徹にも、「浪の上に霞める月の舟ぞよるみなとの海人や袖に待つらん」という詠草がある（永享九年正徹詠草）。歌意について、たがいに照らしあうところがあるとも思われる。——もうひとつだけ、頓阿の詠歌と『玉箒』における宣長の解とを見ておこう。おなじく「諺解趣意をしらず、歌のたましひぬけたり」と書きとめられる評註である。

註釈されるのは「山のはも見ゆるばかりに明やらでなるとのおきにかゝるよこぐも」という詠草である。夜明けごろには「山のはも見ゆる程には明はなれずして、ほのぐらきに、鳴門の沖に横雲のかゝりたる景也」とする『諺解』による歌解を、宣長はこれも難じて書いていた。「歌の心は、横雲は山端にかゝる物なるが、その山のはの見ゆる程にはまだ明やらぬ故に、鳴門の沖にかゝりたるやうにみゆるけしき也」（巻八、全集二巻三七三頁）。——頓阿の秀歌のひとつと思われる。本居の釈は歌意をよくとらえ、情景をもよく捉えきったものとなっていた。頓阿にまなんだ宣長の詠草のうちには、しかし頓阿に比すべき秀作はほとんど見あたらない。どうしてなのか。本節の最後にこの問題に立ちかえっておきたい。

本居宣長が、語学説上では最大の業績のひとつで、もっとも大きな著作ともなった『詞の玉緒』一之巻の冒頭で、テニヲハは「神代よりおのづから万のことばに」そなわった定まりであり、上代、中古には、その規則からの逸脱が見られない、としるしている一件についてはすでにふれた（本書、五八四頁）。やや置いて著者は「てにをはの本末のとゝのへは、定まりあるやうにて、又かならずさしもあらず。たゞそのことばのおもむきと、しらべとにしたがひてともかくもはからひ物すべきわざ也」とする見解につよく反撥し、そうした所見は「ひがこゝろえつるもの」であると論難している（全集五巻一七頁以下）。

この間の消息には、とはいえ、微妙なことがらがまとわりついていた。上古、中古にあってはテニヲハが「おのづからよくとゝのひて、たがへるふし」がなかったのは、かえってそれが規則としては意識されてはいなかった事情と表裏する。規則がむしろいわば自然であったがゆえに「たがへるふし」もありえなかったからである。歌人たち自身が意識していたのは、そこではことばのおもむきとしらべとにすぎなかったはずである。アリストテレス的に語ると、かれらは文法的に歌をよんでいたにせよ、文法家的に詠歌をこころみていたわけではない。宣長そのひとは、けれどもすでに文法家的に歌語をえらぶとともに、歌学者的に詠をくわだてるほかはなかったように思われる。そこではおのずからよくとのうといった体験は反覆されようもなく、雅やかなあまたことばがおのずから湧出するという経験も、遥かかなたに窺いみるばかりであっただろう。残されるところはただ、定型と正風への意識的な随順という、人為と技巧のきわみであったにすぎない。——あらたに生まれるのは、同時代の詠歌への不満であり、古学の光が「やう〳〵にあかりきぬる」

こともしらずに、いにしえの定めとはたがう詠草をくりかえして恥じるところのない「暁しらぬよの歌人のいぎたなさ」への軽侮ともなることだろう（玉あられ、全集五巻四六七頁）。

宣長は新古今の雅を好む。とりわけ愛好されて、「めでたし」と絶賛される歌風は、たとえば式子内親王の「かへりこぬ昔を今とおもひねの夢のまくらににほふたち花」（家づと・一、全集三巻三二五頁）、おなじ歌人の「ながめわびぬ秋より外の宿もがな野にも山にも月やすむらん」（二の巻、同三四一頁）といった、技法の贅を尽くした詠歌にみとめられるそれである。くらべればたとえば西行の作は一見すると、ふと口をつき、感慨がおのずから歌詠となるといったおもむきをもつ。『新古今集美濃の家づと』はそれかあらぬか、西行の詠歌にくりかえし失点を数えあげていた。

宣長が西行の字あまりの僻を見とがめている件については先にも見ておいたけれども（本書、五六三頁）、ほかにも、「こと人はえいはぬこと」と一定の評価をくだす、「岩間とぢし氷もけさはとけそめて苔の下水道もとむらむ」にかんしても「初句もじあまりいと聞ぐるし」と難じるのを止められない（家づと・一、全集三巻三〇〇頁）。それだけではない。さらに「今ぞしる思ひ出よと契りしはわすれんとてのなさけなりけり」と詠む、あわれの感ある佳作をめぐっても、宣長の解にはどこか掛けちがいがある。「思ひ出るは、忘れたるうへのこと也。もし忘らるゝことなければ、常に思ふなれば、思ひ出るといふことはなき故に、かくはよめり」とする、あまりにも理にのみ走った釈をくわえたうえ、「此歌の趣にては、二の句、思ひ出むといはでは聞えず、出よにてはたがへり」と書かずにはいられないのだ（四の巻、同四一九頁）。——逆に、本居宣長がこのおのずから歌よむ詩人の作を高評するのは、どのような詠草に対してだろうか。一例をあげておく。

ふりつみし高根のみ雪とけにけり　清瀧川の水のしらなみ
めでたし、詞めでたし。雪にきゆるといふと、とくるといふとのけぢめ、此歌にてわきまふべし。此けりは、おしはかりて定めたる意なり。水の白波、此集のころ、人の好みてよむ詞なり。よき詞なり。此歌にては、水のまさりて、波の高きさまによめるなり。水の濁れることにいへる説はひがこと。
（家づと・一、全集三巻三〇二頁）

宣長のこの評語に、西行の和歌のそこかしこに揺曳する、たとえば「原郷世界の夢想」（佐藤正英『隠遁の思想　西行』第三章）といったものに対する共感はまったくみとめられようもない。眼が留められているのはあくまで詞の雅であり、それと表裏する歌枕への関心である。かわって見られるのは、西行そのひとのうちにもたしかに存在していたとは思われる「名所・歌枕への憧憬、すなわちいわば歴史的自然観ないしは文学的自然観」（目崎徳衛『西行の思想史的研究』一三五頁）との、深層にひろがる共鳴であったと言ってよいだろう。

歌人としての天稟の多寡を、本居宣長にかんしていまさら論じようとは思わない。宣長がやはり、ひとりの偽詩人であるほかはない宿命と引きかえにべつのなにかを手にいれたことについては、なお疑いを容れる余地がないからだ。引きかえにということばが、それでもなにほどか交換と功利の響きを残しているなら、その語もここでは適切ではない。宣長が手にしたものは、あまりに無償なままに屹立したなにものかだからである。『古事記傳』へといたるそのみちのりが、いまや直截に問われなければならないときだろう。

三十四

本居宣長のいわゆる語学説上の主著となる『詞の玉緒』は、その七之巻を「古風の部《いにしへぶり》」と題して、万葉集におけるテニヲハのさだまりを論じている。『玉の緒』は全体として、詠歌にさいしての手引きという性格をも有していた。七之巻のいわば総論でも宣長は「萬葉集によりて、古風の歌をよむともがら、仮名づかひをばくはしくさだすめれど、てにをはのことはたえてさだせず。さる故に歌もさらぬ詞も、とゝのはざることのみぞおほかる」と書きだしている。

あたかも、眞淵なきあとの縣居門の同学たちを諭すものであるかのような行文がつづく。仮名遣いを論じるには「たゞふるきふみ共にかけるあとに」拠ることで足り、それを知ることはある意味でたやすい。これに対して、テニヲハには「みな定まれるとゝのひ」があり、「そのさだまりをわきまへさとることたやすからず」、それゆえみずから大家をもって任ずる者でさえ「ともすればあやまることおほきぞかし」。とはいえ、「此てにをはとゝのはざるは、たとへば、つたなき手して縫たらん衣」のようなものとなってしまうのだ。テニヲハの対応規則は、上代では「おのづからよく」整っていたものであるから「いにしへはことにこれをさだし学ぶこともなかりし」ものであったけれども、後世にいたって「みやびごとは物うとくなるまゝに」

規則として意識され、やがて修学の対象となったのである。まして「今は、ことさらにたづねもとめざれば、あきらめえがたくなん成にける」。

すでにいちど言いおよんでおいた区別をふたたび援用しておくならば、右の行論で本居が確認しているのは、文法的に語ることと文法家的に語ることとの差異であって、そのかぎり「古風の部」を展開する宣長の視点そのものは、八代集を主たる素材とした六之巻までの考察と格別なちがいをふくむものではない。とはいえ『詞の玉緒』七之巻は、とりわけまた万葉におけるテニヲハを論じて「そも〳〵此とゝのひは、さらに後の世に定めたる物にはあらず」と主張して、くわえてテニヲハとは「神代の始より人の言の葉にしたがひて、おのづから定まれる物」であったとしるしたうえで、「古《へ》はてにをはといふ名なく、さだもなかりし事」を確認している（全集五巻二五三頁）。

時枝誠記が、このような宣長の所論のなかに「「てにをは」法則不変の観念」をみとめ、その不合理を指摘したしだいについてはすでに見ておいた（本書、一九九頁以下）。ことの消息をあらためて確認しておくならばこうである。一方で宣長は、八代集を資料としてテニヲハにかかわる規則を、文献実証主義にもとづいていわば帰納的にあきらかにした。その整然たる規則は、宣長をして、当の法則の規範性と不変性を信じさせるにいたった。テニヲハの呼応はまさに「神代の始より人の言の葉に」そなわっていたものと、宣長は確信するにおよんだわけである。他方では宣長にとって、八代集は和歌の規矩であり、わけても新古今集は詠歌の理想である。それゆえまた八代集にみとめられる間然とするところのない法則は、絶対の権威を承認されることになる。ふたたび引用しておくなら、だから本居はテニヲハの規則を「中古の散文に及ぼし、上代の言語に及ぼし、法則が不変であるべきことを主張したのであって、それは実証的研究による結論といふよりも、演繹的な推論といふべきもの」だった。そこに欠落していたのは「時代の懸隔に対する顧慮」であり、宣長の語学説に、かくて、その輝かしい成果の他面で「批判の余地」を残したことになるだろう（『國語學史』一一七頁以下）。

ここで注目しておきたいべつのことがらがある。「古《へ》はてにをはといふ名なく」のあとには「さだもなかりし事也とて、すつべきことわりあらむやは」とあり、さらに「かのかなづかひも古《へ》はおのづからわかれたる言葉の声につきて、定め書つる物にて、心せねどもおのづからたがふことはなかりし故に、殊にそのさだはなかりしを、後にみだれたるによりて、そのさだは出来しにあらずや」と論はつらなる（全集五巻二五三頁以下）。言語の規則は、規則として意識されていないがゆえに、言語の規則として十全なしかたではたらいていた。この件は、宣長がやがて古道そのものをめぐって「実《まこと》は道あるが故に道てふ言《こと》なく、道てふことなけれど、道ありしなりけり」（直毘靈）と語るさいに、その論理の原型を与えるものであったと思われる。宣長の語学研究は一般に、その古道研究、具体的には古事記註釈のこころみに対して、その実証的な基礎を与えるものであったといわれる。この間の消息には、むろん見まがいようもないところがある。とはいえ、そのいわゆる実証的研究は、それ以上にまた『古事記傳』を書きつぐ宣長に対し、その思想的な確信を準備するものだった。ほんとうに道が、あるいは法《のり》が存在するところでは、その道は、もしくは法は、道としても法としても意識されず、したがって言語化されることもない。おのずとそれにしたがい、いわばだれもがその起源を忘却して、「春秋のゆきかはり、雨ふり風ふくたぐひ」（直毘靈）とも分かたれぬほどに、おのずからしかあるもののみが道であり、法である。テニヲハに代表されることばの規則こそその雛型であって、古道とはいわば生の文法であったのである。

万葉研究は宣長が眞淵のあとを追い、のちを継いで展開したものだった。そのはじまりからしてつとに、師の所説に対する根底的な異和もまた宣長の万葉学のうちにはらまれていたしだいについては、すでにこの「内篇」でふれている。古事記註釈とも密接なかかわりをもつ、後年の祝詞研究をめぐっても事情は同断であって、たとえば『大祓詞後釋』上巻の劈頭で本居宣長はこう書いていた。

大祓詞は「あるが中にたふとく、古くめでたき文」であるから、古来とうとばれ、したがって註解の数もすくなくはない。けれども、多くの註釈は「例の漢意になづみ惑」って、「己が心もて、みだりにときたる」ものであるから、とうてい信じるに足りない。「こゝに吾ガ師《まなびのおや》なりし縣居ノ大人は、いにしへを深く考へて、よの中のからごゝろのみだりごとを、よくわきまへ」て、『祝詞考』を著し、そこで大祓詞をもあつかっており、「これぞまことに、古ヘ意にかなへる註《(釈)》さくには有ける」。「然れども此大人は、始めて古ノ学の道は、開かれたることにしあれば、いまだ考ヘの及ばざることも多く、なほ誤られたる事どもはたなきにあらず。故レ今おのれ、かの考を本として」、その説のことごとくを「考云ニク」と引いたうえで、それを検討し、私見をくわえて「後釋」と名づけて、世に問うことにした。「そもく師とある人のあやまちをあぐることは、いともかしこく、罪さりどころなけれども、今いはざらむには、世ノ人ながく誤リを伝へて、さとるよなく、猶いにしへごゝろの、明らかならざらむことの、うれたさに、えしもだ《(黙)》さざるになむ」（全集七巻七九頁以下）。

この『後釋』の仕事もまた古事記註釈と併行して、たほうではそれを準備するものの一部であった。ここではやはり文法の問題にかかわって、眞淵と宣長のあいだを隔てる研究の深度の差異があらわれている一節のみを引いておく。「八百万《やほよろづの》神等《かみたちを》乎、神集々《かむつどへつどへ》賜《たまひ》比、神議々《かむはかりはかり》賜《たまひて》氐」とある部分をめぐる釈である。

考云。古事記に、訓《テ》レ集《ヲ》云二都度比《つどひト》一とあるは、言の本を注せるなり、こゝは用の言に都度倍《つどへ》と訓《ム》ことなり。

○後釈。都度比と都度閇《つどへ》とは、自他の差《たがひ》にて、都度比は自集《みづからつど》ふなり。古事記に都度比と注したるも、八百万《ノ》神みづから集へるを云所なれば也。都度閇は、令《せ》レ集《つどは》の約まりたるにて、他を集《つど》はしむるなり。こゝは詔命を以て、つどはしむるをいへば、都度閇也。考に、つどへを分て用の言といはれたるは、違へり。つどひも共に用の言にて、こは体用の差にはあらず。もしこゝの文に、体用をいはむには、神集《かむつどへ》神議《かむはかり》は、体言になる也。集賜《つどへたまひ》議賜《はかりたまひ》は用言なり。(同、一〇一頁)

『大祓詞後釋』は寛政七(一七九五)年、本居宣長、六十六歳の年の刊行であった。『古事記傳』はすでに巻三十七の稿を擱筆している。師の賀茂眞淵の語学的研鑽の水準をつとに追いぬいて、宣長は古語《ふること》の定まりに通暁していた。その意味では祝詞の註解は、古事記註釈をかたわらで準備するものとも、それと雁行するものとも見なすことができる。『後釋』のうちに『傳』と平行する記事を探すことはたやすい。一例を挙げるなら、『後釋』は「白人胡久美《しろびとこくみ》」を、眞淵が荷田東麻呂の釈にしたがい、新羅人高麗人のことと説くのを「かの説の如くにては、いかに解《ク》べきぞ」(一一二頁)と難じているけれど、この論難は『古事記傳』中でほぼそのまま先どりされて、「師の考に、白人胡久美を、新羅人高句麗《こくり》なりとして、美《ノ》字を麗の誤《リ》とし、己《ガ》母犯より下四条の罪を、彼国《ノ》人どもの、皇朝に参《リ》居たるが、犯せるなりとして、皇朝の人は、母子相姧し事などは仮にも聞えざれば、白人胡久麗は、母子相姧事にかけて云るなり、とあるは心得ず」との主張が詳説されてゆく。そのさい「まづ美《ノ》字を麗の誤《リ》とは云がたし。儀式にも、故求彌《こくみ》、伊勢《ノ》儀式帳にも、古久彌《こくみ》とあればなり」とあるのは、文献実証的な証の挙げようである。これにつづけ「皇朝人は、母子相奸し事聞えずとても、此事無しとはいかでか定めむ。民間《しもざま》には、此事ありとても、何のついでもなきに、さる内々の細事《こまごと》までを、古記には書《しる》すべきならねば、聞えぬを以て、此事無《なか》りし拠とはし難きをや」と注しているのも、合理的で、ことがらにそくした公平な釈というべきだろう（伝三十、全集十一巻三六三頁）。

　こういった仕事よりもはやく、おそらくは天明四（一七八四）年には成稿をみている『漢字三音考』は、これに対して、漢字の訓みにかんして、近世になってから渡来した唐音のほかに、古来の漢音と呉音を区別し、その先後関係やそれぞれの役割の差異などを論じた、国語学的にも先駆的研究であると同時に、古事記の訓をさだめようとする宣長のくわだてとも分かちがたくむすびあった業績であった。すでに引いておいたように（本書、一九一頁）、本居宣長は日本書紀と古事記との決定的な相違のひとつを、前者が「漢音呉音」のどちらも使用しているのに反して、後者は「呉音をのみ取て、一《ツ》も漢音を取ら」ない点に見ていたからだ。そうした地道な作業をすすめる前提が、しかしこの国は「天照大御神の御《み》生坐《あれませ》る本つ御国」であることからして「如此《かく》尊く万国に上《かみ》たる御国なるが故に、方位も万国の初《はじめ》に居て、人身の元首の如く、万の物も事も、皆勝《すぐ》れて美《めでた》き中に、殊に人の声音言語の正しく美きこと、亦夐《はるか》に万国に優《まさり》て、其音清朗ときよくあざやかにして、譬へばいとよく晴たる天を日中に仰ぎ瞻《み》るが如く、いさゝかも曇りなく、又単直にして迂曲《まが》れる事無くして、真に天地間の純粋正雅の音也」（全集五巻三八一頁以下）とする、根拠のみとめがたい断定ととなり合っていたしだいも、よく知られているところである。この間の事情についてはここでは立ちいらないけれども、宣長の圧倒的な洞察が、とはいえ、このような決定的な蒙昧をふくむことによってのみ可能となったはこびにかんしては、やはりひととおり注意しておく必要がある。

本居宣長が『古事記傳』を準備し、また執筆する過程で、あるいは先行し、あるいはまた併行してすすめていた、主として語学説的な研究をめぐっては、ここでいったん追跡を打ちきることにしたい。以下では、まず時間をすこしさかのぼり、宣長の生と思考とのみちゆきにあって「神道」「古道」にかんするとらえかたが成熟してゆく、その道程のてまえから、思想形成のすじみちを確認しておく作業をかんたんに挟んでおくことにする。

若き宣長が京で堀景山の膝下にあった時代に、後輩のひとりにあたる友人、清童子こと清水吉太郎に宛てて書きおくった書簡については、すでにその一節を引用しておいた（本書、四二二頁）。宣長が和歌を好むのを難じた清水にむかい、当人が儒学に帰依するしだいを批難した宣長の一箋に対して、童子の側からも反応が寄せられたものとおぼしく、宣長はふたたび筆を執って、反論している。おなじく「右、清童子に与ふ」とある、本居宣長の手もとに残されていた控えから、あらためて引用しておく。

　不佞前書に謂へらく、如《も》し己《おの》が身を修むれば、道を須《もち》ひずと雖も可なり矣と。足下駁して曰はく、人にして礼儀無くんば、其れ禽獣を如何せんと。是れ足下将に聖人の書を読みて道を明らかにし、而うして後に禽獣為《た》るを免がれんとする乎《か》。亦た迂なる哉《かな》。知らず異国人は其れ然る歟《や》。吾が神州は則ち然らず。上古の時、君と民と皆な其の自然の神道を奉じて之れに依り、身は修めずして修まり、天下は治めずして治まる矣。礼儀は自《お》のづと有り焉存す矣。又た奚《な》んぞ聖人の道を須ひんや焉。其の中世に至りては、風俗漸やく変じ、人は詐偽多く、姦臣賊子、国を乱り倫《みち》を滑《みだ》す。是こに於いて乎《か》異国聖人の道を仮りて之れを治め之れを理《をさ》むるは、又た勢ひの已むを得ざる也。不佞不肖と雖も、幸ひに此の神州に生まれ、大日霊貴の寵霊に頼り、自然の神道を奉ず。而うして之れに依れば、則ち礼儀智仁、蘄《もと》めずして有り焉。夫れ人の万物の霊為る乎、聖人の道を以つてならん也哉。夫れ人の万物の霊為るや、天神地祇の寵霊に頼るの故を以つてなる已《のみ》。（全集十七巻二三頁）

かさねて趣意を取っておこう。ふたたびの書簡の冒頭が言いおよんでいるとおり、宣長は前便でも「己が身の瑣々たるを修むるが如きは、奚んぞ必らずしも諸れを道に求めん」と書いていた（本書、同頁）。先だつ一箋が、じぶんたちのような「小人」には「為国治天下安民之道」は無縁であるしだいをまずは説くものであったのに対して、今般はそもそも道なるものは孔孟の教えを俟つものではないはこびが強調されてゆく。相手が、おそらくは想像されるところ、ひとは聖人の書に学ぶことではじめて「禽獣」たることを脱するのである、といかにも儒生らしく主張したのに対して、宣長は端的に「足下将に聖人の書を読みて道を明らかにし、而うして後に禽獣為るを免がれんとする乎」と問うている。そうだとすれば、それはひどく迂遠な途ということになるだろう。中国においては、事情はそうかもしれない。しかしこの国には「自然の神道」があるではないか、すくなくともかつてはその道をみな奉ずることで「身は修めずして修まり、天下は治めずして治ま」っていたのだ。学兄の難じるところであるように、じぶんはいかにも「不佞不肖」であるけれども、「幸ひに此の神州に生まれ、大日霊貴の寵霊に頼り、自然の神道を奉」じている。そもそもひとが万物の霊長と称されるのは「聖人の道」によってではない。「天神地祇の寵霊」によってこそなのだ。

注意しておくべきことが三点ある。第一は、「聖人の書」を読み、道を学んだのちにはじめて「禽獣為るを免がれんとする」のは倒錯であるとする主張が、宣長のテクストにあってその後もくりかえしあらわれるということである。「自然の神道」ということばが消え、その語の使用を支えていた文脈が後退していったのちも、儒教を批判するこの基本的な視角は不変であって、宣長によるいわゆる「漢意」批判の基軸のひとつをかたちづくっている。あとで見てゆくとおり、たとえば市川匡との論争にあってこの件はもっとも見やすいかたちであらわれることになるだろう。『まがのひれ』を駁する一文『くず花』の論はまた、宣長の論争術を典型的なしかたで示すものともなるはずである。

徂徠学派の儒者、匡との論戦はいわゆる「国儒論争」の発端のひとつであったと言ってよいが、論争そのものは、これものちに瞥見するように、すこしく複雑な経緯をたどって、會澤正志齋の「直毘靈」批判へといたるまで継続してゆく。「直毘靈」をめぐる国学者、儒学者のあいだの遣り取りが国儒論争の半面をかたちづくったことはたしかであるけれども、論戦そのものは同時に賀茂眞淵『國意考』をめぐっても展開されていたことは、鷲尾順敬編『日本思想闘諍史料』第七巻を通覧してもあきらかである。ここで注意しておくべき第二の論点は、この論脈でも、おなじく当時の国学者を代表しながらも、師たる眞淵とその弟子とのあいだで、ひとつの決定的な差異が顕在化もしていることである。――宣長は、右に引いた一文で「夫れ人の万物の霊為る乎、聖人の道を以つてならん也哉」と問う。問いの前提として、人間が万物の霊長であるしだいが承認されているわけである。これに反して、眞淵は『國意考』のなかでおなじく漢意を見とがめながらこう書いている。よく知られた一節ではあり、また当面の論の脈絡からやや外れて、よこみちに入りこむきらいがあるとはいえ、それ自体として興味ぶかいところでもあるので、念のため引用しておこう。

又人を鳥獣にことなりといふは、人の方にて、我ぼめにいひて、外をあなどるものにて、また唐人のくせなり。四方の国をえびすといやしめて、其言の通らぬがごとし。凡天地の際に生とし生るものは、みな蟲ならずや。それが中に、人のみいかで貴く、人のみいかむことあるにや。唐にては、万物の霊といひて、いと人を貴めるを、おのれがおもふに、人は万物のあしきものとかいふべき。いかにとなれば、天地日月のかはらぬまゝに、鳥も獣も魚も草木も、古のごとくならざるはなし。是なまじひにしるてふことのありて、おのが用ひ侍るより、たがひの間に、さまぐ〳〵のあしき心の出来て、終に世をもみだしぬ。又治れるがうちにも、かたみにあざむきをなすぞかし。もし天が下に、一人二人物しることあらむ時は、よきことあるべきを、人皆智あれば、いかなることもあひうちとなりて、終に用なきなり。今鳥獣の眼よりは、人こそわろけれ。かれに似ることなかれと、をしへぬべきものなり。

引いた一文は眞淵がんらいの文脈からはなれて断章取義もされがちな一節でもあるから、これも念のため附言しておく。問題の論脈は、宣長の思考のすじみちに引きあわせていうなら、「からごころ」の、あるいは「さかしら」の批判にあって、またいわゆる血族間の性関係にある。人間は鳥獣とことなるという表現も、中国における同姓婚の禁止という伝統にことよせて登場するものだった。一節の強調点は、人間と動物とを区別する発想もまた「我ぼめにいひて、外をあなどる」「唐人のくせ」に根をもつものだ、と主張することにあり、そうした理路に唯々諾々としたがって怪しまない、この国の「唐文《からぶみ》よみ」「儒学生」のひがごとを嗤うところにあったわけである。そのかぎりで一文は「然るべき儒者などの、つねにかの国をたふとびて、いひあへる詞を聞ならひ、さる書をも見なれては、たゞそれをよき事に心得て、ちかきころは、物の心をもしらぬものはた、からもろこしといはで、中国中華などいふよ」と聞きとがめ、「皇国は内也、もろこしは外なれば、かの国の事をいはんには、分て唐には云々、漢の云々、とやうにいふべき也」と言い（馭戎慨言上之巻下、全集八巻六七頁）、総じて儒学者の語りようを「から国をむねとして、御国をかたはらになせるいひざま」と難じる（玉かつま一・二四、全集一巻四七頁）、宣長の儒学批判とも順接する。ここで見ておきたい論点は、とはいえべつにある。

眞淵と宣長がともに、だが方向を逆転させて「万物の霊」について語るとき、踏まえられているのは書経の一節「惟《こ》れ、天地は万物の父母、惟れ、人は万物の霊」であろう。師にあって、弟子にないものは「天地の際に生とし生るものは、みな蟲ならずや」という反問、「今鳥獣の眼よりは、人こそわろけれ。かれに似ることなかれと、をしへぬべきものなり」とする視点ということになるだろう。ただしこの一点を強調して、たとえば賀茂眞淵におけるエコロジー思想の芽ばえなるものについて語ることはやはり倒錯であって、またアナクロニズムともなるはずである。見とどけうるのは、ひとつにはここでもさしあたりは、眞淵における老荘思想の影であるけれども、むしろより重要なのは、人口に膾炙したこの観点が眞淵の断乎たる尚古主義とむすびあっているしだいである。じっさい眞淵が「人は万物のあしきものとかいふべき」とする理由は、「天地日月のかはらぬまゝに、鳥も獣も魚も草木も、古のごとくならざるはなし」いにもかかわらず、ひとり人間のみいにしえのありようを違えてしまっていることにある。「是なまじひにしるてふことのありて」の是とは人間を指すものであるけれども、稿本ではそのうえに「なを人はかり形はもとの人にて心のいにしへとことになれるはなし」ともしるされていたのである。ただまた、眞淵の思想に、おそらくはその生の経験にも由来するペシミズムの色彩が濃厚にまとわりついていたのに対して、宣長の思考には、健全なエピキュリアニズム（本書、五四六頁参照）とオプティミズムの傾向が色こくあらわれているのは、なおひとつの事実であるとも思われる。

自然の神道という語それ自体は、あるいはむしろ賀茂眞淵にこそ似合う表現であり、発想であるかもしれない。つい先ほどあらかじめ、自然の神道ということばは宣長の用語系からはやがてすがたを消して、その文字の使用を支えていた論脈も後退してゆくむねを、注記しておいた。ここでとりあえず注意しておく必要のある問題系は、第三にここにある。問われなければならないのはまず、この語はどのような思考を背後に有するものであったのか、その思考それ自体が宣長にとってはいわば一過的なものであって、ほどなく消失してゆくものであるのか、あるいは当の語彙に籠められた発想の型は、宣長思想にあってなにほどか本質的なことがらであり、したがってそのことばは消えても、思考の核はながく影を引くものであったのかということである。

おそらくは松坂帰郷ののちにものされた若き宣長の手稿『あしわけ小舟』をめぐっては、この「内篇」でも初期歌論の展開という枠内ですでに論じておいた。ここで一旦さかのぼって、『あしわけ小舟』における「自然の神道」の用法のみを確認しておこう。くだんの草稿のなか、なお錯綜する論脈のひとつで宣長は、「和歌は吾邦の大道也と云事いかゞ」という問いを立て、これに答えてしるしていた。「答、非なり」。大道ということを言うならば、儒教では「聖人之道」をもって大道とし、仏教なら「仏道」が大道とされる。老荘思想であれば「道徳自然にしたかふを大道」と考えることだろう。三教は「それ〴〵に我道を以て大道とす」るわけである。これに対し「吾邦の大道と云時は、自然の神道ありこれ也。自然の神道は、天地開闢神代よりある所の道」である。ただし現今の神道者が称する神道なるものは、これと大いにことなる。

ところで「和歌は、鬱情をはらし、思《ヒ》をのべ、四時のありさまを形容する」道である。和歌がこの件にかんして「大道」であるとするのは差しつかえない。しかしながらそれを儒仏とならぶ「我国の大道とはいはれじ」(〔四四〕、全集二巻四五頁)。

自然の神道はここでその名のみ登場し、内実は詳らかにしない。手稿中でこの語があらわれるのは、この四四条と、つづく四五条にかぎられる。次条は「和歌は表《おもて》は神道にして、裏は仏道の深意也と云はいかゝ」という問いに対し、やはり「非なり」と答えるものであるけれど、その回答中にもおなじく「自然の神道」のもとで、手稿をつづる宣長がなにを考えていたのかをあかす文言は存在しない。ただ一方では「もとより我邦自然の歌咏なれは、自然の神道の中をはなるゝにはあらされども、表は神道なと云事、大にひが事也」と断じられ、他方ではそうしたもの言いそのものが異国由来の三教に「附会」するものであって、「深くせんとしてかへつて浅く」し、「広くせんとしてかへつてせばくするもの」であるとされているしだいは、すこしく注目されよう。後者の理路は宣長にあって、終生かわることのなかった批判的視点とむすびあい、前者の理説にしたがえば、神道が歌道をも包摂する可能性も示唆されているからである。

戦後あらたに編纂された宣長全集によってあきらかとなったことがらは数多いけれども、そのひとつは、『あしわけ小舟』と『石上私淑言』というふたつの試論にはさまれた思想形成の過渡期にあって、本居宣長が荻生徂徠の論からの一定の影響のもとで、この国の古道、神道にかんして、相当ていどに立ちいった考察をめぐらせていたということである。ここではわけても『蕣庵随筆』(『本居宣長随筆』第十一巻)に目をとめておく必要がある。稿は『あしわけ小舟』のあと、『石上私淑言』よりもまえに執筆されたものと考証されており、その時節における宣長の神道観をまとまったかたちで読みとることのできる、数すくない史料であるからだ。ただしくだんの考証はそれ自体、本節で引いた清水宛て書簡や『あしわけ小舟』との繫がりを重視する内証によるものであり、宣長履歴上の外証によるものではないしだいは附言しておく必要がある（全集十三巻、大久保正による「解題」参照）。

とり上げておくべき手稿は「五行十干十二支は、異国の名目也。本邦に元《もと》、是等の名目なし」とはじまる。中世期以来、とりわけ朱子学との習合をふかめ、近世にいたって闇斎学派の垂加神道をも結実した、神道のとらえかたに対する総体的な批判である。こういった理解は「異国より書籍わたりて後の沙汰」であって、すこしも措信にあたいしないむねを述べたのち、当時の宣長は仁齋、徂徠の所論に肯定的なしかたで言及したあとをつづけて、こう書きとめている。

> ○神代の事をとかく理をつけて論するは、大なる誤《ひがこと》なり。奇異の事あるを見て、今日凡夫の智慧を以てこれを臆量して、あるましき事と思ふよりして、彼此と今日の常理を以てこれを論し、説を設けて義理をつくる事、心得ぬ事とも也。すべて神は神妙不測なる物なれは、奇異ある事は固《もとよ》り其処也。凡夫の小き心よりして、少し常理に異なる事あれは、疑ひを生して信せす、今日眼前に見る処の理より外に妙理ある事を知らさる小量の惑也。第一奇怪なるものは、今此天地万物也。天地の間、一物として奇怪にあらざる事なし。然して是を奇怪と思はざるは、常に見る処の物なるゆへ也。神代の事は今見ざる事故に、これを異《あや》しむ也。今此天地の大奇怪なる物を生する始の事なれは、いかにも神代は奇異の事にあらずは、此の天地万物は成就すましき事也。唯神代の事は、高天原は高天原也、海神宮《わたつみのみや》は海神の宮也。鑿説《さくせつ》あるべからず。すべて神典を読むに、みな此心得にてありのまゝに信ずへき事也。己が凡夫の小量の知識を

以ては、なか〳〵神の妙理は測りがたかるべし。（全集十三巻五九八頁）

神代のあれこれをめぐっては「今日の常理」で裁断すべきではない。「すべて神は神妙不測なる物」なのだから、現在の論理、感覚的経験に由来する理路（「眼前に見る処の理」）によって、ことのなりたちを決することはできない。なにより「奇怪なるものは、今此天地万物」であり、およそ「天地の間、一物として奇怪にあらざる事」はない。「神典を読む」さいには、おしなべて「ありのまゝに信ず」るべきであって、そうでなければ「神の妙理は測りがた」いのだ。

妙理の説については「外篇」ですでに言いおよんでおいた（本書、一七九頁）。引いておいたとおり、後年の本居にとって「つらつら思ひめぐらせば、世中《ノ》にあらゆる事、なに物かはあやしからざる、いひもてゆけば、あやしからぬは」存在しないのである。記紀を読もうと思うなら、「己が凡夫の小量の知識を以て」してはならないとするのも、『古事記傳』を書きついでゆく宣長の基本的な方法となることだろう。

右に引いた一文を書きとめていた季節、本居宣長にとって儒仏の理をもって神典を測ることは「我国自然の神道をないがしろにする」ことであった。「吾邦自然霊妙の神道は、未《タ》文字渡り来らざる以前の眼を以て」とらえられなければならない。「今日の常理を以て、吾《カ》自然霊妙の神道をとかく論する神道者は、愚の至り」なのである（全集十三巻五九九頁以下）。——自然の神道という限定をのぞけば、古道にむかう準備は宣長の思考のなかで夙にととのっている。ただもう一点、妙理に内実が与えられる必要がある。

三十五

前節の末尾に引いておいたように、本居宣長にとって「吾邦自然霊妙の神道は、未《タ》文字渡り来らざる以前の眼を以て」見るべきものである。『古事記傳』一之巻「古記典等總論《いにしへぶみどものすべてのさだ》」でやがて展開されてゆく理路によれば、こうなるだろう。

凡て漢籍《からぶみ》の説は、此《ノ》天地のはじめのさまなども何も、みな凡人《ただびと》の己が心もて、如此《かく》有《ル》べき理ぞと、おしあてに思《ヒ》定めて、作れるものなり。此間《ここ》の古《ヘノ》伝へは然らず。誰《たが》云出し言ともなく、たゞいと上代《ツ》より、語り伝へ来つるまゝなり。此《ノ》二つをくらべて見るに、漢籍の方は、理《リ》深く聞えて、信に然こそ有けめと思はれ、古伝の方は、物げなく浅々と聞ゆるからに、誰も彼《レ》にのみ心引れて、舎人《ノ》親王《みこ》をはじめ、世々の識者《ものしりびと》、今に至るまで、惑はぬはなし。(中略)然れども人の智《さとり》は限《リ》のありて、実《まこと》の理は、得《え》測識《はかりし》るものにあらざれば、天地の初《はじめ》などを、如此《かく》あるべき理ぞとは、いかでかおしては知《ル》べきぞ。さる類《ヒ》のおしはかり説《ごと》は、近き事すら、甚《いた》く違ふが多かる物を、理をもて見るには、天地の始《メ》も終《はて》も、しられぬことなしと思ふは、いとおふけなく、人の智の限《リ》有《リ》て、まことの理《リ》は、測《はかり》知《リ》がたきことを、え悟らぬひが

心得なり。（伝一、全集九巻八頁以下）

漢籍の理と不可測の理とのありかたについては、のちにまた主題としてゆくことにする。ここでまずとり上げておきたいのは、宣長がくりかえし強調するところであるとおり、かりにこの国の古道が「未《タ》文字渡り来らざる以前」から「誰云出し言ともなく、たゞいと上《ツ》代より、語り伝へ来つるまゝ」のものであるとしても、この国の上代について、また神道のいわば古型をめぐって、中国の書籍のなかに一定の報告が存在するしだいをどうとらえるかという問題である。

歴史書のなか、東の涯てのこの列島をめぐる記述は、三国志中の魏書第三十巻「烏丸鮮卑東夷伝倭人条」にはじめてあらわれる。いわゆる魏志倭人伝がそれである。「倭人在帯方東南大海之中」とはじまる一節は、周知のところであるので立ちいらないけれども、「その国、本は亦た、男子を以つて王と為す。住むこと七、八十年。倭国は乱れ、相攻伐すること歴年、乃《すなは》ち一女子を共立して王と為す。名は卑弥呼と曰ふ。鬼道に事《つか》へ能く衆を惑はす。年すでに長大、夫婿なく、男弟ありて、佐《たす》けて国を治める」という、これもまたよく知られた一節についてのみ、想起をもとめておく。

日本書紀は神功皇后の事蹟とされるものをしるした箇所中、「魏志に云ふ」とするかたちで、魏書の記述に言いおよんでいる。以来、卑弥呼とは神功皇后のことであるとする理解がひろがり、北畠親房の神皇正統記もこれにしたがっているほかに、元禄期の医師、松下見林もおおむねこの件に同意し（異稱日本傳）、くわえて新井白石の『古史通或問』も卑弥呼の比定をめぐっては日本紀に拠った。ちなみに白石が邪馬台国＝大和説を採るさいも、書紀の記述の大枠を承認していたと言ってよい。こうした学説史上のいきさつにかんしては、松本清張『古代史疑』その他の作品によって一般にも知られていよう。
いまはあえて引用を略したけれども、魏志倭人伝の記述には「循二海岸一水行」と筆をおこし、例の「水行十日、陸行一月」をふくむ、邪馬台国へのみちのりがしるされていた。倭に言及する部分の劈頭には「漢の時、朝見する者有り」としるし、また邪馬台国についても「親魏倭王卑弥呼」と称して、魏との朝貢関係の存在を記録している。本居は、そうした記述と従来の解釈に対して疑議を呈した。『馭戎慨言』の所論には、ほかの箇所で立ちいってふれる機会もすくないことでもあるので、ここでややながく引いておく。――魏志倭人伝の記述をさして宣長はつぎのように書いていた。冒頭「息長帯姫尊《おきながたらしひめノみこと》」とあるのはいわゆる神功皇后のこと、その逸話のひとつについては「内篇」でもことのついでにふれている（本書、四一七頁以下）。

　息長帯姫尊の御事を、三韓などより、ひがことまじりに伝へ聞奉りて、かけるもの也。卑弥呼は、姫児《ひめご》と申す事にて、神代巻に、火之戸幡姫児千々姫命《ひのとばたひめごちぢひめノみこと》、また万幡姫児玉依姫命《よろづはたひめごたまよりひめノみこと》などある姫児に同じ。姫を比彌《ひみ》といへる例も、古きふみに見えたり。さればこはたふとみて御国人《みくにびと》のつねにかく申せしを、韓人《かんびと》などの聞て伝へしを、御名と心得しなるべし。（中略）然れども此時にかの国へ使をつかはしたるよししるせるは、皆まことの皇朝《すめらみかど》の御使にはあらず。筑紫の南のかたにていきほひある、熊襲《くまそ》などのたぐひなりしものの、女王の御名のもろ〳〵のからくに《戎》にまで高くかゞやきませるをもて、その御使といつはりて、私につかはしたりし使也。其故はまづ右の文に、かの国の帯方郡より、女王の都にいたるまでの国々をしるせるは、かのかしこの使の、大和《おほやまと》の京へまゐるとて、へ《経》てきつる道の程をいへる如くに聞ゆめれど、よく見れば、まことは大和の京にはあらず。いかにといふに、まづ対馬一支末盧伊都《つしまいきまつらいと》までは、しるせる如くにて、たがはざるを、其次に奴国不彌国投馬国などいへるは、漢呉音はさらにもいはず、今の唐音をもてあてても、大和への道には、さる所の名共あることなし。又不彌国より女王の都まで、南をさして物せしさまにいへるもかなはず。大和はつくしよりはすべて東をさしてくる所にこそあれ。また自《リ》二女王国一以北といへるもたがへり。以西とこそいふべけれ。みづから来たらんに、かく北南と西東とをわきまふまじきよしなきをや。又投馬国より女王の都まで、水行十日陸行一月といへる、水行十日はさも有《リ》ぬべし、陸行一月はいと心得ず。月の字は日の誤なるべし。さて一日としては、いづこの海辺よりも、大和の京へはいたりがたく、又一月ならんには、山陽道のなからのほどより、陸路《くぬがぢ》をのぼりしとせんか。さること有べくもあらず。古西《へ》の国よりやまとへのぼるには、すべて難波の津までは、船より物するぞ、定れることなりける。かくあまたがへる事共のあるは、大和の京にあらざりしるしにて、誠にはかの筑紫なりしものの、おのれ姫尊也といつはりて、魏王が使をも受つるに、あざむかれつるものなれば、其使のへ《歴》てきたりけん国々も、女王の都と思ひしも、皆筑紫のうちなりけり。

（馭戎慨言上之巻上、全集八巻三一～三三頁）

『馭戎慨言』はながく、ファナティックな排外主義を鼓吹する一書としてのみ喧伝されてきたけれども、村岡典嗣がいちはやく注意していたとおり（本書、五三頁）、同書はたしかに、古代からはじまって豊臣時代までおよぶ外交史を略述するものでもあって、当該分野における先蹤と賞するべき側面がある。ただし右の引用にも見るとおり、その歴史解釈は、中国との反照関係をへて立ちあらわれる皇国像によって汚染もされていた。とはいえ宣長の思考のすじみちには、漢音呉音唐音の三音のちがい、口頭伝承にあっての訛伝と、文献史料における誤記の可能性ほか、宣長文献学の基礎的視角もあらわれていることも、注目しておくべきだろう。ただし、大津透等の著作に学ぶならば、本居宣長の採る九州説は現在やや劣勢のようである。ここで見ておきたいのは、しかしその件でもない。

右の引用で「こはたふとみて御国人のつねにかく申せしを、韓人などの聞て伝へしを、御名と心得しなるべし」のあと、中途を略した部分には「以《テ》レ妖《ヲ》惑《ハス》レ衆《ヲ》などいへるは、からびと《戎人》大御国の神の道をしらざるが故に、かゝるみだりごと《漫言》はするなり」とある（同、三二頁）。魏志倭人伝に言いおよんだ箇所のおわりにも、「すべて上《かみ》の件《くだり》のもろこしの書《ふみ》どもに、大御国《おほみくに》のありさまなどをしるせることどもを見るに、あるひは韓人《かんびと》のつて、又西のほとりの国人の、みだりにいへるをきゝ、あるひは又かしこの使などの来て、みづから物せしも、たゞ筑紫わたり、西のかたそはを見たるのみにて、なべてのさまくはしき事をばしらずていへる故に、いづれもみだりにて、ひがことがち也」とある。だから、宣長の看るところでは「皇国《みくに》の人さへ、そのいつはりなりしことを、くはしくもわきまへたゞさで、かのみだり言《ごと》おほかるから書《ぶみ》を、たゞまことゝのみ信じをるは、いともかしこく《可畏》、うれたき《慨》わざなりかし」（四一頁以下）ということになるだろう。

『古事記傳』は、神功皇后をめぐる記述の冒頭に「帰神」、すなわち宣長の訓みでは「迦微余理賜閇理伎《かみよりたまへりき》」とあるのを重視する。「大后に、神の託着《よりかかり》坐る」こと、つまり神憑りとなったことである。書記にこの記述が欠落しているしだいを、本居は憤っている。割注して『傳』は言う。「然るに書紀に、此《ノ》皇后《ノ》御巻《ノ》初《メ》に、幼而聡明叡智、貌容壮麗とのみ記して、甚《いと》も貴き霊《くすし》き此神帰《ノかむがかり》の事をしも漏し賜へるは、いかにぞや。漢めかぬ事なればなるべし。漢国に此《ノ》大后の御事を、伝《つて》に聞奉りて、其国籍《ノくにぶみ》に、事《トシ》二鬼道《ノヲ》一、能《ク》以レ妖《ヲ》惑《ハス》レ衆《ヲ》、など云るは、あなかしこ戎人《からひと》神道《ノ》の正しく妙《たへ》なることを得知《えしら》ずて、例の漫《みだり》に云る狂語《たふれごと》なり」（伝三十、全集十一巻三四四頁)。「神道」をめぐる本居宣長の理解は、それではどのようなすがたを取っていたのだろう。ここでもういちど時間をさかのぼっておく必要がある。前節では、いわゆる初期歌論時代における本居の「自然の神道」という用語をめぐり、立ちかえって『あしわけ小舟』の一節をもとり上げておいた。宣長における神観念ならびに古道観の展開にことよせて、いったん『石上私淑言』に立ちもどっておかなければならない。

宣長が『小舟』を改訂しようとして、あらためて稿を起こした『私淑言』をめぐる執筆、刊行の経緯等についてはすでに簡単にふれておいた（本書、四八三頁）。もういちど年代等をふくめて整理しておきたい。『石上私淑言』には自筆稿本三巻三冊が残されており、巻一と二は鈴屋遺蹟保存会に、巻三のみ三井文庫旧蔵の稿が、現在は東京大学本居文庫に所蔵されている。執筆は宝暦十三（一七六三）年ごろ、宣長三十四歳前後の筆であり、『紫文要領』にやや遅れて成稿する。そのうち巻一、巻二のみ、宣長の一番弟子で養嗣子ともなった大平から、その門人、齋藤彦麻呂が借りだして、文化十三（一八一六）年に上板したことにかんしても、すでに書いておいた。これに対して、いまでも東大に分置されている巻三の存在はながく世に知られず、佐佐木信綱の『和歌史の研究』ではじめて紹介される（刊行は大正四年）。上木されたのは、昭和二年になってからのことである（増補本居宣長全集第十）。ちなみに現行の筑摩版全集は、巻一から巻三にいたるまでのすべてについて自筆稿本を底本としている（以上、全集二巻、大久保正による「解題」参照）。

刊行年にも隔たりがあり、現在では松阪と本郷にわかれて所蔵されている、巻一、二と巻三とのあいだにはまた、内容的な面でも距たりがある。いま問題の脈絡でこの件に注目して論を立てたひとりが、相良亨であった（『本居宣長』一〇二頁～参照）。以下、相良の立論にならって、『石上私淑言』巻三における本居宣長の所論にまずは注目しておく。

『私淑言』巻三は「歌は物のあはれをむねとして、儒仏の教にかゝはら」ないとする宣長の宣言に対する異論をあらためてとり上げるところから再開される。与えられた回答の冒頭に「吾御国《わがみくに》はもと文字といふ物なかりしかば、文章をかき書籍をつくることはなかりき。さるを此文字書籍といふもの渡りまうで来て後は、此方《ここ》にもさる事をならひしりぬれ共、もと無《なか》りし事なれば、文かくには此方の意詞《こころことば》をすてて、必から国の意《こころ》言《ことば》にならひてのみかける也。後の世の仮名文《かなぶみ》こそは、意《こころ》も言《ことば》もはら此方のさまなれ」とあることがまずは止目される（全集二巻一六三頁）。問答はそののちにやはり古今集の仮名序、真名序を拠ともして、和歌とは「をのれ〳〵が思ふ事いひのぶる」ものであることを述べ、教誡論をあらためて問いただして、いにしえと「今の世」とのちがいを問題としたうえで、「後の世のいやしき心詞にては、よき歌はよみいでがたき故に、いにしへのみやびやかなる心ことばを学びならふ」ことが必要であるしだいに説きおよぶ。そのように古を学び、これをまね、ならうことはけっして偽りではなく「もとより歌は詞をほどよくとゝのふる道」である消息にかなっているばかりではなく、そのようにしてはじめて、紀貫之が説くとおり、「神も人もあはれ」と聞くのである。このように解いた、そののちの問答を引いておく。


問云。歌よみて神をも人をもあはれと思はすることはさも有べし。されど人こそは詞のよきをめでつべけれ。神はたゞ深きまことの心をこそうけ給ふべき事なるに、詞のうるはしきをあはれと聞給ふといふことといと心得ず。

答云。大かた目にも見えぬ事を、これはかく有べき理《ことはり》、それはさはあるまじきことはりなどと思ひいふは、もとみな唐文《からぶみ》の心ばへ也。すべてから国の人は何事も己《おの》が心もて、つねにめにちかく見きく物につきて、万の道理を考へもとめて、大かた思ふにたがはぬ事共もおほきを見ては、天地の間に有とある事は、此理にもるゝ事なしと思ひ定めてよろづをみる故に、いさゝかも思ふにたがへる事にあたりては、あやしみうたがひて、あるまじき事とおもふ也。（中略）されば今神は心のまことをこそうけ給ふべけれとおもふも、やがてこのから文の心にて、一わたり誰もげにと思ふことなれど、大きなるひが事也。その故は天地のあひだにある事の理は、たゞ人の浅き心にてこと〴〵く考へつくすべきにあらず。いかにさとり深く才《ざえ》かしこきも、人の心はをよぶかぎりのある物なれば、いにしへのいとかしこきから《（唐）》の聖人の、心をつくして深く考へさだめていひをかれたる事の、後の世迄ゆるぐまじく、たれも〳〵さるべき事と深く信じたる事も、はるかにたがひて思ひの外なる事もおほかるわざなるをや。（中略）そも〳〵神は、人の国の仏聖人《ほとけせいじん》などのたぐひにあらねば、よの常におもふ道理をもてとかく思ひはかるべきにあらず。（〔八五〕、全集二巻一七四頁以下）

すでに先まわりし『蕣庵随筆』に書きとめられたところを垣間見て、「すべて神は神妙不測なる物」であるうえに、そもそも「天地の間、一物として奇怪にあらざる事なし」とする所説にもふれておいたかぎりで、引用にみられる「天地のあひだにある事の理は、たゞ人の浅き心にてこと〴〵く考へつくすべきにあらず」としつつ、神を「よの常におもふ道理をもてとかく思ひはかるべきにあらず」ともする所論に、あらためて見るべきところはないかにも思える。一節は、しかし以下のようにつづく。「神の御《み》心はよきもあしきも人の心にてはうかゞひがたき事にて、この天地のうちのあらゆる事は、みなその神の御心より出て神のしたまふ事なれば、人の思ふとはたがひ、かのから書《ぶみ》の道理とははるかに異なる事もおほきぞかし」。これに惑うのは人の国の道理に泥む者たちだけである。むしろ「吾御門《わがみかど》にはさらにさやうのことはりがましき心をまじへず、さかしだちたる教《へ》をまうけず、只何事も神の御《み》心にうちまかせて、よろづをまつりごち給ひ、又天の下の青人くさも只その大御心《おほみこころ》を心としてなびきしたがひまつる。これを神の道とはいふ也」。ここまでは、問われているところからすれば長い脱線、あるいはたんなる前提であるように見える。ほんらいの回答と見なすべきものが、このあとに短くつづく。「されば歌の道もよしなきからぶみの道理をすてて、この心ばへをもて思ふべき事なり」。ここではあきらかに、神の道（いわゆる惟神《かんながら》の道）への関心が、歌の道への興味をもはや圧している。あるいは、さきに「自然の神道」の問題圏のなかで、神道が歌道をも包摂する可能性についてふれておいたが（本書、六〇四頁）、いまの文脈ではその可能性がすでに現実のものに転じているのである。

　そればかりではない。とりわけここで「この天地のうちのあらゆる事は、みなその神の御心より出て神のしたまふ事」とする考え、ことはしかも「よきもあしきも」問わないとする理解が顕在化しているしだいに注意しておく必要がある。そもそも、神の意図、その善悪を問うこと自体が「ことはりがまし」いさかしらなのだ。じっさい、『石上私淑言』巻三の行論はさらにすすんで、こうも書いていた。「物のことはりといふものは、すべてそこ《（底）》ひもなくあやしき物にて、さらに人の心もてうかゞひはかるべき物にはあらねば、しひてあきらめしらんともせず、よろづの事はたゞ神の御はからひにうちまかせて、をのがさかしらを露まじへぬぞ、神の御国のこゝろばへには有ける」。神の道が強調される。対照的に貶置されるものが、いわば漢意となる。「さるを強《しひ》てしりきはめむとするは、から国の事にて、かの陰陽五行などいふ事のすぢもて、ことぐくあきらめしるべしとおもへるは、いともおほけなくかへりておろかなるわざ也」〔九七〕、同、一八六頁）。

——一条の問いはいわゆるみそひともじの定まりにある（「とりわき三十一言にのみもはら読《よむ》ことになれるは、ことに深き理《ことはり》のあるゆへならんか」）。神道が歌道を圧し去っていることが、ここでより明白だろう。

神の道が歌の道の上位に立つのは、とはいえ、どのような理路にしたがってのこととなるだろうか。ひとことで言うならそれは、ひとの世のあわれのすべてを呑みこむような禍津日神が、遙かにそのすがたを見せはじめて、論のうえに影を落としそめることによってである。この世のできごとは「よきもあしきも」神意のままに生起する。これはそれじたい測りがたい妙理である。ことのよしあしを、ひとのさかしらによってあげつらい、定めようとすることが、総じてからごころとしてやがて斥けられるのはそのゆえなのである。『石上私淑言』巻二もすでに、これも問答のかたちを借りて以下のように説いていた。

問云。道《みち》〳〵しくうるはしきはみないつはれるうはべの事にて、人のまことの情を吟咏したるは、かならず物はかなかるべき故はいかに。

答云。おほかた人は、いかにさかしきも、心のおくをたづぬれば、女わらはべなどにもことに異《こと》ならず、すべて物はかなくめゝしき所おほきものにて、もろこしとても同じ事なめるを、かの国は神の御国にあらぬけにや、いと上《かむ》つ代よりして、よからぬ人のみおほくて、あぢきなきふるまひたえず、ともすれば民をそこなひ国をみだりて、世中をだしからぬおりがちなれば、それをしづめ治めむとては、よろづに心をくだき思ひをめぐらしつゝ、とにかくによからん事をたどりもとむるほどに、をのづから賢く智《さと》り深き人も出来《いでき》、さるからいとゞ万の事に、さるまじき事にもいたく心をもちひて、目に見えぬふかきことはりをもあながちに考へくはへなどしつゝ、いさゝかのわざにも善さ悪《あし》さをわきまへあらそふをいみじき事にして、をのづからさる国のならはしになりぬれば、人ごとにをのれかしこからんとのみする故に、かの実《まこと》の情の物はかなくめゝしきをば恥《はぢ》かくして言《こと》にもあらはさず。まして作りいづる書《ふみ》などは、うるはしく道〳〵しき事のみかきすくめて、かりにもはかなだちたる心は見えずなんある。げに国ををさめ人をみちびき教へなどするにはさも有ぬべき事なれど、これみなつくりかざれるうはべの情にて、まことの心の有さまにはあらざる也。（〔六六〕、同、一五一頁以下）

ことの裏面にはとうぜん、この国のありかたをめぐる理解がひろがっている。中国の詩歌に国事をうたうものが多いいっぽう、「色このむすぢ」を詠んだものは「いとまれ」である。この国ではその逆で、「上も下もみだりがはしきこと」が多く、そのうえそれを「あしき事」と指弾もしないのは、この「国の風俗《ならはし》のすきずきしくあだなるゆへ」なのだろうか。愚考である、というべきだ。「かの国の人は色にまよふふるまひすくなしとおもふはおろか也」。むしろこの国で、そうした善悪の論《あげつら》いがすくないことにこそ理由がある。「吾御国はよろづおほどかにてさかしだゝぬゆへに、人のよしあしをわづらはしくいひたつる事もなく、たゞ有しまゝにいひつたへ書つたへた」だけだ。それのみではない。そのなかでも「歌物語などはことに物のあはれなる方をむねとせる事なれば、色このめる人のさま〴〵心〴〵を有しまゝになだらかにかきのせた」だけのことなのである。総じていえば、こうである。「すべて恋のみにもあらず万の事に唐はよからぬ人ことにおほし。さばかりゆるしなくいましめてだになをしかるはもとより国のわろきゆへ也。わがみくにはむかしより人のふるまひをとかくほめそしる事もせず、たゞなだらかにおほとかなれ共、あしき人のことにおほくも聞えぬは、神の御国の故ぞかし」（〔七五〕、同、一五九頁以下）。

最後はやがて、根拠のうすい信念にいたるかに見えるけれども、いま考えておく必要があるのは、その件ではない。ここで確認しておきたいことがらは、「わがみくにはむかしより人のふるまひをとかくほめそしる事もせず、たゞなだらかにおほとか」であったする認定の背後には、この国の上古にはあえて道をことあげする風が存在せず、むしろ「道てふことなけれど、道ありしなりけり」（直毘靈）とする理解がつとに芽ばえていたという、ことをめぐる消息にほかならない。ふたたび『私淑言』巻二からの引用である。

又問云。歌の道とは上古よりいふことか。

答云。まづ美知《みち》といふ言のこゝろを弁へをくべし。美知は御路《みち》にて、知《ち》といふが本語也。今も山路野路舟路通《ヒ》路などは、知とのみいふをもてしるべし。それに美《み》をそへて美知とはいふなり。古事記に味《うまし》御路《みち》、日本紀に可怜《うまし》御路とある、是神代の古言《ふること》也。されば知といふも美知といふも同じ事にて、共に道路の意のみにて、其外の義は上古はさらに無《なか》かりしなり。然るに外国《とつくに》より文字渡りては、道《だう》は道路の意のみならず、道‐徳道‐義天‐道人‐道道‐心道‐理など其外もさまぐの意を兼たる文字なるを、此方にて美知といふ言に用るによりて、此字をばいづれの意に書《かき》たる処をもみな美知と訓《よむ》ゆへに、後にはをのづから美知の言をも道《だう》の字の義どもにいづれにも用ることにはなれる也。すべての言に此たぐひおほし。されば道《ノ》字にはさまぐの義をかねたれど、美知の言は本は道路の外の意なし。然るを後世の学者このわきまへなくして、道徳などの道《ノ》字の義をもて美知の言の義をいふは、大に牽強附会のことにていはれなし。事の本末をよくわきまへをくべき也。神道は吾御《み》国の大‐道なれども、それを道《みち》と名づくることは上ッ代には無《なか》りし也。文字わたりて、かの国の道《ノ》字のもちひやうを見ならひて後にこそは、天照大御神より伝へまし〳〵て天日嗣《あまツひつぎ》しらしめす天皇《すめらき》の高御座《たかみくら》の御業《みわざ》をも神道《かみノみち》とは名づけられたりけれ。さて後には、それに准へて、かの国にて道といふ事をば、此方にても大小にかゝはらずよろづの事業をなにの道くれのみちといひ、雑藝のたぐひ迄しかいふ事にはなれるなり。されば歌よむことをも歌の道といひ、後には音にて歌道《かだう》ともよぶ也。（〔六一〕、同、一四八頁）

美知とは「神代の古言」であり、そのかみ「道」には「道路の意」しか存在せず「知といふも美知といふも同じ事にて、共に道路の意のみにて、其外の義は上古はさらに無かりしなり」とする所論は「直毘靈」でもほぼそのまま繰りかえされる。そればかりではない。「歌の道とは上古よりいふことか」と問う問者の問いに対して記紀の用例を引き、「外国より文字渡」りくる前後の意味の変容を解く答えのかまえに、むしろ宣長の関心の推移を読むべきなのである。

ここまで問題とし、引用をつらねてきた『石上私淑言』の執筆は、おそらくは宝暦十三年の前後、宣長が三十四歳になるかならぬかの時節であるむねについては、すでにふれた。じっさい「直毘靈」の原型となる『道云事之論』はおそくとも明和四（一七六七）年、本居が三十八になる年までには書きおろされている。三年まえの明和元年正月、本居宣長は賀茂眞淵に入門誓詞を呈し、翌月には『古事記傳』の稿をはやくも起こしていた。明和四年には、『傳』は巻四の浄書をおえている。歌論をめぐるこころみの終焉と、古道の探究のくわだての開始とは、踝を接していた。否むしろ前者の試図と後者の模索は、その時期からすればたがいに覆いあうところがあると見たほうがよい。象徴的にいえば、物のあわれ論が神の霊妙《くす》しさをめぐる所説と交替している。日野龍夫があえてポレミカルなかたちでも主張したように「「物のあはれを知る」という言葉自体は、宣長にとってそれほど大切なものではなかったらしい」とまでは断定しえないにしても、「やや誇張していえば、宣長は満七十一年の生涯のうち、宝暦十三年（一七六三、宣長三十四歳）一年間だけしか「物のあはれを知る」という言葉を口にしなかった」とすら語りうるとするなら、その根拠は——日野自身が重視する同時代の用法からの借用という経緯にもまして——ここにあるように思われる（日野説をめぐっては、日野『宣長と秋成』一六〇頁のほか、本書、一三三頁以下を参照。また後論、七七八頁以下をも参照）。

原型となる『道云事之論』は「大御国者《おほみくには》、闕麻久母《かけまくも》畏伎《かしこき》神祖《かみろぎ》天照大御神《あまてらすおほみかみ》之《の》御生所坐《みあれませる》大御国爾斯弖《おほみくににして》」とはじまる。一節にはただちに割注が附いて、「大御国ノ万ノ国ニ勝《すぐ》レタル所由《ゆゑ》、先此《まづここ》ニアリ」と宣言される（全集十四巻一〇七頁）。やや時がたち書きあらためられ、明和八（一七七一）年十月に稿が成った『直靈』では、標記と注記の形式があらためられ、おなじく冒頭、「大御国は、かけまくも畏き神祖天照大御神の御あれ《生》ませる大御国にして」のあと段が落とされ「万 国《よろづノくに》に勝れたる所由《よし》は、まづこゝにいちじるし」と改訂されるけれども、もちろん趣意に変更はない（同、一一九頁）。袋とじされた二十五枚の自筆稿本が遺されている、この稿の内題は「なほびの御《み》たま」であり、草稿は、そのいわば総論中に「直毘靈」をおさめた『古事記傳』一之巻の出版にさきだち、手写により世にひろまって、『傳』本文の登場に先だち国儒論争の一局面の焦点ともなったようである。ちなみに「直毘靈」では「皇大御国《すめらおほみくに》は、掛《かけ》まくも可畏《かしこ》き神御祖《かむみおや》天照大御神《あまてらすおほみかみ》の、御生坐《みあれませ》る大御国にして」の本文に対して、「万《ノ》国に勝《すぐ》れたる所由《ゆゑ》は、先《ヅ》こゝにいちじるし。国といふ国に、此《ノ》大御神の大御徳《おほみめぐみ》かゞふらぬ国なし」と註解がつづく（伝一、全集第九巻四九頁）。

いま個々の論点をめぐって、三者の異動を論じることはしない。『道云事之論』をめぐり、ここでとりわけて確認しておきたいのは、『論』の段階ですでに禍津日神の存在が、宣長によってきわだたせられていることである。「禍津日神《まがつびのかみ》之《の》所為《しわざ》許曾《こそ》、甚毛《いとも》哀伎《かなしき》和邪那理祁礼《わざなりけれ》」とある本文の割注が「万《よろつ》ノ厄《まが》ハミナ此神ノ所為《しわざ》ト知ベシ。凡テ此世ニ有《リ》ト有《ル》コトハ、春秋ノユキカハリ、雨フリ風フクタグヒ、又国ノウヘ人ノウヘニ、吉凶《よしあし》キ万ノ事、ミナ悉《ことごと》ニ神ノシワザ也」云々とつづいてゆく。「外篇」でも津田左右吉の所論を辿ったおりにつとに言いおよんでおいたように（本書、五一頁）、この禍津日神の存在は、宣長の古事記註釈のなかでことさらに強調されていた一点にほかならない。対応する箇所を「直毘靈」から引く。

> 禍津日神の御心《み》のあらびはしも、せむすべなく、いとも悲しきわざにぞありける。世間《よのなか》に、物あしくそこなひなど、凡て何事も、正しき理《り》のまゝにはえあらずて、邪《よこしま》なることも多かるは、皆此《ノ》神の御心にして、甚《いた》く荒び坐《ます》時は、天照大御神高木《ノ》大神の大御力にも、制《とど》みかね賜ふをりもあれば、まして人の力には、いかにともせむすべなし。かの善人《よき》も禍《まが》り、悪人《あしき》も福《さか》ゆるたぐひ、尋常《よのつね》の理《リ》にさかへる事も多かるも、皆此《ノ》神の所為《しわざ》なるを、外国には、神代の正しき伝説《つたへごと》なくして、此《ノ》所由《よし》をえしらざる故に、たゞ天命の説を立《テ》て、何事もみな、当然理《しかるべきことわり》を以て定むとするこそ、いとをこ《(烏滸)》なれ。（伝一、全集第九巻五五頁）。

引用中「高木《ノ》大神」とあるのは高御産巣日神《たかみむすびのかみ》の別の名、おなじ箇所（本書、五一頁）でしるしたとおり、これも古事記の本居解釈中に、とくべつな重みを帯びた神であるけれども、この件は当面の問題ではない。引用のなかで、特異な神の特殊な理解にことよせて、儒学的な「天命の説」への批判があわせて述べられている点に注目しておく必要がある。

じっさい国儒論争の掉尾をかざることともなった會澤正志齋の一文が、あらためてこの間の消息にふれてゆくことになる。『讀直毘靈』の、よく知られた一節がそれである。

會澤の一書は「道は天地の道なり。天地あれば、人あり。人あれば、君臣、父子、夫婦、兄弟、朋友あり」とはじまる。やや置いて「神州は太陽の出る方に向ひ、正気の発する所なれば、君臣父子の大倫明なること、万国に比類なし」とあるのを見れば、本書の冒頭でふれた水戸学と国学との交渉のさまが目にもあきらかなところだろう。じじつ「直毘靈」の書き出し「皇大御国は、掛まくも可畏き神御祖天照大御神の、御生坐る大御国にして」以下をめぐって正志齋は、「天朝の、万国に勝れて尊きことを論ぜしは、卓見にして、俗儒輩の及ぶ所に非ず。されども皇統の正しくましますことも、其実は天祖伝位の御時よりして、君臣父子の大倫明なりし故なることを論ぜざるは、遺憾と云べし」と注していた。国学的な尊王論と朱子学的な人倫観とのはざまで「直毘靈」が読まれていたしだいが判明である。禍津日神にかんする會澤正志齋の理解は、こうである。「上代にそれぐ〳〵の神を生むと云ことは古書にあれども、世の中の事、皆神の御所為と云ことは、本居のさかしら心を以て附会したるにて、古書に言はざる所なり。皇国の学問をせんには、古書を信ずるは可なり。古書を以て己が意に附会するは不可なり。本居より前に皇国の学問せし人の、本居が如き新説を言ざるは、何れも古書の本文のまゝに読てさかしら心なく、古書に無ことを附会臆説せざるは、是真の皇国学にして、本居学に非る故也」。

宣長がその「さかしら」によって難詰されている。「直毘靈」の趣意のだいたいについては、「外篇」でも和辻哲郎の読みの大略を示しておいた（本書、八三頁以下）。次節以下では、むしろ国儒論争の発端のひとつから、くだんの文書の趣旨を照らしだしておくことにしたい。

三十六

本居宣長が熊澤蕃山の神典理解にかかわって、『玉かつま』中の一節で「つらつら思ひめぐらせば、世《ノ》中にあらゆる事、なに物かはあやしからざる、いひもてゆけば、あやしからぬはなきぞとよ」と書きつけているしだいについては、「外篇」ですでにふれた（本書、一七九頁）。おなじ『玉かつま』に「世の中の万の事は皆神の御しわざなる事」と題する一文がある。前節で確認したところを、繰りかえしたしかめているかにも見える一節である。いちおう引いておこう。「世の中のよろづの事はみなあやしきを、これ奇しく妙なる神の御しわざなることをえしらずして、己がおしはかりの理を以ていふはいとをこ《（烏滸）》なり。いかにともしられぬ事を理を以てとかくいふは、から人のくせなり。そのいふところの理は、いかさまにもいへばいはるゝ物ぞ。かれいにしへのから人《（唐）》のいひおける理、後世にいたりてひがことなることのあらはれたる事おほし。またつひに理のはかりがたき事にあへば、これを天といひてのがるゝ、みな神ある事をしらざるゆゑなり」（十四・四五、全集一巻四三二頁）。

『古事記雑考』二の「凡例」には「神代ノ事ハスベテ奇霊《くしくあやし》クシテ、後世《ノ》ノマノアタリ見聞ク常ノアリサマトハ、イタク異ナル事ノミ多シ」とあって、これに対して、述べるに「今ノ世ヲモ見ヨ、春秋オリ〳〵ニウツリユクアリサマヲ始《メ》トシテ、ソラユク月日ノサマモ、目ニ見エヌ風ノシワザモ、雲霧雨雪モミナアヤシク、又鳥ノ大ソラヲカケリ、魚ノ水ノソコニアソブ《（遊）》ナト、人ノモノイヒアリク《（歩）》マデスベテ思ヒモテユケバ、此天地ノ間ニ一《ッ》モアヤシカラヌ事ハナキゾカシ」とある（全集十四巻九一頁以下）。

最終的に『古事記傳』一之巻中におさめられた「直毘靈」ではこうである。「そも〳〵此《ノ》天地《あめつち》のあひだに、有《リ》とある事は、悉皆《ことごと》に神の御心なる中に」としるす本文に注して、宣長は語っていた。さきに引いたところともやや重なるけれども、あらためて引用しておく。

凡て此《ノ》世《ノ》中の事は、春秋のゆきかはり、雨ふり風ふくたぐひ、又国のうへ人のうへの、吉凶《よきあし》き万事《ノ》、みなことごとに神の御所為《みしわざ》なり。さて神には、善《よき》もあり悪《あし》きも有《リ》て、所行《しわざ》もそれにしたがふなれば、大かた尋常《よのつね》のことわりを以ては、測りがたきわざなりかし。然るを世人《ノ》、かしこきもおろかなるもおしなべて、外国《とつくに》の道々の説《こと》にのみ惑ひはてて、此意《ノ》をえしらず、皇国の学問《ものまなび》する人などは、古書《いにしへのふみ》を見て、必《ズ》知《ル》べきわざなるを、さる人どもだに、えわきまへ知《ラ》ざるは、いかにぞや。抑吉凶き万《ツ》の事を、あだし国にて、仏の道には因果とし、漢《から》の道々には天命といひて、天のなすわざと思へり。これらみなひがことなり。（中略）抑天命といふことは、彼国《ノ》にて古《へ》に、君を滅《ほろぼ》し国を奪ひし聖人の、己《おの》が罪をのがれむために、かまへ出《いで》たる託言《ことつけごと》なり。まことには、天地は心ある物にあらざれば、命《めい》あるべくもあらず。（中略）又国をしる君のうへに、天命のあらば、下なる諸人《もろびと》のうへにも、善悪《よきあし》きしるしを見せて、善《よき》人はながく福《さか》へ、悪人《あしき》は速《すみや》けく禍《まが》るべき理なるを、さはあらずて、よき人も凶《あし》く、あしき人も吉《よ》きたぐひ、昔も今も多かるはいかに。もしまことに天のしわざならましかば、さるひがことはあらましや。

（伝一、全集九巻五四頁）

原型となった一節で説かれる「ソラユク月日ノサマモ、目ニ見エヌ風ノシワザモ」云々の挙例、「直毘靈」で再現される「春秋のゆきかはり、雨ふり風ふくたぐひ」等々の例示に、『徂徠先生答問書』の一節への連想がはたらいていることは、おそらく疑いを容れない（日野前掲書、一七六頁）。念のため引照して、比較しておく。「風雲雷雨に限らず、天地の妙用は、人智の及ばざる所ニ候。草木の花さきみのり、水の流れ山の峙《そばだ》ち候より、鳥のとび獣のはしり、人の立居物をいふまでも、いかなるからくりといふ事をしらず候」。影響は、例解ばかりではなく、そもそもの理路に由来する。徂徠はつづけて論じていた。「理学者（朱子学者）の中候筋、僅に陰陽五行などゝ申候名目に便《たよ》りて、おしあてに義理をつけたる迄ニ而、それをしりたればとて誠に知ると申物にては無レ之候」（答問書・巻上）。

村岡、津田からはじまり、丸山眞男、吉川幸次郎、また小林秀雄にいたるまで強調しつづけてきた、徂徠と宣長との関係に、ここで立ちいる趣意はない。今日の目からみれば影響と近接とがあきらかなことがらにかんしても、同時代の眼に映じるすがたはことなっている。儒学と国学はむしろ原理的思考の覇権を争い、思想としての生きのこりを賭けて、近世中期から末期にかけて永く論戦を繰りひろげた。これまでいくたびか名のみ挙げてきた「国儒論争」がそれである。

宣長「直毘靈」をめぐる国学者、儒学者のあいだの遣り取りが国儒論争の半面をかたちづくっているいっぽう、論戦がまた賀茂眞淵『國意考』をめぐっても展開されていたしだいにかんしてはすでにふれた（本書、六〇〇頁）。諸家のみとめるところ、一方で『國意考』そのものが太宰春臺の一文『辯道書』を駁することを趣意のひとつとしており、他方ではのちに平田篤胤の出世作『呵妄書』もまたおなじ一書を標的としていたかぎり、国儒論争の出発点となり、国学者と儒学者とのあいだの激しい遣り取りにあって、終始その前提となった問題提起は、この春臺の論争文にあったと見ることができるだろう。宣長も「直毘靈」において春臺をつよく意識していた可能性が窺われる経緯をめぐっては、先学の周到な研究にゆだね（小笠原春夫『国儒論争の研究』参照）、ここではことのおおすじだけさしあたり辿っておきたい。

春臺の一書は第一に、「聖徳太子の言に、儒仏神道は鼎の三足の如くなる物と有之候由」から問いたずねてゆく。太宰によればこれは諒解できないところであって、鼎を支える三本の脚というからには、そのひとつも欠くことができないはずであるけれども、そもそも「神道を一つの道に立る事は後世に起り候て、太子の時に無き事」である。神道を儒仏とならべることはありえず、がんらい「神武天皇より三十代欽明天皇の比までは、本朝に道といふ事未」だ存在しない。そのかぎり「今の人、神道を我国の道と思ひ、儒仏道とならべて是一つの道と心得候事、大なる謬」と言わなければならないだろう。それぱかりではない。先ほど引いた徂徠の一文を想いおこし、宣長の一節を先どりするかのように、春臺は書く。「天之神道とは、日月星辰、風雨霜露、寒暑昼夜の類の如き、凡天地の間に有る事の人力の所為にあらざるは、皆神の所為にて、万物の造化是より起り、是を以て成就するを天の神道と申候」。ここまでは論の前提である。以下の一節に、国学者との覇権争いをめぐりその賭け金がある。「然れば神道は実に聖人の道の中に籠り居候。聖人の道の外に、別に神道とて一つの道あるにてはなく候。今の世に神道と申候は、仏法に儒者の道を加入して建立したる物にて候。此建立は真言宗の仏法渡りて後の事と見え候」。

以下、いわゆる吉田神道の由来が説かれ、暗に山崎闇齋以後の垂加神道が揶揄されている点では、じつは国儒のあいだには共通した理解も多い。「太宰か辨道書は、予か心にははなはた道理也と思ふ也」と宣長も洩らしているとおりである（講後談、全集十四巻一八〇頁）。とはいえこの国にはもともと道がなかったとする論点をめぐっては、国学者としては儒学者に、儒を代表し、徂徠門の道学を一身になった太宰春臺に反撥せざるをえない。

賀茂眞淵のつぎのような主張は、おそらく春臺の主張に反駁しようとするものだった。「凡世の中は、あら山、荒野の有《あり》か、自《おのづか》ら道の出来るがごとく、こゝも自ら、神代の道のひろごりて、おのづから、国につきたる道のさかえは、皇《すべらみかど》いよ〳〵さかえまさんものを、かへすぐ〳〵、儒の道こそ、其国をみだすのみ。こゝをさへかくなし侍りぬ。然るをよく、物の心をもしらず、おもてにつき、たゞかの道をのみ貴み、天が下治るわざとおもふは、まだしきことなり」。一文中「其国」とあるのは聖人の国、すなわち中国であり、「こゝをさへ」とするすのは、儒仏渡来以後のこの国を指すものである。その理由を、眞淵にしたがってさかのぼると、先行する一節にみとめられるだろう。「こゝの国は、天地の心のまに〳〵治めたまひて、さるちひさき理りめきたることのなきまゝ、俄かに、げにと覚ることどもの渡りつれば、まことなりとおもふむかし人の、なほきより、伝へひろめて侍に、いにしへより、あまたの御代〳〵、やゝさかえまし給ふを、此儒のこと、わたりつるほどに成て、天武の御時、大なる乱（壬申の乱）出来て、夫《それ》よりならの宮のうちも、衣冠調度など、唐めきて、万《よろづ》うはべのみ、みやびかになりつゝ、よこしまの心ども多くなりぬ」（國意考）。この国の道は中国に由来するものではない、かえって儒教こそが乱れの基であったのであり、列島にはもとより山にも野にも「自ら道の出来るがごとく」、天皇を戴く神の道があったのだ。おなじことがらを、その弟子ならば、

「実《まこと》は道あるが故に道てふ言なく、道てふことなけれど、道ありしなりけり」とも言うことだろう。

この国には道があったのか、およそ道は中国からもたらされたものなのか。この一件が国儒を分けてへだてている。本居宣長もまた、道ということばが文字とともに渡りきたったものであるしだいをむしろ積極的に承認した。神の道とは儒学伝来ののちの物言いにほかならない。神道とはもとより後世の語であり、この国のことばではない。この国に道を道と名ざす古語は存在しない。「然るをやゝ降《くだ》りて、書籍《ふみ》といふ物渡参来《わたりまゐき》て、其《そ》を学びよむ事始まりて後、其国《ノ》のてぶりをならひて、やゝ万《ヅ》のうへにまじへ用ひらるゝ御代になりてぞ、大御国の古《へ》の大御《おほみ》てぶりをば、取別《とりわけ》て神道《かみのみち》とはなづけられたりける。そはかの外国《とつくに》の道々にまがふがゆゑに、神《かみ》といひ、又かの名を借りて、こゝにも道《みち》とはいふなりけり」（伝一、全集九巻五三頁）。論争の中軸を形成する論点を説きあきらめようとする、「直毘靈」の一節をここではやはりすこしだけながく引いておく必要があるだろう。

宣長は論じはじめる。「古《へ》の大御世《おほみよ》には、道《みち》といふ言挙《ことあげ》もさらになかりき」。道ということばはなかったのである。これはそもそも「あしはらの水穂《みずほ》の国は、神《かむ》ながら言挙せぬ国」でもあったからだ。「其《そ》はたゞ物にゆく道こそ有《リ》けれ」。みちとはただの路すなわち道路のことだった。つまり「美知《みち》とは、此記に味御路《うましみち》と書る如く、山路野路《やまぢのぢ》などの路《ち》に、御《み》てふ語を添たるにて、たゞ物にゆく路ぞ。これをおきては、上代《ツ》に道といふものはなかりしぞかし」。ここまでは、前節ですでに『石上私淑言』を引いて見たところともひとしい。そのあとを引用する。「物のことわりあるべきすべ、万《よろず》の教へごとをしも、何《なに》の道くれの道といふことは、異国《あだしくに》のさだなり」とする本文に、以下の自家註釈がつづく。

異国は、天照大御神の御国にあらざるが故に、定まれる主《きみ》なくして、狭蠅《さばへ》なす神ところを得て、あらぶるによりて、人心あしく、ならはしみだりがはしくして、国をし取《とり》つれば、賤しき奴《やつこ》も、たちまちに君ともなれば、上《かみ》とある人は、下なる人に奪はれじとかまへ、下なるは、上のひまをうかゞひて、うばゝむとはかりて、かたみに仇《あた》みつゝ、古《へ》より国治まりがたくなも有《り》ける。其《そ》が中に、威力《いきほひ》あり智《さと》り深くて、人をなつけ、人の国を奪ひ取て、又人にうばゝるまじき事量《ことばかり》をよくして、しばし国をよく治めて、後の法《のり》ともなしたる人を、もろこしには聖人とぞ云なる。（中略）聖人はまことに善人《よきひと》めきて聞え、又そのつくりおきつる道のさまも、うるはしくよろづにたらひて、めでたくは見ゆれども、まづ己《おのれ》からその道に背《そむ》きて、君をほろぼし、国をうばへるものにしあれば、みないつはりにて、まことはよき人にあらず、いとも〳〵悪《あし》き人なりけり。もとよりしか穢悪《きたな》き心もて作りて、人をあざむく道なるけにや、後人《ノ》も、うはべこそたふとみしたがひがほにもてなすめれど、まことには一人も守りつとむる人なければ、国のたすけとなることもなく、其《ノ》名のみひろごりて、つひに世に行はるゝことなくて、聖人の道は、たゞいたづらに、人をそしる世々の儒者《ずさ》どもの、さへづりぐさとぞなれりける。（中略）すべて何《なに》わざも、大《おい》らかにして事足《たり》ぬることは、さてあるこそよけれ。故《レ》皇国の古《へ》は、さる言痛《こちた》き教《へ》も何《なに》もなかりしかど、下が下までみだるゝことなく、天下《ノ》は穏《おだひ》に治まりて、天津日嗣いや遠長《とほなが》に伝はり来坐《きませ》り。さればかの異国の名にならひていはば、是《レ》ぞ上《うへ》もなき優《すぐれ》たる大《おほ》き道にして、実は道あるが故に道てふ言なく、道てふことなけれど、道ありしなりけり。そをこと〴〵しくいひあぐると、然らぬとのけぢめを思へ。言挙せずとは、あだし国のごと、こちたく言《いひ》たつることなきを云なり（中略）儒者《ずさ》はこゝをえしらで、皇国をしも、道なしとかろしむるよ。（同、五〇〜五二頁）

つづく部分がおもしろい。この国では「実は道あるが故に道てふ言なく、道てふことなけれど、道ありしなりけり」というべき消息を「儒者のえしらぬ」はいたしかたない。儒生はとかく「万《ツ》に漢《から》を尊き物に思へる心」に凝りかたまっているからだ。「此方《ここ》の物知人《リ》」、この国の学者、知識人すらも「是《レ》をえさとらずて、かの道てふことある漢国をうらやみて、強《しひ》てこゝにも道ありと、あらぬことどもをいひつゝ争ふ」のはどういうわけか。これは「たとへば、猿どもの人を見て、毛《け》なきぞとわらふを、人の恥て、おのれも毛はある物をといひて、こまかなるをしひて求出《もとめいで》て見せて、あらそふが如し」。儒者たちにあらぬところで対抗しようとすることこそ「毛は無《な》きが貴きをえしらぬ、癡人《しれもの》のしわざにあらずや」。――この一文が興味ぶかいと言ったのには、理由がある。さいごに言いおよんだくだりでの、本居の論の立てかた、喩えの出しようが、宣長の残した論争的文体の典型を示してもいるからである。もうひとこと附言しておけば、そうであるとするなら「直毘靈」一篇は、思うに『古事記傳』の全体構想を開示するために、『傳』そのものの総体と緊密にむすびあったかたちで準備され、やがて宣長の主著における総論的部分へと組みこまれていった一文であるとだけは見なしえない可能性がある。一篇はむしろ多分に論争的な文脈を負って、論脈から意義を負荷された作品であって、宣長の古学思想をこの一篇のみによって論じることには限界がある。あわせて指摘しておくならまた、すでに子安宣邦の労作を問題としたさいに確認もしておいたとおり、「直毘靈」を不変の参照枠として『古事記傳』を解読してゆくくわだては、唯一ありえて、ただひとつ許容される宣長理解の方途ではないと言わなければならない（本書、三七七頁参照）。

ただちに反応した儒者がひとりあった。市川鶴鳴《かくめい》、字《あざな》が匡《ただす》である。もと徂徠門下の大内熊耳《ゆうじ》に学び、広義の蘐園学派にぞくする。匡は同時に鈴屋一門の田中道麿の友人であり、道麿が鶴鳴に『直靈』を見せたものといわれていたけれど、じっさい匡が披見した稿は『道云事之論』であったと現在では推測されているが、なお審らかにしないようにも思われる。

市川鶴鳴『まがのひれ』はつぎのように書きはじめられる。以下、匡からの引用については宣長全集第八巻所収のテクストにより、カナ遣いはママとしておく。やや読みにくいけれども、本居の『くず花』からの引証と対比させ、まぎれを回避するためである。

或人古事記日本書記《ママ》萬葉集ナド読耽《ふけり》テ、古キ言草ノ、後ノ世ニ知《しら》レカヌルヲ、根ハ根ナガラ、葉ハ葉ナガラ、嘗《なめ》ミ嚙《かみ》ミ、詳《つばら》ニ弁《わきまへ》タル事モ有ケレバ、世ノ歌人モ、良《よき》師ナリトゾ取囃《とりはやし》ケル。然シテ老荘ガ説《とき》ヌル自然ト云モノヲ、ヨカナリト思ヘルニヤ、イタク聖人ヲ譏タテマツリシヲ、市川匡《ノ》麻呂　論《あげつらひ》直《なほ》シケリ。其論直シタル書《ふみ》ノ名ハ、末賀乃比禮《まがのひれ》ト云。

匡そのひとは『古事記傳』の達成しようとするところ、『馭戎慨言』の主張しようとするしだいについてはおおいに共感していたものと伝えられる。『まがのひれ』劈頭からの引用中に「古キ言草ノ、後ノ世ニ知レカヌルヲ、根ハ根ナガラ、葉ハ葉ナガラ、嘗ミ嚙ミ、詳ニ弁タル事モ有ケレバ」とある文字は、たんなる行きがかりの褒辞ではない。鶴鳴は記紀をはじめとする古典籍をめぐる蓄積も、当時の儒者のなかでは突出して有していたとも考えられる。儒学とりわけ徂徠学派の立場からの論難とはいえ、一面でその主張も総じて排他的なものではなく、他面では「聖人の道」への信は、いってみればきわめて誠実なものであったことについても、諸家の承認するところである。

本居宣長もまた、反論を「或人まがのひれといふ書を作りて、余があらはせる道の論【此書直霊《なほびのみたま》と名づけて一巻あり】を難じたり」と書きだして受けてたち、「其書の大旨《おほむね》を考ふるに」さまざま問題があるしだいを指摘してゆくけれども、たほうで「此人いさゝか皇朝の学をも好むとは見え」るとみとめている。ただし、本居の看るところ、市川はしょせん「儒者にて、年来たゞ漢国聖人の道をのみ尊き物に思ひなれたる故に」、その説くところはからごころを免れていない。だから、宣長が聖人を批難したのに対して「大きに怒れる心より」一書をしたためたのだろう、そもそもこの国の学者たちは永く漢籍という「毒酒」を飲みつづけて、「その文辞の口に甘美《うま》きにふけり」、その酔いを醒ますことがない。その酔態を目の当たりにし、狂態を悲しんで「見るにたへざる故に、嘗《なめ》て醒《さめ》よと、採《つみ》もて来つるこの葛花《くずばな》ぞ」（くず花・上、全集八巻一二三頁）。――宣長の参照したと思われる漢籍医学書『本草摘要』「葛根」の項目には「解《ス》二毒酒《ヲ》一」とある。葛の花は解毒剤であって、酔い醒ましの妙薬であるとされていたわけである。あらためて言いおよぶまでもなく、宣長は国学者にして医師であった。市川鶴鳴は儒学者であるとともに、これもまた医をなりわいとしていたよしである（田中康二『本居宣長』一四〇～一四三頁参照）。

本居がただちに目をとめて、論難したのは「老荘ガ説ヌル自然ト云モノヲ、ヨカナリト思ヘルニヤ、イタク聖人ヲ譏タテマツリシ」という一文である。「まづ此一言にて難者の固陋なるほどおしはかられたり」と宣長は論断する。『くず花』は市川の心裡を推測し、「聖人を議するものは、必老荘が徒より外にはあるまじきものと思へるにや、老荘が説をよしと思はねばとて、聖人あしくばなどかこれを弁ぜざらん」、儒教を難ずる者は、すべて老荘思想の信奉者であると、匡が決めてかかっているというわけだ。ここまではよい、ともしておこう。この傑出した国学者の、いってみればソフィストめいても聞える論争術《エリスティケー》があらわとなるのは、そのあとである。「たまくその弁じたるが同じければとて、必それが徒のやうに思へるは、譬へば、夜ふけて里中に焼亡《ぜうまう》のあるを、近きあたりに博奕をうちゐたる輩まづ知りて、出てその火を救ふ、次に里人もみな聞つけて、出て同じさまにすくふ時に、隣の里人これを見ておもへるやう、あの里人の、博奕うちと同じさまに火を救ふなるは、みなばくちうちの友なめり《ン》といへるが如し」。聖人の道こそ火事であり、さかのぼれば聖人こそが火つけびとであって、これに気づいて消火をはじめた老子、荘子が「ばくちうち」である。老荘とともに火けしにまわった国学者が「里人」、消火の手だてが『直霊』一書にほかならない。「そもく老荘博奕うつはわろけれ共、火を救へるは善し。それと同じさまにすくへばとて、その輩ぞといはんは、ひがこゝろえならじやは」（全集八巻一二三頁以下）。――おもて向き詭弁めいた論の、とはいえその背景にあるものは、すくなくとも宣長にとってたんなる瑣事ではない。かえって古学の存立とその意味を賭けた論脈ともむすびあう係争点《ポレミック》とかかわっていた。

宣長が、仁齋の古義学、徂徠の古文辞学とみずからの古学とのかかわりすら、つよく否認していたことはよく知られている。『玉かつま』に「ある人のいへること」として、以下のようにある。「ある人の、古学を、儒の古文辞家の言にさそはれていできたる物なりといへるは、ひがこと也」。宣長在世の当時からそのような見かたは絶えなかったわけである。宣長はこれに応えて、先後関係を問題とする。「わが古学は、契沖はやくそのはしをひらけり。かの儒の古学といふことの始めなる、伊藤氏など、契沖と大かた同じころといふうちに、契沖はいさゝか先だち、かれはおくれたり。荻生氏は、又おくれたり」。結論はこうである。「いかでかかれにならへることあらむ」(八・六五、全集一巻二五七頁)。——村岡典嗣による周到な調査いらい、在京時の宣長に対する蘐園の影響という事実は動かしがたく、丸山眞男の所論の背後にある儒仏をめぐる人間関係の認定も、これに対してとりたてて異論の立てがたいところである(それぞれに、本書、四五頁以下の注記、二六三頁の本文を参照)。そのうえで晩年の宣長の心意を揣摩しても、おそらくは詮のないことだろう。否認の身ぶりがより不可解でもあり、問題をもふくんでいるように思われるのは、老荘思想に対する本居宣長のかまえの取りかたである。「国儒論争」という当面の論脈からはやや外れるけれども、すこしだけ寄りみちをしておきたい。

これは「内篇」でもすでにふれたとおり、在京時代の宣長の思考の一部には、老子、荘子にかよう彩りもふかく、その時節もまた老荘思想の社会への定着期に当たっていた。宣長が五十代になってからの、道徳経からの摘録もある(四二五頁)。「老子云、道可《ノキハ》レ道《トス》非二常道《ニ》一、名可《ノキハ》レ名《ト》非二常名《ニ》一」。あるいは、こういう一句も注目されている。「知者不《ハ》レ言、言者不《ハ》レ知」(全集十三巻四八四頁)。このふたつの箴言をつなぎ合わせると、宣長の古道論に好適な表現が与えられると見るのはひが、、、ことだろうか。前節以来問題としてきたように、じっさい「直毘靈」は「実は道あるが故に道てふ言なく、道てふことなけれど、道ありしなりけり」と宣言していたのであった。

それだけではない。師の賀茂眞淵は周知の一節でこう書きとめていた。「人の心もて、作れることは、違ふこと多ぞかし。かしこ(中国)にも、ものしれる人の、作りしてふをみるに、天地の心に、かなはねば、其道、用ひ侍る世は、なかりし也。よりて、老子てふ人の、天地のまに〳〵、いはれしことこそ、天が下の道には叶ひ侍るめれ。そをみるに、かしこも、たゞ古へは、直かりけり」(國意考)。あるいは、弟子としては、老荘思想への接近のうちにも、師が「なほ清くはさりあへ給へ」なかった、からごころの痕を見ていたのだろうか。老子への共感のなかに「おのづから猶その意におつる」さまを見とどけて、前車の轍を避けようともしていたのであろうか。眞淵のなかにも「まれ〳〵にはのこれる」漢意の痕跡を一掃するために否認の身ぶりを貫くことが、弟子にとっては最良の戦略だったのか（以上の『玉かつま』からの引用については、本書、五五九頁を参照）。論点は、とはいえもうすこし微妙な陰影をやどしているように思われる。

いま問題の古事記解釈の文脈でも、宣長の語りようには緩やかな振幅がある。『古事記傳』中に収められた「直毘靈」は一方では「そも此道《ノ》は、いかなる道ぞと尋ぬるに、天地のおのづからなる道にもあらず」と儒を、とりわけ朱子学的な思考をも裁断するかに見える本文に註を附して「是《こ》をよく弁別《わきまへ》て、かの漢国《からくに》の老荘などが見《こころ》と、ひとつになな思ひまがへそ」と説く（伝一、全集九巻五七頁）。つづく本文に「人の作れる道にもあらず」とあるうち、「人の作れる」を聖人による制作と読めば、かえす刀で斬りつけられているのは徂徠である。「先王の道は、先王の造る所なり。天地自然の道に非ざるなり」（辨道）とするのが徂徠だからである。――ついでに引いておくならば、徂徠にとって「道なる者は統名」、すなわち多くを総括した名称であるが、徂徠もまた、「これを人の道路に由りて以て行くに辟《たと》」える。「故にこれを道と謂ふ」。「孝悌仁義より、以て礼楽刑政に至るまで、合せて以てこれに名づく。故に統名と曰ふなり。先王は聖人なり。故に或いはこれを先王の道と謂ひ、或いはこれを聖人の道と謂ふ」（辨名）。

「直毘靈」の本文のみつづけて引くなら、「人はみな、産巣日神《ノ》の御霊《みたま》によりて、生れつるまに〳〵、身にあるべきかぎりの行《わざ》は、おのづから知《リ》てよく為《す》る物にしあれば」、「いにしへの大御代には、しもがしもまで、たゞ天皇の大御心を心として」、「ひたぶるに大命《おほみこと》をかしこみゐやびまつろひて、おほみうつくしみの御蔭《みかげ》にかくろひて、おのも〳〵祖神《おやがみ》を斎祭《いつきまつり》つゝ」、「ほど〳〵にあるべきかぎりのわざをして、穏《おだひ》しく楽《たぬし》く世をわたらふほかなかりしかば」、「今はた其《ノ》道といひて、別《こと》に教《へ》を受て、おこなふべきわざはありなむや」とある、そのさいごの一節に「直毘靈」は註して、宣長は他方ではこう書きとめていた。「然らば神の道は、からくにの老荘が意にひとしきかと、或人の疑ひ問へるに、答《へ》けらく、かの老荘がともは儒者のさかしらをうるさみて、自然《おのづから》なるをたふとめば、おのづから似たることあり」。ただし、留保はある。「されどかれらも、大御神の御国ならぬ、悪国《きたなきくに》に生れて、たゞ代々の聖人の説《こと》をのみ聞なれたるものなれば、自然《おのづから》なりと思ふも、なほ聖人の意のおのづからなるにこそあれ。よろづの事は、神の御心より出て、その御所為《みしわざ》なることをしも、えしらねば、大旨の甚くたがへる物をや」（伝一、全集九巻六二頁）。

一方では類似が峻拒され、他方ではそれがいったんは承認されているかに見える。後者についても、宣長にとって、あるいは留保こそが本質的であったかもしれない。つまりおのずからなる自然ではなく、神が道の根源にある。とはいえその神はまた、大地をはしり、空を飛ぶものに、吹きわたる風の音と波の響きに、あるいはほむらの揺らめきに、鳥やけものの声に、見てとられ、聴きとられ、感じとられるものでもある。かくて一面で、おのずからなるものを語り、他方で神々を語りだすことの微妙な振幅が、かくてまた他面では老荘思想との類似と差異をめぐる微かな揺れが由来する根は、この間の消息にも存在する。

この揺れと振幅は、いっしゅ乗りこえがたいものであったとも思われる。『玉かつま』では、事実たとえばこう言われる。「おのれ今まことの道のおもむきを見明らめて、ときあらはせるを、漢学《からまなび》のともがら、かの国の老子といふものの説《ときごと》によれり、と思ひいふ人、これかれあり」。けれども、じぶんとしてはすこしも私意を交えず、「神典《かみのみふみ》に見えたるまゝ」を語りだしているにすぎないのだ。それが「たま〳〵かの老子といふものの言と、にたるところ〴〵のあるを見て、ゆくりなく、それによりていへりと」指摘するのは、そもそもが中華のほかに国はなく、中国思想を措いて思考はなりたたないと決めてかかる辟見なのである。たしかに、老子は「すぐれてかしこく、たどりふかき人」ではあったのだろう。だからこそ「世のこちたくさかしだちたる教《へ》」は外見だけのことで、「まことには、いとよろしからず、中々の物害《ものそこな》ひなること」を知りえたことはまちがいのないところだろう。「さるはまことの道は、もとより人のさかしらをくはへたることなく、皇神《すめかみ》の定めおき給へるまゝなる道にしあれば、そのおもむきをとかむには、かれ」つまり老子が「さかしらをにくめる説は、おのづから似たるところ、あへるところ有べきことわり也」。とはいえ、中国は中国、皇国は皇国であり、両者にあらわれた思考の類似はあくまで偶然にすぎない。じじつ「大かたよろづの事、おのづからこれにもかれにも、かよひてにたることは、かならずまじる物にて、此道も、儒のおもむきとかよへるところもまじり、仏の道とも似たることはまじれゝば、おのづからかの老子とも、かたはし似たるところ通へるところは、などかまじらではあらむ」（七・五七、全集一巻二二八頁以下）。

類似は承認されている。ただそれはあくまで偶然の所産なのである。『玉かつま』はおおむね寛政五（一七九三）年の執筆、本居はすでに還暦をむかえてから、四たびの春秋をかぞえている。つぎに暦をひとめぐりさかのぼり、宣長、四十八歳から五十歳ごろの発言を引いておこう。安永六（一七七七）年から八年にかけての、弟子の質問とそれに対する応答を記録した草案、『答問録』からの引用である。

> やゝもすれば老子の意に流ると思召候事、御ことわりに候。まづ老子の自然を申《ス》は、真の自然には候はず、実は儒よりも甚しく誣たるものに候也。もし真に自然を尊み候はば、世中はたとひいかやうに成

行共、成行まゝにまかせて有べき事にこそ候へ。儒のおこなはるゝも、古への自然のそこなひ行も、みな天地自然の事なるべきに、それをあしとて、古への自然をしひるは、返りて自然にそむける強事に候也。此故に其流れをくむもの、荘周などを始として、自然を尊むといひて、そのいふ事する事は、みな自然にあらず、作りごとにて、たゞ世間にたがひてことやうなるを悦び、人の耳目を驚かすのみ也。わが神道は、大にそれとは異に候て、まづ自然を尊むと申事は候はず、世中は、何事もみな神のしわざに候。是第一の安心に候。もし此安心決定せずして、神のしわざと申事を仮令の如く思ひ候ては、誠に老子にも流るべく候。さて何事も皆神のしわざにて、世中にわろき事共のあるも、みな悪神のしわざに候へば、儒仏老などと申す道の出来たるも神のしわざ、天下の人心それにまよひ候も又神のしわざに候。然れば善悪邪正の異こそ候へ、儒も仏も老も、みなひろくいへば、其時々の神道也。

（一一三）、全集一巻五二七頁）

右で「真に自然を尊み候はば、世中はたとひいかやうに成行共、成行まゝにまかせて有べき事にこそ」とあるのは強弁、もしくは詭弁であるかに聞こえる。しかし宣長の心づもりは、おそらくはそうではない。論はやがてその「時々の神道」へと連続してゆくからである。じっさいこの直後には、本書ですでに三三八頁に引いた部分がつづく。おなじ箇所でふれた相良の解釈にしたがえば、そこには詭弁どころか、むしろ宣長の張りつめたこころざしがある。おなじように、「世中は、何事もみな神のしわざに候」とする所説はなんら強弁ではなく、そのうちには本節まで見とどけてきた宣長の古道論が結晶していることだろう。その古道観はそれでもなお、自然と神々とのあいだで微妙に揺れうごいていたのである。

三十七

蘐園学派に身をおく儒者は、聖人の道と「自然の道」とのかかわりを問題として、いまいちど老荘思想と神道的な世界像との関連に言いおよんでいた。『まがのひれ』の後半部分から、行論にふくまれるいくつかの案件を略しながら、すじみちだけをとり出すかたちで引用しておく。

陰陽乾坤五行ハ、聖人ノ己ガ智ヲ以テ設ケ給ヘル名目《な》ナレドモ、是ヲ作リ物ナレバ、自然ノ道ヨリ劣《おとれ》リト云ベカラズ。凡テ人ノ為《する》事設ル事、皆人ノ智ヲ以テ為事ナレバ、イハユル自然ノ道ト云モノハ無ナリ。御国ノ説ハ、神代ヨリ伝タルマヽナリトイヘドモ、神代ノ神モ実ハ人ニテ、其伝タル事トモモ、元ヨリ人ノ為オキ設ケオキタルモノナレバ、人ノサカシラヲ用ザル事ヤハアル。（中略）日ノ神月ノ神ノ説モ、陰陽ノ理ヲ以テイヘバ、離ノ卦ハ、日ニ象テ南ニ配《あて》オキ、坎ノ卦ハ、月ニ象テ北ニ配オキ、日ハ陽、月ハ陰、南ハ陽、北ハ陰ナリ。サレドモ離ノ卦ノ体《すがた》ハ、陰ノ物ニテ、女ノ象《チ》トシ、坎ノ卦ノ体ハ、陽ノ物ニテ、男ノ象トス。（中略）男女《めを》ハ男女、月日ハ月日、火水ハ火水ニテ、目ニ見エタルマヽニテコソアレ、其外ニ陰陽ト云物ハ、何処《いづく》ニカハアラン、漢人ハ女男ノ理ト云モノハアルガ、即チ陰陽ノ理ゾト云ナセド、モ、其陰陽ト云モノハ、又イカナル故ニ然ルゾト極メ問ンニ、其故ハ知ベキナラネバ、只仮ノ名ヲ設タルノミニテ、何ノ深キ理アル事ニアラズトイヘルハ、物識顔ナリ。目ニ見エタルマヽ《ニ》テ、其外ニ何モ無事ゾトイハバ、諸ノ神目ニ見エタマハヌヲバ、皆無モノト定メンヤ。御国ノ説ニ、人死去《みまかり》タレバ夜見ノ国へ行トイヘリ。夜見ノ国モ、目ニ見エザルモノナレバ、何処へ向テ首途《かどいで》スベケン。（中略）初メニ禍津日ノ神生レタマフハ、夜見ノ悪ノナゴリ、終ニ日《ノ》神月《ノ》神生レタマフハ、悪ツキテ善ニ成《なる》ノ理ナリト云タグヒ、猶漢意ナリケリ。神代ノ伝ニハ、深キ意アリトイヘルハ、如是《かかる》事ヲ種《たね》トシテイヘルニヤ。是ハ老子ニ禍《ハ》兮福《ノ》之所レ倚《よる》、福兮禍《ノ》之所レ伏《ふすル》トイヘル意ニテ、神代ノ巻ノ秘《ひめ》事ハ、如是事ニハアラジカシ。

引用の冒頭で市川匡は、「陰陽乾坤五行」という儒学的な説明原理が聖人の作為にもとづくものであって、「自然の道」ではないことをみとめながら、それがしかし「自然ノ道ヨリ劣リト云ベカラズ」と説く。匡がそのとき考えている自然ノ道とは、けれども「かの老荘が尊むところの自然」であって、神の道ではありえない。神道は「人の作れる物にあらず」、むしろ「神代よりおのづからある道」であって、「これ皆神の始め給へる物にして、実は自然にあらざれ共、人為にくらぶれば、又自然の如し」（くず花・下、全集八巻一五八頁）。——人為にくらべるならば、自然にちかいとする認定のうちにやはり、前節でみた老荘思想との微妙な関係があるように思われる。

そもそも「難者しば〳〵老荘を引出て」、宣長を「その徒也といへり」。応答文のはじめにも説いたとおり、「すべて他国に似たる説あればとて、必それを取れりと思ふは、いと固陋《かたくな》」なことと言わなければならない。考えてもみるべきだ。「山川草木のたぐひ、又人物鳥獣などの類、皆おのづから、皇国も漢国も天竺もいづこも」似かよっている。これらについても、一方が他方をならってつくられたとでも謂うのだろうか。つまり「すべて人の造る物は、その国々にしたがひてかはる事多けれ共、元よりおのづからに生物《なる》は、いづこの国も多くはかはらず」。だから儒仏の道は、多くの点で「神の道」に似てはいない。「これ人のさかしらを以て作れる道なるが故」である。それでも国々それぞれの道が、たまたま似かよっていることはある。「かの老荘は、おのづから神の道に似たる事多し。これかのさかしらを厭《いとひ》て、自然を尊むが故也」。山川草木であれ人物鳥獣であれ、自然そのものがいたるところでひとしなみな風景を繰りひろげているかぎり、自然を尊ぶ思考のあいだで、たがいにかようところがあるのはそれじたい自然の数である。ただし、老荘が「もとさかしらを厭ふから、自然の道をしひて立《テ》んとする物なる故に」、老荘思想に謂う自然はむしろ自然から乖離してゆくほかはない。「もし自然に任《まか》すをよしとせば、さかしらなる世は、そのさかしらのまゝにてあらんこそ、真の自然には有べきに、そのさかしらを厭ひ悪《にく》むは、返りて自然に背ける強事《しひごと》也」。前節末尾に見た『答問録』が示していたみちすじと理路はひとしい。「さて神の道は、さかしらを厭ひて、自然を立んとする道にはあらず、もとより神の道のまゝなる道也。これいかでかかの老荘と同じからん」（同、一六二頁以下）。

右に見たしだいは、本居宣長にとって古学の独自性にかかわって、避けてとおることのできない論難への対応であった。ただ儒者、市川鶴鳴にとって、ことは枝葉にちかい。匡が問いただしたいところは、むしろより主要には、「男女ハ男女、月日ハ月日、火水ハ火水ニテ、目ニ見エタルマ、ニテコソアレ、其外ニ陰陽ト云物ハ、何処《いづく》ニカハアラン」と主張して、儒学の世界理解の構図をその根本から否定しさろうとする宣長のかまえにあったはずである。

じっさい宣長は中国的な思考におけるさかしらの典型を、陰陽説のうちに見てもいた。拭いさろうとして拭いきれないからごころは、とかくものごとのいっさいを陰陽説に引きよせてとらえようとするところにもあらわれる。「儒意をのぞきてとくと思ふ人も、なほ此天理陰陽などの説のひがことなるをば、えさとらず、其垣内《ツ》を出《デ》はなるゝことあたはざるは、なほ漢意の清くさらで、かれにまどへる夢の、いまだたしかにさめざる也」(玉かつま一・三五、全集一巻五三頁)。儒学では、すべてを陰陽によって解こうとし、またくわえて「太極無極」なるものを説く。「然れどもその太極無極は、いかなることわりいかなる故にて、太極無極なるぞといはむには、こたふべきよし」もない。究極の原理とされるもの、その原理にもとづく説明と称される理説は、当の第一原理を説明しようとして、行き止まり《アポリア》に直面する。のこるところは原理をめぐる無限後退が生じるか、断言に逃れるか、同義反復に陥るか、そのいずれかだろう。「すべて物の理は、つぎ〳〵にその本をおしきはめもてゆくときは、いかなる故とも、いかなる理とも、しるべきにあらず。つひに皆あやしきにおつる也」。陰陽であれ太極無極であれ「みなかりのさへづりぐさにして、まことには其理あることなく、えうなきいたづらごと」にすぎない(同四・六〇、同、一三五頁)。

やがて『古事記傳』一之巻に収められたテクストでは、ことの消息をめぐって、つぎのように主張されることになるだろう。世のひとびとはなお「陰陽の理」が「天地の自然《おのづから》の理にして、あらゆる物も事も、此理《ノ》をはなるゝことなし」と考えているかもしれない。とはいえ「そはなほ漢籍説《からぶみごと》に惑へる心」なのであって、「漢籍心を清く洗ひ去て、よく思へば、天地はたゞ天地、男女《めを》はたゞ男女、水火《ひみず》はたゞ水火にて、おの〳〵その性質情状《あるかたち》はあれども、そはみな神の御所為《みしわざ》にして、然るゆゑのことわりは、いとも〳〵奇霊《くすし》く微妙《たへ》なる物にしあれば、さらに人のよく測知《はかりしる》べききは」ではない。陰陽はどうして陰陽なのか。説明しようとして説明できるものではない。ふたたび「太極無極」なるものを持ちだしてみても、おなじことだ。「終《つひ》にその元《もと》の理は、知《リ》がたきに落《おつ》めれば、誠には陰陽も太極無極も、何の益もなきいたづら説《ごと》にて、たゞいさゝか人の智の測知《はかりしる》べき限《リ》の内の小理《ちひさき》《リ》に、さま〴〵と名を設けたるのみにぞ有ける」(伝一、全集九巻一〇頁以下)。

匡の論難に応えようとする宣長の応答には、とはいえひとつの留保があった。「目にみえたるまゝ」とする所論にかかわる限定である。

余が本書に、目に見えたるまゝにてといへるは、月日火水などは、目に見ゆる物なる故に、その一端につきていへる也。此外も、目には見えね共、声ある物は耳に聞え、香ある物は鼻に嗅れ、又目にも耳にも鼻にも触ざれ共、風などは身にふれてこれをしる。其外何にてもみな、触るところ有て知る事也。又心などと云物は、他へは触ざれども、思念《おもふ》といふ事有てこれをしる。諸の神も同じことにて、神代の神は、今こそ目に見え給はね、その代には目に見えたる物也。其中に天照大御神などは、今も諸人の目に見え給ふ。又今も神代も目に見えぬ神もあれ共、それもおの〳〵その所為《しわざ》ありて、人に触る故に、それと知《ル》事也。又夜見《ノ》国も、神代に既に伊邪那岐《ノ》大神又須佐之男《ノ》大神などの罷《まかり》ましし事跡《ことノあと》あれば、其国あること明らか也。然るにかの陰陽の理といふ物は、無きことなる故に、さらにそれと知《ル》べき徴なし。火の熱く水の寒きなどのたぐひは、火はたゞ熱く、水はたゞ寒き物にて、その熱く寒きは、何の理にて然りといふことは、はかり知がたき事なるを、強て知《リ》がほせんために、陰陽といふ物を設け、又その奥《ノ》院に、大極といふ物を設け、或はかの離坎の卦などの如く、左へも右へも通ふやうの逃道などをも搆へたる、是皆漢国聖人の妄作なるものをや。(くず花・下、全集八巻一六〇頁以下)

じぶんのいう「目に見えたるまゝ」とは、ただの一例である。目に見えることがなくても、音を出すことがあれば聴きとられ、匂いがあれば嗅ぎとられ、風のように身にふれるものもある。神々もまたおなじことであり、「神代の神は、今こそ目に見え給はね、その代には目に見えた」ものなのだ。じっさい天照大御神であれば、今日でもなおだれの目にも見えるではないか。それればかりではない。感覚が知の根拠であるだけではない。論者のいう「夜見国」が目には見えなくとも現に存在することは、古書の記述にあきらかである。神典もまた知の根拠である。あるいは神典への信が、知の根拠なのである。難者の謂う「陰陽の理」なら、これに対して「無きことなる故に、さらにそれと知べき徴なし」。それはしょせん「漢国聖人の妄作」にすぎないからである。

引用中にある「其中に天照大御神などは、今も諸人の目に見え給ふ」とする主張、天照大御神を太陽そのものとする見解をめぐっては、べつに問題とすることとしよう。それはまた神典への信が、知の根拠であるとする理路ともかかわってくることだろう。ここではそもそも宣長における神とはなにかが問題となるはずである。くりかえし引用され、本書の「外篇」でもいくたびかふれるところのあった、『古事記傳』三之巻の一節をここでかえりみておくことも、不要なよりみちとはならないように思われる。

古事記「神代《かみよ》一之巻《のはじめのまき》」劈頭で、「天地初発之時《あめつちのはじめのとき》、於高天原成神名《たかまのはらになりませるかみのみなは》」とある、その「神名」に註して宣長が「神名は迦微能美那波《かみのみなは》と訓べきことも、首巻《はじめのまき》に云り」とあらためて確認したのちに、「迦微と申す名義《なのこころ》は未思《ダヒ》得ず」としるして、さらに割注をくわえ「旧く説ることども皆あたらず」と主張していることはよく知られているところである。これが儒学的な伝統との重ねあわせを前提として「神《かみ》」を「上《かみ》」とし、「天《てん》」ともむすんで理解しようとするかたむきをあらかじめ排除しようとする言明であることも、おおよそ指摘されているとおりだろう。ただちにつづく部分から引用を採る。

さて凡て迦微《かみ》とは、古《いにしへの》御典等《みふみども》に見えたる天地の諸《もろもろ》の神たちを始めて、其《そ》を祀れる社に坐《ス》御霊《みたま》をも申し、又人はさらにも云《ハ》ず、鳥獣《とりけもの》木草のたぐひ海山など、其余《ノほか》何にまれ、尋常《よのつね》ならずすぐれたる徳《こと》のありて、可畏《かしこ》き物を迦微とは云なり。【すぐれたるとは、尊《たつと》きこと善《よ》きこと、功《いさを》しきことなどの、優れたるのみを云に非ず。悪《あし》きもの奇《あや》しきものなども、よにすぐれて可畏《かしこ》きをば、神と云なり。さて人の中の神は、先《ツ》かけまくもかしこき天皇は、御世々々みな神に坐《ス》こと、申すもさらなり。其は遠《とほ》つ神とも申して、凡人《ただびと》とは遥に遠く、尊く可畏く坐《シ》ますが故なり。かくて次々にも神なる人、古《へ》も今もあることなり。又天下《ノ》にうけばりてこそあらね、一国一里一家の内につきても、ほど〳〵に神なる人あるぞかし。さて神代の神たちも、多く其代の人にして、其代の人は皆神なりし故に、神代とは云なり。又人ならぬ物には、雷は常にも鳴《ル》神神鳴《リ》など云《ヘ》ば、さらにもいはず、龍樹霊狐《たつこたま》などのたぐひも、すぐれてあやしき物にて、可畏ければ神なり。（中略）又虎をも狼をも神と云ること、書紀萬葉などに見え、又桃子《もも》に意富《おほ》加牟都美《かむつみ》《ノ》命と云名を賜ひ、御頸玉《みくびたま》を御倉板挙《みくらたな》《ノ》神と申せしたぐひ、又磐根木株艸葉《いはねこのたちかやのかきば》のよく言語《ものいひ》したぐひなども、皆神なり。さて又海山などを神と云ることも多し。そは其《ノ》御霊の神を云に非ずて、直《ただ》に其《ノ》海をも山をもさして云り。此らもいとかしこき物なるがゆゑなり。】抑迦微は如此《かくのごと》く種々《くさぐさ》にて、貴《たふと》きもあり賤《いやし》きもあり、強きもあり弱きもあり、善きもあり悪きもありて、心も行《しわざ》もそのさま〴〵に随ひて、とり〴〵にしあれば、（割注略）大かた一《ひと》むきに定めては論《い》ひがたき物になむありける。【然るを世人の、外国《ツ》にいはゆる仏菩薩聖人などと、同じたぐひの物のごと心得て、当然《しかるべ》き理と云ことを以て、神のうへをはかるは、いみしきひがことなり。悪《あし》く邪《よこさま》なる神は、何事も理にたがへるしわざのみ多く、又善神《キ》ならむからに、其ほどにしたがひては、正しき理のまゝにのみもえあらぬ事あるべく、事にふれて怒り坐る時などは、荒《あら》びたまふ事あり。悪き神も、悦ばば心なごみて、物幸《さき》はふること、絶て無きにしもあらざるべし。又人は然《さ》はえ知らねども、そのしわざの、さしあたりては悪《あ》しと思はるゝ事も、まことには吉《よ》く、善《よ》しと思はるゝ事も、まことには凶《あし》き理のあるなどもあるべし。凡て人の智《さとり》は限《リ》ありて、まことの理はえしらぬものなれば、かにかくに神のうへは、みだりに測り論《い》ふべきものにあらず。】まして善きも悪きも、いと尊くすぐれたる神たちの御うへに至りては、いとも〳〵妙《たへ》に霊《あやし》く奇《くす》しくなむ坐《シ》ませば、さらに人の小き智以て、其理《リ》などちへのひとへも、測り知らるべきわざに非ず。たゞ其《ノ》尊きをたふとみ、可畏きを畏みてぞあるべき。（伝三、全集九巻一二五頁以下）

佐佐木信綱旧蔵『古事記傳』稿本の写しが、大正九（一九二〇）年に刊本となった。稿本では、この部分がまだきわめて簡略なものであったことが知られる。のちに引く文言にまでおよぶけれども、原型を引用しておけば、こうである。「神。迦微と申す名義、未だ思ひ得ず。【くさぐ〳〵説あれども皆わろし】さて、漢に神《ト》言物、よく似たる故に、此字を当たり。されど此の神の字に泥みて、たゞ其意をのみ思ふべきに非ず。実は古書どもに在る善神悪神諸の事を熟見て、迦微てふ物の状をば知べき也。世人、迦微は異国に所謂仏、聖人などの如くなる物と心得るは、誤ぞ。さて此に言ふ神は、下天之常立神まで五柱を指り。其由は下に委く言ん」（村岡『本居宣長』五六八頁以下）。ちなみに五柱の神とは、「神の名は」のあとにつづき「天之御中主神《あめのみなかぬしのかみ》、次高《つぎにたか》御産巣日神《みむすびのかみ》、次神産巣日神《つぎにかみむすびのかみ》」とある三者に、「宇摩志阿斯訶備比古遅神《うましあしかびひこぢのかみ》」と「天之常立神《あめのとこたちのかみ》」をあわせて五体の神々ということになる。じっさいに古事記の註釈の作業がすすんでゆき、『道云事之論』が「直毘靈」として『古事記傳』の総論中に組みこまれてゆく過程と平行して、宣長のカミはその細部をくわえてゆく。

神は迦微《かみ》と訓む。それはまず古典籍に名があがる「天地の諸の神たち」をはじめとして、それらを「祀れる社に坐御霊」をも指す。神はただのひとではないけれど、ひともまた神である。天皇ばかりでなく、「一国一里一家の内」にも「ほど〳〵に神なる人」があり、だから「神代の神たちも、多く其代の人にして、其代の人は皆神なりし故に、神代とは云なり」。そればかりではなく、鳥獣、草木、およそなんであっても「尋常ならずすぐれたる徳のありて、可畏き物」はすべてカミであって、しかも「優れたる」ものだけではなく、「悪きもの奇しきもの」であっても「よにすぐれて可畏き」はなべて神といわれる。「神鳴」つまり雷、「龍樹霊」「狐などのたぐひ」、「虎」に「狼」、さらに「磐根木株艸葉のよく言語したぐひなど」のいっさいも神であったし、「海山」もまた神である。神はある意味で貴賤を問わず、強弱をふくみ、善悪に跨る。悪神は、「何事も理にたがへるしわざのみ多く」、善神であっても「事にふれて怒り坐る時などは、荒びたまふ事」もある。――海辺ならば寄せてはかえす波が声をあげ、海が泣く。はるか沈黙をまもるかにみえる森は、そこにいったん足を踏みいれるなら、木々を揺らし、葉を擦りあわせて、風がいきかい、その響きがとおく木霊し、木魂をあかす。空を駆けるものたちが呼びかわし、地を走るものたちもまた叫びをあげ、蟲が羽を震わせ、ことばを交わす。宣長の筆は一方で神典をたどり、しかしその伝承をも突きぬけて、「天地の権輿《はじめ》、草木言語《ことと》ひし時」（常陸国風土記）の記憶を呼びおこし、他方で、たとえばおおかみに怖じず、いのししを平らげ、草木を刈って地を拓いた者たち、遠つ神とも申して、凡人とは遥に遠く、尊く可畏かった者ども、「天《あめ》より降り来」としか思われないほどに「山河《やまかは》の荒梗《あらぶるかみ》の類《たぐひ》を和平《ことむ》け」（同前）たひとびとの思い出に達している。

跳飛した者ども、また跳梁する者たちを平らげたひとびとは、それゆえ「外国にいはゆる仏菩薩聖人などと、同じたぐひの物」ではない。「当然《しかるべ》き理と云ことを以て」測られて、まさにしかるべき理にしたがいふるまう者ではない。まして、「凡て人の智は限《リ》ありて、まことの理はえしらぬものなれば、かにかくに神のうへは、みだりに測り論ふべきもの」ではない。いわんや「善きも悪きも、いと尊くすぐれたる神たちの御うへに至りては、いとも〱妙に霊く奇しくなむ坐《シ》ませば、さらに人の小き智以て、其理などちへのひとへも、測り知らるべきわざに非ず」。ひとの理は妙理の千分が一にも達しないのだ。

『古事記傳』は「海山などを神と云ることも多し」としるすばかりではなく、ただちに注をくわえ「そは其御霊の神を云に非ずて、直に其《ノ》海をも山をもさして云り」と説いていた。海や山、鳥獣、草木にやどる霊が神ではなく、海や山、鳥獣、草木そのものがカミなのである。そればかりではない。「迦微に神字《ノ》をあてたる、よくあた」っているとはいえ、「但し迦微と云は体言なれば、たゞに其物を指《シ》て云のみにして、其事其徳などをさして云」うことはない。聖人の国でことあげされる神とこの国の神代の迦微とは、その点にかんしてもちがうのだ。「漢国《からくに》にて神とは、物をさして云のみならず、其事其徳などをさしても云て、体にも用にも用ひたり。たとへば彼《ノ》国書《くにぶみ》に神道と云るは、測りがたくあやしき道と云ことにて、其道のさまをさして神とは云るにて、道の外に神と云《フ》物あるには非ず」。それではこの国で神道、神の道とはなにか。「皇国にて迦微之《かみの》道《みち》と云へば、神の始めたまひ行ひたまふ道、と云ことにこそあれ、其道のさまを迦微と云ことはなし」。ここでも記紀とならび称するとはいえ、漢文のさまを装うのをこととする日本書紀と、古語《ふること》を伝えようとこころがける古事記とはことなるのであって、たとえば「書紀に神剱神龜などある神字《ノ》も、漢文の意に其徳をさして云るにて、あやしきたちあやしきかめと云こと」であって、したがってその訓みは「迦微」とはならない。かりに「カミタチカミガメなどよむときは、たゞに剱をさし龜を」指すのであり、その場合ならば「迦微と名《なづ》くる」ものにほかならない。およそ漢字にこの国の訓を当てる場合には、前者の意味と後者の意義とはべつべつであって、あるいは完全に覆いあうものであるとはかぎらないのだから、「その合《ハ》ざる所のあることを、よく心得分《ク》べき」なのである。わけても注意しなければならないのは、ここでもやはり、中国的な思考の根に離れがたく絡みついている陰陽の説なのだ。「漢籍《からぶみ》に陰陽不《ル》ㇾ測《ラレ》之《ヲ》謂ㇾ神《ト》、あるは気之《ノ》伸《タル》者《ヲ》為ㇾ神《ト》、屈《マル》者《ヲ》為ㇾ鬼《ト》、など云るたぐひを以て、迦微を思ふべからず。かくさまにさかしだちて物を説くは、かの国人の癖なりかし」（伝三、全集九巻一二六頁）。

海山を神と呼ぶとき第一義に、そのはたらき、魚をはぐくみ守って、漁労を可能にし、木々に実を稔らせて、また鳥とけものの棲みかとなる徳《こと》が迦微と呼ばれるのではない。海山にやどる霊がカミと称されるわけでもない。海が、山が、そのままただちに神なのだ。なによりまず、いまも変わることなく天上に耀く日輪が神であり、天照大御神そのものなのである。この間の消息をめぐって、儒仏のあいだで理のありかにかんして論戦が激化する。それだけではない。国学者のあいだでも戦端が開かれることになるだろう。

あらためて、市川匡『まがのひれ』から引用する。「天照大御神は、日《ノ》神に坐《まし》まして女神、月夜見命《ノ》は、月《ノ》神にして男神に坐《まし》ます。是《レ》を以て、陰陽といふことの、まことの理にかなはず、古《ヘノ》伝《ヘ》に背けることをさとるべし」（伝一、全集九巻一一頁）。そのように説いてやまない本居宣長に対して、この儒者が差しむけた、その最初の論難である。

凡テ言伝《ことづて》ト云モノハ、人ニ命ノ極《きはみ》アリ、事ニ伝《つたへ》ノ謬《あやまり》アリ、多クハ消ヌルガチニシテ、実《み》ナラヌ事ノミ遺存《のこれる》ゾ、常ノ例《ためし》ナル。文字アル国ハ、文字ニテ事ヲ記《しるし》ツレバ、上ツ代ヲモ今ノ如ク知《しらす》事灼然《いちじろけく》、是ヲ文字ノ徳ト云メリ。御国《みくに》ハ、応神天皇ノ御世ニ、異国ヨリ渡来テ、始テ文字ヲ用習《もちひならへ》リ。（中略）凡テ文字ナキ間ハ、其事ハタ言伝ノミニシテ、消《け》ヌル例ノ中ナレバ、上ツ代ノ古事ハ、後ノ天皇ノ御慮《みはかり》ニ令成《ならせ》ツル秘《ひめ》事ナリケリ。御国ノ史《ふみ》読ン人、ヨク此ヲ意得テヨ。天照《あまてらす》ト云御名ノ類《たぐひ》モ、後ニカケタル謚《おくりな》ニテ、天津日ニ配《たぐ》ヘ奉タル義《こころ》ナラン。月日ハ、凡テ天地《あめつち》ノ極《きはみ》照シタマヒテ、此間《ここ》ノ物トモ彼間《かしこ》ノ物トモ、偏寄《かたより》タル物ニシモアラザルヲ、強《しひ》テ日ノ神ハ真《まこと》ノ天ツ日ナリトセバ、天ノ石屋ニ刺隠《さしこもり》タマフ時、天地皆常夜《とこやみ》ニナレリツレバ、未タ生《うまれ》タマハヌ前モ常夜ナルベシ。伊邪那岐《ノ》神夜見ノ国ニ到テ、妹神ノ寝所《いどころ》ニ入ントシタマフ時、一ツ火ヲ燭《ともし》テ入テ見タマフヲ思ヘバ、大神《おほがみ》サヘ闇《くらき》ニハ困《こまり》タマフ事ト見エタリ。是ニテ天ツ日ハ、初ヨリ天《そら》ニ繋《かかりたる》在事イチジロシ。

伝承は、それがことに口頭によるものであるなら、とかくあやまりをふくみがちである。たしかに神典によれば天照大御神は太陽そのものであるかもしれないけれども、日輪は世のはじまりから天に懸かるものであって、しかも「此間ノ物トモ彼間ノ物トモ、偏寄タル物」ではない。だいいち伊邪那美命を黄泉にたずねた伊邪那岐が「一ツ火ヲ燭テ入テ見」たことを思えば、神もまた闇暗には戸惑うのであって、それはつまり「天ツ日ハ、初ヨリ天ニ繋リ在事」をあきらかにしているのではないか。鶴鳴はたしかに記紀につうじて、その細部をも読みこんでおり、その理はむしろとおっているかに思える。

宣長がまず検討し、反論するのは、文字づたえと口づたえの優劣をめぐってである。「言を以ていひ伝ふると、文字をもて書伝ふるとをくらべいはんには、互に得失有て、いづれを勝《まさ》れり共定めがたき中に、古《へ》より文字を用ひなれたる、今の世の心をもて見る時は、言伝《ことづた》へのみならんには、万の事おぼつかなかるべければ、文字の方はるかにまさるべしと、誰も思ふ」ところではあるだろう。とはいえことがらがなににせよ、それがいったん使用されたあとで感じる不便は、そのようなものの影もなかった時代の実感からは離れているのであって、「其世には、文字なしとて事たらざることはなし」。たとえば逆に、中国にはカタカナもひらがなもないが、かの国のひとびとがそれに行きとどかない点を感じてなどいないだろう。反対にまた、口づたえだからこそ伝わり、文字によって失われることも多い。「猶此得失をいはば、たがひにくさ〴〵有べきを、今難者、言伝《へ》の方には失をのみ挙て、得をいはず、文字伝《へ》の方には、得をのみ挙て、失をいはぬは、偏ならずや」。文字史料にも虚偽がしるされ、誤謬もふくまれれば、誤写もある。あやまりと言うなら、「今の世とても、文字知れる人は、万の事を文字に預くる故に、空にはえ覚え居らぬ事をも、文字しらぬ人は、返りてよく覚え居るにてさとるべし」。むしろ、口頭伝承こそ精確でありうるとも言えないだろうか。宣長はひとこと附けくわえる。「殊に皇国は、言霊《ことたま》の助くる国、言霊の幸はふ国と古語にもいひて、実に言語の妙なること、万国にすぐれたるをや」（くず花・上、全集八巻一二四頁以下）。とりあえず贅言とだけ言っておこう。

天照大御神については、どうか。「日神《ノ》は即《チ》天つ日にまします御事は、古事記書紀に明らかに見えて、疑ひなき」ところである。これに異をはさむ「神道者」も存在するけれども、それは「例の漢意になづめるもの」にすぎない（同、一二七頁）。「此大御神、しばらく天《ノ》石屋《いはや》に隠坐《こもりまし》ましかば、六合之内常闇《とこやみ》なりしとある、天つ日にあらずは、いかでか然らむ。すべてかゝるたぐひ、何事も、古書に記されたる事を、其事にかゝはらずして、己が心にまかせて説《とか》むには、水としるしたらむも、実は水にはあらず、火なるを、水とは記したる也、ともいひつべし」。宣長は伊勢の国の儒者、河北景楨に対してそう答えていた（天祖都城辨辨、全集八巻六頁）。河北は宣長とふかい交渉のあった神道家、国学者の谷川士清の親しい友人である。士清も景楨も、ともに山崎闇齋以来の垂加神道の流れをも汲んでいた。その神典解釈は、本居のくりかえし論難するところでもあったのである。『玉かつま』の一節を引いておく。「近き世に、神の道とて説《とく》趣は、ひたすら儒にして、さらに神の道にかなはず。このともがら、かの仏に流れたることのひがことをばし《(知)》りながら、みづから又儒にながるゝことを、えさとらざるは、いかにぞや」。つづけてふたたび三たび、例の「天理陰陽などいふ説」が見とがめられ、ことばが接がれる。そうしたやからにあっては「ともすれば、例のさかしらの立いでては、高ノ天原を帝都のこととし、天照大御神を、天つ日にあらずとし、海神《わたつみノ》宮を、一つの嶋也とするたぐひ」すら見られるけれど、「すべてかやうに、おのがわたくしの心をもて、さま〴〵に説曲《ときまぐ》ることをえまぬかれざるは、なほみな漢意なるを、みづからさもおぼえざるは、さる癖の、世の人のこゝろの底に、しみつきたるならひぞかし」(三・二二五、全集一巻一〇五頁)。

本居は、異論をまともに相手にしていない。「そも〳〵此日神は、天地のきはみ御《み》照しましませ共、その始は皇国に成出坐て、その皇統即《チ》皇国の君として、今に四海を統御し給へり。さて此神天の石屋戸をさして隠《こも》りましし時は、万国常夜《とこよ》なりしに、いまだ生《あれ》坐ざりし前の、常夜ならざりしはいかにといふことは、児童といへ共よく心づきて、疑ふことなるを、今難者、めづらしげにこと〴〵しくいひたてたること稚《をさな》けれ」。宣長はむしろ開きなおっているかに見える。論者は「上ツ代ノ古事ハ、後ノ天皇ノ御慮ニ令成ツル秘事ナリケリ」と言うが、「此一つを以ても、返て神代の古事の、真実にして虚偽ならざることをさとるべし。もし後の天皇の造り給へる事ならんには、かばかり浅はかに聞えて、人の信ずまじき事を造り給はんやは」(くず花・上、全集八巻一二七頁)。『くず花』の説くところはここでもまた「凡て上古の人は、神の御しわざを、己が智をもて、私にその理などをはかることはなかりしを、後世の人の心は、かの漢国人のならひにうつりて、さかしらをのみ好むは、一わたりはかしこげに聞ゆれ共、実は返りて愚なり。その故は、神代の事の奇《くすしく》異《あやし》きは、人の代の事と同じからざる故に、あやしみ疑ふなれ共、実は人の代の事も、しなこそかはれみな奇異きを、それは今の現《うつつ》に見なれ聞なれて、常に其中に居る故に、奇異きことをおぼえざる也」といったところであるとはいえ、つづく一節は宣長がこの世界のなにを「奇異」と捉えていたかを伝えて、やや興味ぶかい。いちおう引用しておく。ひとはたとえば、カントのアンチノミー論をさえ想起することだろう。

　まづ此天地のあるやうを、つら〳〵思ひめぐらして見よ。此天地は空にかゝりたらんか、物のうへに著《つき》たらんか。いづれにしても、いと〳〵奇異き物なり。もし物の上に著たりとせば、その物の下は、又何物にて支へたりとかせん、此理さらに聞えがたし。（中略）又天はたゞ気のみにて、形はなき物とする、これ又まことしげに聞ゆれ共、もし然らば、地外はみな気なるを、その気は際限ありとやせん、なしとやせん。もし際限なくば、いづれの処を辺とも、いづれの処を中とも、定むべきにあらざるに、地球の止まる処あるは心得ず。かならず正中にあらずば止まるべからざることわりなれば也。もし又際限ありとせば、その気も又一弾丸の如くなるべければ、何れの処を処と定めて、凝聚《こりあつま》りたるとかせん。又然《しか》凝聚らしむる物は何物とかせん。これ又いづれにしても、畢竟は奇異からざることあたはず。かくの如く大に奇異き天地の間に在ながら、そのあやしきをばあやしまずして、たゞ神代の事をのみあやしみて、さることは決《きはめ》て無き理也と思ふは、愚にあらずして何ぞや。又人の此身のうへをも思ひみよ。目に物を見、耳に物をきゝ、口に物をいひ、足にてあるき、手にて万のわざをするたぐひも、皆あやしく、或は鳥蟲の空を飛《ビ》、草木の花さき実のるなども、みなあやし。又無心の物の有心の鳥蟲などに化するたぐひ、狐狸のかりに人の形に化するたぐひなどは、あやしきが中のあやしき也。されば此天地も万物も、いひもてゆけばこと〴〵く奇異からずといふことなく、こゝに至ては、かの聖人といへ共、その然る所以の理は、いかに共窮め知ルことあたはず。是をもて、人の智は限ありて小きことをさとるべく、又神の御しわざの、限なく妙なる事をもさとるべし。（くず花・上、全集八巻一二九頁）

市川匡は弟子をあつめて教育することを好まず、むしろ「頗ル之ヲ厭フ」ありさまであったといわれる。そのこころざしは学問に専念するところにあったのである（小笠原前掲書、一六六頁）。ともに医師であったとはいえ、儒者と国学者、くわえてその気質にも、宣長とはあい容れないふしもあったことだろう。ただし鈴屋門の鬼才、鈴木朖は鶴鳴門の出自である。おなじ国学者であっても、たとえばまた秋成と宣長のあいだにも、あきらかに心性のことなりが存在した。

儒者たちが日の神、月の神を陰陽の理をもって解こうとするしだいを、秋成も嗤っている。黄泉の国から帰還した伊邪那岐神が川で禊したくだりに言いおよんで、上田もいう。「ひだりの御眼を洗ひたまへば日の神うまれたまひ、右の御目に月の神うまれ給ふ。その日の神は女神ぢやとのいひつたへ、それでは左が陽、右は陰のから理屈にまたあたらねば、国土ちがひの引きあてごとも、しひてはいらぬものなり」（書初機嫌海・巻之中）。とはいえ秋成の皮肉な眼力が向けられる対象は、儒学、国学のべつを問わない。「むかし、をとこありけり。ならぬ狂言をかりにも、でかしたがりけり。それをたとへていはば、儒者たちの、経済りきみ、国学家の、上古こがれ、えせ歌よみの、萬葉ぐるひ、俗あたまの、座禅観法」、「むかし人は、かくいちびりたる、われがしこをなん、りきみあひける」（癇癖談・上）。「国学家」とあるのは宣長をさすと注されることが多いだろう。創作短編集の序ですら、宣長は当てこすられていた。「むかしこのころの事どもも人に欺かれしを、我、また、いつはりとしらで人をあざむく。よしやよし、寓《そら》ごとかたりつづけてふみ《（史）》とおしいただ《（戴）》かする人（宣長のこと）もあればとて、物いひつづくれば、なほ春さめはふるふる」（春雨物語）。

本居宣長と上田秋成とのあいだの有名な論争については、すでに「外篇」で一度ふれている。上代に撥音があったどうかをめぐるあらそいにかんして、今日なお両者の論のそれぞれから学ぶべきところがある、と時枝誠記は評価していた（本書、一八九頁以下）。前者の主張を引いておくなら、こうである。「古言にんの音なかりしこと」は標記法によってあきらかである。「然るを音便にくづれたる後世の語例になづみて、古《へ》も必かくの如くなりけむと思ふは、甚しきひがこと也」（呵刈葭・上、全集八巻三七八頁）。それだけではない。テニヲハの定まりもまた、撥音の不在を指ししめしている。以下は附箋からの引用であるけれども、「又語の定格、上をこそといへは、下を第四音《ノ》にて結び、上をぞなどといへは下を第三音《ノ》にて結ふ。たとへば見む 聞む なと、上にこそといへは、見め 聞め といふ類是也。これむとめとは同行の通音にて第三と第四と転用する也。然るにもし見ん 聞ん なとといふときは、んはめと同行の音にあらす」（同、三八〇頁）。ここで争そわれている論点が、宣長にとって年来の研究にかかわるものであったことはたしかである。

天照大御神とは日輪であり、日の神が「四海万国を照します」とする主張をめぐってはどうか。秋成は、例の天岩戸の一件にあたって「葦原中国悉暗《ク》」くなったという記述は「御国の内」にかぎられ、「四海万国の義」ではない、宣長の読みを証明する「伝説、何等の書にありや」と難じた。そもそも「阿乱它国の書図」を披いてみれば、「いでや吾皇国は何所《いづこ》のほどと見あらはすれば、たゞ心ひろき池の面にさゝやかなる一葉を散しかけたる如き小嶋」にすぎないのだ。――本居宣長のよく知られた答弁を引く。両者がすれ違うべくして擦れちがったしだいが読みとられることだろう。問題の場面で記紀が葦原中国としるすのは「四海万国」と語るのにひとしい。その理由を本居は比喩によって示そうとする。

いで譬《たとへ》を以てさとさむ。京に富商ありて、江戸に店を出しおきたるか、或時天下一同にはやり風行はれけるに、其江戸店なる手代の方より、京の主人の許にいひおこせたる状に、其御地はやり風一同に候よし、此方も店中一人も残らす病臥候とあるを見て、一人がいはく、店中一人も残らすとあれは、江戸もおしなへてはやる也といふに、又一人がいはく、いや〳〵然らず、江戸もはやらんには、江戸中とこそ書《ク》へきに、店中とあるは、江戸はたゝこちの店ばかりはやる也といへる、此説いづれよけむ。そのうへ高天原も葦原中国も暗しとあるからは、石戸に隠り給へるは日なることしるし。もし日にあらずは、隠り給ふ共何ぞくらきことあらん。さて既に日なるからは、唐天竺の日も別にはあらざれは、其国々も暗かりしこと何ぞ疑はむ。(中略)太古の伝説、各国にこれ有といへ共、外国の伝説は正しからす、或はかたはしを訛りて伝へ、或は妄に偽造して愚民を欺くもの也。漢字の通ぜさる国々の伝説も、大氏類推すべし。かの遙の西の国々に尊敬する天主教の如き、皆偽造の説也。然るにわが皇国の古伝説は、諸の外国の如き比類にあらす。真実の正伝にして、今日世界人間のありさま、一々神代の趣に符合して妙なることいふへからす。然るを上田氏たゝ外国の雑伝説と一ッにいひおとして、この妙趣をえさとらざるは、かの一点の黒雲いまた晴ざるか故也。此黒雲の晴ざる程は、いかほと説きさとす共、諺にいはゆる馬耳風なるべし。然れども今一ッのたとへをまうけてこれをさとすへし。京極黄門の小倉山庄百枚の色紙、真筆はもとより一首一枚づゝならでは無き物なるに、今其巻頭の色紙とて持たる者十人あらむ。これを万国おの〳〵伝説ありて、いづれも似たる事共なれ共、其中に真の古伝説は、一ッならではあらず、余はみな偽なるに譬ふ。かくて上田氏の今の論は、皆是を贋物なりと云て、十枚ながら信ぜざるが如し。これ贋物なることを知てあざむかれざるは、かしこきやうなれども、然れ共其中に一枚はかならず真物のあることをえしらずして、大づもりに皆一ッに思へるはいかにぞや。（中略）かくいはば上田氏又（中略）いつれをか真とは定めむといふへし。是又其真偽をみつから見定むることあたはさる故の疑ひ也。もしよく漢意のなまさかしらを清く洗い去て、濁《り》なき純一の古学の眼を開きて見る時は、神代の吾古伝説の妙趣ありて真実の物なること、おのつから明白に分れて、かの九枚の贋物とはいさゝかもまぎるゝことなかるへし。（呵刈葭・下、全集八巻四〇四～四〇七頁）

ふたつの比喩は、そのどちらも本居宣長における論争的文体の典型を示している。これが比であり、喩であることについては論のないところであり、理としては強弁にちかく、むしろ詭弁に接するかに見えることもいまさら指摘するまでもない。それでも、一点なお問題がのこる。「濁《り》なき純一の古学の眼」とはなにか。ほとんど異論をア・プリオリに排除するかに見える古学の眼とは、どのようなものなのか。「己は古学の眼を以て見れは然思はるゝ也。古学を信せさる人は、これを信せさらんこともとより論なきをや」。「信せん人は信せよ、信せさらん人の信せさるは又何事かあらん」（同、四一二頁）。ふたつの文のあいだには「猶此事は古事記傳に追考して委くいへり」とある。『古事記傳』とは、それではなんであったのか。

三十八

本居宣長にとって畢生の大著となった『古事記傳』全四十四巻のうち一之巻は、いくたびか言いおよんでおいたとおり、「古記典等總論《いにしへぶみどものすべてのさだ》」からはじまる。よく知られたその書き出しは「前御代《さきつみよ》の故事《ふること》しるせる記《ふみ》は、何れの御代のころより有《あり》そめけむ」というものであり、そののち日本書紀の記述にしたがい、記紀に先だつ文献史料のありようを簡単に問題とし、西暦七一一年すなわち「和銅四年九月十八日に、太朝臣安萬侶《おほのあそみやすまろ》に詔《おほみこと》おふせて、この古事記を撰録《つくら》しめ給ふ。同五年と云《フ》年の正月《ノ》二十八日になむ、其功《そのこと》終て貢進《たてまつ》りける」とする古事記・序の記述をたどってゆく。つづく部分は以下のとおりである。引用しておきたい。

> 然れば今に伝はれる古記の中には、此記ぞ最古《もともふる》かりける。さて書紀は、同宮　御　宇《ニあめのしたしろしめしし》高瑞浄足姫《ノ》天皇《ノ》御世、養老四年にいできつと、續紀に記されたれば、彼《かれ》は此記に八年おくれてなむ成れりける。さて此記は、字《もじ》の文《あや》をもかざらずて、もはら古語《ふること》をむねとはして、古《へ》の実《まこと》のありさまを失はじと勤たること、序に見え、又今次々に云が如し。然るに彼書紀《ノ》いできてより、世人《ノ》おしなべて、彼《レ》をのみ尊み用ひて、此記は名をだに知《ラ》ぬも多し。其所以《ノゆゑ》はいかにといふに、漢籍《からぶみ》の学問《まなび》さかりに行はれて、何事も彼国《ノ》のさ

まをのみ、人毎にうらやみ好むからに、書紀の、その漢国《からくに》の国史と云《フ》ふみのさまに似たるをよろこびて、此記のすなほなるを見ては、正《まさ》しき国史の体《さま》にあらずなど云て、取《ラ》ずなりぬるものぞ。

（伝一、全集九巻三頁以下）

養老四（七二〇）年は元正天皇の治下、續日本紀の記述は「四年春正月甲寅の朔、大宰府、白鳩を献る。親王と近臣とを殿上に宴す」とはじまる。二月に隼人の叛乱があって、三月、大伴宿禰旅人が征隼人持節大将軍に任ぜられた。五月の記事に「是より先、一品舎人親王、勅《みことのり》を奉けたまはりて日本紀を修《あ》む。是《ここ》に至りて功《くう》成りて奏上《さしあ》ぐ」とある。日本書紀は本居の説くとおり、古事記に八年おくれて成業したのであるから、「今に伝はれる古記の中には、此記ぞ最古」の文献であるにもかかわらず、記紀のうち、中国の正史の体裁にならった後者が、のちに古事記を凌いで永く重視されることになる。それもこれも古事記が「字の文をもかざらずて、もはら古語をむねとはして、古の実のありさまを失はじと勤」めたところ、「そのかみ公《おほやけ》にも、漢学問《からぶみまなび》を盛《さかり》に好ませたまふをりからなりしかば、此記のあまりたゞありに飾《かざり》なくて、かの漢《から》の国史どもにくらぶれば、見だてなく浅々と聞ゆるを、不足《あかず》おもほして」（同、四頁）、あらたに書紀が編纂された帰結であるにすぎない。『古事記傳』を書きはじめた宣長がくわだてているのは、従来支配的であった価値観の顚倒であり、古事記の再評価にほかならなかった、とまずは言っておいてよいだろう。問題は、くだんの顚倒を可能とした古書評価の基軸の変更であり、再評価の背後にある神典理解の枢軸の設定である。

ことはそのとおりであり、結果として歴史のなかでは書紀の優位が確立し、宣長の現在にいたっている。しかしながら、と本居は言う。「然はあれども又、此記の優《まさ》れる事をいはむには、先《ヅ》上《ツ》代に書籍《ふみ》と云物なくして、たゞ人の口に言伝《いひつた》へたらむ事は、必《ズ》書紀の文の如くには非ずて、此記の詞のごとくにぞ有けむ」(六頁)。古事記本文には和邇吉師《わにきし》が「論語十巻千字文一巻、併《あはせて》十一巻」をもたらしたとあり、書紀の応神天皇十六年の記事には「春二月に、王仁《わに》来り。則ち太子菟道稚郎子《ひつぎのみこうぢのわきいらつこ》、師《みふみよみ》としたまふ。諸《もろもろ》の典籍《ふみ》を王仁に習ひたまふ」とある。古事記のつたえに宣長は註して「論語はさることなれども、千字文を、此時に貢《たてまつ》りしと云ことは、心得ず」、「此《こ》は実には遙に後に渡参来《りまゐき》たりけめども、其書重く用ひられて、殊に世間《よのなか》に普《あまね》く習誦《ならひよ》む書なりしからに、世には応神天皇の御世に、和邇吉師《わにきし》が持参来《もちまゐき》つるよしに、語《り》伝へたりしなるべし」ともしるしているいっぽう(伝三十三、全集十一巻五〇九頁)、現在では漢字そのものの伝来と部分的使用はさらにさかのぼると見られている。だが、いずれにせよ、この列島のひとびとは文字をみずから創りだすことがなかった事情はうごかない。『傳』はたほう、書紀に書籍渡来の記事が欠けているのは「彼《ノ》紀は、凡て甚《いた》く漢ぶりを飾りて撰ばれたるほどに」、「上代に文籍なかりしと云ことを、あかずおぼして、此《ノ》御代に始《メ》て渡来《リ》し事をば、忌隠《いみかく》されたる物とぞ思はるゝ」、これはかえって「例の漢泥《からなづみ》」のなせるところであると書いていた(同、五一〇頁)。――日本紀に対して、その記述の細部を批判する一例である。そればかりではない。宣長にとっては文字の伝来以前には「たゞ人の口に言伝へ」た伝説《つたえごと》だけが存在し、しかもその語られようは「必書紀の文の如くには非ずて、此記の詞のごとく」であったはずであるしだいこそ重要なのである。

そもそも書紀は、中国の歴史書にも比肩しうる正史たろうとして、「もはら漢《から》に似るを旨《むね》として、其《ノ》文章《あや》をかざれるを、此《レ》は漢にかゝはらず、たゞ古《へ》の語言《ことば》を失はぬを主《むね》とせり」。言辞《ことば》が問題であり、むしろ言辞だけが問題なのだ。みじかい割注をはさんで有名な一文がつづく。「抑意《こころ》と事《こと》と言《ことば》とは、みな相称《あひかな》へる物にして、上代《ツ》は、意も事も言も上代《ツ》、後代《ノ》は、意も事も言も後代《ノ》、漢国《からくに》は、意も事も言も漢国なるを、書紀は、後代《ノ》の意をもて、上《ツ》代の事を記し、漢国の言を以《テ》、皇国《みくに》の意を記されたる故に、あひかなはざること多かるを、此記は、いさゝかもさかしらを加へずて、古《へ》より云《ヒ》伝《へ》たるまゝに記されたれば、その意も事も言も相称《ヒ》て、皆上《ツ》代の実《まこと》なり」。なぜか。「是《レ》もはら古《へ》の語言《ことば》を主としたるが故ぞかし」。書紀の漢文脈ではなく、古事記がたどろうとする古語の脈絡だけが古事《ふるごと》をただしく伝えることができる。どうしてなのか。「すべて意も事も、言を以て伝《フ》るものなれば、書《ふみ》はその記せる言辞《ことば》ぞ主には有ける。又書紀は、漢文章《からぶみのあや》を思はれたるゆゑに、皇国の古言の文《あや》は、失《うせ》たるが多きを、此記は、古言のまゝなるが故に、上《ツ》代の言の文も、いと美麗《うるは》しきものをや」(伝一、全集第九巻六頁)。書はその記せる言辞ぞ主には有ける、つまり繰りかえすなら、言辞が問題であり、むしろ言辞《ことば》だけが問題なのである。

以上で垣間みておいた「古記典等總論」につづいて、一之巻の叙述は「書紀の論《あげつら》ひ」へとおよぶ。古事記伝と題された一書の冒頭で「書紀を論ふはいかにと云に」、それは永く日本書紀のみが重んじられ、註解も数多く、それに比して古事記が軽んじられてきたからだ。それというのも「世《ノ》人たゞ漢籍意《からぶみごころ》にのみなづみて、大御国の古意《いにしへごころ》を忘れはて」てしまったので、まずは書紀の編纂のさまをかえりみて「其《ノ》漢意の惑《まどひ》をさとし」、反対に「此記の尊ぶべき由を顕《あらは》して、皇国《みくに》の学問《ものまなび》の道しるべ」とする必要があるからである。さらにつづく部分から引用を採っておく。

其《そ》は先《ヅ》書紀の潤色《かざり》おほきことを知《リ》て、其《ノ》撰述《えらび》の趣をよく悟らざれば、漢意《からごころ》の痼疾去《ふかきやまひさり》がたく、此《ノ》病去らでは、此記の宜きこと顕れがたく、此記の宜きことをしらでは、古学《いにしへまなび》の正しき道路《みち》は知らるまじければなり。いで其《ノ》論《ヒ》は、まづ日本書紀といふ題号《な》こそ心得ね。こは漢の国史の、漢書晋書などいふ名に倣て、御国の号《な》を標《あげ》られたるなれども、漢国は代々に国号のかはる故に、其代の号もて名づけざれば、分り難ければこそあれ、皇国は、天地の共遠長《むたとほなが》く天津日嗣続坐《つづきまし》て、かはらせ賜ふことし無ければ、其《それ》と分て云べきにあらず。かゝることの国号をあぐるは、並ぶところある時のわざなるに、是は何に対《むか》ひたる名ぞや。たゞ漢国に対へられたりと見えて、彼に辺つらへる題号なりかし。(同、七頁以下)

日本書紀という書名そのものが「漢意の痼疾」のあらわれなのである。中国の史書には、たしかに漢書、晋書といった国号が附されている。かの国では王朝が交替し、天命なるものの変わるたびに歴史が編まれるからだ。日本紀というのは「何に対ひたる名」と言うのだろうか。「たゞ漢国に対へられたりと見え」、諂いが窺えるばかりである。「然るを後代の人の、返て是をたけき事に称《ほめ》思ふは、いかにぞや」。宣長にはむしろ「辺《ほとり》ばみたる題号《な》」としか思われない。日本書紀とは「漢国へも見せ給はむ」として附された題号と考える者もあるけれど、そう考えるには無理がある。「たとひ然るにても、外国人に見せむことをしも、主《むね》として、名づけたらむは、いよゝわろしかし」(八頁)。――大雀命《おほさざきノ》と宇遅能和紀郎子《うじのわきいらつこ》の兄弟が王位を譲りあううちに、後者が「早崩《はやくかむさり》」、前者が天下を治めたという古事記の叙述と平行する書紀の記述には、遺された皇子が「解《テ》髪《みかみヲ》跨《リテ》屍《ニ》」三たび死者のなまえを呼んだと伝える記事がある。谷川士清が「是我邦招魂之法也」と註しているのに対して、『傳』は「我邦とは、漢意の言《いひ》ひざまなり」とくわえる。わが国という言いかたすら宣長にとっては阿諛なのである(伝三十三、全集十一巻五四五頁以下)。谷川は宝永六(一七〇九)年の生、本居より二十一年上の同学者である。大著『日本書紀通證』を先んじて著し、書紀研究に一期を劃した。ともに伊勢に居をかまえた年長の友に対してすら、本居宣長はときとして見られる漢意への批判の手を弛めていない。(註)

谷川士清が、その生涯をかけて取りくんだ書紀はそもそも錯誤に満ちているのだ。

（註）『古事記傳』が谷川説へと言いおよぶことはいくたびも見られるけれども、ここで典型的な二例を挙げておく。ひとつは肯定的な言及で、伊邪那美の死去にさいし伊邪那岐の号泣するさまを古事記に「啼伊佐知伎《なきいさちき》」、書紀には「哭泣恚恨《なきいさちふづく》」とあるのに対して、士清が「猶《シ》レ言《ムガ》二足摩而泣《あしずりしてなくト》一也、小児《ノ》忿《リ》泣《ク》時有《リ》二此《ノ》状一」とするすのを「さも有むか」とするものであり（伝七、全集九巻二九八頁）、いまひとつは否定的な言及で、建御雷之男《たけみかづちのおノ》 神と建御名方《たけみながたノ》 神の力くらべを谷川が「乃《チ》角力《ノ》之濫觴也と云るは、上代の意に非ず、ひがことなり」と説く一節である（伝十四、全集十巻一〇八頁）。

倒錯は、日本書紀の冒頭からしてあきらかである。巻第一「神代上《かみよのかみのまき》」はこうはじまる。「古天地未剖、陰陽不分、渾沌如鶏子、溟涬而含牙」。「古《いにしへ》に天地《あめつち》未だ剖《わか》れず、陰陽《めを》分れざりしとき、渾沌《まろか》れたること鶏子《とりのこ》の如くして、溟涬《ほのか》にして牙《きざし》を含めり」。以下、古典文学大系本によって訓む。「其れ清陽《すみあきらか》なるものは、薄靡《たなび》きて天《あめ》と為り、重濁《おもくにご》れるものは、淹滞《つつ》ゐて地《つち》と為るに及びて、精妙《くはしくたへ》なるが合へるは摶《むらが》り易く、重濁れるが凝りたるは竭《かたま》り難し。故《かれ》、天先づ成りて地後に定る」。「久かた」という枕詞を解こうとし、天先成而地後定という説きごとを契沖が引いて、これを眞淵が否定したしだいについては、すでにふれておいた（それぞれ本書、四二九、五二〇頁）。紀の本文はこうつづく。「然《しかう》して後に、神聖《かみ》、其の中に生《あ》れます」。

書紀は本文ののちに「一書曰」というかたちでべつの伝承をもつたえるが、ここでも「古に国稚《い》しく地稚《つち》しき時に、譬へば浮膏《うかべるあぶら》の猶《ごと》くして漂蕩《ただよ》へり。時に、国の中に物生《な》れり。状《かたち》葦牙《あしかび》の抽《ぬ》け出《い》でたるが如し。此《これ》に因《よ》りて化生《なりい》ずる神有《ま》す。可美葦牙彦舅尊《うましあしかびひこぢのみこと》と号《まう》す」とあるのは、古事記に「次国稚《つぎにくにわかく》如浮脂《うきあぶらのごとくにして》而、久羅下那州多《くらげなすた》陀用幣琉之時《だよへるときに》、如葦牙因萌騰之物而成神名《あしかびのごともえあがるものによりてなりませるかみのみなは》、宇麻志阿斯訶備比古遲神《うましあしかびひこぢのかみ》」とあるのに重なる。とはいえ本居はもっぱら紀の本文をとり上げて「古《へ》天地未《ダ》レ剖、陰陽不レ分、混沌《トシテ》如《シ》ニ鶏子《ノ》一云々、然《シテ》後《ニ》神聖生ニ其中一焉」といった表現など、どれも「みな漢籍《からぶみ》どもの文《ことば》を、これかれ取《リ》集《メ》て、書《キ》加《ハ》へられたる、撰者の私説《わたくしごと》にして、決《きはめ》て古《へ》の伝説《つたへごと》には非ず」とみなす（伝一、全集九巻八頁）。宣長から見るなら、古事記・序の冒頭もまたおなじこと、つまり漢籍に由来する虚飾に満ちているのだ。だから『傳』では、その序は「漢文をかざるに引れては、其《ノ》意旨《こころ》もおのづから漢《から》に染まっており、かくて註釈にかんしても「此序《ノ》を註するに、たゞ文章のかざりのみに書るところは、たゞ一《ひと》わたり解釈《とき》て、委曲《くはしく》はいはず。其はみな漢ことにして、要なければなり」と言う（伝二、全集九巻六五頁以下）。

明和五（一七六八）年三月の眞淵よりの来簡に「惣て古事記ハ、序文を以て安萬呂記とすれとも、（本文の）文体を思ふに和銅なとよりもいと古かるへし。序ハ恐らくハ奈良朝の人之追て書し物かとおほゆ」ともある（宣長全集別巻三、三八四頁）。宣長としてはこの師説は採らず、『古事記傳』では名を挙げずに「本文のさまと甚《いた》く異なるをもて、序は安萬侶の作《かけ》るにあらず、後人《ノ》のしわざなりといふ人もあれど、其は中々にくはしからぬひがこゝろえなり。すべてのさまをよく考るに、後に他人《あだしびと》の偽り書る物にはあらず」とむしろ批判していた。それでも「或《ある》は混元既《ニ》凝、あるは乾坤初《テ》分、あるは陰陽斯《ニ》開、あるは齊ニ五行之序《ヲ》一などいふたぐひの語」が多いのは、「如此《かくのごと》きことどもをいはでは、文章みだてなきが故」なのである（伝二、全集九巻六五頁）。たとえば序冒頭に「臣安萬侶言《ス》、夫《レ》混元既《ニ》凝《テ》、気象未《ダ》レ效《あらはれ》、無《ク》レ名《モ》無《シ》レ為《モ》、誰《レカ》知《ラム》ニ其《ノ》形《ヲ》一」とあるのに註して、宣長は「此は天地のいまだ剖《わか》れざりし前の状《ありさま》を、漢籍《からぶみ》に云る趣もて云るなり。混元は混沌ともいひて、元気未《ダ》レ分也と註せり。既《ニ》凝《ル》とは、分れむとするきざしあるなり。気象は、天地を始め凡て気と象とをいへり」と釈きながらも、それに先だって注意を与え、「此序《ノ》にかゝる語どものあるを見て、ゆくりなく本文の旨を莫《な》誤《あやま》りそ」と注記して（同頁）、序の文飾と本文の伝承とを区別すべきむねを説き、次文にもかさねて注をくわえながら「されば本文と相比《あひくら》べて、序にこれらの語のあるは、返りて古伝にさる意なき証《しるし》とすべき物にて、正実《まこと》と虚飾《かざり》とのけぢめいよゝ著明《いちじる》し」とも語っていた（六六頁）。

古事記もまた天地のはじめを説いて、「天地初発之時《あめつちのはじめのとき》」とはじまる。『傳』の註釈はつぎのとおりである。あらためて引いておく。

天地は、阿米都知《あめつち》の漢字《からもじ》にして、天は阿米《あめ》なり。かくて阿米てふ名義《なのこころ》は、未《ダ》思《ヒ》得ず。抑諸《もろもろ》の言《こと》の、然云《しかいふ》本《もと》の意《こころ》を釈《とく》は、甚難《いとかた》きわざなるを、強て解《とか》むとすれば、必僻める説《こと》の出来《いでく》るものなり。【古《へ》も今も、世人《ノ》の釈《とけ》る説《こと》ども、十に八九は当らぬことのみなり。凡て皇国《みくに》の古言は、たゞに其《ノ》物其《ノ》事のあるかたちのまゝに、やすく云《いひ》初《そめ》名づけ初《そめ》たることにして、さらに深き理などを思ひて言る物には非れば、そのこゝろばへを以釈《テとく》べきわざなるに、世々の識者《ものしりびと》、其《ノ》上代《ツ》の言語《ことどひ》の本づけるこゝろばへをば、よくも考へずて、ひたぶるに漢意にならひて釈《とく》ゆゑに、すべて当りがたし。（略）】さりとてはたひたぶるに釈ずて止べきにも非ず。考への及ばむかぎり、試《こころみ》には云《フ》べし。（中略）さて天《あめ》は虚空《そら》の上《かみ》に在《リ》て、天神《ツ》たちの坐ます御国なり。【此外《ノ》に理を以《テ》こちたく説成《ときな》し、或は其《ノ》形などをも、さまぐ〱おしはかりに云《フ》などは、皆外国《とつくに》のさだにて、古伝《ヘノヘ》にかなはざれば、凡て取《ル》にたらず。】地は都知《つち》なり。名義《なのこころ》は、是《レ》も思ひよれることあり、下に云べし。さて都知とは、もと泥土《ひぢ》の堅まりて、国土《くに》と成れるより云る名なる故に、小くも大きにも言《いへ》り。小くはたゞ一撮《ひとつまみ》の土をも云《ヒ》、又広く海に対《むか》へて陸地《くぬが》をも云《フ》を、天《あめ》に対へて天地《あめつち》と云ときは、なほ大きにして、海をも包《かね》たり。（割注略）さて正《まさ》しく阿米都知《あめつち》と云言《フこと》の、物に見えたるは、万葉廿【三十二丁】防人歌《ノ》（証歌略）などあり。（伝三、全集九巻一二一～一二三頁）

天地は「阿米都知」で、天は「阿米」と訓ずる。迦微についてすでにおなじ言いかたを見ておいたとおり、ここでも宣長は「阿米てふ名義は、未《ダ》思《ヒ》得ず」と言い、さらに一般的な注意を与えている。さまざまな単語について「然云本の意を釈は、甚難きわざなるを、強て解むとすれば、必僻める説の出来るもの」なのだ。そもそもこの国の「古言は、たゞに其《ノ》物其《ノ》事のあるかたちのまゝに、やすく云初名づけ初たる」ものであるしだいにかんしては、やがて本居の挙げる実例にそくして見てゆこう。ここでも宣長の警戒しているところは、「上代の言語の本づけるこゝろばへ」の解釈に入りこむ「漢意」なのである。からごころを排することであらわれてくるのは、中国的思考の形而上学を取りのぞいて獲得される、経験の地平で奇妙に洗いなおされた神話的世界像である。すなわち「天は虚空の上に在《リ》て、天《ツ》神たちの坐ます御国なり」。

おなじく「初発之時」を訓み、そこから排除されるのも儒学的な形而上学となる。「初発之時は、波《は》自《じ》米《め》能《の》登《と》伎《き》と訓《ム》べし」。万葉集の巻二に「天地之初時《あめつちのはじめのとき》之《し》云々」など例がある。発の字を連ねるのも「たゞ初《はじめ》の意味」であり、「初発」を「ハジメテヒラクルと訓るはひがことなり」。そう読むとするなら、初発はいわゆる開闢の意味となるけれども、「抑天地のひらくと云《フ》は、漢籍言《からぶみごと》にして、此間《ここ》の古言」ではない。上代では「戸などをこそひらくとはいへ、其余《そのほか》は花などもさくとのみ云て、上《ツ》代にはひらくとは云《ハ》ざりき」(同、一二三頁)。すぐにつづく「高天原《たかまのはら》」も「すなはち天《あめ》」である。これを天皇のみやこと解することは「いみしく古《ヘノ》伝《ヘ》にそむける私説《わたくしごと》」であって、そのような釈を採る者もまた「漢籍意《からぶみごころ》に泥《なづ》み溺れて、神の御上《みうへ》の奇霊《くすしくあやし》きを疑《ヒ》て、虚空《そら》の上《かみ》に高天《ノ》原あることを信《うけ》ざる」ものなのであり、賢明で合理的に見えてそのじつ「いと愚《おろか》」である。天は「漢籍にいはゆる天《てん》とは、甚く異なる物」であって、天《あめ》とは「天《ツ》神の坐《シ》ます御国なるが故に、山川草木のたぐひ、宮殿《みあらか》そのほか万《ヅ》の物も事も、全《もはら》御孫命《みまの》の所知看《しろしめす》此《ノ》御国土《みくに》の如く」であり、ただしこの地上よりも「なほすぐれたる処」ということになるけれども、基本的には「大方《おほかた》のありさまも、神たちの御上の万《ヅ》の事も、此《ノ》国土《くに》に有る事の如くに」存在している。天と呼ぶのと、高天原と称するのとのちがいは、「高天原《ノ》としも云《フ》は、其《ノ》天《あめ》にして有る事を語るときの称《な》」である点にあり、「高《たか》とは、是《レ》も天を云《フ》称《な》」であるけれど、たんに「高き意」とはことなっていて、たほうで「原《はら》とは、広く平らなる処」をさす。「海原野原河原葦原など」みなそうである。この意味の原に「高てふ言を添《へ》て」言われるのが高天原であって、つまり「高天原《ノ》とは、此《ノ》国土《くに》より云《フ》こと」すなわち地上から天を見あげて称えるなまえなのである。だからこそ「天照大御神の天《ノ》石屋《いはや》に隠《リ》坐る」しだいを述べた箇所などでは「皆たゞ天原《ノ》とあり」。そのばあい地から天すなわち虚空が望まれるのではなく、そのまま「天にして詔《のたま》ふ御言なるが故」にほかならない。「これらの余《ほか》、此《ノ》国土《くに》より云るところになむ、高天原《ノ》とはある、凡て古　文《いにしへのふみことば》は、かゝることのいと正しきなり」（一二三頁以下）。

ここでは一見すると奇妙なことが起こっている。神代を語りつたえられた伝説《つたえごと》として、そこにしるされているとおりに受けいれる読みが、語られたすべてをこの世界の内部に位置づけ、いっさいに現実的なところを得させるはこびと、ただちにむすびあっているのだ。そのさいしかも、たとえば天から天命といった意味づけが剝奪され、たんなる虚空《そら》とされてゆくことで、世界にぞくする場所の配置から、ある意味でいったんはとくべつな価値体系、要するに儒教的な思考を彩る価値の秩序が解除されてゆく。天には「心も魂《みたま》もある物にあらず、然れば天道《ノ》といふことも」ありえないからである（伝一、全集九巻一一頁）。

それはたとえば新井白石のように、列島の地図の内部に神話的な空間を配分してゆくことで、神話を歴史化することではない。『古史通』は、一例として引くならば、高天原についてこう解く。「高《たか》」はそのかみにいう「高国《たかのくに》」であって、常陸風土記に記載されている「多珂郡《たか》」のことであろうし、「天《あめ》」は古語で「海《うみ》」、「原《はら》」は「上《かみ》」だろう。かくて「多訶阿麻能播羅《たかあまのはら》といひしは、多訶海上之《ノ》地といふがごとし」。所論の前提には、いうまでもなく「神《かみ》とは人《ひと》也」とする白石の諒解がある。理由を示して『古史通』は言う。「我国の俗凡其尊ぶ所の人を称して、加美といふ。古今の語相同じ、これ尊尚の義と聞えたり。今字を仮用《かりもち》ふるに至りて、神としるし上《かみ》としるす等の別《わかれ》は出来れり」。――『古事記傳』の方法はそうではない。あらためてふれる機会があるように、宣長はかえってこう宣言していた。「人は人事《ひとのうへ》を以て神代を議《はか》るを」「我は神代を以て人事を知れり」。ひととわれとを対照する一文のあいだを、割注が埋めている。「世の識者、神代の妙理《たへなることわり》の御所為《みしわざ》を識ることあたはず、此を曲て、世の凡人《ただびと》のうへの事に説なすは、みな漢意に溺れたるがゆゑなり」（伝五、全集九巻二九四頁）。神々は凡人、たんなる人間ではない。本居にあっても、とはいえ神もある射影においてはひとと並び、「万《ヅ》の事も」情《こころ》も人間たちとかようものなのである。

虚空《そら》なす天《あめ》に、地上から仰ぎみれば高天原がひろがっている。天つ神たちが住まう世界は、基本的には、「大方のありさまも、神たちの御上の万《ヅ》の事も、此国土に有る事の如くに」展開していた。その意味では、宣長の神々、そのすぐれた一群は一方でひとのかたちをそなえた者たち、身体をたずさえた者どもであり、他方で神代にあってはひともまた神である。「天《ツ》神は、正しく人などの如く、現身《うつしみ》まします神なり。漢意の天の如く、空しき理を以ていへる仮名《かりのな》には非ず。天神と申す御称《みな》の天は、その坐ます御国をいへるのみにして、神即《チ》天なるにはあらず」（伝一、全集九巻一二頁）。天が世界のうちに場所を占め、虚空とされることとうらはらに、神々に生きた身体が与えられる。ひとのかたちを持つことで神々はこの世界のなかにすがたをそなえる。――物語的な世界の内部にこの間の消息が読みこまれ、神話的なできごとのうちで人事《ひとのうへ》が読みとかれるために、ふたつのことがらが必要であったように思われる。それはひとつに日本書紀との対照にかかわる場面でいえば、年紀《としだて》をめぐる時間的な理解があらためられることであり、古事記読解の内側にかぎるとするなら、「地名《ところノ》」にかかわる神代と人代との空間的な重ねあわせがあらためて確認されることである。この件については、やがて立ちいってゆくこととなるはずである。

話題をもとにもどしておこう。「書紀の論ひ」のなかではたとえば倭建命にかかわる記事が、漢意にまみれた記述としてとり上げられている。景行天皇が皇子に東征を命じたさい、古事記中では「給《フ》二比々羅木《ひひらぎ》之《の》八尋《やひろ》矛《ぼこヲ》一」とあるのに対して、日本書紀中には「天皇持《テ》二斧鉞《ヲ》一、以授《テ》二日本武《ノ》尊《ニ》一曰《ク》云々」とある。本居の看るところでは「すべて古《へ》かゝる時にも、矛剱《ほこたち》などをこそ賜ひつれ、斧鉞を賜へる事はさらになし」。この記述も「強《しひ》て漢めかさむとて」捏造されたものだ。宣長はほとんど憤っている。「語《ことば》をかざれるは、なほゆるさるゝかたもありなむを、かく物をさへに替て書れたるは、あまりならずや」。継体天皇にかんする記事では、行事さえ仮構されたものもある。「抑かく人の事態《しわざ》まで造りかざりて、漢めかされたるはいかにぞや」（同、一一三頁）。それでは正史をつたえる意味すらもなく、歴史《イストワール》＝物語を偽造することになってしまう。

古事記註釈のみちゆきのいたるところで、『傳』は書紀の記述を見とがめている。いくつかの典型的な例をひろっておこう。まず例の天若日子（本書、四一九頁参照）の葬礼にさいして、ひとびとが「日八日夜八夜以《ひやかよやよを》遊也《あそびたりき》」と古事記が記録するのに対して、書紀にはこの記述が欠落しているしだいを問題とした註釈を引いておく。

○遊也は阿曾備伎《あそびき》と訓べし。遊《あそぶ》とは、管弦歌舞《ことひきふえふきうたひまふ》たぐひを云て、楽《ノ》字に当れり。石屋戸《ノ》段にも云り。【伝八の六十三葉】（中略）さて喪に如此楽《かくのごとくあそび》せしは、何の所以《ゆゑ》ぞと云に、まづ人の死たるは、彼《ノ》天照大御神の、天《ノ》石屋《いはや》に隠坐《こもりまし》て、世の闇夜《やみのよ》になれりしに類《に》たる故に、【萬葉二に、天武天皇崩坐しことを、天《ノ》原石戸《いはと》を閇《たてテ》、神上上坐奴《かむあがりあがりましぬ》とよみ、又三に、河内《ノ》王《ヲ》豊前《ノ》鏡山に葬し時の歌に、豊国乃鏡山之石戸立《とよくにのかがみのやまのいはとたて》、隠爾計良思《かくりにけらし》、などよめるも、此意をおもへり。】其時の故事《ふるごと》をまねびて、歌楽《うたひあそび》て、其人を復《また》此《ノ》世に還りたまへと、招禱《をきいの》る意より起《おこ》れり。そは鎮魂祭《ノ》儀にも、彼《ノ》故事をまねぶ儀《わざ》あるにてさとるべし。【鎮魂祭の儀、石屋《ノ》段に引り。】

（伝十三、全集十巻七四～七六頁）

石屋に身を隠した天照大御神を呼びもどすため、神々は歌い、弾き、踊った。この古事《ふるごと》にもとづき、それを反覆する所作が葬礼の宴であると、本居は解している。ことばのうえでこの件は、一方で万葉の歌に痕跡をとどめ、他方で「人を復此《ノ》世に還りたまへと、招禱る意」、切実な願いをあらわしていたと宣長は見るわけである。問題はそのさきにある。「然るを書紀にはたゞ、八日八夜啼哭悲歌《なききかなしみしぬぶ》とのみ云て、楽《あそび》のことを記されざるは、御国の古礼《いにしへのわざ》を忘れて、ひたぶるに漢ざまに書《キ》なされたるものなり。悲歌とのみにては、古意に背ける物をや」。以下さらに割注が附く。「楽は死人を又還れと云こゝろにて、おもしろき態《わざ》をするなれば、たゞ悲歌のみにはあらず、思ひ混《まがふ》ることなかれ」。錯認はどこから生まれるのか。「喪に楽せむこと、あるべくもあらずとおもふは、漢意なり。其《それ》するも、本《ト》悲みのあまりなれば、何事かあらむ。凡て古《へ》の事を、漢国に例なきをば疑ひて、左右《かにかく》に言《いひ》まげて、強《しひ》て漢にかなへむとするは、学者のくせなり」。おのぞみならば、漢籍を引こうか、とでも言いたげに、割注はつづく。「後漢書といふ漢籍《からぶみ》にさへ、皇国の事を記せるには、其死、停《ルコト》レ喪《ヲ》十余日、家人哭泣、不レ進二酒食《ヲ》一、而等類就《テ》歌舞《ヒテ》為《テスル》レ楽《ヲ》、といへるものをや」（同、七六頁）。

もうひとつ、例を挙げる。神武天皇が宇陀《うだ》に兵をすすめようとしたときに、かの地を治めていたのは「兄《え》宇迦斯《うかし》、弟《おと》宇迦斯」という同名の兄弟であった。宣長の註によれば「宇迦斯は、地名《ところのな》に依れる名なるべし。今《ノ》世にも宇陀郡《ノ》に宇賀志村と云あり」とのことであるが、ここにもなまえ一般にかかわり、また地名にむかう宣長の関心があらわれている（伝十九、全集十巻三六七頁）。それはともあれ、軍勢の不足を機略で補おうとして、兄は罠を仕掛けた御殿をつくり設けて迎えようとしたけれど、弟は兄の計略を天皇側に内通して、兄の宇迦斯はみずから準備した仕掛けにはまって圧殺されてしまう。屍体が引きずりだされ、切りきざまれたのちに、弟の宇迦斯は饗応の宴をもよおした。その宴席をめぐる記の叙述を訓ずるのに『古事記傳』は紀の注を参照しながら、同時に書紀の記述の潤色を見のがしていない。

〇歌曰は、書紀の訓注に依て、美宇多余美志賜久《みうたよみしたまはく》と訓べし。此《ノ》歌は此《ノ》宴に御軍士等《うたげ》の歌へるなれども、天皇の作坐《よみ》る大御歌なる故に、書紀に御謠とは云るなり。書紀云《ニク》、已而《しかして》弟猾《おとうかし》大設《おほみあへを》牛酒以労饗皇師《たてまつりき》焉（中略）とあり。【設二牛酒《ヲ》一と書れたるは、漢籍に傚《なら》へる潤色の文なり。戎国《からくに》にてこそ、かゝる饗などにも牛肉を主《むね》とはすれ、皇国《みくに》にては、古《へ》も今もさらに無きことなり。天武天皇の御世に、牛馬肉《ノ》を食ふことを禁《とど》められしは、やゝ後に民間《しもざま》などにては、食《くひ》し者もありつらむ。上代にはさらにさることなし。縦《たと》ひ食し者は稀々ありしにもあれ、かゝる大御饗などに用ひしことは、決《きはめ》て無きことなり。ゆめ虚文《むなしごと》にな惑ひそ。】（同、三七四頁）

類例は数多いが、有名なところをひとつ補足しておく。海幸山幸の説話に登場するふたつの珠、現在ではおおむねシホミチノタマ、シホヒノタマと読まれるものを、宣長は「志《し》本《ほ》美《み》都《つ》多《た》麻《ま》志《し》本《ほ》比《ひ》流《る》多《た》麻《ま》」と訓み、さらに日本書紀の仲哀紀の記述のひとつに注意を促している。「書紀仲哀巻《ノ》に、皇后泊二豊浦津《ノニ》一、是日皇后、得二如意珠《ヲ》於海中《ニ》一、と云ることあり」。神功皇后の事蹟とされるものである。土佐風土記の記録とことなるのは「伝《へ》の異なるなるべし」と注記したあとに『傳』は言う。「さて書紀に如意珠と書れたること、心得ず。いかにも訓べき方なし。そのかみ文字なき世に、如意など云名、あるべくもあらぬを、強《あながち》に漢をまねび給ふあまりに、かゝる名をさへ物し給へるは、後世《ノ》の人まどはしなり」（伝十七、全集十巻二六四頁以下）。史書として、やはり書紀には覆いがたく欠陥がある、後世の人まどはし、伝承を受容する者たちの錯誤を呼ぶようでは記録の意味をなさない、それもこれも言辞《ことば》をないがしろにするところに発しているのだ、と宣長は考えているわけである。——ただし神話的説話の末尾について、『傳』は紀の描写を参照している。弟のみことが和邇《わに》の頸に乗って地上に帰ったのは、どうしてか。「背にこそ乗奉《のせ》るべき物なるに、頸にしも乗奉れる由は、鰐は、書紀に、竪《たてテ》二其《ノ》鰭《はた》背《ヲ》一などある如く、背《せ》には、鰭の有て、乗《のり》がたきにやあらむ」（同、二六七頁以下）。『古事記傳』のこうした記述が、すくなくとも私にはひどくおもしろい。その件について、いまは措いておき、最後に『古事記傳』も大詰めをむかえようとする部分からも例を挙げておこう。雄略帝の子、白髪大倭《しらかのおほやまと》のみこと、謚が清寧天皇は、短命で妻子なく、古事記の記述もみじかい。書紀では「白髪武広国押稚日本根子《しらかのたけひろくにおしわかやまとねこの》天皇」としるされ、いくらかの事蹟も残されている。その記載を、やはり本居が見とがめていた。紀にある「以二王青蓋車《ノヲ》一」という表現は「例の漢文の潤色《かざり》」である。中国の皇帝は青い日よけのついた車に乗って、黄色の旗をもちいた。いわゆる青蓋黄旗である。しかし「皇朝には、古《へ》も今も、さる制《つくり》の御車あることなし」。

それ以外にも書紀の清寧紀の叙述は「うるさき漢文のかざり、いと多し」。いくつかの事蹟を「清寧天皇の、御位に坐《ス》間《ほど》の事とせられたるは、此《ノ》記と甚く異なる伝《ヘ》なり」と『傳』は書きそえている。宣長はおそらく、書紀の記事の信憑性を疑っているのだろう（伝四十三、全集十二巻三四四頁）。すこし考察の視角をかえて、なお考えておきたい。問題のひとつは、記紀のあいだに存在する、暦年の意識の落差にある。

崇神帝には印象ぶかい逸話があるものの、その治世のさまは明確ではない。にもかかわらず、記は天皇を「所知初国」（宣長の訓みによると、「波都久邇斯羅志斯《はつくにしらしし》」。伝二十三、全集十一巻六三頁）すめらみことと呼んで、その統治を讃えている。宣長も注意しているとおりに、この褒称は初代神武帝にも使用されているけれども、今日では崇神をそう称するのは神武に倣ったのではなく、かえって逆に崇神の尊称が神武におよんだと見るのが妥当とされることだろう（倉野憲司『古事記全註釈』第五巻、九九頁）。日本書紀では「識性《みたましひ》總敏《さか》し。幼《わか》くして雄略《ををしきこと》を好みたまふ」とあって、「神祇《あまつかみくにつかみ》を崇《かた》て重《あが》めたまふ。恆に天業《あまつひつぎ》を経綸《をさ》めむとおもほす心有《ま》します」としるされている。記述によれば「即天皇位《あまつひつぎしろしめ》」したのが「元年の春正月《むつき》の壬午《みづのえうま》の朔甲午《ついたちきのえうまのひ》」すなわち十三日で、年齢は百二十歳、在位六十八年まで達して、その年のすえ「冬十二月《しはす》の戊申《つちのえさる》の朔壬子《ついたちみづのえねのひ》」つまり五日に死去した。

古事記には即位年の記載はなく、記事の末尾は、この天皇が百六十八歳まで生きて、御陵が「山邊道勾之《やまのべのみちのまがりの》岡上《おかのへ》」にあるとむすばれる。墳墓の位置は書紀の記録にひとしい。享年はしるされているものの、死没した暦年について、古事記は例のとおり口を噤む。この間の消息をめぐって、本居宣長は註していた。

○旧印本真福寺本又一本などに、此《ノ》次に、戊申《つちのえさるノ》年十二月《ノしはすに》崩《リマス》、と云七字の細註あり。今は延佳本又一本に無きに依れり。抑如此《かくノごと》くなる細註、此《これ》より次々の御世の段《くだり》にも、往々《をりをり》あり。下巻なる御世々々には、無きは少し。さて此《こ》はみな後に書加《キ》へたる物ぞとは、一わたり誰《レ》も思ふことなれども、猶熟《なほよく》思ふに、是《レ》も甚《いと》古き事とぞ思はるゝ。其故は何れも其《ノ》支干年月、皆書紀に記せると異《こと》なり、たゞ下巻の最末《いやすゑ》に至りてのは、書紀と合へり。若《シ》いたく後《ノ》世の人の所為《しわざ》ならむには、必《ズ》書紀の年紀《としだて》に依《リ》てこそ記すべきに、彼《ノ》紀と同じからざるは、必《ズ》他《あだし》古書に拠《よりどころ》ありてのことと見えたればなり。【支干年月などは、上代のは、必しも書紀の如きのみには非ずて、そのかみ古書ども、各異《こと》なることあるべければ、此《これ》と彼《かれ》とは、正しくは合《フ》まじきことわりなり。さて此《ノ》注、若《シ》後《ノ》世人ならば、たとひ世にさる古書どもの遺《リ》てはありとも、書紀をさしおきて、其には拠《よる》まじきことなり。】さて最末に至《リ》ては、書紀と合《ヘ》るは、近《キ》御代にて詳《さだか》なれば、何《いづれ》の書も、異ならざりしが故なるべし。（伝二十三、全集十一巻六五頁）

古事記本文に、もとより暦年の記載は存在しない。崇神天皇の代以降、旧印本によって紀年が細注で書きこまれている。その注を宣長は思いのほか旧い時代にさかのぼるものと見ているわけである。ただし細注であるのは「阿禮が誦《よめ》る詞」ではなく「別に私に加へられたる物」であるからで、そこで「世人《ノ》は、書紀に合《ハ》ざるを以て、此《レ》を取らざるめるを、己《レ》は、彼《ノ》紀と合《ハ》ざるが、返りて心にくゝ思はるゝかし」と、『傳』は言い、これも割注を附して「必《ツ》書紀に泥むべきには非ず」と主張する（同、六六頁）。なぜだろうか。そもそも古事記と日本書紀とでは年立《としだて》の法式がことなり、いわば時間意識に差異があるからである。仁徳天皇段中のとある記述をめぐって、宣長が釈いているところによれば「此記は、凡て年紀を立《テ》ず。事を記せる次第も、前後にかゝはらざることありてたゞ事を別々に一《ツ》づゝ記」しているのだ（伝三十七、全集十二巻一三〇頁）。だいたい「上代《ツ》の事は、年紀《としだて》は必しも拘はり難」く（伝二十、全集十巻四五二頁）、そもそも神代にまでさかのぼるなら、その時間をおよそ暦で測ることもかなわない。大国主命が須佐之男のむすめと番ったとされている件について、ひろく不審も寄せられるけれども、ことの経緯をめぐって『古事記傳』は問答をしるしている。「或人の問《ヒ》けらく、天照大御神より、鵜葺草葺不合《うがやふきあへず》《ノ》命まで、神代は五世なれば、其程《ノ》に今此《ノ》神の十七世を経《ふ》べきにあらねば、此《ノ》末々の神は、彼《ノ》神代過《ギ》て、人《ノ》代になりての神たちにや、いふかし。答《フ》、神代の間《ダ》、天津日嗣は五世なれども、年を経しことは、甚《いと》も〱久しく長きことなりしかば、【書紀神武《ノ》巻の始《メ》に、自《リ》二天祖《ノ》降跡一以逮二于今《ニ》一、一百七十九万二千四百七十余歳とあるをや。】側《かたはら》の神たちは、其《ノ》間《ダ》に十七世廿世も経なむこと、疑ふべきに非ず」。当面の問題についてはこうである。「須佐之男命《ノ》の、五世《ノ》孫葺根《ふきね》《ノ》神をして、神剣《つるぎ》を天に奉りたまへる、【書紀に見。】又多紀理毘売命《ノ》は、須佐之男命《ノ》の御女なるに、彼《ノ》六世《ノ》孫なる大穴牟遅神《ノ》（大国主神）に婚《みあひ》坐るたぐひ、凡て人《ノ》代の例を以《テ》疑ふべきにあらぬをや」（伝十一、全集九巻五一五頁）。

　これだけのことなら、やはり強弁とも詭弁とも謂われることだろう。あるいはせいぜい、神話的な時間の不可思議を説いただけのこととも考えられるだろう。宣長の見るところでは、問題はそればかりではない。書紀の年紀、暦年の立てかたに『古事記傳』の著者はふかい疑念を懐いていた。たとえば神武天皇にかんし日本書紀は「年十五にして、立ちて太子《ひつぎのみこ》と為《な》りたまふ」としるすけれど、これは天皇位につく者がかならず皇太子となる慣例をさかのぼらせて、さかしらにより年齢まで記載したものだろう。またおなじ神武紀から「太歳甲寅《きのえとら》」と年次を干支によって書きこみはじめて「其の年の冬十月の丁巳《ひのとのみ》朔《のついたち》辛酉《かのとのとりのひ》に、天皇、親《みづか》ら諸《もろもろ》の皇子《みこたち》、舟師《みふねいくさ》を帥《ひき》ゐて東を征ちたまふ」と語るのもいわば暦年の外挿のはての所作であろう。だから「書紀に、此《ノ》大御代の元年《はじめのとし》を辛酉と定め、又紀中何事にも某月某日《そのつきそのひ》と、日を指て書《しる》されたること、甚く疑ひあり。此事己《おのれ》委細《つばらか》に論へり。其文《ノことば》いと長くて、此《ここ》には挙《あげ》がたき故に、別に眞暦考と号《なづけ》て一巻とせり」（伝十九、全集十巻四一二頁）。――神功皇后の鮎釣りの伝説《つたえごと》については、すでにふれた（本書、四一七頁以下）。おんなたちがこの故事にちなんでいまも引きついでいる行事の時期を、古事記本文は「四月上旬之時《うづきのつきたちのころ》」と記載している。一節に註して、本居宣長はしるしていた。

○上旬は、波士米能許呂《はじめのころ》と訓べし。又都紀多知能許呂《つきたちのころ》とも訓べし。（中略）都紀多知は、月立《つきたち》なり。【後に朔《ノ》字を当て、ついたちと云。つきをついと云は、音便なり。】そもく上代には、一年《ひととせ》をば、たゞ春夏秋冬と四《ツ》に刻み、又其《ノ》四時を、各初中末《はじめなかばすゑ》と三《ツ》に刻み云るのみにして、後の如く十二月《とつきまりふたつき》と定めて、某《ノ》月某《ノ》月と云ことは無かりしかば、【一年を十二月と刻み定めて、其月々の名をもつけられたるは、仁徳天皇の御世などにやありけむ。】此《ノ》御代のほども、なほ然なりけむ。其《ノ》由は、己《レ》さきに眞暦考と云物を著はして、委弁《ク》へ云り。考へ見て知《ル》べし。されば此《ここ》に四月《うづきノ》上旬《はじめ》とあるは、当時然言《そのかみしかいひ》しには非ず。後の名を以て語伝《リ》へたるなり。（伝三十、全集十一巻三九七頁）

書紀批判の中軸となる論点を追い、『眞暦考』にいったんさかのぼって、ことを確認しておく必要がある。

三十九

平田篤胤はその主著の巻一でつぎのように書いている。「漢学者流の中に、伊藤長胤と云へる人ばかり愛《はし》きはなし。此人の著せる本朝官制沿革圖考、制度通などいふ書等《ふみども》は、便宜《たより》よく書つめたる物なれば見るべし」(古史徴開題記)。「開題記」は、篤胤が古史成文のために拠とした文献をめぐって、独自の立場から解題をしるしたもの、宣長歿後の門人を自称したこの辟情の国学者が、伊藤仁齋の嗣子、長胤こと東涯について、儒学者中最高の評価を与えているところが興味ぶかい。ちなみに、佐佐木信綱の発見にかかる戯書「恩頼圖」は、大平が殿村安守に対して宣長学の由来を示したものとされるが、左上方に、儒者中では孔子とならび、「ソライ(徂徠)、タサイ(太宰)、東カイ(東涯)、垂加」と記入されていた(全集別巻三、三〇三頁)。

東涯の主著は『周易経翼通解』であるが、ほかに中国語研究にかかわる『操觚《そうこ》字訣』『名物六帖』などは、今日の利用に耐える仕事であると言われる(吉川『仁斎・徂徠・宣長』五九頁以下)。平田の挙げている一書は中国法制史研究上の古典であるいっぽう、中国歴代の制度の沿革と、この列島の制度との関係を詳解した百科事典的な文献であり、やはり現在なお参看するに足る研究である。

『制度通』巻一は「元年改元の事」からはじまり、「正朔三統の事」以下へとつづき、「暦法の事」におよんでいる。暦法の項目では、中国暦の起源を問うて「事物紀原を考ふるに、通暦、物理論等を引て、大昊、神農、黄帝などの時に、はじめて暦を作らるといへり」と書きおこされ、堯舜に言いおよんで「しかれども、その推歩の法はなはだ精詳なること、中々百年二百年にて考へいだしたること〻はみへず、堯舜より以前、幾千百年を経て、幾ばく人の思慮推算を以て、かくのごとく考へ究めたるものなるべし」としるしている。東涯によることがらの理解の精確さと、その堅実な歴史観とが、ふたつながら窺いしられるところである。前者については暦の「歳差」を論じた一節に確認されるうえ、後者の射程は、ここでも書紀、三代実録等々の史料に直接依拠して「本朝之制」を説くくだりにもあきらかであると言ってよい。

ちなみに古事記は「小治田宮巻《をはりだのみやのまき》」で全巻を閉じ、推古天皇にかかわるこの記本文は「豊御食炊屋比売命《とよみけかしきやひめのみこと》、坐小治田宮《をはりだのみやにましまして》、治天下参拾漆歳《みそとせまりななとせあめのしたしろしめしき》。御陵在大野岡上《みはかはおほぬのをかのへにありしを》、後遷科長大陵也《のちにしながのおほみささぎにうつしまつりき》」が全文、きわめてみじかいものであるが、書紀の記述は、例により即位以後の年立を月ごとに追ってながく、その十年の記事に「冬十月、百済僧観勒来之。乃貢㆓暦本及天文地理書、併遁甲方術之書㆒也」とあり、史官の陽胡玉陳《たまふる》が暦法を修学したとする記載がある。「本朝之制」におよぶ東涯の記述の第一の典拠である。

東涯は徂徠より四年の年少、当代の儒者としては両人が東西の大家であった。『制度通』はその歿後、寛政九（一七九七）年に刊行されている。本居宣長は六十八歳、『古事記傳』の板行は三帙におよんで、稿もすでに四十一巻まで数えていた。その『眞暦考』は天明二（一七八二）年、本居五十三のみぎりの成稿であり、刊本となったのはやや遅れて、寛政元（一七八九）年のことである。執筆途上の宣長はしたがって、東涯の所論を『制度通』に見ることができなかったが、すでに『傳』も終盤にさしかかりつつあったとき、国学者が、年立とその意味への関心をふかめ、内外の暦法にかんする知識をひろく求めて手にしていたことにかんしては、疑いのないところである。日本書紀に対する古事記の圧倒的優位は、宣長にとって、その時間意識においても確認されなければならなかったのである。

大陸より文字が伝来する以前から、この列島のひとびとは神代の事蹟について語り、物語を紡ぎ、かくて口頭で古事《ふるごと》をつたえてきた。本居にとっては古事記に織りこまれた伝説《つたえごと》こそそのあかしである。おなじように中国由来の暦法が伝来するまえから、この国では天地自然の移りゆきにしたがって、春夏秋冬が分けられて、ひとびとはその生の経験をつうじて時を刻み、時のあいだを測って時節をさだめていたのであり、それこそが宣長にあっては「天地のはじめの時に、皇祖《すめろぎノ》神の造らして、万の国に授けおき給へる、天地のおのづからの暦」にほかならない。それは「人の巧みて作れるにあらざれば、八《や》百《ほ》万《よろづ》千《ち》万年《よろづとし》を経ゆけども、いさゝかもたがふふしなく、あらたむるいたつきも」ない「真《まこと》の暦」である（全集八巻二一四頁）。『眞暦考』一巻は、いわゆる暦法が渡りくるまえにいわば生きられていた、この国上代の時間感覚と、それに由来する暦法とをめぐってみずからの思索を織りあげた一書であり、宣長の著作のなかでも特異な性格を有している。

さきに見た「直毘靈」とかたちをおなじくして、一巻は、本文に対して自家註がつづく様式で書きすすめられる。巻頭本文は「あらたまの年の来経《きへ》ゆき、かへらひめぐらふありさまは、はじめ終《をはり》のきははなけれど、大穴牟遅少名毘古那《おほなむぢすくなびこな》の神代より、天《そら》のけしきも、ほのかに霞の立《たち》きらひて、和《のど》けさのきざしそめ、柳などももえはじめ、鶯などもなきそめて、くさぐ〳〵の物の新《あらた》まりはじめる比をなむ、はじめとはさだめたりける」とはじまり、行を替えて「天はそら、和はのどけし、新はあらたまる」とあって、以下の註がつづく。

年の首《はじめ》は、まことに比時なるべきことわりいちじるきを、から国にては、古夏《へ》の代には、今の正月を正月とせしを、殷の代には、今の十二月を正月とし、周の代には、今の十一月を正月として、おの〱その月を年の始《メ》とす。これを三正といひて、例の皆理《ことわり》ある事のごとくいひなせども、まことには然らず。すべて万の事を、改むるをよきにする国俗《くにのならはし》なれば、たゞ己《おの》が功《いさを》を示《み》せむとてぞ、かゝる事まで改めたる物なる。さても世中《ノ》のためによくばこそさもあらめ、なれたる事の俄にかはりて、まぎらはしければ、中々に民の煩となりて、よきことはいさゝかもなし。さればこそ周の代までも、国々の民などは、猶なれ来つるまゝに、夏の代の定めの今の正月を、正月とはし居しことも有つれ。これにても、正朔を改むるは、民のわづらひにて、よからぬわざなる事をさとるべし。(中略)さて皇国《みくに》にも、今の立春の程を春の始《メ》といひて、年の始とせるは、から国より暦まゐりきて後に、長暦をもて推《かぞ》へて、上つ代よりを然《しか》定めつる物ならむ、と思ふはひがこゝろえなり。こは暦によることなく、もとより然《しか》有しこと、上にいへるがごとし。(同、二〇三頁以下)

時が逝き、季が生まれて、節がかえり、年がめぐるさまには、どこにもはじまりがなく、おわりもなく、刻みもまたないように思える。それでも年若いつぼみが芽吹き、やがて盛りをむかえて、風が立つとともに木々が年老い、大気の冷たさにみどりは死にたえて、まためぐりくるあらたな春にいのちがふたたび甦る。かすかに霞もたち、肌に感じる空気もやわらいで、鳥が鳴きかわしそめ、「くさ〲の物の新まりはじめる」ころに、あらたな時の刻みを感じることは、たしかにこの列島の多くの地域にあって、自然な時間感覚をもかたちづくっていたことだろう。その時間意識を大陸伝来の暦法が区切りなおす、それ以前の経験を、宣長の筆はたどろうとする。

春が来て、夏がめぐり、秋となって、冬が訪れる。「此春夏秋冬てふ名ども、いと〳〵古く聞えて、古事記書紀の歌どもにも、をり〳〵見えたり」と宣長は言う。春の光、夏の虫、秋の田に冬枯れの木々は、ふるくから詠われている。春夏秋冬はそれぞれまた「はじめなかば末」と三つずつに刻まれて、循環し、繰りかえす時の流れが分節化される。たとえば、いまでいう「二月の節の比までを、春のはじめとし、それより三月の節のころまでを、春のなかばとし、それより四月の節の比までを、春の末」としたのであって、「夏秋冬もなずらへてしるべし」。そこではいまだ「一年《ひととせ》を十二月《つき》と定むることはなかりき」と宣長は考えた。

春のはじまりを立ちかえるひかりといのちとが告げ、それが「すなはち年の始」であったように「夏秋冬のはじめなかばすゑも、又そのをり〳〵の物のうへを見聞て知れりしこと」は想像にかたくない。空の色、雲のゆきかい、陽が昇り、沈むありか、月光の翳りと清さ、草木が芽吹き、伸び、樹々に花がついて、果実が稔るとき、虫が這いだし、鳥が鳴きかうさまが、緩やかな時のめぐりを告げしらせる。かつてひとびとは「あるは田なつ物畠つものにつきても、稲のかりどきになるはそのほど、麥の穂のあからむはそのころ、といふごとく」にこころづいて、ひとことで言えば、自然のふところに懐かれて営まれる生の経験の節目節目にあわせ、時の行きかいをもこころえた（同、二〇四頁以下）。これにくらべるならば、「もろこしの国などの暦といふ物は、神のなしおき給へるによらずて、聖人のおのが心もて作りて、民に時を授くとか、ことよげにいふめれど、上件《かむノくだり》のごとく、天地のおのづからなるこよみにて、民は授けざれども、時をばみづからよくしることにて、まづ去年《こぞ》まきおきし青菘《あをな》の花の咲るを見ては、苗代時《なはしろどき》をしり、つくりおきし麥の穂のあからむを見ては、田植るときをしり、又その稲の刈時をもて、又麥まく時をしるが如く、年々にかくしもてゆかば、いかでか其時々のしりがたきことはあらむ」。ここでは、自然の時間こそ神々の時である。このように

「教へずて有べき事を、なほこちたくをしふるは、すべてかの国人のくせなりかし」(二一四頁)。

暦法をはなれて年の刻みを手にし、季節を区切り、日数を測ることのむずかしくなった身であれば、「暦といふ物」に「月日のさだめはみなゆだねおく故に、天地の間の物のうへを見聞て、考へむ物ともせず、常に心をつけざれば、見ても見しることなし」。暦法は天地自然にもとづくものであるどころか、天地の行きかいを忘れさせて、自然の移りゆきに目を閉ざさせてしまうのだ。とはいっても「今の人などの心には、上件《かむノくだり》のごとくして定めむをば、おぼつかなきことと思ふべけれど」そうではない。「いにしへこよみのなかりし代《よ》には、かならず然して定むるならひなりしかば、人みなよく見しり聞しりて、違ふことなかりきかし」。うすく霞がたって春も立ち、柳がもえて夏が到来する。鳥の鳴き声が逝く秋を告げて、やがて雪のひとひらが舞いおりる。これらは歌人ならだれも知るところであって、「すべて何わざも、心をつけてつね馴ぬる事と、心もつけずなれざることとは、思ひのほかに、こよなきかはりのある物」なのだ(二〇五頁)。

春夏を、また秋と冬を「たゞ三つに分《わけ》いへるのみにて、そのほどの日次《ひなみ》までを、いくかの日〳〵とさだめいふことはなかりき」、なにごとにつけても「大らかになむ有ける」(二〇六頁)といえば、ひとはやはり、おぼつかなきことと言うだろうか。『眞暦考』は具体的な例をあげて、またじっさいに取りかわされたものとおぼしい問答を録している。

ある人とひけらく、もし日次《ひなみ》のさだまりなからむには、たとへば親などのみまかりたらむ後なども、年々いづれの日をか其日とは定めて、しのびもしなむ。こたへけらく、上つ代には、さるたぐひの事共も、たゞ某季《そのとき》のそのほどと、大らかにさだめて、ことたれりしなり。後の代のごと、某月《そのつき》の某日《そのひ》と定むるは、正しきに似たれども、凡て暦の月次《つきなみ》日次《ひなみ》は、年のめぐりとはたがひゆきて、ひとしからねば、去年《こぞ》の三月《やよひ》の晦《つごもり》は、今年は四月《うづき》の十日ごろにあたれば、まことは十日ばかりも違ひて、月さへ其月にあたらぬをりもあるなれば、中々に其日にはいとうとくなむあるを、かの上つ代のごとくなるときは、某人《そのひと》のうせにしは、此樹《このき》の黄葉《もみぢ》のちりそめし日ぞかし、などとさだむる故に、年ごとに其日は、まことの其日にめぐりあたりて、たがふことなきをや。さればこは、あらきに似て、かへりていと正しく親しくなむ有ける。凡て過にし方、又ゆく末の事を、いつとさしていふべきをば、近からむ事は、某《その》事の有しは、幾日《いくか》さき、某事のあらむは、いま幾日といひ、あるは幾十幾日《いくそまりいくか》まへ、その季《とき》のそのころ、某事の有し、今幾十幾日ありて、その季《とき》のそのころ、某事のあらむ、などぞいひけむ。されど遠からむ事は、さしもおほくの日数をかぞふべきにもあらず。また日次の定まらざりし世には、いくかの日といふことなければ、それまでを尋ぬべきにもあらざれば、たゞ去年の某季《そのとき》のそのほど、来むとしのその季のそのころといひ、あるはいく年《とせ》さきの、某季のそのころ、いまいくとせ有ての年の、その季のそのほどなどいふべし。なほ遠き昔の事ならむには、某宮《そのみや》に天《あめ》の下《した》しろしめしし御代の、幾年《いくとせ》といひし年のそのほどなどいひけむ。かくさまにいふはみな、年をも日をも、その数をかぞへていふなれば、上つ代のことばなり。かゝれば上つ御代〳〵の年を、元年二年三年などと、史《ふみ》に記されたるも、訓《よみ》に心得ある事ぞ。

（二〇八頁以下）

上代の真暦は、ただに自然であったばかりではない。むしろ精確なのだ。命日のさだめも、「某人のうせにしは、此樹の黄葉のちりそめし日ぞかし」といった表現は粗いものに見えて、じつは歳差をふくんでずれてゆく暦法よりもかえって「正しく親し」い面があったのである。そればかりではない。「遠からむ事は、さしもおほくの日数をかぞふべき」すべもないのだから、ことは上代の年立の考えかた、また人代を超えて神代の時の刻みにまで及んでいる。人代についていえば、じっさい古事記がそのように巻を立てるように「某宮に天の下しろしめしし御代の、幾年といひし年」といった時のひろがりの示しかたこそが、実情にそくした「上つ代のことば」なのである。さらに「史に記されたるも、訓に心得ある事ぞ」としるしたのち、宣長は「まづ元年は、もじのまゝにはじめのとし」と読んでもかまわないいっぽう、「二年三年よりはみな、次第《ついで》をもていへる文《もじ》」であるから「もじのまゝに訓ては、皇国《みくに》の詞づかひ」ではないと言い、二年なら「ふたとせにあたるとし、又はふたとせといひしとしなどといふぞ、上つ代のことば」であったと主張してゆく。ここに、時をさだめるものへの問いは同時にまた、本文の訓みへの問いでもあったことがあきらかだろう。

『眞暦考』はつづけて、「さて此四時《よとき》のめぐりにはつかずて、外に又月《つき》といふことのありて、天《そら》なる月の、満《みち》みかけみ、見えみ見えずみする一めぐりを、一月《ひとつき》とせり」と説いて、朔日《ついたち》は月立《つきたち》であると解く。「そはまづ西の方の空に、日の入ぬるあとに、月のほのかに見えそむる比を始《メ》として、それより十日ばかりがほどかけて、月立《ついたち》といへり。月のやう〲に立《たち》ゆくほどなればなり」と考察をすすめてゆく（二〇九頁）。いうまでもなく、四季のめぐりと月の運行は、それぞれにあるいは迅く、あるいは晩いけれども、両者がたがいに関係づけられる必もなく、またそのどちらにしても、大まかな区切りを越えて、何月何日といった月次、日次がさだめられる用もなく、すべてが大らかに流れ、とどまり、また流れていた。「そも〲上《かみ》の件《くだり》のごと、季《とき》のはじめなども、きはやかにはあらず。月次《つきなみ》も日次《ひなみ》もなく、又かの天《そら》の月による月は有しかども、別事《ことごと》にありつるなど、すべて事たらはぬに似たれ共、然《しか》思ふは、よろづこまやかにこちたきをよきにする、後の世の心にこそあれ、上つ代は、人のこゝろも何も、たゞひろく大らかになむ有ければ、さて事はたり」たのである（二一三頁）。――国学者、本居宣長の一書『眞暦考』を、当代一流の天文学者、川邉信一が披いて、疑義をいだき、『眞暦不審考』を執筆し、鈴屋門の新井有雄をつうじて宣長のもとに送りつけてきた。宣長は伝来の暦法は人為的なものだと言うが、それはちがう、「巧ニハアラデ、日月運行ノ自然ニシタガフ算数」である、と川邉は主張する。宣長は答えた。「巧にはあらず、日月運行の自然にしたがふとは大なるひが事なり。日と月との運行ひとしからざるが自然なり。そのひとしからざるものを強て一つに合せたるは、人作の巧なり。何ぞこれを自然と云事を得む」。暦法は、両者のずれを調整することでなりたつ。「もし自然ならば、閏月をおかずともおのづから合ひ行くはづなるに、閏月なくては合ひがたきを以て、自然に非る事を知べし」（眞暦不審考辨、全集八巻二四九頁）。

宣長の語る真暦の細部については、これ以上ここで立ちいっておく必要はない。さきに長く採った引用中で「凡て過にし方、又ゆく末の事を、いつとさしていふべきをば、近からむ事は、某事の有しは、幾日さき、某事のあらむは、いま幾日といひ、あるは幾十幾日まへ、その季《とき》のそのころ、某事の有し、今幾十幾日ありて、その季のそのころ、某事のあらむ、などぞいひけむ」、しかしながら、時を隔ててすでに久しいことがらについては、「さしもおほくの日数をかぞふべきにもあらず」とする主張に立ちかえっておこう。ここには、当然の事情をあたりまえの消息として確認するだけであるかに見えて、記紀を読む本居宣長にとって本質的なことがらが隠されているのである。上代のひとびとが習うことなく知っていた、時の流れ、あるいは時の滞り、その流れと止まりによって分節化される、いいいわば生きられた時の経験、生のなかに編みこまれ、刻みこまれた時間意識こそが、遙かいにしえの時のかたちであったはずである、とする理解がそれである。この件をめぐって、なおすこしだけ立ちとどまってみる。小林秀雄もそう語っていたとおり、たしかに「「眞暦」を尋ねる宣長の考へ方には、空想的なところは少しもない」（『本居宣長 補記』四五頁）。さらにくわえて、小林が「宣長の仕事に、ともすれば纏ひつきたがる尚古といふ言葉など、頭から無視するがよい。尚古思想といふやうな曖昧な俗論は、彼の冴えた頭脳にはもともと不向きなものであつた事を、はつきり知るがよい。彼は、現在の己れの心のうちに甦り、己れの所有と化した過去しか、決して語つた事はない」（同、五〇頁）と主張するのも、おそらくは正当である。けれども宣長の思考がおよび、その想像力が達するところは上代を超え神代、神代を越えて神世のはじまりのさまであったことも、ことがらの裏面なのである。

古事記・神代一之巻のはじまり、「天地初発之時、於高天原成神名」まではすでに引いて、「神」をめぐる『古事記傳』の註釈もつとに引用しておいた（本書、六四四頁以下）。その直後につづく部分はこうである。「天之御中主神《あめのみなかぬしのかみ》、次高御産巣日神《つぎにたかみむすびのかみ》、次神産巣日神《つぎにかみむすびのかみ》。此三柱神者《このみばしらのかみは》、並独神成坐而《みなひとりがみなりまして》、隠身也《みみをかくしたまひき》」。天地のはじめに高天原にあらわれた神の名として三体の神々の名称が挙げられ、それらはみな（対偶神ではなく）単独神で、身を隠していた、としるされる。『傳』はまず「成」の語に注目し、成を「那理麻世流《なりませる》」と訓み、註してしるしていた。「那流《なる》と云言《フ》に三《ツ》の別《わき》あり。一《ツ》には、無《なか》りし物の生《な》り出るを云《フ》。【人の産生《うまるる》を云も是なり。】神の成坐《なります》と云は其意なり。二《ツ》には、此物《ノ》のかはりて彼物《ノ》に変化《なる》を云《フ》。豊玉比売命《ノ》産《みこうみ》坐《ス》時化《ニなり》二八尋和邇《やひろわにニ》一たまひし類なり。三《ツ》には、作事《なすこと》の成終《なりをは》るを云《フ》。国難成《くになりがたけむ》とある、成《なる》の類なり。【此三《ノツ》の差《けぢめ》によりて、漢字《からもじ》は生成変化などと異《かはり》あれども、皇国の古書には、訓の同じきをば通《ハシ》用ひて、字にはさしもかゝはらざること多し。此《ここ》の成《なります》も、成字《ノ》の意とはいさゝか異《こと》にして、書紀に所生《なりませる》神とある字の意なり。〇草木の実の那流《なる》、又産業《なりはひ》を萬葉歌《ノ》などに那流と云る、これらは上件《ノ》の三《ツ》とは、本より別《こと》なる言か、はた三《ツ》の中より出たる言か、未《ダ》考へず。】」（伝三、全集九巻一二四頁以下）。宣長の考の行きとどいた面をしめす一節であるが、ここでは立ちいらない。当面の問題は、一字であらわされる小辞としては「成」についで問題とされることば、「次」にある。

○次《つぎニ》。都藝《つぎ》は、都具《つぐ》といふ用語の、体語になれるなり。【凡て言に体用の別あり。体とは動かぬをいふ。用とは活《はたら》くを云《フ》。其体語《ノ》に、本より体なると、用の体になれるとあり。いと上代《ツ》には、用語多くて、体語すくなかりしを、世々に人の言語の多くなりもてゆくまゝに、用語の分れて、体語にもなれるがいと多きなり。】都具は都豆久《つづく》とも同言なれば、都藝も都豆伎《つづき》と云に同じ。さて其《それ》に縦横《たてよこ》の別《わき》あり。縦は、仮令《たとへ》ば父の後《のち》を子の嗣《つぐ》たぐひなり。横は、兄《せ》の次に弟《おと》の生るゝ類《ヒ》なり。記中に次《つぎニ》とあるは、皆此《ノ》横の意なり。されば今此《ここ》なるを始めて、下に次《ニ》妹伊邪那美神《ノ》とある次《つぎニ》まで、皆同時にして、指続き次第《つぎつぎ》に成坐《リ》ること、兄弟の次序《ついで》の如し。【父子の次第《ついで》の如く、前《さきノ》神の御世過て、次に後《ノ》神とつゞくには非ず。おもひまがふること勿れ。】(同、一二八頁)。

言語には用言と体言があり、体言のうちにはもとからの体言と、用言が転じて体言となったものがある。上代では「用語多くて、体語すくなかりし」とする観察からは、宣長の言語観、いわば動詞中心の言語論も暗示されて興味ぶかいけれども、問題は「次」に「縦横の別」にもとづく二義を区別して、「縦は、仮令ば父の後を子の嗣たぐひ」であるとし、「横は、兄の次に弟の生るゝ類《ヒ》なり」としたのち、「記中に次《ニ》とあるは、皆此《ノ》横の意なり」とする主張、天之御中主から伊邪那美にいたるまでの神々は「皆同時にして、指続き次第に」生成したとする認識である。

次田潤は、この「次に」をやはり「時間的の順序でなく、物を列挙する時の次第を表はした」ものと解している（『古事記新講』二〇頁）。尾崎暢殃『古事記全講』は、この次田説をそのまま引く（同書、二五頁）。倉野憲司は『古事記傳』を引いて「十分ではない」と言い、『新講』に暗に言及して、これも批判しながら、「別天神五柱の条も、次の神世七代の条も、R.B.Dixon の所謂「系図型又は進化型」（The Genealogical or Evolutionary Type）の神話に属するもの（“Oceanic Mythology”）と認められるから、この「次に」は時間的順序によつて進化発展の形相を表はすものと見るべき」だと註している（倉野『全註釈』第二巻、二三頁）。ちなみにこの箇所は、丸山眞男が「基底範疇のB――つぎ」を問題とするさいにとり上げ、立論の典拠ともしたテクストであって、丸山は諸家の解を参照し、採りいれながら、問題の文言から「「なる」が「なりゆく」として固有の歴史範疇に発展するように、「つぎ」は「つぎつぎ」として固有の歴史範疇を形成する。そうして「なる」と「つぎ」との歴史範疇への発展とともに、両者の間に生まれる親和性をなによりも象徴的に表現するのが、血統の連続的な増殖過程にほかならない」とする解釈を提示していた（『忠誠と反逆』三一四頁）。

いずれにしても、この「次」のうちに、立ちどまって考えておくべきなにごとかがふくまれていることは動かしがたいところであり、「都藝《つぎ》」「都具《つぐ》」の両義を差異化して、ふつうに考えられる縦軸の時間的秩序のほかに、横並びの「同時」の関係を、それ自体は時間的でもありうるにせよ――同時性とはそれじしん空間の様態であるとともに時間性の形式である――継起と継承とは区別される時間的な観念をとり出したことは、やはり本居の慧眼であったと言ってよいだろう。宣長は「次に」という語りかたのうちに、人代から神代がさかのぼられ、神話的時間が語りだされて、その涯てに神々の生成の物語が紡ぎだされる、特有な時間意識を看てとっていたのであると思われる。およそ神代を神代としてとらえることは、「神話が歴史と無関係だというのではない。それどころか、神話がいかに独自に歴史的であるかを明らめるためにこそこの区別は必要なのである」と主張する西郷信綱の論が（『古事記研究』八二頁以下）、ここで参看にあたいする。

西郷は、古事記中でただなまえのみが羅列されて、物語的な興味にうすい部分を註したあとで、おおよそつぎのようにしるしていた。個体の生の幅を超える時間は、かつて歴史によってではなく系譜によって表現された。古事記に散見される、一見したところ「石を並べただけのように見える」系譜のうちには、だから「深甚の意味がふくまれている」のだ。たとえばいわゆる国譲りの物語にかかわって、つぎつぎと割注内で由来があかされる地方の士豪たちは「天孫に国譲りする大国主という神格に収斂さるべき歴史的諸力であり、それらを大国主へと神話的に一回化する過程」から生まれるものが、羅列的に並列される「系譜関係」なのである（『古事記注釈』第一巻、二九八頁以下）。およそ、人代に先だって神代が存在するというのは「古代における人間の生の固有の形式」であり、天皇が「現つ神」であるがゆえに神代が仮構されたとすることは、かえって近代の論理による推量にすぎない。文字と暦年とをともなわない共同体にあっては、個体の生の幅を超える時間は「世代とその系譜的なつらなり」によって数えられた。現在でもなお、たとえば私を起点として、かりに祖父の祖父を上限とすれば、それを越えた四代まえ、五代まえの時間は「記憶以前の世界」であり、つまり「神話の世界」であって、要するに「神代」にぞくする。その意味では口頭伝承の語りを問題として神代史と呼ぶことが躓きの石となるのだ。神代は「史のかなたに存する超歴史的・無時間的世界」であって、「史でないからこそ、つまりそれは神代」なのである（『注釈』第二巻、三六五頁以下）。「孫である私に私の祖父は自分の祖父についての記憶を伝えるであろう。だが、もし私の子が起点となるならば、私の祖父の祖父は記憶以前の世界、つまり神話の世界に消え」てゆく（『古事記研究』一〇一頁）。ことは、口頭伝承における王権伝承の深度を測る、川田順造等の所論とも接続してゆくことだろう（後論参照）。

西郷もみとめているとおり、この点で記紀の両書のあいだには決定的な差異がはらまれている。日本書紀では神武紀以後が編年体でしるされる。そのような話法をえらんだ書紀にとっては、神代はもはや第一義的な価値をもつものではない。さきに引いた箇所について、たとえば「一書に曰く、天地混《あめつちまろか》れ成る時に、始めて神人《かみ》有《ま》す」とも異伝を記載するのは、神代を「歴史的時間のなかですでに対象化しているしるし」と見るべきところかもしれない。書紀がとりわけ語りだそうとするのは神武以降の歴史であって、神話ではなく、その姿勢はむしろ、神世の記述をあらかじめ削除する、慈円の著した愚管抄や水戸藩の大日本史の先蹤なのである（『注釈』第二巻、三六七頁）。あるいは林羅山ならびにその嗣子、鵞峰によって編纂された『本朝通鑑』を、これにくわえてもよいだろう。

宣長が敏感に感じとったのは、この差異であった。『眞暦考』の掉尾を引用しておく。

> 然るを書紀には、神武の御巻に、是年也太歳甲寅、冬十月丁巳朔辛酉云々、辛酉年、春正月庚辰朔、天皇即二帝位於ニ橿ノ原宮ニ一、などあるをはじめて、すべて上つ代の事にも、皆年月をしるし、又甲子にうつして、日次《ひなみ》までをしるされたるは、いとも〱心得がたし。そも〱これみな、後の世よりさかさまに推《かぞ》へて、長暦といふものをもて定めたりと、世の人はこともなげに思ふめれど、まづ御代〱の年の数も、伝へ〱のかはり有て、さだかならねば、某年《そのとし》といへるすらうたがはし。されど年は、しばらく一つの伝へにつきても、定めつべし。次に某月《そのつき》といへる事、上つ代には、月次《つきなみ》も月の名もなかりしかば、いかゞなれども、もとはたとへば、春のはじめといひつたへしを、月次出来《いでき》て後に、正月《むつき》とはいひ伝へたりとせば、これもさもあらむを、某日《そのひ》と日をしるしもさゝれたるぞ、いかにとも解《とく》べきよしなかりける。日

次とさだまりなかりけむ世の事を、某日といひ伝ふべき由あらめやは。（中略）書紀をよまむ人は、かならずこのこゝろをえて。（全集八巻二一八頁以下）

川邉信一は国学者の説く真暦に、「皇国ニモ、神代ハシラズ人皇ノ御代トナリテハ、イヅレ暦法ヲ用ヒラレシハシラネドモ、其時ニ応ジタル年ノ始ノ正月モ、日次ノ始ノ朔モアリシ事ハタシカナリ」と疑義を挾み、なによりも書紀の記述を見るがよい、また「年モナケレバ月モナク、祖父ノ年忌モ父母ノ忌日モ何ニヨツテカ弔ハム」とも難じている。疑問の後者について『眞暦考』自体にすでに答えがあるしだいを、さきに見ておいた。前者に対する本居の回答中に「近き世に年々参る阿蘭陀と云国などの暦法は、唐国の暦法とは大に異なる物なれども」とあって、太陽暦に対する宣長の関心が見られることも興味ぶかいところであるけれども、ここでは措く。国学者の応答は以下のとおりであった。「上代歴日あるべきやうなく、暦なくては、月次日次を定むべきやうなきに、今論者月次日次ありし事慥なりとは、何を以て云事ぞや。たゞ書記《ママ》の文を見て云なるべし。凡て書紀は漢文のかざりの多き事、己れ別に古事記傳のはじめに委く弁ぜるが如し。然るを世の学者たゞ文面のまゝに見るが故に、かゝる心得違はあるなり」（眞暦不審考辨、全集八巻二二三頁以下）。

いまいちど確認しておこう。本居宣長の説く真暦とは、いい、いわば常民の生の経験に根ざし、その時間感覚を掬いあげるところに成立する自然の時間であり、同時にまた神々の時であった。それをたとえばマックス・ヴェーバーならば、アブラハムのように満ちたりて生の循環を終える農民や、古代の戦士たちの時間、生を意味づけるなにものもその外部に必要としない時のめぐりと呼ぶだろう。和辻哲郎なら、「種を蒔く時、収獲の時」を徴標として、ひとのあいだによって枠づけられた時のあいだ、やがて王権が分節化して歴史物語の基軸を紡ぎだす「時間が紀年となる過程」を見いだしてゆくはずである（拙著『和辻哲郎』一八八〜一九一頁参照）。始原の自然のめぐりであり、神々の時節である時間は、循環と流れと刻みとをあわせてふくみもっている。始原の時間、いわゆる真暦は、かくて神代の「超歴史的・無時間的世界」をつつむ時であるとともに、上代を流れるゆるやかな時間を測るものとなる。それればかりではない。時はかくてまた、神代と人代とをつつみ込んで、神事と人事とを連続させ、循環させて、神代を回帰させ、人代に反覆させるのだ。すでにみじかく言いおよんでおいた（本書、六六八頁）、『古事記傳』の一節をあらためて引いておく。

〇人は人事《ひとのうへ》を以て神代を議《はか》るを、【世の識者、神代の妙理《たへなることわり》の御所為《みしわざ》を識ることあたはず、此を曲《まげ》て、世の凡人《ただびと》のうへの事に説なすは、みな漢意に溺れたるがゆゑなり。】我は神代を以て人事《ひとのうへ》を知れり。いでそのおもむきを委曲《つばら》に説《いは》むには、凡て世間《よのなか》のありさま、代々時々《よよときどき》に、吉善事《よごと》凶悪事《まがこと》つぎ〱に移りもてゆく理《リ》は、大きなるも小きも、【天《ノ》下に関《あづ》かる大事より、民草の身々《みみ》のうへの小事に至るまで、】悉《ことごと》に此《ノ》神代の始《メ》の趣に依るものなり。其《ノ》理《リ》の趣は、女《め》男《をノ》大神の美斗能麻具波比《みとのまぐはひ》より始まりて、嶋国諸の神たちを生坐《うみ》し、今如此《かく》三柱《ノ》貴《うづノ》御子《みこ》神に、分任《わけよさ》し賜へるまでに皆備はれり。【此《ノ》間のつぎ〱の事どもの趣を以て、世の人事《ひとのうへ》の万《づ》のことわりを知《ル》べきなり。】其《そ》はまづ美斗能麻具波比ありてより、国々神々を生坐《うみ》るまでは、皆吉事《よごと》なるを、【但し初《メ》に女男の御言挙《みことあげ》の先後《ついで》の違へりしは、凶悪《まがこと》の根ざしとやいはまし。】火《ノ》神の生《あれ》坐るに因て、【火は、世《ノ》中の大用《いみしきいさを》をなす物なることは、さらにもいはず、此神の斬られたまへる血より成《リ》坐る神たちも、大功《いみしきいさを》をなし給ふ。されば此《ノ》火《ノ》神の生《なり》ませるも、なほ吉事なり。】御母《みおや》神の神避《かむさり》坐ししは、世の凶悪事の始《メ》なり。【世《ノ》人の凶悪事に因て死ぬるは、此《ノ》理《リ》なり。凡て死ぬる所由《ゆゑ》は、病にまれ何にまれ、みな凶悪《まがこと》ぞ。さて火《ノ》神は、如此吉《かくよき》と凶《まが》とを兼たれば、此《ノ》神の

生坐《あれ》るは、吉《よごと》より凶《まがこと》に移る際《さかひ》なり。火は大用をなせども、又物を亡失《ほろぼ》すことも、是に過たるは無きも、此理なり。】
（伝七、全集九巻二九四頁）

政論に先だって古道のありようを説いた『玉くしげ』では「皇国《みくに》の古《へ》は、重厚《ちようこう》なる風儀にて、すべての事に、己《おの》がさかしらを用ひず、かろ〴〵しく旧きを改むることなどはせざりしかば、古伝の説も、たゞ神代より語り伝へのまゝにて、伝はり来りしを、其古伝説のまゝに記されたる、古事記日本紀なれば」とあって、さかしらの否定が旧きを改むることの戒めとなり、いわゆる宣長の保守主義の基底をかたちづくっている。当該箇所にも「但し日本紀は、唐土《たうど》の書籍《しよじやく》の体《てい》をうらやみて、漢文を餝《かざ》られたる書」であるとの留保は附くけれども（全集八巻三二四頁）、その根拠はさらにさかのぼって、以下のようなものとなる。「大かた世中のよろづの道理、人の道は、神代の段々のおもむきに、こと〴〵く備はりて、これにもれたる事なし。さればまことの道に志あらん人は、神代の次第をよく〳〵工夫して、何事もその跡を尋ねて、物の道理をば知べきなり。その段々の趣は、皆これ神代の古伝説《こでんせつ》なるぞかし。古伝説とは、誰言出《たがいひいで》たることともなく、たゞいと上代より、語り伝へたる物にして、即古事記日本紀に記されたる所を申すなり」（同、三二〇頁）。

右に『傳』から引いた一節は、とりわけ岐美の説話、なかでも伊邪那美の黄泉ゆきにことよせ、また火の神の生誕に焦点をあわせて、「代々時々に、吉善事凶悪事つぎ〳〵に移りもてゆく理」を説く。一条は、さらにつづけて天照大神が「天石屋《あめのいはや》に刺隠《こも》らしし事」におよび、また「須佐之男命の荒び」にふれ、「人の生死《いきしに》、一日の夜昼、一年の春秋あるも、此趣にて、世中には吉善事《よごと》のみならずて、凶悪事《まがこと》も無くてはえあらぬ理」である消息を解いてゆく。当面の結論はこうである。「世人も亦其如くにて、産巣日神の御霊《みたま》によりて、凶悪《まがこと》をきらひて、吉善《よごと》をなすべき物と、生れたれば、誰《た》が教ふとなけれども、おのづからそのわきためはあるものなり。然れども又其《ノ》なすわざ、必吉善のみもえあらず、おのづから凶悪もまじらではえあらぬ、是《レ》はたかの大神（伊邪那岐）も、一たびは黄泉に入《リ》て、穢悪《けがれ》に触たまひ、又三柱貴《ノうづノ》御子神の中にも、なほ須佐之男《ノ》命のまじり坐す理によれるなり」。ながい註記の涯て、みじかい割注が附き、出発点であり、終着点であることがらがふたたび確認される。「凡そ世間《よのなか》古今《よよ》万《ノよろづ》事《こと》、此《ノ》理にもるゝことなし」（同、二九四〜二九六頁）。

よく知られた「人は人事を以て神代を議るを」「我は神代を以て人事を知れり」とする宣長の宣言の背後には、ひとびとの生に刻まれた経験に投錨して、そこでそれじたい永い時をかけて醸成してきた時間意識への視線があり、その諒解がある。ことがらにそくして言えば、それは第一に人間の時間であり、あるいはより正確に語りなおすならば、人間と自然とのあいだの交渉のままに育まれた時間であって、本居宣長の考えるところでは、自然と神々の時であった。生の循環は同時に自然のめぐりであり、自然が経めぐるさまは、ただちに時がめぐり来たり、めぐり去ることであったろう。繰りかえされる自然の経過であり、神々の時節でもある時間は、循環し、経めぐりながらまた流れ、ときに勢いを失ってとどこおり、また反覆する。それは始原の時間であるがゆえに神とひとの時間をつらぬき、時はかくて神代と人代とをつつみ込んで回帰し、また流れさってゆく。神の世とひとの代はかくてまた連続し、循環するのだ。

このような時の原型は、むろん人事から採られたものだろう。ひとの世のさまから、現身をたずさえた神たちが測られたことだろう。本居の世界像のなかで、とはいえ語りようが逆転し、反転して、宣長はかくて神代をもって人代におよぼし、前者によって後者が知られるはこびとなったのである。

四十

前節で引用しておいたように、『眞暦考』本文は「あらたまの年の来経ゆき、かへらひめぐらふありさま」と書きはじめられ、「和けさのきざしそめ、柳などももえはじめ、鶯などもなきそめて、くさ〴〵の物の新《あらた》まりはじめる比」が真暦を刻むはじまりであると説いていた。本居にとってはそもそも暦という漢字をこよみと訓み、はやくあらたまという語を枕詞として成熟させていた、上代の時間意識と言語意識が問題であったということである。

契沖も『萬葉代匠記』中で古事記・景行天皇の段を引き、「阿良多麻《あらたま》」を説いて「年も月もあらたまり行物なれは云といへり」としるし、とはいえ万葉に見られる字はすべて「荒玉、未玉」などであって「改の字」がひとつも見られないしだいに注意して、判断を留保していた（精撰本・惣釋枕詞下）。眞淵『冠辭考』は、未玉といった標記を「例の借字」とみなし、「生《あ》れながらの玉なれば、そを磨く砥といひて、年に冠らせつ」とするたぐいの釈をしりぞけ、あらたまのあとに年がつづく例が慣わしとなって、「あら玉といへばやがて年の事を含みてある様に転《うつ》りぬれる也」と解した。『古事記傳』は「阿良多麻能《あらたまの》は、年、又月の枕詞にて、阿多《あた》良《ら》阿多良麻《あたらま》の約《つづま》りたる言なり」と解く。万葉の歌のひとつに、つづけて「あひみれど」とあるのは、あたらとは「年月日時の、移りもて行《ゆく》を云言にて、年月は移往《うつりゆき》て環《めぐ》る物なれば、又環り来る毎に逢見るよし」なのである。宣長によれば、ちなみにまた「阿多良世《あたらよ》と云も、たゞ世と云と同じこと」、それも「世とは、年月日のうつりゆく程の間」を指すからである（伝二十八、全集十一巻二五九頁）。

真暦は、ひとと自然とのかかわりに根ざすものであった。そのかかわりとは春の種まきであり、夏の草刈であり、秋の収穫であって、地を耕し、たなつものを稔らせる者たちの日々を彩るものであったけれども、自然の時の移りゆきはいっぽうでまた、歌詠む者どもが目をひらいて、耳を澄ませることがらである。宣長自身が時間の流れとその刻みとを、詠歌とむすばれたかたちでも考えている。前節（六八一頁）で、ことがらとしてはそのおおよその消息にふれた件を、あらためて引用によっても示しておけば、「天《そら》のけしき、日の出入《いでいる》かた、月の光の清さにぶさ」を知って、あるいは「木草のうへを見て、此木の花さくは、その季《とき》のそのころ、その木の実なるは、そのときのそのほど、この草の生《おひ》出るは、いつのいつごろ、その草の枯るゝは、いつのいつほど」（眞暦考、全集八巻二〇五頁）と知るのは農夫であり、また歌人たちである。――古事記の註釈を書きすすめる宣長を、真暦の問いへと駆りたてた、いまひとつの動機があった。『古事記傳』との関連でいうなら、そのモチーフのほうこそがむしろ主要なものとされなければならないだろう。ほかでもなく、古事記本文を一字ごとに劃定し、その訓みをひとつずつ確定してゆくという動機である。

宣長が「元年は、もじのまゝにはじめのとし」と読んでよいとしても、「二年三年よりはみな、次第《ついで》をもていへる文《もじ》」であるから、二年なら「ふたとせにあたるとし、又はふたとせといひしとしなどいふぞ、上つ代のことば」であったと主張していたしだい、始原の時間意識、真暦への問いは、同時に本文の訓みへの問いであった消息にかんしても、前節でもふれたところである（六八四頁）。ここでは、数詞のはたらきと読まれようという、興味ぶかい観点からするその所説を引いておく。

年また季《とき》の日数も、始《メ》の日も、きはやかなる定まりはなかりしかども、神代よりいく万の年をか経来《へきた》りぬる、そのあひだに、かぎりなき世《ノ》中の人の中には、かしこく思ひがねのすぐれたらむも、さはに有《リ》ぬべければ、暦はなくとも、みなこまかにわきまへしるべき事も、あるまじきにあらざれども、から人のごとさくじりたる心なく、人の心も大らかになむ有《リ》ければ、世間《よのなか》にしらでありて来ぬる事を、しひて考へしらむのこゝろしなければ、たゞもとよりのまゝに、大らかにては過にしなるべし。(中略)然るを季《とき》の始《メ》月のはじめを、きはやかに定め、その日より数へて、二日にあたる日を、やがて二日《ふつか》といひ、三日にあたる日を三日《みか》といひて、つぎ〳〵に皆かく、某日《そのひ》某日と定めいふことは、はるかに後に、暦を用る世になりての事なり。但し其後も中昔までは、たゞ二日三日《ふつかみか》などとのみはいはで、二日《ふつか》の日《ひ》三日《みか》の日《ひ》などといへりと思はれて、仮名書《かなぶみ》にはおほく然書《しかかけ》り。これは古言《ふること》の心ばへにてよろしきは、暦を用ひ始められし時に、定められしことなるべし。其故は、すべて上《ツ》代には、一二三《ひとふたみ》より千万《ちぢよろづ》といふまで、たゞ物の数を計ふる名にこそ有けれ、次第をいふ名にはあらざりき。物の次第《ついで》を一云々二云々《ひとしかしかふたしかしか》などいふは、からぶみまゐりきて、読なれ聞なれて後の事なり。から国にて一二三などいふは、数をかぞふるにも、次第をいふにも、兼用《かねもちふ》る字《もじ》なる故に、こゝにもおのづからそれがうつりてこそ、次第をいふにも用《フ》るならひにはなりぬれ、本より然《しか》にはあらず。古《へ》の言《こと》に、物のついでを、一二三《ひとふたみ》などいへる例さらになし。(中略)然るを後の世にいたりては、たゞ二日三日《ふつかみか》などとのみいひて、古《へ》のまゝにいふをば、かへりて言重《ことかさ》なれるごと思ふは、もはら古《へ》の意《こころ》をうしなへる故なり。(眞暦考、全集八巻二〇六〜二〇八頁)

二日のかわりに二日にあたる日と言い、つまり「二日《ふつか》の日《ひ》三日《みか》の日《ひ》」などと口にするのは冗語であるかに見える。とはいえそのかみ、「一二三より千万といふまで、たゞ物の数を計ふる名にこそ有けれ、次第をいふ名」ではなかったのだ。つまり数詞は基数であり、そのまま序数とはならなかったということである。なにより「古《へ》の言に、物のついでを、一二三などいへる例」が存在しないことがそのあかしである。であるならば、訓みもまたそのとおりでなければならない。いにしえのことばには、過ぎ去っていまはない、とはいえ確実にかつて存在したことのとらえよう、すなわちことところとが綯いまぜとなったありかたが映しだされているからだ。ことばのうちにはことのとらえられかたが写しだされ、ことのとらえかたのなかに、ものと交わるこころのありかが存在する。だからこそ意と事と言は分かちがたいのである。

あらためて確認しておくならば、宣長にとって「凡て言語は、其世々のふり〳〵有て、人のしわざ心ばへと、相協《あひかな》へる物」であった。そうであるというのに「書紀の人の言語は、上代《ツ》のありさま、人の事態《しわざ》心ばへに、かなはざることの多かるは、漢文のかざりの過たる故」なのである（伝一、全集九巻一一頁）。そもそもが日本書紀という題号から窺えるのは「辺つらへる」心根であり、「辺ばみたる」響きであるとすれば（本書、六六二頁）、記が「古事記と号《なづ》けられたる所以《ゆゑ》は、古《へ》の事をしるせる記《ふみ》といふこと」であって、「此《ノ》題号は、かの書紀のごと、国号を標《あげ》ず、押出してたゞ古事と云る、うけばりていと貴」いものである（全集九巻一五頁以下）。その名もまたただ「布琉許登夫美《ふることぶみ》とぞ訓まし」。――『古事記傳』の世界を主題とする議論のはこびのなかですこしく長きにわたったいわば補論、とはいえ『傳』をつづる宣長の心性をたしかめるためには必要であったよこみちを閉じて、ここで話頭をおおもとに戻しておくことにする。

もとより古事記は、その「すべての文、漢文の格《さま》に書れ」ている。いうまでもなく「上《ツ》代の古事《ふること》ども何も、直《ただ》に人の口に言《ヒ》伝え、耳に聴伝はり来ぬるを、やゝ後に、外国《とつくに》より書籍《ふみ》と云《フ》物渡参来て」、かくしてひとびとははじめて文字言語を知ったのだ。この列島には、がんらい固有の文字がなく、すべては言伝によってつたえられ、物語られ、また記録されたのであるから、伝承を書きとめようとした記のこころみそのものも漢字を借りてくわだてられるほかはなく、かくしてまた「其《ノ》文字を用ひ、その書籍の語《ことば》を借て、此間《ここ》の事をも書記すことに」なったのである。いまことの細部を措いていうならば、こうして生まれたのが「借字」であり、またかなであって、とりわけ古事記にあって問題となる借字または「仮字とは加理那《かりな》」である。すなわち「其字の義《こころ》をばとらずて、たゞ音のみを仮《かり》て、櫻を佐久羅《さくら》、雪を由伎《ゆき》と書たぐひ」がそれにあたるわけである（一七頁以下）。

『傳』の挙げる仮字については、「外篇」でごく一端のみを見ておいた（本書、一九〇頁）。古事記で使用される漢字の一部は仮字であり、しょせん借字であるとする認識から、宣長が「云《ヒ》もてゆけば、仮字《かな》と同じことなるを、後《ノ》世になりては、たゞ文字にのみ心をつくる故に、これをいふかしむめれど、古《ヘ》は言を主《むね》として、字にはさしも拘《かかは》らざりしかば、いかさまにも借《リ》てかけるなり」（伝一、全集九巻二〇頁）と看て、「殊に字には拘はるまじく、たゞ其意を得て、其事のさまに随ひて、かなふべき古言を思ひ求めて訓べし」（同、三六頁）と教えていたしだいをめぐっては、これもやはり「外篇」でつとに、神野志隆光を典型とする現代の研究者による批判をもとり上げておいたところである（本書、三七九頁以下）。――ここでは「凡て古書は、語を厳重《おごそか》にすべき中にも、此記は殊に然あるべき所由《ゆゑ》あれば、主《むね》と古語を委曲《つばらか》に考《へ》て、訓を重くすべきなり」（伝一、全集九巻三一頁）とし、「一字一言《ひともじひとこと》といへども、みだりにはすまじき物ぞ」（同、三二頁）と強調するその主張を、あらためて引用をたどって考えておく。

さて然つゝしみ厳重《おもおも》くするにつきては、漢籍《からぶみ》また後世《ノ》の書をよむとは異《こと》にして、いとたやすからぬわざなり。いで其《ノ》由をいはむ。先《ヅ》凡て古記は、漢文もて書《キ》たれば、文のまゝに訓《ム》ときは、たとひ一《ツ》一《ツ》の言は古語にても、其《ノ》連接《つづき》ざま言《いひ》ざまは、なほ漢文のふりにして、皇国のにはあらず。故《レ》書紀の古き訓なども、文に拘らずて、古語のふりのまゝに附たる処おほし。（中略）此《ノ》たがひめをよく弁へて、漢《から》のふりの厠《まじ》らぬ、清らかなる古語を求めて訓べし。かにかくにこの漢の習気《ならひ》を洗ひ去《すつ》るぞ、古学《いにしへまなび》の務《つとめ》には有《リ》ける。（中略）まして其《ノ》文字は、後に当たる仮の物にしあれば、深くさだして何にかはせむ。唯いく度も古語を考へ明らめて、古《ヘ》のてぶりをよく知《ル》るこそ、学問《ものまなび》の要《むね》とは有《ル》べかりけれ。凡て人のありさま心ばへは、言語《ものいひ》のさまもて、おしはからるゝ物にしあれば、上《ツ》代の万《ヅ》の事も、そのかみの言語をよく明らめさとりてこそ、知《ル》べき物なりけれ。漢文の格《さま》にかける書を、其《ノ》随《まま》に訓たらむには、いかでかは古の言語を知《リ》て、其《ノ》代のありさまをも知《ル》べきぞ。（同、三二頁以下）

ここでもまた「書はその記せる言辞ぞ主には有ける」とする本居の主張を想起し、その背後にある「意と事と言とは、みな相称へる物にして、上《ツ》代は、意も事も言も上《ツ》代、後《ノ》代は、意も事も言も後代、漢国は、意も事も言も漢国」であるとする認識を想いおこしておく必要があるだろう（本書、六六〇頁以下）。右の引用のあとにはやや具体的な注意がつづく。この国と中国の意事言の差異をこころえるには、まず「古き歌どもを見て」ゆけばよい。また古書のうちでも「往々《をりをり》古語のまゝに記せる処々」もある。宣命、祝詞などがそうだ。「まづこれらを熟《うま》く読習《よみなら》ひて、古語のふりをば知《ル》べきなり」。なによりまた記紀と万葉を「熟く誦《よみ》ならふべし。殊に此記と書紀との歌は、露ばかりも漢ざまのまじらぬ、古《へ》の意言《こころことば》にして、いとも〳〵貴くありがたき物なり」。記紀中の歌は、しかしその数が多くはないので「事足《たら》はぬを、萬葉は歌数いと多くして、其中《ノ》に古言はあまねくのこれる」ものと言ってよいふしもあるから、万葉のことばにも習熟しておく必要があるのである。ただしこの「集も、訓は後世《ノ》人の所為《しわざ》なれば、誤りて、古言ならぬこといと多し。そは仮字にかける歌、また他の歌の例などをよく考へ合せて、古語を撰ぶべし」(同前、三三頁。本書、五五八頁以下参照)。

以降もしばらく細部におよぶ注意がつづき、いまそのすべてに立ちいることは割愛する。先だつ語学研究とのかかわりで注目しておくべき一点のみを、引用によって確認しておこう。本居宣長の語学説のなかでもとりわけて止目され、この「内篇」でもそのおおよそにふれておいた、テニヲハにかかわる問題である。

○凡て言は、弖爾袁波《てにをは》を以て連接《つづく》るものにして、その弖爾袁波によりて、言連接《ことつづき》のさま〴〵の意も、こまかに分るゝわざなり。かくて是《レ》を用るさま、上下相協《あひかな》ひて厳《おごそか》なる格《さだ》まりしあれば、今古記を古語に訓むにも、これをよく考へて、正しくすべきなり。【然るに漢文には助字こそあれ、弖爾袁波にあたる物はなし。助字はたゞ語を助くるのみにして、弖爾袁波の如く、こまかに意を分《カ》つまでには及ばぬものなり。故《レ》助字はなくても、文《ノ》意は聞ゆるなり。さて古記はみな漢文なれば、其を訓《ム》に、弖爾袁波は、訓者《よむひと》の心もて定むるわざなるを、近《キ》世には、をさ〳〵其《ノ》格《さだ》まりを明らかに識れる人なくして、誤ること常多し。抑漢文の意をだにも得てよめば、其《ノ》訓《よみノ》語《ことば》も、意はいとしも違《たが》はざれども、弖爾袁波のとゝのひの違へらむは、雅語《みやびごと》にはあらずかし。】その格《さだまり》どもをいはむには、種々《くさぐさ》のことありて、甚々《いといと》長ければ、たやすく此《ここ》にはつくし難し。故《レ》此は別《こと》に委曲《つばらか》にしるせる物あるなり。

(伝一、全集九巻三七頁)

さいごに言及されているのは、いうまでもなく『詞の玉緒』一巻にほかならない。漢語と雅語とが右では対比され、つづけて「仮字の清濁」また「声の上り下り」に注意されたのちに、古事記を読むうえでの漢字の訓のなかでも、ことがらからしてもっとも微妙な一論点、すなわち助字の訓みに『傳』の総論は言いおよぶ。古事記が漢字をもちいて綴られている以上は、漢文に固有とみえる辞《ことば》、助辞をどう読むかが、漢語訓みとみやびごとを明示的に差異化する場合があるのだ。宣長はいう。「いはゆる助字の類《ヒ》、記中《このふみのうちに》用ひざま種々《くさぐさ》あり。或はたゞ漢文の方の助《たすけ》に置るのみにて、古語には関《あづか》らぬもあり。或は漢文の方にはかゝはらずして、古語の方に用ひたるもあり。或は漢文のかたにて置るが、やがて古語にかなへるもあり。いづれも〳〵よのつねに漢籍にて読《ム》とは、異なることおほし」。たとえばおなじ之一字でも訓みは分かれ、読みの相違によってからぶみ読みともふること訓みとも化するのである。一例を挙げるとするならば、「能《の》」と訓じるべき「之」が「大凡《おほかた》用言《はたらきことば》に属《つき》たるは、漢文の格なれば、捨て訓べからず。吾所生《あがうめる》之《○》子《みこ》、また出向《いでむかふ》之《○》時《とき》」等といったものである。「この類を能《の》とよむは、皇国《ノ》語にあらず。後世《ノ》人《ノ》、かゝる処にも之《の》を加へて云《フ》は、漢籍読《からぶみよみ》の癖の移りたるにて、ひがこと」なのである。これに対して「体《ゐ》言《ことば》に属たるは必《ズ》読《ム》べし」。これも典型的な実例を挙げておくとすれば、「天《あめ》之《の》某《なに》国《くに》之《の》某《なに》の類《ヒ》、淡路《あはぢ》之《の》穂《ほ》之《の》狭別《さわけ》」といったものが、それに当たる。後代では、たとえば「国《くに》之《の》常立《とこたちノ》神を、クニトコタチと訛《あやま》れるたぐひ」も多いから、「此記《ノ》に依《リ》て正すべし」(三九頁)。——漢文を訓読するのではない。漢字の連なりから訓みをつくり出す。これは途方もないくわだてだったとやはり謂わなければならない。以下、総論をはなれて、『古事記傳』本論からいくつかの例を拾っておきたい。

本居が古事記の読みにさいしては「一字一言といへども、みだりにはすまじき物ぞ」と強調していることはすでに見た（本書、七〇〇頁）。訓みにかかわる一例を挙げよう。須佐之男は八股の大蛇を退治したのち、出雲にいったん居をさだめる。須佐之男は須賀にいたって、こころが「須賀須賀《すがすが》」しくなったと言い、かの地に宮づくりした。「其地作宮坐」とある坐の字をとり上げて宣長は注している。「この坐《ノ》字は、上の到《いたりまし》坐の坐とは異にして、住《すみ》居たまふと云意なれば、麻志々気流《ましましける》と訓べし」。上のマシは住む、下のマシは敬語と註するのはよいとして、さらにケルと附したのは「語の勢によれり」とあるのは評価がわかれることだろう。ただし、ケルといってケリと訓まなかったのは、そのうえに「其地」を「曾許爾那母《そこになも》」と読んだのを受けて、「結辞《むすび》」としたゆえである、と断るのはいかにも宣長らしい（伝九、全集九巻四〇八頁）。ことは物語の読みにもかかわり、また『傳』のいわば神学、東より子がそう語る意味での宣長神学（本書、三八五頁以下）とも関係する。書紀に「遂《つひにいで》就《マシヌ》二於根国《ノニ》一矣」とあるいっぽう、記にはこの記載が欠落しているけれども、天照の弟神がのちに「根之堅洲国」に赴いたのはあとの記述からあきらかである。「現御身《うつしおみ》の、永く此《ノ》地に住給ふべきならねば、坐《まします》とは、たゞ御霊《みたま》の留《とどまり》て、熊野《くまぬノ》神《ノ》宮に鎮坐《しづまります》ことを、後《のち》より云る語なるべし」（同前、四〇八頁以下）。

もうひとつの例として、仲哀天皇にかかわる記事を見てみよう。その妃はいくたびかすでに言いおよんだ神功皇后で、名は息長帯日売《おきながたらしひめ》の命、この女性が「当時《そのかみ》神帰《より》たまへりき」とある一節を『傳』が重視している経緯も、いわゆる魏志倭人伝の記事との関係でつとに論じておいた（本書、六一一頁以下）。天皇が琴を弾いているおりしも、皇后が神がかりとなって、征韓を口にしたが、天皇は信じず、それでも建内宿禰に促されて、もういちど琴を手にする。そのさいの宿禰の発言が「猶阿蘇婆勢其大御琴」としるされる。瀆神により神の怒りを買って仲哀帝はやがて死んでしまい、皇后がかわって船団を指揮して海を渡るわけであるけれども、くだんの説話のみちゆきはともあれ、問題は「なほ其の大御琴あそばせ」というせりふ、とりわけまた「大御琴」という一語の読みである。——宣長の註釈を引く。「大御琴《おほみこと》、上にも次にもみな御琴《みこと》とあるを、此《これ》のみ大御とあるは、白《まを》す語《ことば》なればなり」。宿禰の発言をそのまま引く文であって、地の文ではないからこそ、敬語が重畳しているのである。本居は割注をも附けくわえている。「これらを見ても、此《ノ》記の古語を失はざること知られて、いと貴し。又地《ノ》詞と、人に対ひて云《フ》詞との差別《けぢめ》をも弁ふべし」（伝三十、全集十一巻三五二頁）。ついでに引用しておけば「阿蘇婆勢《あそばせ》は、弾賜《ひきたま》へと云むが如し」。中古の物語にもよく見られるところである。ちなみに「抑阿蘇夫《あそぶ》と云言の本は、今俗《いまのよ》にも云と同《ジ》意なれば、何事《なにわざ》にも云中に、歌舞管絃《うたひまひことひきふえふく》は遊の至極《きはみ》なる故に、殊に其名を負《おへ》るなり」（同、三五二頁以下）。

おなじ神功皇后の逸話から、もうひとつ引く。皇后が倭に帰還しようとしたさい（「是《ここ》に息長帯日売の命、倭に還り上ります時に」）、謀反が起ころうとしていた。「因疑人心」と、古事記本文にある。この四字に訓みを附け、註をそえて、本居宣長は書いている。「因疑人心は、人能心宇多賀波志伎爾余理弖《ひとのこころうたがはしきによりて》と訓べし」。本居が引くところによれば、眞淵の訓みは「人ノ心ヲウタガヒオモホセバ」である。宣長は「其もあしくはあらねど」と、いったんは譲ったあとで、こうしるしていた。「宇多賀布《うたがふ》と云《へ》ば、疑ふまじきをも疑ふ」という意でありうる。これに対して「宇多賀波志《うたがはし》と云は実に疑ふべき由のあるさま」を指す。ことはまさに一字一言の別にかかわる。物語の文脈からするなら、謀反をくわだてていた「香坂《かごさかノ》王忍熊《おしくまノ》王の不服《まつろは》ざるべきさま、又諸人《もろびと》の其《それ》に服《したが》はむことなど測りがたく疑はしきに因てなり」（伝三十一、全集十一巻四〇二頁）。賀茂眞淵の言語感覚も鋭敏ではあった。本居宣長には精確な語彙理解と、尖鋭な文法観念が存在するのである。

「一字一言といへども、みだりにはすまじき物」であるとはいえ、『古事記傳』が、古事記本文にある漢字ひともじを、あえて読まない例もある。さきに見た「語の勢によれり」の類例となり、本居の訓みの恣意性が問われる事例ともなるけれども、やはりふれておく。

仁徳天皇は名を大雀のみことと云い、弟の宇遅能和紀郎子と皇位を譲りあったすえに、郎子の不意の死によってようやく即位した（本書、六六二頁）。たがいに帝位を固辞して、あいてに譲るさまが「兄辞令貢於弟、弟辞令貢於兄」と古事記本文に記載されている。二文を宣長は「兄みこ《（皇子）》は辞《いな》みて弟みこに貢《たてまつ》らしめたまひ、弟みこはまた兄みこに貢らしめて」と読む。後文の訓みが「弟辞令貢於兄《おとみこはまたあにみこにたてまつらしめて》」となり、前文にもある「辞」をあえて読まず、そのかわりに「又」の一字を補っているわけである。理由を挙げる一節を引く。

〇弟辞の辞は、読《マ》ずて、此《ここ》に又と云言を読添《フ》べし。【其故は、此《ここ》の語は、必《ズ》兄《あにみこ》者《は》云々、弟《おとみこ》者《は》云々と、者《は》てふ辞《ことば》あるべき勢《ヒ》なり。然るに、兄は辞《いなみ》て云々、弟は辞て云々、と読ては、下の辞《いなみ》と云言、者《は》てふ辞《ことば》に叶はず、語とゝのはぬさまなり。若《シ》二方共に辞《いなみ》といはば、必《ズ》弟《おとみこ》もと云べき語なり。然れども弟もと云ては、凡ての語のとゝのひわろし。必《ズ》兄は弟はとあるべきなり。故《レ》此《ノ》辞は読《ム》まじとは云なり。辞《いなみ》てふ言は、上の一方に云ば、下へ《へ》も応《ひび》くこと也。文字はたゞ意を以て、二方共に、辞と書るにこそあれ。訓は必《ズ》此方《ここ》の語のさまに依るべきなり。】

（伝三十三、全集十一巻五四三頁以下）

宣長がみずから信じて断言する、その根拠はなんだろうか。語勢と言っても、あるいは説得力を欠くことだろう。ひとことで謂うなら『傳』の訓読は総じて、古事記本文がたんに訓まれ、読まれるばかりではなく、誦まれていたはずだとする確信に拠を置くものであったからである。ことは、したがって、漢語の訓みにも典型的にあらわれてくることになる。

惣じて古事記は「彼阿禮《ノ》が口に誦習《よみなら》へるを録《しる》したる物」と宣長は考えるから、「なべての地を、阿禮が語と定めて、その代のこゝろばへをもて訓べきなり」（伝一、全集第九巻三五頁）と主張する。漢語についてならば、かくてまた語順すら反転される場合がある。大雀の命《みこと》、つまり仁徳帝にまつわる挿話から、ふたたび例を採ろう。応神天皇の皇子は男王が二十六人、女王が十五人あったが、さしあたりの登場人物は、大山守の命、それに大雀の命、さきに出た宇遅能和紀郎子である。あるとき帝は、大山守の命と大雀の命を呼んで、「兄と弟がいたとして、父親としてどちらが可愛いと感じるものと思うか」と問うた。大山守は兄と応え、和紀郎子への父帝の思いを知る大雀は、弟のほうが「未成人《いまだわかければ》」愛おしいものと思います、と答える。天皇は後者に同意し、大山守は海部山部の首領となり、大雀の命は執政となって、弟の紀郎子を帝位に即け、これを支えよ、と命じた。やがて大山守命の乱が起こり、のちに二皇子が皇位を譲りあうにいたる、そもそもの原因がこれである。——本居の註によれば、大山守の応え「愛《はしキ》二兄子《あになるこゾ》一」は「あるべき理《リ》のまゝに申《シ》給へる」ものである（伝三十二、全集十一巻四五二頁）。おなじく註解には、大雀の答え「弟者未成人」の「者《は》」の下には「曾《ぞ》と云辞《てにをは》を添《へ》て、波曾《はぞ》と読《ム》べし」とある。宣長によると「此《ここ》は必曾《ズぞ》と云辞あるべき処」である。なぜなら「兄子《あになるこ》と弟子《おとなるこ》との中に、弟子曾愛《ぞはし》き、と云意」となるからだ（同、四五三頁）。問題としたいのは、そのあとである。大山守への命は「為山海之政治」というものであり、これを『傳』は「山海のまつりごとをまをしたまへ」と読む。山海は「宇美夜麻《うみやま》」と訓じなければならない。「そを反《かへ》さまに山海と書るは、漢文の格なり。此《ノ》類日月《つきひ》、昼夜《よるひる》、男女《めを》、山野《ぬやま》など、此方《ここ》と漢国と云《ヒ》ざま異《かは》れること多し」（四五四頁）。

強調しておいたとおり、右にあげた箇所で本居は、為を「麻袁志多麻閇《まをしたまへ》」と読んでいる。ここでは大雀命に対して「白賜《まをしたまへ》とあると同意《ジ》」なのであって、「字のまゝに訓ては、古言に叶は」ないものと見ているわけである。古事記では「同《ジ》事を二《ツ》三《ツ》記すに、一《ツ》をば古言のまゝに、一《ツ》をば漢文ざまに書て、互に相照して訓べく書《キ》たる例多し。此《ノ》事初《ノ》巻に云り」と宣長は言う(同頁)。じっさい『古事記傳』の総論中では「一《ツ》は仮字、一《ツ》は漢文に書る」例として「立《たたシ》二天浮橋《あめのうきはしニ》一とも書き、於《に》二天浮橋《あめのうきはし》一多々志《たたし》ともかける」事例が数えられている。そのような場合には「仮字の方にならひて訓」まれなければならず、だからたとえばまた「不伏人」とあっても「麻都漏波奴人《まつろはぬひと》」と読まなければならない(伝一、全集九巻三六頁)。

「為」は漢文でありふれた字であり、右の例ではいわば代動詞としてはたらいているが、おなじ語が小辞ともなって、そのばあい漢文訓読では一般に「為《ため》二」と読まれる。それをも『古事記傳』は見とがめることがある。大国主命は、血の繋がらない多くの兄たちの迫害を受け、いくたびか殺され、そのつど母の機転と祈禱とによって蘇生した。さいごに母親がむすこに告げることば、「為八十神所滅」を本居は「八十神《やそがみ》に滅ぼさえなむ」と訓む。本文は根の国に行け、とつづく。宣長はここで「為に」と訓まず、たんに「に」と訓じて、その理由をかんたんに挙げていた。「為《に》二八十神一」。為《ノ》字は、たゞ爾《に》と訓べし」。割注があって、「かくの如き為《ノ》字を、多米爾《ために》と訓《ム》は、漢籍訓《からぶみよみ》の誤なり」と断じられる。ちなみに後続する注には以下のようにある。「木国、名《ノ》義此字の如し。【紀伊と書《ク》は、必二字に定むべしとの御制《みのり》に因て、紀音の韻《ひびき》の伊を添たるなり。此例多し。】」(伝十、全集九巻四四二頁)。——よく知られた〝もの言わぬ皇子〟の物語中に、地名をしめして「自大坂戸」とあり、『傳』はこれを「大坂戸《おほさかど》よりは」と読んだ。「自は、余理波《よりは》と訓べし。自往者《よりゆかば》と云意なり」。割注に「余理波とのみ云ては、言足らぬ如くなれど、古言にはかくも云しなるべし」とあって、「ヨリセバ」と訓《マ》むは、漢籍《からぶみ》よみなり」と、これも断じられている（伝二十五、全集十一巻一二四頁）。小辞をめぐる類例である。物語の文脈に埋め込まれた漢字の読みをめぐって、『傳』の処理をもう一件だけ見ておこう。

本居にとっては、たとえばまた「一」という一字を読むかどうかで、漢文訓みと古言読みが分かれることになる。神武天皇が東征の途上、熊野に赴いたおり、大熊があらわれ、消える。帝も軍も病みふしたとき、「熊野之高倉下《くまぬのたかくらじ》」という者が「一、横刀」を献じ、神武の悪い眠りが覚めることになった。このばあい宣長によると「かゝる処に一ノと云は、漢文の格」であるから「一ノ字」は読んではならない。また「横刀」とあるのは「たゞ刀《たち》」であって「横ノ字に心を着《つく》べからず」とも『傳』は説く（伝十八、全集十巻三四九頁）。先にふれた「一、高樹」も同様であって（本書、五〇〇頁）、たんにタカキと訓ずるべきであり（伝三十七、全集十二巻一四〇頁）、またたとえばひとりの女性とめぐり逢った、つまり「遇一女人」とあったとしても、これもたんに「袁美那阿《をみなあ》閇理《へり》」と訓むべきところである。ちなみに「女人爾《をみなに》、と爾《に》を添て訓ム」のも「後ノ世の語」であると宣長は見る（伝三十八、全集十二巻一五八頁）。ただし、例外はある。たとえば応神段中に登場する新羅の王子「天之日矛《あめのひぼこ》」の挿話中で使われている「一、沼」「一、賤女」などにかんしては「一沼《ひとつノぬま》」「阿流志豆能売《あるしづのめ》」と読まれる。後者の「阿流《ある》は、或の意」であって、これを「ヒトリノ」と訓むのは「皇国言のふり」ではないとも言われているのである（伝三十四、全集十二巻五頁）。——天之日矛について、書紀では垂仁紀三年に「天日槍」と名が見え、古語拾遺でもおなじ天皇にかかわる記事中に「新羅王子、海檜槍来帰」とする記述がある。播磨国風土記に「天の日槍《ひぼこ》の命《みこと》、韓国《からくに》より渡り来て」、かの地の国主たる者に宿を求めたところ、海中に泊まることを許され、「剱もて海水を攪きて」寝所としたのを見、「主《あるじ》の神すなわち客《まれびと》の神の盛行《わざ》を畏《かしこ》み」たとする逸話が伝えられているけれども、記中、挿話に帰せられる位置も不分明で、謎がおおい。

先に引いておいたように、本居宣長の主張にしたがえば、古事記を読むにさいしては「然つゝしみ厳重くする」必要があって、これはそもそも「漢籍また後《ノ》世の書をよむとは異にして、いとたやすからぬわざ」である。記はもとより「漢文もて書《キ》たれば」、訓みのまえにがんらい漢字を連ねた文字列が立ちはだかっているからだ。その「文のまゝに訓《ム》ときは、たとひ一《ツ》一《ツ》の言は古語にても、其《ノ》連接ざま言ざまは、なほ漢文のふりにして、皇国のにはあらず」。『傳』が、具体的にどのような読みようが漢文のふりであると見ていたかは、いまいくつかの事例にそくして見てきたとおりである。本居にとって求められるべきは「古語のふり」なのであり、そのためには漢語とこの国の古語との「たがひめをよく弁へ」なければならない。漢籍読みを排除して――それはしかし、ほんとうに可能であったのだろうか――、目ざされるものは、ひとことで言って、宣長にとって「漢のふりの厠らぬ、清らかなる古語」であったともいうことになる。なににつけてであれ、「漢の習気を洗ひ去るぞ、古学の務」であるからだ（引用については、本書七〇〇頁参照）。

清らかなる古語なるものがいわばア・プリオリに存在したとするのは、いうまでもなくそれじたい一箇の迷妄である。笹月清美が、本居には、古言《いにしへごと》、雅言《みやびごと》、俗言《さとびごと》、漢籍言《からぶみごと》の四つのカテゴリーによって「言語を認識する方法」があると見ていたことをめぐっては、すでに「外篇」でふれておいた。東より子がこの「発見」を追認しているしだいについても、確認しておいたとおりである（本書、二二一頁）。漢語訓みと古言読みとのかかわりにかんしては、右で宣長のいわば苦闘の痕をたどっておいた。語彙のレベルでもことは錯綜して、一件が一意的に定めがたいのは、この国の言語のなりたち自体にまつわるいわば自然の数である。ちなみに、宣長の解が漢籍とこの国の古典籍とのあいだで往来する一例を挙げておく。

袁許《をこ》は、中古《なかむかし》の書どもに、袁許なりとも、袁許がましとも、袁許の者とも云る、是なり。袁加志《をかし》と云と同言にて、意も同じ。【袁加志伎《をかしき》は、即袁許志伎《をこしき》なり。】此《ここ》は今世《ノ》の俗言《さとびごと》に、あはうらしと云意なり。又三代實錄卅八に、右近衛内蔵富継《ノ》、長尾末継《ノ》、伎善《ス》二散楽《ヲ》一、令《ム》二人《ヲシテ》大咲《ニハ》一、所謂《ル》鳴呼人《をこびと》近《シ》レ之《ニ》矣。（割注略）此は可笑《おかし》き伎《わざ》をする者を云るなり。【漢籍《からぶみ》にも、後漢書に、烏滸《ノ》蛮と云国ありて、烏滸人ともあり。文選呉《ノ》都賦《ノ》などにも見えたり。（中略）かゝれば、袁許と云言は、もと漢籍より出たるかと思ふ人もあるべけれど、然には非ず。既に此天皇《ノ》の大御歌にあれば、元《もと》よりの古言なり。然るを後に、漢籍にも鳴呼、烏滸と云ことのあるに因て、かの三代實錄の文などは、混《まが》ひつる物とこそ聞ゆれ。古言の袁許は、かの鳴呼、烏滸などとは、本より異こと《（言）》なり。中昔に、をこなり、をこがまし、をこの者など云るも、古言の袁許なれば、鳴呼字《ノ》などを当《あつ》るは非なり。又書紀に于古《うこ》とあるを、尾籠《をこ》也と釈に云るは、借字《リ》に如此《かくキ》書ならへるなるべし。さてこそ後世《ノ》に、其字音《ノ》に、びろうと云言も出来つらめ。されど、此字《ノ》に依て意を云る説は非なり。又契沖が、于古《うこ》を集にしてか、此紀《ノ》に、集をうこなはると訓り。吾思ひの弥集《いやあつま》りに集りたる由か、など注せるも、いみしきひがことなり。】（伝三十二、全集十一巻四八七頁）

「袁許」の出所は応神天皇段中、大雀命と髪長日売《かみながひめ》との挿話にかかわる文脈にある。応神天皇は日向の髪長姫が「顔容麗《かほよし》」と聞いて、これを召そうとする。太子の大雀が難波に着いた姫を見そめて、建内宿禰を介して父帝に下賜を願いでて、聞きとどけられた、という挿話である。天皇の歌に、「和賀許許呂志《わがこころし》叙 伊夜袁許《いやをこ》邇斯弖《にして》 伊麻叙久夜斯岐《いまぞくやしき》」（□は衍？を示す）とある。蓮田善明の名訳によって意をしめすならば、「知らないでいた愚かさよ ひそかに隠れておとめ子を 恋《おも》う皇子《こども》もいたものを」ということである（『現代語訳 古事記』一七〇頁）。

古言、雅言、俗言、漢籍言が交叉する類例に、たとえば動詞「名」がある。『傳』によれば「名二云々一《ト》と ある名《ノ》字を、ナヅクと訓《ム》も、名を着《つく》と云こと」である。これは物語書でも「今《ノ》世の言」でもかわりがない。「命レ名《ヲ》などあるをも、ナヲナヅクと訓《ム》たぐひ」はひどく「煩はし」く、「漢文を訓《マ》むには、かゝる類はいかさまに訓てもあるべけれど」、古事記の読みとしては適当ではない。「世《ノ》人たゞ那豆久《なづく》と云をのみ雅言《みやびごと》と思ひて、名《な》を着《つく》、名に着など云をば、俗言《さとびごと》のごと心得」ているのだろう（伝三十、全集十一巻三四一頁）。

いずれにしても、古言《ふること》を手さぐりし、古語の訓みを確定するのは、事実の問題としても原理的な課題としてもひどく困難であって、これまで三節にわたり、「書はその記せる言辞ぞ主には有ける」（本書、六六一頁）という宣言を手引きに『古事記傳』のあれこれをまさぐってきたことになる。最後に、いくどか言いおよんだ神功皇后の説話にかかわる一語の読みについて、本居のくふうを垣間みておきたい。語は皇后のいわゆる神がかり、、、、をめぐっている。「当時帰神」とある本文に附された註解である。

○帰神は、迦微余理賜閇理伎《かみよりたまへりき》と訓べし。【帰《ノ》字は、記中に、余理《より》と云に多く用ひたり。又萬葉に、神依板《かみよりいた》と云あれば、余流《よる》と云こと古言なり。】又余理は、加々理《かかり》とも訓べし。大后に、神の託着《よりかかり》坐るなり。（中略）さて下にも大后帰神《おほぎさきかむがかりして》とあるを、此処にもかく同じことの有《リ》て、重れるは、此《ここ》なるは徒《いたづら》なる如く聞ゆめれど、然らず。此《ノ》大后に神の託《より》て坐々《ましませ》る事は、下文に大后帰 神《かむがかりして》云々とある時のみには局《かぎ》らず、大凡《おほかた》其《ノ》前後《ころほひ》の常の事なりし故に、此《ここ》は其《ノ》前後《ころ》の平常《つね》を先《ツ》言《ヒ》おくなり。当時《そのかみ》と云るも、此《ノ》故ぞかし。【若《シ》然らざれば、当時と云ること徒なり。又此《ここ》に此《ノ》事を先《ツ》言《ヒ》おかざれば、下文の神帰《かむがかり》、たゞ其《ノ》時にのみ帰《かか》り給へる如く聞ゆるなり。抑書紀に見えたる、海中より如意珠《しほみつたましほひるたま》を得給ひしなども、直《ただ》なる事に非ず。其《ノ》ほどよりして、神の託坐《よりいまし》し故にぞありけむ。】(伝三十、全集十一巻三四四頁)。

神功皇后の神がかりにかんしてはすでにふれた(本書、七〇三頁)。「当時」とかかわって倉野は、ここは「先づ初めに事のあらましを述べた」と解して(『全註釈』第六巻、二五九頁)、西郷は「筑紫に出向いた折」と釈いている(『注釈』第三巻、三九五頁)。「如意珠」をめぐる宣長の疑問についても、まえに見たところである(本書、六七二頁)。「帰神」という二字は、本文のこの箇所とその直後とに見られて、宣長はここは「其《ノ》前後《ころ》の平常《つね》」について語り、のちに神託の事件そのものについて語りだすと注している。後出の箇所にかんする註解をあわせて引けば、こうである。「帰神は、此《ここ》は迦牟賀加理志弖《かむがかりして》と訓べし。上なるは、其《ノ》ころの平常を先《ツ》云《ヒ》おけるにて、此《ここ》は其内にも正《まさ》しく今教覚《をしへさとし》給ふ事あるを、分て云るにて、俗《よ》に託宣《たくせむ》ありてと云が如し」。以下に割注が附く。「されば上なると文は同じけれども、意はいさゝか異なることあり。然るを此《ここ》をも上なると同じさまに訓ては、同じことの重なりて煩はしきのみならず、意の差別《けぢめ》も分りがたければ、必言《ズことば》のさまをかへて訓べきなり」(同前、三四六頁以下)。――漢語の古語への置きかえ、古書の用例にもとづく雅語の手さぐり、物語の文脈の解析等々、これまで見てきた『古事記傳』の手法のあれこれが、重なりあって登場している。語勢の吟味がくわわり、たんに訓み、読むのではなく、誦するさいの語調をも考慮した訓読の決定は、むしろ「文字から離れ過ぎた訓み」(倉野)とも批判されることだろう。その根にあるのは、やはり麗しく清らかなふることという錯誤であり、迷妄であったことはたしかである、とはいえ、この迷妄と錯誤こそが、古事記本文の漢字の堆積から古言を創りだすという作業を可能にしたことも、まちがいがない。

古事記・天の石屋戸の段に、岩屋に退きこもった天照に石屋戸を開かせるため、神々がこぞってたち騒ぐなか、布刀玉《ふとたま》の命が「御幣《みてぐら》」を捧げもち、天《あめ》の児屋《こやね》の命が「詔戸《のりと》言禱白而《ごとねぎまをして》」くわわったとする一節がある。後者をめぐる註釈のうちで宣長はこう語っていた。

○禱白而。此語《ノ》此《ノ》巻末又中巻などにも見えたり。泥疑麻袁志弖《ねぎまをして》と訓べし。禱字《ノ》、本岐《ほぎ》とも能美《のみ》とも訓《よま》る。是《レ》等の言を古書に考るに、本具《ほぐ》は祝壽方《ほめいはふ》に云《ヒ》、能牟《のむ》は乞祈方《こひいのる》に云《ヒ》、泥具《ねぐ》は右の二方を兼たる言なり。（中略）さてしか称賛白《ほめたたへまをす》も、大御神の出坐《いで》むことを乞願意《こひねがふこころ》にて為《す》ることとなる故に、禱と云《ヒ》、祈啓と云《ヒ》、致二其《ノ》祈禱《ヲ》一とも書紀にあり。さればこゝの禱字《ノ》は、賛称《ほめたたふ》る意と乞祈《こひいのる》意とを兼たれば、泥疑《ねぎ》とは訓り。

（伝八、全集九巻三六九頁）

本居の見るところでは「此時《ノ》に禱白《ねぎまを》せる辞《ことば》は、祝詞《のりと》の始《はじまり》」であって、それは「いとも古文《ふること》にて麗美《うるはし》」かったはずだと宣長は書き、「此《ここ》には載《の》らず、世に伝《ハ》らぬは、甚々《いといと》憾《くちをし》きわざなりかし」と『傳』はしるす。書紀が天照の科白とする「未《ず》レ有《ラ》二若此《かく》言《こと》之《の》麗美《うるはしキハ》一」を考えあわせれば、大神はひとえに「言辞《ことば》に感《めで》たまふ」たにちがいない。「言霊の幸《さきは》ふ国、言霊の助る国と云る古語も、思合《ヒ》されていとたふとし」。

いまはすでに失われたと想像されたものこそ美しく、取りもどしようのないことのみが麗しい。たんに夢みられただけで、けっして与えられなかったものをめぐる奇妙な情熱が、とはいえ本居宣長の卓越した仕事を、古伝と古言とをめぐって可能にして、その達成が『古事記傳』全四十四巻として結実したことになる。

四十一

宣長の大著『古事記傳』の背後には、永年にわたる本居の語学的研究があり、また古典文献学的な研鑽が控えている。それが一定の迷妄と錯誤をはらみながら、とはいえその錯誤と迷妄にも駆動され、古事記本文の訓みに結実したしだいをめぐって、その一端を前節まで垣間みてきたことになる。――本居による古事記の読みを支えているのは、たんに語学的―文献学的考究ばかりではない。さまざまな領域にわたる膨大な知の集積が『傳』の記述を裏うちしている。いくつかの例から、まずこの件を確認しておこう。

天之日矛の挿話については前節でふれたばかりである（本書、七〇八頁）。「謎が多い」としるしておいたその説話は、そもそも「又昔有新羅国主之子、名謂天之日矛」とはじまり、又昔とは宣長の釈によれば、他にみえる又と並列的な表現ではあるけれども、「是《レ》は別に昔の事」、ここでは「此《ノ》御代より前《さき》」の、応神帝の世に先だつ時代の逸話を語りだそうとするものであって「其《そ》は何《いづれ》の御代と云ことは伝《へ》の詳《さだか》ならざる故に泛《ひろ》く昔と云るなり」ということである（伝三十四、全集十二巻四頁）。ひとりの身分高からぬおんなが沼のほとりで昼寝をしていると、日のひかりがその陰部を照らし、「一賤女」は身ごもって赤い玉を生みおとした。一件を窺っていたおとこが玉を貰いうけ、ある日、牛に食物を運ばせて山間に入ったところ、天之日矛に見咎められ、腰につけた玉を譲りわたして、ようやく許される。赤い玉は「美麗嬢子《かほよきをとめ》」となり、王子と番ったものの、やがて倭へと逃げたので、日矛もまたこれを追って、難波にたどり着いたというのが、一篇のはじまりであった。王子がおとこを捕えて口にしたことばは、なぜにおまえは食物を牛に負わせて入山するのだ、「汝必《いましかならず》殺食是牛《このうしヲ》」というものである。「殺食は、許呂志弖久良布那良牟《ころしてくらふならむ》と訓べし」としるしたのち、『傳』は、以下のように註している。天之日矛はおとこを捕えて牢獄に繋ごうとしたわけであるけれども、それはなぜであったのかについて、解を与えようとするものである。

○将《す》入《レムト》獄囚《ニ》は、【囚《ノ》字一本、又書紀釈に引るには、因と作り。そのときは下に属《つく》言なり。然れども、此《ノ》記には、因《テ》云々と書る例なければ、因はわろし。】獄囚は、比登夜《ひとや》と訓べし。人屋の謂なり。【凡て、屋はみな、人の屋なるに、別《わき》てかく名くるは、物を入るゝ如くに、人を籠置屋《こめおくや》なるを以てなり。棺《ひとき》と云と同じ例なり。】(中略)抑今此《ノ》賤夫《ノ》を咎めて、獄に入れむとせしは、他人《ことひと》の牛を盗来《ぬすみき》て殺さむとするものと、思へるなるべし。盗《ぬすめり》と云ことは、見えざれども、入《ル》山谷《ニ》をあやしみたるは、盗来つるものと思へりと聞ゆるなり。然るに、盗めることをば云《ハ》ざるは盗むよりも、殺す方の罪の重き故なるべし。賊盗律に、凡《ソ》盗《テ》官私《ノ》馬牛《ヲ》而殺《ス》者《ハ》徒二年半【馬牛《ハ》軍国《ノ》所用故与《ト》余畜不同】と見えて、漢国の律も同じ。是も盗《ム》と殺《ス》とを合せたれども、殺方《ス》の罪を重しとせるなり。何《レ》の国にても、故なく牛を殺すをば、上代より罪とぞしたりけむ。【故《レ》律にも、然定められたるなり。】(伝三十四、全集十二巻七頁以下)

右で「賊盗律」とあるのはいわゆる律の篇目のひとつである。そのうち「賊」は謀反や殺人といった国家秩序に対する犯罪であり、「盗」は窃盗、強盗などの官民の財物にかんする犯罪、また人身売買等々の人身を侵襲する犯罪をもふくみ、罪刑を規定している。天平宝字元（七五七）年の養老律令では、律十巻十二篇のなかで第七篇中の五十三条を占める。養老律もかなりの部分が散逸しているけれど、賊盗律についてはほぼ完全に遺存し、それぞれの罪刑規定は、七三七年に制定された唐律中の賊盗律とおおむね一致すると言われる。宣長が内外の法制を踏まえ、釈を附けているしだいがわかる（中田薫『法制史論集』第四巻ほか参照）。

　書紀の垂仁紀一伝では類話が天之日矛の伝とはべつに、それに先だって記載されている。「必設殺食也」という表現が見えるところは併行し、赤い石ではなく白い石が「化二美麗童女一」とあり、当の逸話を「新羅の王《こきし》の子天日槍」ではなく「都怒我阿羅斯等《つぬがあらしと》、亦の名は于斯岐阿利叱智干岐《うしきありしちかんき》」に帰していた。『傳』は、天之日矛がおんなを捜した形跡がみとめられないこと等をさして「いさゝか不審《いふか》し」としるし（伝三十四、全集十二巻一三頁）、記紀いずれの記事が正しいのかは「今決《さだ》めがたけれど、強ていはば、書紀の方や是《よ》からむ」と言う（同、一二頁）。古事記の所伝には「首尾《はじめをはり》たしか」ではないふしがあり、「此《レ》に依て思へば、彼《ノ》娘子の故事は、書紀の如く、都奴我阿羅斯等に係《かか》りて、天日矛には関《あづか》らざるにやあらむ。故此《レ》は、彼《ノ》伝《ヘ》の方や是《よ》からむとは云り」ということである（一三頁）。宣長がむしろ書紀の記事のほうをえらぶ一例である。なお本居は、前節までの論述のなかでも繰りかえし言いおよんだ神功皇后の説話とも関連して、三国史東国通鑑の名を挙げ、同書が「百済新羅高麗の世々を記せる中に、皇国の事を凡てたゞ同等《ひとしなみ》の国のごと卑めて記して、此《ノ》大后の征伐《みことむけ》の事をば記さず、彼《ノ》三国共に服従《まつろ》ひ朝貢《まゐり》しさまを、凡て記さざるは、忌て隠したるものなり」と断じながら「凡て彼《ノ》書どもは、ひがこと偽《リ》のみ多くして、論ふにたらざれども、世《ノ》人は、戎書《からぶみ》とだにいへば、信《うけ》用《フ》るならひなれば、此《レ》らの書を見ては、古《ヘ》に此《ノ》三国の服従《まつろ》へりしことを疑ふ人もありもやせむと、いさゝかおどろかしおくなり」と注しているいっぽう（伝三十、全集十一巻三九〇頁以下）、おなじ箇所、天之日矛の所伝にかんして、くだんの一書を参照している。「さてからぶみ東国通鑑に漢ノ永壽三年新羅ノ阿達羅王ノ四年、新羅置ク二迎日縣ヲ一、初メ東海ノ濱ニ有レ人、夫ヲ曰二迎烏ト一妻ヲ曰二細烏ト一、一日迎烏採リ二藻ヲ海濱ニ一忽漂テ至テ二日本国ノ小嶋ニ一為ルレ王ト、細烏尋テ二其夫ヲ一又漂テ至ル二其国ニ一、立チテ為レ妃ト、時ニ以二迎烏細烏ヲ一為二日月之精ト一、至テレ是ニ置クレ縣ヲ焉、と云ることあるはやゝ似たることあり」（伝三十四、全集十二巻一二頁）。前者の件、つまりここで『古事記傳』がむしろ日本書紀の記述を採ろうとしている点では、本居の判断は物語《イストワール》の骨格を読みとく作業を経て、冷静な態度をしめしているし、後者の経緯、すなわち三国史東国通鑑を引く事情にかんしていえば、宣長の所見は、諸書を読みくらべ、さまざまに伝承されてきた歴史《イストワール》を見わたすかまえを、わずかながら保っていることがみとめられてよい。この間の消息についても、念のため確認しておく。

内外の制度の別、ならびにこの国のそれの変遷を踏まえて、本文に釈をくわえている例を、べつに挙げてみよう。景行巻、倭建命にかかわる記述である。景行帝、名を「大帯日子《おほたらしひこ》ノ天皇《すめらみこと》」には、記録にあるだけで二十一人の子ども、記録がない者がほかに五十九人、あわせて「八十王」があったが、そのなかで、若帯日子《わかたらしひこ》命、倭建命、五百木《いほき》の入日子《いりびこ》命、「此三王負太子之名《このみはしらぞひつぎのみことまをすみなをおはして》」、それ以外の七十七人は、それぞれの国造、別、稲置、県主として分封したとある。このうち若帯日子命はのちの成務天皇、なお倭建命の名はここではじめて登場し、先行する系譜中では「子碓ノ命」と呼ばれる。倉野憲司が指摘しているとおり、「ここに突如として倭建命の名が出てゐるのはをかしい」（『全註釈』第六巻、一〇五頁）わけであるけれども、いまこの件は措く。若帯日子以下、三人の皇子が太子とされている経緯をめぐる、『古事記傳』の釈義を聞いておこう。

○三王《みはしら》、負二太子《ひつぎのみこトまをす》之名《みなヲ》一とは、是《レ》上代の常なり。抑上《ツ》御代々に、日嗣《ひつぎノ》御子《みこ》と申せるは、皇子《みこ》たちの中に、取分て尊崇《たふとみあが》めて、殊なるさまに、定め賜へる物にて、其《そ》は必しも、一柱には限らず。或は二柱三柱も、坐《シ》しことなり。【まづは、皇后《おほぎさき》の御腹の御兄《みこのかみ》、さては殊なる由ある、皇子たちなり。】かくて、御位《みくらゐ》は、必《ズ》其《ノ》日嗣ノ御子の中なるぞ、継《つぎ》坐ける。【然るに、漢国《からくに》にて、王の位を、嗣ぐべく定めたる子を、皇太子と云故に、其《ノ》字を取て、日嗣《ノ》御子に用ひたるなり。さるは、遂に御位を嗣坐《ギス》が、其《ノ》御子等《たち》の中にて、元来《もとより》も然定置《メキ》賜へる物なれば、彼皇太子、よく当りたれども、彼《レ》は元より、一人に限りて定めたる称《な》、此《レ》は一柱には限らざる御称《みな》なるは、同じからず、異《こと》なることあり。されば、ひたぶるに、太子《ノ》字には泥むべからず。上代のさまを、よく考ふべきなり。】(中略)【然るに、書紀は、何事も漢国のふりを、まねばれたるほどに、皇太子を立《テ》賜ふ事なども、上代より、全《もはら》漢国の例の如くに、文を造りて、記されたるによりて、古《へ》の実《まこと》の趣は、隠れて、見えざるが如し。(中略)然れども、又漢ざまなる、なべての例に違ひて、古伝のまゝに記されたる事も、をり〳〵見えたる、かの大雀《ノ》命を、太子と記されたるなども、そのたぐひなり。其《そ》は心せず、ふと取《リ》はづして、物せられつる物ぞ。されば書紀も、漢めきたる飾のなき処に、心をつけ、又此《ノ》記と比べて、事のさまを、よく考へ見れば、隠れたる上代の、実《まこと》のありかたも、いとよく知らるゝことぞかし。(略)】(伝二十六、全集十一巻一六九頁以下)

内外の比較、上代の特質、記紀の優劣にかかわる論が顔を出している。右に引いた箇所のあとで、延佳本の注が、三人の太子とは奇妙であるとしているのを難じて「凡て後の御制《みさだめ》、書紀の文などを執《とら》へて、上代の事を、論ふは、延佳のみにもあらず、大方世の物知《リ》人、皆同じことにて、此病の直れる人は、未《ダ》見ず」ともしるされる。——倉野は前掲箇所で『傳』の記述に疑いを挟むいっぽう、西郷信綱は宣長の説明を承けて、それを補足していた。すこし興味ぶかいところでもあるので、要約のうえ紹介しておく。

どのむすこが王位を継承するかについては、古くはなんら定めがなく、かくて次代の王たるべき者がつねに複数あったのが、おそらくは常態である。かくてまた古事記本文でも、上代ではほとんど代がわりのそのたびごとに抗争や内乱のあったことが伝えられている。西郷は言う。「それがまた王権を活性化し強化するのに必要な手だて」だったのだ。したがって本文にいうヒツギノミコは後世のいわゆる皇太子とはことなり、「ヒツギつまり王位につく権利を有するところのミコという意」なのである。だからここで問題の本文に、三人がヒツギノミコと「なった」のではなく、その「名を負」ったとあるのが重要である。これに対して、日本書紀では、おおむね各代にわたって、天皇の生前あらかじめ皇子のひとりを皇太子として立てることになっているけれど、「これは内乱をさけるための **pre-mortem succession** だが、それが後世の意にもとづく改変である」ことは争えない。そのように考えるなら、王位継承にまつわるいにしえのすがたを知るためには「書紀ではなく古事記の方を重んじざるをえない」(『注釈』第三巻、二七五頁以下)。『古事記傳』の認定を踏まえ、宣長の趣意とは異質な方向へと考がすすんでゆくのが、西郷の註解のおもしろいところである。

ついでにべつの箇所の注記によれば、宣長は「古《へ》は皇子より諸王まで通ひて御子《みこ》と申して王《ノ》字を書り」と見ている。後世にいたって、親王と称する位ができて、「美古《みこ》とは親王をのみ申して、諸王をば意富伎美《おほきみ》と申して美古とは」称さないはこびとなった。さらに時代が降って「たゞ天皇をのみ君とはし奉りて、皇太子を始《メ》奉《リ》て御《み》自《みづから》臣と御名告《みなのり》賜ふこととなれるは、漢制《からノさだめ》にうつれるなり」。かくて摂関家をはじめとする「臣家《やつこノ》の威勢《いきほひ》高くなりもてゆきて、遂に古《へ》の君臣の分《わきため》は消亡《きえうせ》」たと考える『傳』の考には、それなりの拠があるとも言ってよいだろう(伝四十、全集十二巻二四四頁)。

もうひとつ、例を見ておく。須佐之男が高天原に上がってくるのを、天照大神は、髪を解いて男髪に結いなおし、武装して、「沫雪」を蹴散らかすかのような勢いで地を踏みしめ迎えうった、とする箇所で、「即解御髪」とあるのを釈いた『傳』の註である。まず御髪は「美加美《みかみ》」と訓む。「美久志《みくし》」とするのはあやまりで、クシはむしろ櫛から転じた語である。問題は、記に「解《とき》と有《ル》」のが紀では「結《あげテ》レ髪《みかみヲ》とある」ことで「解《とく》と結《あぐる》と大違《いたくたが》へる」かに思えるけれども、そうではない。上代から成人女性は髪をあげていたのであるが、ある詔勅に「自レ今以後男女悉《ク》結《あげヨ》レ髪《ヲ》」とされているのを考えあわせるならば、そのかみ「結《あぐ》」というのは「本を一《ツ》にあつめ挙て結《ゆひ》て、其《ノ》末は後《うしろ》へ垂《たれ》た」さまを言い、詔が命じているのは「頭上《かしら》に結綰《ゆひわがね》て髻《もとどり》と成《なす》」ということだ。古事記に「解《とき》とある」のは「かの本を結《ゆひ》たる所を解《とく》」ことであり、書紀には「結《あげて》とある」のは「末の垂《たれ》たるを挙《あげ》て」ということであって、指している髪型に相違はない（伝七、全集九巻三〇七頁以下）。

崇神帝が大毘古《おほびこ》の命を越路に派遣したとき、みことは「腰裳」を身につけた不思議な少女と出逢い、兄に謀反のくわだてがあるのを告げられる。腰裳に註解が附く。まず訓は「字の随《まま》に許志母《こしも》」である。腰とある以上はただ「母《も》」と読むのでは足りないけれども、ふつうの裳とことなった服装であるか審らかにしない。台記別記に、女御が入内にさいして「白《キ》腰裳」を準備したとあり、また「冬《ノ》腰裳」ともあるが、未詳である。いずれにせよ後代のことであるから、これによって上代のさまを量ることはかなわないうえに、ここでとりわけ腰裳を着て、とあるのは「尋常《よのつね》の裳には非るが故」かもしれず、また童女が裳を着けることは「尋常のよそひに非る故に」とくにしるしたのかもしれない。「なほよく考ふべし」（伝二十三、全集十一巻四四頁）。

——応神段の論語渡来の条にならぶ職人のひとりに「呉服西素《さいそ》」という名が見える。『傳』は呉服を「久礼波《くれは》登理《とり》」と訓み、「波登理は、機織《はたおり》の約まりたるなり」と釈く。つづけて説かれるところでは、後年、雄略帝の時代に「始《メ》て呉国《ノ》より参れる服織《はたおり》の、めづらしくて、もてはやされつるまゝに、其名高くなりて」、ここでも時代を遡らせ、この語が使われていることになる。ちなみに「今世《ノ》まで、呉服《ごふく》と云称のあるも、此称《ノ》の残れる」結果ということである（伝三十三、全集十一巻五一三頁以下）。『古事記傳』の註解は、美容や服飾にかかわる歴史の細部にいたるまで踏まえ附すことを目ざしていたわけである。

いくたびもふれてきたとおり本居には「其時の神道」という考があり、風俗、習俗の変容に対しても基本的には寛容である。とはいえ、これもまたときに見てきたとおり、宣長のうちには古俗が喪われてゆくのを愛惜する思いもまた確実に存在する。上代のならいとじぶんが考えるものが、儒仏の習慣によって駆逐された跡を目にしている場合にはなおさらであった。この一件にもかかわる註解を引いておこう。安康巻中で、妹の若日下王《わかくさかのみこ》を差しだせと天皇に命じられた大《おほ》日下王が、使いの根の臣に「四拝」して受諾した、とある、その四拝に注して附された一条である。

○四拝は、余多備袁賀美弖《よたびをがみて》と訓べし。下に八度拝《やたびをがみて》 白者《まをしけるは》ともあり。拝《をがむ》と云は、書紀推古巻《ノ》歌《ノ》に、烏呂餓《をろが》彌弖都加陪摩都羅武《みてつかへまつらむ》とある、【私記に、謂《テ》レ拝《ヲ》為二乎加無《をがむト》一言二乎礼加々無《をれかがむト》一也といへり。】呂《ろ》を省ける言にて、身を屈めて匍伏《はひふす》よしなり。萬葉三【十三丁】に、四時自物伊派比拝《ししじものいはひをろがみ》、【四時は鹿、伊は発語なり。】とあると同二【卅五丁】に、鹿自物伊派比伏管《ししじものいはひふしつつ》、三【三十七丁】に、十六自物膝折伏《ししじものひざおりふして》などあるとを合せて、其状《ノさま》を知《ル》べし。【今世俗《ノよ》には、袁賀牟《をがむ》と云は、たゞ掌を合すことと心得たるを仏法の拝より云るひがことなり。又尊むべき物を見奉ることを袁賀牟と云も、中昔までは無きことなり。】さて吾徒《わがとも》長瀬眞幸《ノ》が云《ク》、上代《ツ》の拝礼《をがみ》の儀《さま》は今《いまノ》 世俗《よノ》 人の礼を為《す》ると云為状《しざま》の如く、俯《うつぶし》て頭を下げて両手《ふたつのて》を衝《つき》て拝みしなるべし。（伝四十、全集十二巻二二六頁以下）

長瀬眞幸は肥後熊本藩士で、寛政五（一七九三）年に鈴屋門をくぐった。漢学のほか有職故実に詳しく、江戸では村田春海とも交流、また塙保己一と交わり、『群書類従』の編纂にもかかわっている。右のように、いにしえ拝むとは「身を屈めて匍伏」さまを指したと説いたあと、註はこうつづく。「然るに續紀に文武天皇慶雲元年正月、始《メテ》停《ム》二百官《ノ》跪伏《ノ》之礼《ヲ》一とある、是《レ》よりぞ朝廷の拝は漢風になれりけむ」。その後もしかし、古来の礼は隠然と継続し、まして庶民に現在でもなお上代のとおり「両手拠地跪伏《てをつきてうつぶ》す拝《み》」が伝承されているところから察するかぎり、「かの笏を持て起居《たちゐ》して拝むは中々に、後に漢風《からぶり》をまねび賜へるものなり」。民俗にこそいにしえのならひは伝わっている（二二七頁）。――雄略天皇が山中で一言主《ひとことぬし》の神と遭遇した、とする説話がある。神がその名を告げると、その威風に畏みた帝が、供びとたちの武具、衣装のすべてを一言主に捧げたところ、神は「手打」て、供物を受けとった。『傳』の釈を引く。「手打《てうちて》は、物を得賜ふを歓喜《よろこび》賜ふ態《しわざ》なり」。古書の記述からさまざまに拠証されたのちに、大神宮の年中行事の礼にふれられたあと、以下のようにしるされている。「さて又此手《ノ》を拍《ツ》ことを、世に加志波手《かしはで》と云なるは、拍と柏と、字形《ノ》のよく似たるに、膳部《かしはで》のことを思ひよせて、思ひ紛へたる後世《ノ》のひがことなり。手を拍《ツ》を、かしは手と云ことは、古《ヘ》にかつて無きことなり。然るをなほ助けて、膳部と引合せて云説などは、いみじき強説《しひごと》なり」。つづけて、漢籍から引照される。「さてから書周礼に、九《ツノ》拝を挙たる中に、振動と云拝ありて、注に、以二両手《ヲ》一相撃也と云《ヒ》、また今倭人《ノ》拝、以二両手《ヲ》一相撃《シ》、蓋古之遺法などと云ることあり」（伝四十二、全集十二巻二九九〜三〇一頁）。

拝は袁賀美弖《をがみて》ではなく、ヲロガミテと訓ずるとされる（全集補注）。古典文学大系ならびに思想大系の訓は「をろがみて」、古典文学全集、古典集成もおなじである。なお古典全書には訓みがない。いまこうした細部を措けば、宣長の註解の卓越ぶりはやはり否定しがたいところだろう。ちなみに、根の臣の讒言と計略とによって――「己妹乎為等族《ひとしうがら》之下席《したむしろ》而」、じぶんの妹が同格の者などに組み敷かれてたまるものか、と憤ったと告げ口され、みかどへの供物も横領されたのである――大日下王は討たれ、王の妃を天皇は皇后とする。連れ子の目弱《まよわ》王が七歳になったとき、安康帝は寝首を掻かれた。古事記本文中でも指おりの、血腥い復讐劇のはじまりである。

本居宣長が、古事記本文を釈こうとして意をもちいたのは、言語、制度、人事、歴史に止まらない。本居は本文に見える文物のすべてに関心をもち、そのありようを解こうとこころみた。宣長の註解はその結果、一種の博物誌の観をも呈するしだいとなる。これもひとつ、ふたつの実例について見ておこう。

まえに言いおよんだ（本書、六七二頁）、海幸山幸の物語の一場面からまず例を採る。弟のみことは、海神の宮殿に到着し、火遠理《ほをり》姫に見そめられ、宮中に迎えられて、父神の歓待を受ける。宴の席には「美智皮之畳敷八重」、絹の敷物をこれも八重に敷きかさねられていた。ここで問題としておきたいのは、「美智皮《みちのかは》」をめぐって往き来する、『古事記傳』の註釈である。

宣長はまず書紀を引き、紀中に「海驢と作《かき》て、此云《ヲ》二美知《みちト》一」とあり、釈に「海馬也」とあるむねに注意する。海馬とは「漢名《からのな》」であって、本草には「陳蔵器曰、海驢海馬等、皮毛在二陸地《ニ》一、皆候二風潮一則毛起」とあるが、そのようすは知られない。紀州の者が語るに「今紀の海に、阿志加《あしか》と云物あり、其処にて昔より、字には海馬と書来《キ》れるよし」、また日高郡の海には「阿志加嶋《あしかじま》と云嶋」があり、「年毎に秋冬のころ」、阿志加なるものがたくさん到来し、「岩上《ノ》に睡り、又波上《ノ》に浮びながらも熟睡《よくねむり》て、凡て寤《さむ》ることの遅き物」だそうである。からだの大きなものは「長さ一丈許《リ》」つまり三メートルほどにもなる。足がなく、水搔に似たものをもつ。

和名抄にも「葦鹿《あしか》」という名のみ見えるけれども、これも推測されるところ海驢だろうと、かのひとは言う。その他いくつか証を挙げたうえ、本居はみずからの考をもしるしている。「今按に、海中に登騰《とど》と云物あり。岩屋の内に上《あが》り、よく睡る物なり。皮は馬具に用ふ。其首馬に似て、大さは子馬ばかりなり」。これが「海驢」だろう。たほう現在でも北の海にやはり海驢と呼ばれるものがあって、その皮は「潮満れば柔《やはらか》に、潮干《ひ》れば枯る」、しかもその皮を「今も敷皮にする」とも言われるから、以上のどの生き物が、正しく本文にいう「美智」に当たるかは、ただちには判明でない。そもそも紀州の人間がいう「阿志加」と、ものの本にいわれる「登騰」はおなじもので、ところによって名を変えるのか、あるいはまったくべつものなのか、なおよく調べてみなければならない。いずれにせよ、それぞれ近縁のものだろう。さらにひとことくわわっている。「又近き年、西ノ国の海にて捕れりとて、水豹と云物を、観せ物にしたる、長さ三尺許ありて、阿志加のたぐひなる物と見えたり。こは己レ正《まさ》しく見たる物なる故に、云なり」。そうしるして、宣長はどこか意を得たふうでもある。附言して言う。「水豹と云名は、新にみだりに着《つけ》たるなるべければ、依るに足らざることなり」（伝十七、全集十巻二五二頁以下）。まえに注意しておいたように（本書、四一八頁）、ここでも本居は附けくわえている。「今ノ世にも、美智《みち》と云名の遺れる地《ところ》は無きにや、尋ねて定むべし」。

宣長による古典籍の註解はただの註解ではない。無償の好奇心に駆られた博物誌的ないとなみである。とはいえそれはどこか子どものたわむれめいて、読む者を微笑ませてくれる。もうひとつ挙げておく。これもおなじみの神功皇后にかかわる挿話にふくまれる文物である。

征韓の途上、懐妊中の皇子をも産みおとした皇后を迎えたのは、香坂、忍熊、二王の叛乱であった。忍熊が海中に身を投じ、謀反は収まって、建内宿禰は太子を連れ、敦賀にいたり、そこに仮宮を設ける。夜の夢に伊奢沙和気《いざさわけ》の大神が立ち、じぶんのなまえと皇子のなまえとを取りかえたいと告げた。「易名《なかへ》」の儀の供物を捧げることを約して、翌朝になって浜に出てみると、「毀鼻入鹿魚既依一浦《いるかうをすでにひとうらによれり》」。『傳』はまず毀鼻を註する。「毀鼻は、波那夜不礼多流《はなやぶれたる》と訓べし」。あるいは「加気多流《かけたる》」でもよいだろう。「入鹿魚《いるかうを》」は和名抄にも記載があり、出雲風土記には「入鹿」が見える。字鏡で「鮪伊留加《ハいるか》」とされ、貝原益軒は「海豚《いるか》を此《ノ》魚に当《テ》、長さ六尺許《ばかり》色黒く形海鰌《くぢら》の如く又豚に似たり。ひれありて足に似たり尾に岐《また》あり鱗なし。觜は鱵《さより》魚の如く上下共に長くして尖《とが》れり。皮厚く油多き魚なり」ともしるしていた。ここでもひとこと、宣長らしいことばが附けくわわっている。「今漁人に問《ヒ》こゝろみけるにも、此《ノ》説の如く云り」(伝三十一、全集十一巻四二一頁)。

つぎに「既依一浦」に附された解を見てみる。「既」とあるのは、皇子が到着する「より先に早既《はやすで》」に、との意である。「一浦とは浦に満たるを云」。いまのことばで言えば、「浦一坏」ということになる。書紀神代巻で「盛《もり》二一《ひと》箕《み》一《ニ》」とあるのも、箕いっぱいにという意味である。「うつほ物語に、いかき者ども、一山《ひとやま》に」みちていたというのも、大和物語に「一寺《ひとてら》求めさすれど、更に逃て亡《うせ》にけり」とあるのも同様であり、後者にいう一寺とは「寺の内ことぐく」ということだ。源氏物語・須磨の帖では「一宮《ひとみや》のうち忍びて泣あへり」と見え、蜻蛉日記には「一京《ひときやう》」という言いまわしも読まれる。かくも多くの魚が集まってきたのは、伊奢沙和気大神が太子の供物に応えようとしたものであろう。——以下がおもしろい。「さて今此《ノ》魚の悉く鼻の毀《やぶ》れたる所以《ゆゑ》は、大神の既に捕らしめて献り給ふ由なり」。むかしはこの魚を獲るさいに、その鼻を衝いて捕えたものであり、「故《レ》鼻の毀れてはありしなり」。ただし、「その令《しめ》レ捕《とら》賜ふ」は神の所業で、「幽事《かみごと》なれば、人の目には見えず」(同前、四二二頁以下)。

国人にも問いたずねなければならない(本書、四一八頁)と繰りかえした、本居宣長らしい割注が以下につづく。記中の文物を問いたずねる『傳』にあって典型的な箇所でもあるので、ややながく引く。

甕栗宮《ノ》段《ノ》御《ノ》歌に、志毘都久《しびつく》とあり、萬葉の歌にも然よめり。鮪《しび》は今世《ノ》にも口を衝《つき》て捕《とる》と云り。入鹿はいかにして捕《ル》にかしらねども、此段《ノ》を以て思ふに古必鼻《ヘズ》を衝て捕しなるべし。紀国《ノ》の熊野浦の漁人の語りけらくは、此《ノ》魚多くは長《サ》八九尺ばかりあり、中に最大なるは一丈二三尺ばかりなるもあるなり。入鹿の千本づれと云て、頭をもたげておびたゝしく群来る物なり。逃《にぐる》ことといと早くして、船をいかに早くこぎても追及《おひしき》がたし。故《レ》これを捕るには、毛理《もり》と云物に、夜那波《やなは》とて四十尋の縄をつけ、其《ノ》端に泛《うけ》を付て、その毛理を投る。此《ノ》毛理を負ながらなほにぐるを、又二の毛理を投て捕《ル》なり。さて一《ツ》捕れば必二《ツ》捕らるゝなり。其《ノ》故は、一《ツ》が毛理を負て逃るに後《おく》れぬれば、友をあはれむにやあらむ、群《むれ》の内の今一《ツ》必後れて遠くは去らざる故に、それをも捕《ル》なりと語りき。抑毛理は虚空《そら》へ高く投上げたるが、魚の上《ヘ》に至りてそらより、まくだりに、落降りて其魚を衝《つく》物なり。かくて入鹿は、鼻の、上に向ひたればその鼻を衝べきなり。然らざれば、毀鼻と云こと由なし。谷川氏が、蓋《シ》此《ノ》魚鼻向《テ》レ上《ニ》而有レ声故《ニ》云二毀鼻《ト》一と云るは心得ず。こはから書に海豚《ハ》、鼻在二脳上《ニ》一作《ス》レ声噴《クニ》レ水《ヲ》直《ニ》上《ル》と云るに依て云るなれど、其は凡て此《ノ》魚の常なれば分て殊に、毀鼻と云べきに非るをや。さて鼻毀と書ずして、毀レ鼻と書るは、鼻を毀りて捕たる由なり。然れども、今太子の見賜ふところは、既に鼻の毀れたるなれば、ヤブリタルとは訓《マ》ず、ヤブレタルと訓べきなり。(同前、四二二頁)

さきに注記しておいた(本書、六六三頁)、谷川士清への批判がここでもみられる。また「既に鼻の毀れたるなれば、ヤブリタルとは訓《マ》ず、ヤブレタルと訓べき」であるとする注意も宣長らしい。とはいえ目をとめておきたいのは、むしろ往時の鯨漁をめぐる、伝聞にもとづいた活き活きとした描写だ。一丈二三尺つまり四メートルにも及ぼうかというクジラが群れなして泳いでいる。その群影に向けて銛を天たかく投げあげ、懸かったクジラを長い縄をたぐって引きよせる。クジラの習性にもふれて「友をあはれむにやあらむ」との推測がはさまれ、「毀鼻」の語意が手繰りよせられる。そこにみとめられるのは、京都遊学時代、あの機智に富んだ追剝ぎの一件を嬉々として書きとめたのと同型の心性であり、おなじ生き生きとした好奇心、同質の無心な遊び心であっただろう（本書、四一六頁以下参照）。ここに見られる心性は、物語られる話にひたすら耳をかたむけ、物語そのものをおもしろがり、愉しむ、民俗の探究者でもあった宣長のそれなのである。

一高樹については、その訓にかかわって、さきにもふれた（七〇八頁）。挿話そのものは、仁徳段の末尾に見られる。仁徳帝の時代、とある川の西のほうに一本の大木（「一高樹」）があって、「其樹之影《そのきのかげ》、当旦者《あさひにあたれば》」、とおく淡路島におよび、夕陽が射すころには高安山をおおった。この樹木を伐り、それを船にしたところ、「枯野《からぬ》」と号されたその船は足が速く、淡路の水を汲んでは、朝夕その船便で天皇に献上する。船がこわれてしまったあとは薪にして塩を焼き、また琴を作ってみれば「其音響七里《そのおとななさとにきこえたりき》」。紫式部が須磨の巻で、源氏の「琴の声」について書きすすめたとき、あるいはこの故事が念頭にあったのだろうか。沖ゆく船に乗った、かつての恋人、五節の君がその音に涙したことは、すでにふれた（本書、四九九頁）。記中でこの挿話は、「枯野を塩に焼き、其《し》が余り　琴に作り　掻き弾くや　由良の門《と》の　門中《となか》の海石《いくり》に　振れ立つ　浸漬《なづ》の木の　さやさや」というひとうたをみちびくものとなっている。

とある川と右にしるしたのは、古事記本文では「兎寸河」で、『傳』は「兎字《ノ》は決《うつな》く写誤《シリ》なり。然れども其字未《ダ》考《へ》得ず」と書いている。おそらく「兎《ノ》字」だろうと思うけれども、字を当てても地名に思いあたらない、と本居は困惑し、訓をしるしていない。そう呼ばれた河があったとして、その川は「此《ノ》高樹の、朝夕の影の至る処を云るに因て考るに、必《ツ》高安山の西《ノ》方なるべければ」、河内の高安郡、あるいは若江郡、あるいはまた澁川郡などに存在する河川であるはずである。別考すれば、隣接する志紀郡、もしくは丹北郡の北方ということになるだろうか。ちなみに「志紀《ノ》郡に、木《ノ》本村、丹北《ノ》郡に枯木村と云あり」、由来は判明ではないけれども、注意しておく、と宣長は書く。高安山より西にひろがるあたりには、右に挙げたいくつかの郡より、都の国、住吉郡の海辺まで、山はない。「されば、此《ノ》川は、必《ズ》其間《ダ》にあるべし」。およそこうした「伝説《つたへごと》」は、「常に見る処を以て云物」であるから、以上の推測にまちがいはないはずだ。或る説では、和泉郡の坂本郷坂本村の川であるとし、その村の別名が「大木村」であることを挙げるが、それは「古《へ》に大木ありて、朝日にあたれば、其影大津浦、又兵庫にまで及び、夕日にあたれば、槇《ノ》尾山を越た」という言いつたえで、大木村というだけで、やはり「これも高安山にはなほ物遠し」。それでも、と『傳』は伝説に対して慎重であろうとし、こう注している。「然れども然《さ》る里人の語《リ》伝《へ》あらば、此《ノ》記に高安山とあるは、伝《へ》の誤《リ》ならむも知りがたければ、これらは必《ズ》非じとも定めがたし」。結論は、ここでもおなじである。「なほよく考ふべし」（伝三十七、全集十二巻一三九頁以下）。

古事記本文中に見える地名への深甚な関心が、ここにも見られる。右では思考の経路を省略したけれど、宣長の説きようは、さらに入りくんで、細部の穿鑿におよんでいる。ここでとり上げておきたいのは、とはいえ、とりあえずはまたべつの問題である。「一高樹」の一は読まない、朝日夕陽にその影がそれぞれ淡路島と高安山に落ちる、と本文を解いたあとの「高安山」にかかわる注記を引いておきたい。

○高安山は、河内国高安郡の東方にあり。【今も高安山と云なり。】書紀天智巻、天武巻、持統巻、續紀五などに、高安城とある、此山なり。【天智巻には、倭高安城とあれども、天武巻にて見れば、其《それ》も河内のなり。天武天皇持統天皇元明天皇など、此城に幸行《いでまし》ありし事も見えたり。】そも〳〵今世人の心には、いかに高くとも、然《さ》ばかりならむ樹はあるべくもあらざるに、如此《かく》云るは、虚説《そらごと》の如く思ふべかめれど、然らず。今世にすら、思ひの外なる大木の、深山中などにはあること、此彼《ここかしこ》に聞り。況て上代には、さる大木のありしこと、此彼《これかれ》物にも見えたり。（中略）【近江国栗太郡に、語伝へて云く、古に栗の大木ありて、其枝数十里《やそさと》にはびこれり。故栗本と云。今も地を掘れば、栗の実、又枝などあり。又すくもと云て、里人の薪に用る物ありて、土中より掘出す。是も其栗の葉なりと云り。此類の語伝、なほ国々に往々《ところどころ》あり。然れば、上代には殊なる大木の、処々に有しこと知るべし。】（伝三十七、全集十二巻一四〇頁以下）

源氏註釈で、琴の音が遥かとおく、五郎の君を乗せた船まで響いたとする本文に、ことさらに異を立てる論者に、宣長は苛立っていた（本書、五〇〇頁参照）。およそ源氏物語を味読しようとするならば、「これはみな空言ぞと思ひて見るときは、感する事浅く、哀もふかゝらす」。およそ「心のすなをなる人は、偽をも真と思ふもの」であって、「人の言を偽とのみ思ふは邪智」にほかならない。玉鬘のように、書かれてあることはとりあえず「ただいとまことのこととこそ思」うのが、物語を生きることであり、物語はその内部で生きられてはじめて、またそれをとらえることもできる（同、四九七頁）。源氏について語られたことばは、そのまま古事記本文を読む宣長のものでもありつづけたことだろう。

物語を生きようとする本居宣長の姿勢が、古事記理解にもたらした弊をめぐって、ここでふたたび三たびかえりみて、一般的なかたちで論じなおそうとは思わない。具体的な語釈の次元で、錯誤が錯誤としてあらわれた事例を、ひとつだけ挙げて、ものづくしめいた論に流れた本節の叙述のむすびとしておく。

仁徳天皇はその仁政が謳われる。「於是天皇登高山《ここにすめらみことたかやまにのぼりまして》、見四方之国《よものくにをみしたまひて》詔之《のりたまひつらく》」、国のなかに煙が立ちのぼっていない、民たちの明け暮れはまずしいようである、今から三年のあいだ課役をことごとく免除するように、と命じた。そのため皇居は雨漏りがちになったが、「百姓之栄《おほみたからさかえて》、不苦役使《えだちにくるしまざりき》」。そのゆえに当代が「聖帝世」と呼ばれたと記されている。帝はまたいわば色ごのみでもあって、皇后は嫉妬に苦しむ。結果として、天皇の思いびとには憐れな挿話にもこと欠かないが、いまは立ちいらない。あるとき皇后が、例のごとく嫉妬から怒りを発して、宮中を出ていってしまったとき、側近の者たちが智慧をめぐらせて、皇后が出奔したのは、一度は這う虫でありながら、一度は卵となって、またひとたびは「飛鳥《とぶとり》」となる「有変三色之奇蟲《みくさにかはる》」を見にいったのです、と帝に告げる。そこで天皇も、それではじぶんもそのふしぎな虫とやらを見にいこうと后を迎えにいく、という挿話がある。「奇蟲」に附された『古事記傳』の註を引いておく。

○奇蟲《あやしきむし》。こは、一度は鳥にも変《かは》る物なれば、一方に就て蟲とは、云《ヒ》難かるべきを上にも所養蟲《かふむし》といひ、次にも三種《みくさノ》蟲と云るは、此物《ノ》初《メ》は全《もはら》蟲にて在《リ》しが後に卵にも鳥にも変《な》る物とはなれるなるべし。故《レ》其《ノ》初《メ》に就て蟲とは云なるべし。【若《シ》初《メ》に全《もは》ら蟲にてあらむには、一度は蟲に変《なり》とは云べからず、と疑ふ人もあるべけれど一度は蟲に変《なる》とは、既に変《かは》りそめて後の状《さま》を以て云なり。卵になり鳥になり、又立かへりて、蟲にもなりて常に、如《か》此《く》次々に三種に変《かは》るなり。故《レ》一度はと云り。一度はとは、蟲になる時もあり、卵になる時もあり、鳥になる時もあり、と云意なり。されど其初《ノメ》はたゞ全《もはら》蟲にてありしことは、所養《かふ》蟲とも、奇蟲ともあるを以て知《ル》べきなり。又思ひしは、三種に変る物を蟲としも云るは卵にも鳥にも変る中に、蟲にて在る間《ダ》の久しき故にやとも思ひしかど、然には非じ。又漢国にては、鳥獣蟲魚の属《たぐひ》の總名《すべな》を、蟲と云ことあれば、其意かとも思へども、皇国にてはさることは聞えず。】

（伝三十六、全集十二巻一〇九頁）

宣長は断乎として本文どおりに読もうとしている。先行する注は「匍蟲《はふむし》は、たゞ凡ての蟲を云なり」、それは鳥を飛《ブ》鳥とも称するのにおなじであり、そもそも鳥が飛ぶものであるように、虫は「波布《はふ》物」であるからだと説き、たほうで「所養蟲といひ、三種《ノ》蟲と云るに依れば、飛《ブ》蟲とする方穏なるに似たれども、飛ぬ蟲の、飛蟲に変《かは》らむは、さばかり奇《あや》しとすべきほどの事にも非ず。常に蟻なども、忽《チ》に羽の出来て飛往《とびゆく》ことあり」とするのは合理的であるけれども、右に引いた註釈はやはり強弁というものだろう。次田は、ことを図ったひとりに注目して「奴理能美《ぬりのみ》は帰化人であつて、養蚕の術に長じてゐたのである」と注し（『新講』五一四頁）、尾崎は、一件が「大陸との交通によって養蚕が行われるに至ったことを背景として物語られている」と見る（『全講』五八五頁以下）。倉野は「飛鳥」は蛾を「大げさに飛ぶ鳥と言つたものと思はれる」としたうえで、「蚕は最初帰化人によつて飼はれてゐたやうで、大変珍しいものとされてゐたことがわかる」とも解説していた（『全注釈』第七巻、五八八頁以下）。最後に西郷は、播磨風土記でカヒコがヒメと呼ばれ、その呼称が関東方言になお残っているのを注記する。方言への注視は宣長譲りなのである（『注釈』第四巻、一七四頁）。

四十二

ディオニュシオス・トラクスの文法書は、アレクサンドレイア学派の精華ともいわれ、永らく欧語文法論における八品詞分類の典範ともなった。トラクスの書は、名辞を一般名と個別名とに二分し、後者すなわち固有名を、たとえば「ソクラテス」のように個別的な存在をしめすなまえとみなす。いらい固有名と普通名の区別は、多くの文法学者・言語学者・論理学者、ならびに哲学者の関心の対象のひとつともなってきたといってよい。固有名詞と普通名詞とをこのように差異化することは、しかし、どこまで普遍的な言語的現象なのだろうか。――一方の極として、論理学的次元を考えてみる。その場合よく知られているとおり、自然言語をはなれて論理的に形式化された言語を構成するかぎり、なまえのすべてを記述へと還元して、記述と論理変項のみからなる言語体系を考えることができる。他方の極として、口頭伝承の原型を考えてみると、固有名詞と普通名詞との境界は、やはりひどくあいまいなものとなってゆくように思われる。

たとえば「化けもの問答」とよばれている、一連の民話をとり上げて見よう。深更の山寺に、さまざまな化けものがあらわれる。旅人がその正体をたずねると、化けものたちは「なんちのりぎょ」「とうざんばこつ」などと名のりをあげる。旅の者が「南の池の年経た鯉」「東の山の馬捨て場の骨」とそのなまえの意味を解きあかすに及ぶと、化けものたちは退散する（関敬吾編『日本昔話大成』第七巻、八六頁以下参照）。――普通名のつらなり、たんなる記述が固有名をよそおうときに、老鯉や骨、白狐が化けものとなる。化けものに固有のなまえと見えたものは、「偽装された記述 disguised description」（ラッセル／クワイン）であったのだ。

民族誌料の示すところによると、狭義の固有名カテゴリーをもたず、語の形態から識別可能な人名語彙群の存在しない共同体もすくなくない。たとえば、西アフリカ内陸地帯のモシ族のことばでは、固有名という領域が存在せず、誕生名にせよ、成人後の自称にせよ、すべての名が、普通名とその組みあわせからなっているといわれる。たほう口頭伝承される王の系譜においては、時代をさかのぼるほどに、王の名とその王についての描写はわかちがたく交錯している。王の呼称は、王の事績を物語る記述でもあるからである。

誕生名としては、たとえば母親がはじめて陣痛を感じたときや、生みおとした場所にちなむ、「裏」「倉」等がその典型となって（川田順造『聲』、一〇五頁）、王の即位名には「野雁が沃野を拒むなら、／荒地に行かねばなるまい、／そして脚が乾き細るのだ」といったものがある（同、一三一頁以下）。――ひとの姓名は、現在のこの社会では、文字で書きだされて伝えられ、また戸籍や住民簿、各種の名簿に登録されて〝保存〟される。文字で名を書きしるす共同体にあっては、なまえがあたかも客観的に、つまり名を具体的な場面で使用する脈絡をはなれて、指ししめす人物に帰属して、その者を代理するレッテルであるかのような錯覚にとらわれやすい。文字言語の安定性が、指示の定常化を可能としているわけである。がしかし、文字をもたない社会では、ひとの名は通常、ひとの肉声、「生きた声を通じて、したがってきわめて状況的に」使用される。文字を必要としなかった社会について考えるとき、なまえもまた「呼ぶ者と呼ばれる者のかかわりの内に存在している」しだいを、あらためて思いなおす必要がある[註]（同、一五九頁）。

（註）こうした問題をめぐり、私はかつていくどか考察したことがある。掲載誌に捨ておいたままの旧稿ではあるけれども、拙稿「固有名試論1」、「固有名試論2」、「固有名試論3」等を参看ねがえれば幸いである。

もう一点、あらかじめ登録しておきたい論点がある。たとえば行基図とよばれる中世の地図のいくつかには、実在するさまざまな地名とならんで「雁道」という地名が記載されているよしである。雁道とは、冥界へとひらかれている入り口をさす地名すなわち固有名であって、その指示するものは、ふつうの意味で現前する対象ではない。中世期の古地図のなかに、今日もなお実在し、確定可能な地域をさす固有名とならび、〝想像上〟の異世界をさす地名が書きこまれているわけである。この件はこの国の中世という時代にあってなお、実在するものと想像上のものという区分が、すくなくとも現在の私たちの通常の感覚とはことなっていたしだいを窺わせるものであり、現実世界について語る語彙と想像世界をめぐって物語りだすことばとを区分する今日の実在意識とは、相当に異質な現実感覚がそこに潜在していたことはおそらく疑いを容れないところである。とはいえたとえば雁道という存在が、ふつうの意味で実在する対象とほぼ同等にあつかわれて、雁道という地名をめぐり、ひとが日々そこを行きかう場所をしめす名とかかわりのないかたちで語りかわされるとすれば、その理由はいまひとつに、実在するものとならんで雁道についても、その実在を語る伝承があったからであるにちがいない。いっぽうではまた、今日の私たちが通常その実在を疑わないもの・ごとのほとんども、伝聞によってその存在が信じられ、そのものやことを指ししめすことばは、ひたすら伝達の網の目をたどって、それが指示する対象にむすばれているかに見える。歴史的な事象なら、その間の消息はすくなくともひとまず、想像上の虚構にかんする事情と、ただちには差異化することができない場合も存在するはずである（川田順造・他編『口頭伝承の比較研究』第一巻所収の山本吉左右論文参照）。

本居宣長が「阿米てふ名義は、未《ダ》思《ヒ》得ず」としるしたのちに、「抑諸の言の、然云本の意を釈は、甚難きわざなるを、強て解むとすれば、必僻める説の出来るものなり」と書いて、そのいっぽう「凡て皇国の古言は、たゞに其《ノ》物其《ノ》事のあるかたちのまゝに、やすく云初名づけ初たることにして、さらに深き理などを思ひて言る物には非れば、そのこゝろばへを以《テ》釈べきわざ」であるむねを主張していた事情については、引用にそくして、すでに見ておいた。ことばの本の意を解明するのが困難であるという所論と、古言のすべてはたんにものごとのかたちのままに名づけられているとする所見とのあいだには、或る落差が存在している。かたちのままに命名されているなら、そのほんらいの意味を（対象の与えられかたとしての Sinn であれ、指示対象である Bedeutung であれ）尋ねもとめることは、むずかしくないようにも思われるからである。ことがらのありかたと探究の実際とを隔てるこの溝渠を穿ったのが、宣長がくりかえし論難する漢意であり、当面の場面では「上《ツ》代の言語の本づけるこゝろばへ」を「世々の識者」に見うしなわせる僻見なのであった（本書、六六五頁）。――伊邪那岐、伊邪那美の二神は、国土生成を終えたのち、つぎつぎと神々をも産みだした。海と河、また風を分けもつ神々が生まれる。神々の系譜をたどって『古事記傳』の註をしるしながら、宣長はときに「風にさすらひ失ふ」ものを語り、「風は神の気《いぶき》なれば」ともことばを接いで（伝五、全集九巻二〇六頁）、べつの本文に注して、眞淵の所説を引き、「天《ノ》柱は、伊邪那岐《ノ》大神の御息《みいき》にて、風なり」、「天と地との間を支《ささへ》持《もつ》ものは、風なればなり」ともしるして（伝七、第九巻二九一頁）、独特な世界像をふと漏らしていることも興味ぶかいところであるけれども、ここでは立ちいらない。風を告げ、風を治める神々のあとに誕生した、山と野とをしろしめす神々にかかわる註記から、古語の「やすらかさ」とその解の「かたきわざ」であることを語りだす、もうひとつのテクストを引いておく。「右八柱の名《ノ》義、因《テ》二山野《ニ》一持別《テ》而生《マス》、とあるに就《つき》て考知《ヘ》べきなり」とする、本文の当面の箇所に登場する神々をめぐる個別的な注意を受けて、一般的な留意事項にふたたび立ちもどる、割注におさめられた一節である。

凡て古語は、意はいとやすらかにて、こともなき物から、千歳の後の世に其《そ》を解《とく》ことは、いとかたきわざになむ有ける。其故は、よろづの詞は、その体《さま》も意も、世々に移転《うつりうつり》て、いたく変《かは》りきぬることなるに、然《さ》る流《ながれ》の末《すゑ》より、遥なる源をうかゞふわざなれば、その間《あひだ》いく瀬のよどかへだたりぬらむを、奈何《いかで》か容易《たやすく》は心得らるべき。彼《ノ》狭土《さづち》の狭《さ》を、坂ぞと云が如きも、坂《さか》てふ言にのみ耳なれつる、流《レ》の末の人《ノ》心には、いとも物遠《ものどほ》くて、信《うけ》られぬことに思《フ》めり。こは古学《ふることまなび》をよくして、川の八十隈を経のぼりて、源に至り見む時ぞ、然《さる》こととは覚《さとり》ぬべき。然あるものを、代々の物知《リ》人の、書紀の神《ノ》名などを説《とき》たるは、後の世の心詞を以て、直《ただ》に当たる故に、こともなく、今《ノ》人の耳には、やすらかに聞ゆめれど、源にのぼりて見れば、皆非《あらぬ》ことにて、中々に物遠くなむ。（伝五、第九巻二一五頁）

引用中ではさらに語意の変容と遷移という視点が導入されて、古語のがんらいの意味を探究するくわだてにかかわる困難があらためて確認されている。そうしたもくろみはしょせん「遥なる源をうかゞふわざ」であるがゆえに、身近な現在と遠い過去を「いく瀬のよどかへだたりぬらむ」かもわからないのだから、「奈何か容易は心得らるべき」。——それでも本居による古事記註解のくわだては、古語のみなもとへと探索の手を伸ばさざるをえなかった。小林秀雄がそう語っていたように、宣長には、たとえば「迦微といふ名の、所謂本義など、思ひ得ても得なくても、大した事ではなかつた」とするにせよ、「どうしても見定めなければならなかつたのは、迦微といふ名が、どういふ風に、人々の口にのぼり、どんな具合に、語り合はれて、人々が共有する国語の組織のうちで生きてゐたか」というしだいであったからである（本書、三八八頁以下）。本居宣長の思考のうちに、名へのふかい関心がある。その関心から発する手さぐりの探索を支えるものは、さしあたり、古語が身にまとっているやすらかさとこともなさとのほかにはなかったはずである。

多くの神話とおなじように、古事記本文は、初発の神々の名をただ羅列するかに見える系譜的な叙述からはじまる。この間の消息の一面をめぐっては、つとに「次に」という特殊な時間軸の表現とのかかわりでもすこし見ておいた（本書、六八七頁以下）。ただし、一見したところ平板な記述であるかに見える神々の系譜的なつらなりはただの列挙ではない。そこにはすでに世界のはじまりとそのなりたちにかんして、その生成と構成とを語りだす、神話的な言語のはたらきが作動している。やや叙述がすすんだ箇所で、『古事記傳』があらためて注記をくわえるなか神名をならべ「豊雲野《とよくもぬノ》神より訶志古泥《かしこねノ》神まで九柱の御名は、国土《くに》の初《メ》と神の初《メ》との形状《ありさま》を、次第《つぎつぎ》に配り当て負せ奉りしものなり。其《そ》は豊雲野、宇比地邇須比智邇《うひぢにすひぢに》、意富斗能地大斗乃弁《おほとのぢおほとのべ》と申すは、国土の始《メ》のさま、角杙活杙《つぬぐひいくぐひ》、淤母陀琉阿夜訶志古泥《おもだるあやかしこね》と申すは、神の始《はじ》まりのさまなり」と説いているとおりである（伝三、全集九巻一五一頁）。とはいえ本居は、のちに篤胤が神々の系譜のなかへ積極的にコンテクストを読みこんでゆくのにくらべるならば、神名の系譜のうちに集中的にコンテクストを解読してゆくことに対して、むしろ慎重である消息に注意しておくべきところかもしれない。宣長がかえって、神の名をあげる古事記の書きぶり、その言語のさまを辿ってゆくことに力を注いでいるしだいが注目されなければならないだろう（子安宣邦『宣長と篤胤の世界』七六頁）。――古事記本文に最初にその名が登場する神は天之御中主神であった。宣長はこの神について「天之御中主《あめのみなかぬし》《ノ》神、御中《みなか》は真中《まなか》と云むが如し」と解き（伝三、全集九巻一二七頁）、天之常立《あめのとこたち》神にかんしては「登許《とこ》は曾許《そこ》と通ひ」、「底《そこ》」であり、「凡て底とは、上にまれ下にまれ横にまれ、至り極まる処」をさすと説いて（同、一四〇頁）、国之常立神をめぐり「国之常立《くにのとこたち》《ノ》神、御名義《みなのこころ》、天之常立に准《なずら》へて知《ル》べし」と注したそのおなじ註解のなか、「抑神《ノ》御名などは、殊に謹《つつしみ》て、いさゝかも訛《あやまり》なく読奉るべきわざ」であって、そのためにこそ古事記に「訓注を加へ、誦声《よむこゑ》の上り下りをさへに、懇《ねもころ》に示し」てあるのだ、と主張している（一四二頁）。この間の経緯についてはすでに『古事記傳』一之巻中で、「古言《ふること》の声の上り下りの事、神《ノ》御名などの内に、上《ノ》字を小く書添たる処々あるは、漢国《からくに》に定《さだ》する四声の目《な》を仮て、読音《よむこゑ》の上下《あがりさがり》を示したるもの」であり、しかも「記中に、読音を示したるを考るに、上巻に多くして、中下巻にはいと〳〵稀なり。上巻にも神《ノ》名に多し。其は常言《つねのこと》と異《こと》にして、唱《となへ》を訛《あやま》ること多きが故なるべし」、「神《ノ》名などを読《ム》にも、古《へ》はかく其声の上下をさへに、正し示したるを以て、すべて語《こと》を厳重《おごそか》にすべきことをさとるべし」と注意されていた（伝一、全集九巻三七～三九頁）。

じっさい『傳』における宣長による神名の釈には、いたくねんごろで、行きとどいたもの、また想像力に充ちたものが数多くみとめられる。ふたつほど例をみておきたい。

「天地初発」の五神のなかで、本居が重視し、その解もまたよく知られているのは高御産巣日神だろう。宣長によれば「産巣日《むすび》は、字は皆借字《かりもじ》にて、産巣は生《むす》」であって、「物の成出《なりいづ》るを云《フ》」。かくて「世間《よのなか》に有《リ》とあることは、此《ノ》天地を始めて、万《ツ》の物も事業《こと》も悉《ことごと》に皆、此《ノ》二柱の産巣日《ノ》大御神の産霊《むすび》に資《より》て成《リ》出る」ものである（伝三、全集九巻一二九頁）。産巣日神の釈は、とはいえ一方で字解にながれ、他方で理路にかたむいているともいえるだろう。ここでは、イメージにかんしてより喚起力のある、宇麻志阿斯訶備比古遲神《うましあしかびひこぢ》をまずとり上げておきたい。

宇麻志阿斯訶備比古遲神が登場する古事記本文については、書紀の記述と対比する文脈で、六六三頁でもすでに参照しておいた。前後を補うかたちでもういちど、『古事記傳』そのものの訓によって引いておけば、「天地《あめつちの》初発《はじめ》之《の》時《とき》、於高天原成神名《たかまのはらになりませるかみのみなは》、天之御中主神《あめのみなかぬしのかみ》、次高御産巣日神《つぎにたかみむすびのかみ》、次神産巣日神《つぎにかみむすびのかみ》。此三柱神者《このみばしらのかみは》、並独神成坐而《みなひとりがみなりまして》、隠身也《みみをかくしたまひき》」のあとに、「次国稚如浮脂而《つぎにくにわかくうきあぶらのごとくにして》、久羅下那洲多陀用幣琉之時《くらげなすただよへるときに》、如葦牙因萌騰之物《あしかびのごとくもえあがるものによりて》而成神名《なりませるかみのみなは》、宇麻志阿斯訶備比古遲神《うましあしかびひこぢのかみ》、次天之常立神《つぎにあめのとこたちのかみ》。此二柱神《このふたばしらのかみ》亦《も》独神成坐而《ひとりがみなりまして》、隠身也《みみをかくしたまひき》。上件五柱神者《かみのくだりいつばしらのかみは》別天神《ことあまつかみ》」とつづく。宇麻志阿斯訶備比古遲にかんする註は、以下のとおりである。

○宇麻志阿斯訶備比古遲《うましあしかびひこぢノ》神。書紀に、可美葦牙彦舅《うましあしかびひこぢノ》尊、可美此云《ヲ》二于麻時《うましト》一、彦舅此云《ヲ》二比古尼《ひこぢト》一とあり。宇麻志《うまし》は美称《たたへな》なり。【阿斯訶備《あしかび》のみに属《つき》たる称にはあらず。惣《すべ》てへかゝれり。】其《そ》は心にも目にも耳にも口にも美《よ》きをば、皆讃《ほめ》て云《フ》言にして、【今世《ノ》にはたゞ、物の味《あぢ》の口に美《よ》きをのみいへど、古《へ》は然のみならず。】書紀に、可怜小汀《うましをばま》、【可怜此云《ヲ》二于麻師《うましト》一。】可怜御路《みち》、可怜国《くに》などもあり。人《ノ》美称《たたへな》には、白檮原《かしばらノ》宮《ノ》段に宇《う》摩志麻遲《ましまぢノ》命、堺《ノ》原《ノ》宮《ノ》段に味師内《うましうちノ》宿禰、書紀《ノ》崇神《ノ》巻に甘美韓日狭《うましからひさ》など云あり。【萬葉三に見えたる吉野《ノ》人味《うま》稲《しね》と云を、懐風藻には美稲と作《かけ》り。宇麻志てふ言には、美字《ノ》よく当れり。】阿斯訶備《あしかび》は、上の葦牙の下《ところ》に云るが如し。比古《ひこ》は男《を》を称美《たたへ》て云《フ》称《な》、【比は産巣毘《むすび》の毘と同意、古《こ》は子なり。】遲《ぢ》は男《を》を尊《たふと》みて云《フ》称《な》なり。老人《おいびと》を云も、尊むより出たるなるべし。(中略)さて此神は、葦牙《あしかび》の如くなる物に因《より》て成《リ》坐る故に、如此御名《かくみな》つけ奉れるなり。【此《ノ》御名の読ざま、宇麻志《うまし》と読て、阿斯訶備比古遲《あしかびひこぢ》を一《ツ》に引連《ひきつづ》けて、葦牙之比古遲《あしかびのひこぢ》といふ意《こころ》ばへによむ

べきなり。】（伝三、全集九巻一三九頁）

ウマシは美称、ヒコヂもまたそうであるから、意を解くべきはアシカビであることになる。註解を遡ってみておく必要がある。

本居の解によれば、まず「如《シ》二浮脂《ノ》一と譬へたる」は「其《ノ》漂蕩《ただよ》へるありさま」を指すのであって、アブラのようなものであるという意味ではない。また「久羅下那洲《くらげなす》」はタダヨヘルの枕詞にすぎず、これにもとくには意味がない（同、一三四頁）。このものが漂っているのは海ではなく「虚空《そら》」のうち、ただし天も地も海もいまだ生成していないソラのただなかである。だから「此《ノ》浮脂の如く漂蕩《ただよ》へりし物は、何物ぞと云に、是《レ》即《チ》天地《あめつち》に成るべき物にして、其《ノ》天に成《ル》べき物と、地に成べき物と、未《ダ》分れず、一《ツ》に淆《まじ》りて沌《むら》かれたる」ものである、というほかはない（一三五頁）。ここで神が「如葦牙」「萌騰」り、生まれた。それでは葦牙はなんであり、萌騰とはどのようなようすなのか。

葦については和名抄に「和名阿之《あし》」と見える。葦牙の訓は「阿斯訶備《あしかび》」である。牙は「芽」にかよい、アシカビで「葦のかつぐ生初《おひそめ》たるを云《フ》名」であろう。「牙字《ノ》は芽と通へり。（中略）是《レ》葦牙なり。さて如《ごと》とは、此《これ》は其《ノ》物の形の葦牙に似たるなり」。もともと、古語の意はきわめてやすらかでこともなきものであるから、ここでもこの葦の芽の喩えはただの譬えではない。「此に因て成坐《リ》る神の御名にしも負《おほ》せ奉《リ》しを以て、其《ノ》いとよく似たりけむほどを知《ル》べし」と、『傳』は語る。つぎに「萌騰之物は、母延阿賀流母能《もえあがるもの》と訓べし」。すでに注意しておいたとおり（本書、七〇二頁）、このばあい之の字は読まれない。万葉に詠まれている、春の柳が萌えあがるように、萌騰《もえあが》ったものは「天《あめ》と成《ル》べき物」であり、この一文は天のはじまりを説く一節であって、

「如此《かく》萌騰りて終《つひ》に天とは成れるなり」（伝三、全集九巻一三六頁以下）。

さきに『眞暦考』にそくして見たことがらを、いまいちど想いおこしてみよう。ふたたびめぐってきた春に、すべてのものはそのいのちとひかりとを取りもどす。秋に草木が枯れて、冬には雪に覆われていた水辺にも、瑞々しく力づよい生命がもういちど甦る。葦の新芽がいっせいに萌えたつすがたもそのひとつ、古代の風景のなかで、おそらくひとびとの目にもっとも鮮やかに映った風景である。そのかみ、この列島の水辺には、葦がいきおいよく繁茂する湿地帯がくまなくひろがっていたからである。葦の芽はまた、春がめぐむ旬の美味のひとつで、そのむかし列島の住民たちはその新芽を食べて、「口に美《よ》き」ものと感じていたことだろう。しかも春に芽ばえたちいさな葦の子どもは、ほんの数か月のあいだでひとの背丈ほどに生いそだってゆく。いにしへのひとびとはその生命力にも目を瞠り、そのひかりといのちとを称えたはずである（坂本勝『はじめての日本神話』九四頁以下参照）。古事記本文の冒頭には、このような生命の驚異に対する古代人の畏敬の感覚が脈うっており、『古事記傳』のうちにも、おなじ感覚が文字のあわいに波だっている。

古事記本文のつづきを、これも『傳』の訓読によって見ておこう。「次成神名《つぎになりませるかみのみなは》国之常立神《くにのとこたちのかみ》。次豊雲野神《つぎにとよくもぬのかみ》。此二柱神亦独神成坐而《このふたばしらのかみもひとりがみなりまして》、隠身也《みみをかくしたまひき》」、「次成神名《つぎになりませるかみのみなは》宇比地邇神《うひぢにのかみ》、次妹須比智爾神《つぎにいもすひぢにのかみ》。次角杙神《つぎにつぬぐひのかみ》、次妹活杙神《つぎにいもいくぐひのかみ》。次意富斗能地神《つぎにおほとのぢのかみ》、次妹大斗乃弁神《つぎにいもおほとのべのかみ》。次淤母陀琉神《つぎにおもだるのかみ》、次妹阿夜訶志古泥神《つぎにいもあやかしこねのかみ》。次伊邪那岐神《つぎにいざなぎのかみ》、次妹伊邪那美神《つぎにいもいざなみのかみ》」。かくてようやく、岐美二神の誕生にいたる。ここでは、淤母陀琉神の妹神とされる阿夜訶志古泥神に附された解について見ておきたい。宣長の註釈は諸家の注目するところであって、かつて子安宣邦も「その周到な目配りによって、もっとも宣長らしい特色があらわれている」と見たものである（前掲書、七七頁）。

○阿夜訶志古泥《あやかしこね》ノ神。阿夜《あや》は驚て歎声《なげく》なり。皇極紀に、咄嗟【今ノ本には、咄を吐に誤れり。】を夜阿《やあ》とも阿夜《あや》とも訓メり。【凡そ阿夜《あや》阿波《あは》礼波《れは》夜阿々《やああ》などみな、本は同く歎声にて、少しづゝの異《かはり》あるなり。抑歎くとは、中昔よりしては、たゞ悲み愁ふることにのみ云へども、然《さ》にあらず。那宜伎《なげき》は、長息《ながいき》の約まりたる言にて、凡て何事にまれ、心に深く思はるゝことあれば、長き息をつく、是レ即チ那宜伎《なげき》なり。されば喜《うれし》きことにも何にも、歎《なげき》はすることなり。さてその歎きは、阿夜《あや》とも阿波礼《あはれ》とも波夜《はや》とも声の出れば、歎声《なげくこゑ》とはいへり。】又阿夜《あや》と言て歎くべき事を、阿夜爾《あやに》云々《しかしか》とも云り。【阿夜爾《あやに》かしこし、阿夜爾恋《あやにこひ》し、阿夜爾《あやに》悲しなどの類なり。】又奇《あや》し危《あやふ》しなども、歎《なげき》て阿夜《あや》と云ハるゝより出たる言なり。又阿那《あな》も阿夜《あや》と通へり。【阿那《あな》たふと、阿那《あな》こひしなどの阿那《あな》なり。書紀応神ノ巻に、呉《くれ》織《はとり》穴織《あなはとり》とあるを、雄略ノ巻には、漢織《あやはとり》呉織《くれはとり》とあり、是レ阿夜《あや》阿那《あな》同じき証なり。】阿那可畏《あなかしこ》は、阿夜可畏《あやかしこ》と全《もはら》同じ。訶志古《かしこ》は、古書に、畏可畏恐惶懼などの字を書て、【畏志《かしこし》畏伎《かしこき》と活用《はたら》きて、其ノ伎《き》は加伎久祁《かきくけ》と活《はたら》く言なり。】

おそるゝ意なり。【又賢をも、智あるをも云は、然《さ》る人は畏《おそ》るべき故に、転《うつ》りていふなり。】さて阿夜爾可畏《あやにかしこ》しと云ときは、猶ゆるやかなるを、阿夜可畏《あやかしこ》と云は、其ノ可畏《かしこ》きに触て、直《ただち》に歎く言なれば、いよゝ切《せち》なり。

泥《ね》は、男をも女をも尊む称《な》なり。（中略）さて此ノ御名は、神の御面《みおも》の満足《たらは》せる【淤母陀琉ノ神の御名是なり。】を以て、其《そ》を望めば、可畏《かしこ》み敬《ゐやま》はるゝ意以て負せ奉りしなり。（伝三、全集九巻一五〇頁）

このあと、音をめぐる注意がつづく。「阿夜《あや》に上声《あがる》を附ケたるは、訶志古《かしこ》と引続ケて一ツに読べきため」である。音をつづけて読めば、上声になる。この注意をくわえないとすれば、アヤとカシコのあいだに一拍おくことになり、平声となってしまうけれども、そうではなくひとつに読むのは、たとえば「猿楽の謡物の中に、阿夜《あや》訶志《かし》」という語があるとおりであり、「然《しか》読ば阿夜上声なり」。

神名を、そのことばのかたちのままに解こうとする、右の引用に注目してみよう。くだんの神のなまえのうち、本居によればまず「阿夜は驚て歎声」である。およそ、あや、あは等々はすべて「本は同く歎声」に発する。また「那宜伎は、長息の約まりたる言」で、なんであれ「心に深く思はるゝことあれば、長き息をつく」のがなげきである。「阿那も阿夜と通」じる。「阿那たふと、阿那こひしなどの阿那」がそれである。「阿夜爾可畏し」と口にするときは、いわばまだ余裕がある。「阿夜可畏と云は、其可畏きに触て、直に歎く言なれば、いよゝ切」なのである。――宣長がそうしるすとき、なにを想いうかべ、反覆しているかはだれの目にもあきらかである。念のため、ふたたび引いておく。源氏註釈からの引用である。「まづあはれといふはもと、見るものきく物ふるゝ事に、心の感じて出る、歎息《なげき》の声にて、今の俗言《よノことば》にも、あゝといひ、はれといふ是也」。「あはれといふは、このあゝとはれとの重なりたる物にて、漢文に嗚呼などあるもじを、あゝとよむもこれ也。古言に、あな又あやなどいへるあも同じ」（玉の小櫛・二、全集四巻二〇一頁）。

さきにも引いたとおり（本節、七三七頁）、「豊雲野《とよくもぬノ》神より訶志古泥《かしこねノ》神まで」の神名を『傳』は「国土の初《メ》と神の初《メ》との形状を、次第に配り当て」たものと見ていた。このうち「淤母陀琉阿夜訶志古泥と申すは、神の始《はじ》まりのさま」となる。前者についてはこうである。「淤母陀琉《おもだるノ》神。書紀に面足《おもだるノ》尊と書れたり。此字の意の御名なり」。「面《おも》の足《たる》と云は、不足処《あかぬところ》なく具《そなは》りとゝのへる」ようすにほかならない。念のため附けくわえておくなら、これは「面を云て、手足其余《そのほか》も皆凡て満足《たれ》ることはこもれる」命名である（伝三、全集九巻一四九頁）。――迦微のうちそのとりわけ優れたものの出現をまえにして古代のひとびとは、神々の自足し、完全なすがたに驚いて、感嘆の声をあげる。R・オットー以来のものがたい概念を使用してそう呼びたいのなら、「ヌミノーゼ感情」の顕れと言ってもいい。(註)

（註）聖書学者によれば、旧約書以来、「驚きは神の創造行為の一般的な形容であり、恐れは神に対する敬虔な態度の表現」である。新約書のなかでは、とりわけマルコのみが「驚く」に ἐκθαμβεῖσθαι を用いながら、「イエスの行為は、その奇跡的治癒の行為も、教えの活動も、受難も復活も、イエスの存在自体がすでに、驚くべき恐るべき出来事だった、と述べ」ているととらえられるよしである。田川建三『原始キリスト教史の一断面』三〇一～三〇七頁参照。

ことは神の呼称のみにかぎられない。「氏姓」の始原に遡ろうとする脈絡で、『古事記傳』は註していた。引用しておく。

まず名は【名と云言の本の意は、為《なり》なり。為とは、為《な》りたるさま状を云《フ》。其は常に為人《ひととなり》と云も為りたる形状《さまかたち》と云事、又物の形を那理《なり》と云も同意にて名と云ももと其物のある状《かたち》なり。たとへば筆《ふみて》は文《ふみ》を書《ク》手なる由の名、硯は墨を摩る由の名、なるが如し。万《ヅ》の物の名皆然り。人の名《ノ》も其ある状に依て負《つけ》たるものなり。】もと其人のある状《かたち》【行状《しわざ》容貌由縁《かたちゆゑよし》、其外くさ〴〵。】を賛称《ほめたたへ》て負《つ》けたる物にて名を呼《いふ》は尊《たふと》みなり。【其名たとひ賛《ほめ》たる言には非るも負《つ》けたる意は賛《ほめ》たるものなり。故《レ》名を呼は尊みなり。然るに漢国《ノ》にては人の名を呼《いふ》を不敬《なめし》とするは反《うらうへ》の差《たがひ》なり。皇国にても後になりては、人の名を呼を不敬とするは漢のうつりなり。後のならひを以て古《へ》を疑ふことなかれ。】さて古《へ》は氏々の職業《わざ》各定まりて、世々相継《ヒ》て仕奉《へ》りつれば、其職《ノわざ》即《チ》其《ノ》家の名なる故に、【氏々の職業は、もと其先祖の徳功《いさを》に因《リ》てうけたまはり仕奉るなれば、是も賛《ほめ》たる方にて名なり。】即《チ》其《ノ》職業《わざ》を指《シ》ても名と云り。

（伝三十九、全集十二巻一八六頁）

人名もまた「其《ノ》ある状に依て負たるもの」であって、惣じて「名を呼は尊み」である。「後のならひを以て古《ヘ》を疑ふこと」があってはならない。「大かた名と云物は、貴きも、賤きも、皆其《ノ》人を美称《ほめたた》へたる方にて名を呼《ブ》は、其人を敬ひ賞《めづ》る意なり。然るを後《ノ》世になりては、人《ノ》名を呼《ブ》を無礼《なめし》として、諱憚《いみはばか》ることとなれるは、漢国の俗にならへるものなり」(伝三十五、全集十二巻五一頁以下)。「名は本《ト》其人を美称《ほめたたへ》ていふもの」で、上代ではたんに名といって「称名《たたへな》」を指すこともあり(伝十八、全集十巻三一七頁)、本文の脱落とおぼしき箇所をのぞけば、神もまたみずから名のり、「名を告《のら》ざる例は一《ツ》も見え」ないほどなのだ(同、三三〇頁)。ひとに向かいその名を呼ぶことは、なにごとかを訴えることであって、神なら、また神のごとく勝れたひとであるならば、まずその存在を称えることである。生まれたばかりの子どもに名をつけるのは、その子が誕生以前の状態に帰ってしまわないようにするためである。世を去ろうとする者のなまえを呼びつづけるのは、そのひとをなおこの世界に繫ぎとめようとするからである。名はただの符牒ではない。記号でもない。神とひとが、ひととひとがかかわり、相手になにかを希み、恐れ、望みがかならず叶えられるとはかぎらないことを怖れ、また畏れるがゆえの切実な思いがなまえのうちに凝縮される。三好達治が「風のふく日のとほくよりわが名をよびてたまはれ」と歌うのを引いて、詩人的な資質に恵まれた一研究者が論の谷間でふと問いかけているように、なまえ、とりわけ固有名とは、だれもがつくることのできる「最も単純な詩」なのではないだろうか(菅野覚明『詩と国家』二一四頁以下)。詩とはもと、祈りのひとつであるからだ。

古事記本文にはかくて数々の麗しい名があらわれ、美しい者を讃えている。たとえば木花之佐久夜毘売《このはなのさくやびめ》がそうだ。水穂の国をしろしめすために、父にかわって葦原中国に降りたった、天津日高日子番能邇邇藝命《あまつひだかひこほのににぎ》が、笠沙の岬でふと出逢う姫の名である。須佐之男のむすこ八嶋士奴美《やしまじぬみ》の相手として名のあがる女性に、すでに木花知流比売《このはなちるひめ》というなまえがあるのは——と宣長は思いを馳せる——「若《もし》は此神いまだ壮《わか》く盛《さかり》の齢にて、身亡《みうせ》給へる故に、惜《あたら》しみて名《なづ》けしにもや有《ル》らむ」（伝九、全集九巻四一七頁）。垂仁記には迦具夜比売《かぐやひめ》の命という名もみえる。疑問も出されているけれども、これを宣長は「名《ノ》義、かゞやく意か。然らば称名《たたへな》なり」と解く。むろん「竹取《ノ》物語のかぐや姫も、容顔《かほ》をほめて着たる名」なのである（伝二十四、全集十一巻七三頁）。男性の名を挙げておくと、応神段の末尾に登場するふたりの兄弟神の名が、それぞれ秋山之下氷壮夫《あきやまのしたびをとこ》と春山之霞壮夫《はるやまのかすみをとこ》である。兄のなまえは「諸木《きぎ》の変紅《もみぢ》したる秋山の色」により与えられて、弟の名は「春の時《ころ》の山の和《のどか》に霞みたるけしきの美麗《うるはし》き」にちなんで附けられたものだろう（伝三十四、全集十二巻二二頁以下）。

○木花之佐久夜毘売《このはなのさくやびめ》。上に大山津見《ノ》神之《ノ》女、木花知流比売《このはなちる》と云もあり、名《ノ》意、木花は、字の意の如し、佐久夜は、開光映《さきはや》の伎波《きは》を切《つづ》めて加《か》なるを、通はして久《く》と云なり。【若子《わかご》を、和久碁《わくご》と云類なり。】さて光映《はえ》を波夜《はや》と云は、上なる下照比売の歌に、阿那陀麻波夜《あなだまはや》とある、波夜の如し。【此事は、伝十三の七十葉に委し。】かくて万《ヅ》の木花の中に、櫻ぞ勝《すぐ》れて美《めで》たき故に、殊に開光映《さきはや》てふ名を負て、佐久良《さくら》とは云り。夜《や》と良《ら》とは、横通音《よこにかよふこゑ》なり。（割注略）されば此《ノ》御名も、何の花とはなく、たゞ木《ノ》花の咲光映《さきはや》ながら、即《チ》主《むね》と櫻《ノ》花に因《リ》て、然云なるべし。やゝ後には、木花《このはな》と云て、即《チ》櫻にせるもあり。古今集《ノ》序の歌に、難波津に咲《ク》や木《ノ》花とある。是なり。（割注略）又万葉八【廿丁】に、藤原《ノ》朝臣廣嗣、櫻《ノ》花《ヲ》贈《ル》二娘子《ニ》一歌に、此花乃《このはなの》云々、和《こたへたる》歌にも、此花乃《このはなの》云々とよめる、是《レ》は贈る花を指《シ》て、【字の如く】此《ノ》花と云る物ながら、櫻を木《ノ》花と云から、其を兼たりげに聞ゆるなり。さていよゝ後には、たゞ花といへば、もはら櫻のこととなれり。【それもおのづから、上代の意に叶へり。】（伝十六、全集十巻二一七頁以下）。

コノハナノサクヤビメをめぐる語釈である。一方では通音の考、他方では宣長の桜好きの性癖から、考証に乱れがあり、思考にも濫れが見うけられるところかもしれない。

宣長が固有名のうちでも、或るとくべつなまえ、ところの名つまり地名にかくべつの関心を寄せていたことは、すでにいくどか書いた。これもいちど説いたとおり、地名という空間的な定位点が、口伝と現在とを繋ぎとめ、物語と歴史との結節点ともなって、伝承とできごととのむすび目ともなるからである（本書、五七〇頁）。ここにはまた時間と場所をめぐる、なにほどか原理的な消息もかかわっていることだろう。

時は流れ、痕跡を止めない。すべてのものは過ぎ去ってゆき、過去はそのものとしては現前しない。口承されたものはひとの口から耳へ、口から口へ伝えられ、書きとめられたものは、手から手へ、手から目へと現在にもたらされる。口伝が語るもの、典籍のしるしたことそのものは、とはいえ過去の闇に消えて、いまはない。時間のかなたへと流れ去ったできごとも、しかしいっぽう場所のうちにあかしを残し、痕跡を刻んでゆく。太古の天変地異も地層に傷跡を遺して、死者たちのうちのいくらかはその墓墳を地中あさく、だが永くとどめる。過ぎ去った時間と、時の流れのなかで生起したものどもは、だからときとして場所のなかにその軌跡を残すのである。できごとがところの名とむすびあい伝わって、当の空間的な繋留点がその地名をとどめているならば、過ぎ去り、消え去ったものごとは、それでもいくらかは現在へと繋ぎとめられていることになるだろう。——垂仁巻の末尾に、帝妃比婆須比売《ひばすひめ》命が死んださい石棺作《いしきつくり》の制が定められたとある。上代の葬制に思いめぐらし、石棺に注をくわえ本居宣長は書いていた。「己さきに、大和国を見めぐりし時、十市《ノ》郡安部村の近き処に、窟《いはや》のある、やゝ深く入て、奥に、石槨《いしき》の上は屋根の形に作りて、高さも、竪も、横も、六尺ばかりなるが、立《たて》るを見つ。此《こ》は正《まさ》しく、上代の貴人《うまびと》の墓と見えたれば、石棺《いしき》と云るは、かゝる物なるべし」（伝二十五、全集十一巻一五三頁）。地《ところ》と、その名に降りつもった時間、場所にところを得て消えのこった過去、伝承と実見が、なお事物として現前するものをめぐって交差し、溶けあっている。

地名はたとえば、古書の本文、古地図、現状の確認などが折りかさねられて、現在の空間的な地点と比定されてゆく。宣長の長子、春庭がなお光を失うそのまえに、父の言いつけで写したもののうちには、種々の古典籍のほかに、さまざまな古地図もふくまれていたことを、足立巻一の『やちまた』もいくたびか活写していた。そうした探索をめぐる思考の過程をしめす例をひとつ挙げておく。

仁徳帝のいわゆる「仁政」については、一度ふれておいた（本書、七三〇頁）。仁徳段はまたその劈頭で、仁徳期に帰せられる制度の創成、公共事業の実施にかんして記載している。治水のこころみとしては、たとえば「堀難波之堀江而通海《なにはのほりえをほりてうみにとほ》」し、また子椅の江を開鑿して、おそらくは橋を渡したなどの記事が見られる。「小椅江」をめぐる詮索の実際を見てみよう。

○小椅江《ばしノえ》。【椅《ノ》字を延佳本に、土偏に作《かけ》るは非《ひがこと》なること上に云るが如し。】書紀には、十四年冬十一月、為《はしヲ》橋《わたス》於猪甘津《ゐかひノつニ》、即号《を》其処《そこ》曰《フ》小橋《をばしト》也とあり。今も東生《ノ》郡に、猪飼野《ゐかひの》村小橋《をばせ》村近くてあり。【猪飼野村は、大坂《ノ》城の東南にあたれり。其西に小橋村あり、天王寺より十町ばかり東《ノ》方なり。さて猪飼野に今も鶴橋とて平野川に渡せる橋あり。難波《ノ》古図にも此《ここ》につるが橋とてあり。】かくて此《ノ》江を掘《ル》とは、何《いづれ》の川を云るにか詳《さだか》ならず。若《シ》くは上代には、大和川の水、此《ノ》小椅のあたりへ流《レ》来て是《レ》も汎く漫《みだり》なりつるを、此《ノ》時にかの堀江の如くに其《ノ》川道《かはすぢ》を掘通《リ》して堀江へ導かれたるにやあらむ。【凡て河内《ノ》国より此《ノ》あたりへ流れ来る川々何れも、古《ヘ》今と其《ノ》道《すぢ》しば〳〵変りぬれば上代には大和川此《ノ》あたりへ流れしを、是《レ》より後に、古《ル》大和川の道《すぢ》へは、うつりしも知《リ》がたし。今《ノ》世に、猪飼を経て流るゝ川は、平野川にて大坂の京橋の上にて、古《ル》大和川と一《ツ》になるなり。平野川は、源は昔は、河内の丹比《ノ》郡の狭山《ノ》池より出しと云。今は、大和川の支《えだ》にて、同国渋川《ノ》郡より、住吉《ノ》郡平野を経て来る川なり。此《ノ》外猫間川、今川など云も此《ノ》あたりなり。されば小椅《ノ》江と云は、平野川などのことにやとも思はるれども、其は、さいふばかり大《キ》なる川には非ず。難波の古図を考るに猪飼のあたりを流れて、今の平野川に当れる川を百済川と記して、猪飼より南に田嶋と云処のあたりに、其《ノ》川に池の如く広き所ありて、堀江と記し、其処《そこ》より西へ分れて、木津の辺へ流るゝ、支《えだ》川を堀江川と記し、又猪飼より分れて西へ流るゝ、支《えだ》川をも堀江川と記せり。かくて大和川は既《はや》く今の古《ル》大和川の処にあり。抑此《ノ》図は何時《いつ》のころのとも知られねども、大かた四五百年よりあなたの物とは見えず。然るにかの池の如き処を堀江と記し、そこより分れたる川を、堀江川と記したるを思ふに、上代に大和川此《ノ》あたりを流れて、小椅《ノ》江を掘られて、其をも共に堀江と云し其《ノ》大和川の道《すぢ》は、後に他処《ことところ》に移りぬるを、かの池の如くなる処は、其《ノ》江のなごりのいさゝか残れるにて、名も其処に残れるにや有《ラ》む。】なほよく考ふべし。

（伝三十五、全集十二巻五六頁以下）

いささかくどいだろうから、引用は途中で切りあげた。このあともなおすこし詮索がつづき、古事記には開鑿のことのみが、書紀には橋渡しの件だけが記録されているしだいも併せてしるされてゆく。古事記中の地名を確定してゆく作業はそのひとつひとつが、このような行きつもどりつする手さぐりなのだ。この間の消息がもっとも典型的にあらわれているのが、ひとつには伝承中に記入されている神々の祀られている神社をめぐる探索であり、いまひとつには歴代天皇の陵のありかをめぐるそのつどの考察であって、そのいくつかにはひどく興味ぶかいものもふくまれるが、後者については次節でふれ、ここでは紹介を略する。

前者にかんし、昔話としてひろく知られている挿話から例を採っておきたい。「稲羽《いなば》之《の》素菟《しろうさぎ》」をめぐる伝説である。古事記に「於今者《いまに》謂菟神也《うさぎがみとなもいふ》」いまではウサギ神といわれる、とある本文に附された註を挙げておく。宣長は「謂二菟神《ト》一」。この神社今も有《リ》や、くはしく国人に尋ぬべきことなり」としるしたのち、割注を入れ、書いていた。『古事記傳』を読むとは、このような箇所を読むことでもあると、私としては考えている。

伯耆《ノ》国人の云く、本国八橋《ノ》郡束積《つかづみ》村に、鷺《さぎ》大明神と云あり、須佐之男《ノ》命を祭ると云。同村に大森大明神と云あり、大穴持《ノ》命を祭ると云り。件《ノ》両社の神主細谷大和と云。さてその鷺大明神を、疱瘡《もがさ》の守《リ》神なりと云て、そのわたりの諸人あふぎ尊みて、小児の疱瘡の軽《かろ》からむことを祈る。まづ初《メ》に此《ノ》願を立るときに、此社に詣て、竹《ノ》皮の笠を一蓋借《リ》て帰《リ》て、家《ノ》内に齋《いは》ひ置て、その児疱瘡をことなくしをへぬれば、賽《かへりまをし》に同じさまの笠を今一蓋添《ヘ》て、初《メ》のと共に、かの社に返し納《メ》奉る。此《ノ》笠どもはみな、神の御前に積《つみ》置《ク》を、又後に祈《リ》かくる者は、一蓋づゝ借《リ》て帰るなり。さて其《ノ》束積のあたりに、木《ノ》江川とて大《キナル》河ありて、其川の海に落る処、塩津浦とて、隠岐の知夫理《ちぶりノ》湊その向ひに当れり。さて因幡の気多《ノ》郡は、伯耆の堺にて、束積村とは、五六里隔たれりと語りき。此《レ》因幡の気多《ノ》前《さき》とあるには合《ハ》ざれども、若《シ》は菟神は此《ノ》社にて、鷺とは、菟を誤りたるならむか。疱瘡を祈るも、此《ノ》段の故事に縁あることなり。和名抄によるに、束積《ノ》郷は汗入《ノ》郡なるを、八橋《ノ》郡なるは、今は八橋《ノ》郡に属《つけ》るなるべし。さて彼《ノ》木《ノ》江川の落口、塩津と云地《ところ》、蒲黄を取し水門《みなと》ならむか、猶よく尋ぬべし。貝原好古が和邇雅てふ物に、伯耆《ノ》国素菟《うさぎ》大明神と云を載《セ》た

るも、彼社《ノ》を云るにやあらむ。（伝十、全集九巻四三二頁以下）

助けられたウサギは、稲羽之八上比売《いなばのやかみひめ》を娶ることになるのは兄神たちではなく、あなたです、と大国主命（大穴牟遅神《おほなむぢ》）に告げた。この「菟曰」にも本居宣長は註をくわえ、「此言《ノ》のごとく果して、八上比売をば、大穴牟遅神《ノ》の得たまへるは、この菟の霊《たま》ちはひけるなるべければ、まことに神なりけり」、ほんとうにウサギはカミだったのだ、と書いている（同、四三三頁）。

伊邪那岐の生と伊邪那美の死とを距てた「黄泉比良坂《よもつひらさか》」については、「外篇」で一度ふれた（本書、三三四頁）。ヨモツヒラサカとは現在の「出雲国之伊賦夜坂《いづものくにのいふやざか》」であるとする古事記本文に注を附けて、本居はいう。「此伊《ノ》賦夜坂の、黄泉平坂なることは、当時《そのかみ》伊邪那岐《ノ》神の、黄泉より還り給《フ》時、此地《ノところ》にぞ出《デ》給ひけむ」、また出雲国風土記にいう黄泉之穴《よみのあな》も伊賦夜坂とは「別《こと》なれど、是《レ》も黄泉に通ふ一《ツ》の道なるべし」（伝六、全集九巻二五九頁）。ただし、こうした地名の比定を、宣長が確実なことがらと考えていたわけではない。地名や神社名を挙げるのは、『古事記傳』のなかで「何《いづれ》も正《まさ》しく其《それ》ぞと云には非《あら》ねど、いさゝかも名の似よりなどして、由《シ》有《リ》げなるをば、若《シ》くもやと試《こころみ》に物しつる」ものにすぎない（伝十一、全集九巻五一五頁）。

じっさい『傳』十之巻は末尾の「おひつぎの考」で、因幡国高草郡内海《うつみ》村の「白菟《はくとノ》社」を素菟神とする秋上得國の所説を挙げ、前註を翻しているかに見える（伝十、全集九巻四六八頁）。菟は和邇《わに》たちに赤はだかにされ、八十神《やそがみ》にも嬲りものにされたあげく、大国主に助けられた。素菟の御霊《みたま》のゆくえを宣長は、思考を積み、註解をかさねて、古事記本文の内外を往き来しながら追いかけていたのである。

四十三

本居宣長の『古事記傳』が地名にとくべつな関心を示していたことについては、繰りかえし書いてきた。とりわけかつて現身《うつしみ》をともない、いまこの世界に御霊《みたま》として留まっている神々にかんしては、その祀られている神社、また神武帝以来の歴代の天皇をめぐってなら、それぞれの天皇陵が本居の興味を引いていたことも一度ふれたところである。前者の一例としては、稲羽之素菟を祀るとされる神社についての『傳』の穿鑿の一端を見てきたばかりである。後者にかんして先だっては通りすぎておいたけれども、ここで古事記本文の記述ともあいまって、やや事情が入りくんでいる例をひとつとり上げておこう。――古事記の記事によると、崇神帝は百六十八歳で死去、陵は「山辺道勾之岡上」にある。宣長の釈を引く。

○山辺《やまのべノ》道《みちノ》勾《まがりノ》之岡上《おかのへ》。書紀に、明年秋八月甲辰朔甲寅、葬二于山辺《ノ》道《ノ》上《ノ》陵《へのニ》一と見え、又垂仁《ノ》巻には、元年冬十月癸卯朔癸丑葬《ニ》とあり。【かく忽《たちまち》に月日の違へるはいかにぞや。】諸陵式に、山辺《ノ》道《ノ》上《ノ》陵《ハ》、磯城瑞籬《ノ》宮《ニ》御宇《シシ》崇神天皇《ナリ》、在二大和《ノ》国城《ノ》上郡《ニ》一、兆域東西二町、南北二町、守戸一烟とあり。【又衾田《ふすまだ》墓《ノハ》、手白香《ノ》皇女《ナリ》、在二大和《ノ》国山辺《ノ》郡一云々、無《シ》二守戸一、令《ム》二山辺《ノ》道《ノ》勾《ノ》岡《ノ》上《ノ》陵戸《ヲシテ》兼守《ラ》一とあり。道《ノ》上《ノ》陵とあるは、書紀に依て記されたる名なり。然るに此には、此記の如く、勾岡上陵とあるは、延喜のころも、如此《かく》も申せしなり。道上とのみにては、景行天皇の御陵と、まがひつべし。】又景行天皇の御陵も、山辺道上とあり。【此《こ》は、此記も書紀も式も同じ。】相《ヒ》近き地《ところ》なるべし。山辺《やまのべ》は、和名抄に、大和国山辺【夜萬之倍】郡とありて、神名式に、山辺御縣坐《ニス》神社もあり。さて此郡は、城上郡の北に隣《なら》べり。後撰集に、初瀬へ詣づとて、山辺と云わたりにて、伊勢、草枕旅となりなば山の辺に白雲ならぬ我や宿らむ、更科日記【初瀬にまうづる道の所に、東大寺云々、石上《いそノかみ》云々の次に】に、其夜山辺と云処の寺に宿りてなど見えて、中昔まで、山辺と云地《ところ》のありて、もと其地名より、郡名にもなれるなり。さて其山辺と云は、山辺郡の南方より、城上郡へかけて、広き地名にて、此二《ツ》の御陵【崇神景行】のあるあたりは、城上郡に属《つけ》る地《ところ》なるなり。【かの山辺郡にある衾田墓を、此御陵戸に兼守らしむとあるにて、此御陵の、山辺郡の境に近きこと知られたり。】されば此御陵の山辺も、隣《となり》の郡名の山辺と、本は一《ツ》なりけり。さて道《みちノまがりノ》勾 之岡《おか》は、道は、長谷《はつせ》の方より、山城国の方へ往来《かよ》ふ大道にて、【此筋、今世にも大道なり。】勾《まがりノ》 之岡《おか》と云は、其大道の曲る処に在故《ル》の名なるべし。【たゞ山辺勾之岡と云《ハ》ずして、道の辺としも云るは、此御陵、大道の近き辺《ほとり》なりし故なるべし。書紀に、道上《みちのへ》とあるも是故なり。さて勾《まがり》と名負《ヘ》る地は、大和国内に、此彼《ここかしこ》見えたれども、此《これ》は一別《ツこと》にて、たゞ此岡の名なり。】さて御陵は、大和志に、在《リ》㆓渋谷村南《ニ》㆒、陵畔《ニ》有㆓家四《ツ》㆒と云り。（伝二十三、全集十一巻六六頁以下）

崇神、垂仁の両代の天皇陵をめぐる古書の記述におそらくは混乱と錯誤があって、そのありかを比定するのに思考と注記を費やしているのがわかる。このあとやはり割注のなかで、荒木田久老からの伝聞として、「柳本村より東の山ぎはに、冢山《つかやま》二《ツ》」があり、そのひとつは坂をすこし上がったところにあって、そばにはちいさな家がひとつ、ふたつある、その山をいま「爾佐牟邪山《にさんざやま》」というのは御陵山《みささぎ》の訛化ではないか、またもうひとつおなじ山の東の上方に「碁石を敷覆《しきおほ》」ったところがあって、「此《ノ》二《ツ》、疑《ヒ》もなく御陵と見えたり」とする推測を附記している。ただし、つづく注記には「道上の上は、上下《かみしも》の上《かみ》には非ず、道の辺《べ》と云ことなり」とあり、「故二御世のを共に、道上《みちのへ》とは云るなり」とあって、それぞれの記述、伝承、伝聞が「皆一《ツ》ならむか、別《こと》なるか、詳《さだか》ならず」と判断が留保されたうえで、ここでも「已《レ》いまだ此《ノ》あたりは、委くも得尋ねざれば詳《つばら》には云がたし。なほよく考へて、定むべきなり」とむすばれる。

ここでは、地名と御陵をめぐる詮索のあいまに書きとめられている、もうひとつの記述にも注意しておきたい。久老よりの伝聞が紹介されるに先だって、古書が引かれ、また現地の伝承にも言いおよばれている。「前皇廟陵記に、或曰、今《ノ》東山乎《カ》、俗云宇和奈利山《うはなり》、亦云玉身墓《みみと》と云るは、いづこばかりにあるにか、おぼつかなし。又大和《ノ》国人の云く、三輪より丹波市に至る間に、柳本村と云処の、七八町東の山ぎはに、岩屋《いはや》二《ツ》ありて、各深さ五六丈ある、奥に石槨あり。毎年の十二月《ノ》晦日の夜は、おのづから其上《ノ》に燈《ひ》ともり、又其外にも、あやしき事どもありて、おそろしき窟《いはや》なりと云り。此若《レシ》は崇神景行の二《ツ》の御陵には非るか」。

墓陵にまつわる記事のなかで、奇譚めいたものにとくに言及している例はほかにもある。倭建命陵にかんしては、高宮村の「ひよどり塚」なるものをめぐって谷川士清からの伝聞を引いたあと「又七八町ばかり北方《ノ》に、御所垣内《がいと》と云田《フ》地の字もありて、土人鑁《さとびとくは》を入《レ》などすれば、祟《たたり》ありと云伝《ヒ》へたる地《ところ》などもあるなりと云り」と書き（伝二十九、全集十一巻二九〇頁）、また顕宗天皇巻末尾にある「市辺《ノ》王《ノ》の御陵《みはか》の事」をめぐる注記中では「此《ノ》御陵の域内へ、牛馬を牽入《ル》ときは、其牛馬忽《チ》に死ぬと云て、里人いたく畏るとなり」と伝える挿話をも書きとめていた（伝四十三、全集十二巻三六四頁）。古陵にかかわって本居宣長が採録している、「国人」

たちの伝説のなかでも、ここではやはり、崇神、垂仁の両天皇陵にまつわって「毎年の十二月《ノ》晦日の夜は、おのづからに其上《ノ》に燈とも」るよしである、と興味ぶかげに書きとめられているしだいにとりあえず注目しておきたい。燈あるいは火への関心が、通りすがりのものではないように思われるからである。

『傳』五之巻「神代三之巻《かみよのみまきといふまき》」で、本居は「肥国《ひのくに》」とある地名に関心を示して、書紀景行紀十八年の記事をも引いていた。かの地に灯る火はだれの着けた火でもないと土地びとの語るのを聞き、「茲知非人火《ここにひとのひならぬことをしりぬ》、故名其国曰火国《かれそのくにをひのくにとなづく》」とする所伝である。宣長はここにも割注を附して、いまの世の「国人」が伝えるところを紹介している。「此《ノ》火の事、国人の説《こと》に云《ク》、肥後国《ノ》海に、松ばせの澳《おき》と云ところに、龍燈と云て今もあり。年毎の七月の末より、八月ごろまで見ゆるうちに、八月朔日の夜は殊に多し。宇土《うど》のあたりの山よりよく見わたさるゝなり。そのさま世に挑燈と云物の大《キ》さに見ゆる火、初《メ》には一《ツ》二《ツ》あらはれて、其《それ》やうやくに分れて、数多くなりゆきて、さかりなるほどは、幾千万《いくちよろづ》ともしられず。大かた海上《ノ》竪横《たてよこ》三四里がほど、おしなべてみな火になるなり。風ふけば火すくなく、雨ふる夜は見えず。さて其火のもゆる時に、其海を往来《かよふ》船を、遠く見渡せば、火中《ノ》を行《ク》と見ゆるを、船にてはさらに火見ゆることなく、たゞつねの如くなりとぞ」（伝五、全集九巻一九一頁）。——柳田國男が、龍燈は水辺の怪火を意味する漢語で、日本では祖霊信仰とむすびついたと説いたことはよく知られており、南方熊楠にも「龍燈について」と題する一文があって、「附言」には近在の古老からの伝聞譚もしるされている。宣長の神代註解でも、おなじ現象をめぐって右のような聞書があり、とりわけ「初《メ》には一《ツ》二《ツ》あらはれて、其やうやくに分れて、数多くなりゆきて、さかりなるほどは、幾千万ともしられず」といった描写の妙が、ことさらおもしろく読まれるところである。

天津日子番能邇邇藝《あまつひこほのににぎ》の命が高天原を立って、重なりたなびく雲を押しわけ、天の浮橋を踏みこえて降臨したとされるのは日向の「高千穂之久士布流多気《たかちほのくじふるたけ》」であったと、古事記はつたえる。この地の名に宣長は註釈をくわえて、こう書いていた。古書をさまざま引いて「高千穂」を解いたのち、「久士布流」を「霊異《くし》ぶる」であると説き、地理的な同定をこころみたあげく、『古事記傳』は割注を附している。

　そも〳〵此《ノ》山の事、委く聞《ク》に、霧山とも霧嶋山とも云て、東なる峯は、日向《ノ》国諸縣《ノ》郡、西なるは、大隅《ノ》国囎唹《そノ》郡なり。東なる峯、殊に高くして、鋒《ノ》峯といふ。頂に神代の逆矛《さかほこ》とてたてり。詣《ヅ》る者これを拝む。語《リ》伝へて云く、伊邪那岐伊邪那美《ノ》命、天《ノ》浮橋の上より、霧の海を見下し賜ふに、嶋の如く見ゆる物あるを、天《ノ》沼矛を以て、かきさぐり、其処に天降《リ》賜ひて、其矛を、逆様に下し給へるなり。霧嶋山と云も、此《ノ》由なり、と云なるは、此《ノ》邇々藝《ノ》命の御古事を、彼《ノ》二柱《ノ》神の御事に混《まが》へて、伝へひがめたるなるべし。かくて西なる峯は、やゝ卑《ひき》し、頂よりやゝ下《しも》、のぼる道の傍なる谷には、常に火燃《もえ》あがる。さるゆゑに、火気布《ひけふノ》 峯と云《フ》。日向の言に、常を気布《けふ》と云故なりとぞ。又此《ノ》火、時によりて、いみしく熾《さかり》に燃上《もえあが》りて、黒烟天《そら》におほひ、石砂遠く飛《ビ》散《ル》ことあり。日向大隅薩摩の国人ども、神火と云て、畏み拝むとぞ。霧嶋明神の社は、麓にあり、大《キ》なる社なりとぞ。凡そ此《ノ》山の内、夏のころ、きりしまさつまの花盛《リ》は、目もあやなりとぞ。其外あやしき樹ども、くさ〴〵あり、山半《なから》より上には、樹は一《ツ》もなくて、たゞこまかなる焼石のみなりとぞ。又山の内に、処々大《キ》なる池多く有て、大なる蛇すめりとぞ。さて此《ノ》山、つねに登《のぼり》詣《まうヅ》る人多きを、暴《にはか》に霧の起りて、大風吹出《デ》、地とゞろき、おどろ〳〵しき音して、闇の夜の如く暗がりて、路も見え分《カ》ぬばかりになることありて、ともすれば、此《ノ》霧におぼゝれ、風に吹放たれて、亡なる者もあり。然るに神代の故実と云て、いはゆる先達《せんだち》なる者、人に教へて、手ごとに稲穂を持せ行て、もし此《ノ》霧おこりぬれば、其《それ》を以て、払ひつゝゆけば、しばしがほどに、天明《そらあか》りて、事故《ことゆゑ》なしとぞ。

(伝十五、全集十巻一九一頁以下)

本居はまず神話的な地名を現在の地理的布置のうちに位置づけようとする。国人から聞きおよんだ、そのところの名は「霧山」あるいは「霧嶋山」で、伝承のうちでは伊邪那岐、伊邪那美の国づくりと天孫降臨の古事とが混線しているしだいが指摘されたのちに、「常に火燃あがる」怪異な火山のさまが伝聞をうけて活写され、国人たちが神火とも崇める事情が書きとめられて、「暴に霧の起りて、大風吹出《デ》、地とゞろき、おどろおどろしき音して、闇の夜の如く暗がりて、路も見え分《カ》ぬばかりになることありて」という、神話的事象と自然現象とを繋ぐかにみえることがらにふれられてゆく。生起していることどもが、神話的過去と現前する時間とが交叉するところに立ちあらわれるがゆえに、「手ごとに稲穂を持せ行」き、霧をはらえば、「天明りて、事故なし」という霊異な現象が、古事記本文と古事記の註釈とを接合する挿話としてところを得てくるはこびとなるのである。火の国にあらわれる自然の驚異が『古事記傳』にあっては神話の霊妙さとただちにむすびつき、いまなお燃えあがる炎が神話的な空間の現前をしるしづけ、手ごとに稲穂をもって霧をはらう神事もまた神代とはるか後代を繋ぎあわせている。——引用のあとにも国人からの伝聞がつづく。「さて峯《ノ》に立《テ》るかの御矛は、長さ八九尺許《リ》ありて、鉄にや石にや、わきまへがたし。鋒《さき》の方に、横手ありて、十字《ノ》の形の如し。又同じさまなる矛、今一《ツ》立《テ》るは、近《キ》世に、嶋津《ノ》義久《ノ》朝臣の、新に造りて、建添《たてそへ》られたるなりとも、又は鹿児嶋の商人、池田《ノ》某と云し者、此《ノ》山の神を深く仰ぎ奉りけるが、真鍮を以て造りて、建たるなりとも云《フ》は、いづれか実ならむ」。ここでも宣長としては、その純粋な好奇心を刺戟した聞きづたえの一端を、思わず書きとめてしまわざるをえないのだ。

もうひとつ、例をくわえておきたい。倭建が西方の熊襲を平らげて、やまとに戻ると、父帝、景行天皇はただちに東方十二国の鎮定を命じる。そのおりの倭建命の歎きについては、『古事記傳』の読みようを、笹月清美の解釈とともに、すでに「外篇」で見ておいた（本書、二二四頁以下）。東征の途上で出遭い、みことが鎮めたとされる神々のうちに「山神《やまノかみ》河神《かはノかみ》」とならび、「穴戸神」が登場する。宣長は「穴戸神《あなどノ》は、穴戸に在《リ》て、荒ぶる神なり。穴戸は、長門《ノ》国と、豊前《ノ》国との間《あはひ》の海門《うなど》にて、筑前《ノ》国の、北面《きたおもて》の海より、山陽《かげともノ》道の南《みなみ》面《おもて》の海に入る門《と》なり」と注したのち、「穴戸」という名の来歴に、源貞世（今川了俊）の一書を引いて立ちいっている。さらに縣居門の同学の所見に言いおよびながら、なおも地名の由来と、現地の伝承と民俗とに説きおよぶ一節を引用しておく。

さて此《ノ》穴戸の事は、なほ、内山《ノ》眞龍《またつ》が考《へ》に云く、長門の段《ノ》浦と、豊前の早鞆《はやともノ》崎との間の海、里人は一里ありと云なれども、いと近くして、わづかに五六町ばかり離れたり。さて此《ノ》段《ノ》浦と、早鞆と、相対ひたる、両方《ふたかた》の山の岸、崩れ欠けたる形なるを見るに、上代には、此処《ノ》長門と、豊前とつゞきたる岩山にて、其下《ノ》に洞《ほら》ありて、東西通《とほ》り、潮の通《かよ》ふ道ありて、船も往来《かよ》ひつらむ、故穴戸とは云《レ》なるべし。仲哀紀に洞《くきノ》海とあるも此《ここ》なり。然るを後に其洞《ノほら》の上の山を截通《きりとほ》して、今の如くよのつねの海になれるならむ。されど今も両方《ふたかた》の岸高く、間《あはひ》の海はいと狭《せば》く、穴の如くにて、潮の満乾《みちひ》に流るゝことは、早川の如くなり。かくて西方《ノ》は、やうやくに広くして、長門の赤間関《ガ》より、豊前の柳《ノ》浦までの間《あはひ》、船路一里なりとぞ。さて早鞆《ノ》神社は、豊前の地にあれども、今も里人は、長門の社なりと云なるは、旧地《もと》つゞきて、長門の内なりし故にぞあるべきと云り。宣長按《おもふ》に、此《ノ》考《へ》貞世の記せる趣と、大かた似たり。洞《くきノ》海と云は、久岐《くき》は、久具理《くぐり》にて、山《ノ》下の洞《ほら》をくゞりて、船の往来《かよひ》し故の名なるべし。さて今此《ノ》海門《うなど》の北は、長門《ノ》国にて、段《ノ》浦、赤間《ガ》関と、西へ並び、なほ西は大海なり。南は豊前《ノ》国にて、早鞆、門司《ガ》関、大裡、柳《ノ》浦、小倉、と西へ並び、其《ノ》西は、筑前国につゞけり。引嶋は此《ノ》海門の西の口に在て、長門に属《つけ》り。

（伝二十七、全集十一巻二〇六頁以下）

本居宣長としては、いにしえの地形に思いを馳せながら、その後の景観の変容を推定し、伝説的な過去をめぐる、それじたい伝承世界のなかで言いつたえられる事件が生起した場面を再構成して、その場所を現在の地理的な布置の内部に着床させようとしているわけである。推論の過程には「久岐《くき》」を「久具理《くぐり》」とするような、今日の目からみるなら音韻変化をめぐる謬見もふくまれていることはべつとして、右に引いた部分も、地名にかかわる『傳』の穿鑿の迹をしめす一例だろう。引用箇所に後続する部分にも、さらに注目しておきたい。「さて次手《ついで》に云むは、彼《ノ》早鞆《ノ》神社を、海布《め》刈《かりノ》社とも云て、年毎の十二月晦《ノ》日の夜、海布刈《ノ》神事と云あり。其《ノ》夜は常より殊に甚《いた》く潮の干《ひ》るを、彼《ノ》社の神主、海ぎはの石階を五百段降《くだ》りて、底の海布を刈る、其《ノ》同時に、長門の一《ノ》宮の神主も、松明を執て、北より同く五百段降りて、相対ひ、丑《う》時《し》のくだりに南北へ相去る、此《レ》に因て其浦を、五百段《ノ》浦と云《ヒ》、又略《はぶ》きて、段《ノ》浦とも云なりと云り」。大晦日の夜に、ことのほか汐が退く。両岸から揺らめくたいまつの火が交錯してゆくかみごとに、本居は興趣をいだき、宣長の筆はこれも書きとめておくのを止めることができない。

ギリシアの神話的世界では、プロメテウスがゼウスの目を掠め、天界の火を盗んで、人間たちに与える。

ミュトスとロゴスとが分岐しはじめたころ、ヘラクレイトスがあらためて火のふしぎに目をむけて、それをみずからのロゴスの根幹に据えていた。火が燃えて、炎が揺らめいているとき、そこには相反するふたつの傾向がはたらいている。一定のかたちを描き、また変えて、燃えさかっている火は、ただ燃焼しているだけではない。積みあげられた焚き木のうえで炎が燃えひろがっているとき、火は同時にみずからを不断に鎮めて、ひとつのかたちのうちにじぶんを限定している。火は、いつでも「一定量のみ燃えて、一定量だけ消えさって」ゆく（断片三〇）。火がそのつど消滅することこそが、火がたえず生成してゆくことなのだ。それは不可思議な秩序であって、世界《コスモス》そのものとおなじように、相反するもののあいだになりたつ秩序《コスモス》にほかならない。火《ピュール》と自然《ピュシス》とは、おなじひとつのものであり、むしろ世界そのものが「永遠に生きる火」（同）とべつのものではない。生と死、覚醒と睡眠、若さと老いとがたがいに転じあい、「おなじひとつのものである」ように（断片八八）、閲ぎあいこそ秩序であって、「戦いが万物の父であり、王である」（断片五三）からだ。

火神は母の陰部を焼きつくし、親の死と引きかえにこの世に生まれた。夫は「燭一火《ひとつびともして》」黄泉の国へ降りてゆく。妻はすでに「黄泉戸喫《よもつへぐひ》」し、つまり「黄泉《ノ》国の竈にて煮炊《にかしき》たるものを食」してしまっていた。宣長によれば「水火は天生の物なれば穢なしと云は、妄《リ》に理《リ》をのみ思ふ漢意」であって、黄泉のものはすべて穢れを免れず、黄泉の火をもって煮炊きしたものによって、伊邪那美も穢れを帯びたというからには「もと其《ノ》火に穢の有《ル》ゆゑ」なのだ。かくてこの古事《ふること》こそ「火を忌清む事の本」なのである。かくてまた、火にも「浄《きよき》と穢《きたなき》」があり、ただひとはその清浄が「如何なる所以《ゆえ》とも測知べき」すべもないだけである。火はたしかに、生にとって有用であって、ひとは炎を守ることでみずからの身を鳥獣たちから護り、また火をつかって食物を煮炊きする。とはいえまた「万の禍は、火の穢るゝから起るぞかし」。火は木々を焼きはらい、人家を焼きつくし、ひとを焼きころす。「あなかしこ火の穢をなほざりにな思ひなしそ」(伝六、全集九巻二四一頁)。『玉かつま』四の巻から引く。「いざなぎいざなみ二柱ノ大神の、国土《くにつち》又もろ〱の神たちをうみ〱て、火《ほ》産霊《むすびの》神を生給へるまでは、物の成れる吉事《よごと》のみにして、凶事《まがこと》はなかりしを、かのほむすびの神をうみ給へるによりて、いざなみの大神の、岩隠《いはかくり》まし〱しは、よの中の凶事のはじめ也。さればほむすびの神は、そのかみ吉事の終り、凶事のはじめのきはに、成ませる故に、吉《よき》と凶《あしき》とをかね給へる神にませり。火は、世ノ中に物を熟《やは》しとゝのへ成す功《いさを》おほくして、又万の物をやきほろぼすまがことも、たぐひなし。これ吉と凶とのきはに成坐《なりまし》て、吉と凶とをかね給へる、此ノ神の御霊によるものなり」(四・八三、全集一巻一四七頁)。本居宣長の理解する世界のありようのなかで、ほむらは神代の古事《ふること》に種火をえて、人代へ燃えつながり、聖俗の境界に跨って吉凶の双方を司りながら、神事と人事とのさかいを越えて、善悪わかちがたい燈を灯している。

火は神代のなごりであるとともに、この世界のうちに棲まうひとの生とともにある。夜の闇はその深部に神話的なできごとをなお秘匿し、たとえば松明のあかりがかみごとを照らしだしているいっぽうで、闇夜にきらめく燭火はまた、始原の脅威と恐怖とを乗りこえ、神世を克服してきたひとの理智をもあかしている。いずれにしても、ひとの世で熱と光を発し、ぬくもりとあかるみとを与える火は、神代から引きつがれた霊妙《くすし》さを帯びて、つねに揺らめく。今日この世界のただなかで、霊異なるもののありかを、ほむらの揺らめきがあかしつづけているのである。

不可測の理をめぐり「内篇」でもいくどか問題としてきている。これまでは言いおよぶところのなかったテクスト、論争的文献のひとつを引用してみることにしよう。――『鉗狂人』は、藤貞幹の『衝口發』に対する駁論としてものされた一文であった。そのほぼ劈頭の一節から引いておく。

すべて神代の伝説《つたへごと》は、みな大に霊異《あやし》くして、尋常の事理にことなる故に、人みな是を信ずることあたはず。世々にこれを解釈する人も、おのが心のひくかたにさまぐ〵いひ曲《まげ》て、今日の事理にかなふさまに説なすめれ共、そはみな漢籍意《からぶみごころ》に惑ひたる私ごと也。おのが心をもて思ふかたにいひまげば、もろ〳〵のこといかやうにもいひ曲らるべし。（中略）霊異きを以てこれを信ぜざるは、又同じく漢籍意《からぶみごころ》にまどへるもの也。凡てからぶみごゝろは、尋常の見聞の事理になづみて、甚《タ》小量なるもの也。いかにといふに、まことの理といふものは、はなはだ霊異《あや》しく妙《たへ》なる物にして、さらに人の小き智をもて測識《はかりしる》べきところにあらず。人のよくはかりしる所は、わづかにその百分が一にも及ぶべからず。然れば此天地の内にも外にも、上古にもゆくさきにも、思ひの外なるいかやうの奇異《あやし》き事のあらむも測知《はかりしり》がたきわざなるを、漢国のならひとして、古《へ》の聖人といふものを始め世々の人みな、おのが心をもてよろづを思ひはかりて、かくあるべき理ぞ、かくはあるまじき理ぞと定めて、その己が定めたるところを理の至極と思ひ、此理の外はなきことと心得めり。（中略）もしその小量なるからぶみごゝろを清くはなれて、まことの理ははかり知がたきものぞといふことをだによくさとりなば、神代に疑ひはあるべからず。

（全集八巻二七三頁以下）

この世に在ることのすべては、それぞれにふしぎに満ちている。ひとのありよう、鳥獣が空を飛び、地を駆けるさま、風が吹いて、雨が降り、雪が積もって、また草木が伸びて花が咲き、実がつくようす、究極のところは「みなあやし」く、「されば此天地も万物も、いひもてゆけばことぐ〵く奇異からずといふこと」がない。「かくの如く大に奇異き天地の間に在ながら、そのあやしきをばあやしまずして、たゞ神代の事をのみあやしみて、さることは決《きはめ》て無き理也と思ふは、愚にあらずして何ぞや」（くず花・上、全集八巻一二九頁）。とはいえ『古事記傳』は、古事記本文にさまざまに伝えられている伝説《つたえごと》のかずかずを、くすしくあやしいがままに説いたわけではない。『傳』の本文は、じっさいには、過剰なほどの理智をもって物語のいちいちに註釈を展開している。それは、尋常なこの世界のただなかに、火の霊異という神代の影をなお見とりつづけようとした宣長のかまえとうらはらのものだった。『傳』は、一方で現前する世界のなかに神代の痕跡を追いもとめ、他方では神話的な物語のうちに、辿りうるかぎりでの理路をも尋ねもとめていたように思われる。その双方を繋ぐものは、伝承され、語りかわされることへの純一な関心、すなわち古学の眼なのであった。

手はじめに「外篇」でふれた吉川幸次郎の所見に立ちもどって、本居宣長の古事記註解のありようをべつの面から捉えかえしてみよう。吉川は「足一騰宮《あしひとつあがりのみや》」という語に附せられた本居の解に着目し、その名の由来を「騰《あがり》と云故は、宮の御床《ゆか》は、山の片岸の上に構《へ》たるに、彼《ノ》一方を支《ささへ》たる柱は、川中より立《たち》たる故に、其方より望めば、高く騰りて見ゆればなり」（伝十八、全集十巻三二四頁）とする宣長の釈に「その性格の基本的な面である合理主義者としての面」をみとめ、微笑して、また哄笑していた（本書、三〇二頁以下）。ところが、今日の解の多くは『古事記傳』の註を引き、なお不明とするものもある一方で、いくつかの釈はそれをむしろ踏襲し、承認している。たとえば、古典大系の頭注は『傳』を引用したのち「どんな構造であったか不明」とし、古典全書のそれには「一本の柱でささへてある高い宮殿」とある。思想大系は書紀本文と分注だけを引いて解釈を与えず、古典文学全集の注記「宮殿の四方の柱のうち、三本は短く崖上にあり、残りの一本は宇佐川から突き出した形に立っているものという」は、実質的には宣長の焼きなおしである。尾崎は『傳』から引用するにとどまり（『全講』二六六頁）、倉野もほぼ同様であった（『全註釈』第五巻、二七頁）。これに対して次田が「一足で上る事が出来る程の、階段の設のない簡単な宮」あるいは「一本の柱を中心にして、四方に屋根を葺き下した簡素な小屋」という別解を紹介し（『新講』二六二頁）、古典集成の頭注ではこれが採られて、「床が低くて、一足で上れる宮殿。慌しく造ったので、簡単な御殿になったことを表す」とされ、西郷は『傳』と集成の注記をならべている（『注釈』第三巻、一六頁）。ここで断案をくだすわけにはいかないけれども、他のいくつかの点でも劃期的な達成を示している、古典集成の西宮一民による注記が、強いていうならもっとも妥当なところだろうか。――吉川幸次郎が「合理主義むきだしの例」として挙げている、もうひとつの場面がある。ついでにこちらにも言いおよんでおこう。

大国主が異母兄弟である八十神に迫害され、その身を案じた母から根の国ゆきを奨められたしだいを説く一節については、すでにふれた（本書、七〇七頁）。母の進言にしたがった大国主は根堅洲国《ねのかたす》へとおもむき、そこで須佐之男の命から課されたかずかずの試練を、須世理美売《すせりびめ》の助力によって切りぬけてゆく。蛇の室《むろ》に寝かされたときには蛇のひれが、蜈蚣《むかで》と蜂の室に入れられたさいには蜈蚣と蜂のひれが、ヒメの思いびとを窮地から救った。野に射った鳴鏑矢を取ってもどれ、という命令にしたがって、大国主がひろい野にはいるや、火を放たれて、火炎に閉ざされる。この危急のときにはネズミがあらわれて、「内は富良〳〵《ほらほら》、外は須夫〳〵《すぶすぶ》」と逃げ道となる穴を教えたので、火はその室のうえを通りすぎた。鳴鏑矢もネズミがくわえて持ってきて、その矢は子ネズミが「皆喫也」。『古事記傳』の説明を聞いてみる。

○鼠。和名抄に鼠《ハ》和名禰《ね》須《ず》美《み》とあり。
○富良《ほら》は、物の中の空虚《うつほ》にして広きを云。洞《ほら》など是《レ》なり。そは廊《ほがらか》を約《つづめ》たる言なり。(割注略)
○須《す》夫《ぶ》は窄《すぼ》きなり。【統《すぶ》るも本は、広ごりたる多くの物を、一《ツ》に集めて窄《すぼ》くなる意よりいふ言なり。此《レ》須《す》煩《ぼ》を須《す》夫《ぶ》と通はし云例なり。】さて内《うち》とは、鼠の地中《つちノなか》に構へたる穴の奥をいひ、外《と》とは、其《ノ》穴の入口《いりくち》を云なり。【外は登《と》と訓べし。曾《そ》登《と》と云は俗《いや》し。(中略)外はたゞ登なり。】然れば如此《かく》云る意は、己が地中に構へたる穴の奥は、廊《ほがら》に広し、入口は窄狭《すぼくせば》ければ、火の焼入《やけいる》べき由なし。故暫《かれしばらく》此《ノ》穴《ノ》内に隠《かくれ》坐て、難《わざはひ》を免《のが》れ給へとなり。
さて富良《ほら》も須夫《すぶ》も、重《かさね》て云るは、鼠の鳴《なく》に象《かたど》れるにや。
○落隠入は、淤《お》知《ち》伊《い》理《り》加《か》久《く》理《り》と訓べし。【隠入は、入隠とありしを、写し誤れるか、又は入《ノ》字は、加《か》久《く》理《り》の理《り》に当て書るか。もし然《さ》もあらば、淤《お》知《ち》加《か》久《く》理《り》と訓べし。さて隠《かくれ》を加《か》久《く》理《り》と云は、古言の格なり。下に見ゆ。】自《お》彼《ノ》鼠《ノ》穴《ノ》中に落《チ》入《リ》て、御身の隠《レ》給へるなり。かくて其間《ノあひだ》に、彼《ノ》野火は穴《ノ》外を焼過去《やけすぎゆき》て、其難《ノわざはひ》を免《レ》給ひつ。
(伝十、全集九巻四五一頁)

大国主は以前、兄弟たちに虐められ、楔で穿たれた木の股に挾まれており、ここではネズミの穴に隠れているところから見て、「此《ノ》神も、少那毘古那《すくなびこなノ》神の如く、身体《み》の甚《いと》小く坐《シ》けるにや」と註はつづく。注目しておきたいのは「皆喫也」の解である。「皆喫《みなくひキ》也。皆《みな》は子等《こども》皆なり。喫《くひ》は上の咋《くひ》と同くて子鼠等の、矢《ノ》羽《ノ》方を、共に助《ケ》て咋《くは》へ持来るなり。【鏃《やさき》の方は重ければ、大鼠の持《チ》、羽の方は軽ければ、子鼠の扶持《たすけもた》むこと、さもあるべし。】喫《くひ》とのみ云て、持《もち》を省けるは、上にある故なり。【齧傷《かみそこな》ふこととなおもひまがへそ。】」(同、四五二頁)。

右の注のうち、上の咋とあるのは、前段に見られる「其蛇将咋《そのへみくはむとせば》」という一句を、上にあるというのは「其鼠《そのねずみ》咋持其鳴鏑出来而奉也《かのなりかぶらをくひもちいできてたてまつりき》」という一文をさす。このふたつの語釈は、いちおうは穏当なものと言ってもよいだろう。かんじんの子ネズミの解をめぐる吉川の評語を引いておく。「鏃は重いから親鼠が、羽根は軽いから子鼠が、くわえて来た。羽根は小鼠が食いやぶっていたと誤認してはいけない。何という細心な、しかし奇妙な説であろう。微笑ないし哄笑は、さきのアシヒトツアガリとともに、私をおとずれざるを得ない」（『本居宣長』四五頁）。――明治四十四（一九一一）年に出た池邊義象編『古事記通釋』は凡例に「本書の訓は、一に古訓古事記に従へり」と謳い、また「本書の註は、古事記傳を本として、他の諸書を参取せり」としるしている。訓読、註解ともに宣長に負うことを宣言していたわけである。いま問題の箇所については、「皆喫也　皆は子等皆也　喫は上の咋と同じく子鼠らの矢羽の方を共に助けてくはへ持ち来るなり　喫とのみいひて持を省けるは上にあるが故なり」と注記が附せられていた（同書、一一九頁）。この一例をのぞくとするなら、今日『傳』の説明が採られることはすくない。倉野憲司は「皆は子等皆なり」から「齧傷ふこととなおもひまがへそ」までを引いて、宣長がそう「言ってゐるのは附会の説であつて、矢の羽は鼠の子等が皆食つてしまつたのである」と解いていた。倉野の釈も、とはいえ、ある意味では微笑を、または哄笑を誘うものかもしれない。つづけて憲司は書いている。「しかしなぜ矢の羽を子鼠どもが食つてしまつたかは明らかでない」（『全註釈』第三巻、一二七頁）。古典集成は、一文を「その矢の羽は、その鼠の子等、みな喫ひてありき」と訓んで、西宮一民が頭注で、「この一行、古代説話の「落《おち》」のようなもので、聞き手は哄笑したに違いない。もちろん、矢の羽は鼠に齧られることが多かったことも事実であったろう」としるしている。

いくつか類例を見ておきたい。まずさきにそのなまえの美しさにのみ言及しておいた（本書、七四六頁）、秋山之下氷壮夫と春山之霞壮夫の説話中の一節に附せられた、『古事記傳』の註を挙げておこう。

すでにふれた天之日矛は、八種の「玉津宝《たまつたから》」をもたらす。古事記本文の割注によれば、それらが「伊豆志之《いづしの》八前《やまへノ》大神」となった。出石《いづし》の神のむすめを伊豆志袁登売《をとめ》の神といい、多くの神々がこれを得ようと争ったなかに、秋山之下氷壮夫と春山之霞壮夫の兄弟があって、兄は求婚して拒まれ、弟はじぶんなら成功すると広言し、ことの成否をめぐり兄と賭けをする。霞壮夫の母がこれを聞き、むすこのために、着物、袴、足袋、沓、弓矢をすべて藤でつくり、「嬢子《をとめ》」の家に送りだしたところ、着物も弓矢もことごとく藤の花となった。弟は藤の弓矢をその家の厠に懸けておいたので、訝ったむすめがその花を手に出たあとについて、まんまと家に入りこみ、伊豆志袁登売への思いを遂げる。

物語の細部に本居が附した註を見てみよう。まず説話の運びからみると、「母は、弟の母にて、兄は異腹《ことはら》」であるとみえる（伝三十四、全集十二巻二五頁）。着物と弓矢がみな藤の花となったという場合の「成《なる》は、化《なる》」であり、「そも〱衣服《きもの》は藤葛《ふじつら》以て織たるなれば、藤に縁《よし》ある」のはよいとして、弓矢は藤の花と縁がない。しかし「其形《ノ》は此《レ》も藤花《ノ》のしなひにいさゝか縁あるにや」。弟が「其弓矢繋嬢子之厠《そのゆみやををとめのかはやにかけたる》」とある「其弓矢は、藤《ノ》花に化《な》れる弓矢」である。とはいえ弓矢はもう藤花となっているのだから、ほんとうはもう「弓矢」と呼ぶことができないはずである。むしろ「たゞに藤花《ノ》と云べけれど然云ては、衣服も同藤花《ノ》に化《な》れれば、差別《わきため》なき故に弓矢の化れる方なることを知さ《ラ》むためにかく云り」。ちなみに乙女はなぜ厠の花を訝った、つまり「思異其花《そのはなをあやしとおも》」ったのか。おそらく「藤花《ノ》のあるべき時に非りしか、又たとひ其時なりとも厠中《ノ》にあらむは異《あや》しかるべし」（同、二六頁以下）。ここまでのところ、宣長の解きようは、すべて理詰めであって、物語の襞のひと折りも見のがすまいとするものであることがわかるだろう。ただし物語の興趣を興趣として浮かびあがらせるのに成功している解であるかどうかはべつである。釈はなおつづく。

ところでそもそも、春山之霞壮夫は藤の花になった着物にまぎれて伊豆志袁登売のあとについて行って、部屋に入りこんだというのだから、弓矢が藤花に化したのは意味がないのではないか。そうではないのだ、と『古事記傳』は説く。子ネズミの解とはまたべつの趣もあるので、引いておく。

○立㆓其《ノ》嬢子《をとめ》之《の》後《しりニ》㆒云々。かくては、弓矢の藤《ノ》花になれる事用なくいたづらなる如くに聞ゆめれど、【娘子《をとめ》の厠よりかへる後《しり》に立て入むには、藤《ノ》花はなくともあるべければなり。】然らず。上に其衣服も悉く藤《ノ》花に成れりと云は、此処《ここ》の用なり。其は衣袴沓など皆藤《ノ》花になれれば身は其に隠れて見えず、たゞ藤《ノ》花のみなる如く見ゆる故に嬢子の心に人ありて後に立て来ることをば知らでたゞ厠にありし、同《ジ》類《ヒ》の藤《ノ》花ぞと思ひて再《ビ》は異《あや》しまざるなるべし。されば弓矢の化《な》れるもの此《ここ》に至《リ》て用あるにあらずや。さて如此《かくし》為て嬢子の屋《ノ》内に入《ル》ことを得たる、母の初《メ》よりのしわざ如此あらせむとてにぞありける。【白檮原《ノ》宮《ノ》段に、大物主《ノ》神の丹塗矢に化て、勢夜陀多良比売の厠に入し時《ニ》云々の故事とやゝ似たり。伝廿の巻に在《リ》考合《ヘ》すべし。】白檮原《ノ》宮《ノ》段に従《ヒテ》㆓其《ノ》八咫烏之後《しりニ》㆒幸行《いでまさば》者。（二七頁）

厠にあった藤の花こそいったん怪しんだとはいえ、霞壮夫も藤になった衣服に隠れている以上は、むすめもただ「同《ジ》類《ヒ》の藤《ノ》花ぞと思ひて再《ビ》は異しまざるなるべし」、このためにまず弓矢が藤花に化する必要があったのだという釈である。理路が通っているようで、通っていない。説話を整合的に読もうとするこころみが、かえって『傳』の論理を脱臼させてしまっている例である。――勢夜陀多良比売《せやだたらひめ》は、これも厠に入っているときに、丹塗矢に化けた大国主に陰部を突かれ、驚いたが、持ちかえったその矢が「忽成麗壮夫《たちまちにうるはしきをとこになり》」、同人と番って、子を生んだと伝えられる。なお宣長の註に「丹塗矢は爾奴理夜《にぬりや》と訓べし。【之を添《へ》て訓《ム》はわろし。】矢に丹を塗れるは、何の料にか、未《ダ》考《ヘ》得ず。若《シ》くは唯飾《かざり》のみにやあらむ」とある（伝二十、全集十巻四二三頁以下）。八咫烏は、夢にあらわれた高木神（産霊神）から、道案内として神武のもとに遣わされた。

宣長が細部を気にするあまり奇妙な論理の迷路に入りこんでしまったのには、ほかにも類例がある。伊邪那岐の禊ぎの場面で、口と耳とを洗いきよめなかったのはなぜか、と本居はみずから問うて、じぶんで答えている。これもふれておこう。「御目は、黄泉の物を見坐る穢《けがれ》あるべく、御鼻は、嗅坐る穢あるべし」。とはいえ、伊邪那岐は飲食はしていないのだから、「御口は固《もとよ》り穢れざるべし」。いっぽうたしかに伊邪那美の声を耳にして、そのうえ変わりはてた妻の身体にまとわりついていた「雷《いかづち》の声など触つらめど、凡て声には穢のなきなるべし」。中国では、汚らわしいことばを聞いたといって、耳を洗うといった例もみえるが、それも「空理を思癖《フクセ》なればなるべし」。この国の伝承では、「醜穢《けがれ》」はひとえに「見《みる》と嗅《かぐ》」とにあるわけであるけれども、「其《そ》が中に、目に見たる穢は、浅くてなごりなき故に、其《そこ》より成《リ》坐る月日の大神は、善神《よきかみ》に坐《シ》ます」。これに対して、「鼻に嗅《かぐ》悪臭《くさき》気《け》は、深くて其《ノ》なごり亡《うせ》がたき故に、須佐之《ノ》男命は悪《あしき》神なり」（伝六、全集九巻二八五頁以下）。やはり理のすじみちに、やや濫れが見られるところだろう。

いうまでもなく、古事記には、各地に散在するさまざまな伝説を取りこんでなりたった、その成立の事情からして、本文には各種の説話が、本筋とは繋がりがたいかたちで紛れこんでいる。天之日矛の挿話がそうであり、いまふれた春山之霞壮夫の一話もまたそのとおりであった。おなじように古事記本文中で文脈からの独立性のたかい物語を、もうひとつ取りあげておく。崇神段がふくむエピソードのなかに、挿話中の挿話というかたちで織りこまれた神人婚姻譚（三輪山伝説）がそれである。

崇神帝の時代、疫病が流行し、民草は死にたえるかとも思われた。天皇の夢まくらに立って、じぶんこそ祟りの元兇と告げたのは、大物主神である。意富多多泥古《おほたたねこ》を神主としてみずからを祀ることを神は命じる。その意富多多泥古が「神子《かみのみこ》」と呼ばれるのは、その者が活玉依毘売《いくたまよりびめ》の末裔であり、姫は神と番って子を生んだからである。――この「容姿端正《かほよかりき》」むすめを、夜ごと美麗な若者が訪れて、やがておんなは身ごもった。父親を知ろうとして親たちは、赤土を床に散らし、輪巻きにした麻糸を針にとおして、その針を若者の召し物の裾に刺しておくよう、愛娘に対して入れ智慧をする。翌朝みてみると、麻糸だけ鍵穴を通過していて、ゆくえを追ったところ、糸は三輪山の神のやしろに留まっていた。活玉依毘売は神と交わったのである。

宣長は、やや不審をいだく。「以赤土散床前」、赤土を床前に散らすとはどういうことだろう。『古事記傳』の、行きつもどりつする註釈を引いておく。

○床前は、師の登許能倍《とこのべ》と訓れたるに依《ル》べし。さて赤土《はに》を床前《とこのべ》に散《ちら》すは、何せむ料にか。下に其由見えざれども、推度《おしはか》りて思ふに、此《ノ》赤土に着たらむ足跡《あと》を視て、其人の出往《いでいに》し方を知《ラ》むとの設《まけ》か。【若然《シ》らば、戸の外にこそ設くべけれ。床前にてはいかゞ。】はた衣《きぬノ》襴《すそ》に赤土の着染《つきそみ》たらむを識《しるし》に、其人を認知《とめし》らむためか。【何れにもまれ、次の閇蘇麻《へそを》にて、其事は足りぬべければ、此赤土は要なきに似たれど、一《ッ》事にて若《シ》認失《とめうしな》ひたらむ時の設《まけ》に、二種の事をは構へたるにやあらむ。】又思ふに、床前の下に、又と云辞の無きは、此《ノ》赤土も、閇蘇麻《へそを》の事に属《つき》て、異事《ことごと》には非るか。されど然るにては、如何する構へとも心得がたし。猶熟《よく》考ふべき事なりかし。（伝二十三、全集十一巻三五頁）

　赤土のうえに残された足跡を辿ろうというのなら、むしろ玄関の外に撒いたほうがいい。あるいは若者の着物の裾に赤土を附着させて、あとで当人を割りだそうとでもいうのだろうか。どちらにしても、糸を準備しておくだけで足りそうなものであるけれど、念のため二種類の備えをしておいたということなのか。だが「又」といった、ことを分かち、並べる語も見られないから、糸と輪の工夫と赤土の仕掛けはおなじひとつのことがらなのか。私たちがいま一件を瑣末事と感じるのは、語られているのはどのみち昔話と思うからであって、本居宣長にとっては、ことは歴史《イストワール》＝物語のゆくすえにかかわる細部であったのだ。――神代にかんしても註の考は往き来する。須佐之男が海川の水という水を泣き干してしまったという本文に、『古事記傳』は疑問をいだいて、やはり自問自答していた。「抑此神の啼《なき》給ふに因て、山海河の枯乾《かる》るは、如何なる理《り》にかあらむ」。涙が溢れて、むしろ河も海も溢れだしそうではないか。割注が附く。「泣けば、涙の出る故に、其《その》涙のかたへ吸取られて、山海河の潤沢《うるほひ》は、涸《かる》るにやあらむ」。宣長はここで、体液中の塩分のはたらきでも考えているのだろうか。「さて潤沢《うるほひ》の涸るれば、万《ノ》物は枯傷《かれそこな》はるゝなり」（伝七、全集九巻二九九頁以下）。

　本居が註を附けながら、ふと我にかえったとでもいうように、詮索が穿鑿にすぎるのをみずから反省することもある。さきに二度ふれた天若日子の葬祭のおりに（本書、四一九、五六〇頁）、歎きかなしんだ父と妻が、亡き天若日子と見まちがえた日子根の神の「取《とり》懸《かかりて》手足《あしニ》而《て》」とあるのに注して、宣長は書く。「見るが如し」。とくに註解を施すまでもない箇所だということである。とはいえ『傳』はやはりしるしてしまう。「こは細《こまか》に云《ハ》ば、父は手に、妻は足に取懸るならむ」。そう筆にしたとたんに、註釈者は反省する。「されどさまで見むは、余りくだく〵しかりなむ」。しかしここでも『古事記傳』は、解釈の典拠を挙げるのを忘れていない。「萬葉四【十三丁】に、衣手《ころもで》爾《に》取等《とりと》騰己保理《どこほり》哭兒《なくこ》爾毛《にも》云々、又廿【三十五丁】に、可良己呂茂《からころも》須曾爾等里《すそにとり》都伎奈苦古良乎《つきなくこらを》云々などあり」（伝十三、全集十巻七七頁）。

本居が理路を極めて、本文の意を究めようとするのは、いうまでもなく、宣長がまぎれもない史的事実と考える伝説《つたえごと》についても変わるところがない。香坂、忍熊二王の乱（本書、七二四頁）にさいして、神功皇后の軍勢は皇后の死亡という飛語を流し、弓の弦を断ちきって恭順の意をあらわして、相手を欺こうとする。賊軍がまったく油断したところで、髪中に隠しておいた弦をあらためて張りなおし、攻撃を再開した。この古事をめぐって宣長は眞淵の読みを匡しながら註している。

○設弦は、麻気多流都留《まけたるつる》と訓べし。【麻気《まけ》は、麻宇気《まうけ》なり。麻宇気と云は後に、音《ノ》便に宇の添《そは》りたるにて、古言は麻気なり。都留《つる》は、都良《つら》とも訓べし。】然るを師は、此《これ》を宇佐由豆留《うさゆづる》と訓れたり。其も又さることなり。然れども、なほ熟《よく》思ふに宇佐由豆留は、尋常《よのつね》の定《マ》りにて、必儲《まう》くる物なれば、今敵を欺きて、弓弦を皆絶捨《たちすつ》るほどならむには、其《ノ》宇佐由弦をも必《ズ》共に絶捨ずはあるべからず。【若《シ》然為ずは、敵必《ズ》疑ひつべし。】されば其《ノ》定まれる、宇佐由弦は皆絶捨て、此《レ》は又別《こと》に隠して儲置たる弦なる故に、其を分むために宇佐由豆留とは記さざるなるべし。【若《シ》宇佐由弦と記したらむには、かの定まれると紛ふが故なり。】ことさらに、髪《ノ》中に匿したることをよく思ひて、定まれる宇佐由弦とは別《こと》なることを知《ル》べきなり。【定まれる、宇佐由弦は隠す物には非ず。但し此《ノ》下なる、註無き本に従はば、なほ宇佐由豆留と訓《マ》むもひがことには非じ。其故は、顕《あらは》に設ると、別に隠して設けたるとの差別《けぢめ》こそあれ、共に設けたるにてはあれば、何れをも、宇佐由弦と云むに違ふまじければなり。然れども此《ノ》記の例を思ふに、若《シ》宇佐由豆留と読《ム》べくは、仮字に書《ク》べく、若《シ》其を、設弦とかゝば、訓《テ》云二宇佐由豆留《ト》一と注すべきに、然は注せず。彼《レ》此《レ》を思ふに、なほ然《さ》は訓《ム》まじきにこそ。】（伝三十一、全集十一巻四一〇頁以下）

弓の弦は切れやすいものだから、予備の弦を用意しておくのがあたりまえである。降参の意を表するならば、とうぜんその弦も断ちきり、あるいは差しだしているはずだから、髻《もとどり》のなかに隠しおいた弦は、これとはべつのものである。だから「麻気《まけ》」つまり「麻宇気《まうけ》」（設け）ておいた弦と訓むべきなのだ。これもまた、宣長一流の理詰めの解であると謂わなければならない。もうひとつだけ、おなじように理を積んでゆく釈の例を、神代と人代をつなぐ矢をめぐって見ておこう。

　葦原中国の乱れを平定するために、はじめに地上に遣わされたのは天菩比《あめノほひ》の神であった。とはいえこの神はそのまま大国主に随ってしまい、永きにわたって復命もしない。天若日子が豊葦原に派遣されたのは、この不始末に起因するものだった。天から降るにあたり、天若日子は「天之麻迦古弓《あめのまかこゆみ》」と「天之波波矢《あめのははや》」を受けとっている。これもやはり大国主のむすめを娶って、八年にわたり報告を怠った天若日子に対する使者となったのが雉の鳴女であるけれども、その鳥を若日子は、賜った弓矢で射って殺してしまう。強い弓で射放たれた大矢は、天照のあしもとまでとどき、産霊神が誓約をこめて矢を投げかえすと、矢は若日子の胸をつらぬき、天若日子は天照大神の命に背いた報いをうけて死んでしまった。

　この「波波矢《ははや》」に『古事記傳』は註を附けている。「波々矢《ははや》」とは「羽張矢《はばりや》」のことで「羽の広く大《キ》なるを云」う。種々の註解に、あるいは「言二其羽《ノ》之矢衆多《ヲ》一也」と解いたり、あるいはそもそも矢について「三羽は中古よりの製にて、上代の矢は、皆二羽なり」とも注して「二羽」の矢と説いたりするのは、みな当たらない。「右の説どもに、上古の矢は皆二羽なりと云は、実に然るべし」。しかしながら「上古の矢、凡て二羽ならば、此《ノ》羽々はいよゝ二羽の意にあらじ」。後世そう変わったように、矢の羽がおしなべて三羽である場合にこそ「二羽《ノ》矢をば、分《わけ》て其《ノ》由を以ても名《なづ》くべけれ」、矢というものはだいたい二羽であったとするならば、「いかでか分て二羽の由を以《テ》名《なづけ》む」。上古の矢は二羽であることを拠にして、羽々を二羽と解くとすれば、それは「却て後《ノ》世の三羽によれる」推論であって、むしろ矛盾である。「そのうへ二羽ならむを、羽々と重ね云むこと」があるだろうか。「若《シ》二羽の由ならば、直《ただ》に二羽矢《ふたばや》とこそいはめ」（伝十三、全集十巻五三頁）。

西郷信綱は『傳』を引きながら「ハハ矢は羽張矢で羽の広く大きいのをいう」としたうえで、「むろんこれはしるしもの」であり、「武器には、霊力が肝心であった」と書いている（『注釈』第二巻、一六五頁）。倉野憲司もまた宣長の釈を引いて「いささか詭弁に類してゐる」と判定して、「ハハ矢は羽の広い大きい矢の意であるかどうか明らかでない」としるしていた（『全註釈』第四巻、三〇頁以下）。伊邪那岐の禊ぎの例や、春山之霞壮夫の藤の花の場合とことなり、右の推理における『古事記傳』の論理の運びには、形式的に指摘可能な、理路の欠落や錯誤は存在しない。西郷が引き、承認しているとおりである。とはいえ説話の読みという次元で言うなら、宣長の解釈のみちゆきには、それでも論理の過剰と、そのゆえに生じた歪みが介在しているかもしれない。倉野が『傳』のべつの箇所をながく引用して、そこに論の逸脱を見てとっているのもそのゆえだろう。――本居による古事記本文の註解には目を瞠るべき論理の透徹があり、ある意味では、これもみごとなまでに過多な理路もみとめられる。この件については、吉川幸次郎がただしく見て、微笑し、また哄笑していたとおりである。宣長の古事記理解は、しかしなお、その面だけに尽きるものではない。古事記を読みとく本居宣長に附きしたがい、その心性にもうすこし寄りそっておく必要がある。

四十四

本居宣長の『在京日記』は、宝暦二(一七五二)年三月五日の記事「曙、松坂ヲ出ル。同日坂ノ下泊、酒屋ニ宿ル」とはじまり、「同六日、草津泊、藤屋宿ル」、「同七日、九ツ時入㆑京、柳馬場三條ノ北町木地屋店ニ著、暫日此所ニ止宿」とつづく。同月十九日に「移㆓居先生ノ許ニ㆒」、つまり堀景山宅に住みこんだよしが記載されて、「廿一日、始テ素㆓読ス易経ヲ㆒」とあり、翌四月二日の記録には「易終ル焉、同日、読㆓始詩経ヲ㆒」とある(全集十六巻二九頁)。その後も「下手あるいは単純」な漢文で、勉学のさまともならんで、日々の行楽のようすが書きつらねられてゆくしだいについてはすでに見ておいた(本書、四一〇〜四一二頁)。

つづけてふれておいたように、宝暦六(一七五六)年の正月からの日記は和文で書きつづられて、なかに市井のうわさ話めいたものも書きとめられていることは、機知に富んだ追剝ぎの挿話を例にとって、これも垣間みておいたとおりである。おなじ宝暦六年の記事を、ここでもう一件かえりみておきたい。

宣長の『在京日記 二』は、同年の六月十八日の記述からはじまる。「けふは神輿あらひ、日よりいとよし。村田氏よりさそはれて、藤代屋か別宅の、安井まへの北の方にありけるにて、ねり物見侍る。(村田)伊兵衛と高木利兵衛と予と参りける」。祇園祭の日のことである。七月の四日、五日には夕立が激しかったという記録があり、「此雨に水出て、西洞院の川にて、わらんへ《（児童）》二人なかれし《（死）》にけるよし、いとあはれ成事なりし」とする感想が見られる。同月七日には「新所司代松平右京大夫入レ京、旧大坂御城代也」との、京師で話題の人事消息が書きとめられて、「けふ日よりよし、此比の夕立のなこりにていとすゝし。所司代の入洛とて、町々の宿老共、大仏の辺まで出むかひ侍る。見にゆけることはなけれと、にきはしきことなるらんかし」と洛中の賑わいに思いを馳せたのちに「西園寺内府殿のかくれ給ふとて、四日五日、鳴物音曲御停止ありし」と、やはり市中の動静をつたえている。後続の部分を引用しておこう。「去ぬる六月の廿日ころかや、或屋敷の中間やうの者とかや、頂妙寺の新地わたりの妓に、年比あひかたらひけるか有ける、うらみありて、夜るゆききり《（斬）》ころし侍る。とりさへける其家のあるしもころされぬ。又ちかきわたりより立よりける者も手おひぬ。さりけれと、其場にて悲田寺の者なと来りてとりける、すくに禁獄せられしとかや。此ころされし女は、其わたりにていたふ全盛の妓なりしとかや。其比よほと評判ありしか、今ふと思ひ出てかき侍る」（全集十六巻七七頁）。

　中間とは武家屋敷の雑事の切りまわしを職とする最下層のさむらいであるから、芸妓と「あひかたら」うにもかぎりがあっただろう。近松ならこの従者に借財を負わせ、あるいは主家の金子に手を出させるところだろうけれども、ことの仔細はわからない。いずれ相手のこころは離れていったものか、思いあまった涯ての刃傷沙汰とも見える。兇行におよんだおとこにしても「さすがこの年月《としつき》　いとし可愛《かはい》としめて寝し　肌に刃があてられうかと、眼《まなこ》も暗み手も震ひ」（曾根崎心中）といったさまであったやもしれないが、むろん委細は伝えられていない。一件をめぐる京すずめたちのうわさ話もことさらに書きくわえず、とくべつな感慨も書きそえていないところに、一段の与える印象はむしろ陰影をふかめているように思える。

このあとに「盆まへ近く成て、いつこも〳〵いとさはかし」とつづいて、ふたたび洛中の殷賑ぶりがふれられ、また「五ッ六ッはかり」の芸達者があらわれて、「人多く」あつまり、「そこら床几おほく、茶見せ出して、かたはらいとにきはしきこと也」という叙述が見られ、右に引いた一節は、前後の記事から奇妙に浮きあがっている。京師を騒がせたいわば無理心中事件から一週間ほどが経ち、文字どおり本居が「思ひ出て」、書きとめた感がある。とはいえ「今ふと」想いだしたからには、青年宣長としては、やはりどうしても書きつけておかざるをえなかったのだろう。これについてもおなじ箇所を引き粟津則雄がそう見ていたように、ことがらとしては「歌舞伎や浄瑠璃で見なれた事件」であったとはいえ、「この語りようには、こうした事件の記憶が、この著者の心に、ふと浮かび出てきた気配をそのまま読むものに伝えるようなところがあって、批判註釈のたぐいが見られないだけに、哀れが深い」（『文体の発見』一四四頁）と言うべきだろう。

恋はひとを狂わせる。狂気は周囲を道づれにし、抜きさしならない事情をはらんで、ひとは疵つき、またひとを傷つける。兇行は罪であり、刃傷沙汰は「禁獄」により贖われなければならないとしても、恋に咎があるわけではないだろう。青年が老い、そのこころに漣の立つこともまれとなって、むしろ理路をあゆんでやがて展開された「もの〻あはれを知る」の論はたしかに、先だつ時代に近松が吸いこみ吐きだしていた、とはいえ、なにほどかはかよいあう空気のなかで育まれたものとも見える。

中年に差しかかったころ書きためられた稿をもとに、老年にいたった宣長があらためて書きおろした一文をまた引いておく。物のあわれを知ることをめぐる本居宣長の思考を主題としたおりには、あえて引用せずにすませておいた、『源氏物語玉の小櫛』二の巻中のよく知られた一節である。

人の情《こころ》の感ずること、恋にまさるはなし。されば物のあはれのふかく、忍びがたきすぢは、殊に恋に多くして、神代より、世々の歌にも、其すぢをよめるぞ、殊におほくして、心ふかくすぐれたるも、恋の歌にぞ多かりける。又今の世の、賤《しづ》山がつのうたふ歌にいたるまで、恋のすぢなるがおほかるも、おのづからの事にして、人の情のまこと也。さて恋につけては、そのさまにしたがひて、うきこともかなしき事も、恨めしき事もはらだゝしきことも、おかしきこともうれしきこともあるわざにて、さま〴〵に人の心の感ずるすぢは、おほかた恋の中にとりぐしたり。かくて此物語は、よの中の物のあはれのかぎりを、書あつめて、よむ人を、深く感ぜしめむと作れる物なるに、此恋のすぢならでは、人の情の、さま〴〵とこまかなる有さま、物のあはれのすぐれて深きところの味《ヒ》は、あらはしがたき故に、殊に此すぢを、むねと多く物して、恋する人の、さま〴〵につけて、なすわざ思ふ心の、とり〴〵にあはれなる趣を、いとも〳〵こまやかに、かきあらはして、もののあはれをつくして見せたり。後の事なれど、俊成三位《ノ》の、〽恋せずは人は心もなからまし、物のあはれもこれよりぞしる、とある歌ぞ、物語の本意に、よくあたれりける。(全集四巻二一五頁)

本居宣長は源氏物語を生き、物語を生きることで源氏をとらえながら、その核心に「物のあはれを知る」こころを見ていた。同時代、あるいはまたやや後代の大衆文藝にも「物のあはれ」という語の使用が頻繁にみとめられることを強調し、宣長による「物のあはれ」の使用例は、その思想的・学問的な生涯を見わたすならば、むしろきわめて時節の限定された思考を示すものにすぎないのではないか。そう疑問を提起したのは日野龍夫であった(本書、一三三頁以下、六一九頁以下)。そうなのだろうか。

古事記・序は「臣安萬侶言《ス》、夫《レ》混元既凝《ニテ》、気象未《ダ》レ效《あらはれ》、無《ク》レ名《モ》無《シ》レ為《モ》、誰《レカ》知《ム》二其《ノ》形《ヲ》一」とはじまり、『古事記傳』はこうした措辞をただの文飾と見て、重きを置いていないしだいについてはすでに見ておいた（本書、六六四頁以下）。論者たちが指摘しているとおり、総じて記序は「表」すなわち上表文の形式を踏まえたもので、混元既凝についてはたとえば進五経正義表に「混元初闢」とあり、無名無為にかんしては老子の「無名者天地之始」ならびに、荘子天道篇の「夫虚静恬淡寂莫無為者、万物之本也」などが典拠となっているとも言われる（倉野『全註釈』第一巻、六〇〜六二頁）。序はつづけて古事記本文の記述を梗概ふうに取りまとめたのち天武天皇の事蹟に立ちいり、壬申の乱の顚末をかんたんに説きおよび、天武帝による乱の平定を言祝いでゆく。倉野が整理しているように、古事記本文は、神武帝死後の当藝志美々命の乱、崇神帝の代の建波邇安王の乱、仲哀帝死後の香坂王ならびに忍熊王の乱、応神帝死後の大山守命の乱、仁徳帝の代の速總別王の乱、履中帝の代の墨江中王の乱などにふれ、皇位継承をめぐる争乱をくりかえし記録しており、壬申の乱もまた（後世の史家によるその性格づけはともかくとして）そうした騒擾のひとつでもあったと見ることができよう（同書、一二五頁以下）。

古事記の編者たる太安萬侶は、当然のことながら天武天皇の徳を誉め、その治世は中国の伝説的な聖君、文王、武王をも越えるものであったと称えている。帝の善政が「乗《ジ》二二気《ノ》之正《シキニ》一、斉《ヘタマフ》二五行《ノ》之序《ヲ》一」、つまり陰陽五行の運びを正し、四季の運行、暦をも整えたとのことである。天武帝は「設《テ》二神理《ヲ》一以《テ》奨《メ》レ俗《ヲ》、敷《テ》二英風《ヲ》一以《テ》弘《メタマフ》レ国」、神妙不可測の理をもって民をみちびき、英聖の風によって徳を国内に広くおよぼしたばかりではない。その叡知は海のように深く、先代をも見とおしていた。その結果くだされたものが、古事記編纂を命じる詔勅である。以下、おおむね古事記・大成本の訓にならって引いておく。

是に天皇詔《の》りたまひしく、「朕《われ》聞く、諸家の賷《もた》る帝紀及び本辞、既に正実に違《たが》ひ、多く虚偽を加ふと。今の時に当りて、其の失《あやまり》を改めずば、未だ幾年も経ずして其の旨滅びなむとす。斯《こ》れ乃ち、邦家の経緯、王化の鴻基なり。故惟《かれこ》れ、帝紀を撰録し、旧辞を討覈して、偽りを削り実《まこと》を定めて、後葉《のちのよ》に流《つた》へむと欲《おも》ふ」とのりたまひき。時に舎人有りき。姓《うぢ》は稗田、名は阿禮、年は是れ廿八、人と為り聡明にして、目に度《わた》れば口に誦《よ》み、耳に払《ふ》るれば心に勒《しる》しき。即ち阿禮に勅語して、帝皇日継《すめらみことのひつぎ》及び先代旧辞《さきつよのふること》を誦み習はしめたまひき。然れども、運《とき》移り世異《かは》りて、未だ其の事を行ひたまはざりき。

こののち、古事記一本を直接に上覧におよぶはこびとなった元明天皇の治世への、これもいわば型どおりの褒辞があり、古事記編纂の経緯にかかわる説明がつづく。「焉《ここ》に、旧辞の誤り忤《たが》へるを惜しみ、先紀の謬《あやま》り錯《まじ》れるを正さむとして、和銅四年九月十八日を以ちて、臣安萬侶に詔りして、稗田の阿禮の誦む所の勅語の旧辞を撰録して献上《たてまつ》らしむといへれば、謹みて詔旨《おほみこと》の随《まにま》に、子細に採り摭《ひろ》ひぬ」。つづけて「上古の時、言意《ことばこころ》並びに朴《すなほ》にして、文を敷き句を構ふること、字に於きて即ち難し」とあって、文字標記の困難ならびにそれを乗りこえようとした工夫のいくつかが具体的に述べられ、記序とされる上表文は「臣安萬侶、誠惶誠恐、頓首頓首」とむすばれる。ここでは、『傳』が「上古の時」以下を引き、「此文を以見《テ》れば、阿禮が誦《よめ》る語のいと古《ふる》かりけむほど知られて貴し」としるしている消息にのみふれて（伝二、全集九巻七五頁）、ことの細部についてはいまは略する。

ともあれ、古事記編修の動機とその経緯、編纂の過程を知るための史料としては、ほとんどこの古事記・序があるだけである。周知のとおり、もっともこのばあい日本書紀中の天武紀・十年三月十七日の記事――「丙戌《ひのえいぬのひ》に、天皇、大極殿《おほあんどの》に御《おはしま》して、川嶋皇子《ノみこ》・忍壁皇子《ノ》・廣瀬王《ノおほきみ》・竹田王《ノ》・桑田王《ノ》・三野王《ノ》・大錦下《だいきむげ》上毛野《ノ》君三千《みちぢ》・小錦中《せうきむちう》忌部連首《ノむらじおびと》・小錦下阿曇連稲敷・難波連大形・大山上中臣連大嶋・大山下《だいせんげ》平郡《ノ》臣子首《こびと》に詔して、帝紀《すめらみことのふみ》及び上古《いにしへ》の諸事《もろもろのこと》を記し定めしめたまふ。大嶋・子首、親《みづか》ら筆を執りて以て禄す」――との関係が、とりわけ記所引の詔命との前後関係が問題となるけれども、立ちいらない。ここではむしろ、先行する同年の二月二十五日の記事（「天皇・皇后《きさき》、共《もろとも》に大極殿に居《おは》しまして、親王《みこたち》・諸王《おほきみたち》及び諸臣《まへつきみたち》を喚《め》して、詔して曰はく、「朕、今より更《また》律令《のりのふみ》を定め、法式《のり》を改めむと欲ふ。故、倶に是の事を修めよ。然も頓《にはか》に是のみを務《まつりごと》に就《な》せば、公事《おほやけわざ》闕くこと有らむ。人を分けて行ふべし」とのたまふ」）とのかかわりを合わせて考えれば、おおよそ天武十年は「律令制による中央集権国家の体制作りがいよいよ大詰めに入った時期」にあたっており、ほかでもないその時節に天武天皇が史書の編纂を命じるにいたったことは、ほぼあきらかである（古事記学会編『古事記研究大系 1』所収、溝口睦子論文）。壬申の乱に勝ちのこって、いらい十年、氏姓制にもとづく旧来の王権支配を脱し、中国に学んだ国家体制への移行をなしとげようとするにさいしては、帝紀（歴代天皇の系譜が主要なものとされる）と旧辞（各氏族の伝承を中心とすると考えられてきた）を整理し、再編する修史のくわだてが、法制度の整備のもくろみとならび、ひとしい重みをもつ事業となったわけである。

八年ののち浄御原令をととのえ、亡夫・天武帝の意志を実現したのは持統天皇、續日本紀の記述は文武帝からはじまる。慶雲四（七〇七）年、文武の早逝をうけて即位したのがその母、元明天皇で、先帝の遺児はなお幼く、たほう天智・天武の皇子たちの数は多く、穏やかでない空気も流れていただろう。即位にさいしての詔勅で新天皇が、親王、王、臣、百官に対して「浄《きよ》き明《あか》き心」をもって「補佐《たす》け奉らむ」ことを求めているしだいが續紀・同年七月の記事に見える。史書編纂の詔命があらためて下されたのも、この政情と関連がふかいことだろう。——以上そのおおむねをたどってきた経緯からして、古事記には、天武から元明へといたる王権の自己正統化の意識がつよく反映されていると見ることはたやすい。おなじ事情から、古事記中には系統をことにする神話群と物語の集積が暴力的に統合されていると論じることも容易である。いうまでもなく、宣長の関心はまたべつにあった。部分的にはすでに引いた『古事記傳』一之巻「訓法《よみざま》の事」冒頭の一節(本書、五五八頁、六九九頁以下)を、ここであらためて長く引用しておく。

凡て古書は、語を厳重《おごそか》にすべき中にも、此記は殊に然あるべき所由《ゆゑ》あれば、主《むね》と古語を委曲《つばらか》に考《へ》て、訓を重くすべきなり。いで其《ノ》所由はいかにといふに、序に、飛鳥浄《ノ》御原《ノ》宮《ニ》御　宇《あめのしたしろしめしし》天皇の大詔命《おほみこと》に、家々にある帝紀及《また》本辞、既に実を失ひて、虚偽《かざり》おほければ、今その誤を正しおかずは、いくばくもあらで、其《ノ》旨うせはてなむ、故帝記《レ》をえらび、旧辞を考へて偽をのぞきすてて、実《まこと》のかぎりを後世《ノ》に伝《つたへ》む、と詔たまひて、稗田《ノ》阿禮といひし人に、大御口《ほほみくち》づから仰せ賜《ヒ》て、帝皇《ノ》日継と、先代の旧辞とを、誦《よみ》うかべ習はしむ、とあるをよく味ふべし。帝紀とのみはいはずて、旧辞本辞などいひ、又次に安萬侶《ノ》朝臣の撰述《このふみつく》れることを云る処にも、阿禮が誦《うかべ》たる勅語《ノ》旧辞を選録すとあるは、古語を旨とするが故なり。彼《ノ》詔命《おほみこと》を敬《つつしみ》て思ふに、そのかみ世のならひとして、万《ノ》事を漢文に書《キ》伝ふとては、其《ノ》度ごとに、漢文章《からことば》に牽《ひか》れて、本の語は漸《ク》に違ひもてゆく故に、如此《かく》ては後遂に、古語はひたぶるに滅《うせ》はてなむ物ぞと、かしこく所思看《おもほしめ》し哀《かなし》みたまへるなり。殊に此《ノ》大御代は、世間《よのなか》改まりつるころにしあれば、此《ノ》時に正しおかでは、とおもほしけるなるべし。さて其《そ》を彼《ノ》阿禮に仰せて、其《ノ》口に誦《よみ》うかべさせ賜ひしは、いかなる故ぞといふに、万《ヅ》の事は、言《こと》にいふばかりは、書《ふみ》にはかき取《リ》がたく、及ばぬこと多き物なるを、殊に漢文にしも書《ク》なひなりしかば、古語を違へじとては、いよゝ書《キ》取《リ》がたき故に、まづ人の口に熟誦《つらつらよみ》ならはしめて後に、其《ノ》言の随《まにま》に書録《かきしる》さしめむの大御心にぞ有《リ》けむかし。【当時《そのかみ》、書籍ならねど、人の語にも、古言はなほのこりて、失《うせ》はてぬ代《よ》なれば、阿禮がよみならひつるも、漢文の旧記に本づくとは云《へ》ども、語のふりを、此間《ここ》の古語にかへして、口に唱へこゝろみしめ賜へるものぞ。然せずして、直《ただ》に書《ふみ》より書にかきうつしては、本の漢文のふり離れがたければなり。或人、其《ノ》時既に諸家の記録ども、誤《リ》おほしとならば、阿禮は何《いづ》れの書によりて、実の古語をば、誦ならへるにかと疑ふ。其はそのかみなほ誤《リ》なき記録も遺《のこ》れりけむを、よく択《えらび》てぞ取《ラ》れけむ。】此《ノ》大御志《おほみこころざし》をよく思ひはかり奉て、古語のなほざりにすまじきことを知べし。これぞ大御国の学問《ものまなび》の本なりける。もし語にかゝはらずて、たゞに義理をのみ旨とせむには、記録を作らしめむとして、先《ヅ》人の口に誦習《よみなら》はし賜はむは、無用《いたづら》ごとならずや。（中略）又上件《ノ》の意をよく得て、一字一言《ひともじひとこと》といへども、みだりにはすまじき物ぞ。

（全集九巻三一頁以下）

本居が「主と古語を委曲に考《へ》て、訓を重くすべき」とするところから、どのように古事記を読もうとしていたかにかんしては、その一端をすでに見ておいた。いっぽう古事記は宣長にとって「たゞに義理《ことわり》をのみ旨と」する史書ではない。古事《ふること》と伝説《つたえごと》がまた物語のかたちをとって、ひとびとが語りつたえてきたとおりに、その喜びと悲しみ、恐れと望みのまま古事記本文に伝承されていることも、本居宣長にとっては重要なのであった。以下しばらくこの間の消息を、いくつかの場面をあげて確認してゆきたい。

物語としての古事記本文は、天地の初発、別天《ことあまツ》神五柱と神世七代《かみよななよ》を語ったのちに、伊邪那岐、伊邪那美二神の誕生とともに開始される。国土の修理固成にはじまって、伊邪那岐命の黄泉国訪問にいたる筋立てをめぐっては、本書でも「外篇」「内篇」あわせて数度にわたってふれておいた。黄泉国から帰還した伊邪那岐が三貴子（天照大御神、須佐之男命、月読命）を生んだものの、分治の命にしたがおうとしない須佐之男が荒ぶる神となり、姉神を怒らせ、天照大御神を天石屋に籠らせて、罪咎を負い高天原から追放されるくだりの前後にかんしても、両篇のいずれでも言いおよんでいる。ここでは、岐美二神の別れの場面について振りかえっておこう。「外篇」ではつとに「千引石」をめぐる小林秀雄の理解を問題とする論脈でも、いったんは言及しておいた古事記本文の箇所である（本書、三三四頁）。

死者をむかえに黄泉の国に赴いた伊邪那岐は、「我《あ》をな視《み》たまひそ」、おのれのすがたを見てくれるな、とする連れあいの懇願に背いて、その恐ろしげなかたちを目にしてしまう。亡妻は「吾《あれ》に辱《はじ》見せつ」と怒り、予母都志許売《よもつしこめ》たちに夫を追わせるものの、伊邪那岐は辛くも逃げのびた。最後にかつて愛した妻そのひとが追ってきて、ふたりは千引の石をはさんで対峙する。ここでも大成本に準じて訓んでおく。

最後に其の妹伊邪那美の命、身自《みづか》ら追ひ来たりき。爾に千引《ちびき》の石《いは》を其の黄泉比良坂《よもつひらさか》に引き塞《さ》へて、其の石を中に置きて、各《おのもおのも》対《むか》ひ立ちて、度事戸之時、伊邪那美の命言ひしく、「愛《うつく》しき我《あ》が那勢《なせ》の命、如此《かく》為《せ》ば、汝の国の人草、一日《ひとひ》に千頭《ちがしら》絞り殺さむ」といひき。爾に伊邪那岐の命詔りたまひしく、「愛しき我が那邇妹《なにも》の命、汝然為《しかせ》ば、吾一日に千五百《ちいほ》の産屋立てむ」とのりたまひき。是《ここ》を以ちて一日に必ず千人《ちたり》死に、一日に必ず千五百人生まるゝなり。

民草の生死と繁栄の起源譚とされる一段は、このあと黄泉津大神《よもつおほかみ》という伊邪那美のふたつ名を告げ、黄泉比良坂は現在の「出雲の国の伊賦夜坂《いふや》」にあたると説いて閉じられる。『古事記傳』の註釈をいくつか拾っておこう。

まず「最後は、白檮原《かしばら》ノ宮ノ段に、伊夜佐岐陀弖流《いやさきだてる》とある大御歌詞ノに依て、伊夜波弖《いやはて》と訓べし」。ちなみに、枕草子に「さいはての車」と見えるのは「最後之車」のことで、そのころには最を音読みするようになったのだろう。今言に「最前《さいぜむ》」というのも、もとは「伊夜佐伎《いやさき》」と訓んだことだろう。「度事戸は、許登度袁和多《ことどをわた》須《す》と訓べし」。度事戸之時で事戸をわたすときに、となる。書紀の平行記事に「建二絶妻之誓一」とあって、「絶妻之誓此ヲ云二許等度《ことど》ト一」ともあるところから見て、大意はつかめるけれども、コトドの義はあきらかでない。あるいは「事戸《ことど》は事解言《ことゝけごと》の約《つづま》りし語」かもしれないが、ともあれ按ずるに「たゞ書紀の字の如く、夫婦《めを》ノ交《むつび》を絶つ証《しるし》の事と思はるゝなり。萬葉十九に、玉桙之道爾出立往吾者《たまぼこのみちにいでたちゆくわれは》、公之事跡乎負而之将去《きみがことどをおひてしゆかむ》、この歌、家持卿越中国ノより京に上ル時、餞《うまのはなむけ》せし人に報《こたへ》し、別《わかれ》の歌なれば、此レも事跡《ことど》とは、離別《わかれ》の辞《ことば》を云て、其を忘れず心に持てゆかむと読るにや。若然《もし》らば、此《ここ》の事戸と同じ言にやあらむ」（伝六、全集九巻二五四頁以下）。

古事記本文の「事戸」と大伴家持の歌にいう「事跡」とは前者の戸（ならびに書紀の度）が甲類の仮字、後者の跡は乙類の仮字であるがゆえに、それぞれべつの語であって、宣長の右の解釈の一部はなりたたない（倉野『全註釈』第二巻、二六四頁）。とはいっても「度事戸」が、これも『傳』のおなじ箇所にあるとおり、いわば「引導を渡す」という大意であるのは動かないだろう（集成・頭注）。ことはともあれ、ここであらためて問題としておきたいのはそのつぎである。「汝《みましノくに》国とは、此顕国《ノうつしぐに》をさすなり。抑御親生成給《モみみづからうみなしたまへ》る国をしも、かく他《よそ》げに詔《のたま》ふ、生死《いきしに》の隔りを思へば、甚《いと》も悲《かなし》哀き御言にざりける」（全集九巻二五五頁）。

ここで古事記本文に立ちかえってみるならば、宣長が註を附けている表現は「愛しき我が那勢の命、如此為ば、汝の国の人草、一日に千頭絞り殺さむ」と宣言する発言のうちで、さして目にもつきにくいかたちで使われていると言ってよいものである。くわえてまた、発言がそもそも「各対ひ立ちて」、千引き石を挟んだうえのこととは言っても、ともあれ向かいあった遣り取りの一部である以上、いましの国、つまり伊邪那岐が帰ってゆく国という言いまわしは、ごくあたりまえのものとして読みすごされることもありうるだろう。本居宣長が、しかし当該箇所の註解のなかで、この汝の国という一語に立ちどまって、注意を喚びおこし、またあらためて生死を隔てるものを想い、「甚も悲哀き御言」と書きそえているのは、やはり止目しておいてよいことがらであると思われる。

須佐之男による八俣大蛇退治譚（註）に引きつづいて、古事記・神代記では、天孫降臨の段に先だって大国主神の物語が展開される。稲羽の素菟にはじまり、根の国訪問へとつながる部分については、これもすでに議論の素材ともしておいた。ここでは須佐之男のむすめ、須勢理毘売《すせりびめ》をこの地上（葦原中国）へと連れかえったのちの挿話に立ちよっておきたい。

（註）大蛇退治譚に先だって語られているのは、よく知られているとおり、一般には五穀起源譚とされるものである。「又食物《をしもの》を大気都比売《おほげつひめ》の神に乞ひき。爾に大気都比売、鼻口及《また》尻より、種々《くさぐさ》の味っ物《ため》を取り出《いだ》して、種々作り具へて進《たてまつ》る時に、須佐之男の命、其の態《しわざ》を立ち伺ひて、穢汚《けが》して奉進《たてまつ》ると為《おも》ひて、乃ち其の大宜津比売《おほげつひめ》の神を殺

しき」。かくてヒメのからだからは、あたまに蚕、目には稲、耳に粟、鼻に小豆、陰部に麦、尻に大豆が生った、とされる挿話である。これも一種の悲恋物語であるとも思われるけれども、宣長の関心はうすい。一段冒頭の「又」が唐突であることに目をとめ、そもそも「此《ノ》段の此処にあるが不審《いふか》しき由」を指摘するいっぽうで（伝九、全集九巻三八七頁）、女神殺しという禍事から五穀の恵みが生じたのは「善《よき》は悪《あしき》よりきざす理《リ》」の一例であると見なすにとどまっている（同、三八九頁）。——ことは、しかしそれだけのものであるはずもない。その点で朝倉喬司が、平野仁啓の土偶理解（平野は出土土偶をめぐる一時期の知見にもとづいて、破壊された土偶のうちに女神殺しの痕跡を見る）をも下敷きに展開している所論は興味ぶかい。度を越えた多産や豊作への恐れを示す民俗は、ひろくみとめられる。あらゆる俗信にはかならず原型があって、また俗信や迷信と呼ばれるものが絶滅することはありえないけれども、「それは一にかかって、それぞれの元の形（原型）が、深く隠されながらも、寸分もそこなわれることなく、人間が地上に生きる根本条件をなしつづけているからである」。それでは豊作の恐怖についてはどうか。「度外れの豊作が人の死を呼ぶという俗信の元の形はといえば、それは、ある掟にしたがった人の死が、作物のいやが上にも盛んな生育を呼びおこすと考えられていた、ひどく古い時代の、人類の共同記憶の中にさがし求めることができるはずである。つまり原型における事の因果が逆転して、俗信の中に命脈を保ってきたというわけだ」（『芸能の始原に向かって』三三六頁以下）。なお大蛇退治譚については繰りかえし分析の対象となってきたけれども、「野生の権力理論」を適用して読んだ、興味ぶかいものとして、上野千鶴子『構造主義の冒険』七四頁以下がある。

大国主は、菟の予言どおりに、まずは八上比売《やがみひめ》と懇ろになったけれども、八上比売は正妻の須勢理毘売を憚って、子どもをなしたあとに因幡の国に戻ってしまった。そののちも大国主は、高志《こし》の国の布河比売《ぬなかはひめ》とも契りを交わすなど、須勢理毘売にはこころ安まるいとまもない。その間の消息をめぐって、古事記本文には「甚く嫉妬《うはなりねたみ》為《し》たまひき」とある。とはいえ、言うまでもなく、須勢理毘売がことさらに癇性であったというよりは、征服行にともなって、「族長層による雄大な遠方異族婚」（高群逸枝）が通婚圏の拡大につながり、そのことの消息が大国主命の一身に代表させられ、神話的なかたちで表現されたものが、須勢理毘売の嫉妬という逸話であったことだろう（久松潜一・他（編）『古事記大成 4』所収論文）。

大国主命は、「出雲より倭国に上り坐さむとして、束装《よそひ》し立たす時に、片御手は御馬《みま》の鞍に繋《か》け、片御足は其の御鐙《みあぶみ》に踏み入れ」（大成本）ながら、須勢理毘売を宥めようとして歌を詠む。妻による返しの歌の、まずは前半を、これも蓮田善明の美しい訳詩とともに引いておく（『現代語訳 古事記』四九頁以下）。

八千矛の　神の命や　　　　八千矛の神の命
我《あ》が大国主　　　　　　わが大国主よ
汝《な》こそは　男《を》にいませば　　あなたは男であるゆえに
打ち見る　島の崎崎　　　　見える島々　国の果て
掻き見る　磯の岬落ちず　　見える磯々　いずこでも
若草の　妻持たせらめ　　　心のままに年若い　妻をお持ちになれましょう
我はもよ　女《め》にしあれば　　わたしは女であるゆえに
汝を除て　男は無し　　　　あなたをおいて男なく
汝を除て　夫《つま》は無し　　　あなたをおいて夫はない

本居の語釈を引用する。「都麻波那斯《つまはなし》は夫者無《つまはなし》なり。古《へ》は夫婦《めを》たがひに都麻と云しことは、云も更なり」。

割注には俗語への言及が見える。「都麻と云称《な》は、今の俗言に、都礼阿比《つれあひ》と云にあたれり」。宣長所引の典拠によれば、書紀でも万葉でも、妻を夫《つま》としるす例が見られる。ここまでの大意はこうである。「汝命《ながみこと》こそは男にて坐《シ》ませば、嶋の崎々磯の崎々、いづこにもいづこにも、遺《のこ》る処なく、妻を持て御坐《おはす》らめ、吾は女なれば、汝《ガ》命を除《おき》て、他《ほか》に夫は無し」（伝十一、全集九巻四九八頁）。――問題はそのあとである。おんなと生まれた身の不運をなげく妃のひとうたはここでいわば転調して、後半が以下のようにつづくからである。

綾垣の　ふはやが下に
蒸衾《むしぶすま》　柔《にこ》やが下に
栲衾《たくぶすま》　さやぐが下に
沫雪《あわゆき》の　わかやる胸を
栲綱《たくづね》の　白き腕《ただむき》
そだたき　たたきまながり
真玉手《またまで》　玉手差し纏《ま》き
股長《ももなが》に　寝《い》をしなせ
豊御酒《とよみき》　奉させ

綾の帳《とばり》を引き廻し
ふわふわなびくその下で　暖かい夜具のその中で
真白い夜具もさやさやと
沫雪の様な若胸を
栲綱の様な白腕を
ぴったり抱いて抱きかわし
互いに手をば差しかわし
足も長々やすみましょう
ごきげん直しにお杯ほしませ

宣長による釈は、歌の前半と後半のいわば行間を読みこんで、両者をつないでゆく。「如此《かか》れば」、つまりおとこであるあなたと、おんなであるわたしの宿世はそれぞれであるというのに、「今汝命の、見棄て他国《よそノくに》に往坐《いまし》なば、吾は頼むかたなければ、如何為《いかにせ》むと、別《わかれ》を悲哀《かなしみ》て、今よりは、さがなく嫉妬《ものねたみ》することも為《せ》じ、倭に往坐《いでます》ことを、思《おぼ》し止《とま》り賜へと云意を、此間《ノ》に含めたり」。歌の後半が、ことばには出されないこの思いのあとにつづく。「さて然此処《しかここ》に留り住《すみ》賜はば、今より夫婦《めお》むつまかにかたらひを為してむと云意を、此《レ》より下に述《のべ》たるなり」（同頁）。記紀歌謡がおしなべてそうであるように、元歌がうたわれた文脈は定かではない。とはいえ『古事記傳』の釈意は、やはり物語の脈絡を踏まえてみごとに行きとどいている。

古事記本文は、大国主の末裔たちについてその神名を列挙したのち、いわゆる「国譲り」と「天孫降臨」をめぐって伝説を語りついでゆく。本書でもこれまで、直接的にせよ、間接的なかたちであれ、言いおよぶところのあった、天菩比神と天若日子の派遣、後者の死と葬礼、建御雷神と建御名方神の力くらべ等々は、物語のこの文脈に埋めこまれた説話にぞくする。神代をつたえる古事記上巻の最後に、物語性のたかい挿話として登場するのが、これもさきにふれたいわゆる海彦、山彦の説話であった。本節の最後にあらためて、むかし話としてもよく知られたこの逸話と、ひとつ、ふたつの場面によせた『古事記傳』の註解のありかたに立ちもどっておきたい。

山佐知毘古《やまさちびこ》こと火遠理《ほをり》の命の過失を、兄である海佐知毘古《うみさちびこ》こと火照《ほでり》の命はどうあっても許そうとしない。途方に暮れた弟のみことが海辺で泣いていると、鹽椎《しほつち》の神があらわれ、綿津見神の宮ゆきを奨める。宣長は物語が神話的に転回してゆく、ことのこの発端に註をつけ、「綿津見神《ノ》」の宮、つまり「海神《わたのかみ》の宮は、海の底にある国」であると解き、「後世《ノ》のなまさかしき説《ときごと》どもは、古《ヘノ》伝《ヘ》の趣にかなはず」と説いてゆく。つづけて附される割注をまず引いておきたい。

仏書《ほとけぶみ》に龍宮と云る物あり。其《ノ》説《とけ》るさま、あやしきまでに此段《ノ》にいとよく似たる処あり。故《レ》書紀の口決纂疏などには、此《ノ》海《ノ》神《ノ》宮を、直《ただ》に龍宮とぞ云れたる、仏書を信《たの》める人は、然主客《もとすゑ》の語の別《わき》まへだになくて、彼《ノ》所謂龍宮を、主《もと》として云れたるなり。又漢籍《からぶみ》にもをり〱、水神《ノ》宮の事を云るありて、其《それ》はたよく似たる故に、かにかくに此段《ノ》は、異国書《あだしくにぶみ》に依て、造れるものかと、疑ふ人あるなり。されどそは、たゞ異国書をのみ信《たの》みて、皇国の古《ヘノ》伝《へ》をば信《うけ》ざるものなり。凡て皇国のは、其《ノ》書こそ後に出来つれ、其事は、神代より語《リ》伝へ来つるまゝなれば、こよなく古きを、異国の説どもは、其書こそ、此方《ここ》のよりやゝ先なれ、説る事は、己《おの》がさかしらのみ多くして、古《へ》のまゝならねば、返りて皇国書《みくにぶみ》より遙に後なり。然れば此段《ノ》の伝説《つたへごと》は、真《まこと》なり本なり。仏書の龍宮は、此《ノ》綿津見《ノ》神《ノ》宮の事の、上代におのづから、天竺などにも、かたはし伝はりたるに、種々《くさぐさ》の事を造加《りくは》へて、説たるものなり。又漢《もろこし》ぶみにも似たる事のあるも、然なり。そも〱皇国は、万《ヅノ》国を御照し坐《ス》、天津日《ノ》大御神の本《ツ》御国なれば、凡て万《ヅ》の事も物も、みな皇国ぞ本にして主にして、他国々《あだしくにぐに》へも、おのづから流れ及びたるものにて、相似たることも、もとより多かるは、彼《かれ》が吾《レ》に似たるにこそあれ、吾が彼《レ》に似たるには非ず。然るを世々の物知《リ》人みな、此元《ノはじめ》の本末をば、得知らずして、たゞ後に万《ヅ》の事も物も、異国を学び、異国より来り、又物語書などに、異国の故事を取て、作りかへたることのあるなどに傚ひて、万《ヅ》の事みな、異国を本と心得るから、神代の故事などさへに、其《ノ》類《ヒ》かと疑ふは、よく異国書に惑へるものなり。よしや本末はしばしおきぬ。天地の中に、人の形を始めて、山川草木、其余《ノほか》の物も、皇国漢天竺と、大かた異なることなく、皆おのづから同じさまなれば、古《へ》の伝へなども、此方《ここ》と彼方《かしこ》と、などかは同じきこともあらざらむ。(中略)さて又近き代の、なまさかしき人の心には、水《ノ》中に宮室《みや》などのあるべき理《リ》なし、と思ひとるから、かの龍宮などの説をも信《うけ》ず、此段《ノ》の事をも、実は海底《ノ》には非ずとして、或は薩摩国《ノ》近き一《ツ》の嶋なりといひ、或は琉球国《ノ》なりといひ、或は対馬なりなども云て、其証《ノしるし》などをも、とりぐ\に云めれど、凡てさる類は、皆古《ヘノ》伝《ヘ》に背ける、例の儒者意の私事《わたくしごと》なり。（伝十七、全集十巻二四五頁以下）

引用の冒頭で本居が「仏書」に見られる龍宮には「あやしきまでに此段《ノ》にいとよく似たる処」があるいっぽう、「漢籍にもをりく\、水神宮《ノ》の事を云る」ともみとめているとおり、一篇には、類型的説話と見るべきふしがある。それだけに宣長としては、この一挿話もふくめ古事記の伝えるところは「神代より語《リ》伝へ来つるまゝ」の「こよなく古き」伝説であって、諸国にのこる所伝は「返りて皇国書より遙に後なり」と強調して、仏書や漢籍の記述は「かたはし伝はりたる」ものに「種々の事を造《リ》加へて、説たるもの」であると強弁しているわけである。ことのこのしだいからは、上田秋成との論争文で言われていた「小倉山庄百枚の色紙」の比喩が想起されることだろう（本書、六五六頁）。あわせてまた、彼我の類似の拠ってきたるゆえんを説いて、「天地の中に、人の形を始めて、山川草木、其余《ノ》の物も、皇国漢天竺と、大かた異なることなく、皆おのづから同じさまなれば、古《へ》の伝へなども、此方と彼方と、などかは同じきこともあらざらむ」とも主張するくだりは、国学思想のうちに老荘の影をみる市川鶴鳴を難じて、「山川草木のたぐひ、又人物鳥獣などの類、皆おのづから、皇国も漢国も天竺もいづこも」似かよっているものだと説きふせる『くず花』の一節を想いおこさせるはずである（六四〇頁以下）。なまさかしき人の一例は新井白石ともなるだろうか（八五〇頁以下）。

類型は類型とし、類似は類似であるとして、他方たとえば次田潤は一節をめぐってこう書いている。「緑の光に満ちた神秘の海の底に、魚鱗の如く立ち並ぶ宮殿があつて、其の門前には清冷な水の涌く泉がある。其のほとりに立つてゐる桂の樹は、青々と繁つて、其の梢には若い美しい男の神が、物思はしげな面持で下を見てゐる。するとそこに青く光る著物を著た海神の侍女が、玉壺を抱へて来て、今しも泉の水を汲まうとして、水の面に映る麗しい男神の姿を見て打ち驚いてゐる」。それは絵画を越えて美しい、一幅の情景であり、これほどまでに豊かな想像力によって紡ぎだされた「麗しい神話」は、ほかに類例を見ない。一篇は「我が神話の白眉であるばかりか、世界の神話中でも比類なき美辞」なのである（『新講』二四五頁以下）。――次田自身がここで脳裡にうかべている青木繁の代表作をもあわせて想いめぐらせるなら、あるいはそうかもしれない。問題は、しかしべつにある。

つづけて『傳』が説きおよんでゆくように「水中《ノ》に宮室などのあるべき理《リ》なし」とする予断にもとづき、ここで「海底《ノ》」とあるのは「或は薩摩《ノ》国近き一《ッ》の嶋なりといひ、或は琉球《ノ》国なりといひ、或は対馬なり」等とも言いつのって地名を比定してゆくことが、「古《ヘノ》伝《ヘ》に背ける、例の儒者意の私事」であり、恣意的理解となることはたしかだろう。だが、籠をつくり、彦火火出見尊《ひこほほでみのみこと》をそのなかに入れ、「海に沈む」とあるのは書紀の伝であって、古事記の伝えるところではない。古事記では、鹽椎神が船を製作し、火遠理命《ほをり》を乗船させ、「其の船を押し流」して海路へと乗せた、とあるだけである。以下の本文では、宮殿のありかが海底に擬えられていたとも想像させる表現も見えるとはいえ、当面の古事記のテクストは「海神の国」をむしろ「海上遙かあなた潮の八百路の先にある国」としているわけである（倉野『全註釈』第四巻、二四五頁）。古典文学全集の校注者も「其の道に乗りて往かば」とは「潮の流れに乗ってそのまま行く」ことであると解し、そこから「海神の宮は海の彼方にあると受け取られる」とも釈をつけて、「その所在が海底であるという徴証は、どこにも認められない」と頭注にしるしている。校注者のひとりがべつの機会に主張しているとおり、宣長は

『古事記傳』のこの箇所で、古事記の本文を「『日本書紀』と補い合うかたちで読んで」おり、「その読みは、端的に、『古事記』をこえて、いわば『日本書紀』と合成して話を作るもの」となっていると見なければならないだろう（神野志隆光『本居宣長「古事記伝」を読む』II、一五二頁）。

本節の最後に確認しておきたいのはまたべつのことがらである。もとの国にもどった火遠理の命、つまり山佐知毘古は、綿津見大神の教えのとおりに鹽盈珠《しをみつたま》、鹽乾珠《しをふるたま》をつかって兄である火照の命、すなわち海佐知毘古を苦しめ、これを服従させた。古事記本文の伝えるところでは、隼人族の起こりである。そののち海神のむすめ、とよたま毘売が火遠理のもとを訪ねてきて、「妾《あ》は已《すで》に妊身《はら》めるを、今産む時に臨《な》りぬ。此を念ふに、天つ神の御子は、海原に生むべからず。故、参出到《まゐでき》つ」と告げる。以下、古事記本文を引用する。

爾に即ち其の海辺の波限《なぎさ》に、鵜の羽《は》を葺草《かや》に為《し》て、産殿《うぶや》を造りき。是《ここ》に其の産殿、未だ葺《ふ》き合へぬに、御腹《みはら》の急《あわただ》しさに忍びず。故、産殿に入り坐《ま》しき。爾に産みまさむとする時に、其の日子《ひこぢ》に白したまひしく、「凡て陀国《あだしくに》の人は、産む時に臨れば、本つ国の形を以ちて産生《う》むなり。故、妾《あれ》今、本の身を以ちて産まむとす。願はくは、妾《あ》をな見たまひそ」と言したまひき。是に其の言《こと》を奇《あや》しと思ほして、其の産まむとするを竊伺《かきま》みたまへば、八尋和邇《やひろわに》に化《な》りて、匍匐《は》ひ委蛇《もこよ》ひき。即ち見驚き畏みて、遁《に》げ退《そ》きたまひき。爾に豊玉毘売の命、其の伺見《かきまみ》たまひし事を知らして、心恥《うらは》づかしと以為《おも》ほして、乃ち其の御子を産み置きて、「妾恒《あれつね》は、海つ道《ぢ》を通して往来《かよ》はむと欲《おも》ひき。然れども吾が形を伺見たまひし、是れ甚作《いとは》づかし」と白したまひて、即ち海坂《うなさか》を塞《さ》へて返り入りましき。是を以ちて其の産みまし御子を名づけて、天津日高日子波限建鵜葺草葺不合《あまつひこひこなぎさたけうがやふきあへず》の命と謂ふ。

産屋の建築は、出産に間に合わなかった。夫に向かって、子どもを生むときはもともとのからだになって産むことになるので、見てはならない、と言ったにもかかわらず、不審に思った火遠理の命は出産を目撃してしまう。ワニのすがたでのたうちまわる姫君に恐れをなして逃げ去った夫に、妻は海とのさかいはすでに鎖されたことを告げ、永い別れのことばを口にする。

古代の世界像にあっておそらく、諸方の潮路から流れくるうしおがひとところに集まり、渦なして海の底へ落ちてゆく場所があり、それがつまり「海坂」であったのだろう。黄泉と根の国がかさなっているように、「海神の国も根の国とかさなっている点がある」。黄泉比良坂が坂であり、境であったとおり、「海坂も境であるとともに坂であろう」(西郷信綱『注釈』第二巻、三五五頁)。——宣長もまた註して説いていた。「海坂は、師の宇那佐加《うなさか》と訓れたるに従ふべし」。「坂は堺《さかひ》の義《こころ》にて、【佐加比《さかひ》とは、此方より上る坂と、彼方より上る坂との、合《フ》処を云て、坂合《ヒ》の意なること、上に既に云るが如し。さて坂とのみ云ても、即《チ》界のことになることもあるなり。】海神の国と、此上《ノうはツ》国《くに》との間の、隔《へだて》ある処を云なり」(伝十七、全集十巻二七九頁)。両名は、海坂をあいだに置いて、ふたたび巡りあうことがない。ふたりの別れは、へだてて通いあわない境界を挟んだそれであるがゆえに、いっそう悲哀の色が濃いのである。

豊玉毘売は、盗み見した火遠理の命の「情《こころ》を恨みたまへども、恋しき心に忍びずて」、妹の玉依毘売《たまよりびめ》にことづけて、歌を贈った(『現代語訳 古事記』八三頁以下)。

赤玉は　緒さへ光れど　　色もうるわし赤玉は　貫《ぬ》く緒までさえかがやいて

白玉の　君が装《よそひ》し　　けれども真白い玉の様な
尊《たふと》くありけり　　君の装いぞ慕わるる

夫の返しは、こうである。

奥《おき》つ島　鴨《かも》潜《ど》く島に　　鴨も並んで泳ぐ島
わが率《ゐ》寝し　妹《いも》は忘れじ　　そこに寝た日の面影は
世の尽《ことごと》に　　忘れられない　死ぬまでも

妻の恋歌をめぐる、本居の釈は以下のとおりである。「一首《ひとうた》の意は、赤玉は、緒さへ光りて、いと美好《うるは》しけれども、其《それ》よりも、白玉の如くなる君が御光儀《みよそひ》ぞ、なほまさりて美《めでた》き、と云て、恋慕《こひしぬ》ひ奉る御情《こころ》を述《のべ》賜へるなり」。一解に「君がよそひを、葺不合《ノ》命の御事なり」とするものもあるが、宣長は採らない。「御歌のさま、然《さ》は聞えず」。ひとうたは「決《うつな》く夫君を恋奉りて、よみ賜へる趣」なのである。『傳』はおそらく、「或説」のうちに、教誡めいた響きを聴きとっている。宣長としては「詞と歌と、相叶はず、いかゞとぞ思ふ」のだ。姫はなるほど、異郷に残した「其の御子を治養《ひた》しまつる縁《よし》に因り」、葺不合《ノ》命の養育にことよせて、妹を使いだてた。とはいえ思いはあくまで、恋しいひとにあったのである（伝十七、全集十巻二八四頁）。——火遠理の命は、海神の宮で既往を思いだして「大一歎」した。これを『傳』は「意富伎那流那宜伎比登都志賜比伎《おほきなるなげきひとつしたまひき》」と訓み、「那宜伎《なげき》は長息《ながいき》にて、心に思ひ結ぼるゝ事あるをりは、長き息の衝《つか》るゝを云」と解く（同二五六頁）。

宣長はここでも、不幸な恋人たちがそれぞれに抱えたむすぼれを見てとって、そのため息も嘆きもそのままに読みとこうとしているのである。

鵜葺草葺不合《うがやふきあへず》のみことの段は、つぎのようにむすばれる。やはり大成本にならった訓によって古事記本文を引用しておく。「是の天津日高日子波限建《あまつひこひこなぎさたけ》鵜葺草葺不合の命、其の姨玉依毘売《たまよりびめ》の命を娶《めと》して、生ませる御子の名は五瀬《いつせ》の命、次に稲氷《いなひ》の命、次に御毛沼《みけぬ》の命、次に若御毛沼の命、亦の名は豊御毛沼の命、亦の名は神倭伊波礼毘古の命。故、御毛沼の命は、波の穂を跳《ふ》みて常世の国に渡り坐《ま》し、稲氷の命は、妣《はは》の国と為《し》て海原に入り坐しき」。ふたつほど、本居宣長の註解をめぐる問題をたしかめておく。

玉依毘売は豊玉毘売の妹、子どもの面倒を見るために差しむけられて、姉から託されたひとうたを義兄につたえている。歌の遣り取りについては、ほんのさきほど見ておいたところである。母の妹をさして使われている、この「姨」に『古事記傳』は注を附けて、書いていた。「姨は御袁婆《みをば》なり。新撰字鏡に、姨母乎波《ハヲバ》と見え、和名抄に、唐韻云《ニ》、姨《ハ》、母之《ノ》姉妹也、爾雅云《ニ》、母之《ノ》姉妹曰《ヲ》二従母《ト》一、母方乃乎波《ははかたのをば》とあり」。問題はそのあとの割注である。「或説に、以レ姨《ヲ》為《ルハ》レ妻《ト》非《ズ》レ礼《ニ》と云て、論あるは、心得ず。古《ヘ》の正しき書に、是《レ》を非《ズ》レ礼《ニ》と云ること見えず。何を拠《よりどころ》に云ことぞや。若《シ》漢国のさだめを以て云にや。そはいみしきひがことなり。外国のさだめに拘泥《なづみ》て、いかでか皇朝明神《あきつみかみ》の御所為《みしわざ》を議《はかり》奉るべき。あなかしこ〳〵」（伝十七、全集十巻二九三頁）。倉野が註しているように、そもそも上代では、叔伯父・叔伯母と姪・甥とのあいだで、結婚は禁じられてはいないから、宣長の反論は的なきに矢を射るに似たところがあるかに見える（『全註釈』第四巻、二九五頁）。集成本が頭注をつけているとおり、第一には、養育者と被養育者が結婚する例は古事記中に多く見られる。

この件を、宣長が知らなかったはずはない。とはいえ第二に、婚姻可能とされる範囲をめぐる問題は、儒者とのあいだの、眞淵も相手にせざるをえなかった係争点にもかかわる（本書、六〇一頁）。国儒論争における最大の争点のひとつは、およそ人倫の秩序が、聖人の書によってはじめてこの国にもたらされたものであるかどうか、にあったわけである。第三には、しかしまた当面の鵜葺草葺不合命の場合についていえば、西郷信綱が説いているとおり、叔母との結婚に物語の基調があるのではなく、主要な意味は、火遠理のむすこもふたたび海神のむすめとむすばれるという、反覆によるえにしの強調にあった。「玉依毘売が豊玉毘売の反復であるように、フキアヘズは父ホホデミの反復にほかなら」ないのである（『注釈』第二巻、三六三頁）。

常世については、少名毘古那《すくなびこな》神が大国主を置いて立ち去ってしまった場所として、古事記本文ですでに名が挙がっており、『傳』が長い註釈を附けている。当該箇所における本居の所論によれば、トコヨにはまず、㈠「常夜」の意味がある。たとえば「常世長鳴鳥《とこよのながなきどり》常世思兼神《とこよのおもひかねの》」などとある場合がこれである。第二には、㈡「伊勢国《ノ》、《ハ》即常世之波重《なみしき》波帰《なみよる》国也」と書紀の垂仁紀にあり、また万葉中に「我国者《わがくには》常世爾成牟《にならむ》」とあって、これらのばあい意味は「字の如く常《とこ》とはにして不変《かはらぬ》こと」となる。第三には、㈢「常世国《ノ》と云是《レ》なり」。宣長によれば、この三つの単語は用字がおなじであるけれども、それぞれの意味はことなって、しかもたがいに関連がない。「三《ツ》を同意に心得るは、字の同じきに迷ひて、深く考へざるものなり。言の同じきまゝに、字は相通《ヒ》はし借《リ》て、常世とは書るなり」。問題はこの第三の意味にある。途中を省略しながら、引いておく。

さて常世国《ノ》とは、此如名《かくなづ》けたる国の一《ツ》あるには非ず、たゞ何方《いづかた》にまれ、此皇国《ノみくに》を遥に隔り離れて、たやすく往還《ゆきかひ》がたき処を泛《ひろ》く云なり。故《レ》【常世は借字にて、】名《ノ》義は、底依国《そこよりぐに》にて、たゞ絶遠《はるけ》き国なるよしなり。（中略）凡て上代に常世ノ国と云るは、皆此ノ意の外なし。巻ノ末に、御毛沼《みけぬの》命者ハ、跳《ふみ》テ二波ノ穂ヲ一渡リ二座シキ于常世ノ国ニ一、中巻玉垣ノ宮ノ段に、多遅麻毛理、遣ヲハシテ二常世ノ国ニ一、令ムレ求メ二登岐士玖能迦玖能木実《ときじくのかくのこのみ》ヲ一と見え、又常に歌に、雁の還往《かへりゆく》処を云など、皆是レなり。【さて又後には、人の死るを、常世ノ国にゆくと云しことあり。こは極めて遠き所にて、便《り》もなく往来《ゆきかよふ》こともかなはぬ意にて、右の意より転《うつ》したるものなり。（中略）然るを後世ノ人はたゞ、常世と書る字に泥み、又漢の蓬萊などのことをのみ思ひて、上代の意を深く考へざるゆゑに、不変不死を常世ノ国の本ノ義と心得居るは、ひがことなり。（略）】（中略）さて右に云る如く、常世ノ国とは、何処《いづく》にまれ、遠く海を渡りて往く国を云なれば、皇国の外は、万ノ国みな常世ノ国なり。（伝十二、全集十巻八～一〇頁）

常世国をめぐる、本居宣長の理解である。多遅麻毛理《たぢまもり》の挿話についてはすでに見ておいた（本書、五四四頁）。「巻末」とあるのは鵜葺草葺不合命段の末尾、右に引いた箇所のことである。当面の箇所でも『傳』は「常世ノ国は、何国《いづれノくに》にまれ、皇国を離《さか》りて、易く往還《ゆきかひ》がたき、絶遠《はるけ》き国」であると注している（伝十七、全集十巻二九五頁）。

神倭伊波礼毘古《かむやまといはれびこ》命は神武天皇のこと、古事記の「上つ巻」はかくて終幕をむかえ、神世は閉じ、「中つ巻」からは人世がはじまる。人代とはいっても、古事記本文はなおさまざまな伝説《つたへごと》によって彩られて、とりわけ初代天皇、神武はいまだ神話的な雰囲気を身にまとい、たとえばまた倭建は始原的な英雄、あるいはむしろ荒ぶる神のおもむきを色こく帯びている。ここで節をかえて、『古事記傳』における宣長の読みをもうすこし跡づけてゆくことにしたい。

四十五

これまで通りすがりにいくどかふれてきたように、古事記の、もしくは記紀の人代の物語にあって、その特徴のひとつは、争乱の記事が数おおく採られていることである。事蹟が録されている歴代の天皇の記述には、かならずと言ってもよいほどにあるいは内乱の顛末が書きこまれ、あるいはまた代替わりのたびごとに皇位継承をめぐる争いが書きつがれている。叛乱と戦乱の記憶には、そして多くの場合、あらかじめ不幸の影を負った恋人たちの思い出、破倫とはいえひと掬のなみだを注ぐのを禁じえない美しい恋の言いつたえ、数しれぬ女人たちの、幸うすい宿世の伝説が織りこまれていた。そのような物語の細部を読みとこうとするとき、本居宣長の古事記読解もまたとくべつな色あいを帯びてくるように思われる。

伝説上の初代天皇、神倭伊波礼毘古の命、諱を神武帝についても、例外ではない。神武天皇の事蹟がいわゆる「東征」にはじまること——例の「足一騰宮」が登場する挿話がその端緒をしるしづけていた——からして、神武の段が征服譚にまつわるくさぐさの戦闘の記録（この「内篇」でも、たとえば宇迦斯《うかし》兄弟の逸話にふれた）をふくんでいるしだいは当然のなりゆきであるとして、(註) 神武の歿後に、はやくも後継をめぐる争いが起こっている。当藝志美美《たぎしみみ》の謀叛とされているものがそれである。

(註)なかでも酸鼻をきわめた物語は、例の土蜘蛛《つちぐも》をめぐる伝承である。「其地《そこ》より幸行《い》でまして、忍坂《おさか》の大室《おほむろ》に到りたまひし時、尾生《をあ》る土雲《つちぐも》八十建《やそたける》、其の室に在りて待ち居鳴る。故爾に天っ神の御子の命以《みことも》ちて、饗《あへ》を八十建に賜ひき。是に八十建に宛てて、八十膳夫《やそかしはで》を設《ま》けて、人毎に刀《たち》佩《は》けて、其の膳夫等《かしはでども》に誨《をし》へて曰《い》ひしく、「歌を聞かば、一時共《もろとも》に斬れ」といひき」。合図の歌がうたわれ、ものどもはいっせいに「刀《たち》を抜きて、一時《もろとも》に打ち殺しき」。本居は註を附して「生尾《をある》とは、上の吉野《ノ》段にも有し如く、いと上《ツ》代には然《さ》る人も間《まま》ありつと見ゆ」、「土雲《つちぐも》。雲は借字なり。書紀此《ノ》御巻に(中略)此《ノ》三処《ノ》土蜘蛛《つちぐも》並《みな》侍其勇力《いきほひたけくシテ》不肯来庭《まつろはず》(中略)などある類にて、岩窟《いはや》土窨《つちむろ》などに住て、人を害《そこな》ひ残暴《いちはや》ぶる梟帥等《たけるども》を、蜘蛛に准《なずら》へて、如此は称《なづ》けられたるなるべし」としるす(伝十九、全集十巻三八五頁)。景行段の註解で「蝦夷《えぞ》」にふれ、「蝦夷は、延美斯《えみし》なり。名《ノ》義は、身に凡て長き鬚の多きを以て、鰕《えび》になぞらへたるなり」(伝二十七、全集十一巻二三六頁)とあるのは誤伝であるけれども、おなじ註のなかでエミシの滅亡にもふれて、「今《ノ》世にも、蝦夷の富たる者など、まれ〳〵に松前の貧賤《まづしきいやし》き者などの女を娶《と》ることある、其《それ》が生る児は、鬚などもやゝ短く少くて、ひたぶるの蝦夷とは、形などやゝ異なりと云り。此《これ》を以て古《へ》をも准へ知べきなり」(同、二四〇頁)との伝聞が添えられている。ちなみに、爆弾闘争の終焉期であった一九七〇年代末、東本願寺大師堂に消火器爆弾が仕掛けられたさい、報道機関に届けられた声明文は「世界赤軍日本人部隊・闇の土蜘蛛」を名のるものであった。小嵐九八郎が回想しているように、東アジア反日武装戦線が名のった「狼とは詩的な表現」である(『蜂起には至らず』二五七頁)。そのひそみにならって言えば、闇の土蜘蛛とはまた、王権によって切り刻まれ、すがたを消した共同性の破片が、歴史の闇のかなたから甦ったかのような衝迫力をともなうものだった。東アジア反日武装戦線を中心とした、一九七〇年代中葉の爆弾闘争をめぐるノンフィクションに、松下竜一『狼煙を見よ』がある。

神武の正妻は伊須気余理比売《いすけよりひめ》、「黥《さ》ける利目《とめ》」、入れ墨をして鋭く見える目をしたおとめであった。結婚にさきだって、神倭伊波礼毘古とのあいだで、歌垣のならわしを想わせる歌いあわせを交わしている。覇者の死後、当藝志美美の命が前帝の妻を娶ったのち、三人の弟たちを殺し、帝位を奪おうとした。当藝志美美は神沼河耳《かむぬなかはみみ》（第二代天皇となる綏靖帝）にとって庶兄にあたる。余理比売はこころを痛め、「狭井河《さゐがわ》よ　雲立ちわたり　畝火《うねび》山　木《こ》の葉騒《さや》ぎぬ　風吹かむとす」との歌を詠みおくって、子どもたちに兇兆を知らせようとした。ひとうたをめぐる『古事記傳』の解を引いておく。

○一首《ひとうた》の意、表《うへ》は、狭井川の方より雲の発渡《たちわたり》て、大宮のべなる畝火山の樹葉《このは》どもの喧擾《さや》ぐを見坐て、風の吹発《ふきたち》なむとすることを所知看《しろしめし》たるさまにて、然譬賜《しかたとへ》へる裏《した》の意は、当藝志美々の方《みさかり》に事謀《ことばかり》をし設《まうく》るぞ、其は汝等《みましたち》を殺さむとてなりと云るにて、雲起《チ》亙《リ》木《ノ》葉さやぐは、事謀《リ》する譬へ、欲《す》二風吹《ムトス》一は殺さむとする譬なり。【雲の起《たて》る方を、狭井川従《より》としもよみ給へるは、若《シ》くは当藝志耳命《ノ》の家、其方に在しかとも思はるれども、其《それ》までの意はあるべからず。彼命《ノ》の家は、何処《いづく》にありけむも知べからねど、書紀に片丘なる大窨《おほむろノ》中に臥たまへりしことのある、片丘は葛下郡《ノ》なれば、畝火山の西なり。此《ノ》窨若《シ》其家にありし歟。たとひ家には在《ラ》ずとも、住りし地《ところ》に遠からじ。是を以見れば、其家、京より東北の方にはあらじとぞ思はるゝ。さて又雲の立渡るは、風の吹むとするさまなれども、木《ノ》葉のさやぐは、方《みさかり》に風の吹時《ク》の事にこそあれ、吹むとするさまによみ給へるは、事のさま違へるに似たれども、然細《しかこまか》に思ふは、後世《ノ》の意なり。たゞ木《ノ》葉のさやぐは、風の吹《ク》に事縁《ことよれ》る故に、かくはよみたまへるなり。凡てかゝること、古《へ》は大らかにこそよめれ。又風は先《ツ》山上より吹て、後に山下《ふもと》へは吹《キ》おろすものなる故に、先《ツ》山の木《ノ》葉のさやぐが見えて、いまだ山下までは吹及《バ》ざるほどなりとも云むか。其は殊にくだく〳〵し。】（伝二十、全集十巻四三九頁）

皇子たちにとって母にあたる伊須気余理比売の一首に、おもての意味とうらの含みとを読みとっているのは通常の解であり、「雲起《チ》亙《リ》木《ノ》葉さやぐ」を「事謀《リ》する譬へ」と見て、「欲《ス》二風吹《ムトス》一」を弟たちを殺そうとする喩えと読むのも、とくべつな釈ではない。そのあとで「当藝志耳《ノ》命の家」のありかを探ろうとする部分が地名《ところノ》をめぐる本居の深甚な関心をここでも示している。さらには「木《ノ》葉のさやぐは、方に風の吹《ク》時の事にこそあれ、吹むとするさまによみ給へるは、事のさま違へる」、つまり木々の葉が揺れて音を立てるのは風が吹いているときであり、これから風が吹こうとするときにこと寄せるのは、自然の理とあわない憾があるかにも思える、とする注記は、いかにも宣長らしいものである。「然細に思ふは、後《ノ》世の意なり」と言いながらも、もうひとつの可能性（いま見えているのは山中の葉が波立つさまであって、ふもとに風が吹くのはやや遅れてのことである）を書きそえてしまうのが『傳』における本居宣長の読みというものなのである。

兄弟で当藝志美美のすみかを襲ったものの、兄の神八井耳命《かむやいみみ》は「手足和那那伎弖《わななきて》」ことを果たせず、弟の神沼河耳がその太刀を取って、謀叛人をほうむった。兄が弟に帝位を譲ったのはそのゆえである、とするのが古事記本文の語りようである。第二代天皇である綏靖帝をめぐる古事記の記述はみじかい。その間の経緯にかかわる年立てのあれこれを『古事記傳』が揣摩におよんでいるしだいについては、宣長の註解を引いてすでにふれておいた（本書、四九〇頁以下）。

綏靖以後、開化にいたるまでの八代はいわゆる「欠史時代」であって、記述はほぼ帝皇日継（帝紀）だけでなりたっている。開化帝につづく崇神段にかんしていえば、この「内篇」でもいくたびか言いおよぶ機会があったけれども、とりわけいうところの三輪山伝説、神人婚姻譚をめぐっては、前々節でふれたばかりである（本書、七七〇頁以下）。後続する垂仁帝をめぐる記事から、古事記中でひろく知られた悲劇、沙本毘古《さほびこ》の謀叛にまつわる物語をとり上げておこう。

ことの発端にあたる部分を、古事記本文から引用しておく。のちに問題とする『古事記傳』の訓みとことなる部分もあるが、まずはここでも大成本の訓読におおむね準拠するかたちで引いておく。

此の天皇、沙本毘売《さほびめ》を后《きさき》と為《し》たまひし時、沙本毘売の命の兄《いろせ》、沙本毘古の王、其の伊呂妹《いろも》に問ひて曰ひけらく、「夫《を》と兄《いろせ》と孰《いづ》れか愛《は》しき」といへば、「兄ぞ愛しき」と答《こた》へたまひき。爾に沙本毘古の王謀《はか》りて曰ひけらく、「汝寔《いましまこと》に我《あれ》を愛しと思はば、吾と汝と天の下治らさむ」といひて、即ち八鹽折《やしほをり》の紐小刀《がたな》を作りて、其の妹《いろも》に授けて曰ひけらく、「此の小刀を以ちて、天皇《すめらみこと》の寝たまふを刺し殺せ」といひき。故、天皇、其の謀《はかりごと》を知らしめさずて、其の后の御膝《みひざ》を枕《ま》きて、御寝《みね》し坐《ま》しき。爾に其の后、紐小刀を以ちて、其の天皇の御頸《みくび》を刺さむと為《し》て、三度《みたび》挙《ふ》りたまひしかども、哀しき情に忍びずて、頸を刺すこと能はずして、泣く涙御面《みおも》に落ち溢れき。乃ち天皇、驚き起きたまひて、其の后に問ひて曰《の》りたまひしく、「吾《あ》は異《け》しき夢《いめ》見つ。沙本の方より暴雨《はやさめ》零《ふ》り来て、急《には》かに吾が面《おも》に沾《そそ》ぎつ。又錦色の小さき蛇《へみ》、我が頸に纏繞《まつは》りつ。如此《かく》の夢は、是れ何の表《しるし》にか有らむ」とのりたまひき。

沙本毘売は「争はえじ」、隠しきれるものではないと考えて、一部始終を打ちあけ、天皇の夢を解いて、「是を以ちて御頸を刺さむと欲《おも》ひて、三度挙りしかども、哀しき情忽《こころたちまち》に起りて、頸を得《え》刺さずて、泣く涙の御面に落ち沾ぎき。必ず是の表に有らむ」と告げた。劇的な効果がきわめてよく整えられた、悲劇の開幕部分であると言ってよいだろう。

右では大成本にならって「哀しき情《こころ》に忍びずて」と訓じた部分の原文は「不忍哀情」で、古典大系の読みも

「哀しき情に忍びずて」、思想大系は「哀しき情に忍ビ不《ず》」、古典全書が「哀しき情を忍《おし》て」（頸を能《え》刺さず）、古典集成は思想大系とおなじく「哀しき情に忍びず」、文学全集では「哀しき情に忍《た》へず」となっているいっぽう、以上すべて「情」の訓は「こころ」である。これに対して、宣長の註は「不忍哀情。不字《ノ》は、諸本皆尓と作れども、師の、不の誤ならむと云れつるに従ひて、今改めつ。不忍とある例は、上巻に不忍御腹之急《みはらたへがたくなりたまひければ》、また不忍恋心《こひしきにたへたまはずて》、また此《ノ》下に、不忍其后云々、朝倉《ノ》宮《ノ》段に、不忍於悒などあり。四字を、多閇加弖爾加那志久淤《たへかてにかなしくお》母本斯弖《もほして》と訓べし。【此《ここ》は情字《ノ》を許々呂《こころ》と訓ては、語よろしからず。】多閇加弖爾《たへかてに》は、堪難《たへがた》くと云に同じ。加弖爾は、萬葉などに多き言にて、難爾《かてに》とも書たり」（伝二十四、全集十一巻八九頁）。——ここで「不忍御腹之急」と引かれているのは、前節（七九四頁）の引用では、大成本によって「御腹《みはら》の急《あわただ》しさに忍びず」と読んだものである。それはともあれ、この註解で本居が「哀」の一字に注目して、漢文読みとしてはやや不自然な訓みをあえてこころみていることがわかる。『傳』の訓読は、そのけっか構文的に浮いた「情」の一字をいわば和文脈に繰りこんで読みひらく。ココロと読むのは、語よろしからずとしているわけである。たほう「不忍哀情」をふつうに漢文として読むなら「不レ忍二哀情一」であって、現今の諸訓とも一致する。これが思うに妥当な訓読ではあるが、『傳』の読みが由ってきたるゆえんである、物語の襞に対する宣長特有の感受性を見のがしてはならないところであると思われる。

天皇は「吾《あ》は殆《ほとほと》に欺かえつるかも」とさとり、沙本毘古討伐の軍を起こして、王の籠城する地を囲んだ。沙本毘売は兄を思うと矢も盾もたまらず（「得忍びずて」）、裏門から脱して、その砦にむかう。「此の時、其の后妊身《はら》ませり。是に天皇、其の后の懐妊ませること、及愛で重みしたまふこと三年に至りぬるを忍びたまはざりき」。身重の妻を想うと、ただちに攻撃を仕掛けることもかなわない。——皇后は、くだんの塞のなかで子を生み、「其の御子を出して、稲城（稲を積んで固めた城塞）の外《と》に置きて、天皇に白さしめたまひつらく、「若し此の御子を、天皇の御子と思ほし看さば、治め賜ふべし」とまをさしめたまひき」。天皇としては、后の兄は憎さも憎いけれども「猶其の后を愛しみたまふに得忍びず」、一計を案じ、屈強の兵士たちを集めて皇后を取りもどそうとする。垂仁の詭計は、とはいえ皇后の智慧にはばまれ、失敗した。

いま大成本の訓により「其の后の懐妊《はら》ませること、及愛《またあめ》で重《おも》みしたまふこと三年《みとせ》に至《な》りぬるを忍びたまはざりき」と読んだ部分の原文は「不忍其后懐妊及愛重至于三年」である。本居の註を引く。

○不忍其后懐妊及愛重至于三年は、曾能伎佐伎能《そのきさきの》【句】宇都久斯美淤母美斯多麻布許登母《うつくしみおもみしたまふことも》、美登世爾那理《みとせになり》奴流爾《ぬるに》、波羅麻志弖佐閇阿流許登袁《はらましてさへあることを》、伊登加那斯登淤母本斯伎《いとかなしとおもほしき》と訓べし。【加那斯登《かなしと》は、伊登本斯登《いとほしと》とも訓べし。】抑此処の文、漢文の格《さま》に書たれば、文のまゝに訓ては、古語になりがたければ、文には泥まずて、凡ての意をよく得て訓べきなり。（中略）故《レ》今右の如く訓る、其由は、まづ懐妊を先に云て、愛重云々を後に云ては、古語に訓《ミ》がたき故に、愛重《うつくしみおもみ》云々を先に、懐妊《はらまして》を後に読り。【愛重は、平常《つね》のなべての事、懐妊は、此《ノ》時の殊なる一事なればなり。】さて愛重は、天皇の、此《ノ》后を愛重《うつくしみおもみ》し賜ふにて愛と重とは二《ツ》なり。【愛の重きには非ず。】愛《うつくしみ》は此《ここ》にては用言にて、【常に体言に云とは異にして、美《み》は、重《おもみ》の美《み》と同格の美《み》なり。】萬葉十【六十二丁】に、吾背子之言《わがせこがこと》愛《うつくし》美《み》出去者《いでゆかば》、とあると同じ格《さま》なり。重《おもみ》すとは、重く止事無《やむことな》き物にするを云。【俗言に、大切にすると云ことなり。さて此《ノ》言を、常にはおもむずると云は、音便に頽《くづ》れたる言なり。此《ノ》外にも賤《いやし》みすを、いやしみず、親《したし》みすを、したしむずなど云類、みな同じ音便にて、美《み》の頽れてンになれるなり。此《ノ》美の格萬葉などにつね多し。】（中略）さて伊登加那斯登淤母本斯伎《いとかなしとおもほしき》と訓るは、不忍の字に当れり。其例下文に出《ヅ》。其処に云べし。さて其后《そのきさき》ノと云処にて、姑く語を絶《きり》て心得べし。此《こ》は訓《よみ》の上に就て云なり。【文は、不忍字ノ、其后の上に在れば、紛るゝことなけれども、今其后之《そのきさきの》愛重《うつくしみおも》みと訓る故に、言のつゞき紛らはしければなり。されど懐妊《はらまし》てさへあるをと云処までに係て見れば、其后之ノ《の》と云ること明《あきら》けし。】（伝二十四、全集十一巻九四頁以下）

宣長はここでも、訓読としては無理をかさねている。『傳』は第一に、「及」をあいだに置いて、「懐妊」と「愛重至于三年」を逆転させて読む。漢文としてそのまま読みくだせば「古語になりがたければ」という理はとおらない。現今の訓のとおり、宣長のいう「此時ノ殊なる一事」として后の妊娠を述べて、そのあとで「平常のなべての事」である「愛重」を、つまり夫が妻、「此后ノを愛重《うつくしみおもみ》し」たしだいを語っても、すこしも差しつかえはないからだ。『古事記傳』がここで気をくばっているのは、じつは古語としての訓みではなく、物語としての読みなのである。『傳』はそう読むことで「つゞき」が「紛らはし」くなることすら回避せず、「其后ノと云処にて、姑く語を絶て心得べし」という方策でまぎれを救おうとする。本居宣長は第二にこの箇所でも「不忍」を、いとかなしとおもほしきと読む。さきの場面とおなじく、これはやはり訓みとしては無理すじであって、「愛重」に、すなわち天皇が皇后を、うつくしみ、おもみし給うたとする物語のすじみちに牽かれた訓みであるいっぽう、これも物語の襞のひと折り、ふた折りを見のがさず読みとこうとする宣長の読解の sensibilité を、さかのぼり照明する読みであったと言わなければならない。

おなじことがらが、右では「猶其の后を愛《うつく》しみたまふに得忍びず」と訓んだ部分についても当てはまる。ここの原文は「猶不得忍愛」、本居は以下のような釈を附けていた。「不得忍愛は、伊登加那斯登淤母本勢理《いとかなしとおもほせり》祁礼婆《ければ》と訓べし。【加那斯登《かなしと》は、伊登本斯登《いとほしと》とも訓べし。さて崇峻紀に、哀不忍聴とあるを、イトホシガリタマヒテと訓るなど、不忍の字に拘《かかは》らで訓べき証例なり。】此《ここ》は、上の不忍其后云々、と云るより係れる処なれば、彼処《かしこ》と同詞《ジ》に訓べきなり。【愛の意も、此《ここ》は加那斯《かなし》といふ中に在り。】加那斯てふ言は、悲哀《かなし》む意、愛憐《うつくし》む意、恋慕《こひしぬ》ぶ意など、皆兼て、如此《かく》云に、不得忍の意も、自《お》在り」(同、九七頁)。宣長はやはり一方では一篇の物語ぜんたいの趣きに引きつけられ、他方では「愛」の字に足を取られて、「不得忍愛」という漢字の並びの訓読としては無理をかさねているというほかはない。ただし、これこそが物語としての古事記をめぐる本居宣長の読み、susceptibilité に貫かれた読みなのである。

稲穂で固めた城に火が放たれる。夫が「汝《いまし》の堅めし瑞《みづ》の小佩《をひも》は誰かも解かむ」、あなたの固くむすんだ美しい下紐をだれが解くことになるのかね、と問うたのをはぐらかすかのように、后は血筋のよい姉妹を宮中に召すことを奨めた。その遺り取りのあと、天皇は「遂に其の沙本毘古の王を殺したまへば、其の伊呂妹も亦従ひき」。かくて悲劇の幕は閉じる。

本居は註し、疑念をも書きとめていた。「従《したがふ》とは、御兄《みいろせ》の殺さるゝに従ひ賜ひて、共に御亡《みうせ》坐るを云なり。上に焼《やく》二稲城ヲ一とあれば、御兄妹《いろせ》共に、其ノ火中《ほなか》にぞ御亡坐けむ。さて此ノ稲城を焼たりしことにつきて、いさゝか疑はしき事あり」。火がかけられたその後で、さまざまな遺り取りがあるのは、どうしてだろう。そのような余裕があったのだろうか。「心得がたし」。あるいは、と宣長は割注を置く。「若くは初《シ》に燃《メ》上りし火をば、うち滅《けち》などして、一度は静まりて、城しばらくは支へて、間《ほど》もありしにやあらむ。細《こまか》なるさまは、知《リ》がたくなむ」(同、一〇八頁)。このように理路をさぐるのを止められないのも、また『古事記傳』なのだ。

垂仁天皇のあとを襲ったのは景行天皇、景行帝の巻は、しかしそのほとんどを倭建命をめぐる伝説が占めている。人代にはいってからの古事記にあってもっとも物語性に富んだ部分であり、人口に膾炙した一巻である。景行帝が「其の御子の建《たけ》く荒き情《こころ》」を怖れ、皇子を西征東伐へと追いやるにいたる機縁となった事件をめぐって、まず古事記本文を引いておく。小碓《をうす》のみこととあるのは、むろんのちの倭建命のことで、よく知られているとおり、兄皇子（大碓《おほうす》命）が父の帝と顔を合わせるのを避けて、食事にも顔を出さずにいるのは、天皇が召しだそうとしていた「容姿麗美」な女性をじぶんが横取りしたためであった。

天皇、小碓の命に詔りたまひしく、「何しかも汝《いまし》の兄《いろせ》は、朝夕の大御食に参出来ざる。専《もは》ら汝泥疑《ねぎ》教へ覚《さと》せ」とのりたまひき。如此《かく》詔りたまひて以後《よりのち》、五日《いつか》に至りて、猶参出《まゐで》ざりき。爾に天皇、小碓の命に問ひ賜ひしく、「何しかも汝の兄は、久しく参出ざる。若し未だ誨《をし》へず有りや」ととひたまへば、「既に泥疑為《ねぎつ》」と答へ白しき。又「如何にか泥疑つる」と詔りたまへば、答へて白しけらく、「朝署《あさげ》に厠に入りし時、待ち捕へて搤《つか》み批《ひし》ぎて、其の枝を引き闕きて、薦に裹みて投げ棄てつ」とまをしき。

本居の註解を、ふたつだけとり上げておきたい。ひとつ目は、「朝夕の大御食《おほみけ》に参出来《まゐでこ》ざる」にかんしてである。『古事記傳』は書いている。「不《ざる》二参出来《まゐでこ》一。かく問賜《ヒ》ふを以思ふに、上代天皇の朝夕大御食所聞看《きこしめ》す御礼儀《みゐやごと》、いと厳重《おごそか》にして、然るべき皇子等《みこたち》なども、参出候《まゐでさぶら》ひて、供奉《つかへまつり》賜ひけむ。されば其《それ》になほ種々《くさぐさ》の儀式《みわざ》のありけむこと知られたり」。ことの当否は詳らかにしない。とはいえここで本居が割注を附して、「然るに皇国の古《へ》は、凡てかゝる事などをも、論《あげつら》ひ言《いふ》こと無かりし故に、上代には何の礼儀も無かりし如く思ふは、古《へ》のさまをよく考へ見ざるひがことなり」と書きそえている経緯は道あるが故に道てふ言なく、道てふことなけれど、道ありしなりけりと宣長が考えているしだいに対する例証としても注意しておきたい。ついでに引いておけば、本居にとっては「そもそも食《うけ》は、命《いのち》を続《つぐ》物にて、上なく重きわざなれば、其《ノ》礼儀、如此《かく》厳重にあるべきことわり」なのであり、宣長はここで「皇国の上代の礼儀は、皆消失《きえうせ》て、細《こまか》なることどもは、如何《いか》様《さま》にありけむ知《リ》がたくなりぬるは、いと悲きわざ」であると嘆き、こうした箇所をこそ「なほざりに勿看過《なみすぐ》しそ」と戒めている（伝二十七、全集十一巻一九〇頁）。

もうひとつは、「其の枝を引き闕《か》きて、薦《こも》に裹《つつ》みて投げ棄《う》てつ」についてである。枝とは手足のことである。「手足は、樹《ノ》枝と同じさまなる物なる故に、共に延陀《えだ》と云なり」（同、一九三頁）。ここまではよい。現在ではふつう、手足をもぎ取って、死体を包んで棄てたと解されるところを、『古事記傳』は、手をとらえ、摑みひしいで、手をもぎ離し、手を捨てた、と解していた（神野志『読む』Ⅲ、一四八頁以下がこの件に注意している）。「裹投棄《つつみてなげうつル》は、抜離取《もぎはなちとり》たる手を云なるべし。【殺して、屍を如此為《かくす》るには非じ。】さて手を抜離《もぎはな》去れ賜ひて後、其《ノ》兄《ノ》王の命《いのち》は、如何《ニ》ありけむ。存亡《いきしに》知らえず。【手或は足を去《リ》ても、死ざることもあり。】」（同、一九三頁）。――『傳』の解にはやはりどこか微笑をさそい、あるいは哄笑をよぶところがある。最初に小碓の命にほうむられて、みことに倭建命の名を献上した、熊曾建の兄弟についても本居宣長はこう註していた。「そもそも兄《え》建《たける》は、胸を刺《ささ》れつれば、即命絶《チいのちたえ》たりけむを、此《ノ》弟建は、尻より刺れつれば、即《チ》は死《しな》ずて、暫《しばし》は猶堪《なほたへ》て、申せることもありしなりけり」（二〇三頁）。行きとどいた註、というひとことで済むだろうか。

倭建は、熊曾を平らげたあと、なおも東奔西走を強いられて、相武《さがむ》の国では火攻めに遇ったのを、火打ちと草那藝劔《くさなぎのたち》のはたらきでからくも逃れ、走水《はしりみず》の海が荒れ、暴浪《あらなみ》が立ったときには弟橘《おとたちばな》比売の犠牲によって難を避けた。(註) この悲劇をめぐる『古事記傳』の註釈を垣間みておきたい。

（註）イピゲネイアの悲劇を想わせる弟橘比売の犠牲は、戦闘や旱、凶作などの非常時のさい、かつてじっさいにおこなわれた供犠の神話的表現であろうが、宣長の同時代人、古河古松軒が著した『西遊雑記』にその残響とも見られる行事が報告されている。その巻之五は「薩摩の米津より肥後の水股《みなまた》迄三里半、此間に国界の標木双方より建」とはじまり、「此節数日雨降らずして井水もなきくらひにて、数十箇村申合せて雨乞有り。土人《さとびと》の噂をきけば龍神へ人柱を立ていけにへを供すと云」との記事がある。めずらしいことなので見物にゆくと、海岸に小屋が立ち、紙で織った大振袖を着せられた藁人形が準備されており、やがて祭文が誦みあげられて、人形は海に流された。「土人の物語は、二百年以前には数十ケ村の娘を集てくし取をさせ、くじにあたりし娘は右のごとくして海へ入れしと云」と報告されている。――古河古松軒は天明三（一七五四）年春から七月の中旬にかけて九州を遍歴し、『西遊雑記』がその記録である。徳川時代に公刊された地誌紀行の類は数多いが、その多くはおおむね名勝古跡神社仏閣について趣味的にしるされたものにすぎない。そのなかにあって古松軒は、ほとんど一生をついやして全国を巡遊して、各地の社会的経済的な生活状態を報告している（『近世社會経済叢書』第九巻「解題」）。なお、石牟礼道子『苦海浄土』に『雑記』のこの箇所からの引用が見られる。

焼津の難ののちに、倭建の一行が「走水の海を渡りたまひし時、其の渡《わたり》の神、浪を興して、船を廻らして得《え》進み渡りたまはざりき。爾に其の后、名は弟橘《おとたちばな》比売の命白したまひしく、「妾《あれ》、御子に易《かは》りて海の中に入らむ。御子は遣さえし政《まつりごと》を遂げて覆奏したまふべし」とまをして、海に入りたまはむとする時に、菅畳《すがだたみ》八重《やへ》、皮畳八重、絁《きぬ》畳八重を波の上に敷きて、其の上に下《お》り坐しき」。そのおりに弟橘比売が詠ったとされる歌を、これも蓮田善明の訳とともに引く（『現代語訳 古事記』一四一頁）。

さぬさし　相模《さがむ》の小野《をぬ》に　　相模の小野の火の中に

燃ゆる火の　火中《ほなか》に立ちて　命危うい時にさえ　わたしのことを忘れずに
問ひし君はも　　　　たずね給うたわが皇子《みこ》よ

本居によるならば「弟橘《おとたちばな》比売命《ノ》、御名《ノ》義弟《おと》は上巻の歌に、淤登多那婆多《おとたなばた》とある淤登と同じくて、美《ほめ》たる称《な》なり」、「橘は、此《ノ》近き御世に、常世《ノ》国より渡参来《わたりまゐき》て、めづらしく、殊に世に賞《めづ》る物なるに依て、称《たたへ》たる名なるべし」ということになる（伝二十七、全集十一巻二三一頁）。「此《ノ》近き御世」とあるのは、先ほども言及しておいた多遅麻毛理《たぢまもり》の挿話中のできごとをさす。名の解きように、宣長そのひとの思い入れがやや見えないこともない。ともあれ弟橘比売のひとうたの、最後の一句をめぐる『古事記傳』の註釈を見てみよう。

〇斗比斯岐美波母《とひしきみはも》は、問《とひ》し君はもなり。此は二《ツ》に心得らる。一《ツ》には吾《わ》が問し君なり。二《ツ》には吾を問し君なり。初《メ》の意は、問《とひ》は妻問《つまどひ》など云問《フとひ》にて、夫婦《めを》の間の交《かたら》ひを云て、さばかりの艱難《たしなみ》の中まで、離れず相携《あひたづさは》りて交《かたら》ひし君と云なり。【かく見るときは、問は此方《こなた》に属《つく》なり。又かの野火の難の時、此《ノ》比売も王《みこ》と共に、其中に坐《シ》しなり。】後の意は、彼《ノ》難の時に、王《みこ》の此《ノ》比売の上《うへ》を、心もとなく所念《おもほし》て、如何《いかに》と問《ヒ》給ひし事ありけむ。さばかりの急《とみ》の事の中にても、忘れず問賜《ヒ》ひし御情《みこころ》を深くあはれと、思ひしめて、如此詠《かくうたひ》給へるなり。【右二《ツ》のうち、後の意は今少しあはれも深く、穏当《おだやか》に聞ゆめり。されど又古意なることは、初《メ》の方今少し勝《まさ》れり。】さて結《とぢめ》にかく波母《はも》と云は、歎息《なげき》の辞にて、波夜《はや》と云と似ていさゝか異《こと》なり。【波夜の事は、次なる阿豆麻波夜《あづまはや》の下《ところ》に云べし。】波母は、恋慕《こひした》ひて、いづらと尋求《たづねもと》むる意ある辞なり。（伝二十七、全集十一巻二三五頁）

本居宣長はふたつの解をしめす。ひとつは、野火の禍のおりに弟橘も倭建とともにいて、そのような危急のさいにもふたりは親しく語らったというもので、ふたつ目はくだんの災難のときでも倭建は比売のことを気にかけてくれた、ということである。『傳』は「後の意は今少しあはれも深く、穏当に」聞えることだろうが、「古意なることは、初《メ》の方今少し勝れり」とやや残念そうである。宣長にとっては幸いなことに倉野の解では「後説のほうがよい」とされ（『全註釈』第六巻、一六九頁）、西郷信綱の釈でもおなじ意味にとられている（『注釈』第三巻、三一八頁）。なお本居の自注にしたがい、「阿豆麻波夜」にかんする註をみると、「波夜《はや》は、其《ノ》物を思ひて、深く歎息辞《なげく》なり」とあり、「波母《はも》と似て、波母よりも重く聞ゆ」と書きとめられている。ただし右にあるとおり「派母は、いづらと尋求《ネム》る意ある」辞であるいっぽう、「波夜は然《さ》る意は聞えず」とも書きそえられる（伝二十七、全集十一巻二四三頁）。

はもとはやの差異は、ことのあとさきにもかかわっている。「故、七日《なぬか》の後《のち》、其の后の御櫛海辺に依りき。乃ち其の櫛を取りて、御陵を作りて治め置きき」。西郷が注意しているように、櫛は女人を象徴するものでもあるゆえに「この一句には哀韻」が響いているものの、書紀にはそうした記述はない（前掲書、三一九頁）。「あづまはや」の一節には亡妻への哀悼の意がこもっているけれど、『傳』はまたべつの消息に注意を向けていた。「此《ここ》は、彼《ノ》海に入坐《リシ》し、弟橘比売命《ノ》を所念看《おもほしめし》て、かく詔へるなり。凡て海にまれ坂にまれ、其国の境を離るゝ際《きは》には、別《わかれ》の哀《かなし》さの、更返《さらがえ》りて堪がたき物なればぞかし」（伝二十七、全集十一巻二四三頁）。――夫のみちゆきの安寧をいのり、わが身を捧げた姫の情は測りしれず、弟橘に向けられた倭建の愛惜の念は痛切であり、そうした建に寄せる古事記本文の思いも深いが、それらのすべてに懸けられた宣長の思念もまた深切きわまりないものなのであった。

倭建のみことへと寄せられた宣長の思いの深度は、その陵をめぐる探索のうちに看てとることもできる。通常のいみでの墓陵についても、「御陵《みはか》は、諸陵式に能褒野《のぼぬの》墓《ハ》日本武尊《ナリ》、在伊勢《ノ》国鈴鹿郡《ノニ》、兆域東西二町南北二町、守戸三烟【続紀に大宝二年八月震倭《ノ》建命《ノ》墓《ニ》、遣使《ヲ》祭之とあるは、此《ノ》御陵なるべし。】とある是なり」（伝二十九、全集十一巻二八九頁）とあったのちに詮索がしるされているけれども、とりわけ白鳥陵をめぐって、『傳』の記述は想像の翼をひろげる。――建の命は「八尋白智鳥《やひろしろちどり》に化《な》りて、天に翔《かけ》りて濱に向きて飛び行《い》で」てゆく。白鳥陵のありかは記紀でことなり、伝説がわかれ、諸説も分岐してさだまらない。

何れもさだかならぬことなれども、若《シ》くは能煩野《ノ》御陵より出賜ひて、先《ツ》初《メ》に、東北を指《シ》て、朝明郡《ノ》の海濱に向《キ》て、飛行坐て、尾張《ノ》国に至《リ》て、留《とどまり》坐る地に、御陵を造れるが、愛智《ノ》郡なる白鳥《ノ》社にやあらむ。さて次に其御陵より又飛去て、倭《ノ》国には往《ゆきまし》坐しにやあらむ。然るを書紀には、初《メ》に尾張《ノ》国に飛行坐《シ》し事をば伝《ヘ》漏し、此《ノ》記には尾張をも倭をも漏して、後の河内のみを伝へたるにや。（中略）これらは慥に云べき事には非れども、此《ノ》記に、向《テ》濱《ニ》飛行とあると、尾張《ノ》国にも白鳥《ノ》陵あると、旧事紀の説と、かれこれを合せて思へば、若然《シさ》ることもやありけむ。尾張《ノ》国には、草薙《ノ》劒を置て来坐《シ》つれば、神霊《みたま》の、先《ツ》其《ノ》国へ飛《とび》行坐《いまさ》むことも由なきに非ず。朝明《ノ》郡の鳥出《ノ》社も、尾張へ向ひ給ふには、由ある地方《かた》なれば、かれこれこころみに云のみなり。（伝二十九、全集十一巻二九五頁以下）

くさぐさに伝えられている陵のありかは、倭建命のたましいが地をはなれ、飛びさって、また立ちよった土地となんらかのかかわりがあるはずであると本居は考えている。その地《ところノ》名をさまざまに比定してゆく、宣長の思い入れは、こんにちの私たちの想像を超えて深く、古事記を代表する、勇壮であり、しかし悲劇的でもある主人公をめぐって『古事記傳』の寄せる関心の由ってきたるゆえよしは、ほとんど『傳』そのものの成立の動機と測りあうほどの深みに根ざしたものなのであった。——さきに「外篇」で笹月清美の研究との関連で引いた箇所（本書、二二四頁以下）について補足しておく。宣長がこころ動かされているのは倭建の武勇ではない。その心情に対して、涙そそいでいるのでもない。本居が感動し、その感動を書きとめざるをえず、またそのこころの動きのままに訓みをさだめることになったのは、あくまで「いと〱悲哀しとも悲哀しき」物語そのものについてなのである。

景行につづく成務帝にかんして古事記の語るところはすくなく、おそらくはこれも帝皇日継を採録するにとどまっている。成務天皇のあとを承けた仲哀帝にかんしてはこの「内篇」でもその后、神功皇后をめぐりいくたびもふれておいたが、神功皇后の帰国時にも忍熊王ほかの叛乱があり、つづく応神天皇の歿後には、大山守命の謀叛があった。これらについても、それぞれ話題とする機会があったところである。ここでは、仁徳帝の事蹟とともに語られている事件のひとつ、速總別《はやぶさわけ》王と女鳥《めどり》王の悲劇について見ておきたい。ことの発端をしるす古事記本文を引く。

天皇、其の弟《おと》速總別の王を媒《なかびと》と為《し》て、庶妹《ままいも》女鳥の王を乞ひたまひき。爾に女鳥の王、速總別の王に語りて曰《い》ひけらく、「大后の強《おず》きに因《よ》りて、八田の若郎女を治め賜はず。故、仕え奉らじと思ふ。吾《あ》は汝命《いまし》の妻《め》に為《な》らむ」といひて、即ち相婚《あ》ひき。是を以ちて速總別の王、復奏《かへりごとまを》さざりき。爾に天皇、女鳥の王の

坐す所に直《ただ》に幸《い》でまして、其の殿戸の閾《しきみ》の上に坐しき。是に女鳥の王、機《はた》に坐して服織《みそお》りたまへり。爾に天皇歌曰《うた》ひたまひしく、

女鳥の　我が王《おほきみ》の　織ろす機　誰《た》が料《たね》ろかも

とうたひたまひき。女鳥の王答へて歌曰ひたまひしく、

高行《たかゆ》くや　速總別の　御襲料《みおすひがね》

とうたひたまひき。故、天皇其の情《こころ》を知りたまひて、宮に還り入りましき。

仁徳天皇がその「仁政」を謳われるいっぽう、いわば色ごのみの性癖に皇后が苦しめられた経緯については先にふれておいた（本書、七三〇頁）。古事記本文には「其の大后石乃日売の命、甚多《いとまね》く嫉妬《ねた》みたまひき。故、天皇の使はせる妾《みめ》は、宮の中に得臨《ゆ》かず、言立《ことだ》てば、足母阿賀迦邇《あしもあがかに》嫉妬みたまひき」とある。その結果、黒日売《くろひめ》は吉備国に逃げもどってしまう。そのさい夫が詠んだ愛情と未練に満ちたひとうたにも立腹した大后は、「人を大浦に遣して、追ひ下ろして、歩《かち》より負ひ去《や》りたまひき」。宣長が註を附け、「如此為《し》たまふ故は、船より行《ゆけ》ば安易《やす》きを歩より行《ゆか》しめて苦しめたまふなり」と解いて、ついで「追去」を眞淵にしたがって「夜良《やら》比賜伎《ひたまひき》」と訓み、「神夜良比爾夜良比賜也《かむやらひにやらひたまひき》、書紀神代巻《ノ》（須佐之男追放の段――引用者）に、逐之《やらふ》などあるに同じ」と注したあとで、「此段《ノ》の事など、まことに、足もあがゝに、嫉《ねたみ》たまふといひつべき、御所為《みしわざ》なり」とむすんでいる（伝三十五、全集十二巻六八頁）。そののち仁徳帝は后をあざむき愛妾を訪れ、吸い物にいれるための菘をあつめていた姫のもとに向かって「山縣に　蒔ける菘菜《あをな》も　吉備人《ひと》と　共にし採めば　楽《たの》しくもあるか」という歌をよむ。哀れでもあり、微笑ましくもある挿話だろう。

八田若郎女は皇后が柏の葉を採りに紀伊に赴いていたおりに宮中に召された女人で、大后はことの経緯を聞きおよび悋気を発し、「大《いた》く恨み怒りまして、其の御船に載せし御綱柏は、悉に海に投げ棄《う》て」てしまう。そうしたうわさを耳にして、怖気づいたものか、女鳥王は、使いに立てられた速總別王にむかって、むしろあなたと結婚したいと言った。王からいつまでも復奏のないのを訝しんだ天皇が、直接に姫のもとを訪問したところ、機を織っていたので、「だれのために織っているのか」と尋ねると、女鳥王は「答へて歌曰ひたまひしく」、速總別の「被《かつぎ》の帛《きぬ》を織る」（蓮田善明の訳。『現代語訳 古事記』一九七頁）とのことだった。「故、天皇其の情を知りたまひて、宮に還り入りましき」。物語としては、読みどころのひとつとなるだろう。

『古事記傳』の註解を引いてみる。まず「美淤須比賀泥《みおすひがね》は、御おすひ料《がね》なり」。オスヒとはそのかみ「形を覆《おほヒ》隠《かく》さむために着たる服」であって、ガネは中昔の文献で、たとえば皇后たるべき姫を「妃がね」、皇太子に立つべき皇子を「坊がね」等々と呼ぶさいのガネとひとしく、「御おすひにすべき料」ということである。「さて如此よみ賜へる意は、此《ノ》時速總別《ノ》王は、天皇の媒《なかだち》をし奉《リ》給ふなれば、忍々《しのびしのび》に、天皇の御言を伝へに、此処《ここ》に往来《かよひ》賜ふ時々、着賜ふべき淤須比《おすひ》の料ぞ、と云《フ》意に申しなし給へるにぞあらむ」。天皇の使者として、じぶんの家に来かよう速總別が身を隠すためのものですよ、と女鳥は答えたと本居は読むわけである。割注がつづく。「右の如く見ざれば、此《ノ》御答歌、すべて心得がたし。其《ノ》故は、此《ノ》時天皇の乞《ヒ》賜ふ時なるに、其《ノ》御前に対ひ奉《リ》て、憚《リ》もなく、自《み》速總別《ノ》王の料ぞと顕《あらは》して申し給はむこと、上代の人心、いかに直《なほ》しとても、あるべきことにあらず。必《ズ》つゝみ隠したまふべきことならずや」（伝三十七、全集十二巻一二二頁以下）。――現今の解は、宣長説を採らないようである。西郷信綱は「賀泥《がね》」にかかわる本居の解を引き、賛意を表したあとで、『傳』とはうらはらの釈をしるす。「かくして自分はもう速総別王の妻だということを、むしろ挑発的にこの歌は告げ知らせていることになる」(『注釈』第四巻、一八六頁)。古典文学全集の頭注は西郷の註を承けたものだろうか、「そこには天皇への反発と、挑発的な語気がある」との解を示している。

本居宣長の読みようが、物語の脈絡のなかで歌が意味しているところを、慎重に読みとこうとするものであったのは否むことができない。くらべて現在の解釈は歌意にも物語の趣旨にも忠実で、一首のうちに女鳥の挑発的な気分を読みこんだほうが、この一篇の悲劇の女主人公の性格に魅力と色彩がそなわることになるはこびも否定しがたいところだろう。とはいえ、天皇が「知㆓其情《そのこころヲ》㆒」という一節に注して、「情《こころ》とは、内々《うちうち》の実《まこと》のありさまを云」と述べたうえで、女鳥の「答《ヘノ》御歌には、右の如く、似つかはしく、好《よ》さまに云《ヒ》なし賜へども、そは偽《いつはり》にて、実には速總別王《ノ》に婚《みあひ》賜へる故に、其《ノ》忍びて通はむ設《ケ》の淤須比料を織《リ》給ふなり、と内々の情状《ありさま》を、悟り給へるよしなり」と解した本居の読みもまた、物語の言辞《ことば》をことごとく取りおさえようとしたものであるかに思われる。かくて宣長はさらにさかのぼり割注を附け、念を押していた。「もし答《ヘ》御歌を、右の如く見ずして、たゞ何となく見るときは、知㆓其情《ヲ》㆒と云こと、たしかに当らず。情とは、表方《うはべ》の言辞に対へて、内々の実をいふ言なればなり。よく〱味ふべし」(全集十二巻一二三頁)。少なくとも『古事記傳』の読みかたにしたがうほうが「故、天皇其の情を知りたまひて、宮に還り入りましき」とする物語の発端に独特な陰影が生じることは否定できない。いずれにしてもここは古事記本文の解を劃定すべき場所ではないとはいえ、本居の読解がゆえなきものではなく、むしろ宣長の註解のかまえをよくしめす一例であるしだいだけはやはり確認しておきたい。

こののち物語は、女鳥王、速總別王ふたりの歌をこもごも引くかたちで破局へとすすんでゆく。「故、天皇其の情を知りたまひて、宮に還り入りましき」とある、その直後からあらためて古事記本文を引く。

此の時、其の夫《ひこぢ》速總別の王到来《き》まし し時、其の妻《め》女鳥の王歌曰《うた》ひたまひしく、

雲雀《ひばり》は　天《あめ》に翔《かけ》る　高行くや　速總別　鷦鷯《さざき》取らさね

とうたひたまひき。天皇此の歌を聞きたまひて、即ち軍《いくさ》を興して殺さむとしたまひき。爾に速總別の王、女鳥の王、共に逃げ退《そ》きて、倉椅山《くらはし》に騰《のぼ》りき。是に速總別の王歌曰ひたまひしく、

梯立《はした》ての　倉椅山を　嶮《さが》しみと　岩かきかねて　我が手取らすも

とうたひたまひき。又歌曰ひたまひしく、

梯立ての　倉椅山は　嶮しけど　妹と登れば　嶮しくもあらず

とうたひたまひき。故、其地《そこ》より逃げ忘《う》せて、宇陀の蘇邇《そに》に到りし時、御軍《みいくさ》追ひ到りて殺しき。其の将《いくさの》軍《きみ》山部の大楯《おほたて》の連《むらじ》、其の女鳥の王の御手に纏《ま》かせる玉釧《たまくしろ》を取りて、己が妻に与へき。

最初の歌は大意、雲雀が天たかく翔けのぼるように、速總別の君よ、大きな鷦鷯を取ってしまいなさい、と云うもので、すなわち「大雀命《ノ》【天皇】を、弑賜へと云譬《へ》」である（伝三十七、全集十二巻一二五頁）。大雀のみこと、つまり仁徳帝に告げ口する者があり、帝は兵を挙げ、ふたりを追う。逃げこんだ山は険しく、足もとをとられ、女鳥王は遅れがちとなる。逃避行中に詠われた速總別の最初の歌、第四句「岩かきかねて」の原文は伊波迦伎加泥弖、それを契沖が「伊毛波伎加泥弖《いもはきかねて》」と読んでいるのを、宣長が訝しんでいることについては、さきにふれておいた（本書、四五九頁）。元のとおりなら、「岩掻不得而《いはかきかねて》」すなわち岩場を登るのに難渋して、の意、契沖の訓みだと「妹者来不得而《いもはきかねて》」つまり女鳥王は来ることもできずに、の意味となる。

眞淵も契沖にしたがったが、宣長の批判によるなら、「然れども、是はひがことなり。嶮《さがし》き山路を登らむほどには、来《き》かねてと云言は似つかはしからず。のぼりかねてなどこそ云べけれ。又来かねて、吾手を取《ル》と云むは、言たがへり」ということになる。なぜなら「加泥《かね》は、不得と書る如くにて、来ること得ざる意なれば、いかでか吾手を取《ル》と云ことあらむ」というしだいであるからだ（伝三十七、全集十二巻一二六頁以下）。我が手、つまり速總別の手をとって、と謂うのだから、妻は夫のあとにつづいている、ただ山肌の険しさのゆえに岩をたぐって登ることができず、かわりに愛する速總別王の手をたよりにして、ということである。夫はその妻を憐れとも思い、愛しいとも感じ、そのふたりを宣長が哀れとも思い、物語の場面そのものを可憐とも感じている。契沖の読みに宣長が反撥しているのは、（ほかの箇所ではまま見られるように）ただ先行者の非を難じているしるしではない。契沖と眞淵のとる訓みでは、物語られた場面と、その場面のなかで詠われた歌のあわれが、なかば抹消されてしまうからである。哀れなのは、意志もあり、じぶんの意思を表明する勁さもあわせ持っていた女人が、おとこの手に縋りついて山路を登るほかないさまであり、可憐というべきなのは、そのようなおりにも、ふたりで登れば、峻嶮な山路が「嶮しけど」「嶮しくもあらず」と感じる恋人たちのこころ持ちなのである。「岩かきかねて」という一句からは、岩を摑もうとしてつかめず、手もすべってしまって、愛しくも思い、ただひとりのたよりとも感じているおとこの手を、思わずにぎってしまったという、一連のいわば視覚的なイメージがむすばれることだろう。情景のこのあわれなおもむきが、「妹は来ることができずに」ではまったく消え去ってしまうのだ。宣長が見咎めているのは、ここでもやはり物語全体の興趣を殺ぐことにつながる、細部の読みかたの揺れであったと見てよいだろう。

将軍が女鳥王の遺体から装飾品を剝ぎとり、じぶんの妻に与えたことを、皇后はふとしたきっかけで知ることになる。宮中で宴がひらかれたとき、将軍の妻がその戦利品を身につけてあらわれたのである。皇后はその妻の杯にだけ酒をつがず、その場を下がらせて、かわりに夫を呼びつける。「其の王等《みこたち》、礼《いや》无《な》きに因りて退《しりぞ》け賜ひき。是は異《け》しき事無くこそ」。速總別王とその妻、女鳥王は不敬に及んだがゆえに除かれた。この件については、道理というほかはない。「夫《それ》の奴《やつこ》や、己が君の御手に纏かせる玉釧を、於膚熅に剝ぎ持ち来て、即ち己が妻に与えつる」。それをおまえは、いやしくも皇族の手に巻かれてあった腕輪を「於膚熅」によくも剝ぎとって、じぶんの妻に与えたりしたものですね、と将軍を責めたてた。賊を撃つのに功のあった一軍の将はかくて死刑に処せられた、と古事記本文にはある。

於膚熅を、『古事記傳』は「波陀母阿多々祁伎爾《はだもあたたけきに》」と訓む。「弑《しせ》奉《り》て、即時《すなはち》未《ダ》膚《はだへ》も冷《ひえ》ざるほどに、いたはりもなく、剝取れる所為《しわざ》の、情《こころ》なくむくつけきことを詔ふなり」(伝三十七、全集十二巻一三二頁)。一篇の最後に附けくわえられ、悲劇をむすぶ挿話は、「甚多く嫉妬みたまひき」とのみ描かれ、黒日売の姫を苦しめて、ときにまた悋気を発したとだけ伝えられている、石乃日売について、その人間的なおもだちを附けくわえていた。「剝取れる所為の情なくむくつけきことを詔ふ」と注するとき、宣長もまたこの大后の情に寄りそい、おそらくはまた女鳥王の、おんなとしての宿世を傷み、哀れんでいるのである。

この節をむすぶまえに軽太子と衣通王の、これもよく知られた悲劇にふれておきたい。古事記に記録された心中事件、しかもいわば兄妹心中の顚末である。まずは古事記本文の允恭帝の段を、その末尾から引いておく。大成本の訓を参考にしているけれども、歌の部分は蓮田の訳を附けておく(前掲書、二一一頁)。

天皇崩《かむあが》りましし後《のち》、木梨之軽《きなしのかる》の太子《みこ》、日継知らしめすに定まれるを、未だ位に即《つ》きたまはざりし間に、
其の伊呂妹《いろも》軽の大郎女に奸《たは》けて歌曰《うた》ひたまひしく、

足引の　山田を作り　　山田作れば高いゆえ
山高《だか》み　下樋《したび》を走せ　　下樋渡して水をやる
下娉《したど》ひに　我《わ》が娉《と》ふ妹《いも》を　　その下樋行く水の様に　隠れ通うたわが妻を
下泣きに　我が泣く妻を　　忍んで泣いたわが妻を
こぞこそは　安く肌触れ　　今日こそ肌に触れて抱く

とうたひたまひき。此は志良宣《しらげ》歌なり。又歌曰《うた》ひたまひしく、

笹葉《ささば》に　打つや霰《あられ》の　　笹葉に霰が音立てて
たしだしに　率寝《ゐね》てむ後は　　振って打つ様にしっかりと
人議ゆとも　　抱き寝たあとは人言が　何とうるさくあろうとも
愛《うるは》しと　さ寝しさ寝てば　　きみとほんとに寝たあとは
刈薦《かりこも》の　乱れば乱れ　　情《こころ》がたとい刈薦と　乱れようともかまわない
さ寝しさ寝てば　　ほんとにきみと寝た上は

とうたひたまひき。此は夷振《ひなぶり》の上歌《あげうた》なり。

允恭天皇の歿後、木梨の皇子が皇位につくことになっていたのに、その即位以前、母をおなじくする妹と通じてしまっていた。「奸《たは》け」るは、本居によれば「凡て男女の交通《まぐはひ》の、義《ことわり》に違《たが》へる」ことをさす（伝二十、

全集十巻四三七頁)。おなじく『傳』によると、そもそも上代では「異母《ことはら》の兄弟《いもせ》など御合坐《みあひまし》しことは、天皇を始め奉《リ》て、おほかたよのつねにして、今《ノ》京《みやこ》になりてのこなたまで」まったく忌まれるところがなかったのに対して、「同母兄弟《はらから》」、つまり同母妹との姦通はつよい禁忌の対象だったのである(伝一、全集九巻六〇頁)。当面の箇所の註をも引用しておく。「同母妹に奸《たはけ》賜へる事、書紀に見えたる如く、いみしく不義《ことわりならぬ》わざなる故なり」。ことの背景を確認する割注が附く。「そも〱古《へ》は、同母兄弟を、波良加良《はらから》と云て、殊に親《したし》く、異母兄弟は疎《うと》くして、波良加良とせず。故《レ》異母兄弟相婚《あふ》ことは常なりき」。これに反し「同母兄弟奸くることは、上代より重く忌たりしこと、書紀に此《ここ》の事の見えたる趣を以て知《ル》べし」(伝三十九、全集十二巻一九八頁)。とはいえ『古事記傳』がここで軽太子と衣通王の罪の重さをあらためて確認しているのは、むしろ一篇の悲劇が悲劇であるゆえんを見さだめるための迂路であったようにも見える。――軽の大郎女はべつの名を衣通《そとほし》の郎女《いらつめ》、古事記の分注には、その名のゆえよしを解いて「其身之光《そのみのひかり》、自衣通出《みそよりとほりいでツレバ》也《なり》」とあり、書紀には「容姿《かほ》絶妙《すぐれてよし》無比、其艶色徹《そのうるはしきいろとほシテ》レ衣《きぬヲ》而晃《てれり》之、是以《ヲテ》時人《よの》号《い》二曰《ふ》衣通《そとほし》郎姫《ノいらつめト》一也」ともある(同、一八〇頁)。宣長がここで書紀の記事を引くのも、美男美女のあいだに起こった悲劇を強調して、その演劇的な道具立てを確認しているかのようである。ちなみに「志良宜歌《しらげうた》」とは「後挙歌《しりあげうた》」のこと、音調にかかわる区別に由来し、「夷振」は「宮人振」に対して、これも歌の様式のひとつとなる(同、一九五頁。伝十三、全集十巻八七頁以下)。

宣長は「奸」に注するさいにも、書紀をながく引く(伝三十九、全集十二巻一九三頁)。ここでは『傳』の訓によらずに、古典文学大系本によって読んでおけば、つぎのとおりである。「二十三年の春三月《やよひ》の甲午《きのえうま》の朔庚子《かのえねのひ》に、木梨軽皇子を立てて太子《ひつぎのみこ》とす。容姿《かほ》佳麗《きらぎら》し。見る者《ひと》、自《おの》づからに感《め》でぬ。同母妹《いろも》軽大娘皇女《かるのおほいらつめのひめみこ》、亦艶妙《かほよ》し。太子、恆に大娘皇女と合《みあはし》せむと念《おもほ》す。罪有らむことを畏《おそ》りて黙《もだ》あり。然るに感《め》でたまふ情《みこころ》、既に盛《さかり》にして、殆《ほとほど》に死するに至りまさむとす。爰《ここ》に以為《おもほ》さく、徒《いたづら》に空しく死なむよりは、刑《つみ》有りと雖《いふと》も、何ぞ忍ぶること得むとおもほす。遂に竊《ひそか》に通《たは》けぬ。乃ち悒懐《いきどほりおもひ》少しく息《や》みぬ」。このあとつづけて「仍《よ》りて歌《みうたよみ》して曰《のたま》はく」とあって、「足引の　山田を作り」のひとうたが引かれる。――「徒に空しく死なむよりは」の大系本原文は「徒空死者」、本居の引用では「徒非死者」で、宣長はこれを「徒に死なずは」と訓み、註を附けた。「非《ず》レ死者《しなは》。死なむよりはと云意なり。萬葉に此《ノ》格多し」。飛鳥井雅道のようにこの註をもって、宣長が軽太子とその恋とを「はっきり肯定した」しるしとみなすのはすこし無理すじかもしれない。とはいえ『傳』が物語を解するにあたって、どこにも批判めいた釈を附けていないのはたしかであり、この件を重視すべきことはまちがいのないところである（『日本近代精神史の研究』一一七頁以下）。

人心は軽太子をはなれた。穴穂の皇子とのあいだで一触即発の緊張も走ったけれども、けっきょく軽太子は捕えられ、伊予に流される。衣通王は、囚われて空しく旅立つ恋人に歌をおくる。ここも蓮田善明の訳を引こう（『現代語訳 古事記』二二六頁）。

夏草の　相寝《あひね》の浜の　　夏草青く茂ってた　浜べに忍んで寝たことが
蠣貝《かきがひ》に　足踏ますな　　二人の仲を裂きました　石に隠れた蠣貝に
明かして通れ　　足を切ったりせぬように　道はよく見て行きなさい

蓮田の訳は、とりわけ最終行について宣長の理解にもとづく。「阿加斯弖杼富礼《あかしてとほれ》は、【杼《ノ》字は、後に写《シ》誤れるなるべし。此は而《て》の下なれば音便濁るべきに非ず。必《ズ》清音なるべき処なり。】令《し》レ明《あか》而《て》行去《とほ》れなり。令《す》レ明《あか》とは、かの足を傷《そこな》ふべき蠣殻《かきがひ》どもをよく掃ひ却《そけ》て、道を明《あ》けて行去《とほり》給へと云なり」。契沖はおなじことばを「夜を明して」と解く。つまり、わたしのところで夜をすごして、あかるくなってから行きなさい、という意味である(伝三十九、全集十二巻二一四頁)。倉野も西郷もそう解して(『全註釈』第七巻、一七五頁、『注釈』第四巻、二七三頁)、古典集成の傍注、古典文学全集の頭注も同様である。最終行の解釈についてはおそらく本居の分が悪いことであろう。宣長が契沖説を斥ける理由は「誰もふと然思ふべきことなれども然《さ》ては、夜と云こと無くては、言足らはず」というものだ。なによりもしかし『傳』としては、妹王による兄王のからだへのおもんぱかりを読みとりたかったにちがいない。だから註は末尾にこうくわえている。「さて此《ノ》御歌は、殊にあはれなる御歌なり」(全集十二巻二一四頁)。

衣通姫もまた恋しさに耐えかねた。「君が往き　け長くなりぬ　山たづの　迎へを行かむ　待つには待たじ」。もう待ってはいられない、やがて軽太子を追い、配流先にわれとわが身をはこんでしまう。以下、物語の終幕を引く。歌の部分は、おなじく蓮田訳を附けておくことにする。「故、追ひ到りまし時、待ち懐ひて歌曰ひたまひしく」とある二首のうち、最後のものを引用する(前掲書、二一七頁以下)。

又歌曰ひたまひしく
隠国《こもりく》の　泊瀬《はつせ》の川の　　　泊瀬の川の上と下
上《かみ》つ瀬に　斎杙《いくひ》を打ち　　　祈りの杙を打ち立てて
下《しも》つ瀬に　真杙《まくひ》を打ち　　　上瀬の杙には鏡かけ　下瀬の杙には玉をかけ
斎杙には　鏡をかけ　　　われを祈りしその玉や　鏡がきらきら照るように

真杙には　真玉をかけ　　かがやくばかり美しい
真玉なす　あが思《も》ふ妹《いも》　　わが恋い妻のあればこそ
鏡なす　あが思ふ妻　　家をも故郷《さと》をも慕うたが
ありと言はばこそに　　こうして君といる上は
家にも行かめ　国をも偲《しぬ》ばめ　　家も故郷もあるものか
とうたひたまひき。如此《かく》歌ひて、即ち共に自ら死にたまひき。

本居によるひとうたの大意はこうである。「鏡の如く真玉の如く吾愛思《がめで》ふ妹が、倭に在らばこそ、国【倭】にも還るべけれ、家をも恋偲《こひしぬ》ふべけれ、今は如此《かく》妹が此処に来坐《シ》つれば、家も国も恋しくもあらず、又還るべきにもあらず」。宣長は一話の註釈をおえて、附けくわえている。「さて凡て此《ノ》段の御歌ども皆、いと〱あはれなるものなり」（伝三十九、全集十二巻二二二頁）。

飛鳥井の言うとおり、ここで『傳』が歌を讃えていることは、たとえその恋が義に反していたとしても、本居宣長としてはその情を肯定したということだ（前掲書、一一八頁）。右で「自ら死にたまひき」と訓んだ古事記本文は「自死」、これに『古事記傳』は註している。「自死は、美豆加良志勢賜比伎《みづからしせたまひき》と訓べし。志勢《しせ》は、殺すことなり。上巻《ノノ》歌伊能知波那志勢多麻比曾《いのちはなしせたまひそ》、とある処に云るが如し。【伝十一の廿葉】命《いのち》の極《きはみ》に至らずて、故《ことさら》に死るは、自殺《みづからころ》すなり」。つづけて、最後に割注が附く。「此共《ノともニ》自死給《ラしせ》へるは、今俗《ノよ》に心中と云事の始《メ》とやいはまし」（伝三十九、全集十二巻二二二頁以下）。宣長はなにを思いうかべていたことだろう。

四十六

上田秋成の『神代かたり』は、神代の物語を平易な和文に書きあらためて、すこしばかりの評註をくわえたもので、劈頭「天つちわかれす、夜ひるなく、たゝ鳥の子のかひをいてぬに似たりと也」とある。鳥の子は「鶏子」、つづいて「しかしてすめるたなひきてあめとなり、にごるはこりてつちとなれり」とある原文は「清陽者薄靡而為天、重濁者淹滞而為地」だろうから、ここで秋成が下敷きにしているのは日本書紀の記述であることがわかる。ちなみにそのあとにつづく「其中にひとり神なりませり」に上田は注を附して「易に陰陽不測を神と云。或はあらはれ、或はかくれ、見とゝむへからぬを神とは申也」と解説していた。一篇はおそらく文化二（一八〇五）年以後に筆を執ったもの、秋成はつとに古稀を越えて、論敵の宣長は数年まえすでに黄泉へと旅だっている。

上田の手稿類を所蔵する天理図書館の目録では「神代かたり残稿」とされるものがべつに遺されていて、上田秋成全集では「神代かたり（異文）」という標題で収録されている。火照の命、火遠理の命の挿話の断章を引いてみよう。

十つかの御剣もて千五百の鉤つくらせたまひて、奉りたまひしかと、兄み子はさがあしくて、只もとのはりかへせ〳〵と責聞えたまへれは、いかにせんとて、海へたにたゝない〳〵ておはせりき。塩つちの翁来て見たいまつりて、あやし、天のみことにてましまさすや、いかゝしてこゝにかくておはしませると問奉れは、しか〳〵の事なもありて、兄のみ子に罪なはれし悲しさにてそ、こたへたまへは、翁云、兄のさがあしくこそおはせ、しはしこゝに在らせよ、もとのはり得てたいまつらんと申て、目なしかたまをつくりて、是に乗せたまひて、海原遠くうかひ出させたまへ、行ゝて一つの洲国あらん、是海王の宮也、其門に大なるかつらの木有り、その木末に木かくれてあらせよ、海王出て見顕はしたいまつらん、それに、しか〳〵の事あり、もとの鉤えてさゝけよとおほせたまへ、必えてたいまつらんものそと教へしまに〳〵、海原はろ〳〵とうかひ出させしかは、いひし如に一つの島あり。王宮なるへし。

さきにもふれておいたように（本書、七九三頁）、当該部分は記紀で記述のわかれるところで、「海原遠くうかひ出させたまへ」とする箇所からも、ここで秋成が踏まえているのはむしろ古事記の記事であることがわかる。いずれにしても興味ぶかいのは、上田秋成にも記紀神話を物語りなおしたいという意向、しかも、和文をもちいて語りあらためようとする志向がみとめられることである。

秋成に『藤簍冊子《つづらぶみ》』と題する家集があって、こちらは文化二年に上木されている。一書には和歌ならびに和文が収められ、両者の比はおよそ一対二ほどのものとなる。和歌の私家集編纂の歴史はもとよりふるく、近世でも家集の板行自体はめずらしいものではない。とはいえ、歌文集が一般的となるにさいして第一に、漢詩漢文に対する和歌和文の意識が鮮明となることが必要であって、そのためには国学の興隆を待たなければならなかった。伝統的な歌学は「和歌から自立した和文にはさしたる興味を示さず」、漢文に対する和文の意義がつよく自覚されるには、賀茂眞淵以後の国学的な意識の成熟をまつ必要があったのである（長島弘明『秋成研究』三一八頁以下）。神代の物語を和文脈に置きかえて語りなおすという趣向が芽ばえる土壌としてこのような文体意識の変容が制約となり、その条件が充分にいわば時熟したことも、秋成の『神代かたり』の背後にあることはまちがいのないところである。

和文執筆にかかわってそのような文体の意識が熟成するにあたって、中古以来の物語文の研究が決定的な素因となり、実作者でもあった上田の場合には、その素養が作品にも映しだされていることはよく知られているとおりである。一例として『雨月物語』巻之四「蛇性の婬」を挙げるならば、その書きだし「いつの時代《ときよ》なりけん、紀の国三輪が崎に、大宅の竹助といふ人在りけり。此の人海の幸ありて、海郎《あま》どもあまた養ひ、鰭の広物狭き物を尽してすなどり、家豊かに暮しける」とある一文は、桐壺冒頭を踏まえたものであるけれども、そればかりでなく全篇が、源氏物語の場面や修辞への連想に彩られている。ただし短篇集中で趣向をともにしている「吉備津の釜」や「青頭巾」ともならび、この一篇もまた愛欲を主題としながら、登場人物がそれぞれ破滅してゆくところに特色があって、結末にいたり源氏物語的な「都雅」と色ごのみを裏がえしてしまうものとなっていた（小椋嶺一『秋成と宣長』三二二頁以下）。ちなみに「鰭《はた》の広《ひろ》物狭《さ》き物」とは大小の魚をさす表現であるが、古事記中にも、天孫降臨の物語のなかに、例の海鼠の生成譚にからみ、天の宇受売《うずめ》の女神が「鰭広物鰭狭物」をことごとく聚《あつ》めて、天つ神の御子にお仕え申すか、と問いただしたとの一節があり、『古事記傳』でも「鰭広物鰭狭物は、波多能比呂母能波多能佐母能《はたのひろものはたのさもの》と訓べし」と解かれ、「魚の大きなる小きを云る、古《へ》の雅言《みやびこと》なり」と説かれている（伝十六、全集十巻二一二頁）。

歌文集にもどれば、上田秋成のほかにも、国学者のなかでたとえば、享和二（一八〇二）年に加藤千蔭が『うけらが花』を刊行し、ややおくれて村田春海の『琴後集』が文化十（一八一三）年に出版されている。ここでは後者中の一文（「初雁を聞く記」）、これもはじまりの部分を一瞥してみよう。

　秋のけはひのうつろひ行まゝに、野づらのすまひぞいはむかたなくをかしき。そともの小田の穂なみはかつ〴〵色づきそめて、まがきが本の小萩は、をりえがほにほころびわたれる、露のにほひ風のおとなひ、いづれあはれをそへざるなんなかりける。さるは夕月のおもしろきをたゞにやはすぐさんとて、蓬生の露うちはらふなるは、わがたまあへる人々なりけり。いよす高うまけば、むら雨の名残の雲は絶間がちなるに、そこはかとなき外山のたゝずまひも、月影にもてはやされて、やう〳〵あらはれ行ぬ。山を望ばかすかなる月と口ずさみ出れば、をりしも峯飛こゆる一行のこゑさだかなるは、このふもと田に落るなるべし。げに萩のうは露もたゞならずなどいひしらふほどに、一人がいひけらく、霞ていにし雲路のなごりなくおぼえしを、秋霧のうへに声きゝ初るが、よにめづらかなる事はさらにもいはじ。

国文学研究者によれば、冒頭の一文は紫式部日記のやはり書きだし「秋のけはひのたつまゝに、土御門殿の有さまいはんかたなくをかし」以下をなぞったものであって、「峯飛こゆる」で新古今集のひとうた「奥山の嶺飛びこゆるはつかりのはつかにだにも見でややみなん」を踏まえ、雁のあらわれを待ちうけ、「萩のうは露」は古今集中の一首「鳴きわたる雁の涙や落ちつらむもの思ふやどの萩の上の露」への連想を呼びつつ、たゞならぬものとなっているよしである（田中康二『村田春海の研究』六〇頁以下）。ついでに言っておけば最初の一首は巻十一・恋歌一に採録された凡河内躬恒の作、遠くの山に雁のすがたがかすかに見えることにかけ、恋するひとのすがたをわずかでも（「はつかにだにも」）目にしたい、という歌意である。おなじ時代に生き、ともに眞淵を師として、江戸と伊勢とにそのひとありと宣長とならび称された国学者の、やはりそれなりに奥ゆきを感じさせる一文であるといわなければならない。

秋成の『藤簍冊子』六に「こを梅」（紅梅のこと）と題された和文がおさめられている。「鶯の宿、春かけてしめしも、やう〳〵あれゆくさまに、梢にしぼみ、木ごとに散こぼるゝも、香ばかりにほはしきは、雪にこほりに、寒きあらしをもたへしのぶが、こと木にすぐれたればなりけり」。新古典文学大系の注によれば、一文のこの書きはじめには、万葉集の、たとえば「わが宿の梅の下枝に遊びつつ鶯鳴くも散らまく惜しみ」などの古歌のおもむきが背景となって、たほう古今著聞集がつたえる、菅原道真の紅梅殿の心象などが折りかさねられている。やはり国学者の一文なのだ。引用をつづける。「きさらぎ立て、水の鏡をくもらせては、老をかくさふとするよ」。二月ともなると、老梅の花びらが池のおもてに散りしいて、じぶんのすがたを映すまい、とでもするようだ。「野山のかすみをかしう引わたしたるを、おのが時ならずとて、散おはつる心の、いとすざましな」。この時節ともなれば、役目は終わったとでもいいたげに散ってしまうのだから、なんとも興ざめなことである。「おなじくさはひながら、紅ににほふは、薄きもこきも、香こそおくれたれ、春知顔《はるしりがほ》とは是が盛をこそ云べき。すむ庵の軒ちかう五《いつ》もと六本《むもと》枝をかはし、色香をきそひつゝ咲出たるに、春日のかゞやかしう照かはして、いと花〻しきに、鶯の木末《こずゑ》なつかしう、又是にうつり来て、巣づくりなどするは、子をばいかでかうまんとすらんと、人のとがめたまへるばかりに、住なれ貌《がほ》もにくましからずなん」。話頭が、花の散りぎわから、枝に巣づくりするうぐいすに移って、このあとまた花へと帰る。草子の実作者ならではの、情景描写の妙が感じられるばかりではない。筆のはこびがまた、どこともなく物語を立ちあがらせる力を帯びてゆくと言ってもよいだろう。つづく部分を引用してみる、

花のかたち、こきもうすきも、すこしふつゝかめきて、八重にあつごえたるを、よき人の見たまひては、若き女房の、おもてあらはにゑみほこり、かはらけとりはやし、今やう一手二手、扇打ひろげてまなび出たるさまになんおぼすらめ。さればあまりにやしほに染《そみ》つきたるは、枝もこちたく、うたて打見らるれ。春毎にめなれなつかしまれては、この花さかざらましかばと思ひなりぬるは、さすがにあてなることども見しらぬ心から相おもふなるべし。やう〱散がたになれば、薄きはもとより、こきもあさましうさめゆくを見れば、雪とまがひしには、むべもおとりて見ゆるをや。

梅の花は、そのかたちもやや不恰好で、「ふつゝか」な感じがして、ましてや八重にぼってりとふくらんでいたりすれば、なにやら無粋な若いおんなが、じぶんでは意を得たふうに、はやり歌にあわせて舞っているさまのようで興ざめである。一話の脈絡は切れぎれのようでいて、やはり小刻みに視覚的なイメージを喚びおこし、ちいさな挿話が物語の種子のように散りばめられてゆく。連想の糸をむすぶものは、ここでもまた古典籍で、「雪とまがひし」ものは白梅のことと注したうえで、新古典文学大系の挙げる典拠は和漢朗詠集（上・梅）の章孝標《しょうこうひょう》の一句である。「梅の花は雪を帯びて琴上に飛ぶ　柳の色は煙に和して酒の中《うち》に入る」。大意は、梅の花をめでる宴席で梅が雪のように散りまって、柳の芽が霞とまぎれるかのように酒杯に映るといったもので、秋成がそこから物語の芽をいくつか摘みとってゆくさまを見てとることができる。――古典

集成本の和漢朗詠集では、この吟が口遊まれた場面として、補注のなかで栄花物語の一場面を挙げている。「殿ばら今は御遊になりていみじうをかしきに、夜に入りたり。もの丶音ども心殊なり。御土器に花か雪かの散り入りたるに、中宮大夫うち誦じ給ふ。梅花帯雪飛琴上、柳色和煙入酒中」。一文を草するさい秋成は、思うにこの挿話もあたまに泛べていたにちがいない。おなじ巻上の「花」に、「花飛んで錦のごとし　幾《いくば》くの濃粧《ぢようさう》ぞ」、花が散りそめて、にしきのように飛びまうさまの美しさは、どれほど念いりに化粧をしたものかと怪しむほどだ、という句があって、これもおそらくは「若き女房」へ想いがおよぶのを助けている。引用した一節のあとさらに「きぬの色あひ、紙のかさねなどをうち見ては」とつづいてゆくけれども、一文自体がいくえにも比喩が織りかさなり、連想の緒が紡がれ組みあわされてゆき、その合間あいまに古典籍からの移り香が焚きしめられているような、絢爛たる文飾を示している。上田秋成が随想ふうの和文をしたためるさいの気がまえは、筆をとって物語を書きだすときのこころ持ちにつうじて、踏まえている典拠のひろがりもまたほぼひとしいのである。一文の奥ゆきという点でも、物語性へのかたむきという面でも、村田春海と上田秋成それぞれの和文のあいだには、ともに縣居門下という事情にとどまらない、あいかよう響きが聞きとられるように思われる。そのような脈絡を考えあわせてみるなら、この間の消息をめぐっても、眞淵門のもうひとりの代表者、本居宣長にはやはり或る特異なおもだちがみとめられる。

　国学者たちの歌文集にさきだって、俳人たちにいわゆる俳文集があり、そのうちにはまた紀行文と呼ばれてよいたぐいのものもある。この「内篇」で書名を挙げ、歌を引いてきたもののうちでは、賀茂眞淵『岡部日記』や、本居そのひとの『菅笠日記』は、俳句と和歌とのちがいこそあれ、そうした文集を継ぐものとも見ることができるかもしれない。なにより宣長には随筆集『玉かつま』一本があり、本書のこの「内篇」でもこれまでもくりかえし参照し、また引用してきたところである。ここでは秋成の紅梅からの繋がりというわけでもないけれど、「花のさだめ」と題された一文を引いておこう。

花はさくら、櫻は、山櫻の、葉あかくてりて、ほそきが、まばらにまじりて、花しげく咲たるは、又たぐふべき物もなく、うき世のものとも思はれず。葉青くて、花のまばらなるは、こよなくおくれたり。大かた山ざくらといふ中にも、しなぐ〳〵の有て、こまかに見れば、一本ごとに、いさゝかかはれるところ有て、またく同じきはなきやう也。又今の世に、桐がやつ八重一重などいふも、やうかはりて、いとめでたし。すべてくもれる日の空に見あげたるは、花の色あざやかならず、松も何も、あをやかにしげりたるこなたに咲るは、色はえて、ことに見ゆ。空きよくはれたる日、日影のさすかたより見たるは、にほひこよなくて、おなじ花ともおぼえぬまでなん。朝日はさら也、夕ばえも、梅は紅梅、ひらけさしたるほどぞ、いとめでたきを、さかりになるまゝに、やう〳〵しらけゆきて、見どころなくなるこそ、いとくちをしけれ。さくらの咲るころまでも、ちることしらで、むげににほひなく、ねびれしぼみて、のこりたるを見れば、げに有てよの中は、何事もみなかくこそと、見る春ごとに、思ひしらるかし。白きはすべて香こそあれ、見るめはしなおくれたり。大かた梅の花は、ちひさき枝を、物にさして、ちかく見たるぞ、梢ながらよりは、まされる。桃の花は、あまた咲つゞきたるを、遠く見たるはよし、ちかくては、ひなびたり。（六・一八、第一巻一八四頁以下）

桜によせる本居の思いの深さが顕れている、典型的な一文である。宣長の好んだのは山ざくらで、その花が咲きひらいたさまは「たぐふべき物もなく、うき世のものとも思はれず」とまで書いている。とくに比べるでもなく、とはいえ紅梅については咲きそめこそすばらしいけれど、満開になるほどに白くなってゆくのが「見どころなくなるこそ、いとくちをしけれ」という見たてである。この国学者の趣味からすれば「桃の花は、あまた咲つゞきたるを、遠く見たるはよし、ちかくては、ひなびたり」ということになった。

花によせた随想はこのあと、山吹、杜若、撫子、萩、薄、女郎花へとおよび、菊についてはあまりひとの手がはいったものは「中々にしななく、なつかしからず」と言い、躑躅も「野山に多く咲たるは、めさむるこゝちす」と断じる。これらすべて、べつのひとなら、ことように考えるだろうから「一《ひと》やうにさだむべきわざ」ではないだろうが、とはいえ「又いまやうの、よの人のもてはやすめる花どもも、よにおほかるを、かぞへいでぬは、ことさらめきたるやうなれど、歌にもよみたらず、ふるき物にも、見えたることなきは、心のなしにや、なつかしからずおぼゆかし」。

宣長の随筆のなかでも気ままに綴られ、ことさらな学のけはいを帯びないものとはいえ、一読して秋成や春海の文との差異が感じとられる。「山ざくらといふ中にも、しなぐ〵の有て、こまかに見れば、一本ごとに、いさゝかかはれるところ有て、またく同じきはなきやう也」といった言いようから見てとられるのも、文人の筆の冴えや、物語へと紡ぎなおされてゆく綺想というより、やはり学にたずさわる者の持つたしかな観眼であると言ってよいだろう。上田秋成や村田春海の和文は身辺雑記のふうを装いながら、古典籍を下敷きにすることでやがて虚構性を帯び、あるいは物語への指向性によって染められてゆく。本居宣長の随筆は、一見したところ趣味嗜好を述べたてるだけの気ままな筆のすさびであるかに見えつつも、やはり論へと展開してゆくていのものであったように思われる。

本居が花の好みをとり上げて筆をとっても、やがて理路に踏みいって、そのまま論理へと接合してしまうのは、やはりその基本的な資質とかかわりのあることだろう。それは古事記を註して、一方で主知主義的な傾向——「からごころ」であり「さかしら」である——を強く警戒し、他方で感情的な自己移入の不可能性もおそらく深く自覚して「あくまでも「言語《ものいひ》のさま」に即しながら」ことのおもむきに分けいっていこうとした『古事記傳』の方法（上村忠男『ヴィーコ論集成』一九二頁）とも繋がっていた消息であるはずだ。宣長には、それでは、虚構を織りあげること、物語をつくりだすことへの関心がもとから希薄だったのだろうか。

かならずしもそう言われないことは、なかばみとめられているとおりである。ながく源氏にしたしんで、眞淵との邂逅以前に『紫文要領』の稿をおこし、『傳』を書きあげるそのまえに『玉の小櫛』をまとめた国学者に『手枕』と題する習作があったことにかんしては、とりわけ一篇が『鈴屋集』下におさめられて以来、ひろく知られているところである。田原南軒『手枕の研究』、杉田昌彦『宣長の源氏学』所収の一篇のほか、一本にまとめられた文献としては目ぼしい考究もあまり見られないようでもあるので、宣長によるこの筆のすさびにここでいくらか立ちいっておきたい。

作品をめぐり『鈴屋集』所収のテクストの末尾には「此ふみは、源氏の物語に、六条の御息所の御事の、はじめの見えざなるを、かゝのものがたりの詞つきをまねびて、ものせるなり」とあり、寛政七（一七九五）年の『手枕』刊本の奥書に「此ふみは源氏の物語に六条御息所の御事のはしめの見えさなるをわか鈴屋大人のかのものかたりのふりをまねひてはやくものし給へりしを」とあって、後者に「はやくものし」たとあるのがいつごろのことなのか、さまざまに推測されるものの決定的な外証はない。とはいえおそらくは『石上私淑言』の成稿の前後、すなわち宝暦十三（一七六三）年ごろ、本居三十四歳の年まわりの作と見ておいて大過ないようである。「かのものがたりの詞つきをまねびて」ともしるされているとおり、この掌篇は、源氏本文からは一件のはじまりを読みとることができない、六条御息所と若き日の光源氏とのなれそめを、物語そのものの結構を借りて、紫式部そのひとの修辞を模倣しながら、宣長がその欠落を補綴しようとしたものというおもむきとなっている。

ゆらい源氏物語にはいくつもの謎があるけれど、たとえばそのひとつに、桐壺につづく帚木の巻が「光る源氏、名のみことごとしう、言ひ消たれたまふ咎多かなるに、いとど、かかるすき事どもを末の世にも聞きつたへて、軽びたる名をや流さむと、忍びたまへる隠ろへごとをさへ語りつたへけん人のもの言ひさがなさよ」とはじまる事情がある。本居の註も「此語は、見るに心得べきやうある也」とやや不審を挙げているが（玉の小櫛・五、全集四巻三三三頁）、なにより後世、和辻哲郎があらためて問題をとり上げて、研究者たちのあいだで議論のあったことは、丸谷才一の『輝く日の宮』がひろく読まれたことで一般にもよく知られている。問題はつまり「いづれの御時にか」とはじまる桐壺の開幕部分にくわえて、帚木の冒頭はもうひとつの物語の発端のように見える、ということである。いま一点、和辻がとり上げているのは夕顔の書きだしの部分で「六条わたりの御忍び歩《あり》きのころ」とあるのが、なべて六条御息所との関係をはじめて暗示したものと解されているとはいえ、一般の読者にはとうていそうは読むことができない以上、「しからばこの情事は、主人公の生涯の有名な事件として作者がすでに書いたか、あるいは伝説として周知のこと」か、そのどちらかとなる必要があろうという消息である（『全集』四巻、一三五頁）。――源氏一篇中で、六条御息所のはたすところは、ちいさくはない。御息所のふかく内攻した思いは生霊と化して、光源氏の周辺の女性たちに取りつき、たとえば葵上をとり殺し、はては紫上を苦しめる。それもこれも源氏がこの、地位があり気位も高い女性を応分に遇さなかったからこそであるけれども、がんらいの経緯や、とりわけ御息所と源氏との既往について読者はなにも知らされていない。『源氏物語玉の小櫛』では、夕顔の冒頭にはことさらな註も附されていないとはいえ、『紫文要領』を執筆していた当時の宣長がこの件にもふかい関心をもち、なにはともあれ、ふたりの最初の交渉はこのようなものでもあっただろうと想像して、筆をとって不足をおぎない、みずからの創作としようともしたあかしが『手枕』一篇にほかならない。

本居による物語の書きはじめを、まずは引用しておく。現行全集第十五巻には『鈴屋集』所収のテクストがおさめられ、別巻一には本居宣長自筆本、荒木田尚賢手写本、寛政七年刊本が対照して収録されているが（同、五五九～五七六頁）、以下では自筆本におおむね拠るかたちで引いておくことにしたい。

前坊《ぜんぼう》と聞えしは、うへの御《ン》はらからにおはしまして、大方の御《ン》おぼえはさる物にて、内々の御《み》ありさまもいとあはれに、やむごとなくおもほしかはし給ひつゝ、いとかしこきまうけの君と、世のひとも、つぎのみかどがねと、たのみところにあふき聞えさせて、行末めでたく、あかぬことなき御《ン》身を、いかなる御《み》心にか有けん、世をあぢきなき物におもほしとりて、つねはいかでかうくるしく所せき身ならで、いけるよのかぎり心やすくのどやかに、思ふことのこさず、心のゆくわざして、あかしくらすわざもがなとのみ、おぼしわたりけるほどに、つゐに御《ン》ほいのごと春宮《とうぐう》をもじゝ《（辞）》聞えさせ給ひて、六条京極わたりになんすみ給《ヒ》ける。おほかた宮のつくりざまはさらにもいはず、前ざいなど心《ン》ばへあるさまに、こぶかくうへわたし、池の心ひろく、水いさぎよくやりなしなど《ン》、よろづに見どころおほく、さるかたにおかしく今めかしくあらまほしき御すまひになん有ける。

さきの皇太子は、桐壺帝のおとうとであったが、信望も厚く、天皇との兄弟仲もよく、将来の上御一人としてなに不足とてない身であったのが、どのような考えによってかこの世を愚かしいものと思うこと深かったところ、ついにかねての望みどおり位を降りて、六条京極あたりに住むことになったわけであるけれど、その住まいは雅やかで当世ふうのものだった、といったあたりがこの書きだしの大意だろう。

葵の帖は「世の中変りて後、よろづものうく思され」とはじまり、桐壺帝退位後の消息を語るものになるけれども、その冒頭ちかく、「かの六条御息所の御腹の前坊の姫宮斎宮にゐたまひにしかば」と見えるのを、宣長の創作は「前坊と聞えしは」と受けていた。東宮を下りた桐壺帝の弟が、兄とむつまじかったことは、これも葵巻に「同じき御はらからといふ中にも、いみじう思ひかはしきこえさせたまひて」とあるのに窺うことができ、『手枕』冒頭もそれを踏まえている。かつての皇太子が「世をあぢきなき物におもほし」たのはなぜか。当の一件については源氏本文に記事がなく、本居の補作もとくにふれていない。これもおそらく、みかどのわりなく愛した桐壺の更衣が亡せたあと、その「人柄のあはれに情《なさけ》ありし」ことを女房たちも偲びあったなか、ひとり「亡きあとまで、人の胸あくまじかりける人の御おぼえかな」となおも「ゆるしなう」口にした弘徽殿に代表される宮廷の一大勢力、つまりのちの朱雀院を皇太子にしようとする一派とのあいだに、愉快ではない悶着があったとも想定されているのだろう。なお「御すまひ」の描かれかたは、少女の巻で披露される光源氏邸のようす、「池のさまおもしろくすぐれて」、「泉の水遠くすまし、遣水の音まさるべき巌たて加へ、滝落して」とある情景をはるかに先どりして響かせるものであるように思われる。

皇太子であったとき弟君は、とある大臣の「いとになくかしづきたて給ひしむすめ」とむすばれていた。一篇の女主人公、六条御息所である。妻は「いときようにうつくしげなる女宮《をんなみや》」を生んだ。ところが姫宮がなお四歳のときに父宮は急死し、また父大臣もはかなくなり、御息所の歎きはふかく、いっそ出家して「世ばなれたる山里」で庵をむすぼうかと思ったけれど、むすめの「御《ン》行末うしろめたう」、それもかなわない。みかどもまた弟の死を悲しみ、御息所の悲嘆を思いやって「源氏の君にも、前坊の御息所のあはれにながめ給ふらんを、おり〳〵は物のついでにもとふらひ物せよかし、心にくゝよしある人そなど《ン》、のたまひつけ」、未亡人は嘆きくらしているだろうから、ときどきはなにかのついでにでも立ちよってみてくれないか、なかなかに奥ゆかしく気品がある女性ですよ、と言っていたところであった。魅力的な女人であることはかねて聞きしっていたこともあって、源氏も「ゆかしくおぼされ」、会いたいものだと思われるようになり、「あるゆふつかた内より（宮中から）まか《ン》で給ふとておはしけり」。以下、最初の訪問のようすである。

ほどとをければ、くれはててぞおはしつきぬる。御門《みかど》のもとにみ車たてさせて、御随身いれてあないせさせ給ふほど、すこしさしいでて見いれ給へば、木だちいと物ふりてこぐらく見えわたり、けはひしめやかに心にくゝ思ひやられ給ふに、そのことゝもきゝわかれぬほどの物の音《ね》の松風にひびきあひて絶《たえ》だえきこえくるも、哀になまめかしう、なみ〳〵ならぬは、たがふべくもあらぬ御息所の御《ン》つまおとと聞なし給ふにも御こころときめきしつゝ御《ン》みゝとゞめてきゝおはします。

御息所のもとにようやく着いて、案内を乞うている間に、かすかな琴の音が聞こえてきた。ひととおりでない腕前を思わせる、その音色は御息所そのひとのものにちがいないと思われた、という展開である。

場面の設定そのものは、桐壺更衣の死後、靫負命婦《ゆげひのみやうぶ》がその実家を弔問する挿話を下敷きにしたものかとも思われる。みかどは更衣に先だたれ「はかなく日ごろ過ぎて、後のわざなどにもこまかにとぶらはせたまふ」たが、あいかわらず涙が途切れることなく「露けき秋」のこと、「野分だちて、にはかに肌寒き夕暮のほど、常よりも思し出づること多くて」命婦をつかわした。「夕月夜のをかしきほど」に宮中を出発して、「命婦、かしこにまで着きて、門《かど》引き入るゝよりけはひあはれなり」。ただし、原文のほうが情趣もふかい。「やもめ住みなれど、人ひとりの御かしづきに、とかくつくろひ立てて、めやすきほどにて過ぐしたまひつる、闇にくれて臥ししづみたまへるほどに、草も高くなり、野分にいとど荒れたる心地して、月影ばかりぞ、八重葎にもさはらずさし入たる」(桐壺)。

思いもよらない訪問に女房たちは立ちさわぎ、琴の音もやんでしまって、またかなり時が経ち、中将の君とかやらがあらわれて、しかるべき遣り取りのあとに、源氏は「又のどかにをとて」、いずれあらためてまたゆっくりと、と告げ、「こよひはすくよかにていで給ひぬ」。源氏は、その夜ははじめての訪問であったこともあり、早々に立ちさったわけである。

そののちは消息がいくたびか行きかい、源氏の訪問もかさなって、源氏としては、御息所の「まめやかなるさまにも、心よせ」るようになり、思慕を訴えるようにもなるが、夫を亡くした貞婦のたしなみもあり、にわかには応じない。新年をむかえて、「春たつ風にも」かかわらず「人の御心《ン》はうちまけがたく」、御息所のつれないさまに変わりはない。源氏は、とある夜も左大臣邸(葵上の実家)では源氏を待ちもうけているにもかかわらず、その方向を避けて、六条にむかった。また中将の君が応接し、もったいないことではあるけれども、今夜も気分がすぐれないので、またの機会を、とのことばだけを伝える。源氏が「此みすのまへにのみさふらふこそ、いとからきわざに侍りけれ」、この御簾の外にこうして控えつづけてきたのは、ひどく辛いことでした、と掻きくどくのに、ついに女房は折れ、源氏をようやく部屋にあげて、案内した。御息所はそのときちょうど縁側ちかくまで出て、「雨雲のはれまの月」が霞んで、「ゑんなる空」をながめて、思いに耽っていたところである。おとこは「こよひだにあはれはかけよあす迄はながらふべくもあらぬ玉のを」、恋しくて死んでしまいます、と歌いかけるものの、おんなは「きえぬとて霧の心もしらぬ身はよのあはれをもいかにかけまし」と答え、「かごとがましや」、すこし恨みがましくはないものでしょうか、となおも拒みつづけた。御息所がすこしずつ奥に引きこもってゆきそうになったので、源氏は「御ぞのすそをひきとゞめて」、なおも思いのたけを打ちあける。「いたづらにくちはてなん」までの「なげきのほどを、かたはし聞えさせんとばかりなんとて」ともの静かに語りつづける、ようすの良いおとこのさまにおんなのこころも揺れた。「女も哀とおぼししるふし〴〵」がなかったわけではないからである。——たとえば空蟬を相手にした、源氏そのひとに、強引な挙に出るおりおりがなかったわけではない。御息所の着物の裾をつかまえた、やや無理じいをふくむ源氏のこの所作には、とはいえ遠く、薫にも見られた、しかも薫らしからぬ行動を思わせるところがあるかもしれない。いわゆる宇治十帖の主人公のひとりと目される薫は、大君への思いを遂げることがかなわず、大君に死なれた悲愁のとき、匂宮の留守にその邸を訪れ、いまは匂宮の妻となった中君に対して、似げないふるまいをしてしまう。御簾ごしのその声が「いみじくらうたげな」のにこらえきれず、「寄りゐたまへる柱のもとの簾の下より、やをらおよびて御袖をとらへ」てしまうのである（寄木）。宣長のえがく源氏には、しかし三年ごしの恋がみのる時がおとずれる。

風ひやゝかにうち吹て、夜いたうふけゆくほど御かうしもさながらにて、はれゆく月影もはしたなきやうなれば、御《ン》かたはらなるみじかき几帳をさしへだてて、かりそめなるやうにそひふし給ひぬ。人〳〵は、かうなりけりとけしきとりつつ、みなさししぞきてとほうふしたり。いとかくのがれがたきすくせのほどを、女君はいみじう心うく口おしうおぼししみて、あり〳〵ていまさらに、わか〳〵しくにげなき事を、さふらふ人〳〵の思ふらんほども、しぬばかりわりなくはづかしう、かつは人のものいひもかくれなき世に、あはつけくかろ〴〵しき名やもり出んと、とかくおぼしみだれつゝ、たゞたけきこととは、ねをのみなき給ふ。かくのみうちとけぬ御けしきを、男はつらう心ぐるしう見給て、おろかならずちぎりなぐさめ給ふことおほかるべし。春の夜のならひいとはかなくて、明方ちかくなりゆく空に、いりかたの月いと心ぼそくかすみて、秋よりも心つくしなるに、おき出んこゝちもし給はず、

（源氏）春の夜のはかなき夢の手まくらに　なごりもうとき月の影かな

いかが御覧ずるとて几丁おしやり給へは

（御息所）いとゞしく月もかすまむ春のよの　おぼろけならむ心まどひに

とて御《ン》衣《ぞ》ひきかづきて、見もやり給はぬを、こまやかになつかしうかたらひをきていで給ふとて、なを御《み》かたちもゆかしければ、（源氏）「哀なるほどの空のけしきも、同じ心に御《ご》らんぜばなん、いみじき思ひも、すこしはなぐさむ心ちし侍らんを、あまりむもれいたきわざになん」とて、せちにはしちかういざなひ聞え給ふも、（御息所は）いとわりなくはづかしけれど、すこしゐさり出給ふに、物のあやめもやう〳〵見え行程の空あやしくはしたなくて、とかくまじらはし給へる御《ン》もてなしなど《ン》、あくまでようゐあり、あてにらうたげ

也。心にくきほどの明《ケ》がたのひかりに、御《ン》ぐしのこぼれかゝりたるかたはらめなど《ン》、いはんかたなく、あなめでたと見ゆるにも、いとゞ御《み》心とまりて、なをいでがてにやすらひ給ふ。

大意だけ取っておこう。風がつめたく、夜も更けてゆくので、源氏はひくい几帳を隔てて、ほんのすこしだけという風情で寄りそうように横になる。女房たちは、そういうことね、とばかりになるべく遠いところに退いて寝んだ。逃れられない宿世をうらみ、年甲斐もないことと女房たちに思われるのも死ぬほど辛く、世間のうわさとなるのも耐えがたく、いつまでも打ち解けないさまであるのを、源氏はこころ苦しく思い、愛おしくも感じて、さぞや懇ろに慰めたことだろう。春の短夜が明けそめて、源氏は「手枕」を読みこんだ歌をよみ、おんなも怨じるように歌をかえす。おもむきのある空をともに目にすれば気もちも落ちつきますよ、と語る源氏に絆されて、すこし縁側に寄ってきた年上のひとのようすは上品でかわいらしく思われて、後朝のわかれも告げあぐねているていである。

あとにつづき、一篇をむすぶ部分を引いてみよう。「御《ン》供の人〱、こはづくり立《チ》さはぎて、あけはて侍りぬとそゝのかしたつるも」、源氏の供の者たちが、さあ出発だと声をかけあって騒ぐばかりか、夜がすっかり明けてしまいますと急きたてるのにも、「いとゝ心あはたゝしく、にくゝさへおぼさるれど」、光源氏は気がせいて、憎らしくもなってくるが、「あながちにつゝましくおぼししみぬる御心のほどもいとをしく、かつはわが御ためにもかたはならんと」、御息所がひどく恥ずかしく思っている気もちが気の毒でもあり、じぶんとしても明けきった朝の光のなかを帰途につくのも見苦しいと思いなおしては、「あらはならぬほどのあけぐれの空のかすみのまぎれに立かくれていで給ふとぞ」。

ことのおもむくところを源氏本文から補っておこう。秋になって、源氏は「人やりならず心づくしに思し乱るることどもありて」、だれのせいでもない、夕顔のことといい、軒端の萩の件といい、じぶんから求めたこととはいえ心をかき乱されることもかさなって、正妻宅にも足が向かない。「六条わたりも、とけがたかりし御気色《けしき》をおもむけきこえたまひて後、ひき返しなのめならんはいとほしかし」。六条の御息所に対しても、なかなか承知しなかった相手に思いをとげ、そのあとは手のひらをかえしたように通りいっぺんの扱いようというのでは、いたわしいことだ。「されど、よそなりし御心まどひのやうに、あながちなることはなきも、いかなることにかと見えたり」。それにしても枕を交わすまえはあれほど執心していたというのに、どうしたことかと思われる。ちなみにこれはいわゆる草子地で、作者の感想といってよい。「女は、いとものをあまりなるまで思ししめたる御心ざまにて」、御息所はもともと思いつめるほう、「齢《よはひ》のほども似げなく、人の漏り聞かむに、いとどかくつらき御夜離《よが》れの寝ざめ寝ざめ、思ししをるることいとさまざまなり」。御息所は源氏より七つ年上、通いもとだえて、一人寝の夜の眠りも絶えだえとなり、思いかなしむことがあれこれと募るばかりであった(夕顔)。やがて起こったのが、葵の帖の伝える、源氏の正妻との車争いである。

若き本居の創作の巧拙をあげつらっても詮のないことだろう。とはいえ擬古文としての首尾からいえば、後年の秋成や春海とくらべて、見劣りするということはない。おなじころ、『あしわけ小舟』を書きすすめていた宣長は、こう書きしるしていた。「倭文は源氏に過る物なし。源氏を一部よくよみ心得たらは、あつはれ倭文はかゝるゝ也。しかるに今の人、源氏見る人は多けれと、その詞一ッも我物にならず、今日文章かく時の用にたゝず。たま〱雅言をかきても、大に心得ちかひして、あられぬさまにかきなす、これみな見やうあしく、心の用ひやうあしきゆへ也。源氏にかきらず、すへて歌書を見るに、その詞一〱わがものにせんと思ひて見るへし。心を用てもし我物になる時は、歌をよみ文章をかく、みな古人とかはる事なかるへし」（〔五二〕、全集二巻五三頁）。

本居の自信のほどが知られるところであるけれども、いま確認しておきたいのはその件でもない。宣長は内部から物語を生き、物語を生きることでそれをいわば内側からとらえようとする。ことのこの消息にかんしては、この「内篇」でいくどか立ちよっておいたところである。『手枕』一篇の執筆はなによりもまずそうしたかまえの生んだ余滴だろう。もうひとつ附けくわえておくとすれば、本居がとくに六条御息所を補作の女主人公にえらんでいることで、ことの経緯はまた、宣長が物語を読む傾向のひとつをしめすものであると思われる。近世きっての源氏の愛読者は物語の余白にも書きのこされることのなかった悲しみを読みとり、そのあわれを書きしるそうとしていた。それはやがてまた古事記が伝えることどもの行間から、記録されることのなかった哀しみのくさぐさを摘みとって、註を附してゆくことになる国学者のすがたを遠く予兆するものであったともいってよいだろう。――『手枕』を書きあげたあとこの国学者が、膨大な歌をべつとして創作めいた作品を書きのこしたふしはない。知られているかぎりで例外はひとつ、『手枕』とはくらべようもない作であるとはいえ、『鉗狂人』の末尾に附された「水草のうへの物語」が、いちおう創作と称しうるものということになるはずである。

『鉗狂人』は先にひとたび言いおよんでおいたように（本書、七六一頁以下）、藤貞幹『衝口發』に対する駁論であり、鉗とは頸かせの意味である。この禍々しい題名の由来を、宣長は一書の劈頭に注してこう説明していた。「いづこのいかなる人にかあらむ。近きころ衝口發といふ書をあらはして、みだりに大御国のいにしへをいやしめおとして、かけまくもいともかしこき皇統をさへに、はゞかりもなくあらぬすぢに論じ奉れるなど、ひとへに狂人の言也。故今これを弁じて、名づくることかくの如し」(全集八巻二七三頁)。

貞幹の著作『衝口發』は天明元(一七八一)年に著されたものである。一書は、中国・朝鮮を文化の中心とする漢学者流の立場から日本古代を論じたものであり、皇統にはじまり、言語・姓氏・国号など十五項目を立てて、大陸・半島とこの列島との繋がりを考証しようとしている。今日あらためて注目されているこの著作は、とはいえ論証の手つづき等についてははなはだ粗笨で、国学者の、とりわけ宣長の感情的な反撥も呼んだ。――同書はまず記紀をはじめ三十七とおりの「引証書目」をかかげたのち、議論を開始する。『日本思想闘諍史料』第四巻所収の本文により、典籍からの引証を省いて、本論冒頭部分を引用しておく。

本邦上古之世を、天神七代、地神五代と名て、国史以下の書に神代と云。神武紀に、此間を一百七十九万二千四百七十余歳とす。此年数、固より論ずるにたらず。天神七代は其名のみにして、人体なし。地神五代の始は、西土西漢の時にあたる。其説如何となれば、辰韓は秦の亡人にして、素戔雄尊は辰韓の主也。

神武帝の辛酉元年は、周恵王十七年にあつ。周恵王の時、何ぞ辰馬の二韓あらむや。五代の間の年数知べからずといへども、大己貴命は素戔雄尊の子にして、其子事代主命の女、姫踏鞴五十鈴姫命、神武帝の后なれば其大概察すべし。竊按に、神武帝元年辛酉は、後漢宣帝神爵二年辛酉にして、崇神帝卅八年辛酉ならん。然れば周恵王十七年辛酉よりは六百年後也。此の如く六百年減せざれば、三国の年紀符合せず。如此新きこと故、史記にも朝鮮伝はあれども、日本伝はなし。漢書にもなし。

右の立言のうち、ちなみに「然れば周恵王十七年辛酉よりは六百年後也」の部分は、東国通鑑を引いて、その所伝と照合し、神武紀元を六〇〇年くり下げることを主張するもので、この所説は明治以降の紀元論、年紀論の先駆となったとも評価されている。ここでは「素戔雄尊は辰韓の主也」とする貞幹の所論に対する本居の反論のみを見ておこう。

宣長はまず総論的な批判をくわえる。「此段皇国をもろこしの秦の代より後の事也とし、又何事も皆韓より起れりとする、論者の趣意の本也」。貞幹はあらかじめこの国の起源にかんする年立を想定し、それを中国の歴年に合わせて比定しようとしている。論証の手順は、それゆえ論点先取を犯すものとなる。そもそもが、「須佐之《ノ》男命を辰韓の主といふこと、さらに拠なし」。貞幹の立場にたってみるなら、「按ずるにこれは神代紀に、此神新良の国に降り給へりしことあるをもて拠とするなるべし。そは新良即《チ》辰韓と心得ていふめれ共、これ大に誤れること也」。古学の眼からみるなら、「抑須佐之男命は天照大御神の御弟命にましませば、かのもろこしにては、周《ノ》武王が箕子を朝鮮に封ぜし時などよりも、数百万歳以前の神にてましませば、くだ〳〵しき辰韓の弁などには及ばざる事なれ共、姑く論者の意を立ていはむには、まづ新羅を辰韓と心得たること麁忽也」（全集八巻二七六頁以下）。——以下、末尾に附された「水草のうへの物語」を引いておく。

今はむかし、あめつちの池とて、いと大きなる池のほとりに、夏のころ夕つかた人々よりあひて、何くれとむかし今の物がたりしつゝ、すゞみゐけり。中に年おいたる、むかしその池はりしほどより始めよくしり居て、五十年ばかりにもや成ぬらむ、そのをりはとありきかゝりき、卅年あまりさきには冬いみしく寒くて、此池ことぐくにこほりわたりて、そのひのうへを人のかよひありきし事も有き、その後又みな月ばかりに久しくひでりのしたりし年は、水のこりなくかれにしぞかしなど、とし久しくなりぬる事共を、いとよくおぼえゐてかたる。池の面にはみ草どもさまぐいとしげかる中に、まなび草とてよにめでたき物にすなる草の、ものよりことにめにたちて、こゝかしこに生《おひ》まじりて、こゝちよげにさかえたる、夕霧の玉のひかりにもてはやされて、いとすゞしくおもしろく見わたさるゝを、東のかたのみぎはにちかき一本なむ、こよなくかじけていとまばらに、西のかたなるがひろごりきたるにおしけたれて、をれふしなどしたるくきの本より、まだいとちひさきわか葉の、ひとつふたつ水のうへにはつかに見えたるを、この翁めとゞめて、大かた此池に、まなびぐさとてかくいとしげくはおひにてあれども、まさしきは此めぐみそめたる、一本の中のわか葉のみこそあれ。いとよく似ては《ン》あめれども、にしのかたなるはみなじちのにはあらずなむある。まさしき学草《まなびぐさ》は、まことばなとて、よにすぐれたる花なむさくを、としごろ池の水ぬるみたるけにや、たえてさかずなりぬるを、この若葉のかく生出そめつるは、水も寒くなりて、いま又花さきぬべきにこそは有けれ。むかし此たねどもまきそめしも、まろはよくしれるをやなど、こまかにかたる、かくいふおきなが名は、かみよのふみとぞいひける。（三〇一頁）

やがて暮れがたとなり、螢が飛びかう。東かたの水草に「大やまとのまさ彦」という名の螢が止まって、あの物語に聞きいっているところへ、西かたから「からごゝろの狭麻呂」と名のる螢が飛びうつってきて、あの物語は「みなそらごとにこそあれ」と言う。われらの寿命から推しはかれば、人間のいのちもせいぜい一年ほどのものだろう、「池のはじめの事」なぞ知っているわけもない、だいたいが氷が張って「此水の上をふみありきつる」などと「すべてさることわりあるべくもあらず」。まさ彦は、ひとは長生きするとも聞いているし、「さばかりひさしきよゝをへにけむほどには、さま〴〵めづらかなる事共も、などかなからむ」と抗弁して、長寿の蛙を呼んでみようというはこびとなり、「漢経史《かんけいし》あざなは聖賢《せいけん》とかいふ」蛙が「なにごともおのれよくしれり」と宣言し、あれこれと註釈を述べるのを、「みぎはなるおきなつく〴〵と聞居て」、「おひそめし根ざしもしらでまなび草末葉のうへを何かあらそふ」と一首よんで、寓話は閉じる。本居そのひとは末尾に「筆のついで二ひら三ひらのこれるかみ《（紙）》の有けるに」と弁じているとはいえ、宣長としては存外さまざまなことがらをこの虚構に託しているように思われる。

『衝口發』は、例の山彦の物語にほんの行きがかりで立ちよって「此海宮と云は、琉球の恵平也島を云」と断じ、「恵平也島は天見《あんみ》島、日本紀に、又阿麻美《あまみ》、菴美《あんみ》に作り、續日本紀に奄美《あんみ》に作る」とも注している。宣長に言わせれば、これは「尋常の小理になづみて、海底に別にこれあることを信ずることあたはず、己が心々にまかせて附会の説共をなせる」（二八四頁）典型であって、藤貞幹そのひとが「からごゝろの狭麻呂」であることにまちがいはない。とはいえ、神話的な物語について「すべてさることわりあるべくもあらず」という原則から、合理的な解を与えようとした代表的知識人は、やはり新井白石ということになるだろう。さきにも高天原の解釈に言及しておいたが（本書、六六七頁以下）、あらためて『古史通』の言を引いておくと、「高天原とは私記には師説上天をいふ也、按ずるに虚空をいふべしと見えたり。後人の諸説これに同じ。此等の説皆是今字によりて其義を釈《とき》し所也。凡我国の古書を読には古語によりて其義を解《と》くべし」、その結論が高天原とは「即《チ》今《ノ》常陸国多珂《ノ》郡の地是也」となったわけである（巻之二）。ついでに「外篇」（六七頁以下）で和辻の所論とのかかわりでふれた天照大御神と須佐之男の予誓について、おなじく『古史通』はこう注していた。

「按ずるに天照大神素戔鳥神共に誓給ひて各男女の神を生給ひしといふこと、これ又上古の俗言嗣し所にて尽く信ずるにたらず。これは、素戔鳥神衆神のために逐はれ、衆神のために拒れ、進退維れ谷りたまひしによりて、みづからの御子を質《ち》とし奉り、天照大神よりも質子給はりて、其危難をすくはれんために高天原に還上り給ひし事を、かくは言嗣ぎしなるべし」（巻之二）。まえに（七九四頁）ふれた豊玉比売の出産の挿話についてはこうである。「豊玉比売の龍となり給ふといふ事は、旧事記古事記には八尋の鰐と化し給へりと見へたるを、日本紀には又如レ此にしるされき。これらの説も皆海神の女なりといふによれる也。信ずるにたらず」（巻之四）。――予誓の解釈についていうならば、『古史通』の語ることがらはほとんど『衝口發』の弁ずるところと径庭がない。漢意が物語のおもむきを切りきざむ。

神話とは、いつとも知られないむかしからひとびとが語りかわし、物語りつづけてきた伝説《つたえごと》のことである。宣長にとってその神話をとらえることは、伝えられてきた当のことばそのものを生きなおすことを意味していた。伝説をたとえば寓言と理解するのは、ことば自体を飛びこえてゆくことであり、また神話をただちに現在しられている歴史と比定し、そのうちに位置づけるこころみは、神話の外部に踏みこえてゆくくわだてである。それはつまり、語りつたえられてきたことばの内部、その輪郭をさだめている境界を、みずからの恣意によって抹消することにほかならない。すなわち物語を語りつたえてきたことばのきずなを、じぶんの思いなしにもとづき切断して、伝説の繫留点をみずからのさかしらに置くことなのだ。そのとき、伝えごとを内側から生きて、それを内部から理解する手だてのすべては断ちきられてしまう。本居宣長にとってそれは、語られてきたことばそのものを理解不能なものとすることと、ほぼひとしかったのである。

四十七

井上哲次郎『日本陽明學派之哲學』第十章（吉田松陰附高杉東行）は、「吉田松陰、名は矩方、字は子義、寅次郎と称す、松陰は其号なり。又二十一回猛士と号す。長州の人、嘗て佐久間象山に学ぶ。其学未だ必ず姚江に限らずと雖も、亦甚だ姚江に近し」とはじまる。

ちなみにかつて一般には陽明学という呼称は使われず、王守仁の出身地の名をとって姚江の学とも呼ばれた。陽明学という名称が流布するのは維新期前後のことである。また井上が松陰をめぐって、「松陰国家多難の時に生まれ、心を政事に用ひ、静に学理を講究するの余裕を有せず、年僅に廿九にして大辟に遇ふ、故に時務に関する論著は多きも、学理の見るべきもの幾んど稀なり」と評定する一方、「其決心の強固なる、学の素養なければ、此に至ること能はざるは、論を俟たざるなり」と見ている件については、本書の冒頭ですでにふれた。井上の書は他方、「松陰又死生の説あり」として、その書簡に言及している。

一箋の宛て先は品川彌次郎、品川の名は日孜、字は思父、ときに彌二とも称された。足軽の子に生まれ、安政四（一八五七）年、十五で松陰門に入り、幕末の動乱を生き延びて、新政府で内務大臣、枢密顧問官等を歴任する。明治三十三（一九〇〇）年に歿したが、その晩年、松陰の遺志をついで、京都高倉通錦小路に尊攘堂を建立した。尊攘堂は志士の遺墨、遺品などをおさめ、彌次郎の意向によって京都帝大に寄贈される。——井上哲次郎所引の一文を、句読点等をあらためて引用しておく（井上前掲書、六一〇頁）。

死生の悟が開けぬと云ふは、余り至愚故、詳に云はん。十七八の死が惜しければ、三十の死も惜しゝ、八九十百になりても、是れで足りたと云ふことなし。草蟲水蟲の如く半年の命のものあり、是れを以て短しとせず。松栢の如く数百年の命のものあり、是れを以て長しとせず。天地の悠久に比せば、松栢も一時蠅なり。只伯夷などの如き人は固より漢唐宋明を経、清に至りて未だ滅せず。若し当時太公望の恩に感じて西山に餓死せずば、百迄死せずとも短命と云ふべし。何年限り生きたれば、気が済むことか、前の目あてもあることか。浦島武内（宿禰）も、今は死人なり。人間僅か五十年、人生七十古来稀、何か腹のいえる様な事を遣りて死なねば、成仏は出来ぬぞ云々。

井上は、吉田松陰について「時務に関する論著は多きも、学理の見るべきもの幾んど稀なり」と見ていたが、松陰そのひとにとっては、時務と学理を切りはなすことができなかったのは言うまでもない。その著述のなかでも『講孟餘話』（あるいは『講孟劄記』）が、ことの消息をもっともよく表現していたといってよいだろう。よく知られているように劈頭、松陰は「経書を読むの第一義は、聖賢に阿ねらぬこと要なり。若し少しにても阿る所あれば、道明ならず、学ぶとも益なくして害あり」と宣言し、つづけて内外のさまを引きくらべて「我邦は上　天朝より下列藩に至る迄、千万世々襲して絶ざること中々漢土などの比すべきに非ず」と主張する（巻之一）。『餘話』は、萩の野山獄で囚人たちを相手に孟子を講義したことを機縁として、出獄後の安政三年に稿がなった。その全巻は、著述者のこの姿勢を映して、学理への情熱と時務への熱情がこもごも入りまじった、独特な文体をかたちづくっている。長州の藩校、明倫館の学頭をつとめた山縣太華が、贈られた『剳記』を手にとりながら、その価値をみとめようとせず、奇矯なものとも映じる尊王攘夷思想に対して警戒の念をあらわにしたのは、そのゆえである。太華の説くところでは、「道は天地の間一理にして、其の大原は天より出づ。我れと人との差なく、我が国と他の国の別なし」ということになるだろう。

松陰は講筵にならんだ同囚に呼びかけて「今且諸君と獄中に在て学を講ずる」ゆえんは、道を知るためであり、「凡そ人と生れ書を読み道を聞かざれば詮方なきこと」であると断ずる一方で、「先一心を正し、人倫の重きを思ひ、皇国の尊きを思ひ、夷狄の禍を思」わなければならないと宣する（巻之一）。その松陰の解釈によれば、孟子の説くところが、ときとして時務に学理を与えるものとなる。たとえば「如何なる田夫野老と雖ども、夷狄の軽侮を見て憤懣切歯せざるはなし」、これが孟子の主張する「性善」のあらわれであるのに反して、「将軍大名老中奉行抔は、形気の欲にて性善を蔽は」れてしまっているのだ（巻之四上）。

かくて『講孟餘話』は、あくまで松陰の目に映じた時勢に照らして孟子の言を読む。典型的な箇所を引用してみよう。「民為レ貴。社稷次レ之。君為レ軽」とする孟子に註して、松陰は説く。

此義人君自ら戒むる所なり。蓋し人君の天職は天民を治ることなり。民の為の君なれば、民なければ君にも及ばず。故に民を貴とし、君を軽とす。是等の処は篤と味ふべし。異国の事は姑く置く。吾国は辱なくも国常立尊より、代々の神々を経て、伊弉諾尊・伊弉冊尊に至り、大八州国及び山川草木人民を生み給ひ、又天下の主なる皇祖天照皇大神を生み玉へり。夫より以来列聖相承け、宝祚の隆天壌と動なく、万々代の後に伝はることなれば、国土山川草木人民、皆皇祖以来保守護持し玉ふ者なり。故に天下より視れば人君程尊き者はなし。人君より視れば人民程貴き者はなし。此君民は開闢以来一日も相離れ得る者に非ず。故に君あれば民あり、君なければ民なし。又民あれば君あり、民なければ君なし。此義を弁ぜずして此章を読まば、毛唐人の口真似して、天下は一人の天下に非ず、天下の天下なりなどゝ罵り、国体を忘却するに至る。惧るべきの甚しき也。（巻之四下）

長州藩の大儒にして、朱子学の学統を奉じる太華は、「天下は一人の天下なり」とする、松陰のこの所説に反駁した。「天下」とは土地人民をさす語であって、位階を示すことばではない。しかもこの国では、すでに保元平治の乱このかた、天朝は衰微し、一国をよく治めることができなくなった。かくて天下の権は武家に帰し、いまや将軍こそが天下を差配している。「異国の人」に「大日本国の主は孰れか」と問われたなら、「京師に天皇あり。これ日本の大君主なり」と答えるのもよい。だが異国の王から呈書のあった場合には、来簡は、天皇ではなく徳川将軍家にとどけるのが至当だろう。「天皇は京師に在りて国政に預かることなく、大将軍は東都に在りて諸国の主」であるからだ。

松陰ははげしく反撥する。山縣の「大意は幕府を崇んで朝廷を抑ふるに在り。朝廷の衰微未だ此の時より甚しきものあらざるに、而も太華猶以て未だ足らずと為し、之れを罵り之を誹《そし》り、唯だ人の朝廷の徳を思はんことを恐る。是れ其の志、朝廷を滅ぼして幕府を帝とするに非ざれば、則ち饜《あ》かざるなり」。――遺り取りにあって、太華は現実的で合理的であり、松陰は妄念をいだいて僻情に走っている。時代を動かしたのは、とはいえ碩儒の道理ではなく、草莽の臣の激情であった（村上一郎『著作集』第三巻、二九四頁以下参照）。

松陰には、京に尊攘堂と称する学校を創設し、「天朝の御学風」を天下にひろめて、また「天下の奇才英能」を集めようとするもくろみがあった。品川彌次郎が師の遺志を継いだ、とはこのことである。刑死の直前に入江杉藏に宛てた書簡のなかで松陰が、その構想と関連して「朱子学じやの陽明学じやのと一遍の事にては何の役にも」立たないから、いかなる思想家の著書であっても「其所レ長」を取ればそれでよい、そもそも「本居学と水戸学とは頗る不同あれども、尊攘の二字はいづれも同じ」としるしていた件については、これも本書のはじめにふれておいた。

吉田松陰がただしく見てとっていたとおり、平田篤胤は「又本居とも違ひ、癖なる所も多けれども」、幕末期には平田派国学につらなる者たちが、あたかも「草莽崛起」を唱える松陰の檄に応えるかのように、口々に尊王を叫び、攘夷の旗をかかげて国事におもむく。島崎藤村の『夜明け前』は、実父正樹をモデルとした青山半藏の生涯とも折りかさねるかたちで、嘉永六（一八五三）年の黒船来航から、明治十九（一八八六）年までの激動する時代をえがき取った歴史小説の大作である。「木曾路はすべて山の中である。あるところは岨《そば》づたいに行く崖の道であり、あるところは数十間の深さに臨む木曾川の岸であり、あるところは山の尾をめぐる谷の入口である」とはじまる一大長篇では、そうした山中にすらおよんだ動乱の季節が、半藏の目をとおして活写されていることは、よく知られているとおりである。

主人公にとっての国学の要諦について述べた箇所を引いてみよう。元治元（一八六四）年、筑波山で蜂起した水戸天狗党が越前へ敗走してゆくのを見送ったあと、あらたな社を建てて、国学四大人の霊代を置くという相談がもち上がったころ、主人公の胸裡に去来した所感をしめす一節である（第一部第十一章）。

先人の言うこの上つ代とは何か。その時になって見ると、この上つ代はこれまで彼がかりそめに考えていたようなものではなかった。世にいわゆる古代ではもとよりなかった。言って見れば、それこそ本居平田諸大人が発見した上つ代である。中世以来の武家時代に生れ、何《ど》の道かの道という異国の沙汰にほだされ、仁義礼譲孝悌忠信などとやかましい名をくさぐさ作り設けて厳しく人間を縛りつけてしまった封建社会の空気の中に立ちながらも、本居平田諸大人のみがこの暗い世界に探り得たものこそ、その上つ代である。国学者としての大きな諸先輩が創造の偉業は、古《いにしえ》ながらの古に帰れと教えたところにあるのではなくて、新しき古を発見したところにある。

そこまで辿って行って見ると、半蔵は新しき古を人智のますます進み行く「近つ代」に結びつけて考えることも出来た。この新しき古は、中世のような権力万能の殻を脱ぎ捨てることによってのみ得らるる。この世に王と民としかなかったような上つ代に帰って行って、もう一度あの出発点から出直すことによってのみ得らるる。この彼が辿り着いた解釈の仕方によれば、古代に帰ることは即ち自然《おのずから》に帰ることであり、自然に帰ることは即ち新しき古を発見することである。

べつの箇所を引きながら、現代の国学研究者が確認しているように、ここでも「国学の学問的性格が簡潔に記され、国学四大人が紹介され」、また黒船来航以降の「時期における木曾街道の宿場の学問的空気が伝えられ」ていると言ってよいだろう。明治維新に平田派国学のはたした役割が、一般にもよく知られるようにいたったのは、島崎藤村晩年のこの長篇小説が、ひろく読まれるようになって以来のことなのである（田中

康二『本居宣長の大東亜戦争』二〇九〜二一一頁）。

藤村の描いた青山半藏は、維新後の政治的社会的な状況のなかで、やがて精神に異常をきたして、座敷牢に幽閉される。総じて、回天のくわだてに殉じようとした者が、その後それぞれに報われたわけではない。そうであるにせよ、たとえば新政府の学制改革のなかでも国学とりわけ平田学派は、すくなくとも一時期は一定の発言権を手に入れた。とはいえ国学諸派は、祭神論争と帝国大学創設の動きのなかでしだいに学問的影響力を減殺させられていったことも否めない。この間の消息のおおよそをめぐっては、これも夙くに垣間みておいたとおりである。御一新がなったのち、本居宣長をはじめとする個々の国学者を顕彰しようとする運動は、このような時代の動きと避けがたく絡みあいながら、とはいえその動静とはとりあえずは独立に、また別様なかたちで開始され、ひろまってゆく。

明治三（一八七〇）年一月三日、神祇鎮祭の詔ならびに大教宣布の詔が渙発される。その四か月後の五月三日、東京芝浜松町の和歌山藩邸で、いわゆる国学の四大人の霊祭がひらかれ、門流百数十人が参列した。明治八年には、川口常文や本居健亭らの尽力によって、宣長の墓のそば近く山室山神社が建立される。宣長と篤胤の霊がならんで配され、三月には鎮座祭がおこなわれた。明治十六年二月に、山室山に祀られた両名は、荷田春満、賀茂眞淵とならんで正四位に列せられる。やや飛んで明治三十四年が本居の百年祭、三十八（一九〇五）年、さらに本居宣長には、師の賀茂眞淵とともに従三位が追贈されるにいたった。同年十二月十一日の日づけをもつ追陞の宣命を、阪本健一の訓にしたがって引いておく。

天皇《すめらみこと》の大命《おほみこと》に坐《ま》せ、贈正四位本居宣長の墓前《おくつきのみまへ》に宣給《のりたま》はくと宣《の》る。汝命《いましみこと》は古学《ふることまなび》の道の蘊奥《おくが》を深く究め、許々太久《ここだく》の書冊《ふみども》を著述《あらは》し、君臣《きみおみ》の名分《けじめ》を正し、内外《うちと》の大義《おほきみち》を明にして、世の諸人《もろひと》をして朝廷《みかど》を尊び奉り、皇国《すめらみくに》を崇め敬ふ心を起さしめたる大き功《いさを》を賞《めで》給ひ褒《ほめ》給ひて、曩《さき》に正四位を贈らせ給ひしが、猶飽かず思ほし食《め》し、今回《こたび》更に従三位に進《すすめ》給ひ位記を授《さづけ》賜ふ。是《ここ》を以《もち》て三重県知事正五位勲五等有松英義を差使《さしつかはし》て、如此《かく》の状《さま》を宣給はくと宣る。

時代の脈絡をさらに補足しておくなら、大日本帝国憲法の公布は明治二十二（一八八九）年、施行が翌年の十一月二十九日である。なにはともあれ近代国家の体裁をととのえたこの国が、欧米列強中の一国と干戈を交えるにいたった日露戦争は、明治三十七（一九〇四）年の二月にはじまり、翌年九月五日にポーツマス条約による講和がむすばれた。明治帝はその年、明治三十八年の十一月十六日に豊受大神宮に、翌十七日には皇大神宮に参拝し、戦争の終結を報告している。宿舎は伊勢、天皇は三重県知事の有松英義に、本居宣長の遺蹟について尋ねて、その保存を命じたと言われる。じっさい内帑金の下賜もあり、縣居、鈴屋両名への追贈の詔勅は同月十八日、明治天皇が伊勢の宿をたった日づけとなっている（以上、阪本『明治神道史の研究』六七三〜六七六頁参照）。

あらたにみずからを形成してゆく国家は、現在をととのえ、未来のかたちを定めてゆくと同時に、過去を整理し、歴史をあらためて解釈する。明治国家が整備されてゆく過程も例外ではない。贈位追陞による既往の顕彰について、よく知られているところでは、たとえば明治十三（一八八〇）年七月二十一日には、楠木正成が正一位に列せられた（同書、六六二〜六七三頁参照）。おなじ流れのなかで、本居もまた新国家の秩序のなかに位置づけなおされ、かくて宣長学の地位がいわば公的に劃定されたことになる。

その後の学問的世界にあっての本居研究をめぐっては、本書の「外篇」で見ておいたとおりである。宣長の仕事がしめす、「朝廷を尊び奉り、皇国を崇め敬ふ心を起さしめたる大き功」とはべつの面にかんしては、とりわけその畢生の大著『古事記傳』を中心としてこの「内篇」で辿ってきたところであった。現在にいたるまで、本居学を賞賛する者ばかりでなく、批判してやまない研究者も、天皇の名で読みあげられた追陞の宣命をこそ、宣長思想の評価の参照系としているかに見えることは、やや皮肉なところかと思われる。——本居宣長の「大き功」は、国家の秩序によって公的に承認されるはこびを俟たずに、追陞といった事後的な認承を必要としない、無償なままに屹立したそのすがた自体が示していたところであった。以下本節では、本書をむすぶにあたって、なお一、二の点について述べておきたい。

天明六（一七八六）年は、本居宣長が五十七歳になる年で、『古事記傳』の出版がようやく具体的に日程にものぼり、本居は清書、版下書き等に追われている。おなじ六年に『玉くしげ』がなり、翌七年の末には、『秘本玉くしげ』をも書きあげて、時の紀伊藩主、徳川治貞に提出した。おりしも御三家当主は、治国経世をめぐる見識をひろく領内に募っており、宣長は門人の奨めに応じてこれに答えたにすぎず、とりわけこの国学者に主筋からの下問があったわけではない。

主著を書きついでいる古学者が、日常のあれこれを日記にしるしつづけていたことはよく知られている。記述はおおむね簡素をきわめて、天候の推移、親族の動静、講義の進行などが一、二行の漢文で記録されているにすぎない。それでもたとえば天明六年四月廿四日の記事には、「自二去月十一日一至二今日一、白子観音於二愛宕一開帳」のあと「去年以来米価次第高直、至二今月下旬一金十両ニ九俵余位也、麦大抵同直、其外諸色甚高直、世上大困窮」、米麦はじめ、田なつものも畑つものも高騰し、その他の物品もひどく値上がりして、庶民が困じはてているとあり、さらに一週おいて五月一日の条には「米次第高直、諸国大困窮、但し在々はさほどにもあらず、町方甚困窮、十日頃大坂大騒動、其外南都、若山（和歌山）、兵庫、尼崎所々騒動、不ㇾ遑ニ枚挙一、廿日夜ヨリ廿三四日頃マテ江戸大騒動、江戸中前代未聞ノ騒動也、江戸米価金一両ニ一斗二三升ニ至ル」との記載もある（全集十六巻四一三頁以下）。天明期にあいついだ飢饉、それにともなう物価高、避けがたく各地で頻発する米騒動などにかんして、宣長はそれなりの関心を払っており、経済治世への思いが、この国学者のうちで偶発的なことがらに留まらなかったしだいも見てとることができる。

『秘本玉くしげ』は、古学の大家として名を知られるにいたった著作家がのこした、ただ一冊の政道論で、当面の施策に対する具体的な提言をもふくんでいた。本書では「外篇」でとおりすがりに一度ふれ、「内篇」でも慌ただしく言いおよんでおいたことがある。前者は「切腹」をめぐる所見にかかわり（一〇二頁以下）、後者は「信用経済」にかんする宣長の理解にまつわるものだった（四〇四頁以下）。「我々如き下賤の者の、御国政のすぢなどを、かりそめにもとやかく申奉むことは、いともく〳〵おふけなく、恐れ多き御事なれ共」とはじまる『秘本』冒頭の行論は、とはいえ「凡て天下を治め一国一郡を治むる政道大小の事につきて、其善悪利害の料簡を立るに、まづ学問せざる人の料簡は、多くはたゞ今日眼前の手近き事のうへばかりにつきて、工夫をめぐらして、根本の所には心のつかぬことおほし」とつづき、みずから恃むところのあるしだいを覗かせて、「根本の所を思ひていふ料簡をば、今日の用にたゝずまはり遠き事にして、とりあはぬならひとなれる」のは「大なるひがこと」であって、そもそも「今日眼前の利益を思はば、まづ其根本より正さずはあるべからず」と、立論の拠りどころをあきらかにする。ただしたほうで「少々学問にたづさはる人の料簡は、多くはたゞ四書五経など経書の趣を以て、今日の政事に施さむとす」るものであって、「時世のもやう、国処の風儀、古今の変化などにうとき故に、今日の政務には、まことに迂遠にして、返て世俗の料簡にもおとれる事」がある、と政事にかかわるいわば党派性をもあきらかにする（全集八巻三三九頁以下）。じっさい所説のすすむにつれて、宣長の論は当時の社会経済的な情況の細部におよび、その指摘するところは一定の具体性を帯びていた。『秘本』がとくにこころを砕いて説きおよんでいたのは農村の疲弊であり、「近来百姓は、殊に困窮の甚しき者のみ多し。これに二つの故あり。一つには地頭へ上る年貢甚多きが故也。二つには世上一同の奢につれて、百姓もおのづから身分のおごりもつきたる故也」と主張していたことはよく知られているとおりである（同、三三八頁）。農民の多くはいまや、収穫した米の大半を年貢に取られて、「自分はたゞ米ならぬ麁末の物をのみ食して」露命をつないでいるにすぎない。「これを思へば、今の世の百姓といふものは、いとも〱あはれにふびんなる物也」（三三九頁）。

結果する現況のひとつが、田畑そのものの荒廃である。先に引いておいたように、宣長の見るところではいまや「いづれの村にても、百姓の竈は段々にすくなくなりて、田地荒れ郷中次第に衰微す」るにいたっている（三四〇頁）。もうひとつの帰結が、一揆強訴の頻発にほかならない。『秘本玉くしげ』でも、おそらくはもっとも有名な箇所を引いておく。史家の飛鳥井雅道が「羽仁五郎と松本三之介が、同じ箇所を引用してまったく別の結論をひきだした」（飛鳥井前掲書、三六頁）と見る一節である。

○百姓町人大勢徒党して、強訴濫放することは、昔は治平の世には、をさ〱うけ給はり及ばぬこと也。近世になりても、先年はいと稀なる事なりしに、近年は年々所々にこれ有て、めづらしからぬ事になれり。これ武士にあづからず、畢竟百姓町人のことなれば、何ほどの事にもあらず、小事なるには似たれ共、小事にあらず、甚大切の事也。いづれも困窮にせまりて、せん方なきよりおこるとはいへども、詮ずる所上を恐れざるより起れり。（中略）今の世百姓町人の心も、あしくなりたりとはいへ共、よく〳〵堪がたきに至らざれば、此事はおこる物にあらず。たとひ起さむと思ふ者ありとても、村々一致することはかたく、又悪党者ありて、これをすゝめありきても、かやうの事を一同ひそかに申合《シ》す事は、もれやすき物なれば、中々大抵の事にては、一致はしがたかるべし。然るに近年此事の所々に多きは、他国の例を聞て、いよ〳〵百姓の心も動き、又役人の取はからひもいよ〳〵非なること多く、困窮も甚しきが故に、一致しやすきなるべし。（全集八巻三四一頁以下）

一揆がくりかえされることを瑣事として軽んじてはならない。農民にとってがんらい一味同心のくわだて自体が困難なはずなのだ。そもそもどの藩であれ、支配層は農民の離叛を警戒し、「つね〴〵その心がけおこたらず、起しがたきやうのかねての防きもある」はずである。そうとなれば「下はいよ〳〵一致しがたく、起しがたき道理」となる。しかも「上のかねての防きは、隠すべき事にあらざれば」、公然と準備もし、どのようにでも議論して、護りを固めることもできる。これに対して「下のかやうの事を起さんとするは、上へ隠して、至て密々に談合すべき事にて、殊に世間ひろければ、かならず中途にて漏《もれ》顕はるべき道理なるに、近年たやすく一致し固まりて、此事起りやすきは、畢竟これ人為にはあらず」。そうである以上は「その因て起る本を直さずはあるべからず」。その本を直すというのはなにごとであるか。「非理のはからひをやめて、民をいたはる是なり」（三四二頁）。

ここで本居の提言する施策の凡庸さを指摘し、宣長の政治的な微温性をあげつらっても、なにほどの意味もない。『秘本』はつづけて、一揆のさい農民たちはあらかじめ談合して、かりの首謀者を定めておき、詮議のあった場合にはその者が名のりでるものなのだから、首謀者とされる人間は「実の張本」ではない以上、「これを刑しても何の益もなく、あたら罪もなき民を殺すは、あはれむべき事也」ともいい、「草の根を分ても、まことの張本を尋ぬべき事也」とも主張する（三四二頁以下）。所論の重点はどちらかといえば、咎なくして処刑される者への憐憫に置かれているように見うけられるけれども、そのことをもって、この古学者の正義感や同情心について論じても、これもまた意味がないことだろう。見ておく必要があるのは、農民たちはそもそも「中々大抵の事にては、一致はしがたかるべ」き状態にあって、強訴など「起しがたき道理」であるにもかかわらずじっさいに一揆が頻発している以上、ことは重大な兆表をはらんでいると説きおよんでゆくさいの宣長の理路の辿りようであり、またその徹底ぶりである。この件はそして、古事記の註釈を一歩ずつすすめ、『古事記傳』を書きついでゆく古学者の身ぶりとも無縁なものではなかったはずである。

もう一点、注意しておくべきことがある。『秘本玉くしげ』は、くりかえされる一揆は「畢竟これ人為にはあらず」と判断していた。人為ではないとすれば、なにか。おのずからしかるべきところ、つまり語のほんらいの意味における自然なのだろうか。「時代のおしうつるにしたがひて、右のごとく世中《ノ》の有《リ》さまも人の心もかはりゆくは、自然の勢《いきほひ》なりといふは、普通の論なれども、これみな神の御所為《しわざ》にして、実は自然の事にはあらず」（玉くしげ、全集八巻三二一頁）。人心が一定せず、百姓町人大勢徒党して、強訴濫放することは、もはや人為ではない。かといって自然でもない。むしろ神のはからいなのである。まつりごとの現況にかかわる考察は、かくて宣長にあって古道論の根本へと思考を連れもどすものであった。『秘本』はむろん、著者生前には板行されず、天明が暮れ、寛政が明けて、『玉くしげ』のみがその元（一七八九）年に公刊された。論の構成からすれば、これは一本を藩主に献上したさいの、むしろ別巻である。本巻であったはずの、今日いう『秘本玉くしげ』が世に出たのは本居宣長歿後、嘉永四（一八五二）年になってからのことであった。とはいえ、宣長唯一の政論の秘鑰は、秘本にではなく刊行本にあったのである。

はやく成稿した『玉くしげ』は古学思想にかんする本居の代表作と見なされており、記述もやや具体的であることもあって、これもとりわけ政治思想史研究者がとり上げることが多い。たほうでは「「道の大本」を語る表現力の強さ美しさにかけては、「玉くしげ」は、「直毘靈」に、到底及ばない」（小林秀雄『本居宣長 補記』七三頁）と見るむきもあるが、ここでは立ちいらない。ふれておきたいのは、需めに応じて「道の大むね今の世の心得」をしるしたとみずから書きとめ（全集八巻三〇九頁）、通常の理解でも、政道をめぐる原理的な消息を書きつづった一書とされる『玉くしげ』のいわば本篇において、宣長がことさら禍津日神と黄泉国にかんして、理路を接して説いていることである。途中を略しながらも、やや長く引用しておきたい。

さて世《ノ》中にあらゆる、大小のもろ〳〵の事は、天地の間《あひだ》におのづからあることも、人の身のうへのことも、なすわざも、皆こと〴〵く神の御霊《みたま》によりて、神の御はからひなるが、惣じて神には、尊卑善悪邪正さま〴〵ある故に、世《ノ》中の事も、吉事善事のみにはあらず、悪事凶事もまじりて、国の乱などもをり〳〵は起り、世のため人のためにあしき事なども行はれ、又人の禍福などの、正しく道理にあたらざることも多き、これらはみな悪き神の所為《しよゐ》なり。悪神《あしきかみ》と申すは、かの伊邪那岐大御神の御禊の時、予美《よみの》国《くに》の穢より成出たまへる、禍津日神と申す神の御霊によりて、諸《もろもろ》の邪《よこさま》なる事悪き事を行ふ神たちにして、さやうの神の盛に荒び給ふ時には、皇神《すめかみ》たちの御守護《おんまも》り御力にも及ばせ給はぬ事もあるは、これ神代よりの趣なり。（中略）さて予美国の穢といふに付て、一《ッ》二《ッ》申すべきことあり。まづ予美と申すは、地下の根底に在《リ》て、根国底国《ねのくにそこのくに》とも申して、甚《ダ》きたなく悪き国にて、死せる人の罷往《まかりゆく》ところなり。（中略）さて世の人は、貴きも賤きも善も悪きも、みな悉く、死すれば、必《ズ》かの予美国にゆかざることを得ず。いと悲しき事にてぞ侍る。（中略）世の中に、死ぬるほどかなしき事はなきものなるに、かの異国の道々には、或はこれを深く哀むまじき道理を説き、或は此《ノ》世にてのしわざの善悪、心法のとりさばきにより て、死して後になりゆく様をも、いろ〳〵と広く委く説たる故に、世《ノ》人みなこれらに惑ひて、其説共を尤なる事に思ひ、信仰して、死を深く哀むをば、愚《おろか》なる心の迷ひのやうに心得るから、これを愧《はぢ》て、強て迷はぬふり、悲まぬ体《てい》を見せ、或は辞世などいひて、こと〴〵しく悟りきはめたるさまの詞を遺しなどするは、皆これ大きなる偽《いつはり》のつくり言《こと》にして、人情に背き、まことの道理にかなはぬことなり。（中略）それ故に、上古いまだ異国の説の雑《まじ》らざりし以前、人の心直《なほ》かりし時には、死して後になりゆくべき理窟などを、とやかくやと工夫するやうの、無益《むやく》のこざかしき料簡はなくして、たゞ死ぬれば予美国にゆくことと、道理のまゝに心得居て、泣悲むよりほかはなかりしぞかし。（全集八巻三一五頁以下）

本居の古事記理解にあっては産巣日神とならんで禍津日神に、本文解釈を越えて重要な意味を持たされていたしだいをめぐっては、本書の「外篇」でも「内篇」でもすでにいくどかふれておいた。とりわけてまた宣長の註解が、「吉善事凶悪事つぎ〳〵に移りもてゆく理《リ》」をとらえて、「神代の始の趣《メ》」を人代が反覆するものと考えていた件にかんしても、『古事記傳』を引いてつとに確認しておいたところであるので、ここではくりかえすことはしない（本書、六九二頁）。

いっぽう、右に引いたところで主張されているとおり、本居宣長にとっておよそ「世の中に、死ぬるほどかなしき事はなきもの」であって、死にさいしては「泣悲むよりほかは」ない。「予美《よみ》は、死《しに》し人の往《ゆき》て居《をる》国」であり（伝六、全集九巻二三七頁）、ひとはだれも「貴《たか》きも賤《いやし》きも善《よき》も悪《あしき》も、死ぬればみな此《ノ》夜見《ノ》国に往《ゆく》」（同、二三九頁）のだ。この所説は宣長にあって揺らぐことのない確信である。問題はその所論が、政道と古道とのかかわりを問う脈絡で反覆されていることにある。

かの「直毘靈」で宣長は、「人はみな、産巣日《ノ》神の御霊《みたま》によりて、生れつるまに〱、身にあるべきかぎりの行《わざ》は、おのづから知《り》てよく為《す》る物」であると述べつつ、一節にさらに注記をくわえ、「世《ノ》中に生《いき》としいける物、鳥蟲に至るまでも、己が身のほど〱に、必《ズ》あるべきかぎりのわざは、産巣日《ノ》神のみたまに頼《より》て、おのづからよく知《リ》てなすものなる中にも、人は殊にすぐれたる物とうまれつれば、又しか勝れたるほどにかなひて、知《ル》べきかぎりはしり、すべきかぎりはする物なるに、いかでか其《ノ》上《ヘ》をなほ強ることのあらむ」と説いていた（伝一、全集九巻五九頁）。この主張の原型を『直霊』によって知った門人のひとりが、師の所説は総体としてはそのとおりであるにしても、個々人の安心、死生のかまえには及びえていないのではないか、との疑問を提起する。すでに本書の「外篇」で、ことをめぐる小林と相良の理解の相違にかかわって、部分的に引いた所論ではあるけれども、ここであらためてとり上げておきたい。

『答問録』はまず弟子の言を「拙作直霊の趣、御心にかなひ候よし、悦ばしく存候。それにつき、人々の小手前にとりての安心はいかゞと、これ猶うたがはしく思召候条、御ことわりに候」と受けた。つづく宣長の辞は、一見したところ突きはなすかのような語気を帯びている。「此事は誰も〱みな疑ひ候事に候へ共、小手前の安心と申すは無きことに候」。ひとりひとりの安心立命の、あるいは死生の置きどころなどない、と言っているのだ。「下たる者」であれば、そのときどきの制度法律にしたがい、「人のあるべきかぎりのわざをして、世をわたり候より外候はねば、別に安心はすこしもいらぬ事」である。それ以上の論はさかしらであり、からごころである。その意味での安心など神道にはなく、むしろ安心なきが神道の安心といっても、やはり納得しない者がほとんどだろうが、ほんとうの困難はその先にある。この件についても、本居は承知していた。よく引かれ、「外篇」でも言いおよんだ箇所をあらためて引いておく。

さてかくの如く、神道に安心といふ事なしと申て、他の事は承引し候人も、千百人の中に一人二人はありもすべく候へ共、只一《ッ》人のきはめて承引し候はぬ事は、人死て後にはいかになる物ぞといふ事、是先第一に、人毎に心にかゝる物也。人情まことに然るべき事に候。此故に仏の道は、こゝをよく見とりて造りたて候物に候。されば平生は仏を信ぜぬ者も、今はのきはに及び候ては、心ほそきまゝに、やゝもすればかの道におもむく事多き物に候。これ人情のまことに然るべきことわりに候。然るに神道におきて、此人死て後、いかなる物ぞと申安心なく候ては、人の承引し候はぬもことわりに候。神道の此安心は、人は死候へば、善人も悪人もおしなべて、皆よみの国へ行《ク》事に候。善人とてよき所へ生れ候事はなく候。これ古書の趣にて明らかに候也。(中略)天下の人みな此儒仏等の説を聞馴て、思ひく〱に信じ居候処へ、神道の安心はたゞ、善悪共によみの国へゆくとのみ申てその然るべき道理を申さでは、千人万人承引する者なく候。然れ共其道理はいかなる道理と申事は、実は人のはかり知べき事にあらず。

(一一二)全集一巻五二六頁)

ひとは、善悪を問わず、死ねばみな黄泉の国へゆく。それがどうしてなのか、「人のはかり知べき事」ではない。本居にとって、ことはかくて、不可測の理という所説へと落着してゆくかに見える。じっさい宣長の見るところでは、上古、いまだ儒仏のさかしらに出遭うまえひとは「さやうのこざかしき心なき故に、たゞ死ぬればよみの国へ行物とのみ思ひて、かなしむより外の心なく、これを疑ふ人も候はず」。そればかりではない。「よみの国は、きたなくあしき所に候へ共、死ぬれば必ゆかねばならぬ事に候故に、此世に死ぬるほどかなしき事は候はぬ也」（同、五二七頁）。『答問録』の応答もまた、ただ本居宣長のかわらぬ自説を確認し、死後への希望を絶つことにのみ終始しているように見えることだろう。しかし、そうだろうか。

黄泉の国は汚く、悪しく、穢れているばかりか、すべての穢れのみなもとであるというのが、宣長の読みとったかぎりでの古書の教えであった。その所伝の教えるところをそのまま信じるほかはないと主張されるのは、とはいえ遡れば、そもそも死そのものが不可測であって、死後が不可知であるからだ。「人の生れ来るはじめ、又死《しに》て後、いかなるものぞといふこと、たれも心にかけて、明らめしらまほしくするならひ」ではあるしだいを、宣長は承認する。けれども、儒仏の説くところが「さるべきことわりとは聞え」るにしても「たのみがた」いのは、がんらい「すべてものの理《ことわり》は、かぎりなきものにて、火の色は赤きに、所焼《やけ》たる物は、黒くなり、又灰になれば、白くこそなれ」、いっさいのものごとは、「かく思ひのほかなること」ばかりであるからだ。「されば人の死て後のやうも、さらに人の智《さとり》もて、一わたりのことわりによりて、はかりしるべきわざにはあらず、思ひのほかなるものにぞ有べき」。古書への信が説かれるのは、生死の不可測、不可知であることに、その第一の理由がある（玉かつま十一・一五、全集一巻三三二頁）。

より主要な論点が、さらにまたべつにある。右の引用で、強調を附しておいた第二の部分には「平生は仏を信ぜぬ者も、今はのきはに及び候ては、心ほそきまゝに、やゝもすればかの道におもむく事多き物に候」とあった。これを『答問録』がいったんは「人情のまことに然るべきことわり」であるとみとめているものの、宣長自身はここではっきりと、じぶんはそのようなものを恃まないと宣言しているのだ。以前、契沖との出逢いと関連して言及しておいた（本書、四三三頁以下）、これも『玉かつま』の一節を想起してみよう。――「古今集に、やまひして、よわくなりにける時よめる、なりひらの朝臣、つひにゆく道とはかねて聞しかどきのふけふとは思はざりしを。契沖いはく、これ人のまことの心にて、をしへにもよき歌也。後々の人は、死なんとするきはにいたりて、こと〴〵しきうたをよみ、あるは道をさとれるよしなどよめる、まことしからずして、いとにくし、たゞなる時こそ、狂言綺語をもまじへめ、いまはとあらんときにだに、心のまことにかへれかし、此朝臣は、一生のまこと、此歌にあらはれ、後の人は、一生の偽《リ》をあらはして死ぬる也といへるは、ほうしのことばにもにず、いと〳〵たふとし。やまとだましひなる人は、法師ながら、かくこそ有けれ。から心なる神道者歌学者、まさにかうはいはんや。契沖法師は、よの人にまことを教へ、神道者歌学者は、いつはりをぞをしふなる」（玉かつま五・四四、全集一巻一六九頁以下）。ここにはひとつの確乎とした死生観があり、むしろこころざしがある。それはしかし、ことごとしい生死の論というかたちをとらない死生観であり、またこころざしとしては揚言されないこころざしである。――死生観としては、本節の冒頭に引いた松陰の一箋にも一籌を輸するところがないとすら思われる。それでは、こころざしのありようとしてはどうだろうか。

本居宣長そのひとが、こころざしといったさかしらめいたことばを筆にしたことは、あまりない。これもさきに「外篇」で引いた一節を（本書、三三六頁以下）、前文をおぎない、あらためて引用しておく。

そも〳〵道といふ物は、上に行ひ給ひて、下へは、上より敷《キ》施し給ふものにこそあれ、下たる者の、私に定めおこなふものにはあらず。されば神学者などの、神道の行ひとて、世間に異なるわざをするは、たとひ上古の行ひにかなへること有といへども、今の世にしては私なり。道は天皇の天下を治めさせ給ふ、正大公共の道なるを、一己の私の物にして、みづから狭く小く説《とき》なして、たゞ巫覡などのわざのごとく、或はあやしきわざを行ひなどして、それを神道となのるは、いとも〳〵あさましくかなしき事也。すべて下たる者は、よくてもあしくても、その時々の上の掟のまゝに、従ひ行ふぞ、即《チ》古《ヘ》の道の意には有ける。吾はかくのごとく思ひとれる故に、吾家、すべて先祖の祀《リ》、供仏施僧のわざ等も、たゞ親の世より為《し》来りたるまゝにて、世俗とかはる事なくして、たゞこれをおろそかならざらんとするのみ也。学者はたゞ、道を尋ねて明らめしるをこそ、つとめとすべけれ、私に道を行ふべきものにはあらず。されば随分に、古の道を考へ明らめて、そのむねを、人にもをしへさとし、物にも書遺《キ》しおきて、たとひ五百年千年の後にもあれ、時至りて、上にこれを用ひ行ひ給ひて、天下にしきほどこし給はん世をまつべし。これ宣長が志《シ》也。（うひ山ぶみ・註解（ホ）、全集一巻一〇頁以下）

この一文から本居の静寂主義しか読みとることのできない読者がいたとすれば、その者はしょせん本居の思考と無縁なままにとどまる。一節をむすぶことばに震撼されることがないのなら、その者はおよそ宣長に典型をみる、学知のいとなみの無償な立ちようとは所縁がないままでありつづけることだろう。

*

本居宣長の「遺言書」が、ひとごとにそう言うほど異様なものとは私には思えない。葬列、葬儀、墓所等の指示が、図解をふくんですこしばかり細密であるにすぎない。

全十八条におよぶ遺言のうち、末尾の三つのみを引いておく（全集二十巻二三三頁以下）。

一、毎年祥月に者一度つゝ、可レ成長《ケ》手前に而歌会を催し、門弟中相集《リ》可レ申候。尤祥月当日には不レ限、日取《リ》は前後之内都合宜《キ》日可レ為也。当日にあらず共、歌会之節も、像掛物右之通り餝可レ申候。但し、其節別に像へ膳備《ヘ》候には不レ及、膳は当日に而宜候。歌会之節は酒計備《ヘ》可レ申候。且又歌会客支度、一汁一菜精進可レ為候

一、家内仏壇へ致二安置一候位牌は、世間並之通り、戒名前段之通り也。尤毎月之忌日霊膳等も、是迄致来候御先祖達之通りに可レ致候。致二精進一候儀も、同断に候

一、家相続跡々惣体之事は、一々不レ及二申置一候。親族中随分むつましく致し、家業出精、家門断絶無レ之様、永く相続之所肝要に而候。御先祖父母へ之孝行、不レ過レ之候、以上

前段には「毎年祥月には、前夜より座敷床へ像掛物を掛《ケ》、平生用候我等机を置《キ》、掛物ノ前正面へ霊牌を立《テ》」とあり、位牌に刻むべき「後諡《のちのな》」は「秋津彦美豆櫻根大人《あきづひこみづさくらねのうし》」であるとしるされ、これにも図解が添えられて

いる。ほかに注記すべきことは、とくにない。

山室山奥墓については、多くのひとびとが言及し、紹介している。ここでは最後に、妙楽寺について山田勘藏がしるしているところを引いておく。山田は松阪郊外に生まれて、長く小学校の教師をつとめながら、宣長の事蹟をたどり、戦後は梅川文男をたすけて、本居宣長記念館の準備に専心した。

奥墓の山下に在る古刹妙楽寺は両龍山と号し、行基菩薩開基の縁起を伝へてゐる。古昔は金剛寺と称し、此の里「山室」を金剛村、そこを流るゝ川は今も金剛川といふ。即ち行基が巡錫の途、随喜参籠したる山内の金色の岩観音に起因により称するものといふ。又、順徳天皇建暦二年の春、伯耆の住人式部少輔兼高来りて、永年山室里民を苦しめたる雌雄の大蛇を退治し、此の里を開き自ら城砦を築き山室氏を称して此所に居る。両龍山の号は此の由来に基くといふ、降つて享保七年当山中興二世林雄上人の時、妙楽寺と改称し今に至るものである。山内老樹欝茂、松籟幽韻、人煙を遠く離れて法光自ら感ぜらるゝ仙境である。(『本居宣長翁全傳』四三五頁)

寺には木彫の宣長像があり、また肖像一幅、書簒一通、色紙短冊が蔵されている。「境内、奥墓附近の山々には、春季に爛漫たる櫻花を見る」そうである。

(了)

あとがき

高校三年の秋のことだったろう。古文の教師が話題にしたのがきっかけであったか、図書室で足立巻一氏の『やちまた』を手にとった。宣長の長子、春庭をめぐる評伝であり、また足立氏そのひとのいわば自伝でもある。金曜の放課後に借りだして週末に読みふけり、ふつかで読みおえたことを憶えている。

四十余年の歳月が流れて、日々が遠のき、記憶もうすれ、本書を準備する過程でもういちど文庫本を入手して、大学の往きかえりに繰りかえし通読した。ふたつ、あらためて記憶に刻んだことがらがある。

伊勢に本居宣長記念館がひらかれるに当たり多くのひとびとの協力もあったけれども、尽力したひとりが当時の松阪市長、梅川文男氏である。氏は古くからの共産党員、戦前と戦後を跨いで水平社運動や農民運動に参加している。梅川氏はまた詩人であり作家であって、文藝評論家であった。遺作集となった『やっぱり風は吹くほうがいい』には、分野も時代もことにする文章のさまざまが収められているけれど、その末尾には、市長時代にみずから建立に力を尽くした「解放運動無名戦士の碑文」が収録されている。一節を引いておこう。「この碑はたとえそれへの道が、どんなに困苦に満ちていようとも、この全世界を一日も早く獲得せんと、金も地位も望まず、権力にも屈せず、希望をすてず解放戦線の無名の一兵卒として限りない誇りを持って、悔ゆることなく戦った人たちの功績を讃えるために建立した」(同書、四〇六頁)。——梅川氏は、一九六〇年代に党からはなれた。最晩年の「病床日記」一九六八年一月十七日づけの記事には、原子力空母エンタープライズの佐世保入港に抗議する当時の三派全学連の闘争にふれ、「胸をうつ」「二十才頃をおもいだす」との感慨が書きとめられている（二七三頁）。氏は入院中も記念館建設にこころくだいて、当初予算がはかられる市議会には病軀をおし登壇した。おなじ年の四月四日、市長在職のまま六十二歳の生涯を閉じて、現在も多くの無名戦士とともに碑のしたで永遠の眠りについている。

梅川文男氏は「苦難に満ちた長い闘争生活のなかにおいても、無垢に近い人間性を持ちつづけ」、「市長になっても私欲に捕われることはなく、まして権力意識などは微塵も持たぬ、当世めずらしい人物であった」と足立巻一氏がしるしている。「そういう人物の心に宣長が響いたということは、宣長自身の一面を象徴するようにも思われた」（『やちまた』下、二七七頁）。わたくしもそう思う。

もうひとつこころに残ったのは、国学者にして語学者の鹿持雅澄《かもちまさずみ》をめぐる『やちまた』中の記述である。雅澄は寛政三（一七九一）年、宣長六十二歳となるころあいに、土佐藩の徒士、惟則の長子として生まれ、貧苦と闘いながら、天保十一（一八四〇）年に大著『萬葉集古義』を完成させた。独学の徒、鹿持の学才をみとめ、援助したのは藩老、福岡孝則である。孝則は書庫を雅澄にひらき、不足のものを買いあたえ、筆墨もあてがった。雅澄は「そんな貧乏生活だったから、米も毎日小買いをしていたのだが、あるとき、米屋へいく途中花を売る老人に出会った。すると、花の色の美しさに見とれ、米を買う金で花を求め、一日じゅう眺めいっていたそうである」（『やちまた』上、三三二頁）。——古書をこのみ、花を愛した鹿持雅澄の一生はわたくしの理想だが、現実にはそのように生きることはかなわなかった。思いもよらなかったことに、ここ数年は学内行政の一端にかかわり、若き宣長ふうに言えば「筆研を廃する」こと数日におよぶこともまれではなかった。一教員のなしうることがらは所詮なにほどのものでもなく、じっさいの業務は、そのときどき要務を担当してくださる事務部に支えられてこそ成りたつものであるとはいえ、慣れない管理仕事はじぶんのうちでなにかを浸食し、いまもどこかを蝕んでいる。そうした生活のなか、本居宣長の書きのこしたテクストを読み、関連する文献に親しむことが（本書と前後して世に出ることになるだろう、ヘーゲルの翻訳を進めることとならび）ほとんど唯一の救いとなった。そこには無償なまま屹立する、なにものかの影が見てとられたからである。畏友、菅野覚明氏の言を借りていえば（『神道の逆襲』「あとがき」）、そしてただ石の地蔵のようにそこに在ることもまた、それはそれで「決起」のひとつのかたちではないだろうか。

今回も、伴走してくださった編集者は作品社の髙木有さんである。髙木さんとはいくどもお会いし、また繰りかえし連絡を頂戴したけれども、手紙の末尾にはいつも「不伏悪穢奴《まつろわぬきたなきやつこ》」としるしてあった。髙木さんの愛用語のひとつは「まつろわぬたましい」というものだ。そうした不屈の出版人のご高配で、このような、一般に手にとられることがむずかしい、かさばる本を出して戴けたことについては、やはり書きとめておきたい。もうひとつの「まつろわぬたましい」である武秀樹さんは、最初の読者として本書の原稿のすべてを、仕上がるそのつど読んで激励してくださった。深謝の念とともにこの件も書きそえておく。

二〇一八年　春三月

熊野純彦

参考文献

一 テクストと略号

(全集)『本居宣長全集』全二十巻別巻一～三巻、筑摩書房
(伝一～四十四)『古事記傳』(全集九～十二巻)
(玉かつま)『本居宣長』(『日本思想大系』40)岩波書店
(集成本)『紫文要領』(『本居宣長』日本古典集成)新潮社
(大成本)倉野憲司(編)『古事記大成6 本文篇』平凡社、一九五七年
(古典大系)倉野憲司・武田祐吉(校注)『古事記 祝詞』岩波書店、一九五八年
(古典全書)神田秀夫・太田善麿(校注)『古事記』朝日新聞社、一九六二年
(古典集成)西宮一民(校注)『古事記』新潮社、一九七九年
(思想大系)青木和夫・石母田正・小林芳規・佐伯有清(校注)『古事記』岩波書店、一九八二年
(文学全集)山口佳紀・神野志隆光(校注)『古事記』小学館、一九九七年
(通釈)池邊義象(編)『古事記通釋』
(新講)次田潤『古事記新講』
(全講)尾崎暢殃『古事記全講』
(全註釈)倉野憲司『古事記全註釈』全七巻
(注釈)西郷信綱『古事記注釈』全四巻

二 研究文献その他

相原耕作「国学・言語・秩序」『日本思想史講座3 近世』ぺりかん社、二〇一二年
赤木須留喜『近衛新体制と大政翼賛会』岩波書店、一九八四年
秋山虔「「みやび」の構造」『講座 日本思想5 美』東京大学出版会、一九八四年
秋山虔『新装版 王朝女流文学の世界』東京大学出版会、二〇一五年
朝倉喬司『芸能の始原に向かって』ミュージック・マガジン、一九八六年
浅見克彦『響きあう異界 始源の渾沌 神の深淵 声の秘儀』せりか書房、二〇一二年
飛鳥井雅道『日本近代精神史の研究』京都大学学術出版会、二〇〇二年
麻生磯次『宣長の古道観』至文堂、一九四四年
足立巻一『やちまた』上下、中公文庫、二〇一五年(原著一九七四年)
安蘇谷正彦『神道思想の形成』ぺりかん社、一九八五年
網野善彦『無縁・公界・楽 日本中世の自由と平和』平凡社、一九七八年

網野善彦『日本中世の非農業民と天皇』岩波書店、一九八四年
網野善彦『日本中世土地制度史の研究』塙書房、一九九一年
粟津則雄『文体の発見　本居宣長から中島敦まで』(『著作集』V) 思潮社、二〇〇七年（原著一九七八年）
粟津則雄『小林秀雄論』(『著作集』IV) 思潮社、二〇〇七年（原著一九八一年）
家永三郎『植木枝盛研究』岩波書店、一九六〇年
家永三郎『津田左右吉の思想史的研究』岩波書店、一九七二年
家永三郎『田辺元の思想史的研究　戦争と哲学者』法政大学出版局、一九七四年
池田浩士「〈われわれ〉を待つ夢」池田・他『全共闘　解体と現在』田畑書店、一九七八年
池邊義象（編）『古事記通釋』啓成社、一九一一年
石川淳「宣長略解」『日本の名著21 本居宣長』中央公論社、一九七〇年
石牟礼道子『苦海浄土』藤原書店、二〇一六年
石母田正『古代末期政治史序説』未來社、一九六四年
石母田正『日本の古代国家』岩波書店、一九七一年
出丸恒雄『宣長の青春　京都遊学時代』光書房、一九五九年
伊藤益『日本人の知　日本的知の特性』北樹出版、一九九五年
伊東多三郎『國學の史的考察』大岡山書店、一九三二年
伊東多三郎『草莽の國學』真砂書房、一九六六年（原著一九四五年）
伊東多三郎『近世史の研究 第二冊』吉川弘文館、一九八二年
井上哲次郎『日本陽明學派之哲學』富山房、一九〇〇年
井上哲次郎『日本古學派之哲學』富山房、一九〇二年
井上哲次郎『日本朱子學派之哲學』富山房、一九〇五年
伊藤由希子『仏と天皇と「日本国」』ぺりかん社、二〇一三年
井野口孝『契沖學の形成』和泉書院、一九九六年
今井淳・小澤富夫編『日本思想論争史』ぺりかん社、一九七九年
岩田隆『本居宣長論攷　本居宣長とその周辺』桜楓社、一九八八年
岩田隆『本居宣長の生涯　その学の軌跡』以文社、一九九九年
岩田隆『宣長学論究』おうふう、二〇〇八年
宇井伯壽『日本仏教史』岩波書店、一九五一年
上田賢治『神道神学論考』大明堂、一九九一年
上田正昭『日本神話』岩波新書、一九七〇年
上野千鶴子『構造主義の冒険』勁草書房、一九八五年
上野洋三『元禄和歌史の基礎構築』岩波書店、二〇〇三年
上村忠男『ヴィーコ論集成』みすず書房、二〇一七年
内野吾郎『文芸学史の方法　国学史の再検討』桜楓社、一九七四年
内野吾郎『江戸派国学論考』アーツアンドクラフツ、二〇〇二年（原著一九七九年）
梅川文男『やっぱり風は吹くほうがいい』(梅川文男遺作集) 盛田書店、一九六九年
梅谷文夫「国学における学問的自覚」『講座 日本思想2 知性』東京大学出版会、一九八三年
大久保正『本居宣長の萬葉學』大八洲出版、一九四七年
大久保正『萬葉の傳統』塙書房、一九五七年
大久保正『江戸時代の国学』至文堂、一九六三年
大津透『古代の天皇制』岩波書店、一九九九年
大津透『神話から歴史へ』（天皇の歴史1）講談社、二〇一〇年

大西克禮『幽玄とあはれ』岩波書店、一九三九年
大野晋『上代假名遣の研究　日本書紀の假名を中心として』岩波書店、一九五三年
大野晋『係り結びの研究』岩波書店、一九九三年
大野晋『語学と文学の間』岩波現代文庫、二〇〇六年
小笠原春夫『国儒論争の研究』ぺりかん社、一九八八年
岡田千昭『本居宣長の研究』吉川弘文館、二〇〇六年
小椋嶺一『秋成と宣長　近世文学思考論序説』翰林書房、二〇〇二年
尾崎暢殃『古事記全講』中道館、一九六六年
小高根二郎『詩人 伊藤静雄』新潮選書、一九七一年
小高根二郎『詩人、その生涯と運命　書簡と作品から見た伊東静雄』国文社、一九七六年
小高根二郎『蓮田善明とその死』島津書房、一九七九年
加川恭子「「言語過程説」と「もののあはれ」の論」『思想』九三二号、二〇〇一年
加藤周一『芸術論集』岩波書店、一九六七年
加藤周一『日本文学史序説下』筑摩書房、一九七五年
加藤周一『夕陽妄語 (一)一九八四―一九九二』ちくま文庫、二〇一六年
加藤典洋『日本人の自画像』岩波書店、二〇〇〇年
唐木順三『日本人の心の歴史下』筑摩選書、一九七六年
桂島宣弘『自他認識の思想史　日本ナショナリズムの生成と東アジア』有志舎、二〇〇八年
金沢英之『宣長と「三大考」近世日本の神話的世界像』笠間書院、二〇〇五年
亀井孝『日本語のすがたとこころ (二)』(亀井孝論文集4) 吉川弘文館、一九八〇年
苅部直『光の領国　和辻哲郎』創文社、一九九五年
苅部直『丸山眞男　リベラリストの肖像』岩波新書、二〇〇六年
苅部直『「維新革命」への道「文明」を求めた十九世紀日本』新潮選書、二〇一七年
苅部直『日本思想史への道案内』NTT出版、二〇一七年
川田順造『無文字社会の歴史』岩波書店、一九七六年
川田順造『口頭伝承論』河出書房新社、一九八二年
川田順造『聲』筑摩書房、一九八八年
川田順造・他(編)『口頭伝承の比較研究』全四巻、弘文堂、一九八四～一九八八年
川村湊『自選集』1巻(古典・近世文学編)作品社、二〇一五年
菅野覚明『本居宣長　言葉と雅び』ぺりかん社、一九九一年
菅野覚明「国学における信と知」『信と知』(日本倫理学会論集28) 慶應通信、一九九三年
菅野覚明『神道の逆襲』講談社現代新書、二〇〇一年
菅野覚明『詩と国家「かたち」としての言葉論』勁草書房、二〇〇五年
衣笠安喜『近世儒学思想史の研究』法政大学出版局、一八七六年
木村純二「情念論のゆくえ――物語か歴史か」熊野純彦・吉澤夏子(編)『差異のエチカ』ナカニシヤ出版、二〇〇四年
木村純二『折口信夫　いきどほる心』講談社、二〇〇八年
木村英樹『中国語文法の意味とかたち「虚」的意味の形態化と構

造化に関する研究』白帝社、二〇一二年
清原貞雄『國學發達史』図書刊行会、一九八一年（原著一九二七年）
釘貫亨『近世仮名遣い論の研究　五十音図と古代日本語音声の発見』名古屋大学出版会、二〇〇七年
久世光彦『時を呼ぶ声』立風書房、一九九九年
熊野純彦「固有名試論1」『現代思想』一九八九年六月号、一九八九年
熊野純彦「固有名試論2　固有名の固有性」『現代思想』一九八九年七月号、一九八九年
熊野純彦「固有名試論3　命名行為と個体」『現代思想』一九八九年九月号、一九八九年
熊野純彦『和辻哲郎　文人哲学者の軌跡』岩波新書、二〇〇九年
熊野純彦「反復と模倣　源氏物語・回帰する時間の悲劇によせて」季刊『日本思想史』第八〇号、二〇一二年
熊野純彦『マルクス 資本論の思考』せりか書房、二〇一三年
熊野純彦（編著）『日本哲学小史　近代一〇〇年の二〇篇』中公新書、二〇〇九年
倉野憲司『古事記全註釈』全七巻、三省堂、一九七三〜一九八〇年
黒田俊雄『日本中世の国家と宗教』岩波書店、一九七五年
桑野敬仁「国学・和歌・自然」『講座 日本思想1 自然』東京大学出版会、一九八三年
小嵐九八郎『蜂起には至らず』講談社文庫、二〇〇七年
神野志隆光『古事記の達成　その論理と方法』東京大学出版会、一九八三年
神野志隆光『古事記の世界観』吉川弘文館、一九八六年
神野志隆光『古事記とはなにか　天皇の世界の物語』講談社学術文庫、二〇一三年（原著一九九五年）
神野志隆光『古事記と日本書紀』講談社現代新書、一九九九年
神野志隆光『漢字テクストとしての古事記』東京大学出版会、二〇〇七年
神野志隆光『複数の「古代」』講談社現代新書、二〇〇七年
神野志隆光『本居宣長「古事記伝」を読む Ⅰ〜Ⅳ』講談社、二〇一〇〜二〇一四年
黒住真『近世日本社会と儒教』ぺりかん社、二〇〇三年
黒住真『複数性の日本思想』ぺりかん社、二〇〇六年
桑原恵「古典研究と国学思想」頼祺一（編）『日本の近世 13 儒学・国学・洋学』中公公論社、一九九三年
河野省三『國學の研究』大岡山書店、一九三二年
河野省三『本居宣長』啓文社、一九三九年
河野省三『本居宣長』文教書院、一九四四年
國學院大學日本文化研究所創立百周年記念論文集編集委員会『維新前後に於ける國學の諸問題』國學院大學日本文化研究所、一九八三年
古事記学会編『古事記研究大系』1〜、高科書店、一九九七年〜
小西甚一『日本文藝史』Ⅰ、講談社、一九八五年
小林秀雄『本居宣長』新潮社、一九七七年
小林秀雄『初期文芸論集』岩波文庫、一九八〇年
小林秀雄『本居宣長補記』新潮社、一九八二年
小林秀雄『白鳥・宣長・言葉』文藝春秋、一九八三年
小林秀雄『全集』別巻Ⅰ（「感想」）新潮社、二〇〇二年

小林秀雄・荒正人・小田切秀雄・佐々木基一・平野謙・本多秋五・埴谷雄高「コメディ・リテレール――小林秀雄を囲んで」（『埴谷雄高全集』12）講談社、二〇〇〇年（発表一九四六年）
子安宣邦『宣長と篤胤の世界』中公叢書、一九七七年
子安宣邦『伊藤仁斎　人倫的世界の思想』東京大学出版会、一九八二年
子安宣邦『「事件」としての徂徠学』青土社、一九九〇年
子安宣邦『鬼神論 儒家知識人のディスクール』福武書店、一九九二年
子安宣邦『本居宣長』岩波新書、一九九二年
子安宣邦『「宣長問題」とは何か』青土社、一九九五年
子安宣邦『近代知のアルケオロジー　国家と戦争と知識人』岩波書店、一九九六年
子安宣邦『江戸思想史講義』岩波書店、一九九八年
子安宣邦『方法としての江戸　日本思想史と批判的視座』ぺりかん社、二〇〇〇年
子安宣邦「「神々の国日本」という言説――宣長没後二百年にあたって」『思想』九三二号、二〇〇一年
子安宣邦『漢字論　不可避の他者』岩波書店、二〇〇三年
子安宣邦『国家と祭祀』青土社、二〇〇四年
子安宣邦『本居宣長とは誰か』平凡社新書、二〇〇五年
子安宣邦『宣長学講義』岩波書店、二〇〇六年
子安宣邦「箱根の宿の相良さん」『相良亨の思い出』（非売品 制作ぺりかん社）二〇〇六年
子安宣邦『日本ナショナリズムの解読』白澤社、二〇〇七年
子安宣邦『徂徠学講義「弁道」を読む』岩波書店、二〇〇八年
子安宣邦『「近代の超克」とは何か』青土社、二〇〇八年
子安宣邦『和辻倫理学を読む　もう一つの「近代の超克」』青土社、二〇一〇年
子安宣邦『仁斎学講義「語孟字義」を読む』ぺりかん社、二〇一五年
西郷信綱『貴族文學としての萬葉集』丹波書林、一九四六年
西郷信綱『國學の批判』青山書院、一九四八年
西郷信綱『増補 詩の発生　文学における原始・古代の意味』未來社、一九六四年
西郷信綱『国学の批判』未來社、一九六五年
西郷信綱『古事記の世界』岩波新書、一九六八年
西郷信綱『古事記研究』未來社、一九七三年
西郷信綱『古事記注釈』全四巻、平凡社、一九七五～一九八九年
西郷信綱『古代人と死　大地・葬り・魂・王権』平凡社ライブラリー、二〇〇八年（原著一九九八年）
坂部恵『仮面の解釈学』東京大学出版会、一九七六年
阪本健一『明治神道史の研究』図書刊行会、一九八三年
坂本勝『古事記の読み方』岩波新書、二〇〇三年
坂本勝『はじめての日本神話』ちくまプリマー新書、二〇一二年
相良亨『近世日本における儒教運動の系譜』理想社、一九六五年（原著一九五五年）
相良亨『近世の儒教思想「敬」と「誠」について』塙選書、一九六六年
相良亨『武士道』講談社学術文庫、二〇一〇年（原著一九六八年）
相良亨『本居宣長』東京大学出版会、一九七八年

相良亨『誠実と日本人』ぺりかん社、一九八〇年
相良亨『日本人の心』東京大学出版会、一九八四年
相良亨（編）『日本思想史入門』ぺりかん社、一九八四年
櫻井好朗『中世日本の王権・宗教・芸能』人文書院、一九八八年
佐佐木信綱『日本歌學史』（『全集』第十巻）六興出版、一九四九年（原著一九一〇年）
佐佐木信綱『増訂 賀茂眞淵と本居宣長』湯川弘文社、一九三五年
佐佐木信綱『國文學の文獻學的研究』岩波書店、一九三五年
笹月清美『本居宣長の研究』岩波書店、一九四四年
反町茂雄「一古書肆の思い出3 古典籍の奔流横溢」平凡社、一九八八年
佐竹昭広「玉勝間覚書」『日本思想体系40 本居宣長』岩波書店、一九七八年
佐藤正英『隠遁の思想 西行』東京大学出版会、一九七七年
佐藤正英『小林秀雄 近代日本の発見』講談社、二〇〇八年
佐藤正英『古事記神話を読む〈神の女〉〈神の子〉の物語』青土社、二〇一一年
佐藤正英『日本倫理思想史 増補改訂版』東京大学出版会、二〇一二年
島崎藤村『夜明け前』岩波文庫、改版・二〇〇三年
島薗進『国家神道と日本人』岩波新書、二〇一〇年
清水正之『国学の他者像 誠実と虚偽』ぺりかん社、二〇〇五年
清水正之『日本思想全史』ちくま新書、二〇一四年
城福勇『本居宣長』吉川弘文館、一九八〇年
杉田昌彦『宣長の源氏学』新典社、二〇一一年
助川幸逸郎・他（編）『新時代への源氏学4 製作空間の〈紫式部〉』竹林舎
鈴木暎一『国学思想の史的研究』吉川弘文館、二〇〇二年
鈴木淳『江戸和学論攷』ひつじ書房、一九九七年
鈴木淳・岡中正行・中村一基『本居宣長と鈴屋社中「授業門人姓名録」の総合的研究』錦正社、一九八四年
鈴木貞美『「近代の超克」その戦前・戦中・戦後』作品社、二〇一五年
関敬吾（編）『日本昔話集成』第七巻、角川書店、一九七九年
関口すみ子『国民道徳とジェンダー 福沢諭吉・井上哲次郎・和辻哲郎』東京大学出版会、二〇〇七年
高木宗監『本居宣長と仏教』桜楓社、一九八四年
高島元洋『山崎闇斎』ぺりかん社、一九九二年
高島元洋『日本人の感情』ぺりかん社、二〇〇〇年
高田里惠子『文学部をめぐる病い』松籟社、二〇〇一年
田川建三『原始キリスト教史の一断面 福音書文学の成立』勁草書房、一九六八年
滝浦真人『山田孝雄 共同体の国学の夢』講談社、二〇〇九年
高野敏夫『本居宣長』河出書房新社、一九八八年
高橋俊和『本居宣長の歌学』和泉書院、一九九六年
高橋文博『吉田松陰』清水書院、一九九八年
高橋文博『近世の死生観 徳川前期儒教と仏教』ぺりかん社、二〇〇六年
高橋正夫『本居宣長 済世の医心』講談社学術文庫、一九八六年
高橋美由紀『伊勢神道の成立と展開』大明堂、一九九四年

竹内整一『「おのずから」と「みずから」日本思想の基層』春秋社、二〇〇四年
竹岡勝也『王朝文化の残照』角川選書、一九七一年（原著一九二二年）
竹岡勝也『近世史の發展と國學者の運動』至文堂、一九二七年
竹岡勝也『日本思想史』理想社、一九四三年
竹岡勝也『日本思想の研究』同文書院、一九四〇年
竹中労『無頼の点鬼簿』ちくま文庫、二〇〇七年
田尻祐一郎『江戸の思想史　人物・方法・連環』中公新書、二〇一一年
田尻祐一郎・他『文学研究の思想　儒学、神道そして国学』東海大学出版局、二〇一四年
多田一臣『万葉集全解』Ⅰ、筑摩書房、二〇〇九年
多田一臣『古代文学の世界像』岩波書店、二〇一三年
田中康二『村田春海の研究』汲古書院、二〇〇〇年
田中康二『本居宣長の思考法』ぺりかん社、二〇〇五年
田中康二『本居宣長の大東亜戦争』ぺりかん社、二〇〇九年
田中康二『江戸派の研究』汲古書院、二〇一〇年
田中康二『国学史再考　のぞきからくり本居宣長』新典社、二〇一二年
田中康二『本居宣長　文学と思想の巨人』中公新書、二〇一四年
田中康二『本居宣長の国文学』ぺりかん社、二〇一五年
田中康二『真淵と宣長「松坂の一夜」の史実と真実』中公叢書、二〇一七年
田中久文『丸山眞男を読みなおす』講談社、二〇〇九年
谷川雁『賢治初期童話考』潮出版社、一九八五年
谷川健一『常世論　日本人の魂のゆくえ』平凡社、一九八三年
谷川健一『白鳥伝説』集英社、一九八六年
田原嗣郎『徳川思想史研究』未來社、一九六七年
田原嗣郎『本居宣長 改訂版』講談社現代新書、一九六八年
田原南軒『源氏物語 宣長補作 手枕の研究』隆文社、一九六八年
次田潤『古事記新講』明治書院、一九五六年
津田左右吉『神代史の新しい研究』（『全集』別巻一）岩波書店、一九六六年（原著一九一三年）
津田左右吉『古事記及び日本書紀の新研究』（『全集』別巻一）岩波書店、一九六六年（原著一九一九年）
津田左右吉『文學に現はれたる我が國民思想の研究』（『全集』別巻二〜五）岩波書店、一九六六年（原著一九一七〜一九二一年）
津田左右吉『歴史論集』岩波文庫、二〇〇六年
辻善之助『日本仏教史研究』全六巻、岩波書店、一九八三年〜一九八四年
寺田透『覚書き日本の思想』岩波書店、一九八三年
土居光知『文學序説 再訂版』岩波書店、一九四九年
東京大学百年史編集委員会『東京大学百年史　部局史一』東京大学、一九八六年
東京大学百年史編集委員会『東京大学百年史　通史一』東京大学、一九八四年
遠山敦『丸山眞男　理念への信』講談社、二〇一〇年
時枝誠記『日本ニ於ル言語観ノ發達及言語研究ノ目的ト其ノ方法（明治以前）』（『時枝誠記博士著作選』Ⅰ）明治書院、一九七六

年（原著一九二四年）
時枝誠記『國語學史』岩波書店、一九四〇年
時枝誠記『國語學原論』岩波書店、一九四一年
時枝誠記『日本文法 口語篇』岩波全書、一九五〇年
時枝誠記『日本文法 文語篇』岩波全書、一九五四年
時枝誠記『國語學原論 續篇』岩波書店、一九五五年
時枝誠記『国語学への道』（『時枝誠記博士著作選』Ⅱ）明治書院、一九七六年（原著一九五七年）
時枝誠記『文章研究序説』（『時枝誠記博士著作選』Ⅲ）明治書院、一九七七年（原著一九六〇年）
時枝誠記「詞辞論の立場から見た吉本理論」時枝・他『吉本隆明をどうとらえるか』芳賀書店、一九七〇年（初出一九六六年）
時枝誠記『言語本質論』岩波書店、一九七三年
時枝誠記『文法・文章論』岩波書店、一九七五年
時枝誠記『言語生活論』岩波書店、一九七六年
友常勉『始源と反復　本居宣長における言葉という問題』三元社、二〇〇七年
中江丑吉『中國古代政治思想』岩波書店、一九五〇年
長島弘明『秋成研究』東京大学出版会、二〇〇〇年
長島弘明『国語国文学研究の成立』放送大学教育振興会、二〇一一年
長島弘明（編）『本居宣長の世界　和歌・注釈・思想』森話社、二〇〇五年
中島誠『丸山真男論　屹立する自由人の精神』第三文明社、一九七四年
中田薫『法制史論集』全四巻五冊、岩波書店、一九二六～一九六四年
永田廣志『日本唯物論史』（『永田広志日本思想史研究』第三巻）法政大学出版局、一九六九年（原著一九三六年）
永田廣志『日本哲學思想史』（『永田広志日本思想史研究』第一巻）法政大学出版局、一九六七年（原著一九三八年）
永田廣志『日本封建制イデオロギー』（『永田広志日本思想史研究』第二巻）法政大学出版局、一九六八年（原著一九三八年）
中根道幸『宣長さん　伊勢人の仕事』和泉書院、二〇〇二年
なかの しげはる「不思議な人」『古典日本文学全集』付録5、筑摩書房、一九六〇年
中野敏男『大塚久雄と丸山眞男　動員、主体、戦争責任』青土社、二〇〇一年
奈良本辰也『近世封建社會史論』要書房、一九五二年
奈良本辰也『日本近世の思想と文化』岩波書店、一九七八年
南原繁『國家と宗教』岩波書店、一九五八年（原著一九四二年）
南原繁『フィヒテの政治哲学』岩波書店、一九五九年
野口武彦『江戸時代の詩と真実』中央公論社、一九七一年
野口武彦『江戸文林切絵図』冬樹社、一九七九年
野口武彦「本居宣長の古道論と治道論」『宣長選集』筑摩書房、一九八六年
野口武彦『『源氏物語』を江戸から読む』講談社学術文庫、一九九五年
野崎守英『本居宣長の世界』塙新書、一九七二年
野崎守英「賀茂真淵論」季刊『日本思想史』第八号、一九七八年

野崎守英『道　近世日本の思想』東京大学出版会、一九七九年
野崎守英『宣長と小林秀雄　日本人の「知」と「信」』名著刊行会、一九八二年
野崎守英「本居宣長のうちに住む歴史のかたち」『講座 日本思想 4 時間』東京大学出版会、一九八四年
ノスコ、P『江戸社会と国学』M・W・スティール／小島康敬監訳、ぺりかん社、一九九九年
野呂榮太郎『日本資本主義發達史』(『全集』上) 新日本出版社、一九六五年（原著一九三〇年）
芳賀登『本居宣長』牧書店、一九六五年
芳賀登『本居宣長　近世国学の成立』清水書院、一九七二年
芳賀登「本居宣長の思想形成　京都遊学時代を中心として」季刊『日本思想史』第八号、一九七八年
芳賀矢一「國學とは何ぞや」(『明治文学全集』第四四巻) 筑摩書房、一九六八年（原著一九〇四年）
蓮田善明『蓮田善明全集』島津書房、一九八九年
蓮田善明『現代語訳 古事記』岩波現代文庫、二〇一三年（原著一九三四年、一九七九年）
長谷川三千子『日本語の哲学へ』ちくま新書、二〇一〇年
長谷川三千子『からごころ　日本精神の逆説』中公文庫、二〇一四年
服部四郎『言語学の方法』岩波書店、一九六〇年
羽仁五郎『佐藤信淵に關する基礎的研究』岩波書店、一九二九年
羽仁五郎『明治維新　現代日本の起源』岩波新書、一九四五年
羽仁五郎『日本における近代思想の前提』岩波書店、一九四九年
羽仁五郎『都市』岩波新書、一九四九年
羽仁五郎『明治維新史研究』岩波書店、一九五六年
埴谷雄高「農業綱領と『発達史講座』」(『全集』1) 講談社、一九九八年（一九五三年発表）
埴谷雄高「風巻さんの奇芸」(『全集』8) 講談社、一九九九年（一九七〇年発表）
埴谷雄高「日記から」(『全集』9) 講談社、一九九九年（一九七四年発表）
坂東洋介「和歌・物語の倫理的意義について　本居宣長の「もののあはれ」論を手がかりに」『倫理学年報』第五十九集、二〇一〇年
坂東洋介「『源氏物語』享受の論理と倫理」季刊『日本思想史』第八〇号、二〇一二年
坂東洋介「本居宣長『古事記伝』」『岩波講座 日本の思想 第四巻』岩波書店、二〇一三年
坂東洋介「荻生徂徠と芸道思想」『思想』一一一二号、二〇一六年
東より子『宣長神学の構造　仮構された「神代」』ぺりかん社、一九九九年
東より子『国学の曼荼羅　宣長前後の神典解釈』ぺりかん社、二〇一六年
樋口達郎『国学の「日本」　その自国意識と自国語意識』北樹出版、二〇一五年
久松潜一『萬葉集の新研究』至文堂、一九二五年
久松潜一『契沖傳』至文堂、一九六九年（原著一九二七年）
久松潜一『萬葉集に現れたる日本精神』至文堂、一九三七年

久松潜一『國學—その成立と國文學との關係』至文堂、一九四一年
久松潜一・他（編）『古事記大成』全九巻、平凡社、一九五六～一九五八年
尾藤正英『日本封建思想史研究』青木書店、一九六一年
尾藤正英『日本の国家主義「国体」思想の形成』岩波書店、二〇一四年
日野龍夫「文学史上の徂徠学・反徂徠学」『日本思想体系37 徂徠学派』岩波書店、一九七二年
日野龍夫『徂徠学派　儒学から文学へ』筑摩書房、一九七五年
日野龍夫『江戸人とユートピア』朝日選書、一九七七年
日野龍夫「宣長学成立まで」『日本思想体系40 本居宣長』岩波書店、一九七八年
日野龍夫「解説「物のあわれを知る」の説の来歴」『日本古典集成　本居宣長集』新潮社、一九八三年
日野龍夫『宣長と秋成　近世中期文学の研究』筑摩書房、一九八四年
日野龍夫『服部南郭伝攷』ぺりかん社、一九九九年
日野龍夫「『不尽言』『筆のすさび』解説」『新日本古典文学大系99　仁斎日札　たはれ草　不尽言　無可有郷』岩波書店、二〇〇〇年
平泉澄『中世に於ける社寺と社會との關係』至文堂、一九二六年
平野仁啓『日本の神々』講談社現代新書、一九八二年
平野義太郎『日本資本主義社會の機構』岩波書店、一九三四年
廣川勝美・駒木敏『儀礼言語の研究』桜楓社、一九八九年
廣松渉『もの・こと・ことば』勁草書房、一九七九年
福島秋穂『記紀神話伝説の研究』六興出版、一九八八年
福永光司『道教と日本文化』人文書院、一九八二年
藤井貞和『源氏物語の始源と現在——付バリケードの中の源氏物語』岩波現代文庫、二〇一〇年（原著一九七二年）
藤井貞文『明治國學發生史の研究』吉川弘文館、一九七七年
藤井滋生『宣長残照　山桜の夢』新風書房、二〇〇二年
藤平春夫『歌論の研究』ぺりかん社、一九八八年
藤村安芸子『仏法僧とは何か』講談社、二〇一一年
藤原克己『菅原道真と平安朝漢文学』東京大学出版会、二〇〇一年
藤原克己・三田村雅子・日向一雅『源氏物語　におう、よそおう、いのる』ウェッジ、二〇〇八年
裵寛紋『宣長はどのような日本を想像したか「古事記伝」の「皇国」』笠間書院、二〇一七年
前田勉『近世神道と国学』ぺりかん社、二〇〇二年
前田勉『兵学と朱子学・蘭学・国学　近世日本思想史の構図』平凡社、二〇〇六年
前田勉「近世儒学論」『日本思想史講座3　近世』ぺりかん社、二〇一二年
益田勝実「古代人の心情」『講座　日本思想1　自然』東京大学出版会、一九八三年
松浦光修『大国隆正の研究』大明堂、二〇〇一年
松下竜一『狼煙を見よ　東アジア反日武装戦線〝狼〟部隊』河出書房新社、一九八七年
松島栄一『近世の国学思想と町人文化』名著刊行会、二〇一〇年

松本健一『蓮田善明 日本伝説』河出書房新社、一九九〇年
松本滋『本居宣長の思想と心理　アイデンティティー探求の軌跡』東京大学出版会、一九八一年
松本三之介『国学政治思想の研究』未來社、一九七二年（原著一九五七年）
松本三之介『天皇制国家と政治思想』未來社、一九六九年
松本三之介『日本政治思想史』勁草書房、一九七五年
松本三之介『近世日本の思想像　歴史的考察』研文出版、一九八四年
松本三之介『明治思想における伝統と近代』東京大学出版会、一九九六年
松本清張『古代史疑』中央公論社、一九六八年
松本清張『遊古疑考』新潮社、一九七三年
丸谷才一『恋と日本文学と本居宣長　女の救はれ』講談社文芸文庫、二〇一三年（原著一九九六年）
丸谷才一『輝く日の宮』講談社、二〇〇三年
丸山眞男『日本政治思想史研究』東京大学出版会、一九五二年
丸山眞男『日本の思想』岩波新書、一九六一年
丸山眞男『増補版 現代政治の思想と行動』未來社、一九六四年
丸山眞男『忠誠と反逆』筑摩書房、一九九二年
丸山眞男「闇斎学と闇斎学派」『日本思想体系 31 山崎闇斎学派』岩波書店、一九八〇年
丸山眞男『自己内対話』みすず書房、一九九八年
丸山眞男『講義録［第四冊］日本政治思想史一九六四』東京大学出版会、一九九八年
丸山眞男『講義録［第五冊］日本政治思想史一九六五』東京大学出版会、一九九九年
丸山眞男『講義録［第六冊］日本政治思想史一九六六』東京大学出版会、二〇〇〇年
丸山眞男『講義録［第七冊］日本政治思想史一九六七』東京大学出版会、一九九八年
丸山眞男『丸山眞男回顧談 上』岩波書店、二〇〇六年
三浦茂久『古代枕詞の研究』作品社、二〇一二年
水野雄司『本居宣長の思想構造　その変質の諸相』東北大学出版会、二〇一五年
宮川敬之『和辻哲郎　人格から間柄へ』講談社、二〇〇八年
宮川康子「「内なる言語」の再生　小林秀雄『本居宣長』をめぐって」『思想』九三二号、二〇〇一年
宮田登『神の民族誌』岩波新書、一九七九年
宮田登「日読みの思想」『講座 日本思想 4 時間』東京大学出版会、一九八四年
源了圓『徳川合理思想の系譜』中央公論社、一九七二年
源了圓『徳川思想小史』中公新書、一九七三年
宮崎道生『新井白石の研究』吉川弘文館、一九五八年
宮崎道生『新井白石の洋学と海外知識』吉川弘文館、一九七三年
三輪正胤『歌学秘伝の研究』風間書房、一九九四年
村井紀『文字の抑圧　国学イデオロギーの成立』青弓社、一九八九年
村岡典嗣『本居宣長』岩波書店、一九二八年（原著、一九一一年）
村岡典嗣『素行・宣長』岩波書店、一九三八年

村岡典嗣『日本文化史概説』岩波書店、一九三八年
村岡典嗣『増訂日本思想史研究』岩波書店、一九四〇年
村岡典嗣『續日本思想史研究』岩波書店、一九三九年
村岡典嗣『日本思想史研究 第三』岩波書店、一九四八年
村岡典嗣『日本思想史研究 第四』岩波書店、一九四九年
村岡典嗣『神道史』創文社、一九五六年
村岡典嗣『宣長と篤胤』創文社、一九五七年
村岡典嗣『日本思想史上の諸問題』創文社、一九五七年
村岡典嗣『日本思想史概説』創文社、一九六一年
村岡典嗣（前田勉編）『新編 日本思想史研究　村岡典嗣論文選』平凡社東洋文庫、二〇〇四年
村岡典嗣（前田勉編）『増補 本居宣長』2、平凡社東洋文庫、二〇〇六年
村上一郎『村上一郎著作集』第三巻、国文社、一九七七年
村上重良『国家神道』岩波新書、一九七〇年
目崎徳衛『西行の思想史的研究』吉川弘文館、一九七八年
本居宣長記念館（編）『本居宣長事典』東京堂出版、二〇〇一年
本山幸彦『本居宣長』清水書院、一九七八年
百川敬仁『内なる宣長』東京大学出版会、一九八七年
簗瀬一雄『本居宣長とその門流』和泉書院、一九八二年
簗瀬一雄『本居宣長とその門流 第二』和泉書院、一九九〇年
柳父章『翻訳の思想「自然」とNATURE』平凡社選書、一九七七年
柳父章『翻訳語成立事情』岩波新書、一九八二年
山下久夫『本居宣長と「自然」』沖積社、一九八八年
山田勘藏『本居宣長翁全傳』四海書房、一九三八年
山田孝雄『日本文法論』寶文館、一九二九年（初版一九〇八年）
山田孝雄『櫻史』講談社学術文庫、一九九〇年（原著一九四一年）
山田孝雄『國學の本義』畝傍書房、一九四二年
山田孝雄『國語學史』宝文館、一九四三年
山田盛太郎『日本資本主義分析』（『著作集』第二巻）岩波書店、一九八四年（原著一九三四年）
山本正秀『近代文体発生の史的研究』岩波書店、一九六五年
山本義隆『知性の叛乱』前衛社、一九六九年
山本義隆『私の1960年代』金曜日、二〇一五年
横井金男『古今伝授の史的研究』臨川書店、一九八〇年
吉川幸次郎『仁斎・徂徠・宣長』岩波書店、一九七五年
吉川幸次郎『本居宣長』筑摩書房、一九七七年
吉川幸次郎「文弱の価値――「もののあはれをしる」補考」『日本思想体系40　本居宣長』岩波書店、一九七八年
吉田真樹『平田篤胤　霊魂のゆくえ』講談社、二〇〇九年
吉本隆明『藝術的抵抗と挫折』未來社、一九六三年
吉本隆明『丸山真男論』（『全著作集12 思想家論』）勁草書房、一九六九年（原著一九六三年）
吉本隆明『言語にとって美とはなにか』（『全著作集6 文学論Ⅲ』）勁草書房、一九七二年（原著一九六五年）
吉本隆明『共同幻想論』（『全著作集11 思想論Ⅱ』）勁草書房、一九七二年（原著一九六八年）
吉本隆明『源実朝』筑摩書房、一九七一年
吉本隆明『初期歌謡論』河出書房新社、一九七七年
吉本隆明『悲劇の解読』筑摩書房、一九七九年

吉本隆明『初源への言葉』青土社、一九七九年
吉本隆明『西行論』講談社文芸文庫、一九九〇年
吉本隆明『全南島論　日本国と天皇制の起源』作品社、二〇一六年
四方田犬彦『ハイスクール1968年』新潮文庫、二〇〇八年（原著二〇〇四年）
和田三三生『改訂源氏物語の倫理』八千代出版、一九八一年
渡辺清恵『不可解な思想家　本居宣長』岩田書院、二〇一一年
渡辺正一「本居宣長の「神の道」と「人の道」その構造と性格について」季刊『日本思想史』第八号、一九七八年
渡辺浩「「道」と「雅び」——宣長学と「歌学」派国学の政治思想史的研究（一）」『国家学会雑誌』第八十七巻第九・一〇号、一九七四年
渡辺浩「「道」と「雅び」——宣長学と「歌学」派国学の政治思想史的研究（二）」『国家学会雑誌』第八十七巻第十一・十二号、一九七四年
渡辺浩「「道」と「雅び」——宣長学と「歌学」派国学の政治思想史的研究（三）」『国家学会雑誌』第八十八巻第三・四号、一九七五年
渡辺浩「「道」と「雅び」——宣長学と「歌学」派国学の政治思想史的研究（四）」『国家学会雑誌』第八十七巻第五・六号、一九七五年
渡辺浩『東アジアの王権と思想』東京大学出版会、一九九七年
渡辺浩『日本政治思想史［十七〜十九世紀］』東京大学出版会、二〇一〇年
渡辺浩『近世日本社会と宋学　増補新装版』東京大学出版会、二〇一〇年（原著一九八五年）
渡部泰明『和歌とは何か』岩波新書、二〇〇九年
渡部泰明『中世和歌史論　様式と方法』岩波書店、二〇一七年
和辻哲郎『ゼエレン・キエルケゴオル』（『全集』第一巻）岩波書店、一九六一年（原著一九一五年）
和辻哲郎『偶像再興』（『全集』第十七巻）岩波書店、一九六三年（原著一九一八年）
和辻哲郎『日本古代文化』（『全集』第三巻）岩波書店、一九六二年（原著一九二〇年）
和辻哲郎『日本精神史研究』（『全集』第四巻）岩波書店、一九六二年（原著一九二六年）
和辻哲郎『面とペルソナ』（『全集』第十七巻）岩波書店、一九六三年（原著一九三七年）
和辻哲郎『尊王思想とその傳統』（『全集』第十四巻）岩波書店、一九六二年（原著一九四三年）
和辻哲郎『日本倫理思想史 下』（『全集』第十三巻）岩波書店、一九六二年（原著一九五二年）
和辻哲郎（木村純二編）『日本倫理思想史』（四）、岩波文庫、二〇一二年

【タ】

【ナ】

【ハ】

【マ】

【ラ・ワ】

【や】

【ま】

【な】

【は】

【た】

【さ】

人名索引

●日本人

【あ】

著者略歴

熊野純彦（くまの・すみひこ）

1958年、神奈川県生まれ。1981年、東京大学文学部卒業。現在、東京大学文学部教授。

著書＝『レヴィナス』『差異と隔たり』『西洋哲学史 古代から中世へ』『西洋哲学史 近代から現代へ』『和辻哲郎』『マルクス 資本論の哲学』(以上、岩波書店)、『レヴィナス入門』『ヘーゲル』(以上、筑摩書房)、『カント』『メルロ＝ポンティ』(以上、NHK出版)、『埴谷雄高』『カント 美と倫理とのはざまで』(以上、講談社)、『戦後思想の一断面』(ナカニシヤ出版)、『マルクス 資本論の思考』(せりか書房)、『日本哲学小史』(編著、中央公論新社) ほか。

訳書＝レヴィナス『全体性と無限』、レーヴィット『共同存在の現象学』、ハイデガー『存在と時間』、ベルクソン『物質と記憶』(以上、岩波書店)、カント『純粋理性批判』『実践理性批判』『判断力批判』(以上、作品社)、ヘーゲル『精神現象学』(筑摩書房)。

本居宣長

二〇一八年九月一五日 第一刷発行
二〇一九年九月二〇日 第三刷発行

著者 熊野純彦
装幀 菊地信義
発行者 和田肇
発行所 株式会社 作品社

〒一〇二-〇〇七二
東京都千代田区飯田橋二ノ七ノ四
電話 (〇三)三二六二-九七五三
FAX (〇三)三二六二-九七五七
振替 〇〇一六〇-三-二七一八三
http://www.sakuhinsha.com

本文組版 米山雄基
印刷・製本 シナノ印刷㈱

ISBN978-4-86182-705-1 C0010